# VOTAR EN LA DISTANCIA

La extensión de los derechos políticos a
migrantes, experiencias comparadas

*Leticia Calderón Chelius*

**(coordinadora)**

*contemporánea*
**sociología**

Instituto
Mora

DEWEY          LC
325.297        JF
VOT.e          831
               V6

Votar en la distancia : la extensión de los derechos políticos a migrantes, experiencias comparadas / coord. Leticia Calderón Chelius. – México : Instituto
Mora, 2003.
588 p. : diagrs. ; 23 cm. – (Colección contemporánea. Serie sociología).

Incluye bibliografía.
ISBN 970-684-080-X

1. Votación en ausencia – Alocuciones, ensayos, conferencias. 2. Hispano-
americanos – Derechos políticos – Alocuciones, ensayos, conferencias. 3. Emi-
gración e inmigración – Alocuciones, ensayos, conferencias. 4. Ciudadanía –
Hispanoamérica – Alocuciones, ensayos, conferencias. 5. Ciudadanía doble –
Alocuciones, ensayos, conferencias. I. Calderón Chelius, Leticia, 1964 -    . II.
Instituto de Investigaciones Dr. José María Luis Mora (México, D.F.). III. ser.

Obra publicada con el apoyo del
Consejo Nacional de Ciencia y Tecnología


Primera edición, 2003
© Derechos reservados
conforme a la ley, 2003

Instituto de Investigaciones
Dr. José María Luis Mora
Plaza Valentín Gómez Farías 12,
San Juan Mixcoac,
03730, México, D. F.
www.institutomora.edu.mx

ISBN 970-684-080-x

Impreso en México
*Printed in Mexico*

# ÍNDICE

A la memoria de Sergio Colmenero Díaz-González[†]
maestro, amigo entrañable.

# PRESENTACIÓN

El objetivo de este libro es discutir, a través de un análisis comparativo de 17 estudios de caso,[1] sobre una de las perspectivas más novedosas de la experiencia migratoria internacional: la relación política de los migrantes con sus países de origen, sintetizada en el derecho a votar en el exterior. En él se busca mostrar que la fuerza política que han adquirido los extranjeros como minorías políticas en los países a los que se han incorporado no es la única experiencia que expresa su potencial político, sino que con la participación y demanda de inclusión en su comunidad política de origen, los migrantes están obligando a sus propias sociedades a repensar los elementos que constituyen las bases del futuro colectivo: abierto, tolerante y generoso a los cambios, a la diversidad; o celoso, mezquino y temeroso ante lo nuevo, lo diferente. Esto implica un enorme desafío que demanda nuevos marcos de interpretación para pensar desde distintas perspectivas la idea de nación que hoy se muestra más amplia que su propia geografía, lo que constituye el reto último de este libro.

Los elementos que entrelazan el hilo conductor para discutir esta propuesta se componen de las siguientes coordenadas. A partir de la década de los ochenta se registró un aumento del flujo migratorio internacional que tuvo como consecuencia novedosa una mayor participación política de los migrantes, principalmente en sus comunidades de origen. Esto propició una reacción política-administrativa más articulada de los

[1] Argentina, Brasil, Canadá, Colombia, Cuba, Chile, El Salvador, España, Estados Unidos, Guatemala, Honduras, México, Paraguay, Perú, Portugal, República Dominicana y Uruguay.

gobiernos de los que son originarios estos migrantes, que han creado nuevos parámetros de vinculación entre las diásporas y sus sociedades de origen, entre las cuales la demanda por el derecho al voto se ha vuelto una constante. Pero debe quedar claro que este proceso sólo pudo darse en el marco del escenario de transición democrática expandido en diferentes regiones del planeta, proceso político registrado en la región latinoamericana precisamente a partir de la década de los ochenta. Es en el escenario donde la necesidad de extender derechos políticos y civiles a todo ciudadano se vuelve un eje, donde el voto cobra sentido, pues representa "una especie de sacramento universal de la igualdad entre los hombres", lo que lo hace un instrumento fundamental para refrendar la membresía política de los sujetos a la nación.

Los casos aquí estudiados son ejemplos concretos de un proceso donde la extensión de derechos políticos se volvió un signo de la época y se articuló con la experiencia migratoria, generando así una demanda que trascendió el espacio territorial acotado a la nación. La demanda por el derecho al voto en el exterior se volvió un tema novedoso prácticamente para toda sociedad y uno de los desafíos más claros para las jóvenes democracias. La forma en la que se ha resuelto este tema plasma muchas de sus dificultades y contradicciones internas para la construcción de un nuevo orden político menos autoritario y más incluyente. Así, mientras que en algunos países ha generado debates apasionados, numerosos argumentos a favor como en contra, en otros, la extensión de este derecho se ha resuelto como un asunto técnico sin mayores complicaciones que las que en sí mismo ofrece cualquier proceso electoral. Mostrar esta diversidad de soluciones, así como las razones que explican cada proceso de ampliación o no de derechos políticos a los ciudadanos que radican en el exterior es el hilo conductor que se sostiene a lo largo de estas páginas.


## DE CÓMO SE ORGANIZÓ ESTE LIBRO

El material que conforma este libro está organizado por grupos de países que se conforman considerando el grado de avance en el reconocimiento de derechos políticos a ciudadanos en el exterior. Por esta razón, aunque los casos reunidos muestran contextos políticos en ocasiones muy diferentes, lo central es que coinciden en ciertas características que permiten agruparlos dado el lugar y momento en que este tema se encuentra en el periodo de la investigación. Teniendo en cuenta estos puntos dividimos los grupos entre los de países en que hay debate en torno a esta demanda, los que se encuentran entrampados en un proceso de reglamentación, y los que ofrecen una plena experiencia electoral transnacional.

En América Latina los casos de Argentina, Brasil, Colombia, Perú y Honduras, conforman el grupo de los países que, en el marco de su transición democrática, resolvieron realizar elecciones fuera de su territorio y, aun cuando en cada caso se enfrentaron vicisitudes y contratiempos, en ninguno de estos países legislar sobre los derechos políticos de quienes radican fuera del territorio nacional despertó mayor polémica o postergación. Estos casos ofrecen por tanto ricas experiencias que muestran maneras flexibles e imaginativas para resolver el desafío de incluir a sus ciudadanos en el exterior en la dinámica política nacional por la vía más simple que un sistema político democrático puede ofrecer, el voto.

Chile, México y República Dominicana son los casos que conforman el grupo que, aunque se ha aprobado el derecho electoral transnacional, este se encuentra estancado, ya que los legislativos de cada país no han dado los pasos para que puedan sufragar sus ciudadanos en el exterior. El caso de México sobresale por mostrar una paradoja, ya que es uno de los países de mayor migración en el mundo, siendo al mismo tiempo uno de los casos donde el debate sobre el voto de sus ciudadanos radicados en el exterior ha levantado mayor polémica. Los tres casos son expresión de los cambios que la transición democrática en la región latinoamericana ha acelerado, pero al mismo tiempo, ejemplifican de manera clara las contradicciones y dificultades de la instauración cabal de un marco democrático, ya que las viejas estructuras del poder autoritario perviven en un marco de acelerados cambios que no acaban de consolidarse.

El Salvador, Guatemala, Paraguay y Uruguay son los países donde si bien no está aprobado el derecho al voto en el exterior y en algunos casos se trata de países cuyos avances en la instauración de un sistema democrático no incluyen transiciones plenas. Sin embargo, dado el proceso político que experimentan y la consolidación de una comunidad migrante activa y demandante, son ejemplos contundentes de cómo las comunidades en el exterior se han convertido en actores que cada vez adquieren mayor importancia política en sus países de origen.

Dentro de los casos latinoamericanos estudiados Cuba se incluyó en este libro como una excepción, ya que no se trata de un régimen democrático, ni cuenta con un proceso electoral transparente y confiable, sin embargo, se trata de uno de los casos por excelencia al hablar de una diáspora políticamente activa. Sus migrantes constituyen una comunidad en el exterior cada vez más diversa y menos rígida en sus posiciones hacia la isla, lo que sugiere que en algún momento el tema de cómo conciliar a la nación —incluyendo a todos sus miembros— va a ser un asunto de la agenda política nacional. Por su naturaleza histórica el caso de la migración cubana es siempre controvertido, sobre todo si se limita el análisis al flujo que se inició en los años sesenta; sin embargo, al ubicar el tema de la migración como parte de la conformación de la identidad nacional cubana, buscamos que el caso pueda ser visto desde una visión menos acartonada, de buenos y malos, de blanco y negro, para inscribirlo en el debate internacional donde lo que se está definiendo son los derechos universales de los sujetos más allá de su lugar de residencia.

Paralelamente al estudio de casos latinoamericanos ofrecemos algunos ejemplos que sirven para ampliar el análisis a otras latitudes y corroborar las coincidencias y especificidades de la experiencia política transnacional. España y Portugal son los ejemplos más claros porque obedecen cabalmente a los supuestos teóricos que trazamos como ruta crítica del estudio. Se trata de dos países en cuyas transiciones a la democracia los derechos políticos de sus migrantes fueron incluidos sin contratiempos en las nuevas constituciones. Además. La historia de cada proceso y la larga experiencia de elecciones realizadas desde el exterior, sirve parta mostrar complicaciones, aciertos y posibilidades del mecanismo electoral transnacional.

Incluimos en el estudio a Estados Unidos y Canadá como casos de contraste, ya que la ruta que ambos países siguieron en la extensión de derechos políticos a sus ciudadanos en el exterior es diametralmente opuesta a la experiencia del resto de los estudios realizados en este volumen. En estos casos el peso de la tradición expansionista militar es el eje que explica que la extensión de derechos políticos se concedió inicialmente a los militares. Sólo muy recientemente hablando históricamente, finales del siglo XX, este proceso se amplió para incluir a los civiles, por lo que estos casos muestran que, aun en las democracias más consolidadas como ocurre con ambos países, el tema es sumamente novedoso.

Consideramos de particular importancia incluir la experiencia de Estados Unidos porque el peso de la presencia intervencionista estadunidense en prácticamente todos los países latinoamericanos que se analizan a lo largo de estas páginas, lo hace uno de los responsables directos de la aceleración de la migración en la región, principalmente a partir de los años ochenta, cuando se dio la salida forzada de la población de distintos países, como consecuencia en gran parte por el apoyo del gobierno estadunidense a gobiernos dictatoriales. La ironía de dicha intervención es que ese país se volvió el principal destino de muchos de los que huían de la represión y el hambre, lo que provocó que con el paso del tiempo ahí se concentraran las comunidades de migrantes más importantes de cada nación. Ese hecho explica en parte que Estados Unidos se haya convertido en el escenario donde se ha generado el proceso de politización de distintas diásporas que como la salvadoreña, la dominicana, la chilena, la haitiana, no incluida en este volumen (Michel, 2002), han mostrado una efervescencia inusitada por la política de sus países de origen, principalmente durante las coyunturas en que se abrió la posibilidad de modificar el régimen político autoritario en cada país.

Por otro lado, la importancia de incluir este caso en un estudio donde predominan países latinoamericanos se debe a que para ninguno es irrelevante la actitud que se asume en Estados Unidos respecto al ejercicio político transnacional. Cuando las calles de ciudades estadunidenses se llenan de banderas de otros países, se realizan mítines de apoyo para candidatos de lugares distantes, o se organizan desfiles festivos que abarrotan los espacios públicos para celebrar los resultados de elecciones realizadas por otros gobiernos, hay actores políticos de ese país, Estados Unidos, que reaccionan de manera contrastante, o complacidos con el avance de la cultura cívica de esos ciudadanos y, por ende, avalando la consolidación de procesos democráticos en la región, o reservados y críticos ante lo que consideran como una prueba de la incapacidad de asimilación que estos grupos, sobre todo después del 11 de septiembre de 2001, en que la política estadunidense hacia los extranjeros se volvió más rígida. Ambas posiciones tienen efectos directos sobre la posición que el gobierno estadunidense asume frente a sus extranjeros, y aunque este es un factor a considerar por los países latinoamericanos, no puede ser, ni ha sido en ningún caso de los aquí analizados, un elemento que haya impedido que los gobiernos decidan aprobar leyes para extender los derechos políticos de sus ciudadanos en el exterior.

Sea cual sea la posición de la clase política estadunidense, el hecho es que dado que el gobierno de ese país permite y promueve el ejercicio electoral de sus ciudadanos más allá de sus fronteras, como podrá leerse en estas páginas, por lo que resulta políticamente insostenible una argumentación en contra del ejercicio de ciudadanos de otros países por mantener derechos elementales como el del voto. Los estadunidenses no sólo votan en el exterior, sino que hasta han realizado un ejercicio de voto espacial, además que apoyan campañas electorales, se organizan y envían dinero a través de filiales de los principales partidos políticos de esa nación que tienen oficinas exclusivamente en el extranjero (Democrats Abroad, Republicans Abroad). Al mostrar este proceso buscamos que el estudio de la experiencia estadunidense sirva más de ejemplo que de obstáculo.

Con el fin de presentar el material de manera ágil para el lector, al inicio de cada grupo hay una introducción que a través de un análisis comparativo da cuenta de las regularidades que los casos ofrecen, sus similitudes y los elementos que aportan al tema eje. Aquí se aplica perfectamente aquello de que el orden de los factores no altera el producto, por lo tanto, el lector puede decidir leer el libro de manera ordenada caso por caso o puede optar por leer un grupo antes que otro. Puede también leer las introducciones y revisar el caso que más le atraiga, puede saltar entre capítulos y volver a ellos sin temor a perderse. La idea es que el libro contribuya al debate sobre los derechos políticos de los migrantes y que pueda ser consultado sinnúmero de veces, como sinnúmero de veces fue pensado, analizado, imaginado.

Este texto es resultado de un proyecto colectivo originalmente financiado por el CONACYT que incluye a quienes aunque no escribieron directamente un caso trabajaron afanosamente a lo largo del camino. Como responsable de esta obra sé que sin el esfuerzo de cada uno de los que participaron en este proceso este material no existiría, por lo que les doy las gracias. A cada uno de los que participaron en las largas jornadas del seminario del Voto en el Exterior, alumnos y amigos: Edith Chávez Ramos, Erika González Aguirre, Martín Íñiguez Ramos, Melba Georgina Hernández Juárez, Noemí Luján Ponce, Nayamín Martínez Cossío, Jesús Martínez Saldaña, Vanessa Michel Domínguez, Alonso Montiel Guevara, Francisco Parra, Yessica Isabel Pazarán Loaeza, Luis Peraza Parga, Ángela Lucía Serrano Carrasco, Patricia Zapata, León David Zayas Ornelas, mil gracias por tenerme confianza, soportar mis dudas y compartir mi indignación ante la historia. A mis colegas: Velia Cecilia Bobes, María José Caldeira Boavida, Gerardo Halpern, Pepe Itzigsohn, Patricia Landolt, Jorge Malheiros y Brenda Pereira, agradezco el regalo de la vida de cruzarlos en mi camino a la hora justa, en el momento exacto. A mis maestros Adela Pellegrino y Jorge Durand, por regalarme sin escatimar su tiempo y el brillo de su pluma. A Teresa Sales y Sergio Ferreira, gracias por incluir en mi geografía mental la parte que faltaba al continente.

Quiero agradecer muy especialmente a los miembros de la chiquirred porque ellos son parte y sentido de este esfuerzo colectivo, Raúl Ross Pineda, Javier Perucho, Primitivo Rodríguez, Juan Manuel Sandoval, Gonzalo Badillo, Gerardo Albino y Carlos Olamendi.

Un reconocimiento a todos los que desde el Instituto Mora apoyaron en lo cotidiano cada uno de los pasos de este proyecto, el licenciado Enrique García Martínez y la señorita Verónica Vivanco Martínez, del Departamento de Administración de Proyectos, por su dedicación y profesionalismo. A Yolanda R. Martínez Vallejo, jefa de Producción Editorial, por la paciencia y disposición en la difícil tarea de conciliar la diversidad creativa de cada uno de los que escribimos en este libro. A Vanessa Michel, quien como asistente del área de Sociología Política y Económica, realizó muchas de las tareas en que se sostiene esta obra, además fue la persona más cercana al largo proceso final, que supo de mis dudas y amortiguó muchas de las partes difíciles que acompañaron este tiempo, gracias de todo corazón.

Deseo que este esfuerzo colectivo sirva para retribuir la confianza y apoyo que el Consejo Nacional de Ciencia y Tecnología (CONACYT) dio al proyecto original que permitió hacer este libro. Agradezco la oportunidad para contribuir desde las ciencias sociales en el análisis y propuestas de marcos de interpretación en tiempos en que es preciso convocar todos los saberes, todos los esfuerzos, todos los sueños traducidos en proyectos.

Finalmente, aunque sé que escribir a tantas manos es una suerte de gozo compartido, asumo la responsabilidad plena como coordinadora del proyecto general, de la forma y contenido que este texto ofrece.

Leticia Calderón Chelius
Mixcoac, México, diciembre de 2002.

# VOTAR EN LA DISTANCIA, EXPERIENCIA DE UNA CIUDADANÍA EN MOVIMIENTO INTRODUCCIÓN GENERAL

## Leticia Calderón Chelius*

Pocos son los temas que entrelazan de manera tan clara los elementos centrales del debate teórico contemporáneo como cuando se plantea cuáles deben ser los derechos políticos de los migrantes. Esto se debe a que la idea de reconocer un tipo de membresía política a quienes no pertenecen formalmente a un territorio nacional, o se encuentran lejos de éste, pone en cuestionamiento algunas de las nociones de la principal construcción jurídico-política de nuestro tiempo: el Estado-nación. Esta dinámica se contrapone con algunos de los supuestos que por mucho tiempo definieron a los Estados-nación como entidades rígidas en su geografía y homogéneas en su composición étnica y religiosa, ante lo cual los migrantes han sido, a lo largo de la historia, la evidencia más clara de la necesidad de pensar a la nación desde formas más flexibles e imaginativas. Esto porque a través de su creciente movilidad, los migrantes han hecho obvio que las fronteras son en realidad porosas ante los contingentes humanos y que la pluralidad que aportan a las sociedades a las que se incorporan exalta la diversidad que conforma a todo colectivo.

La creciente presencia de migrantes en toda sociedad contemporánea está resignificando ideas que por largo tiempo permanecieron fijas, obligando a reconocer que hay distintas maneras de expresar lealtad a la patria, nuevas formas de conciliar la pertenencia a un territorio y vías alternas para hacer que la identidad en lugar de ser una visión me-

* Agradezco a León David Zayas Ornelas por su contribución a la elaboración de este capítulo.

lancólica y acartonada, sea un referente orgulloso del origen, mezclado con sentido de futuro.

El tema del voto en el exterior se inscribe en este debate teórico, ya que por los múltiples procesos que sintetiza hace que planteamientos como la idea de la pérdida de fuerza de la noción clásica de ciudadanía sea una experiencia tangible.[1] Algunos autores representantes de este debate son: Kymlicka, Held, Brubaker, Martinello. Esta perspectiva critica que el estatus político de los individuos pueda seguir siendo definido esencialmente por su pertenencia a un territorio nacional, lo que separa a los individuos entre quienes tienen acceso a ciertos derechos en los estados nacionales (ciudadanos), y aquellos que aún residiendo en el territorio o lejos de éste, no lo tienen porque no se consideran miembros del colectivo político, lo que se ha hecho más evidente con la creciente migración internacional contemporánea. Este proceso ha contribuido a crear sociedades complejas donde la ciudadanía se ha vuelto una forma de membresía a la comunidad política excesivamente elemental, ya que, dada esta dinámica, los territorios se están convirtiendo en "espacios de vida extendidos" que al mover su eje geográfico, otrora fijo, inauguran formas de vida "desterritorializadas".[2]

El continuo flujo migratorio internacional acelera la pérdida de fuerza de la pertenencia a un territorio como esencia de la ciudadanía y la nación, debido a que desvanece las identidades concebidas como expresión de un ser colectivo, una idiosincrasia y una comunidad imaginadas, de una vez y para siempre, a partir de la tierra, la patria, la sangre (Anderson,1993). Esto ha dado lugar a propuestas teóricas como la ciudadanía posnacional (Soysal, 1994), transnacional (Brubaker, 1992, Bauböck,1994a), o cosmopolita (Held, 1995), que inauguran formas nuevas de vinculación que reconocen la condición humana de los sujetos, por encima de su pertenencia formal a un territorio. Procesos políticos y leyes específicas que pugnan por la inclusión de los extranjeros en los

---

[1] La posibilidad de participación desde el exterior rompe con la idea de que la plena participación política proviene de la satisfacción de las dos condiciones del binomio básico: presencia (en el territorio) y pertenencia (a la nación).

[2] La desterritorialización significa que las relaciones sociales no están exclusivamente ancladas al Estado-nación, sino que reproducen su entorno a través de prácticas dialécticas que lo hacen grande y pequeño, a la vez que homogéneo y plural, resignificando las formas tradicionales de membresía y de identidad en la comunidad. Las sociedades nacionales —o parte de ellas— se desterritorializan al insertarse dentro de una "sociedad global", no sólo a niveles económicos sino también culturales y sociales (Guarnizo y Smith, 1998:10).

países a los que se incorporan, como también la demanda creciente de estos mismos sujetos ante sus países de origen por el reconocimiento de derechos políticos transnacionales, como el derecho al voto en el exterior, aun sin proponérselo, están "desancionalizando la ciudadanía y reconociendo la trasterritorialidad como elemento fundamental de las dinámicas políticas y sociales en el mundo contemporáneo" (Bosniak, 2002). Desde esta lógica, con la participación política transnacional,[3] sea en un país de destino o en relación con el de origen, los migrantes están articulando estrategias y prácticas que influyen en el proceso de formación de más de una nación y, por lo tanto, trastornan y transforman las estructuras políticas establecidas de las diferentes naciones con las cuales mantienen contactos (Calderón y Martínez, 2002).

Ahora bien, a pesar de lo acelerado de este proceso, la noción de ciudadanía y los derechos que acompañan esta identidad política pueden ser una vía de ajuste de las normas del proceso democrático dentro de los parámetros de la nueva dinámica internacional, pero también puede ser una herramienta de exclusión en tanto que persiste en su forma más tradicional, debido a que, a pesar de la indudable capacidad que el Estado-nación ha mostrado para acomodarse a los cambios que la globalización ha traído consigo, por ejemplo en reconocer la dinámica impuesta por los mercados financieros, adaptarse a los avances en telecomunicaciones, crear entidades supranacionales (Unión Europea), bloques comerciales transnacionales, así como en asuntos como los derechos humanos y la justicia supranacional, los Estados siguen siendo muy reacios a modificar su tradición de membresía para incluir a nuevos actores políticos (Basch *et al.*, 1994; Guarnizo y Smith, 1998; Glick-Schiller *et al.*, 1992).[4]

---

[3] La noción de transnacionalidad responde a un patrón migratorio que se caracteriza por estar integrado por individuos que se desplazan a través de las fronteras, se establecen y forman vínculos sociales en los Estados de residencia, pero mantienen un contacto intenso con sus comunidades de origen (Glick-Schiller *et. al.*,1992).

[4] Brubakers (1992) identifica dos tradiciones de membresía: 1) *Jus solis*: un discurso basado en la territorialidad que entiende que el que nace en tierra nacional es miembro de la nación; y, 2) *Jus sanguis*: un discurso que resalta los lazos sanguinios de la membresía nacional.

## DERECHOS POLÍTICOS DE MIGRANTES
## ¿A QUIÉN LE PREOCUPA?

A pesar del alcance universal de este debate, su impacto se ha centrado principalmente en los países receptores de migrantes,[5] pues se trata de sociedades industrializadas que han gozado de sistemas políticos estables durante largo tiempo y donde se considera que la existencia de enormes sectores de excluidos desafía la esencia misma del sistema democrático (Soysal, 1994). En esos países entre 3 y 9% de la población total está compuesta por extranjeros,[6] que a pesar de radicar de manera permanente carecen de derechos políticos, lo que ha sido denominado por Tomas Hammar como *denizens*, una especie de no ciudadanos, o lo que Mike Davis ha descrito como sociedades cada vez más polarizadas donde unos votan y otros trabajan, unos, ciudadanos, otros, los migrantes.

Pero ¿de dónde salieron estos no ciudadanos? Lo central es que el largo proceso que inició el flujo migratorio contemporáneo que conforma un numeroso contingente de excluidos políticos se dio con la invitación explícita que los mismos gobiernos, tanto europeos como el estadunidense, hicieron a finales de los años cincuenta, a fin de reclutar mano de obra barata para acelerar la recuperación económica, luego de la devastación sufrida en esos países por la segunda guerra mundial.[7]

La invitación a estos "trabajadores huéspedes" partía del supuesto de que esta migración actuaría en concordancia con las reglas del libre mercado, por lo que una vez que descendiera la demanda de trabajadores internacionales éstos volverían a sus países de origen. Sin embargo, dado que la migración es un proceso conformado por personas y no

---

[5] Salvo excepciones, los países tradicionalmente originarios de migrantes no tiene políticas en marcha para permitir que los extranjeros se incorporen a la vida política local. Uruguay y Argentina ofrecen dos ejemplos interesantes al respecto, pues tiene una larga tradición de inclusión de extranjeros que tiene que ver con su propia conformación histórica. Países de gran densidad migratoria como México, sin embargo, no ofrecen ninguna forma de inclusión política a las diversas comunidades de extranjeros que conforman el país, tema sin duda, pendiente en la agenda democrática nacional.

[6] En Alemania los extranjeros representan 7.5% de la población total, 8% en Francia, 4.5% en el reino Unido y 15% en Suiza. En Estados Unidos 9.3% de la población ha nacido en el extranjero.

[7] Indudablemente la experiencia estadunidense es diferente de la europea, pero en términos generales es en ese periodo cuando se aceleran los programas de reclutamiento de mano de obra extranjera. En Estados Unidos se mantuvo un plan anteriormente iniciado con el gobierno mexicano en el marco de la guerra conocido como "programa bracero".

por mercancías, muy pronto este supuesto se revirtió y las comunidades comenzaron a crear redes que generaron un circuito activado por la demanda y oferta laboral, que adquirió una dinámica propia atrayendo a nuevos miembros de la familia quienes fortalecieron lazos entre la comunidad de origen y la de destino, lo que terminó por consolidar el proceso migratorio, que si bien tiene un origen económico en algún momento crea una dinámica propia que se mantiene más allá de las leyes de oferta y demanda.

La presencia de estas diásporas[8] se hizo inminente cuando se consolidaron comunidades profundamente arraigadas al nuevo territorio, pero vinculadas a su país de origen (comunidades transnacionales), fue entonces que para los países de origen su sola presencia se convirtió en un desafío, ya que la exclusión estructural de los migrantes al no tener ningún tipo de reconocimiento formal por parte del Estado, cuestiona el sistema democrático en su conjunto (Soysal, 1994). Ante esto algunos de estos países comenzaron a elaborar distintas estrategias para incorporarlos,[9] y así, de manera incipiente y aún con fallas, en distintos países se dio un proceso de ampliación de derechos sociales y civiles para los extranjeros, acorde con el avance del discurso democrático contemporáneo que exalta los derechos vinculados a la condición de persona, tales como libertades individuales o estándares mínimos de vida —educación gratuita y en su caso bilingüe, acceso a servicios médicos, protección social básica— (Brubaker, 1989; Martinello, 1995; Bauböck, 1994a).

A pesar de las restricciones que algunas leyes migratorias han puesto en vigor, como ocurre con la Ley de Extranjería Española de 2000

---

[8] Por diásporas nos referimos a todas aquellas comunidades que tienen una población diseminada en diferentes regiones del mundo y que mantienen vínculos y lazos de identidad entre sí. Supone una herencia cultural pero no necesariamente alude a una relación con el territorio o el Estado-nación. Esta expresión ha adquirido un dominio semántico mucho más amplio que el que tenía tradicionalmente, y "es crecientemente utilizada por personas desplazadas que sienten, mantienen, inventan o reviven una conexión con una tierra de origen". El discurso de la diáspora refleja un sentimiento de pertenencia a una red transnacional, que incluye a personas dispersas que mantienen un sentimiento de su "uniqueness" y un interés en la tierra de origen. La diáspora es, por lo tanto, una construcción social fundada en el sentimiento, conciencia, memoria, mitología, historia, narrativas, identidad de grupos, sueños, elementos virtuales y alegóricos.

[9] De acuerdo con Yasemil Soysal lo importante es tener en cuenta que cada país ha desarrollado estrategias y arreglos institucionales hacia sus comunidades de extranjeros de acuerdo con su propia naturaleza. Así, no es la misma política de parte del gobierno francés o el alemán hacia sus migrantes.

(Agrela, 2002), prácticamente todas las constituciones políticas de los países miembros de la Comunidad Económica Europea contienen reglamentaciones sobre derechos humanos y sobre libertades civiles, lo que implica que no se puede discriminar sobre credo, idioma, género o raza y el Estado se vuelve el garante de estos derechos.[10] Entre algunos de los derechos sociales y civiles más respetados está el que prevé que en todos los países receptores de migrantes los niños extranjeros tienen el derecho y la obligación de ir a la escuela independientemente de su estatus jurídico.[11] Además, hay un acuerdo generalizado sobre no restringir el acceso hacia ningún tipo de institución educativa, cultural o de investigación a los extranjeros por el hecho de serlo. Otro de los beneficios más comunes es que en los países que reciben el mayor número de migrantes se han establecido clases especiales para integrar a los niños a la cultura y al idioma local. Esto hace que a pesar del debate que suscita el tema, por ejemplo, el derecho a la educación bilingüe, se mantenga como uno de los derechos fundamentales de los migrantes, de tal forma que simplemente en Estados Unidos, aun con la ola conservadora respecto a la migración, se imparten clases bilingües en más de 20 idiomas distintos, siendo el más amplio el dirigido a niños latinos (Chávez y Montoya, 2000).

Un hecho que es común en las políticas migratorias es que la mayoría de los gobiernos asumen ellos mismos la responsabilidad de dar clases del idioma y cultura originaria del grupo, pero esto no es un reconocimiento automático a la diversidad, sino que tiene por objeto suprimir los intentos de las minorías de fundar escuelas privadas exclusivas para el grupo, argumentando que este aislamiento impedirá que se logre una integración a la sociedad mayoritaria. Aunque este argumento resulta razonable, en realidad el hecho de que los gobiernos intervengan en la educación de los inmigrantes no se debe sólo al debate profundo que suscita el tema al interior de cada una de estas sociedades, sino que además, para cada gobierno, esta es una vía para mantener un mayor control sobre estas comunidades.

---

[10] Se considera que la más avanzada de estas legislaciones contra la discriminación es la británica, seguida por Francia y Dinamarca (Reuter, 1990).

[11] Precisamente la nueva ley migratoria estadunidense condiciona este derecho ampliamente aceptado, por lo que se considera un retroceso en términos de derechos humanos donde a diferencia de los países europeos, las leyes estadunidenses buscan eliminar derechos en lugar de regularlos de manera diferente o reestructurarlos.

En el caso de la educación religiosa, en algunos países el mismo Estado la subsidia y coordina pese a su condición laica, republicana o liberal. La intención manifiesta de los Estados es contrarrestar la influencia de los grupos extremistas que comúnmente fundan escuelas religiosas aislando a los niños y jóvenes en un contexto exclusivamente étnico y religioso. Para el Estado, por ejemplo en Francia y Alemania, asumir un papel activo en la impartición de lecciones sobre el Corán para niños musulmanes es una forma de mantener el control sobre tendencias ortodoxas que llegan a traducirse en posiciones fascistas en algunos casos (Silverman, 1992).[12]

Un elemento central en el acceso a derechos a los extranjeros es que generalmente éstos dependen del tipo de residencia y permiso de trabajo que consiguen, por eso hay una clara distinción entre los derechos que adquieren aquellos que gozan de una condición de residencia legal, de aquellos que son migrantes sin permisos de trabajo y estancia (indocumentados). Así, aunque el estatus legal determina lo amplio o restringido que puede ser el acceso a derechos sociales y civiles, hay un piso básico de derechos que la simple condición humana y el apego a normas internacionales obliga a tener en cada uno de estos países. Teniendo en cuenta este matiz, podemos decir que actualmente países como Alemania, Francia, Inglaterra e incluso Estados Unidos permiten a los extranjeros: sindicalizarse, gozar de libertad de empleo y residencia, acceder a un seguro de desempleo y a un seguro médico, tener beneficios sociales (*welfare benefits*), y además poder ser empleador. Podemos agregar a esta lista de derechos sociales y civiles el hecho de que en prácticamente todos los países existen becas y beneficios para estudiantes que no requieren ser ciudadanos. A pesar de la amplia gama de derechos sociales y civiles hay restricciones en empleos del servicio público que sólo los ciudadanos pueden tener, por ejemplo, el ser maestro de educación básica o miembro de un jurado civil en Estados Unidos.

En la discusión y estrategia de cómo incorporar a los extranjeros migrantes hay una serie de puntos básicos en donde ha habido un avance, sin embargo, el tema que genera un debate más amplio es el de los

---

[12] Actualmente 2 200 000 musulmanes viven en Francia, igual número en Alemania y 1 300 000 en Inglaterra. Se calcula que en toda Europa hay entre 8 000 000 y 10 000 000 de musulmanes. "Muslim Europe, How Will a Rising Islamic Population Change the Continent?", *News Week*, 9 de mayo de 1995.

derechos políticos, porque justamente ese paso implica una aceptación tácita, ya no sólo de la presencia de distintos grupos como parte del colectivo, sino de su incorporación plena a la sociedad en que radican. Y es este argumento el que nos lleva a nuestro punto de arranque.

El problema de no acceder a derechos políticos plenos es un tema que adquiere trascendencia porque plantea un desafío teórico, filosófico y por su puesto también de viabilidad política al pensar en los alcances de la democracia. Esto explica, por lo tanto, por qué para los países receptores establecer derechos políticos a quienes no ostentan la condición de ciudadano formal (libertad de expresión, de asamblea, de voto) sigue siendo una discusión vigente. En algunos casos se han otorgado cierto tipo de derechos políticos, por ejemplo en Alemania, donde la ley sobre la asociación de los extranjeros hace extensivas todas las libertades civiles a los extranjeros y permite a los no ciudadanos unirse a organizaciones sociales y culturales. Sin embargo, estas asociaciones se prohíben cuando el Estado considera que "ponen en peligro" el orden público y la seguridad, lo que generalmente ocurre cuando los grupos llegan a tomar una posición crítica frente al Estado.

En Francia, donde los residentes permanentes adquirieron la mayoría de sus derechos sociales con las reformas de 1981, sin embargo, a pesar de que se autorizan las asociaciones de extranjeros, éstas pueden ser disueltas al momento que la autoridad "sospeche" que contravienen el orden legal, lo que justamente imprime una diferencia muy sutil, pero real, en el hecho de que estas organizaciones de extranjeros aunque pueden existir, en realidad no es verdad que pueden actuar igual que como lo haría una organización de ciudadanos.

Así, si bien los logros sociales y civiles para los extranjeros son indiscutibles, sobre todo si se considera que hasta los años setenta estaba prohibido todo tipo de organización de migrantes en la mayoría de los países de Europa; sin embargo, al no poder participar plenamente en el sistema político en el cual viven, sus derechos siguen estando sumamente limitados, lo que mantiene su marginalidad económica y política convirtiéndolos en blanco de las movilizaciones de los extremistas de derecha de cada país, tal como ocurre en países como Alemania, donde a pesar de las leyes antidiscriminatorias, los extranjeros han sufrido el hostigamiento y persecución de grupos neonazis, o en Estados Unidos, donde a pesar de que representan 9% de la población total no están en condiciones de manifestarse u oponerse por la vía electoral a leyes que les afectan de una manera directa (Iniciativa 187 de California, Ley Migratoria de 1996, Acciones contra extranjeros a raíz de los ataques terroristas de 2001).

En algunos países de migración activa se ha avanzado institucionalizando prácticas, instrumentos políticos y arreglos organizacionales para incorporar a los trabajadores extranjeros y otorgarles ciertos derechos políticos que permiten, en algunos casos, votar en elecciones municipales (Brubaker, 1989; Miller, 1989), aunque esto no sea suficiente, porque las medidas que afectan a los migrantes generalmente se deciden en elecciones nacionales (como las reformas a la migración). Algunos países han ensayado propuestas para buscar formas de inclusión política de los extranjeros a partir de ciertas consideraciones, como el tiempo de residencia que llevan los migrantes en un país (Hammar, 1990), o inclusive en la evolución de proporcionar derechos iguales a nacionales y extranjeros (Martinello *et al.*, 2002).

Lo central de este proceso es que es un debate que ha sido un tema principalmente desarrollado en los países receptores donde el énfasis se ha concentrado en cómo ampliar los derechos políticos, concretamente a través del proceso electoral, porque es en ese nivel, en la política concreta, donde se considera que se ubica la barrera para que los extranjeros puedan romper con el cerco de la marginalidad a la cual su condición los orilla (Bauböck, 1994a).

## EL OTRO LADO DE LA LUNA: POLÍTICA TRANSNACIONAL HACIA LOS PAÍSES DE ORIGEN

Si bien este debate es propio de los países receptores de migrantes, por lo tanto democracias industriales (países ricos), lo importante es que ha creado un marco de referencia que ha puesto en movimiento conceptos largamente aceptados. Por eso sería un error creer que este debate, aunque más desarrollado en dichos países, se restringe a esos espacios geográficos. En realidad sus planteamientos teórico-filosóficos han permeado muchos de los procesos que desde otras latitudes, en este caso, los países de origen de los migrantes se están desarrollando, por lo que aunque la discusión sobre la conservación y en su caso ampliación de derechos políticos para los ciudadanos de los países de origen fue una preocupación menor por mucho tiempo, actualmente es un tema de la agenda política de prácticamente todo Estado-nación. Por irónico que parezca, es sumamente reciente que los gobiernos y las sociedades de los países de origen de los migrantes están desarrollando una visión más amplia para enfrentar imaginativamente los procesos que este fenómeno en conjunto trae consigo. La tardanza en construir una política hacia los que han emigrado tiene raíces tan profundas como el hecho de que dichos sujetos han sido parte del discurso con el cual cada Estado alimentó en la identidad colectiva de sus pueblos la idea de patria, abierta al exterior o defensiva a éste. Así, dependiendo de las bases sobre las que se constituyó cada nacionalismo, los migrantes han representado simplemente a los que se fueron a probar fortuna, o en casos extremos se los señala como cobardes, desertores o traidores. En algunas sociedades migrar ha sido representado como pérdida de identidad que se ha expresado a través de señalamientos como "apochados, agringados" (México), "curperizados" (Paraguay), "cadenús" (República Dominicana), y hasta "gusanos" (Cuba), ejemplos de algunos de los fuertes calificativos que en algunos países los migrantes han recibido en algunas sociedades en diferentes momentos de su historia patria. Esta construcción social del migrante está lejos de ser inocente o meramente coloquial, sino que es una definición que sigue teniendo una profunda carga simbólica que influye y justifica la posición política que cada Estado asume hacia sus propios migrantes (sean sus ciudadanos en el exterior o los extranjeros radicados en cada país).[13]

La relación de los ciudadanos emigrados con sus países de origen es de esta manera uno de los capítulos más novedosos dentro del proceso migratorio. Desde la perspectiva teórica del transnacionalismo se ha resaltado sobradamente la persistencia histórica de un fuerte vínculo de los migrantes con sus sociedades de origen, el cual se ha intensificado en la actualidad dadas las condiciones que ofrece el avance tecnológico plasmado en más y mejores medios de comunicación (entre otros, distintos tipos de transporte terrestre y aéreo, teléfono, fax, correo electrónico) (Smith, 1997; Portes, 1996; Calderón, 1999), cuyo proceso ha permitido registrar múltiples ejemplos de una experiencia migratoria

---

[13] Un caso extremo es el mexicano donde por largo tiempo el Estado alimentó la idea de los migrantes como los que irremediablemente se americanizaban. El polo opuesto, con igual tono de exageración, es la nueva visión que el gobierno de la transición política impulsó en la idea de que los migrantes deben ser considerados "héroes". Ambas perspectivas son, entendidas en su momento y proceso específico, excesivas, maniqueas y carentes de sustento.

dinámica donde la colectividad crea nuevas formas de convivencia que logran sobrevivir más allá de las fronteras (Mummert, 1999; Velasco Ortiz, 2002). Sin embargo esta perspectiva que se ha centrado en una reconstrucción de los procesos sociales y culturales que tradicionalmente las comunidades mantienen y recrean, ha explorado poco en el papel que los Estados de origen tiene en este proceso donde las medidas legales y políticas tendientes a conservar los lazos entre ambos polos establecen un vínculo político muy distinto al de un apego efectivo al terruño, que tiene un profundo impacto en la vida de los sujetos.

Así, programas tendientes tanto a impulsar el retorno como a mantener los vínculos de identidad y ciudadanía con las poblaciones dispersas en distintos lugares, forma parte de esta relación entre los Estados y sus diásporas que abarca programas sobre conservación de tradiciones culturales, de la lengua o de cualquier tipo de identificaciones simbólicas. Algunos Estados de fuerte emigración han desarrollado políticas para mantener vivas la cohesión étnica o la identidad nacional como un mecanismos de estímulo a la conservación de los vínculos con sus poblaciones emigradas. Esto busca preservar vivo el sentimiento nacional, pero también capitalizar positivamente las pérdidas ocasionadas a la sociedad por la emigración, ya sea mediante la canalización de las remesas de dinero o mediante la recuperación de especializaciones y conocimientos de que disponen los emigrantes, como consecuencia de su inserción laboral o educativa en sociedades técnicamente más avanzadas (Mármora, 1997).

Como efecto de esta nueva dinámica se ha fortalecido una amplia red de política transnacional que ha contribuido a reforzar no sólo la creación de estrategias y programas dirigidos a los migrantes, sino, sobre todo, a una mayor participación política de éstos en sus países de origen (*homeland participation*) (Milles, 1989).[14] Esto es más evidente sobre todo en aquellos países donde el tema de la transición democrática se ha vuelto central, en esos casos, las comunidades de migrantes no sólo han participado al convertir el espacio internacional en que radican en una extensión de la arena política de sus países de origen, sino que por su fuerza y dinamismo han logrado, en muchos casos, conver-

---

[14] En muchos casos la promulgación de la legislación que permita el voto desde el exterior ocurre en momentos clave del proceso de afirmación o consolidación de los sistemas democráticos nacionales, consecuentes con una extensión de los derechos de ciudadanía, preponderantemente de carácter político.

tirse en verdaderos agentes políticos del cambio, representando en algunos casos, "un exilio democratizador".[15]

## CIUDADANÍA SIN RESERVAS

Las políticas de vinculación de poblaciones dispersas buscan revertir los costos para los Estados de origen de la pérdida que causa la emigración y sobre todo beneficiarse de ella, principalmente a través de las remesas que es uno de los temas que concentra la mayor atención de los gobiernos de origen de estos migrantes, quienes para lograr este objetivo apelan a los sentimientos identitarios de los migrantes, las responsabilidades afectivas con sus familias y los deberes cívicos de ayudar a la comunidad. Esto ha hecho que los sujetos expresen de manera pragmática la contradicción compleja entre la pertenencia formal a un Estado donde no se está (su país de origen), y la residencia efectiva en una nación a la que no pertenecen, al menos formalmente (país de destino). Este proceso ha constituido a una colectividad donde los sujetos comparten deberes de ciudadanos más allá del espacio geográficamente definido como la nación. Y es aquí, en este punto, desde la parte de la extensión de responsabilidades y compromisos donde los derechos políticos se han convertido en una especie de recompensa y reconocimiento desde el punto de vista legal para los ciudadanos que radican en el exterior, más allá del hecho de haber adoptado otra ciudadanía.[16] Esto explica que la extensión de algunos de los derechos de ciudadanía (derecho al voto, total o restringido a elecciones parciales o locales) constitu-

---

[15] Denominamos exilio democratizador en el sentido de que constituyen un actor simbólico que desde el exterior apoya la transición democrática, y con su presencia de alguna manera contribuyen a legitimar el nuevo orden político. Un caso excepcional de esta experiencia es el caso haitiano donde la comunidad migrante se convirtió en verdadero agente democratizador, tanto al momento de apoyar el fin de la dictadura, como al exigir el regreso del exilio del presidente democráticamente electo, Aristide. Se trata de una comunidad que experimentó un proceso de politización inevitable ante los cambios políticos que se sucedían en su país de origen, pero que logró presionar desde el exterior dada su condición de grupo que ha logrado salir de los canales tradicionales de la política local (Michel, 2002).

[16] Parte de esta demanda incluye cambios a las leyes de nacionalidad que ha sido uno de los elementos más sentidos por la comunidad migrante, porque implica formalmente la creación de una nueva forma de membresía que generalmente reconoce la posibilidad de múltiple nacionalidad sin castigo con la pérdida de la nacionalidad de origen. Dado que nacionalidad y ciudadanía son conceptos que generalmente se consideran equivalentes (como pertenencia al colectivo, como derechos políticos), al demandar la posible doble nacionalidad se esta pensando en una membresía total, es decir, la condición política plena que incluye el voto. Pocos

ya el factor más importante que reclaman los migrantes a sus propios Estados de origen.[17]

El elemento que cristaliza la demanda de participación política de los migrantes en sus sociedades de origen se centra en el voto, no porque no se desarrollen otras expresiones de participación política (Calderón y Martínez, 2002), sino porque el voto es la forma más simple y directa para influir en el sistema político. Además, para los migrantes el derecho al voto representa las dos caras de la experiencia que viene en universos políticos antagónicos. Por un lado, revela la marginalidad política que viven en el país receptor, pues dado que es un derecho político reservado para los ciudadanos del país, esto les recuerda que como extranjeros no están en condiciones de influir en los procesos políticos. Y por el otro lado, dado que el voto es cada vez más un instrumento aceptado en todos aquellos países de incipientes democracias de los que mayoritariamente proceden los migrantes (el caso de México, Turquía, Nicaragua, Guatemala o El Salvador, por mencionar algunos), adquiere un significado no sólo político, sino que es también una expresión de pertenencia, un refrendo de su condición de miembro activo del colectivo al que pertenecen. Tener derecho al voto es, por lo tanto, sólo la punta del iceberg de toda una lucha política más amplia de la cual los migrantes son partícipes aun en la distancia.

El voto por sí mismo, ciertamente, no modifica la condición desigual de los migrantes, pero es un nivel mínimo básico para redefinir su situación marginal desde un espacio político formal. Con el voto no acaba la desigualdad, pero sin él no hay forma de redistribuir el poder y permitirle a los grupos marginados contar con cierta capacidad de influencia política.[18]

---

países hacen una clara distinción entre ciudadanía y nacionalidad, como ocurre por ejemplo en el caso de México incluido en este volumen.

[17] Por ejemplo la Convención Europea sobre la Nacionalidad, firmada en noviembre de 1997 y que entró en vigor en marzo de 2000, encara el asunto de la múltiple nacionalidad en una forma flexible y neutra, no entendiéndola como algo indeseable. Confirma la múltiple nacionalidad en el caso de matrimonios mixtos y de sus descendientes (art. 14), remite a los ordenamientos jurídicos nacionales la capacidad de aceptación de esta situación, tanto en el caso de la nacionalidad originaria, como de la nacionalidad por naturalización (art. 15). Un avance adicional señala que la afirmación de que la doble nacionalidad no se puede traducir en una reducción de los derechos de ciudadanía en el país de residencia y nacionalidad (art. 17).

[18] El voto es sólo la síntesis de un proceso histórico, simboliza la máxima expresión de participación cívica, al mismo tiempo que se considera un instrumento inigualable para que los ciudadanos influyan sobre los procesos políticos. Además, no implica un ejercicio político permanente, sino que es un refrendo de la condición de ciudadano lo que lo hace más universal.

A partir de este interés e involucramiento en la política del país de origen se ha establecido una relación novedosa de estos ciudadanos en el extranjero con los grupos y partidos políticos de su país, que han visto cada vez más a los migrantes como potenciales votantes. Por su interés, su influencia sobre sus mismas comunidades de expulsión y por el hecho de que algunos cuentan con mayor capacidad económica, esto ha convertido a quienes se involucran en el proceso político local en verdaderos actores políticos con enorme peso en su comunidad (Moctezuma, 2000), pero también se ha visto que entre aquellos que no les interesa la participación constante, su condición de migrantes los mantiene en contacto con la realidad de su país de origen, ante lo cual opinan, reaccionan y en ocasiones cuestionan severamente (Calderón y Martínez, 2002).

Este proceso es parte de lo que como señalábamos al inicio de este capítulo, constituye parte de la discusión político-filosófica del futuro de la nación-Estado. Esta experiencia muestra que no es posible seguir pensando que las lealtades son únicas, pues al trasladar la discusión de los derechos políticos de los migrantes a la vida de personas concretas queda claro que la dinámica que muestran rebasa los marcos rígidos que definen las fronteras geográficas. Hace evidente también en la necesidad de un tipo de ciudadanía flexible, pragmática, que sea un carnet básico de derechos universalmente reconocidos sin menoscabo del lugar donde se encuentre cada persona, sobre todo porque dada la creciente movilidad territorial, todos somos potencialmente migrantes.[19]

---

[19] Al respecto en una crítica al sistema prevaleciente, Michael Hardt y Antonio Negri, señalan el desafío que representa el proceso migratorio al mencionar en sus propias palabras que, "Un fantasma recorre el mundo, es el fantasma de la migración. Todas las potencias del mundo antiguo se han aliado en una despiadada operación para impedirla, pero el movimiento es irresistible. Junto al éxodo del llamado tercer mundo, se registran corrientes de refugiados políticos y transferencias de trabajadores que realizan tareas intelectuales, además de los movimientos masivos del proletariado agrícola, fabril y de servicio. Los movimientos legales y documentados son insignificantes en comparación con las olas de migración clandestina: las fronteras de la soberanía nacional son tamices y todo intento de ejercer una regulación completa choca contra una violenta presión. Los economistas tratan de explicar este fenómeno a través de ecuaciones y modelos, que aunque fueran completos no explicarían ese deseo incontrolable de moverse libremente. En efecto, el motor que impulsa, negativamente, todos esos movimientos es la deserción de los miserables, de las condiciones culturales y materiales de la reproducción imperial; pero lo que impulsa positivamente es la riqueza del deseo y la acumulación de capacidades expresivas y productivas que los procesos de globalización determinaron en la conciencia de cada individuo y de cada grupo social, y por lo tanto, cierta esperanza. La deserción y el éxodo son una potente forma de lucha de clases que se da en el seno

## EL VOTO EN EL EXTERIOR: EXPERIENCIAS, CONSTANCIAS, LECCIONES

El tema del voto en el exterior es un tema frontera de conocimiento debido a que es un proceso que articula nuevas realidades, como es la migración internacional en el marco de la globalización, que, como hemos visto, ha creado un contexto en el que los Estados buscan afirmar los nexos entre la nación presente y la nación ausente. Como derecho político vigente se practica desde hace más de 50 años, como ocurre en algunas democracias europeas,[20] sin embargo, fue hasta la década de los ochenta que esta práctica se empezó a generalizar a la mayoría de los países. La principal razón para que este proceso se extendiera se debió a la ola de transición democrática que abarcó distintos países del planeta. El marco de la democratización es el eje central de este proceso, ya que es en ese escenario donde el voto es un símbolo de la reivindicación ciudadana, y la extensión de derechos políticos el termómetro para medir los avances de toda incipiente democracia.[21] La ampliación de este derecho más allá de las fronteras forma parte de este proceso, pero de alguna manera lo pone a prueba, porque cuestiona la capacidad y voluntad de cada Estado de asumir un modelo democrático, que al mismo tiempo sea capaz de ajustarse a las características de los "tiempos modernos", en el sentido de incorporar leyes que contemplan los nuevos desafíos, como la utilización de la tecnología, el reconocimiento de estructuras supranacionales, o la experiencia de ejercicio político transnacional. Pero el desafío más grande, a pesar de lo extendido de esta práctica, es que cada Estado garantice plenamente derechos políticos a todo ciudadano más allá de encontrarse ausente del territorio nacional. Y tal como lo hemos señalado, la complejidad de este proceso ciertamente perturba la esencia misma del Estado-nación, pues le urge actualizarse a las circunstancias contemporáneas.

---

de la posmodernidad imperial y contra ella. Sin embargo, esta movilidad constituye aún un nivel de lucha espontáneo y, como lo hicimos notar antes, la mayoría de las veces sólo conduce a una nueva condición de desarraigo, pobreza y miseria" (Negri y Hardt, 2002:202).

[20] Inglaterra fue el primer país en reglamentar el voto en el exterior en 1951.

[21] Países como Armenia, Bosnia, Eritrea y Sudáfrica, son ejemplos contundentes del binomio transición democrática y voto en el exterior. En estos países se dieron cambios de régimen político, y en cada caso la comunidad en el exterior fue considerada para participar en el proceso electoral. En Sudáfrica, por ejemplo, la comunidad de sudáfricanos en el exterior representa 30% de la población total que con su voto definió la elección del candidato Mandela.

Dentro de este debate hay una serie de argumentos recurrentes que abre el tema del derecho al voto en el exterior. Se trata de puntos que rebasan la perspectiva técnico electoral del tema ubicándolo en una perspectiva más amplia por los señalamientos a que dan lugar. Los más importantes son:

1) El voto en el exterior mina la soberanía de los Estados-nación. Desde una perspectiva tradicional de este concepto es verdad que el problema que plantea este tema contradice la idea clásica de soberanía, al igual que lo hacen el nuevo marco de intercambios mercantiles transnacionales, el nuevo marco de telecomunicaciones, las instancias supranacionales de todo tipo y temas como la búsqueda de justicia internacional. Todas estas nuevas figuras representan un desafío directo a las nociones que tradicionalmente definieron la configuración jurídico-política del mundo contemporáneo. Esto es un fenómeno que abarca más de un proceso que define la lógica actual. No obstante, este proceso muestra una paradoja en tanto que, si por un lado, procesos como el ejercicio político transnacional (voto en el exterior) mina el sentido clásico de nociones como soberanía o fronteras, también es un mecanismo que lejos de debilitar al Estado-nación lo fortalece, ya que la demanda de reconocimiento político formal de parte de los migrantes hace que esta figura teórico-jurídica se mantenga como la estructura central del ordenamiento político. De tal forma que la demanda por derechos políticos legitima a la misma estructura y fortalece al Estado-nación.

2) Los migrantes pueden definir una elección. Un principio básico de la democracia supone que los ciudadanos tienen la plena confianza de que pueden influir en el sistema político mediante su voto. Es una cuestión de credibilidad sobre la que descansa toda la eficacia del sistema político. Por lo tanto, un elemento eje de esta discusión es que el voto de un ciudadano tiene el mismo valor, lo que implica que el voto de un ciudadano, independientemente de su lugar de residencia, efectivamente tendría el mismo peso y oportunidad. Esta idea, lejos de atemorizar fortalece los principios del sistema democrático, porque avanza en el principio de "un ciudadano, un voto", cuyo poder de incidir se da sin menoscabo de credo, religión, sexo, edad, raza o lugar de residencia.[22]

_____

[22] El valor igualitario del voto es un tema central del avance del proceso democrático. Como ejemplo podemos señalar lo que ocurrió después de la guerra civil estadunidense (1865), cuando se dio el primer paso en la extensión de derechos ciudadanos a los negros del

En los países en donde el contingente emigrado corresponde a una parte sustancial de la población nacional (como México o Portugal) esta problemática asume un mayor realce, pues se exacerba el potencial político de dichas comunidades en el exterior; sin embargo, si no existiera esta mínima garantía de poder influir y determinar el resultado de una elección entonces el proceso democrático en su conjunto no tendría sustento alguno.

3) Los migrantes deben mostrar mayor interés, entusiasmo y compromiso político para merecer el derecho de ser incluidos de manera formal al proceso político de su país de origen. Este argumento revela en sí mismo dos contradicciones, por un lado, una sobreexigencia injustificada a quienes radican en el exterior, por encima de lo que se demanda a cualquier otro ciudadano radicando en el territorio. Esta idea en principio contradice el sentido básico de la democracia, ya que la ciudadanía es un derecho de todos los miembros de un colectivo social, mientras que ejercer una práctica política constante es una elección personal. Esto quiere decir que el Estado tiene la responsabilidad de otorgar los medios para que los ciudadanos participen, pero es atributo de éstos hacerlo o no.[23] Por otro lado, la demanda excesiva de que los migrantes demuestren su interés por participar es un argumento que resta sentido al acto mismo de votar, ya que una de las bondades del sufragio es que es un ejercicio político que universaliza la participación, ya que incorpora no sólo a los ciudadanos ejemplares,[24] sino a quienes no tienen interés por un activismo permanente, pero quieren opinar, influir, expresarse. Demandar de los migrantes un interés, involucramiento y participación más activa que lo que se demanda al resto de la ciudadanía es, por lo tanto, una falacia desde la lógica democrática más básica.

---

sur, lo que implicaba que su voto tendría un peso específico al momento de ser emitido. Ante esto, algunos grupos decidieron que dado que el número de ciudadanos negros podría definir una elección, era preferible que el voto de los miembros de esa comunidad valiera ¾ partes del voto de un ciudadano blanco. Obviamente esta aberración al sistema democrático cayó por su propio peso histórico y político.

[23] Aun en países donde el voto es obligatorio los ciudadanos tienen mecanismos para justificar su abstención. Precisamente en varios de los casos incluidos en este volumen se plantea esta situación.

[24] En alusión a un tipo ideal de ciudadano que fuera comprometido, participativo, interesado e informado permanentemente del proceso político. Muchos analistas han discutido al respecto cómo una situación extraordinaria, en tanto que el ciudadano promedio, muestra un nivel medianamente aceptable de participación e involucramiento, sobre todo durante las coyunturas políticas más importantes (Almond y Verba, 1970).

4) Se cuestiona el comportamiento político de los migrantes. Aunque la migración como proceso internacional es centralmente económica, sin embargo en relación con este tema, en el imaginario social permanece la impresión de que la migración es política.[25] Este argumento ha servido para sustentar la idea de que los migrantes son opositores que alimentarán a los bandos críticos de cada país, aunque se trata de un argumento que no tiene ningún sustento desde la perspectiva de los casos analizados, salvo cuando se trata de coyunturas donde se definió la transición política de un régimen político, ante lo cual, en distintos ejemplos, la comunidad en el exterior se constituyó como un "exilio democratizador". Sin embargo, en procesos donde funciona regularmente el mecanismo de alternancia política, lo que se observa de manera repetida es que los migrantes de alguna manera "espejean" la diversidad política de su país de origen, es decir, reproducen las posiciones, intereses y grupos de cada país. Esta es una constante que se observa en prácticamente todas las experiencias políticas transnacionales y es una muestra de la diversidad política que las comunidades en el exterior representan al contener, en general, la riqueza de preferencias partidistas de cada país. Además, dichas preferencias partidistas, posiciones políticas o ideas respecto al proceso político no pueden ser, en ningún caso, un argumento para cuestionar el otorgar derechos políticos a un ciudadano. El hecho de cuestionar el comportamiento político de los sujetos al otorgarles derechos políticos sólo sirvió para negárselos a distintos grupos como mujeres, minorías raciales, ante quienes se argumentó que su comportamiento político podía ser fácilmente influible o determinado por su desconocimiento. Dichos argumentos se consideran completamente rebasados desde el discurso democrático más elemental.

5) Las dificultades para realizar elecciones en el exterior se deben al tamaño de la comunidad que radica en el exterior. Este argumento sólo se utiliza en aquellos casos donde la demanda no ha sido contemplada o ha sido postergada por largo tiempo (México, Chile). La proporción de migrantes entre países varía, sin embargo, lo central es que en la mayoría de los casos es significativa.[26] Ciertamente, el número de migrantes en términos absolutos es significativamente mayor para algunos países,

---

[25] Obviamente hay migraciones evidentemente políticas, pero no es la generalidad.
[26] Por ejemplo, 10% de la población colombiana es migrante al igual que en el caso de México, 15% de la uruguaya, 30% la portuguesa.

pero esto en general coincide a su vez con el tamaño de la población en el interior del país.[27] La experiencia internacional muestra que la respuesta a la demanda del voto en el exterior no es un problema técnico, ni demográfico, sino de definición política interna, por lo tanto, de una redefinición de la idea de nación que se tiene, que se quiere.

6) Se deben reconocer derechos políticos a los migrantes porque mandan remesas a sus países. El tema de las remesas se han convertido en un mecanismo de "empoderamiento" ciudadano para los migrantes, es decir, se han vuelto un medio que ha fortalecido su condición de sujetos políticos dado el poder económico que representan.[28] Este punto es sumamente delicado, pues se han convertido en una de las trampas más peligrosas dentro de este debate desde diferentes consideraciones. En primer lugar, la idea generalmente utilizada tanto por los Estados como por los miembros de las diásporas para respaldar la demanda de derechos políticos basados en el poder económico con que éstos cuentan, contradice principios básicos de los fundamentos de la democracia contemporánea.[29] Uno de los grandes avances políticos de la era moderna ha sido la paulatina eliminación de restricciones para acceder a la ciudadanía, por tanto volver al argumento del poder económico como factor que define la condición de ciudadano, o por lo menos en este caso, que justifica el reconocimiento de los migrantes como sujetos polí-

[27] Por ejemplo 10% de la población colombiana representa a 3 000 000 de sujetos, mientras que en el caso de México 10% de su población son 10 000 000 de habitantes, ciertamente hay diferencia, pero ésta está absolutamente relacionada con el tamaño del país.

[28] Dentro del orden económico neoliberal que se ha impuesto en la región en los últimos 20 años las remesas de los migrantes cumplen un papel fundamental, tanto como fuentes de divisas para balancear la cuenta corriente de la balanza de pagos, como también de fuente de ingreso para garantizar la supervivencia y el acceso a un nivel de vida medianamente aceptable para amplios sectores de la población. La importancia de las remesas se puede apreciar calculando la proporción del dinero ingresado por remesas dentro del total de lo recaudado por medio de las exportaciones de bienes, servicios e ingresos. En este sentido, es fundamental para el aparato del Estado garantizar el flujo de remesas. Así se explica el hecho de que el gobierno trate de establecer relaciones con la diáspora y trate de garantizar su seguridad en sus lugares de residencia. De aquí la exhortación y el apoyo de algunos gobiernos a los intentos de grupos de migrantes para participar en la vida política del país receptor. Para esto es fundamental la legislación de la doble ciudadanía, dado que sin ella muchas veces la primera generación de migrantes —que son aquellos que envían la mayor parte de las remesas— prefiere no adoptar la ciudadanía del país al que emigran (Itzigsohn, 2000).

[29] No hay un solo ejemplo donde el argumento del poder económico no haya sido central para que los Estados reaccionen ante las comunidades en el exterior, al mismo tiempo que es recurrente la utilización de este argumento por los miembros de las comunidades de migrantes para presionar por demandas específicas. Se entiende que políticamente haya servido como argumento por el efecto que ha causado, lo importante es que desde consideraciones de filosofía política básica simplemente es inaceptable.

ticos, es tanto como repetir los razonamientos instrumentales de hace dos siglos, cuando se daba un voto diferenciado de acuerdo a los ingresos de cada sujeto. El largo proceso histórico de ampliación de derechos políticos a todo miembro del colectivo más allá de su poder económico es uno de los avances más significativos de la democracia moderna y debe mantenerse como principio. La legitimidad de la demanda del voto de los migrantes es suficientemente válida por sí misma y sin consideración económica alguna, por lo que en el debate sobre el ejercicio político transnacional debe prevalecer la condición de ciudadanos de los migrantes independientemente si aportan o no divisas.

Una segunda consideración en torno a este mismo punto, es el hecho de que la ecuación remesas-poder político, aunque ha sido argumento central en este debate, en realidad pocas veces se ha traducido en la extensión de derechos ciudadanos. Hay casos de países en los cuales las remesas de migrantes han sido fundamentales para la vida económica, y sin embargo no han extendido los derechos ciudadanos a sus diásporas —por ejemplo, la España franquista, México, El Salvador y Cuba. En este sentido, lo que sigue siendo central en la respuesta que los Estados dan a la demanda del voto en el exterior se concentra en el proceso de consolidación democrática, tanto porque sin ella no existe la ciudadanía política efectiva, como porque en ese marco se desarrolla la democracia competitiva y los partidos políticos reconocen en los migrantes como potenciales votantes. Ciertamente los ingresos en dólares o euros de los migrantes son una fuente de ingresos económicos para el financiamiento de campañas políticas, lo cual es perfectamente válido en tanto obedezca las regulaciones que se aplican a cualquier ciudadano o grupo de acuerdo con la normatividad electoral de cada país.

7) El voto en el exterior muestra altos niveles de abstención, lo que lo vuelve inútil. La experiencia internacional muestra que aunque esto es cierto ya que sólo se ha registrado una participación excepcional desde el exterior en coyunturas muy precisas, sin embargo, esto no invalida el proceso como un mecanismo de extensión de derechos políticos, y pone el acento en otros elementos. Por un lado, el hecho de que el Estado debe garantizar el marco para la participación electoral a todo ciudadano, sin partir del supuesto de la alta abstención, que es un resultado electoral *a posteriori* que no le corresponde al mismo Estado evaluar de antemano y no puede ser, por lo tanto, un argumento para negar derechos políticos a ningún ciudadano. El comportamiento políti-

co de los sujetos y las actitudes de éstos hacia el sistema en su conjunto, es resultado de un proceso mucho más amplio, que es a su vez resultado de la existencia de un marco jurídico que garantice la inclusión de todos los miembros de la comunidad política. Asimismo, es responsabilidad de los Estados avanzar en la educación cívica de sus ciudadanos para garantizar que el voto se arraigue y mantenga como la forma más simple de refrendar el sistema democrático.

La experiencia internacional muestra además que aun cuando hay bajos índices de participación electoral transnacional, lo importante es crear un marco democrático que permita que cuando la participación política se active haya canales para que ésta se exprese. Es una forma de garantizar el estado de derecho y, sobre todo, de fomentar las vías de expresión política acotadas a las normas de la democracia, ya que en ausencia de estas vías se abre la posibilidad de que las expresiones políticas adquieran cualquier forma y ese es un verdadero peligro para el sistema en conjunto.

8) El problema del voto en el exterior abre el tema de la representación política y plantea nuevas formas de territorialización política. Si bien la participación política más generalizada se da en la participación política a nivel federal, principalmente en elecciones presidenciales, una demanda creciente en las distintas comunidades de migrantes es abrir nuevos canales de participación que no se restrinjan al voto, que suele diluir el peso político en el mapa nacional, sino que se den canales de participación a nivel local, ya que es en el municipio, la región, la comunidad de origen, donde el peso político potencial de los sujetos adquiere una forma más concreta. Además, aunque muchas de las medidas que les afectan directamente se deciden a nivel federal (políticas migratorias), es a nivel local donde se realizan ajustes en la vida cotidiana que les afectan directamente y de manera inmediata.

Junto con esta demanda se ha generalizado la propuesta de crear nuevas formas de representación política transnacional que incluyan nuevas circunscripciones políticas así como figuras políticas expresamente de migrantes. Esta posibilidad está vigente en distintos países (Colombia, España, Portugal), y ha abierto una nueva forma de territorializar la política. Este proceso ha llevado además a redimensionar la vieja estructura del papel del territorio en la definición de las identidades políticas, para abrir la perspectiva en que la experiencia política trasciende el espacio inmediato y se expande entre naciones.

Para concluir este capítulo introductorio podemos decir que el debate y las reformas producidas en torno al voto en el exterior son expresión de la necesidad de reforma institucional en sociedades complejas, donde la cuestión de fondo no es entender por qué a pesar de la distancia a los migrantes les interesa mantener vigente un vínculo político con su país de origen, sino asumir que esto ocurre y es cada vez más una experiencia generalizada en toda diáspora. Ante esto, la obligación del Estado debe seguir siendo la de garantizar derechos a todo ciudadano, que en este tema exigen un ajuste a las nuevas reglas del contexto internacional. Más allá de preferencias partidistas, tendencias electorales y posiciones encontradas, lo central es que la participación política transnacional abre posibilidades alguna vez imposibles de imaginar.

## Anexos

### Elementos que cruzan el debate

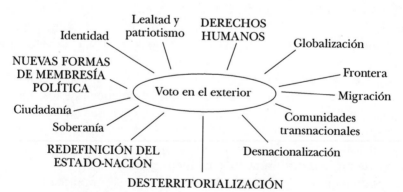

Cuadro del voto en el exterior en América

| País | Aprobado | | Año | Estado actual |
|------|----------|----|-----|---------------|
| | Sí | No | | |
| Argentina | 4 | — | 1993 | |
| Bolivia | — | 4 | | Contempla el voto pero no está reglamentado |
| Brasil | 4 | — | 1965 | |
| Canadá | 4 | — | Militares: década de los cuarenta, siglo XX Civiles: 1993 | |
| Colombia | 4 | — | Elección para - presidente: 1961 - senadores: 1991 y reglamentado en 1998 - representante: 1991 reglamentado en el 2000 | |
| Costa Rica | — | 4 | | Las reformas de 1997 al art. 95, inciso 4 de la Constitución lo facilitan, pero no está legislado el voto |
| Cuba | — | 4 | | Está prohibido el voto en el exterior |
| Chile | — | 4 | | No está definida la posibilidad del voto en el extranjero |
| Ecuador | 4 | — | 1998 | Según la reforma constitucional de 1998 al art. 27 lo permite y la reforma a la Ley de Elecciones de julio de 2000 la ratifica, pero aún no se ha puesto en práctica |

| País | Aprobado | | Año | Estado actual |
|---|---|---|---|---|
| | Sí | No | | |
| El Salvador | — | 4 | | No rechaza, pero tampoco está aprobado el voto en el exterior, pero existe una lucha por conseguirlo |
| Estados Unidos | 4 | — | Militares: 1955 Civiles: 1975 | En 1986, las legislaciones concernientes a los dos sectores de la población se unen en una: Ley de Sufragio en Ausencia para Ciudadanos Uniformados y en el Exterior |
| Guatemala | — | 4 | | |
| Haití | — | 4 | | No rechaza, ni aprueba el voto en el exterior, pero ya existen propuestas para ser tomado en cuenta |
| Honduras | 4 | — | 31 de mayo de 2001 | Se ejercerá en las elecciones de noviembre de 2001 |
| México | 4 | — | 1996 | Aprobado por la reforma a la fracción tercera del art. 36, pero no hay ley reglamentaria |
| Nicaragua | — | 4 | | Es posible la inscripción en el padrón electoral desde el exterior para aquellos que se encuentren fuera del país por motivos de trabajo, estudios, salud, negocios o de placer |
| Panamá | — | 4 | | Los ciudadanos residentes en el exterior pueden solicitar su inclusión en el registro electoral |
| Paraguay | — | 4 | | Existe una serie de manifestaciones públicas de los paraguayos que viven en el exterior |
| Perú | 4 | — | 1975 | |

| | | | | |
|---|---|---|---|---|
| República Dominicana | 4 | — | 1997 | Es un derecho reconocido por ley, pero aún no regulado e implantado |
| Uruguay | — | 4 | | No está permitido |
| Venezuela | 4 | — | 1998 | |

A continuación se ofrecen algunos de los datos más relevantes que la Subcomisión Internacional del Instituto Federal Electoral mexicano expuso en relación con el tema del voto en el exterior (1996)

La subcomisión analizó los casos de Armenia, Alemania, Argentina, Austria, Australia, Brasil, Bolivia, Bosnia, Canadá, Chile, Colombia, Dinamarca, Ecuador, España, Estados Unidos, Francia, Guinea, Israel, Italia, Noruega, Nueva Zelanda, Países Bajos, Perú, Polonia, Portugal, Reino Unido, República Dominicana, Rusia, Sudáfrica, Suecia y Venezuela. En todos éstos se permite el voto de todos o algunos de sus nacionales en el extranjero, siempre y cuando se cumpla con el requisito de ciudadanía y los votantes se encuentren inscritos, ya sea en el padrón electoral vigente o en un registro especial.

El voto en el exterior siempre contempla el voto por presidente o primer ministro. En algunos países se puede participar en las elecciones legislativas e incluso en otros hasta en los comicios locales o municipales.

Las modalidades del voto en el exterior son:

1) Por correo.
2) Centros de votación y casillas.
3) Por delegación o procuración.
4) Por medios electrónicos (Internet).

La ubicación de casillas en el exterior en la mayoría de los países se ubica en las oficinas diplomáticas o gubernamentales, algunos otros también habilitan espacios especiales adicionales.

Normalmente es utilizada una cédula de identidad. En algunos casos se acepta el pasaporte o cualquier documento que pruebe la ciudadanía.

Respecto a reglamentación de las campañas en el exterior sólo existe reglamentación en Portugal y Colombia, en el resto de los países sólo se prohíbe hacer campaña en los sitios de votación. En el caso de Estados Unidos y Gran Bretaña los partidos cuentan con oficinas en el exterior.

Los métodos de vigilancia varían dependiendo la tradición democrática de cada país. En Argentina, Brasil, Canadá, Colombia y Rusia los partidos políticos participan como fiscales del proceso.

No existen acuerdos bilaterales sobre el voto de los nacionales de un país en otro. Normalmente se da aviso, como una cortesía, al país anfitrión antes de los comicios. En ocasiones se solicita la ayuda de la policía local para garantizar la tranquilidad del evento.

Tres ejemplos del voto de los extranjeros en Estados Unidos y Canadá

| | | |
|---|---|---|
| Eritrea | Boletas y listas impresas en Eritrea | Participó 92% |
| Sudáfrica | El Consulado presentó la lista de votantes | El electorado en el extranjero se calculó en 428 461 y votaron 96 268 |

Armenia    Limita el voto en el extranjero    El material electoral se elaboró
              a la existencia de Embajada        en Armenia. 4,783 armenios
              o Consulado                    se inscribieron. Se emitieron
                                              un total de 1 843 votos, 27%
                                              de los inscritos

# BIBLIOGRAFÍA

Agnew, John, "Mapping Political Power Beyond State Boundaries: Territory, Identity and Movement in World Politics", *Milennium Journal of International Studies*, vol. 28, núm. 3, 1999, pp. 499-521.

Agrela, Belén, "La política de inmigración en España: reflexiones sobre la emergencia del discurso de la diferencia cultural", *Migraciones Internacionales*, El Colegio de la Frontera Norte, vol. 1, núm. 2, enero-junio 2002, México.

Ahmed, Ishtiaq, "Exit, Voice and Citizenship" en Thomas Hammar, Grete Brochmann *et al.*, *International Migration, Immobility and Development. Multidisciplinary Perspectives*, BERG, Oxford, 1997, pp. 159-185.

Alcántara, Manuel, *Sistemas políticos de América Latina: México, Centroamérica y el Caribe*, Editorial Tecnos, Madrid, 1999, t. II.

Almond, Gabriel y Sidney Verba, *La cultura cívica. Estudio sobre la participación política democrática en cinco naciones*, EURAMERICA, Madrid, 1970.

Álvarez Rodríguez, Aurelia, "La nueva ley española de extranjería ¿ruptura e incumplimiento de Tampere? ¿Innovación o seguimiento del modelo italiano?", *Migraciones*, Instituto Universitario sobre Migraciones/Universidad de Comillas, núm. 7, junio de 2000, España.

Anderson, Benedict, *Comunidades imaginadas. Reflexiones sobre el origen y la difusión del nacionalismo*, FCE, México, 1993.

Baca Olamendi, Laura, "¿Ciudadanía contingente o ciudadanía categórica? Tendencias en el debate contemporáneo", *Foro Internacional*, COLMEX, vol. XXXVI, núm. 4, octubre-diciembre de 1996, México, pp. 752-764.

Basch, Linda, Nina Glick Schiller y Cristina Szanton, *Nations Unbound. Transnationalism Projects, Postcolonial Predicaments and Deterritorialized Nation-States*, Gordon & Breach Publisher, Estados Unidos, 1994.

Bauböck, Rainer, *Transnational Citizenship. Membership and Rights in International Migration*, Edward Elgar Publishing/Institute for Advanced Studies, Vienna-Inglaterra, 1994a.

———— (comp.), *From Aliens to Citizens. Redefining the Status of Immigrants in Europe*, Aveubery, Estados Unidos, 1994b.

Beiner, Ronald (comp.), *Theorizing Citizenship*, State University Press of New York, Nueva York, 1995.

Bosniak, Linda S., "Universal Citizenship and the Problem of Alienage", *Northwestern University Law Review*, vol. 94, núm. 3, 2002, Estados Unidos, pp. 963-984.

————, "Citizenship Denationalized", *Indiana Journal of Global Studies*, vol. 7, núm. 2, julio de 2000, Estados Unidos, pp. 447-509.

Brubaker, William R., *Citizenship and Nationhood in France and Germany*, Harvard University Press, Massachusetts, 1992.

————, *Inmigration and the Politics of Citizenship in Europe and North America*, University Press of America, Londres-Nueva York, 1989.

Calderón Chelius, Leticia, "Ciudadanos inconformes. Nuevas formas de representación política en el marco de la experiencia migratoria: el caso de los migrantes mexicanos", *Revista Frontera Norte*, El Colegio de la Frontera Norte, vol. 11, núm. 21, 1999, Tijuana.

————, "Los convidados de piedra: migrantes y sus derechos políticos", *Memoria*, noviembre de 2000, México, pp. 24-32.

————, "Vivir a dos tiempos. Actitudes políticas de inmigrantes mexicanos", tesis de doctorado en Ciencias Sociales, FLACSO, México, 1997.

———— y Jesús Martínez, *La dimensión política de la migración mexicana*, Instituto Mora, México, 2002.

Canales, Alejandro y Chritian Zlolniski, "Comunidades transnacionales y migración en la era de la globalización" en Simposio sobre Migración Internacional en las Américas, CEPAL/CELADE/OIM, San José de Costa Rica, 4 al 6 de septiembre de 2000.

Cansino, César, *La transición mexicana 1997-2000*, Centro de Estudios de Política Comparada, México, 2000.

Castles, Stephen y Alastair Davidson, *Citizenship and Migration. Globalization and the Politics of Belonging*, Ardvark editorial, Malaysia, 2000.

Castles, Stephen y Mark J. Miller, *The Edge of Migration International Population Movements in the Modern World*, The Guilford Press, Nueva York, 1998.

Castro, Max (comp.), *Free Markets, Open Societies, Closed Borders? Trends in International Migration and Immigration Policy in the Americas*, University of Miami, North South Center Press, Florida, 1999.

Cebrián, Juan A., María Isabel Bodega y Ana M. López-Sala, "Migraciones internacionales: conceptos, modelos y políticas estatales", *Migraciones*, Instituto Universitario de Estudios sobre Migraciones/Universidad Pontificia Comillas, núm. 7, junio de 2000, Madrid, pp. 137-153.

Cesarani, David y Mary Fulbrook (comp.), *Citizenship, Nationality and Migration in Europe*, Routledge, Londres-Nueva York, 1996.

Chaffe, H., Steven y Seung-Mock Yang, "Communication and Political Socialization" en Orit Ichilov (comp.), *Political Socialization, Citizenship Education and Democracy*, Teachers College Press/Columbia University, Nueva York, 1990.

Chávez Ramos, Edith, "Voto en el exterior: la extensión de los derechos políticos en Argentina", tesis de licenciatura en Relaciones Internacionales, UNAM, México, 2000.

Chávez Torres, Perla Angélica y Liliana Montoya León, "El debate político en torno a la educación bilingüe en Estados Unidos: la experiencia de las comunidades mexicanas", tesis de licenciatura en Relaciones Internacionales, Universidad Iberoamericana, México, 2000.

Cortina, Adela, *Ciudadanos del mundo. Hacia una teoría de la ciudadanía*, Alianza Editorial, Barcelona, 1999.

Davis, Mike, *City of Quartz*, Verso Books, Nueva York, 1990.

Dutrénit, Silvia *et al.*, *Diversidad y dictadura: los partidos políticos en América Latina*, Instituto Mora, México, 1997.

Eckstein, Harry, "A Culturalist Theory of Political Change", *American Political Science Review*, vol. 82, núm. 3, septiembre 1988, Estados Unidos.

Escalante, Fernando, *Ciudadanos imaginarios*, COLMEX, México, 1993.

Falk, Richard, "Una revisión del cosmopolitismo" en Martha C. Nussbaum, *Los límites del patriotismo. Identidad, pertenencia y "ciudadanía mundial"*, Paidós, Barcelona, 1999, pp. 67-75.

García Canclini, Néstor, *Culturas híbridas, estrategias para salir y entrar de la modernidad*, Grijalbo/CONACULTA, México, 1990.

Giddens, Anthony, *Un mundo desbocado. Los efectos de la globalización en nuestras vidas*, Taurus, México, 2000.

Glick-Schiller, Nina, Linda Basch y Cristina Blanc-Szanton (comps.), *Towards a Transnational Perspective on Migration: Race, Class, Ethnicity and Nationalism Reconsidered*, New York Academy of Sciences, Nueva York, 1992.

González Aguirre, Erika, "La evolución de la extensión de los derechos políticos, el voto en el exterior, los casos de Estados Unidos y Canadá", tesis de licenciatura en Relaciones Internacionales, UNAM, México, 2000.

Guarnizo, Luis E. y Michael P. Smith, *Transnationalism From Below*, Comparative Urban and Community Research/Transaction Publications, Nueva Jersey, 1998, vol. 6.

Guellner, Ernest, *Naciones y nacionalismo*, Alianza editorial/CNCA, México, 1991.

Habermas, Jürgen, *La constelación postnacional*, Paidós, Buenos Aires, 2000.

————, *La inclusión del otro. Estudios de teoría política*, Paidós, Barcelona, 1999.

Hammar, Thomas, *Democracy and the Nation State, Aliens Denizens and Citizens in a World of International Migration*, Avebury/Billing & Sons Ltd, Worcester, Inglaterra, 1990.

————, Grete Brochmann *et al.*, *International Migration, Immobility and Development. Multidisciplinary Perspectives*, BERG, Nueva York, 1997.

Held, David, *La democracia y el orden global. Del Estado moderno al gobierno cosmopolita*, Paidós, Barcelona, 1995.

————, "Ciudadanía y autonomía", *Ágora. Cuaderno de Estudios Políticos*, núm. 7, invierno de 1997, Buenos Aires, pp. 43-71.

Hirschman, Albert O., *Salida, voz y lealtad*, Fondo de Cultura Económica, México, 1977.

Ignatieff, Michael, "The Myth of Citizenship" en Ronald Beiner (comp.), *Theorizing Citizenship*, State University Press of New York, Nueva York, 1995, pp. 53-77.

Itzigsohn, José, "Inmigration and the Boundaries of Citizenship: The Institutions of Immigrants Political Transnationalism", *International Migration Review*, vol. 34, núm. 4, 2000, pp. 1126-1154.

Jacobson, David, *Rights Across Borders. Immigration and the Decline of Citizenship*, The Johns Hopkins University Press, Londres, 1996.

Jelin, Elizabeth, "Building Citizenship: A Balance Between Solidarity and Responsability" en Joseph Tulchin y Bernice Romero, *The Consolidation of Democracy in Latin America*, Woodrow Wilson Center Current Studies in Latin America, Colorado, Rienner, 1995.

Joppke, Christian, *Immigration and the Nation-State. The United States, Germany and Great Britain*, Oxford University Press, Oxford, 1999.

Kelly, George Amstrong, "Who Needs a Theory of Citizenship?" en Ronald Beiner (comp.), *Theorizing Citizenship*, State University of New York Press, Nueva York, 1995, pp. 79-104.

Kymlicka, Will, *Ciudadanía multicultural: una teoría liberal de los derechos de las minorías*, Paidós, Barcelona, 1996 (Colección Estado y Sociedad).

———— y Wayne Norman, "El retorno del ciudadano. Una revisión de la teoría reciente de la ciudadanía", *Ágora. Cuaderno de Estudios Políticos*, núm. 7, invierno de 1997, Buenos Aires, pp. 5-42.

Layton-Henry, Zig, "Citizenship and Migrant Workers in Western Europe" en

Vogel Ursula y Michel Moran (comps.), *The Frontiers of Citizenship*, St. Martin's Press, Nueva York, 1991.

Lechner, Norbert, *Los patios interiores de la democracia. Subjetividad y política*, FCE, México, 1988.

Levi, Lucio, "Comunidad política" en Norberto Bobbio, Nicola Matteucci y Gianfranco Pasquino, *Diccionario de la política*, Siglo XXI, México, 1991, pp. 268-270.

Loaeza, Soledad, *Oposición y democracia*, IFE, México, 1996 (Cuadernos de Divulgación de la Cultura Democrática, núm. 11).

McClain, Paula D. y Joseph Stewart Jr., *Can We all Get Along? Racial and Ethnic Minorities in American Politics*, Westwiew Press, Boulder Colorado, 1995.

Machuca R., Jesús Antonio, "Transnacionalización y conformación de identidades en los límites del Estado nación: el caso de México", Foro Ciudadanía Migrante y Democracia, Centro de Investigaciones en Ciencias Sociales-Universidad de Guanajuato/INAH, Guanajuato, 8 y 9 de marzo de 2001, mimeo.

Mármora, Lelio, *Las políticas de migraciones internacionales*, Alianza Editorial/ Organización Internacional de las Migraciones, Argentina, 1997.

Martinello, Marco, "Citizenship and the European Union. A Critical View" en Rainer Bauböck (comp.), *From Aliens to Citizens –Redefining the Status of Immigrants in Europe–*, Avebury, Estados Unidos, 1994.

——— (comp.), *Migration, Citizenship and Ethno-National Identities in the European Union*, Anthony Rowe Ltd, Chippenham, Wiltshire editores, Gran Bretaña, 1995.

——— *et al.*, "Changing Patterns of Political Participation of Immigrants Origins Citizens in the Brussels Capital Region. The October 2002 Election", mimeo.

Martínez Cossío, Nayamín, "¿La incorporación del México de afuera?, un análisis sobre el voto de los mexicanos en el exterior", tesis de maestría en Sociología Política, Instituto Mora, México, 2000.

Meyenberg Leycegui, Yolanda, "Ciudadanía: cuatro recortes analíticos para aproximarse al concepto", *Perfiles Latinomericanos*, núm. 15, diciembre de 1999, pp. 9-26.

Michel Domínguez, Vanessa, "Haití chérie: La diáspora haitiana como un actor político en el exterior", tesis de licenciatura en Relaciones Internacionales, UNAM, México, 2002.

Miller, David, "Ciudadanía y pluralismo", *Ágora*, núm. 7, invierno de 1997, Buenos Aires, pp. 73-98.

————, *Sobre la nacionalidad*, Paidós, Buenos Aires, 1997 (Colección Estado y Sociedad).

Milles, Mark J., "Political Participation of Transnational Communities" en *Immigration and the Politics of Citizenship in Europe and North America*, University Press of America, Estados Unidos, 1989.

Moctezuma Longoria, Miguel, "Clubes de migrantes, expresión organizada del migrante colectivo" en Gonzalo Badillo y Cuauhtémoc Cárdenas, *Los derechos de los migrantes mexicanos en Estados Unidos*, Fundación para la Democracia, México, 2000.

Montiel Guevara, Alonso, "El voto de los mexicanos en el extranjero consecuencia del cambio político en México", tesis de licenciatura en Ciencia Política y Administración Pública, UNAM, México, 2001.

Mouffe, Chantal, *El retorno de lo político. Comunidad, ciudadanía, pluralismo, democracia radical*, Paidós, Barcelona, 1999 (Colección Estado y Sociedad).

Mummert, Gail (ed.), *Fronteras fragmentadas*, El Colegio de Michoacán/CIDEM, Michoacán, 1999.

Negri Antonio y Michael Hardt, *Imperio*, Paidós, México, 2002.

Nussbaum, Martha C., *Los límites del patriotismo. Identidad, pertenencia y "ciudadanía mundial"*, Paidós, Barcelona, 1999.

Opazo Marmentini, Juan Enrique, "Ciudadanía y democracia. La mirada desde las ciencias sociales", *Metapolítica*, vol. 4, julio-diciembre de 2000, México, pp. 52-79.

Organización Internacional para las Migraciones, *Migraciones en América Latina*, vol. 10, núms. 2 y 3, 1992.

Parra Barbosa, Francisco, "La fuerza del voto en los noventa, la participación electoral de la comunidad mexicana en California", tesis de maestría en Estudios México-Estados Unidos, UNAM, México 2000.

Pereyra, Brenda, "Más allá de la ciudadanía formal. La inmigración en Buenos Aires", *Programa Investigaciones Socioculturales en el MERCOSUR*, Instituto de Desarrollo Económico y Social, núm. 4, Buenos Aires, 1999.

Peschard Jaqueline, *La cultura política democrática*, IFE, México, 1994 (Cuadernos de Divulgación de la Cultura Democrática, 2).

Portes, Alejandro y Ruben G. Rumbaut, *Immigrant America: a Portrait*, University of California Press, Berkeley, 1996.

Ramírez, Francisco, Yasemin Soysal y Suzanne Sanan, "The Changing Logic of Political Citizenship: Cross-National Acquisition of Women's Suffrage Rights: 1890 to 1990", *American Sociological Review*, vol. 62, núm. 5, octubre de 1997, s. l., pp. 735-745.

Reuter, Lutz R., "Beiträge aus dem Fachbereich Padagogik der Universität der Bundeswehr Hamborg", *Political Participation of Non-Citizens in Germany and Western Europe,* documento presentado durante las conferencias en derechos socioeconómicos y políticos de los grupos minoritarios en Alemania y Europa occidental, junio de 1990.

Roberts, Bryan, "Ciudadanía y política social en Latinoamérica" en B. Roberts (comp.), *Ciudadanía y política social,* FLACSO/SSRC, San José, 1998.

Roche, Maurice, "Citizenship and Modernity", *The British Journal of Sociology,* vol. 46, núm. 4, diciembre de 1995, pp. 715-733.

Roche, Maurice, "Citizenship, Social Theory and Social Change" en Bryan S. Turner y Peter Hamilton (comps.), *Citizenship. Critical Concepts,* Routledge, México, 1994, vol. 1, pp. 80-110.

Rosanvallon, Pierre, *La consagración del ciudadano. Historia del sufragio universal en Francia,* Instituto Mora, México, 1999 (Colección Itinerarios).

Sartori, Giovanni, *La sociedad multiétnica. Pluralismo, multiculturalismo y extranjeros,* Taurus, Barcelona, 2001.

Sassen, Saskia, *The Global City: New York, London, Tokyo,* Princeton University Press, Princeton, Nueva Jersey, 1991.

Schmuck, Peter H. y Rogers M. Smith, *Citizenship Without Consent –Illegal Aliens in the American Polity–,* Yale University Press, Estados Unidos, 1985.

Serrano Carrasco, Ángela L., "El ejercicio del sufragio de los colombianos en el exterior", tesis de maestría en Estudios Latinoamericanos, UNAM, México, 2002.

Shapiro, Michael J. y Hayward R. Alker (comps.), *Challenging Boundaries, Global Flows, Territorial Identities,* University of Minnesota Press/Borderlines, Minneapolis-Londres, 1996, vol. 2.

Shuval, J. T., "Diaspora Migration: Definitional Ambiguities and Heretical Paradigm", *International Migration Review,* vol. 38, núm. 5, 2000, pp. 41-58.

Silverman, Maxim, *Deconstructing the Nation, Immigration, Racism and Citizenship in Modern France,* University of Glasgow/Routledge edit., Londres y Nueva York, 1992.

Smith, Michael Peter, "The Locations of Transnationalism" en *Comparative Urban and Community Research,* Transaction Publishers, New Brunswick, 1997.

Smulovitz, Catalina, "Ciudadanos, derechos y política", *Ágora. Cuaderno de Estudios Políticos,* núm. 7, invierno de 1997, Buenos Aires, pp. 159-187.

Soysal, Yasemin N., *Limits of Citizenship. Migrants and Postnational Membership in Europe,* The University of Chicago Press, Chicago, 1994.

Tilly, Charles (comp.), "Citizenship, Identity and Social Theory", *International Review of Social History*, Supplements, University of Cambridge Press, Gran Bretaña, 1996.

Turner, Bryan S. (comp.), *Citizenship and Social Theory*, SAGE, California, 1994.

———— y Peter Hamilton (comps.), *Citizenship. Critical Concepts*, Routledge, Londres, 1994, vols. I y II.

Valero, Ricardo, *Visión crítica de la globalidad. Memorias*, CELAG/CIDE, México, 1998, pp. 9-19 (Cuadernos de la Globalidad, 2).

Valenzuela Arce, José Manuel, *El color de las sombras: chicanos, identidad y racismo*, Universidad Iberoamericana/Plaza y Valdés/El Colegio de la Frontera Norte, México, 1997.

Velasco Ortiz, Laura, *El regreso de la comunidad: migración indígena y agentes étnicos, los mixtecos en la frontera México-Estados Unidos*, COLMEX/El Colegio de la Frontera Norte, México, 2002.

Vertovec, Steven, "Conceiving and Research Transnationalism", *Ethnic and Racial Studies*, vol. 22, núm. 2, 1999, pp. 447-462.

Vogel, Ursula y Michael Moran, *The Frontiers of Citizenship*, St. Matin's Press, Nueva York, 1991.

Wallerstein, Immanuel, "Ni patriotismo ni cosmopolitismo" en Martha C. Nussbaum, *Los límites del patriotismo. Identidad, pertenencia y "ciudadanía mundial"*, Paidós, Barcelona, 1999, pp. 149-151.

Weale, Albert, "Citizenship Beyond Borders" en Ursula Vogel y Michael Moran. *The Frontiers of Citizenship*, St. Matin's Press, Nueva York, 1991, pp. 155-165.

Young Marion, Iris, "Polity and Group Difference: A Critique of the Ideal of Universal Citizenship" en Ronald Beiner (comp.), *Theorizing Citizenship*, State University of New York Press, Estados Unidos, 1995.

————, *Justice and the Politics of Difference*, Princeton University Press, Princeton, Nueva Jersey, 1990.

Zayas Ornelas, León David, "Ciudadanía sin fronteras. La migración y los derechos políticos más allá del Estado-nación", tesis de licenciatura en Ciencia Política, UNAM, México, 2002.

Zolo, Danilo, "La ciudadanía en una era postcomunista", *Ágora. Cuaderno de Estudios Políticos*, núm. 7, invierno de 1997, Buenos Aires, pp. 99-114.

# PAÍSES DE AMÉRICA LATINA DONDE
# SE REALIZAN ELECCIONES EN EL EXTERIOR

Argentina, Brasil, Colombia, Honduras y Perú tienen en común el hecho de que se trata de experiencias donde se han aprobado, reglamentado y llevado a cabo elecciones fuera del territorio nacional. En cada caso se muestra cómo la extensión de derechos políticos es resultado de un proceso histórico local, sin embargo, hay una serie de elementos que se repiten en cada experiencia nacional que muestran cuándo y por qué los Estados aprueban leyes para mantener un vínculo político con sus ciudadanos radicados en el exterior.

El primer elemento que comparten todos estos casos tiene que ver con el contexto político imperante al momento de aprobar dichas leyes. En los casos agrupados aquí, el derecho a votar desde el exterior se aprobó en el marco de una transición política hacia un sistema democrático. Se trata, por lo tanto, de países donde se vivió el fin de un régimen militar para dar paso a uno civil.

La transición creó un escenario único que propició que se diera un ambiente político excepcional de optimismo, esperanza y de reconciliación nacional que se reflejó en la creación de un nuevo marco jurídico e institucional. Esto se dio mediante leyes de ampliación de libertades civiles y de extensión de derechos políticos, tanto a través de la inclusión de las minorías políticas, como de la creación de una estructura electoral antes proscrita que era simple utilería del régimen militar. Y aunque no en todos los casos, este proceso se dio de la misma manera e intensidad, pero en todos estos países, aquellos ciudadanos radicados en el exterior fueron considerados ciudadanos sin reservas en el nuevo mapa político.

Un segundo elemento común entre estos casos es que la lucha contra los regímenes militares, se centró en una demanda por la instauración de un sistema democrático legitimado por la vía electoral. Esto hizo que el voto se convirtiera en un eje de la afirmación ciudadana y, por lo tanto, la extensión de derechos electorales un signo del cambio. En este contexto se entiende que la discusión sobre la ampliación de la condición de ciudadano a todo miembro de la comunidad política implicó el reconocimiento de las minorías marginadas, entre los que se consideraron mujeres, minorías étnicas, analfabetas, así también como los migrantes, quienes fueron objeto de leyes específicas para incorporarlos a la estructura electoral, fuente de legitimidad de los nuevos sistemas políticos. Fue por esto que el lugar de residencia como argumento para cuestionar los derechos de los ciudadanos a participar en la vida política, concretamente a través del voto, se sobrepuso, en todos estos ejemplos, a cualquier objeción de otra índole con problemas técnicos o económicos. Se impuso un discurso incluyente de todos los miembros de la comunidad política, en clara respuesta a la lógica excluyente de las dictaduras militares recién concluidas.

Un tercer elemento que comparten los casos de este grupo es que con la instauración de la democracia cada Estado, dependiendo de su propio contexto, creó esquemas de vinculación con sus comunidades en el exterior. Ya sea como parte del ánimo democratizador de hacer llegar los cambios a todo ciudadano y resarcir simbólicamente a quienes dejaron sus países por razones políticas (exilio) (Argentina y Brasil). O en otros casos como una estrategia pragmática (Perú y Honduras), que algunos Estados desarrollaron para aprovechar el potencial económico y diplomático de sus ciudadanos en el exterior (Perú, Colombia, Honduras). Lo cierto es que cada Estado agrupado aquí reconoció la existencia de quienes habían emigrado y fomentó expresamente un tipo de interacción con las organizaciones, clubes, coaliciones o ciudadanos en lo individual, radicados en el exterior, que en la mayoría de los casos se concentran en Estados Unidos.

## LA SITUACIÓN DE CADA CASO

Como veremos en estas páginas, cada país guarda una situación especial sobre este tema, sin embargo, en términos generales podemos decir que en Argentina la aprobación de esta Ley Electoral se dio como parte del debate por la ampliación de derechos políticos a sectores aún excluidos a pesar de la instauración de la democracia. Esto dio lugar a que tanto los emigrantes como los extranjeros radicados en ese país fueran considerados como grupos con características especiales. A los primeros se les incorporó al proceso electoral aun fuera del territorio nacional a partir de 1991, mientras que los segundos pueden ejercer su voto en las elecciones municipales que tengan lugar en la capital de la república (a pesar de que no hubieran optado por la nacionalidad argentina), si demuestran un mínimo de cinco años de residencia legal en Buenos Aires, si se encuentran registrados en el padrón *ad hoc* para electores extranjeros, y si cubren una serie de requisitos previstos por la legislación electoral en el Ayuntamiento de dicha ciudad capital.

El peso del exilio en la historia política argentina fue central para entender por qué se otorgó el derecho a votar fuera del país, se trata de una especie de restitución simbólica, principalmente por el papel activo que tuvieron los exiliados al mantener interés por la política de su país de origen y por presionar al régimen al denunciar las atrocidades cometidas. La Ley del Derecho al Voto también obedeció a una lógica instrumental de parte del Estado argentino por mantener contacto, y en su caso, buscar atraer a ciudadanos argentinos altamente calificados que empezaron a emigrar por razones económicas sobre todo a partir de los años ochenta.

En los casos de Brasil y Perú, aunque el exilio también fue una experiencia que se consideró al emitir esta ley, en realidad la ampliación del proceso electoral más allá de las fronteras se dio, en el primer caso, como una reactivación de los derechos que la dictadura militar suspendía desde 1964 a todos los ciudadanos brasileños. Dado que ya se contemplaba el voto en el exterior desde la Constitución de 1954, al volver la democracia, simplemente se ratificó, y en su caso, se reglamentó dicho derecho. Mientras que en el segundo caso, se trató de la inclusión de esta ley como parte de un paquete de medidas de ampliación de derechos ciudadanos resultado de "los ímpetus democráticos" al momento de redactar la nueva Constitución de 1979. En ambos casos no sólo se ratificó y aprobó una Ley Electoral específica, sino que en el marco de cada nueva constitución se reglamentó específicamente cómo votarían los ciudadanos brasileños que estuvieran ausentes de la nación al momento de las elecciones, pues antes no se establecían criterios tan precisos. De esta manera, en ambos casos el marco democratizador del momento explica que la intención de los constituyentes partía de un "ánimo" por extender los beneficios de la democracia a todo ciudadano de ese país. En ningún caso la geografía se consideró como un obstáculo imposible de resolver para el ejercicio de este derecho político.

En Colombia, si bien el derecho al voto en el exterior para presidente se aprobó desde 1961, fue en el marco de la promulgación de la nueva Constitución Política de 1991 cuando se extendió este derecho a las elecciones para senadores, y se creó una circunscripción especial para colombianos en el exterior (esto último en el año 2000). En este caso, la aprobación de estas leyes debe verse como el resultado de dos elementos que se entrelazan. Por un lado, un clima político nacional excepcional donde se dio un acuerdo de "reequilibramiento democrático" que partió de un ánimo de refundación nacional. En ese marco se reconoció la condición de minoría política a indígenas, afrocolombianos y a residentes en el exterior, a los que se les otorgó una representación especial, lo que abrió la posibilidad de que tengan derecho a votar y ser votados. Por otro lado, también influyó para que se aprobaran estas leyes que dada la imagen desfavorable de Colombia, debido a la infiltración del narcotráfico en las cúpulas gobernantes, el Estado colombiano emprendió un plan para buscar neutralizar la campaña en su contra, por lo que, entre otras medidas, decidió aprovechar el potencial político de la comunidad colombiana en el exterior (9% de la población), nombrándolos "embajadores honorarios". Esta estrategia implicó que el Estado fomentara la pertenencia a la nación mediante distintos programas de vinculación, entre los que se incluye el reconocimiento político de los migrantes.

El caso hondureño tiene algunas peculiaridades. Si bien sigue el mismo patrón que observamos en el resto de los casos de este grupo, es decir, de aprobar derechos políticos a todo ciudadano como producto de un proceso de cambio político, el asunto tiene un matiz adicional. La aprobación del derecho al voto de los hondureños es también resultado del papel político y económico que los migrantes, aun sin darse cuenta, han adquirido. Y aunque su interés se ha centrado en presionar al Estado hondureño para que negocie respecto a los planes y programas de regularización migratoria en Estados Unidos, el Estado ha resuelto, no sin un debate entre las facciones políticas nacionales, hacer explícito un reconocimiento de carácter más formal que el que la simple presencia constante de los hondureños en el exterior tienen en sus localidades. Este elemento cobra sentido dado el avance de una cultura cívica que ha introducido paulatinamente el valor del voto entre la ciudadanía hondureña. En el caso hondureño, la extensión de derechos políticos hasta ahora se limita sólo a aquellos que radican en Estados Unidos, mientras que en el resto de las experiencias que se agrupan aquí, este derecho se extiende a cualquier país del mundo donde haya autorización para ello (por ejemplo, en Suiza se prohíbe que los extranjeros realicen elecciones en su territorio, la Ley Electoral brasileña hace la anotación y propone opciones para dicha situación).

## DE CÓMO SE VOTA EN CADA PAÍS, SINGULARIDADES POR RESALTAR

Una de las oportunidades que ofrece ver los casos en paralelo, tal como proponemos en este libro, es que muestran distintas formas de votación posible. Por ejemplo, en todos los casos de este grupo las elecciones se realizan en las instalaciones oficiales del servicio diplomático y consular ubicadas en el extranjero, el mismo día de las elecciones nacionales. Colombia y Perú han habilitado, además, otros lugares como escuelas y centros comunitarios que el propio gobierno del país en que se realizan las elecciones autoriza para dicho fin. La experiencia muestra que Estados Unidos, país donde se concentra la comunidad más numerosa de cada uno de estos países, no sólo lo permite, sino que da condiciones para que dichas elecciones se realicen. Sólo en el caso de Honduras hubo objeción de algunos grupos parlamentarios a que las elecciones se concentraran en oficinas diplomáticas bajo el argumento de que el cuerpo diplomático de ese país estaba al servicio del gobierno, y por lo tanto, no era un árbitro neutral, aun así, las elecciones en el exterior se realizaron en dichas sedes. En el lado contrario de este argumento vemos que en Perú las elecciones en el exterior son realizadas no sólo por miembros del servicio diplomático, sino que inclusive los cónsules honorarios que pueden no ser de nacionalidad peruana apoyan el proceso, aunque el escrutinio final queda a cargo sólo de nacionales peruanos.

Una singularidad de los casos de este modelo es que dentro de Argentina, Brasil y Perú el voto es obligatorio, mientras que para quien radica en el exterior es voluntario. Este hecho puede tener consecuencias para la vida de los emigrantes, ya que si bien las sanciones por no votar no son extensivas a los residentes en el extranjero, por normatividad de sus países, si no votan tienen que justificar la abstención, de no hacerlo esto puede afectarlos en la realización de trámites oficiales. En Brasil por ejemplo, las sanciones tienen consecuencias graves como veremos en el estudio concreto. De esta manera, la obligatoriedad del voto también es un elemento que explica por qué se extiende el derecho y la obligación de votar a todo ciudadano sin gran cuestionamiento, como ocurre en otros países incluidos en este libro.

Una constante es que el voto en el exterior se ha aprobado principalmente para la elección presidencial, sin embargo, en la mayoría de estos países los migrantes tiene derecho a votar en distintos niveles. En Argentina pueden votar para presidente y vicepresidente, diputados nacionales y senadores. En Brasil, aunque la ley estipula que el derecho al voto se circunscribe a las elecciones presidenciales y vicepresidenciales, se aprobó una resolución que permitió que fueran facultados para votar en el plebiscito realizado el 21 de abril de 1993. En Perú, desde 1979 está aprobada la participación de sus ciudadanos en el exterior para elecciones presidenciales, pero en el año 2000 se aprobó la posibilidad de participar en la elección de congresistas, con lo que en ese mismo año los peruanos organizaron tres elecciones en dos años, incluyendo a los ausentes. Honduras sólo ha reglamentado el voto en el exterior para la elección presidencial, proceso que se dio por primera vez en el año 2001.

Un caso que debe verse de manera especial es el de Colombia, donde se permite el voto desde el exterior para presidente y vicepresidente que se ha ejercido desde 1961, sin embargo, a partir de 1998 se amplió la posibilidad de votar en las elecciones para senadores. Los migrantes también fueron incluidos en el plebiscito por la reforma constitucional en 1990 y para la consulta por la paz convocada en 1997.[1] En el año 2000 se dio un avance sustancial en términos de representación política, ya que se autorizó la creación de una curul para los colombianos residentes en el exterior. Esto implica que en ese país existe una circunscripción especial para los colombianos en el exterior, cuyos candi-

---

[1] Dado que la ley reglamentaria del artículo 176 de la Constitución fue promulgada en junio de 2000, los colombianos que residen fuera podrán competir desde el año 2000 para la Cámara de Representantes —fecha de las próximas elecciones del órgano colegiado— por una curul destinada a las comunidades de colombianos que residen en el exterior.

datos serán elegidos solamente por el voto de los que radican fuera del país, quienes a su vez sólo podrán realizar sus campañas en cualquier país distinto a Colombia. Este caso es el ejemplo más avanzado de derechos políticos transnacionales, pues ofrece fórmulas de votación directa y representación.

Vale la pena añadir que, en el caso colombiano, para ser candidato que radique en el exterior se requiere demostrar una residencia en el extranjero mínima de cinco años continuos,[2] contar con un aval de un partido o movimiento político reconocido por el Consejo Nacional Electoral e inscribir la candidatura ante el consulado o embajada de Colombia donde resida. Las tarjetas electorales donde aparezcan los candidatos en el exterior serán de circulación exclusiva en consulados y embajadas de Colombia en el mundo.

## PESO POLÍTICO

Pero ¿cómo dimensionar el potencial político de este ejercicio democrático? Un elemento a considerar es que las comunidades de ciudadanos que radican en el exterior varían notablemente en su número, lo que se explica por su tradición de país expulsor, como es el caso de Colombia y Perú (9% de la población total), o de país sobre todo de atracción migratoria como Argentina y Brasil (entre 1 y 3% de la población total), lo que se verá de manera particular en cada capítulo. Lo que observamos a través de cada experiencia es que el elemento que define el potencial peso político de los migrantes no puede limitarse la magnitud migratoria de cada comunidad que en general se diluye en el mapa nacional, sino que este potencial político se debe ubicar en las zonas de alta expulsión donde su impacto numérico se concentra. Esto se debe a que en todos los casos analizados, la migración es un fenómeno que se origina en ciertas regiones de cada país, donde las comunidades crean redes sociales que alimentan el flujo. Así, si la migración no es un fenómeno

---

[2] La residencia en el exterior se comprobará con la fecha del registro del ciudadano colombiano en el consulado de Colombia o con la inscripción en el exterior en el proceso electoral anterior o con el certificado electoral en el que conste su anterior participación en el exterior o con el sello de ingreso al país por parte de la autoridad migratoria estampado en el pasaporte, artículo 5°, *Texto definitivo aprobado por la comisión conciliadora*, Congreso de la República, Bogotá, junio de 2000.

extendido a todo el territorio nacional, lo que es una regla de todo flujo migratorio, es en esas comunidades de origen de los migrantes donde su peso político se magnifica, y donde repercuten más allá del voto.

Aun tomando en cuenta esta consideración, el porcentaje que representan los migrantes resulta significativo en los casos de Colombia y
Perú, por lo que a nivel nacional pueden tener un peso específico como
grupo. Y aunque en países como Argentina y Brasil el porcentaje de migrantes es mínimo; sin embargo, dado que dichos sistemas políticos
(incluido Perú) prevén "la segunda vuelta", que es un mecanismo establecido cuando el ganador no supere 50% de los votos, en una elección
muy competida este porcentaje mínimo cobra mayor peso, pues puede
resultar "el fiel de la balanza", lo que otorga importancia a toda minoría política, incluyendo a los ciudadanos radicados en el exterior.

A través de analizar a los países aglutinados en este grupo, queda
claro que para cada Estado el tema del voto en el exterior ha sido visto
más que como un problema técnico electoral como un tema que es al
momento de legislar al respecto. Lo central es que mediante la ampliación de derechos políticos más allá de las fronteras nacionales, cada
uno de estos Estados se actualizó en uno de los temas de lo que hoy da
sentido a la democracia liberal, es decir, el reconocimiento e inclusión
de las minorías y la ampliación del sentido clásico de ciudadanía limitado a un territorio nacional.

## ARGENTINA

| | |
|---|---|
| Población total | 2001: 37 486 937[a] |
| Población en el exterior | 1999: 500 000[b] |
| Porcentaje respecto a la población residente | 1999: 1.33 |
| Destinos principales de migración | Estados Unidos, Venezuela, Brasil, Chile, Canadá y México[c] |
| Remesas (en dólares)[d] | 1993: 535 000 000 |
| Voto en el exterior | Aprobado en 1993 |
| Estado actual del voto en el exterior | Aprobada e instrumentada por la Ley 24.007 de 1991. Cargos a elegir: binomio presidente/ vicepresidente, los senadores y los diputados nacionales |
| Tipo de voto | Obligatorio |

## BRASIL

| | |
|---|---|
| Población total | 1999: 167 988 000[e] |
| Población en el exterior | 1999: 1 500 000[f] |
| Porcentaje respecto a la población residente | 1999: 1 |
| Destinos principales de migración | Estados Unidos, Paraguay, Argentina y Japón |
| Remesas (en dólares)[g] | 1993: 1 682 millones |
| Voto en el exterior | Aprobado en 1965 |
| Estado actual del voto en el exterior | Aprobada e instrumentada por la Ley 4.737 el 15 de julio de 1965, capítulo VII, artículos 225 a 233 Cargos a elegir: presidente y vicepresidente de la república |
| Tipo de voto | Obligatorio |

## COLOMBIA

| | |
|---|---|
| Población total | 1999: 41 564 000[h] |
| Población en el exterior | 1999: 3 000 000 |
| Porcentaje respecto a la población residente | 1998: 7.2 |
| Destinos principales de migración | Venezuela y Estados Unidos |
| Remesas (en dólares)[i] | 1993: 1 136 millones |
| Voto en el exterior | Aprobado en 1961 |
| Estado actual del voto en el exterior | Artículo 176 de la Constitución Política y la ley reglamentaria del artículo de junio de 2000, se aprueba una circunscripción nacional especial a la que le corresponde una curul a los ciudadanos colombianos en el exterior Cargos a elegir: presidente, senadores y un representante del exterior |
| Tipo de voto | Voluntario |

## HONDURAS

| | |
|---|---|
| Población total | 1999: 6 385 000 [j] |
| Población en el exterior | 2001: 655 000[k] |

| | |
|---|---|
| Porcentaje respecto a la población residente | 10 |
| Destinos principales de migración | Estados Unidos, México y Canadá |
| Remesas (en dólares)[l] | 1999: 364 800 000 |
| Voto en el exterior | Aprobado en el 2001 |
| Estado actual del voto en el exterior | En el capítulo IV de la Ley Especial para el Ejercicio del Sufragio de los Hondureños Residentes en el Exterior se menciona que "por esta vez se ejercerá el sufragio en el exterior únicamente en las siguientes ciudades de Estados unidos de América: Nueva Orleáns, Miami, Washington, Nueva York, Los Ángeles y Houston". Las primeras elecciones en el exterior se realizaron en noviembre de 2001 |
| Tipo de voto | Voluntario |

## PERÚ

| | |
|---|---|
| Población total | 1999: 25 230 000[m] |
| Población en el exterior | 1998: 2 000 000[n] |
| Porcentaje respecto a la población residente | 8 |
| Destinos principales de migración | Estados Unidos, Ecuador, Argentina, Chile y Brasil |
| Voto en el exterior | Aprobado en 1979 |
| Estado actual del voto en el exterior | Para las elecciones del año 2001 se recomendó a los peruanos residentes en el extranjero que tramitaran el Documento Nacional de Identidad (DNI) con tres meses de anticipación de las elecciones. |

[a] Argentina. Estimaciones y proyecciones de la poblaciones de ambos sexos, por años, calendarios y edades simples, 1950-2050. www.eclac.org/celade/publica/bol66/BD66.html
[b] Ministerio de Relaciones Exteriores, Argentina.
[c] Raúl Rey Balmaceda, "El pasado: la inmigración en la historia argentina" en Graciela de Marco et al., Extranjeros en la Argentina: pasado, presente y futuro, Buenos Aires, CONICET, Priego, 1994, consultado en CIMAL: 74199.02. www.cimal.org

d World Bank, 1995, en Jorge Pérez López y Sergio Díaz-Briquets, "The Determinants of Hispanic Remmittances: an Exploration Using US Census data", *Hispanic Journal of Behavioural Sciences*, vol. 20, agosto 1998. No se cuenta con información actualizada.

e Estimaciones de INFONATION, base de datos estadísticos de los miembros de las Naciones Unidas.

f Ministerio de Relaciones Exteriores, en Brasilia, que coinciden con los datos que distintos expertos manejan como oficiales (Patarra, 1996).

g Datos del World Bank, 1995, en Jorge Pérez López y Sergio Díaz-Briquets, "The Determinants of Hispanic Remmittances: an Exploration Using US Census data" en *Hispanic Journal of Behavioural Sciences*, vol. 20, agosto 1998, p. 320.

h Estimaciones de INFONATION, base de datos estadísticos de los miembros de las Naciones Unidas.

i Datos del World Bank, 1995, en Jorge Pérez López y Sergio Díaz-Briquets, "The Determinants"

j Documento del Banco Central de Honduras, "Honduras en cifras 1997-1999" en www.bch.hn

k Declaración del delegado de OIM en Honduras, Miguel Trinidad, al inaugurar la semana del migrante el 3 de septiembre de 2001 en www.latribunahon.com/2001/Septiembre/4/pag3.htm

l Documento del Banco Central de Honduras, "Honduras en Cifras 1997-1999" en www.bch.hn

m Estimaciones de INFONATION, base de datos estadísticos de los miembros de las Naciones Unidas.

n "Inmigrants admitted by Region and Country of Birth Fiscal Years 1988-98" en Immigrants, Fiscal Year 1998, en www.ins.usdoj.gov/graphics/aboutins/statistics/inm98.pdf

# LA EXPERIENCIA ARGENTINA DEL VOTO EN EL EXTERIOR: LOS CIUDADANOS MIGRANTES

## Edith Chávez Ramos

## INTRODUCCIÓN

La reflexión sobre el derecho en la participación política de los que se encuentran fuera de las fronteras de su país de origen tiene lugar en el marco del debate respecto al replanteamiento del concepto de ciudadanía, es decir, del conjunto de derechos civiles, económicos, sociales, culturales y políticos que determinan quiénes son los individuos a los que corresponde participar en la formación de la voluntad colectiva de una sociedad y bajo qué criterios. Se trata entonces, en la discusión de fondo, de identificar a los sujetos de las democracias de nuestro tiempo. Como parte de este debate, en este trabajo se presenta un análisis en torno al proceso que condujo a otorgar el derecho al voto en las elecciones nacionales a los ciudadanos argentinos que residen fuera de Argentina.

El otorgamiento de una membresía política a los argentinos residentes en el extranjero, particularmente mediante el ejercicio del voto, constituye un importante paso en materia del reconocimiento de su calidad de ciudadanos, si consideramos que el voto en el exterior se presenta como un mecanismo de vinculación de los expatriados con su sociedad de origen.

Entre los elementos que nos interesa analizar relacionados con el derecho al voto de los ciudadanos argentinos residentes en el exterior podemos distinguir los siguientes:

1) La migración argentina hacia el exterior, como un fenómeno que nos conduce inevitablemente a reflexionar respecto a su impac-

to sobre los derechos políticos de esos ciudadanos que se mueven a través de las fronteras nacionales por muy diversas razones, hayan sido estas políticas, como es el caso de exilio durante la dictadura de los años setenta, o bien de tipo económico, como tendencia dominante a partir de las recurrentes crisis económicas (Marshall, 1985) que ha venido enfrentando ese país en los últimos 20 años del siglo XX, por citar un par de ejemplos; y

2) El periodo de democratización experimentada en Argentina, que tuvo lugar a partir de la década de los ochenta con la caída de la dictadura militar, y que significó el restablecimiento del gobierno constitucional y la alternancia en el poder de manera pacífica entre los nuevos gobiernos civiles, siendo este el contexto en el que tuvo lugar la iniciativa sobre el voto en el exterior, su proceso legislativo y el posterior ejercicio de este derecho ciudadano.

Veamos entonces como se relaciona cada uno de estos factores con el tema del voto en el exterior en la experiencia argentina.

## ARGENTINA: PAÍS DE MIGRANTES

Desde su fundación, Argentina ha sido considerada como un país receptor de inmigrantes, contando con una población constitutiva de orígenes plurinacionales, en razón, no sólo de la colonización española, sino del aluvión de otros europeos —italianos, alemanes, franceses, ingleses— a mediados del siglo XIX (de 1870 a 1930 y entre 1945 y 1959) y, de manera mucho más reciente, de los constantes flujos de inmigrantes procedentes de los países limítrofes, desde la segunda mitad del siglo XX, flujo migratorio que continúa hasta la fecha (Rey en Marco, 1994).

Por otra parte, Argentina no ha sido un país con fuerte perfil de emigración salvo en momentos históricos acotados y relacionados con el exilio generado por las crisis políticas y la dictadura militar en ese país, o bien con periodos de crisis económica que han generado la expulsión de población en edad productiva (Orsatti, 1982).

Un estudio realizado por el Centro de Estudios de Población (CENEP) y el Instituto de Investigaciones de Naciones Unidas para el Desarrollo Social (UNRIS) en 1985 tipifica en tres categorías el fenómeno de la emigración argentina: la primera la constituyen los exiliados políticos que, a pesar suyo, tuvieron que salir de su país bajo amenaza o expulsión, en condiciones de persecución ideológica, política, cultural, étnica o religiosa. La segunda, conocida como drenaje o fuga de cerebros (*brain drain*) donde personas con una alta calificación artística, científica, académica, tecnológica y profesional se insertan en determinados mercados laborales a nivel internacional, sobre todo en países desarrollados. La tercera categoría incluye a diversos tipos de emigrantes entre los que predominan aquellos que salen motivados por razones económicas, aunque también por cuestiones familiares, culturales o religiosas.

La mayoría de los argentinos que han salido y continúan saliendo de Argentina se encuentran motivados a hacerlo debido a factores relacionados con "fuga de cerebros", la existencia de polos laborales de atracción en otros países y por razones económicas. Sin embargo, fue el exilio político el factor que ha marcado de manera significativa la historia de la emigración argentina.

## LA DICTADURA Y EL EXILIO POLÍTICO ARGENTINO

Por sus características, el exilio por motivos políticos tiene su propio sendero en la historia de Argentina. Buen número de personajes: principalmente figuras de la política, dirigentes sindicales, intelectuales, periodistas, se vieron obligados a dejar su país ante el riesgo de sufrir daños en su integridad personal e incluso de perder la propia vida a manos del régimen autoritario encabezado por el gobierno militar más sangriento de América Latina (Burns, 1998). El exilio argentino está vinculado a los dramáticos episodios marcados por la inseguridad y persecución política generados por los golpes de Estado y la dictadura militar, sobre todo la última y más violenta de ellas que tuvo lugar entre 1976 y 1983.

El flujo migratorio que constituyó este exilio, a partir de 1974 y hasta principios de los años ochenta, formó la que ha llegado a considerarse provincia argentina de ultramar en Europa, Estados Unidos, México y otros países de Latinoamérica, donde miles de argentinos debieron huir para ponerse a salvo del terrorismo de Estado que empleó actos genocidas contra sus propios habitantes (Blank *et al.*, 1999). Se creó así una comunidad dispersa a nivel internacional, pero reactiva a lo que ocurría en su país de origen. En el clima de terror del último régimen militar imperó, durante casi una década, la permanente violación a los derechos humanos: ¿qué podría esperarse de derechos políticos básicos como el voto, la libre expresión o la libertad de asociación en la Argentina de finales de los años setenta?

El exilio, multiplicado por las circunstancias de presión económica, ha generado mayores índices de emigración de los argentinos, debido a la existencia de polos de atracción internacionales que demandan recursos humanos de alto nivel académico y profesional que absorben sin grandes dificultades a los argentinos (Lattes, 1986), sobre todo en tiempos de crisis económicas en ese país; entre 1955 y 1984 los flujos de emigración económica estuvieron constituidos por profesionales, técnicos y personal calificado. Se calcula que durante dicho periodo (1955-1984) el total de emigrantes argentinos osciló sobre una cifra superior a 500 000 personas. Los destinos frecuentes han sido Estados Unidos, España, Venezuela, Brasil, Australia y México (Bunge *et al.*, 1985 y Lattes, 1986). Ambos procesos, tanto el político como el económico, han sido centrales para la conformación de una comunidad argentina en el exterior.

## NUEVAS FORMAS DE REPRESENTACIÓN POLÍTICA PARA LOS MIGRANTES INTERNACIONALES

Dada la historia de migración que caracteriza a Argentina, a partir de los años noventa se ha dado una interesante experiencia en materia del ejercicio de determinados derechos políticos para los migrantes internacionales, tanto si se trata de los argentinos en el exterior, como de los extranjeros residentes en Argentina, aunque estos últimos de una forma más acotada y sólo en elecciones municipales en la ciudad de Buenos Aires.

En el caso de los extranjeros en Argentina estos pueden ejercer su voto en las elecciones municipales que tengan lugar en la capital de la república (a pesar de que no hubieran optado por la nacionalidad argentina), si demuestran un mínimo de cinco años de residencia legal en la ciudad de Buenos Aires, si se encuentran registrados en el padrón *ad hoc* para electores extranjeros y si cubren una serie de requisitos previstos por la legislación electoral en el Ayuntamiento de Buenos Aires.[1]

La experiencia del reconocimiento de ciertos derechos políticos a extranjeros no nacionalizados se suma a las ampliaciones de los derechos a sus ciudadanos en el exterior, lo que es parte del proceso de democratización que como otros países de América Latina ha derivado en el reconocimiento del voto como uno de los principales instrumentos ciudadanos para el desarrollo democrático de sus sociedades, en tanto existe la posibilidad de fomentar una participación ciudadana que contribuya a la mejora de las condiciones de convivencia, gobernabilidad (Camou, 1998) y respeto pleno a sus derechos sociales, políticos, económicos y culturales. Por tanto, en ese proceso político es donde se han escrito nuevas formas de representación política.

La amarga experiencia de la dictadura vio su fin hacia 1983, cuando se restableció el gobierno constitucional en Argentina precisamente por la vía del voto ciudadano,[2] que supuso la derrota por la vía electoral de la cúpula castrense, hecho que significó la entrada de lleno al proceso de transición a la democracia y que ha sido un parteaguas para que en Argentina surgieran nuevos escenarios de participación política que trajeron consigo, entre otros muchos debates, la inclusión de sus ciudadanos que se encuentran fuera de las fronteras nacionales.

El inicio de un proceso formal de transición hacia la democracia fue, sin duda, el caldo de cultivo que permitió el derecho al voto en los comicios nacionales a los argentinos residentes en el exterior, pensado como un mecanismo más para vincular a los expatriados con la vida nacional. En este contexto tuvieron lugar los primeros planteamientos oficiales respecto a las políticas de repatriación y vinculación desarrolladas por el gobierno argentino respecto a sus ciudadanos expatriados.

---

[1] "El caso de Argentina" en *Informe de la comisión especial para el voto en el exterior*, IFE, México, 1998.

[2] Recordemos que para 1983, la cúpula militar gobernante en Argentina se encontraba debilitada e inmersa en una importante crisis nacional e internacional a partir del episodio de la guerra de las Malvinas frente a Gran Bretaña; en plena crisis de la deuda externa, además de encontrarse a la puerta del que sería uno de los periodos de desajuste económico más graves de su historia. El país se desmoronaba en las propias manos del régimen militar, mientras que en la sociedad grupos de presión, organizaciones civiles nacionales e internacionales reclamaban por las flagrantes violaciones a los derechos humanos cometidos durante la dictadura. La opción del gobierno militar fue convocar a los partidos políticos a elecciones, por primera vez después de siete años de dictadura desde el último golpe de Estado en 1976.

Los partidos políticos y el gobierno comenzaron a reflexionar sobre la necesidad de diseñar mecanismos para la inclusión de los argentinos en el exterior sólo a partir del proceso de democratización iniciado en los años ochenta en Argentina (Infesta, 1987).

Si bien el voto en el exterior no fue un tema primordial en la agenda política al restablecerse el régimen constitucional —sobre todo si consideramos que en esos momentos lo más apremiante era frenar la galopante crisis económica en la que el país se encontraba sumergido—, el reconocimiento del derecho al voto a los ciudadanos argentinos residentes en otros países fue resultado del ambiente político generado por dicho proceso de democratización. Pero también hay que señalar que la presencia de entre 1 000 000 y 3 000 000 de argentinos en el exterior[3] explica por qué el gobierno ha buscado esquemas de retorno y vinculación de esos migrantes, tanto para recuperar los recursos humanos perdidos, como por restituir en algo la pérdida que significó el exilio político.

En su origen, los partidos políticos representados en el Congreso Nacional y el propio gobierno argentino llevaron a la reflexión temas como el fortalecimiento de la participación política de sus ciudadanos en la restauración del régimen constitucional, a partir de la búsqueda de la vida democrática y por la vía de los procesos electorales. Entre las principales razones que motivaron la búsqueda de estos mecanismos de vinculación con los argentinos de "afuera", encontramos la necesidad de la clase política argentina del nuevo régimen por lograr una reconciliación con el exilio, y sobre todo, el reconocimiento al papel que jugaron desde el exterior en la presión política internacional ante el gobierno militar.

No obstante, existen quienes opinan que la importancia otorgada por los partidos políticos que promovieron las iniciativas del voto de los argentinos residentes en el exterior e inclusive para los extranjeros residentes en Argentina, parece centrarse en una percepción de los nuevos escenarios y mercados electorales que se abrieron al instaurar la democracia,[4] y el impacto que pudiera tener la Ley del Derecho al Voto

---

[3] Las cifras sobre el número de argentinos en el exterior continúan siendo inexactas, y el gobierno argentino aún no ha precisado esta información hasta la fecha.

[4] Entrevista vía telefónica a Felipe González Roura, secretario de la Cámara Nacional Electoral de la República Argentina, realizada por Edith Chávez Ramos, México, 22 de junio de 1999.

en la revaloración de la membresía política de sus ciudadanos en el exterior.

## ANTECEDENTES DE LA LEY DEL VOTO DE LOS ARGENTINOS RESIDENTES EN EL EXTERIOR

El planteamiento del voto para los ciudadanos argentinos que viven en el exterior fue presentado por primera vez durante la campaña electoral del partido de la Unión Cívica Radical (UCR),[5] y a manera de proyecto de ley para modificar el Código Electoral Nacional, en la Comisión de Asuntos Constitucionales del senado argentino por el senador radical Fernando de la Rúa, el 19 de marzo de 1986. Para entonces dicha iniciativa obtuvo la aprobación unánime del Senado el 3 de septiembre del mismo año, turnándose a la Comisión de Asuntos Constitucionales de la Cámara de Diputados para seguir el proceso legislativo.

Sin embargo, ante la urgencia de atender otros asuntos inmediatos que en materia económica enfrentaba el gobierno argentino, la iniciativa del voto de los argentinos en el exterior y de los extranjeros en las elecciones argentinas (pues ambos planteamientos se encontraban en la misma propuesta presentada por De la Rúa), esta iniciativa quedó relegada, no fue discutida en dicha Cámara, y fue archivada quedando sin efecto alguno. Este proyecto fue reiterado por el mismo De la Rúa el 17 de mayo de 1988, obteniendo la aprobación unánime del Senado el 31 de agosto de 1988, y se turnó de nueva cuenta para su revisión y aprobación a los diputados nacionales. En esta ocasión se repitió una historia semejante a la anterior y la iniciativa volvió a quedar archivada.

Para entonces (1988), a la crisis económica se sumaba la celebración de las primeras elecciones del gobierno civil posdictatorial, en medio de una crisis política que derivó en la alternancia en el poder de los partidos mayoritarios, pasando incluso anticipadamente el mando presidencial que desde 1983 ostentaba Raúl Alfonsín, del Partido Unión Cívica Radical, a manos del candidato ganador de las elecciones celebradas ese año: Carlos Saúl Menem, del Partido Justicialista (Dutrénit, 1997).

[5] Véase "Fundamentos al proyecto de Ley para el Voto de los Ciudadanos Argentinos Residentes en el Exterior", presentados por el entonces senador Fernando de la Rúa a la Comisión de Asuntos Constitucionales de la Cámara de Senadores de la República Argentina.

Debido a este convulso ambiente económico y político en Argentina, no fue sino hasta el 16 de julio de 1991 que este proyecto se incorporó a la orden del día de la sesión de la Cámara de Senadores, y fue enviado por el poder ejecutivo nacional como iniciativa de ley, emitida con fecha del 12 de junio (cuatro días antes) y acompañado de un mensaje del entonces presidente Menem. Sin embargo, en esta propuesta sólo se incluyó el derecho al voto de los argentinos en el exterior, y quedó fuera el tema del voto de los extranjeros.[6]

En la agenda legislativa, la inclusión del tema de los argentinos residentes en el exterior se condujo hacia la promoción de su participación en el proceso de toma de decisiones a través del sistema electoral, en la lógica de considerarlos como integrantes de la población nacional, a pesar de su ausencia en el territorio argentino. Finalmente, el Senado y la Cámara de Diputados de la Nación, reunidos en el Congreso Nacional, sancionaron el 9 de octubre de 1991, la Ley 24.007 con la cual se ordenaba crear el Registro de Electores Residentes en el Exterior, ley que fue promulgada el 29 de octubre del mismo año. Esta ley señala que: "podrán votar en la elecciones nacionales los ciudadanos argentinos que, al residir en forma efectiva y permanente fuera del territorio de la República Argentina, sean electores nacionales de acuerdo con lo dispuesto por el Código Electoral Nacional y se inscriban en el Registro de Electores Residentes en el Exterior".

El reglamento para la creación del Registro de Electores Residentes en el Exterior sería dictado dos años más tarde por el poder ejecutivo nacional mediante el decreto 1138/93 del 4 de junio de 1993. Dicho reglamento señala que:

Es importante conceder a los ciudadanos argentinos que se encuentran residiendo en el exterior, la posibilidad de intervenir en la vida política nacional mediante su participación en los comicios electorales que se realizan en la República, [toda vez que] las autoridades nacionales competentes en la materia se han expedido favorablemente acerca de la posibilidad operativa de la aplicación de dicho reglamento.[7]

---

[6] "El caso de Argentina", *op. cit.*
[7] Introducción del decreto 1.138/93 que crea el Registro de Electores Residentes en el Exterior.

Como podemos observar, para que la propuesta de reconocer los derechos electorales de los argentinos en el exterior fuera aprobada tuvieron que ser modificados la Constitución Nacional y el Código Electoral Nacional, además de haber pasado cerca de siete años para llevarla a cabo, la cual tuvo efectos por primera vez en las elecciones legislativas de 1993.

## EL MODELO DE VOTACIÓN ADOPTADO

La legislación argentina vigente en materia del voto en el exterior determina que el modelo de votación adoptado consiste en la emisión del sufragio directo en las instalaciones oficiales del servicio diplomático y consular ubicadas en el extranjero, las cuales quedan habilitadas como centros de votación por la Cámara Nacional Electoral, de acuerdo con la Ley 24.007 donde se puede elegir presidente y vicepresidente, diputados nacionales y senadores. Dicha votación tiene lugar el mismo día de las elecciones nacionales en la República Argentina.[8] De acuerdo con el derecho internacional, particularmente en las convenciones de Viena de 1961 y de 1963, sobre relaciones diplomáticas y consulares, respectivamente, se considera como territorio nacional de un Estado el lugar donde se ubican sus legaciones en territorios de otros Estados, por lo que en *stricto sensu*, tales votaciones, al efectuarse en los consulados y secciones consulares de las embajadas argentinas en el exterior, tendrían lugar en territorio nacional.

Según la información proporcionada por la Cámara Nacional Electoral de la República Argentina, para el segundo semestre de 1997 se tenían registrados 203 890 electores argentinos en el exterior, lo cual constituye 29% de los potenciales electores residentes en otros países. Para octubre de 1999, dos años más tarde, el número de ciudadanos argentinos habilitados para votar en el exterior se redujo a 26 013, cifra que no llega ni a 3% de los argentinos que se presume viven fuera del país, considerando que podría llegar a ser entre 1 000 000 y 1 500 000 el número de ciudadanos argentinos residiendo en el exterior.[9]

---

[8] "El caso de Argentina", *op. cit.*
[9] Véase "Triunfo aliancista en el exterior", *La Nación*, 30 de octubre de 1999, en buscador.lanación.com.ar

Para efectos de la emisión del sufragio, los electores podrán votar sólo en la mesa receptora de votos en cuya lista aparecen registrados, previa identificación, mediante el documento cívico habilitante —libreta cívica, libreta de enrolamiento o el documento nacional de identidad— (artículo 29 del decreto 1.138/93). La inscripción en el Registro de Electores Residentes en el Exterior —registro *ad hoc* permanente— es voluntaria, a diferencia del Registro Nacional de Electores, que es confeccionado a partir del Registro Nacional de las Personas.[10]

El voto en el exterior es voluntario, a diferencia del voto emitido en territorio nacional que es obligatorio para todos los ciudadanos habilitados, el primero está permitido sólo para quienes comprueben una residencia efectiva y permanente en el exterior y se encuentren, para tales efectos, debidamente registrados. Los votos emitidos en el exterior se computan con aquellos sufragios del distrito electoral correspondiente al último domicilio que el elector compruebe haber tenido en Argentina, o en caso contrario, la legislación correspondiente determina otras opciones, como por ejemplo, acreditar la dirección de sus padres en Argentina. Por lo que toca a la papelería, cabe señalar que el sistema de papeletas de votación cuenta con un diseño distinto respecto al que se utiliza en el país, dividiéndose también por apellido, sexo y distrito electoral.

En la administración del sistema para el voto en el exterior participan tres instituciones nacionales: 1) la Cámara Nacional Electoral, 2) el Ministerio del Interior y 3) el Ministerio de Relaciones Exteriores, Comercio Internacional y Culto.

La organización de los comicios en el exterior es competencia compartida de la Cámara Nacional Electoral (es el órgano tribunal superior del fuero electoral del poder judicial de la nación), la Dirección General de Asuntos Consulares del Ministerio de Relaciones Exteriores, Comercio Internacional y Culto, y la Dirección Nacional Electoral en lo que respecta al Ministerio del Interior. En este caso, se considera elector al ciudadano argentino que resida en el exterior, mayor de 18 años cumplidos el día de la elección, hecho que debe ser avalado con el correspondiente cambio de domicilio ante la representación consular correspondiente a su nuevo domicilio en otro país, y que cuente con

---

[10] El Registro Nacional de Personas es equivalente al Registro Civil en otros países, como en el caso de México.

calidad de elector según se pruebe por su inclusión en el Registro de Electores Residentes en el Exterior, a cargo de la Cámara Nacional Electoral.[11]

El Registro de Electores Residentes en el Exterior es permanente y está a cargo de la Cámara Nacional Electoral, es actualizado cada seis meses de acuerdo con la información que remitan los titulares de las embajadas, consulados generales, consulados o secciones consulares de la República Argentina en el exterior. Para poder votar, el elector argentino en el exterior debe aparecer en el Registro *ad hoc* seis meses antes de la fecha en que se efectúen los comicios, y no puede hacerlo en caso contrario. A continuación veamos cuales han sido los resultados de la experiencia del voto en el exterior en el caso argentino.

## RESULTADOS DEL VOTO EN EL EXTERIOR

Los primeros comicios donde fue posible que los ciudadanos argentinos residentes en otros países votaran en las elecciones nacionales de la República Argentina tuvieron lugar durante la elección de diputados para el Congreso Nacional de 1993. Para entonces, la elección de senadores era indirecta, mediante los cuerpos colegiados. No fue sino hasta 1995, tras la reforma constitucional efectuada un año antes, que los senadores comenzaron a ser electos por sufragio directo de los ciudadanos argentinos, tanto dentro como fuera de ese país. La inscripción y la votación en los actos comiciales que tuvieron lugar desde la sanción de esta ley han mostrado un bajo nivel en relación con el número estimado de argentinos con domicilio fuera del país y, en todo caso, con el número de nacionales que han comunicado a los respectivos consulados su residencia en el exterior. En esa ocasión se obtuvieron 5 501 votos en el exterior, lo que representó 0.3% del total de votos emitidos en Argentina. Las cifras resultantes de cada elección a partir de entonces dejan ver un descenso de los niveles de votación en el exterior, con la sola excepción del año 1995, que correspondió a la elección presidencial donde se disputaba la reelección de Menem para la presidencia de la república.

---

[11] Artículo 1°, decreto 1.138/93: reglamenta la creación del Registro de Electores Residentes en el exterior.

Aun en los más recientes comicios nacionales de octubre de 1999, uno de los más concurridos en la historia electoral argentina, se registró un descenso en la afluencia de votantes fuera del país. De acuerdo con estadísticas oficiales emitidas por la Cámara Nacional Electoral, los resultados de las elecciones argentinas a partir del proceso de democratización han sido las que se muestran en el cuadro 1.

La cantidad de estos electores registrados supera apenas 11% del total de argentinos residentes en el exterior que ha efectuado el cambio de su domicilio fuera de Argentina a las respectivas representaciones consulares, cifra que no llega a 3% del total de los argentinos que se presume se encuentran fuera del país.[12]

Desde su puesta en práctica, el sistema del voto en el exterior ha ido mejorando paulatinamente sus mecanismos. No obstante, persisten algunos problemas de procedimiento:

*a*) La compatibilidad de los plazos establecidos por el Código Electoral Nacional para ciertos actos preelectorales que se realizan en el país y las necesidades temporales propias de la logística a emplear en el exterior, por ejemplo, la de mayor anticipación que requiere la remisión de la documentación a las representaciones en el extranjero o de aquella que se encuentra aún sin definir, como es el caso del tratamiento de las candidaturas impugnadas.

*b*) La demora en la recuperación de la documentación electoral necesaria para que las juntas electorales puedan efectuar el escrutinio definitivo de los votos en el exterior juntamente con el de los votos emitidos en la república. A menudo, terminado ya el escrutinio definitivo de estos últimos, debe esperarse la recepción de esa documentación para poder sumar los votos del exterior.

*c*) La capacitación del personal de las representaciones diplomáticas y consulares, a fin de consolidar los conocimientos del personal diplomático, consular y administrativo de las distintas representaciones. Para tales efectos, el Ministerio de Relaciones Exteriores ha incluido este tema en el plan de estudios del Servicio Exterior de la Nación.

Los resultados numéricos del voto en el exterior que señalan un nivel cada vez menor de participación están relacionados con diversos factores: La falta de información, en tiempo y forma, respecto a los re-

---

[12] "La modalidad del voto en instalaciones oficiales habilitadas como centro de votación" en Seminario Internacional sobre el Voto en el Exterior, IFE, México, 1998.

## Cuadro 1

| Tipo de elección | 1993 Congreso | 1994[a] Convencional constituyente | 1995 Presidencial y Congreso | 1997 Congreso | 1999[b] Presidencial y Congreso |
|---|---|---|---|---|---|
| Votos emitidos en Argentina | 17 323 981 | 16 840 769 | 18 168 999 | 18 467 794 | 19 581 026 |
| Votos emitidos en el exterior | 5 501 | 5 417 | 9 575 | 5 699 | 7 352 |
| Porcentaje de votos del exterior respecto a los emitidos en Argentina | 0.031 | 0.032 | 0.052 | 0.030 | 0.037 |

[a] Como resultado del Pacto de los Olivos entre Menem y Alfonsín, se convoca a elecciones convencionales constituyentes para reformar la Constitución, con lo que se posibilitó en la Carta Magna la reelección del presidente de la república, la reducción de su mandato de seis a cuatro años y la elección directa de los senadores, entre otros aspectos.

[b] "Triunfo aliancista en el exterior", *op. cit.*

Fuente: "El caso de Argentina en México, 1998", Informe de la Comisión Especial para el Voto en el Exterior, Instituto Federal Electoral.

quisitos para poder votar en el exterior; el hecho de que son muy pocos los argentinos que al cambiar su domicilio permanente a otro país informan de tal situación a los consulados y secciones consulares de las embajadas argentinas en el exterior; incluso el desencanto por la política que muchos argentinos experimentan ante los problemas de gobernabilidad que se viven en Argentina.[13]

Para concluir, podemos decir que no obstante la opinión contraria de algunos, el derecho al voto en el exterior es importante en la medida que permita la revaloración de la noción de ciudadanía, donde es el propio Estado argentino el que se planteó la necesidad de enlazar a la vida económica, política, social y cultural de Argentina, por cauces formales e institucionales, a sus ciudadanos residentes fuera de su territorio nacional, no sólo mediante el voto, sino también a partir de programas gubernamentales para la repatriación y vinculación de los argentinos en el exterior con su país de origen, ya sea a través de medidas de reinserción laboral, intercambio académico y de investigadores, incentivos fiscales, entre otros.

Al parecer, el principal desafío en materia del voto en el exterior es lograr que el sistema electoral abarque la mayor cantidad de argentinos cuya residencia se encuentra fuera del país, motivándolos a que se inscriban y voten, así como encontrar otros mecanismos que les faciliten la emisión del sufragio, teniendo en cuenta la distancia que a veces los separan del lugar de votación, donde la instauración del voto por correo podría resultar útil, pero sobre cuyo asunto todavía no se ha discutido formalmente en Argentina.

Como hemos observado, el voto en el exterior constituye en sí mismo una extensión a los derechos políticos de aquellos ciudadanos que, a pesar de no residir en sus países de origen, son considerados como miembros de sus respectivas comunidades políticas. El voto en el exterior está contemplado en la legislación electoral de más de 40 países en todo el mundo donde se ejerce este derecho. En Latinoamérica, la República Argentina es muestra de ello.

[13] Entrevista a Elizabeth Jelin, realizada por Edith Chávez Ramos en el marco de la Jornada sobre Migración Internacional, IDES, Buenos Aires, Argentina, 1 de noviembre de 2000.

# FUENTES CONSULTADAS

## Bibliografía

Alcántara Saenz, Manuel, *Elecciones y consolidación democrática en Argentina: 1983-1987*, Centro Iberoamericano de Asesoría y Promoción Electoral, San José, Costa Rica, 1988.

_____, *Sistemas políticos de América Latina*, Tecnos, España, 1989.

_____, *Democracia, transición y crisis en Argentina*, Instituto Latinoamericano de Derechos Humanos, San José, Costa Rica, 1990.

Arroyo, Israel, "Constituciones y ciudadanos. México y Argentina en el siglo XIX", *Metapolítica*, revista trimestral de teoría y ciencia de la política, vol. 2, núm. 5, México, 1998.

Baca Olamendi, Laura, "¿Ciudadanía contingente o ciudadanía categórica? Tendencias en el debate contemporáneo", *Foro Internacional*, COLMEX, vol. XXXVI, núm. 4, octubre-diciembre de 1996, pp. 752-764.

Blanck, Fanny *et al.*, *El exilio argentino en la ciudad de México*, México, septiembre de 1999 (Serie Babel, núm. 11).

Burns Marañón, John, *La tierra que perdió sus héroes: transición democrática y la guerra de las Malvinas*, Fondo de Cultura Económica, Argentina, 1998.

Cavarozzi, Marcelo, "Peronism and Radicalism: Argentina's transitions in perspective" en Paul Drake y Eduardo Silva (comps.) *Elections and Democratization in Latin America, 1980-1985*, Center for Iberian and Latin American Studies-University of San Diego, San Diego, California, 1986, pp. 143-174.

Dutrénit, Silvia *et al.*, *Diversidad y dictadura: los partidos políticos en América Latina*, Instituto Mora, México, 1997.

Infesta Domínguez, Graciela, *Visualización del exilio y del retorno en la sociedad argentina*, Facultad de Ciencias Sociales-Universidad de Buenos Aires, Buenos Aires, 1987, p. 176.

Jelin, Elizabeth, "Building Citizenship: A Balance Between Solidarity and Responsability" en Joseph Tulchin (comp.), *The Consolidation of Democracy in Latin America*, Current Studies in Latin America-Woodrow Wilson Center, Estados Unidos, s. a., multicopiado.

Jonson, John, *La transformación política de América Latina: surgimiento de los sectores medios*, Librería Hachette, Buenos Aires, 1961.

Lattes, Alfredo Enrique, *Dinámica migratoria argentina (1955-1984): democratización y retorno de expatriados*, Centro de Estudios de Población/UNRSID, Argentina, 1986.

Roche, Maurice, "Citizenship and Modernity", *The British Journal of Sociology*, vol. 46, núm. 4, diciembre de 1995, Estados Unidos, pp. 715-733.

Sábato, Hilda, "Elecciones y prácticas electorales en Buenos Aires, 1860-1880 ¿sufragio universal sin ciudadanía política?" en Antonio Annino (comp.), *Historia de las elecciones en Iberoamérica. Siglo XIX,* Siglo XXI, Buenos Aires, 1995, p. 138.

Tcach, César, "Elecciones presidenciales en el ocaso de las determinaciones históricas de larga duración: Argentina en 1983 y 1989" en Silvia Dutrénit (comp.), *Huellas de las transiciones políticas en América Latina,* Instituto Mora, México, 1998.

## Hemerografía

Camou, Antonio, "Gobernabilidad y democracia en América Latina", *Nexos*, enero de 1998, México, pp. 105-111.

IFE, "El caso de Argentina" en *Informe de la comisión especial para el voto en el exterior,* IFE, México, 1998.

*Legislación vigente para el voto en el exterior,* "Decreto 1.138/93, reglamentación de la ley 24.007 de Creación del Registro de Electores Residentes en el Exterior", Ministerio del Interior de la República Argentina, Buenos Aires, Argentina, 1995.

*Ley 23.059 de Ciudadanía y Naturalización,* 22 de marzo de 1984, multicopiado.

*Ley 24.007 de Creación del Registro de Electores Residentes en el Exterior,* Ministerio del Interior de la República Argentina, Buenos Aires, Argentina, 1995.

Meyenberg Leycegui, Yolanda, "Ciudadanía: cuatro recortes analíticos para aproximarse al concepto", *Perfiles Latinoamericanos,* núm. 15, diciembre de 1999, México, pp. 9-26.

Milles, Mark J., "Political Participation of Transnational Communities" en *Immigration and the Politics of Citizenship in Europe and North America,* University Press of America, 1989.

## Consultas en Internet

Ansaldi, Waldo, "Ciudadanos-Igualdad: nuevas palabras para expresar un nuevo tiempo", *El Clarín on Line,* del 10 de enero de 1999, en www.elclarín.com

Bunge, Jorge *et al.*, Trabajo de investigación de una política de retorno de argentinos, Buenos Aires, 1985, en www.cimal.org

"El largo camino hacia las urnas", *La Nación,* 23 de octubre de 1999, en buscador.lanacion.com.ar

Marshall, Adriana, "Corrientes argentinas hacia los Estados Unidos" en *Migración argentina*, proyecto de migración hemisférica, Center for Immigration Policy and Refugee Assistance, Georgetown University, 1985, en www.cimal.org

Orsatti, Álvaro, Migraciones internacionales en Argentina, Washington, D.C., Organización de Estados Americanos, 1982, en CIMAL, www.cimal.org

Rey Balmaceda, Raúl, "El pasado: la inmigración en la historia argentina" en Graciela de Marco *et al., Extranjeros en la Argentina: pasado, presente y futuro*, CONICET/PRIEGO, Buenos Aires, 1994, en CIMAL:74199.02, www.cimal.org

# ¿OH, QUÉ SERÁ, QUÉ SERÁ, DEL VOTO DE LOS BRASILEÑOS EN EL EXTERIOR?

Leticia Calderón Chelius

*Saudade* es la palabra que en portugués define la nostalgia: distancia que duele, tristeza profunda ante la lejanía. Pero en el imaginario social brasileño la *saudade* está más asociada a los amores rotos, las pasiones quebrantadas, que a la pérdida del terruño, a la patria distante. Esto se explica porque la historia brasileña se conformó a través de un largo proceso de inmigración forzada y voluntaria, que constituye uno de los ejes de su identidad como nación. Brasil se trazó así, en la ruta de África al nuevo continente, junto al universo de portugueses y holandeses (siglos XVI y XVII). Posteriormente fueron alemanes, italianos, españoles, judíos, quienes entremezclados con sirios, libaneses, turcos, japoneses se asentaron en distintas regiones del inmenso territorio que definió el espíritu colonizador de esa época (siglos XVIII y XIX). De manera reciente, a lo largo del siglo XX, migrantes de países como Argentina, Uruguay, Paraguay, además de bolivianos, peruanos y coreanos mantienen a través de un flujo constante y creciente la tradición del Brasil como país de atracción migratoria (Patarra, 1996). De esta manera, al constituirse como uno de los países de mayor atracción de extranjeros, Brasil se caracterizó por ser uno de los principales destinos para "hacer la América":[1] país de promesas, país de inmigrantes, ¿quién podría querer irse de ahí?

A finales de los años ochenta del siglo XX esta larga historia de inmigración empezó a modificarse, fue entonces cuando se empezó a

---

[1] El fenómeno de la migración hacia Brasil ha sido ampliamente estudiado en el trabajo de Boris Fausto (2000), destaca por su carácter comprensivo y ánimo de abarcar la totalidad del fenómeno.

saber por los medios de comunicación de los primeros casos de brasileños cruzando la frontera mexicana en busca del sueño americano. La noticia parecía simplemente increíble,[2] y el hecho fue interpretado por la opinión pública como la muestra de la incapacidad del Estado brasileño para ofrecer a sus ciudadanos medios de movilidad económica dentro de su propio país, pero además, la sola idea de que los brasileños se sumaran al éxodo migratorio latinoamericano tocaba el centro mismo de la identidad nacional al cuestionar muchas de las creencias de lo que es el ser brasileño. Implicaba, entre muchas cuestiones, pensar a la nación más allá de sus propias fronteras que por sí mismas siempre constituyeron en el imaginario social una tierra lejana donde acababa el país y comenzaba el resto del mundo. La migración al exterior inauguraba así, nuevas experiencias donde hubo por primera vez un lugar para sentir *saudade* por la tierra de origen, la patria abandonada, la nación brasileña. Una de estas experiencias se puede seguir a través del proceso de extensión de derechos políticos de los ciudadanos brasileños que radican en el exterior, cristalizado en la posibilidad de votar en las elecciones de su país de origen.

En 1965 se incluyó por primera vez en la Ley Electoral la legislación que permite a los brasileños que radican en el exterior votar en las elecciones para presidente y vicepresidente.[3] Los legisladores que la aprobaron en realidad no tenían en mente a los escasos brasileños registrados fuera del territorio nacional para ese entonces, pero, sin lugar a dudas debido a que la ley fue resultado de un amplio debate sobre derechos políticos enmarcados al final del periodo que se conoce como la experiencia democrática (1945-1964), su promulgación debe verse como resultado de ese esfuerzo político. Sin embargo, la Ley del Voto en el Exterior[4] al igual que el resto de las Leyes electorales aprobadas en ese periodo, se promulgó originalmente en circunstancias diferen-

---

[2] "Imigrante brasileiro faz a América de taxi", *Folha de São Paulo*, 1 de mayo de 1994, São Paulo. "A saga dos brasileiros que foram em bora", *Jornal da Tarde*, enero de 1993, São Paulo.
[3] La primera mención a la posibilidad de votar fuera del domicilio electoral correspondiente data del Código Electoral de 1954, que señala en el artículo 4º que "el voto es obligatorio para los brasileños de uno u otro sexo, salvo para: *b*) Los que se encontrasen fuera de su domicilio". Sin embargo, dado que la ley no es explícita respecto al voto en el exterior es erróneo suponer que ésta es la primera Ley Electoral en América Latina que incluye esta posibilidad.
[4] El Código Electoral de 1965 en su capítulo VII: "En las elecciones para presidente y vicepresidente de la república podrá votar el elector que se encuentra en el exterior."

tes a las del "espíritu democrático" que las había inspirado. En 1964 se instauró el régimen militar, y aunque las leyes electorales se aprobaron un año después (1965), su sentido fue diametralmente distinto al que le había dado origen como veremos adelante.

De esta manera, aunque la Ley del Voto en el Exterior se promulgó en 1965 fue sólo con el retorno de la democracia en 1985 cuando entró en vigencia. Fue entonces cuando se reglamentó y se permitió votar a quien estuviera ausente del país. El voto de los brasileños en el exterior es, por lo tanto, una Ley Electoral aprobada hace más de 30 años. Sin embargo, fue hasta que se recuperó como parte de la Nueva Constitución de 1988 que realmente entró en vigor.[5]

Para los legisladores que conformaron la Asamblea Nacional Constituyente, comisionados para redactar la nueva constitución (que fueron quienes debatieron la inclusión de la Ley del Voto en el Exterior), no hubo ningún argumento en contra de extender este derecho a todo ciudadano brasileño. La distancia del país de origen no se consideró, en ningún caso, como obstáculo para ofrecer las condiciones que permitieran votar en el exterior, tal vez porque luego de más de 20 años de gobierno militar se asumió que la geografía no podía ser más restrictiva y excluyente que lo que habían sido los militares en el poder.

## LEJANÍA FORZADA, LOS DIFÍCILES AÑOS DE LA DICTADURA

El movimiento militar tomó el poder en 1964. Llegó como todos los gobiernos militares de ese periodo con el argumento de reinstaurar el orden y combatir el comunismo que amenazaba a la nación, aunque en realidad no era sino otro gobierno que se imponía por el poder de las armas. Pero, a diferencia de otras dictaduras militares que azotaron la región en esos años, el régimen que impusieron los militares brasileños tuvo un carácter singular. Formalmente respetó la Constitución de 1946 y mantuvo el funcionamiento del Congreso, aunque bajo un fuerte control. No se volvió nunca una dictadura personal y, a través de un pacto

---

[5] Si nos atuviéramos estrictamente a la fecha de su promulgación la Ley Electoral del Derecho al Voto de los brasileños de 1965 sería, junto con la de Colombia de 1961, una de las primeras leyes de este tipo en aprobarse en los países de América Latina. Véase Ángela Serrano, en este mismo volumen.

al interior de la elite militar se designó a cada nuevo presidente, lo que provocó una alternancia restringida al cuerpo castrense. También se considera singular el hecho de que a pesar de romper con los principios básicos de la democracia, el régimen casi nunca asumió un carácter marcadamente autoritario (Fausto, 1995a).

Una de las características del régimen militar brasileño que se vincula a la Ley del Voto en el Exterior, consiste en que durante los años de la dictadura militar (1965-1985) las elecciones se realizaron de manera regular. Este hecho diferenció la dictadura brasileña de la de otros países de la región como Argentina y Chile, donde se eliminó cualquier resquicio democrático. Si bien la constancia electoral buscaba crear una fachada democrática para proteger al régimen, ésta se convirtió en un elemento central de la cultura política brasileña que desarrolló una noción de ciudadanía fuertemente identificada con la esfera electoral, lo que reforzó la idea del derecho al voto como un derecho de los ciudadanos (Meneguello, 1998).

Pero las apariencias no engañan del todo y la dictadura militar brasileña, a pesar de su "singularidad" atribuida a algunos rasgos de apertura, mantuvo altos niveles de control, una suspensión constante de los derechos políticos y una política de represión organizada que produjo un clima de miedo que poco a poco fue adueñándose del país.

En este contexto se inició un tipo de migración forzada, el exilio, el cual tuvo un fuerte impacto social porque afectó a activistas, líderes sindicales, académicos, intelectuales, artistas y estudiantes. El exilio es parte del proceso político que se ubica a finales de los años sesenta cuando se dio un auge de movimientos populares que tuvo como respuesta el decreto de suspensión de los derechos políticos. Ante la represión, la izquierda se dividió y la línea más radical optó por la lucha armada. Una de las acciones más conocidas fue la multiplicación de los secuestros de miembros del cuerpo diplomático extranjero para intercambiarlos por prisioneros políticos. La acción de mayor resonancia fue el secuestro del embajador de Estados Unidos que se intercambió por quince presos políticos que fueron posteriormente trasladados a México. Ante estos hechos, el Estado brasileño recrudeció sus acciones represivas y prácticamente acabó con la guerrilla urbana. El miedo se volvió una forma de control político.

## EL VOTO COMO BANDERA DE LUCHA

A finales de los años setenta las presiones sociales desbordaban la capacidad del régimen de responder mediante el mecanismo de la vía electoral restringida. Surgieron por doquier demandas sociales que tomaron cauce a través de un movimiento sindical fuerte y organizado,[6] en un sector progresista de la Iglesia que desafiaba al poder militar y en el movimiento campesino de los llamados "sin tierra". Sorprendió por su fuerza y efervescencia el activismo urbano que movilizó a distintos grupos con una diversidad de demandas y estrategias de lucha que innovaron las formas de participación política.

El régimen respondió con un proceso "gradual y prudente" de liberalización controlada que cristalizó en la reforma política de 1979. Dicha reforma sería a la larga el primer paso hacia la democratización del país, ya que, aunque la intención de la cúpula castrense era fortalecer al partido gubernamental Alianza Renovadora Nacional (ARENA), organización vinculada al periodo más autoritario y represivo de la dictadura,[7] la oposición encontró mecanismos dentro de la propia ley para aliarse y crear un frente común contra la dictadura.

Como resultado de la reforma política de 1979, la Ley Electoral permitió que por primera vez desde 1965 se votara de manera directa en puestos de elección popular, salvo en las elecciones para presidente y vicepresidente que siguieron siendo atributos de la cúpula militar. Este hecho dio un giro a la historia política brasileña, ya que los resultados finales de toda elección se definían, hasta ese momento, a través de votos indirectos en el Congreso. La reforma entró en vigor durante las elecciones de 1982, cuando 48 000 000 de brasileños sufragaron por primera vez en 21 años por la vía del voto directo para distintos cargos de representación, desde concejales hasta gobernadores. Este hecho permitió que la oposición aliada en un solo frente, el Partido del Movimiento Democrático Brasileño (PMDB), consiguiera importantes triunfos elec-

---

[6] Es el periodo en que surgió el Partido de los Trabajadores liderado por Lula da Silva, cuatro veces candidato a la presidencia y una de las figuras emblemáticas de la transición democrática brasileña.

[7] Durante los años de la dictadura, el gobierno sólo permitió la existencia de dos partidos políticos, uno favorecido por el ejército, Alianza Renovadora Nacional (ARENA), el cual era beneficiado por el Estado a través del sistema electoral que estaba diseñado para hacerlo ganar a toda costa; y el otro de oposición, el Movimiento Democrático Brasileño (MDB), que demandaba el retorno de la vida institucional.

torales. De esta manera la historia dio un giro, pues la vía electoral que había servido para mantener el control de manera sofisticada se convirtió en un espacio de lucha y una forma en que la oposición comenzó a ganar espacios. Mediante el voto popular se daban los primeros pasos para acelerar la liberalización controlada.[8]

## ¡ELECCIONES DIRECTAS YA!

Los triunfos de la oposición se ubicaron principalmente en ciudades como Río de Janeiro, São Paulo y Minas Gerais, sin embargo, el logro alcanzado por la vía del voto directo no era suficiente para avanzar hacia una verdadera transición democrática, ya que el poder presidencial y vicepresidencial seguían estando controlados por la cúpula militar. Fue ahí cuando se inició la movilización social más importante que permitió avanzar hacia la democracia.

En 1984, el Partido de los Trabajadores (PT) inició una campaña para lograr que las elecciones para la presidencia y vicepresidencia fueran por voto directo. La lucha era contra el último bastión del control militar que mantenía el poder a través del Congreso, donde se decidía la elección presidencial a través de los votos indirectos. La demanda conocida como Directas-ya, pronto alcanzó gran popularidad y trascendió al partido que le dio origen y se volvió una consigna nacional. Millones de personas imprimieron a la campaña un entusiasmo inusitado llenando las calles de las principales ciudades. Lograr este objetivo no era simple, ya que requería un cambio en la Constitución con el voto de dos tercios de los miembros del Congreso. El día que fue votada la posible enmienda para hacer la modificación constitucional la expectativa popular era enorme. El futuro del país, su democratización, la economía, los problemas sociales, las demandas populares, todo parecía que podría ser resuelto con el voto directo para presidente y vicepresidente. La enmienda fue aprobada, pero no obtuvo los votos en el Congreso para modificar la Constitución. Las elecciones indirectas seguirían siendo la vía para elegir presidente en Brasil. Como resultado de esta campaña, las distintas fuerzas opositoras aprendieron la lección y decidie-

---

[8] También fue resultado de la reforma política de 1979 la Ley de Amnistía, que fue el primer paso para permitir el retorno de los exiliados al país.

ron llegar a un acuerdo para la elección de 1985, apoyando a Tancredo Neves para presidencia y a José Sarney a la vicepresidencia. Sorprendentemente, el 15 de enero de 1985, Neves y Sarney ganaron en el Colegio Electoral 480 votos frente a 180, así, valiéndose del sistema electoral impuesto por el propio régimen autoritario, la oposición llegó al poder (Fausto, 1995a).

Debido a la muerte inesperada de Tancredo Neves, Sarney tomó protesta como presidente electo. Inmediatamente Sarney centró su atención en dos puntos: la revocación de las leyes que provenían del régimen militar y el establecimiento de libertades democráticas. El punto más importante, clave para la transición democrática, fue la elección de una Asamblea Constituyente encargada de elaborar una nueva constitución.[9] La Asamblea Nacional Constituyente empezó a reunirse en febrero de 1987 y los trabajos concluyeron el 5 de octubre de 1988, día en que fue promulgada. Fue en ese marco en que se aprobaron diversas leyes para ampliar los derechos sociales y políticos a los ciudadanos en general y a las minorías en particular, y fue ahí, en ese contexto, cuando el derecho al voto de los ciudadanos brasileños en el exterior fue ratificado y llevado a leyes secundarias para su ejecución.[10]

## DE LA EUFORIA DEMOCRÁTICA A LA FRUSTRACIÓN ECONÓMICA: "LOS BRASILEÑOS MIRAN HACIA EL NORTE"

El fin del autoritarismo llevó al país a un proceso de transición hacia la democracia (Stepan,1989), donde la conquista electoral se convirtió en símbolo del nuevo régimen y el voto, eje de afirmación de la ciudadanía. Sin embargo, a pesar de los nuevos acontecimientos en el terreno político, la situación económica empezó a complicarse para la naciente democracia. Desde inicios de los años ochenta Brasil se encontraba

---

[9] En mayo de 1985 la legislación estableció las elecciones directas para la presidencia de la república y aprobó el derecho al voto de los analfabetas así como la legalización de todos los partidos políticos. Además, se legalizó el Partido Comunista Brasileño (PCB).

[10] Que sin lugar a dudas es una ratificación a la ley aprobada en la Ley Electoral de 1965, pero que, en esta ocasión, al reglamentarla pudo entrar en vigor. Durante el tiempo de la dictadura se mantuvo un apartado que hacía mención de los residentes en el exterior, pero no para considerarlos sujetos de derechos políticos, sino para explicar el procedimiento de justificación de ausencia del domicilio electoral el día de las elecciones. Durante la dictadura no se contempló la posibilidad del voto en el exterior.

seriamente endeudado, la inflación llegaba a 223%, por lo que el gobierno decidió recurrir a los programas del Fondo Monetario Internacional. El presidente Sarney decretó un nuevo programa monetario llamado el Plan Cruzado que buscaba combatir la carrera inflacionaria al cambiar la moneda en curso. La situación crítica continuó a la alza, por lo que si bien el clima de optimismo político seguía vigente, el factor económico comenzó a hacer estragos en la población. Por primera vez, la migración internacional empezó a ser una opción para escapar de la crisis económica.

Desde los años cincuenta se registran los primeros éxodos hacia el exterior. Casos aislados, aventureros, alguna historia por contar, pero no se trataba de un flujo migratorio consolidado. Así pues, la ruta migratoria brasileña se ubica propiamente a partir de la década de los años ochenta y aunque es un proceso que se acrecentó debido al contexto económico, no se trata de una población empobrecida, sino, sobre todo, de un sector que vio desdibujadas sus posibilidades de movilidad social mezcladas con una gran desilusión por las expectativas atribuidas a la democracia. Desempleo, falta de oportunidades, mejores salarios y deseo de consumo se mezclaron con una visión fatalista que por años mantuvo la idea de que con la democracia las cosas cambiarían "mágicamente", y esto no ocurrió (Sales, 1999a).

La principal comunidad de expulsión procede del estado de Minas Gerais, del poblado de Governador Valadares. Allí es donde se ubica la ruta más clara de la historia de migración internacional, aunque actualmente ya se registran otras zonas de expulsión (Oliveira en Sales, 1999; Scudeler, 1999). Se pueden encontrar brasileños en distintas partes del mundo; los destinos donde se han establecido comunidades están en Estados Unidos: en la ciudad de Boston, Massachusetts, donde se habla ya de un "pequeño Brasil" (Little Brazil), donde es posible encontrar desde periódicos locales en portugués, hasta un "pan de queso y cafecito" (Margolis, 1993; Sales, 1999a). Lo importante de esta comunidad es que, aun con el escaso tiempo de experiencia migratoria, se han establecido las redes sociales que permiten la reproducción del flujo, lo que implica que el circuito migratorio alcanzó una dinámica propia (Massey, 1991). La consolidación de la comunidad brasileña se verifica mediante la variedad de organizaciones de carácter cultural, comunitario, religioso y económico donde el factor étnico ha cobrado una importancia central (Sales, 1999a; Braga, 2000). Otros destinos en

Estados Unidos son Miami, Nueva York y San Francisco, donde la comunidad brasileña está conformada principalmente por profesionistas de clase media, que se diluyen en el mosaico cultural de esas ciudades, pero que, en eventos como el desfile de carnaval hacen que su presencia sea palpable (Sales y Rocha, 1999b).

El otro país que se ha convertido en un destino internacional de importancia es Japón.[11] Se trata de una migración especial, pues está conformada por los descendientes de japoneses,[12] que van allí buscando insertarse en el mercado laboral de manera automática. El factor económico es central en este proceso migratorio porque se trata de jóvenes que, en una ruta contraria a la de sus abuelos, buscan hacer en Japón un ahorro que les permita establecer un pequeño negocio para alcanzar el nivel de vida que generaciones anteriores consiguieron cuando la economía era más sólida (el milagro brasileño).[13] En este viaje hacia su origen los dekasseguis (descendientes de japoneses) representan un camino que se cruza con su propia historia familiar para acabar confrontada al Japón actual donde difícilmente se reconocen (Rossini, en Patana 1996). Este proceso tiene un impacto importante en estos migrantes que redefinen su identidad y su pertenencia a Brasil al descubrir que "pueden tener cara de japoneses pero su alma es de brasileños" (Sassaki, 1999).

El tema del número de ciudadanos en el exterior, como en la mayoría de los países, es un asunto que levanta gran polémica. Se calcula que el porcentaje de brasileños que han emigrado representa alrededor de 1% de la población total (1 600 000 de personas). Sin embargo, dado lo novedoso del fenómeno, los estimados no concuerdan con distintas percepciones que sugieren que se trata por lo menos del doble de personas que radican en el extranjero.[14] Sin lugar a dudas, la exacti-

---

[11] Paraguay y Argentina son los países de mayor migración internacional para los brasileños. En esa región se da un problema de definición geográfica que ha dado por resultado que exista una comunidad conocida como brasiguayos. Veáse Amorim, 1996:144-159.

[12] En Brasil está una de las comunidades de japoneses más importante fuera de Japón. Data del siglo XIX la conformación de esta comunidad y su importancia es significativa, especialmente en ciudades como São Paulo.

[13] En el periodo de 1957 a 1961 el Producto Interno Bruto (PIB), creció a una tasa anual de 7%. Considerando toda la década de 1950, el crecimiento del PIB brasileño *per capita* fue aproximadamente tres veces mayor que el del resto de América Latina. Cristaliza el optimismo la inauguración de Brasilia el 21 de abril de 1960.

[14] Datos obtenidos por la autora en el Ministerio de Relaciones Exteriores, en Brasilia, que coinciden con los datos que distintos expertos manejan como oficiales (Patarra, 1996).

tud del dato es un elemento que sería imposible acreditar, por eso, más que la "danza de los porcentajes", lo que llama la atención es que un país con tan corta experiencia migratoria haya alcanzado en menos de dos décadas un número tan significativo de habitantes fuera de sus fronteras. El dato es aún más contundente si consideramos que dicho porcentaje procede de regiones claramente delimitadas como zonas de alta expulsión, por lo que el impacto del fenómeno no debe diluirse en la totalidad de un país tan grande, sino ubicarse en aquellas regiones donde la experiencia migratoria es ya parte de la historia contemporánea local. Ahí, la migración repercute en la forma de organización social, la experiencia familiar, la movilidad económica que se aprecian en tantas manifestaciones que van desde el impacto en la arquitectura local hasta la introducción de nuevas formas de ahorro popular (Oliveira en Sales, 1999). Así pues, más allá del número exacto, si esta población se ubica en las comunidades de alta expulsión de las que proceden, se observa cómo este es un fenómeno creciente que hace que, aunque a cuenta gotas, Brasil se incluya ya dentro del éxodo migratorio latinoamericano (véase cuadro 1).

## ¡QUÉDENSE Y AYUDEN AL PAÍS!: PRIMEROS VOTOS DESDE EL EXTERIOR

"El ministro de Hacienda, Fernando Henrique Cardoso, considera que los brasileños que piensan en dejar el país, para ganar la vida afuera, se deberían de quedar y ayudar a Brasil."[15] Esta es una de las tantas declaraciones que miembros de los sectores dirigentes han hecho, a lo largo de las últimas décadas, al preguntarles sobre la migración brasileña. Pero, esta no es una declaración más, sino que es relevante porque fue hecha por el entonces ministro de Hacienda (1994), posteriormente presidente electo por dos mandatos (1994-2002). El llamado que hace el entonces funcionario de Hacienda se ubica en un contexto donde el tema migratorio se vincula con el contexto político. En ese momento toda declaración de funcionarios del nuevo régimen apelaba a que las

---

Sin embargo, en distintas entrevistas la percepción de que el Ministerio no captura el universo total de brasileños en el exterior hace suponer que el número es infinitamente superior.

[15] *Jornal da Tarde*, São Paulo, 19 de junio de 1994.

Cuadro 1. Censo de brasileños en el exterior. Ministerio
de Relaciones Exteriores, Itamaraty, 1996

| | |
|---|---:|
| Estados Unidos | 610 130 |
| Japón | 170 000 |
| Europa | 126 828 |
| Canadá | 9 500 000 |
| América Central, México | |
| y Caribe | 3 110 |
| Paraguay | 325 000 |
| Argentina | 16 000 |
| Uruguay | 15 000 |
| Bolivia | 12 000 |
| África | 4 135 000 |
| Asia | 10 036 000 |
| Australia | 12 000 |

diversas fuerzas se unieran para consolidar la democracia,[16] sobre todo, después de que la primera elección directa para presidente, en 1989, terminó en un proceso de juicio político (*impeachment*), por denuncias de corrupción del presidente Collor de Melo en 1992.[17] Fue en esta elección de 1989 la primera vez que los brasileños volvieron a votar de manera directa para presidente desde 1960, cuando también se realizaron elecciones fuera del país, exactamente en el llamado electoral inmediato a la aprobación de la nueva constitución de 1988.

A partir de esta primera experiencia electoral transnacional (1989), se han realizado elecciones en el exterior en los procesos de 1994 y 1998, cuando en ambos casos se llegó a una segunda vuelta electoral entre los candidatos del Partido de los Trabajadores (PT), Lula da Silva, y del Partido de la Social Democracia Brasileña (PSDB), Fernando Henrique Cardoso, obteniendo este último el triunfo en ambas elecciones.

---

[16] La mayoría de los nuevos gobiernos desarrollaron programas que fueron presentados ante la población como cruzadas nacionales, los cuales tuvieron un tinte populista. El presidente Sarney logró inicialmente el apoyo popular al Plan Cruzado. Posteriormente Collor de Melo, en su llamado a "los descamisados", los "pies descalzos", consiguió el voto mayoritario del electorado, y durante la primera elección de Cardoso (1994), la campaña en apoyo al Plan Económico Real le dio importantes márgenes de manejo político.

[17] Dado que en Brasil hay segunda vuelta electoral, en esta elección el primer turno se llevó a cabo el 15 de noviembre de 1989, y un mes después, el 21 de diciembre, la segunda vuelta que dio el triunfo a Collor de Melo sobre Lula da Silva con sólo 5% de los votos a favor del primero, (Meneguello,1998). En ambas elecciones estuvo prevista la posibilidad de que los residentes en el exterior votaran.

Desde el exterior, los brasileños migrantes fueron considerados para votar en ambas vueltas electorales.

Aunque la ley estipula que el derecho al voto se circunscribe a las elecciones presidenciales y vicepresidenciales, se aprobó una resolución para permitir que fueran incluidos en el plebiscito realizado el 21 de abril de 1993, fecha en que se convocó a la ciudadanía para definir el tipo de gobierno que la nación brasileña mantendría. Las opciones estaban entre el sistema presidencialista, el parlamentarista, la república o la monarquía.[18]

De acuerdo con la legislación se ha previsto que las elecciones se realicen en las embajadas y consulados brasileños de todo el mundo, con excepción de Suiza, donde la ley de ese país prohíbe que los extranjeros realicen elecciones. La ley brasileña señala en este caso que:

> Dado que la legislación de aquel país no permite el ejercicio directo del voto a los extranjeros residentes, en ninguna hipótesis, ni en las sedes de las misiones diplomáticas ni representaciones consulares, se permite, excepcionalmente, que los brasileños inscritos al padrón electoral voten en las secciones electorales instaladas en países vecinos, en la forma en que está autorizado por el Tribunal Superior Electoral.[19]

Contemplando excepciones como este caso, el Tribunal Superior Electoral ha hecho varias enmiendas a la ley para afinar los procedimientos del voto en el exterior,[20] con lo que actualmente está establecido el procedimiento a seguir en el proceso electoral fuera del país.

## "POR SI ESTUVIERAS LEJOS": DE CÓMO VOTAR ESTANDO EN EL EXTERIOR

La realización de elecciones en el exterior en el caso brasileño muestra una serie de experiencias que pueden servir a otros países. El primer

---

[18] Artículo 1º. "En el día 21 de abril de 1993 —Fecha de la consulta plebiscitaria para escoger la forma (república o monarquía constitucional) y del sistema de gobierno (parlamentarismo o presidencialismo)— podrán ejercer el derecho al voto los electores regularmente inscritos, hasta el 10 de enero de 1993". Resolução núm. 18.923, processo núm. 13-533-Classe 10a. Instruções. D. F. Brasilia, Dispõe sobre o voto do eleitor em transito e do residente no exterior no plebiscito de 21 de abril de 1993.

[19] Resolução núm. 15.3777, 29 de junio de 1989.

[20] El listado de las leyes citadas se encuentra al final del documento.

aprendizaje es que, en la medida en que se llevan a cabo elecciones, la
ley que se aprueba inicialmente se va ajustando donde se observan las
fallas y aciertos. Esto permite entender por qué hasta la fecha, luego
de haber aprobado la legislación sobre el voto en el exterior en 1988, se
han hecho consecutivas "resoluciones legales" que renuevan ciertos
mecanismos y adaptan otros. Por ejemplo, durante la última elección
para presidente en Brasil (1998) el sufragio se realizó a través de
computadoras instaladas en todo el país (voto electrónico). Sin embargo, en el exterior no fue posible incorporar este procedimiento tecnológico y se mantuvo el procedimiento de elección tradicional mediante
boletas electorales como se verá más adelante.

A pesar de los ajustes, el procedimiento para votar en el exterior
es en esencia el mismo desde la elección de 1989. Lo sustancial radica
en que hasta ahora se permite el voto en el exterior para presidente y
vicepresidente, salvo excepciones (como el plebiscito mencionado anteriormente). El registro de electores se lleva a cabo en las sedes de las
embajadas y consulados que corresponden a la residencia del ciudadano brasileño en el exterior y todo trámite de registro está a cargo del
personal diplomático que remitirá dichos registros al Ministerio de
Relaciones Exteriores en Brasilia. Le corresponde a un juez electoral
de la 1a. Zona del Distrito Federal emitir los títulos electorales (credenciales), cancelar los registros anteriores y elaborar las boletas. Realizado este procedimiento, el material se regresa a las sedes diplomáticas que
son las encargadas de notificar a los electores la hora y local de votación.

Como se observa, la responsabilidad del proceso (en lo que respecta a su normatividad) se comparte entre el Tribunal Superior Electoral y el Ministerio de Relaciones Exteriores.[21] Este es un dato importante ya que el hecho de que sean los miembros de los consulados los
encargados de una parte del proceso no levanta sospechas sobre el procedimiento. Esto es resultado de que dichos funcionarios pertenecen al
Servicio Exterior de Carrera, procedentes en su mayoría de la escuela
diplomática llamada "Río Branco", considerada una de las más consolidadas de América Latina. En otros países como México, Honduras y
Guatemala, el hecho de que los miembros del Servicio Exterior puedan

---

[21] La organización y ejecución del proceso está a cargo del Tribunal Regional Electoral
del Distrito Federal.

ser los encargados del procedimiento electoral a través de los consulados ha sido un tema controversial.[22]

Un dato fundamental es que para que se acredite una sección electoral en el exterior es necesario que haya inscritos por lo menos 30 electores. Si hubiera más de 400 electores se deberá instalar una nueva sección electoral que se ubicará en locales oficiales del gobierno brasileño. La composición de la mesa receptora (funcionarios de casilla), tanto para una primera como en una posible segunda vuelta electoral (hasta ahora en todas las elecciones ha habido dos vueltas electorales), será organizada por el Tribunal Regional Electoral del Distrito Federal y atenderá las propuestas de los encargados de las misiones diplomáticas. Los partidos políticos podrán fiscalizar la elección siguiendo el mismo reglamento vigente en las mesas receptoras dentro del país.

Sólo pueden votar los electores que se hayan registrado con anterioridad, quedando estrictamente prohibido el voto a los electores en tránsito. Este punto, sumado a los tiempos de inscripción en el registro es un impedimento que elimina a muchos potenciales votantes que no hicieron el trámite con suficiente anterioridad o que, aunque se encuentren fuera del país sólo por un periodo de tiempo, pero que no están residiendo de manera definitiva en el extranjero (estudiantes, trabajadores temporales, turistas) no pueden participar.[23] Para sustentar este argumento, veamos lo corto de los tiempos de registro de votantes en el exterior. De acuerdo con la resolución núm. 12.768 del 20 de mayo de 1986,[24] en esa ocasión se dio un mes de plazo para el registro de electores.[25] Para la elección presidencial prevista para 1989 el plazo de registro se prolongó: "considerando la necesidad de revisión y listado del electorado", sin embargo, este periodo aún resulta sumamente restrictivo, ya que de acuerdo a la resolución núm. 15.192 del

---

[22] Véanse dichos casos en Calderón y Martínez, en Hernández, y Zapata, en este volumen.

[23] Un problema semejante se observa en el caso español. Véase Peraza en este volumen.

[24] El cual señala sobre las disposiciones del empadronamiento de los electores en el exterior, Tribunal Superior Eleitoral, proceso núm. 7.860, classe 10a. Distrito Federal, Brasilia, Dispõe... (Dispõe sobre o recadastramento dos eleitores no exterior).

[25] Se trata del artículo siete que permite el empadronamiento de los electores que contemplan las anteriores disposiciones hasta el 30 de junio de 1986 (O recadastramento dos eleitores a que se referem estas instruções será efetuado até 30 de junho de 1986). Tribunal Superior Eleitoral, proceso núm. 10.017, classe 10a. Distrito Federal, Brasilia, Dispõe...

13 de abril de 1989[26] se dio un plazo de dos meses y medio para registrarse.[27]

El material que se utiliza durante todo el proceso electoral es provisto por el Tribunal Superior que lo deberá enviar por lo menos 72 horas antes de la elección. Las mesas de votación se abrirán en el mismo horario que se abren en el país respetando la hora local. Al finalizar el proceso se cuentan los votos y por medio del télex diplomático se enviarán los resultados al Tribunal Regional Electoral del Distrito Federal (TRE-DF). Los votos se depositan en un sobre especial que se envía en una maleta diplomática al Tribunal Superior Electoral en Brasilia. Este procedimiento hace que la integración de los resultados que llegan al país desde el exterior pueda ser incluida en los resultados generales de manera eficiente. Esto muestra que la agilidad del trámite no es sólo una cuestión de uso de tecnología, sino que es, sobre todo, una cuestión de confianza política, es decir, en la medida en que las instancias que manejan el proceso gozan de credibilidad se omiten argumentos que cuestionen el proceso por posibles arreglos poco transparentes que pudieran modificar los resultados electorales.[28]

Un elemento central al explicar el voto en el exterior en Brasil es tener en cuenta que el voto es obligatorio para todo mayor de 18 años y menor de 70, y facultativo (opcional) para quienes oscilan entre los 16 y 18 años de edad, así como para quienes radican en el exterior. Sin embargo, aunque el voto es opcional estando en el exterior es necesario justificar la abstención, y en su caso, pagar la multa respectiva a juicio del juez electoral, ya que en caso de no hacerlo hay una serie de penalizaciones como:

*a*) No poder inscribirse en un concurso o prueba para un cargo o funciones públicas.

*b*) Recibir remuneraciones, o salario de funciones de un empleo público o paraestatal.

---

[26] Dicho artículo señala el procedimiento para enlistar y revisar al electorado que se encuentra en el exterior (Dispõe sobre o alistamento e a revisão do elitorado no exterior e da outras providencias).

[27] Se trata del artículo 3º que da instrucciones para que las fechas máximas de empadronamiento en dicha elección fueran hasta el 30 de junio de 1989 como fecha límite (artículo terceiro sobre a revisão ou alistamento dos eleitores de que cuidam estas instruções deverão fazer-se ate 30 de junho de 1989).

[28] En otros países, por ejemplo México, este punto es de los que más debate ha suscitado e incluso es uno de los argumentos de algunos que se oponen a permitir el voto en el exterior.

*c*) Obtener préstamos de las sociedades de economía mixta, cajas económicas federales o estatales, o de cualquier establecimiento de crédito mantenido por el gobierno, o en la que éste participe en su administración.

*d*) La cancelación del trámite para obtener el pasaporte o la cartera de identidad.

*e*) No poder renovar la matrícula en establecimientos de enseñanza oficial o fiscalizados por el gobierno.[29]

Para los residentes en el exterior hay un párrafo único que señala que en caso de que el elector no tuviera su justificación y el pago de su multa respectiva, sólo se le aplicarán las penalizaciones los siguientes dos meses a su regreso al país.[30]

## LOS VOTOS DE LA AUSENCIA: RESULTADOS Y TENDENCIAS

Como en la mayoría de los países, el voto en el exterior se caracteriza por un número bajo de participantes. Las estadísticas muestran que del universo de potenciales votantes el registro es mínimo, y que la participación efectiva el día de las elecciones es aún menor, incluso conside-

[29] Tomado de la Instrucción para la votación de 1998. Tribunal Superior Electoral, resolução núm. 20.104 (3.3.98). Dispõe sobre o Voto do Eleitor Residente no exterior nas eleções presidenciais de 1998.

[30] Instrucciones para la justificación de los electores que no voten. Resolução núm. 9 306. El elector que se encontrase en el exterior: artículo 10. Si el elector se encontrase fuera del país, podrá justificar la falta, dentro de 30 días después de la realización de la elección, mediante un simple comunicado al juez electoral de la zona de su inscripción.

1) Si el elector no hiciera dicho trámite, tendrá, al volver al país, un plazo de 30 días para justificar su ausencia, mostrando para eso el pasaporte o un documento equivalente.

2) Si en cualquiera de estas hipótesis el elector dentro de un plazo de 30 días no volviese a la zona en que está inscrito, podrá justificar y recibir el comprobante modelo núm. 3 delante del juez electoral de la zona en que se encontrase, lo cual comunicará la justificación de la falta al juez de la zona de inscripción.

3) La justificación de la falta del elector que se encontrase en el exterior podrá también ser hecha ante un juez electoral de zona de inscripción por la entidad pública o privada, a la que estuviera vinculado.

4) El pedido de justificación deberá constar del número de título, o en su falta, otros datos de calificación que permitan identificar al elector.

5) El comprobante modelo 3, expedido por el juez electoral, será enviado al remitente de comunicación para su entrega posterior al elector. Tribunal Superior Eleitoral, resolución núm. 9.306, processo núm. 4,581-classe 10a. Distrito Federal, Brasilia, Intruções para justificação do eleitor que se encontrar no exterior, cap. III, artículo 10, publicado en *Diario da Justicia*, 18 de mayo de 1976.

rando lo que señalábamos de que en Brasil se contemplan sanciones a quien no justifique su abstención. Aun así, por ejemplo, del total de inscritos al padrón electoral en 1998 a través de las embajadas y consulados, 46% de los inscritos votaron y 54% se abstuvieron.[31]

Lo central de realizar elecciones en el exterior, por lo tanto, no radica en este punto, sino en el valor atribuido al voto como parte de la experiencia política brasileña donde, al momento de transitar a la democracia, no se pensaba en excluir sino más bien en ampliar derechos políticos y libertades sociales. Así crear condiciones para que todos los ciudadanos pudieran votar, aun estando fuera del país, está a tono con el discurso implícito en el cambio de régimen, el fin de la dictadura y el tránsito hacia un sistema democrático.

A pesar de la baja participación electoral de las elecciones en el exterior, éstas son una vía para explorar en la experiencia política de la migración brasileña que dado el poco tiempo que lleva como flujo sostenido, es un caso interesante por ser un proceso en gestación. Por un lado, permite ver cómo se conforman las redes migratorias desde su origen, las motivaciones, experiencias y circunstancias que acompañan a toda comunidad migrante (Sales, 1999a), tal como pudo haber ocurrido en sus inicios con otras experiencias migratorias de largo tiempo. Pero, por otro lado, dado la velocidad de los cambios mundiales del mundo contemporáneo que han tenido un importante efecto sobre la dinámica migratoria internacional, la experiencia brasileña es un ejemplo de cómo toda comunidad de migrantes se incorpora, a pesar del poco tiempo de haberse constituido, a las circunstancias y desafíos que como extranjeros los convierte en minorías raciales, económicas y sociales, con todo el estigma que esto trae consigo.[32] Este proceso lleva a que enfrenten un escenario político distinto al propio donde se reconstituye su identidad y se revelan nuevas formas de relación social y política. Al respecto señala Teresa Sales que: "Una de las consecuencias de la migración es la quiebra del fetiche de la igualdad a favor de la igual-

---

[31] Seção de Informações e estadística. Votação no exterior para presidente da República, 1998. Quadro Comparativo do Total de Comparecimento/abstencão.

[32] Un resultado de la experiencia migratoria brasileña principalmente hacia Estados Unidos, es que se les incluye en el grupo de los latinos, lo cual implica que se les considera parte de un todo junto con el resto de los migrantes del continente, lo que lleva a que experimenten una especie de latinoamericanización, es decir, ser parte de una comunidad estereotipada y marginada en ese país.

dad de otra naturaleza: sentirse alguien siendo igual, cuando la experiencia anterior en Brasil era la de sólo sentirse alguien siendo superior."

El bajo índice de participación electoral es un rasgo presente en la experiencia política transnacional en general como hemos mencionado, pero en el caso brasileño este dato se entrelaza, además, con algunos rasgos del sistema político de ese país, por lo que el voto en el exterior puede servir como un referente para pensar algunos problemas propios de la cultura política brasileña. Hay una serie de elementos que influyen en la forma de participación de sus ciudadanos en el exterior. Recordemos que el voto es obligatorio en Brasil, excepto para los menores de 18 y para quien radica ¡en el exterior! De esta forma, el voto se convierte en un acto de absoluta voluntad personal para quien está fuera del país (aun cuando se contemplan ciertas sanciones por no registrarse), lo que vuelve más flexible el hecho de votar o no hacerlo. Esto crea un escenario único en el que los ciudadanos brasileños están en condiciones de decidir votar de manera independiente a las sanciones impuestas por el Estado. Es decir, en un hipotético caso en que el voto fuera voluntario (y no obligatorio) en Brasil, ¿cuál sería el posible índice de participación?, ¿sería abrumadora la abstención?, ¿cómo se comportarían los candidatos para buscar una mayor participación electoral si no hubiera reglamentación que penalizase a quien no vote? El comportamiento político desde el exterior obliga, pues, a preguntarse más que por el acto individual de los migrantes brasileños, su baja participación o su conocimiento de la política local, sobre las estrategias de educación cívica y de difusión del Estado brasileño por arraigar en la cultura política un eje central de la democracia, el voto, sobre todo en un periodo donde éste dejó de ser una bandera de lucha contra la dictadura.

## "MAÑANA VA A SER OTRO DÍA":[33] CUANDO LOS VOTOS CUENTAN

A pesar del poco tiempo de experiencia migratoria internacional en el Brasil, el fenómeno muestra rasgos característicos a todo proceso de este tipo, uno de los cuales consiste en mantener un continuo contacto con la comunidad de origen (Calderón, 1999). En el caso brasileño,

---

[33] Título de la canción de Chico Buarque, "Amanhâ vai ser outro dia".

esta experiencia se manifiesta a través de múltiples expresiones que van desde la participación comunitaria en actividades de carácter cultural que tienen por efecto mantener la cohesión del grupo tal como ocurre con prácticamente cualquier comunidad de migrantes,[34] y la recreación de nuevas formas de interacción sociopolítica, como se observa con el papel que la religión juega en el proceso migratorio brasileño (Braga, 2000).

Un dato sustancial en este aspecto es el de las remesas, pues este punto se ha constituido como un importante indicador no sólo por su carácter económico, sino por el potencial social y político que le otorga a los migrantes. Aunque no hay cifras exactas sobre el monto de las remesas enviadas a Brasil, se estima que alcanzan alrededor de los 5 000 millones de dólares al año (Patarra, 1996), lo que constituye una cifra realmente sorprendente si se considera que otros países con una población en el exterior diez veces mayor, como es el caso mexicano, el monto recibido por remesas es semejante.[35] El impacto de estas remesas puede constituir, a la larga, una influencia no sólo social y comunitaria como ocurre hasta ahora, sino con un importante peso político, tal como se constata en otros casos de larga migración internacional.

La participación política electoral es, sin embargo, una experiencia insustituible para analizar la experiencia política migratoria brasileña, pues constituye un ejercicio cívico que se carga de contenido simbólico que se traduce en actitudes respecto al orden y al poder. A través de este ejercicio cívico dado en el voto, los migrantes brasileños se constituyen como un grupo de ciudadanos que se incorpora a la dinámica política nacional con sus propias características, donde lo central es que el Estado los reconoce como sujetos políticos, aunque su peso político electoral como comunidad se concentra en las zonas de expulsión migratoria, pues es ahí donde su número y presencia cobra fuerza.

De esta forma, podemos decir que las tendencias electorales de la comunidad en el exterior deben ser vistas como parte del resultado global de todo un proceso electoral, pero también como el reflejo de la especificidad de una comunidad o comunidades dispersas que comparten

---

[34] Hay una interesante reconstrucción de esta relación a través de las cartas, fotos y vídeos de los migrantes y sus familias, amigos y enamorados. Véase, Oliveira en Sales, 1999, pp. 125-166.

[35] Se calcula que hay 10 000 000 de mexicanos en el exterior que envían aproximadamente 5 000 millones de dólares como remesas al país.

como rasgo central el hecho de radicar fuera del país de origen. Mediante los resultados electorales cristalizan muchos de los elementos de la dinámica política brasileña y, desde el exterior, dicha dinámica simplemente se refleja. Así pues, podemos ver que en las elecciones de 1998 el candidato que obtuvo el triunfo, Fernando Henrique Cardoso, resultó también vencedor entre los votantes migrantes (véase cuadro 2).

Los resultados de esa votación en Estados Unidos, donde se concentra la mayor cantidad de brasileños en el exterior (610 130),[36] el candidato vencedor, Cardoso, obtuvo 3 074 votos contra 765 de su rival político, Lula da Silva. En el caso de esta comunidad se aprecia que si bien no participó ni 1% de la población registrada, esta baja participación no se puede generalizar a todas las comunidades de brasileños, ya que, por ejemplo, en esa misma elección de 1998, en México votaron 152 brasileños de un universo total (registrado en el consulado) de 800 personas, casi 20%. Este dato revela que es importante considerar la experiencia y características de cada comunidad al analizar su participación política, es decir, que no hay una comunidad en el exterior sino comunidades con sus propias dinámicas e historias.[37]

Un dato a considerar dentro del panorama que abre la experiencia política desde el exterior es el hecho de que aun cuando la densidad migratoria del universo de votantes potenciales representa menos de 1% de la población brasileña. Sin embargo, debido al sistema electoral que permite la segunda vuelta en caso de elecciones presidenciales, en el hipotético caso de una elección altamente reñida, 1% de electores potenciales representan un porcentaje que podría influir en los resultados finales. Si consideramos que la elección de 1989 se definió en una segunda vuelta electoral donde Cardoso le ganó a Lula da Silva por 5% de los votos, podemos apreciar que un electorado fuera del país es un factor a considerarse. Tal es el caso que durante el proceso electoral de 2002 el Partido del Trabajo (PT) lanzó una campaña para conseguir que los brasileños en el exterior, principalmente los radicados en Portugal donde se concentra una de las comunidades más participativas en la

---

[36] Como hemos mencionado, si bien hay una serie de cuestionamientos a los datos exactos de los migrantes brasileños en el exterior, utilizamos los datos oficiales proporcionados por las oficinas del Ministerio de Relaciones Exteriores (Itamaratí). Si bien consideramos que el número rebasa la cifra oficial, tomamos estos datos como referente obligado y a partir de ahí nos sumamos al debate sobre la magnitud y alcance de la migración brasileña.

[37] Tal como se demuestra en este volumen a través de los distintos casos de estudio.

## Cuadro 2. Resultados electorales de la votación presidencial en el exterior de 1998[a]

| País | Fernando Henrique Cardoso | Luiz Inacio Lula da Silva |
|---|---|---|
| Alemania | 799 | 417 |
| Angola | 26 | 12 |
| Arabia Saudita | 13 | 2 |
| Argentina | 308 | 87 |
| Australia | 64 | 35 |
| Austria | 104 | 55 |
| Bélgica | 149 | 92 |
| Bolivia | 720 | 227 |
| Cabo Verde | 16 | 4 |
| Canadá | 585 | 245 |
| Checoslovaquia | 17 | 2 |
| Chile | 278 | 57 |
| China | 25 | 16 |
| Singapur | 68 | 19 |
| Colombia | 122 | 18 |
| Corea | 16 | 2 |
| Costa de Marfil | 33 | 14 |
| Costa Rica | 52 | 11 |
| Cuba | 24 | 17 |
| Dinamarca | 55 | 22 |
| Egipto | 23 | 9 |
| El Salvador | 68 | 32 |
| Emiratos Arabes | 18 | 7 |
| Ecuador | 90 | 11 |
| España | 192 | 114 |
| Estados Unidos | 3 074 | 765 |
| Filipinas | 24 | 12 |
| Finlandia | 31 | 6 |
| Francia | 426 | 363 |
| Grecia | 98 | 25 |
| Guatemala | 75 | 24 |
| Guyana | 19 | 4 |
| Guyana Francesa | 606 | 77 |
| Honduras | 64 | 12 |
| Hong Kong | 27 | 3 |
| Hungría | 20 | 3 |
| India | 13 | 4 |
| Indonesia | 9 | 1 |
| Inglaterra | 336 | 194 |
| Irlanda | 23 | 18 |
| Israel | 45 | 11 |
| Italia | 1 116 | 610 |
| Japón | 202 | 42 |

| País | Fernando Henrique Cardoso | Luiz Inacio Lula da Silva |
|---|---|---|
| Jordania | 66 | 15 |
| Kuwait | 9 | 5 |
| Líbano | 160 | 16 |
| Malasia | 12 | 2 |
| Marruecos | 10 | 3 |
| México | 112 | 40 |
| Mozambique | 83 | 32 |
| Nicaragua | 33 | 22 |
| Nigeria | 14 | 9 |
| Noruega | 49 | 17 |
| Países Bajos | 161 | 78 |
| Panamá | 87 | 19 |
| Paraguay | 323 | 80 |
| Perú | 130 | 16 |
| Polonia | 48 | 8 |
| Puerto Rico | 29 | 6 |
| Portugal | 1 089 | 300 |
| República Dominicana | 68 | 27 |
| Rusia | 37 | 11 |
| Senegal | 26 | 4 |
| Sudáfrica | 54 | 10 |
| Suecia | 71 | 42 |
| Suiza | 577 | 244 |
| Suriname | 59 | 14 |
| Tailandia | 17 | 3 |
| Taiwan | 46 | 1 |
| Túnez | 13 | 4 |
| Turquía | 5 | 1 |
| Uruguay | 258 | 132 |
| Venezuela | 129 | 22 |

[a] Datos públicos del Tribunal Regional Electoral (TRE-DF, Secretaría de Informática, Elecciones generales de 1998).
Fuente: Tribunal Superior Eleitoral, Cordenadoria de Sistemas Eleitorais, Seção de Estatística Eleitoral.

vida política de su país de origen, se sumaran a la causa dirigida por el candidato histórico de la izquierda, Luiz Inacio Lula da Silva, en su cuarto intento por llegar a la presidencia. Lo esencial es que con este reconocimiento la condición de ciudadano se mantiene independientemente de la ubicación geográfica de los miembros de esa comunidad política.

Aun con la importancia de este proceso, el impacto político de la comunidad migrante puede ubicarse principalmente en las zonas de alta expulsión, pues es ahí donde su impacto numérico aumenta,[38] no tanto en el número de votos que se contabilizan sólo para las elecciones presidenciales y vicepresidenciales (impacto federal), sino sobre todo en una dimensión política más amplia donde los migrantes juegan un papel significativo en la vida política local (Calderón, 1999).

## "POR MÁS DISTANTE, EL ERRANTE NAVEGANTE QUE JAMÁS TE OLVIDARÍA": QUIÉNES PUEDEN VOTAR[39]

A través de la Ley de Nacionalidad que define la posición del Estado sobre quién es brasileño, se establecen los derechos y obligaciones de que son objeto tanto los que radican en el país como quienes se encuentran en el extranjero. Lo importante, para efectos del tema del voto en el exterior, es que dicha ley aporta los elementos para saber quiénes son potenciales votantes brasileños en el exterior.

En el universo de potenciales votantes, prácticamente 50% de la población brasileña es mayor de 16 años y, por lo tanto, tiene derecho a votar. Si el universo de brasileños en el exterior sigue este mismo patrón, implica que la mitad de los residentes en el exterior tiene derecho a participar en las elecciones (siguiendo las cifras oficiales, poco menos de 1 000 000 de personas serían mayores de 16 años). Pero este dato hay que vincularlo con uno de los puntos que más controversia causa en la mayoría de los países donde no sólo se discute el número de potenciales votantes, sino, sobre todo, quiénes (basados en el estatus jurídico) pueden votar, lo que en el fondo es una discusión sobre quién es ciudadano. En el caso de Brasil, la Ley de Nacionalidad define las razones de pérdida de la nacionalidad, que como está planteada abre una amplia gama de posibilidades, especialmente en la medida en que el fenómeno migratorio se incrementa.[40]

De acuerdo con la ley sólo se pierde la nacionalidad brasileña al adquirir otra nacionalidad. Esto implicaría que todo aquel brasileño

---

[38] 7% de la población de la comunidad de Governador Valadares se encuentra fuera del país (Sales, 1998).

[39] Tomado de la canción "Terra" del disco *Prenda Minha*, Caetano Veloso, 1999.

[40] Más allá de que los propios legisladores hayan tenido en mente a los brasileños en el exterior, es interesante la introducción de las excepciones que se señalan. En otros países un punto de esta naturaleza ha levantado gran debate, por ejemplo, véase el caso de México en este mismo volumen, Calderón y Martínez.

naturalizado en otro país pierde su condición de ciudadano. Sin embargo, la propia ley hace una excepción al señalar que la nacionalidad no se pierde aun habiéndose naturalizado, "salvo en el caso de que un ciudadano brasileño se vea obligado a naturalizarse en otro país como condición para permanecer en su territorio o para el ejercicio de sus derechos civiles". Es decir, se entiende que se puede llegar a optar por otra nacionalidad cuando por no hacerlo se limitan las posibilidades de residir en el extranjero o si, al no naturalizarse, se está impedido de derechos civiles. Este último punto resulta sustancial porque *de facto*, es la clave que permite la doble nacionalidad e implica que si un brasileño adquiere otra alegando que está excluido políticamente en el país donde reside, el Estado brasileño acepta este hecho, permitiéndole obtener otra nacionalidad y al mismo tiempo, mantener sus derechos ciudadanos. Así pues, la Ley de Nacionalidad supone que todo aquel ciudadano brasileño por nacimiento, por naturalización o doble nacional, dada la excepción señalada, mantiene sus derechos y obligaciones de participar en las elecciones para presidente, vicepresidente o plebiscitos a los que se le convoque. Este hecho puede tener gran relevancia en la medida que el flujo migratorio brasileño se consolide y que un número mayor de residentes en el exterior deseen o puedan naturalizarse en otro país. Ante esta posibilidad, muchos migrantes aun naturalizándose mantendrían su nacionalidad brasileña y serían votantes potenciales, sumados a los que por no poder o no querer hacerlo tuvieran sólo la nacionalidad brasileña.

*Constitución de la República Federativa del Brasil, de 1988,
con reformas de 1999*

*De la nacionalidad brasileña:* artículo 12: son brasileños:

1) Los nacidos en la república federativa de Brasil, y los extranjeros mientras que no estuvieran al servicio de su país de origen.

2) Los nacidos en el extranjero, de padre brasileño o madre brasileña, mientras que cualquiera de ellos estuviera al servicio de la república federativa de Brasil.

3) Los nacidos en el extranjero, de padre brasileño o madre brasileña, en tanto que vayan a residir a la República Federativa de Brasil y opten en cualquier tiempo, por la nacionalidad brasileña.

Naturalizados

4) Los que de acuerdo con las leyes adquieran la nacionalidad brasileña, exigiendo a los originarios de países de lengua portuguesa tan sólo un año de residencia ininterrumpida e idoneidad moral.

5) Los extranjeros de cualquier nacionalidad, residentes en la república federativa de Brasil con más de quince años ininterrumpidos y sin condenas penales, y que requieran la nacionalidad brasileña.

6) A los portugueses con residencia permanente en el país, se existe reciprocidad a favor de los brasileños, serán atribuidos los derechos inherentes a los brasileños, salvo casos previstos por la Constitución.

7) La ley no podrá establecer distinción entre brasileños natos y naturalizados, salvo en casos previstos en la Constitución.

Son privativos de brasileños por nacimiento los cargos de:

*a*) presidente y vicepresidente,
*b*) presidente de la Cámara de Diputados,
*c*) presidente del Senado Federal,
*d*) ministro del Supremo Tribunal Federal,
*e*) carrera diplomática,
*f*) oficial de Fuerzas Armadas.

Será declarada pérdida de nacionalidad del brasileño que: tuviera cancelada su naturalización por sentencia judicial, en virtud de actividades nocivas al interés nacional; adquirir otra nacionalidad, salvo en los casos:
*a*) De reconocimiento de la nacionalidad original por la ley extranjera.

*b*) Por imposición de la naturalización al brasileño residente en un país extranjero, como condición para permanecer en su territorio o para el ejercicio de sus derechos civiles.

## A MANERA DE CONCLUSIÓN

El proceso del voto en el exterior en Brasil es una vía para leer desde una perspectiva distinta la propia historia política brasileña. Ofrece además, una lección sobre cómo la visión de la ciudadanía no es una cuestión que está ligada a un territorio de manera rígida, sino que más bien, en el caso brasileño, los derechos ciudadanos de quienes residen en el exterior deben verse en un contexto político amplio donde la experiencia de vivir bajo una dictadura militar aun con sus rasgos "excepcionales", creó un precedente para entender por qué los legisladores al transitar hacia un sistema democrático apostaron a través de leyes, en crear mecanismos de inclusión y ampliación de derechos políticos. La lección política obligaba a asumir una generosidad democrática y de ahí que, en el tema del voto en el exterior incluido desde la Ley Electoral de 1965 se recuperara y reglamentara sin mayor debate en el marco del retorno de la democracia cristalizando en la nueva constitución de 1988.

Este proceso político se vinculó muy pronto a un éxodo migratorio que desde los años ochenta sorprendió a los propios brasileños que, debido a su propia historia, por primera vez se vincularon con el exterior a través de una experiencia social compartida como es la migración internacional. Con un Brasil migrante, el país dejó de estar tan lejos, tan aislado, tan ensimismado, para incorporarse como parte de la comunidad latinoamericana en Estados Unidos, donde se encuentra el mayor número de brasileños en el exterior. Otros destinos internacionales, como Japón, Portugal, Italia, Suiza, Argentina y Uruguay, no dejan de sorprender porque muestran la versatilidad de lo que es Brasil hoy día.

Muchas son las lecciones que ofrece la experiencia brasileña del voto en el exterior. Entre otras, muestra cómo lo central es otorgar el derecho, ya que las cuestiones de procedimiento se pueden revisar tantas veces como sea necesario para tratar de corregir los posibles desaciertos en futuras elecciones (*resoluçoes*). La lección más contundente es que revela cómo los problemas técnicos son secundarios cuando el régimen goza de la legitimidad que sustenta el proceso electoral, por lo que muestra, mediante el proceso político en que se reglamentó esta ley, cómo las condiciones que trajo la democracia superan los escollos siempre presentes en cualquier elección.

El talón de Aquiles del proceso electoral fuera de Brasil es el de la mayoría de las experiencias políticas transnacionales, esto es, la baja participación electoral, lo que llama la atención si consideramos que tal como lo vimos a lo largo de estas páginas, en el caso brasileño el voto es obligatorio y se sanciona la abstención. Este punto prende un foco rojo no sólo para Brasil, sino para el resto de los sistemas democráticos, pues llama la atención hacia la creación de mecanismos que alimenten la educación cívica y la credibilidad en el voto como instrumento de ejercicio político. Pero, aun con la baja participación electoral, esto no descalifica un proceso que refleja, a través de resultados electorales desglosados, un nuevo terreno político por considerar. El voto en el exterior sintetiza el comportamiento político de las comunidades brasileñas en el exterior, que a la larga, con un flujo que recién comienza pero que al momento que se consolida no tiene punto de retorno, podrá ofrecer una rica vía de análisis del fenómeno migratorio brasileño.

Son muchas las sorpresas que el nuevo escenario político transnacional abre para Brasil al sumarlo al flujo migratorio internacional, la más palpable por medio de la Ley del Derecho al Voto en el Exterior es que las fronteras se pueden adaptar a las necesidades políticas y sociales de cada momento y circunstancia. Esto no es poca cosa, ya que en el imaginario social brasileño la frontera sigue siendo ese lugar inhóspito, donde termina el país y comienza el mar. Así, con una ley que de hecho rebasa sus propias fronteras nacionales, el mundo se hace más presente, aunque desde Brasil, todo parece que se encuentra tan lejano.

## FUENTES CONSULTADAS

*Bibliografía*

Amorin Salim, Celso, "A questão dos brasiguaios no Mercosoul" en Neide Patarra Lópes (coord.), *Emigração e imigração no Brasil contemporáneo*, NEPO/Universidade de Campinas, Brasil, 1996.

Beozzo, José Óscar Pe, *Brasil, 500 años de migrações*, Centro de Estudos Migratorios/Edições Paulinas, Brasil, 1992.

Braga Martes, Ana Cristina, *Brasileiros nos Estados Unidos, um estudo sobre imigrantes em Massachusetts*, Edit. Paz e Terra, Brasil, 2000.

————, "Imigrantes Brasileiros em Massashusetts", tesis de doutorado en Ciencia Política, Facultade de Filosofía, Letras e Ciências Humanas-Universidad de São Paulo, Brasil, 1998.

Brito Muszynki, María Judith, *O impacto político das migrações internas: O caso de São Paulo (1945-1982)*, Instituto de Estudios Económicos, Sociais e Políticos de São Paulo, Brasil, 1986.

Calderón Chelius, Leticia, "Ciudadanos inconformes, Nuevas formas de representación política en el marco de la experiencia migratoria: el caso de los migrantes mexicanos", *Frontera Norte*, Colegio de la Frontera Norte, núm. 21, vol. 11, enero-junio de 1999, Tijuana, Baja California, pp. 117-146.

————, "O voto dos mexicanos no exterior, uma agenda a cumprir", *Novos Estudos*, Centro Brasileiro de Pesquisadores (CEBRAP), núm. 58, novembro de 2000, São Paulo, Brasil, pp. 41-52.

Cortéz, Cácia, *Os Brasiguaios, Os refugiados desconhecidos*, Agora, Campo Grande, Brasil, 1993.

Da Matta, Roberto, *A casa & rua, espaço, cidadania, mulher e morte no Brasil*, Edit. Rocco, Brasil, 1997.

Fausto, Boris, *Brasil, de colonia a democracia*, Alianza América, España, 1995a.

————, Oswaldo Truzzi, Roberto Grün e Célia Sakurai, *Migração e Política em São Paulo*, Editora Sumaré/Fapesp, Brasil, 1995b (Serie Inmigração).

————, *Fazer a América: A imigração em massa para a América*, Edit. EDUSP, São Paulo, 2000.

Gugliano Alfredo Alejandro, "Modernización y consolidación democrática en Brasil: la democracia comparada al autoritarismo" en Raúl J. Navarro García, *Sistemas políticos y procesos de integración económica en América Latina*, Escuela de estudios hispano-americanos/CSIC/Fundación el Monte, España, 2000.

Instituto Federal Electoral, *Brasil*, IFE, México, 1999 (Colección Sistemas Políticos y Electorales Contemporáneos, núm. 5).

Linz Ribeiro, Gustavo, "O que faz o Brasil, Brazil: jogos identitários em São Francisco" en Teresa Sales y Rossana Rocha Reis (coords.), *Cenas do Brasil migrante*, Jinkings Editores Associados Ltda., Brasil, 1999.

Margolis, Maxine, *Little Brazil, an Ethnography of Brazilian Immigrants in New York City*, Princeton University Press, Estados Unidos, 1993.

Medeiros de Menezes, Lená, *Os Indesejaveis*, Editora de la Universidad del Estado de Río de Janeiro, Brasil, 1996.

Massey Douglas, Rafael Alarcón, Jorge Durand y Humberto González, *Los ausentes. El proceso social de la migración internacional en el occidente de México*, Alianza Editorial/Consejo para la Cultura y las Artes, México, 1991 (Colección Los Noventas).

Meneguello, Rachel, "Cambios y continuidades en la transición democrática brasileña" en Silvia Dutrénit (coord.), *Huellas de las transiciones políticas, partidos y elecciones en América Latina*, Instituto Mora, México, 1998.

Oliveira Assis, Glaúcia, "estar aquí... estar lá.... uma cartografía da emigração valadarense" en Teresa Sales y Rossana Rocha Reis (coords.), *Cenas do Brasil migrante*, Jinkings Editores Associados Ltda., Brasil, 1999.

Patarra Lópes, Neide (coord.), *Emigração e Immigração Internacionais no Bra-sil Contemporáneo*, FUNAP/NEPO/Universidad de Campinas, Brasil, 1996.

_____ (coord.), *Migrações Internacionais Herança XX Agenda XXI*, FUNAP/NEPO/ Universidad de Campinas, Brasil, 1996.

Rolfsen Salles, María do Rosario, *Médicos Italianos em São Paulo (1890-1930)*, Editora Sumaré/Fapesp, Brasil, 1997 (Serie Inmigração).

Rossini, Rosa Ester, "O retorno as origens ou o sonho do encontro com El Do-rado"; "O exemplo dos *dekasseguis* do Brasil em direção ao Japão" en Neide Patarra Lópes (coord.), *Emigração e Imigração Internacionais no Bra-sil Contemporáneo*, FUNAP/NEPO/Universidad de Campinas, Brasil, 1996.

Sadek, María Teresa (coord.), *Acesso á justica*, Fundação Konrad Adenauer, Bra-sil, 2001 (Serie Pesquisas, núm. 23).

Sales, Teresa, *Brasileiros longe de casa*, Editora Cortez, Brasil, 1999a.

_____ y Rossana Rocha Reis (coords.), *Cenas do Brasil migrante*, Jinkings Edi-tores Associados, Ltda., Brasil, 1999b.

Sasaki, Elisa M., "Movimiento de dekassagui: A experiencia migratoria e identitaria dos brasileiros descendentes de japoneses no Japão" en Tere-sa Sales y Rossana Rocha Reis (coords.), *Cenas do Brasil migrante*, Jinkings Editores Associados, Ltda., Brasil, 1999.

Scudeler, Valéria Cristina, "Imigrantes valadareses no mercado de trabalho dos Estados Unidos" en Teresa Sales y Rossana Rocha Reis (coords.), *Ce-nas do Brasil migrante*, Jinkings Editores Associados, Ltda., Brasil, 1999.

Stepan, Alfred (comp.), *Democratizing Brazil, Problems of Transition and Consolidation*, Oxford University Press, Estados Unidos, 1989.

Wagner, Carlos, *Brasiguaios; homens sem pátria*, Vozes, Petrópolis, 1992.

*Artículos, códigos y leyes*

*Constitução da República Federativa do Brasil*, Constitución de 1998, con Refor-mas de 1999.

Ferreira, Pinto, *Código Eleitoral comentado*, Editora Rio, Brasil, 1976 (Serie Legislação Comentada).

Jelin, Elizabeth, "Construir a cidadania: Uma visão desde abaixo", *Lua Nova*, Revista de Cultura e Política, Centro de Estudos de Cultura Contemporá-nea, núm. 33, 1994, Brasil, pp. 39-57.

Margolis, Maxine, "Solidaridade e Clivagem, reseña crítica al libro Brasileiros nos Estados Unidos: Um estudo sobre imigrantes em Massachusetts de

Ana Cristina Braga Martes", *Novos Estudos*, Centro Brasileiro de Pesquisa- dores (CEBRAP), núm. 58, noviembre 2000, Brasil, pp. 245-248.

Mesquita Benevides, María Victoria, "Cidadania e democracia", *Lua Nova*, Revista de Cultura e Política, Centro de Estudos de Cultura Contemporánea, núm. 33, 1994, Brasil, pp. 5-16.

Moises, José Alvaro, "A escolha democrática em perspectiva comparada", *Lua Nova*, Revista de Cultura e Política, Centro de Estudos de Cultura Contemporánea, núm. 33, 1994, Brasil, pp. 17-37, *Revista Brasileira de Estudos de População*, Brasil, Fundação Brasileira de Estudos Populacionais, vol. 13, núm. 1, enero-junio, 1996.

Patarra Lópes, Neide, "Migrações Internacionais: Una nova questão demografica", *Revista Brasileira de Estudos de População*, Associacão Brasileira de Estudos de Populacionãis, vol. 13, núm. 1, enero-junio, 1996, Brasil, pp. 111-113.

Sales, Teresa, "Nuevos fluxos migratórios da população brasileira", *Revista Brasileira de Estudos de População*, vol. 8, núms. 1-2, 1993.

Sallum Junior, Brasílio, "Transição Política e crise de Estado", *Lua Nova*, Revista de Cultura e Política, Centro de Estudos de Cultura Contemporánea, núm. 32, 1994, Brasil, pp. 133-167.

Tribunal Superior Eleitoral, *Código Eleitoral Anotado e legislação complementar*, Brasil, 2a. edição (revista e ampliada), junio de 1998.

*Leyes específicas*

Tribunal Superior Eleitoral, Resolução núm. 18. 985, Processo núm. 13.604 Classe 10a., Brasilia, Distrito Federal, Aprova modelo da folha de presença e do comprovante de votação do eleitor em transito e do residente no exterior 1993.

Secretaria de Coordenação Eleitoral, Subsecretaria de Taquigrafia, Acordaos e Resoluções, Publicacão de Decisão, Resolução 22.02.94. Processo núm. 14.157 Classe 10a., Distrito Federal, Brasilia, Altera os prazos previstos nos artigos 1, 4, 5 e 9 das instruções sobre voto do eleitor residente no exterior nas eleições presidenciais de 3 de octubro de 1994.

Tribunal Superior Eleitoral, Resolução núm. 20.163 (7.4.98), Instrução núm. 37 Classe 12a., Distrito Federal, Brasilia, Altera o artigo 6to da Resolução núm. 20.104, Dispoe sobre o voto do eleitor residente no exterior nas eleições presidenciais de 1998.

Tribunal Superior Eleitoral, Resolução núm. 20.275 (04.08.98), Processo administrativo núm. 17.239 Classe 19a., Distrito Federal, Brasilia, Altera os artigos 13 e 14 da resolução núm. 20.104 de 03.03.98. Que dispoe sobre o voto do eleitor residente no exterior nas eleições presidenciais de 1998. Alterações aprovadas.

# COLOMBIA, LA POSIBILIDAD DE UNA CIUDADANÍA SIN FRONTERAS

Ángela Lucía Serrano Carrasco

## INTRODUCCIÓN

Si las constituciones políticas fueran el único documento para reconstruir la historia de cada cultura, cada sociedad y cada Estado, Colombia sería recordada como uno de los países más plurales y participativos del continente, debido a la amplitud del concepto de nacionalidad y a la poca relevancia del criterio de territorialidad para otorgar derechos políticos a los ciudadanos. Se encontraría que el estatus de la ciudadanía acompaña a los colombianos independientemente del lugar donde habiten, ya que, aquellos que se encuentran fuera del territorio nacional, no sólo pueden elegir a sus gobernantes, sino ser elegidos para gobernar. Y con esto último, se podría catalogar a Colombia como uno de los paradigmas democráticos de la región latinoamericana en términos de la extensión de los derechos políticos para los ciudadanos que viven en el exterior.

Por desgracia, las constituciones políticas no reflejan de manera automática la realidad de cada país, y tal como se verá en el caso colombiano, la apertura democrática plasmada en leyes es un plano formal que se distancia abismalmente de la violencia y la intolerancia que caracteriza la realidad política del país. A pesar de este escenario de paradojas, Colombia se encuentra entre los países que han creado leyes de extensión de derechos para las minorías nacionales, y entre éstas, derechos para los ciudadanos residentes en el exterior. Estos últimos tienen, como en ningún otro país del continente, el derecho de elegir al presidente de la república, a los senadores y además, ser elegidos como representantes en la cámara.[1] Con lo anterior, Colombia se convierte en el único país del continente americano que ofrece tales posibilidades electorales a sus ciudadanos fuera del país.

Desde 1962, los que habitan lejos del territorio nacional han participado con su voto para elegir al presidente de la república (Ley 39 de 1961); 30 años más tarde, en 1991, en el marco de la aprobación de la nueva Constitución Política, el Estado autorizó el derecho de los migrantes colombianos a elegir y ser elegidos como representantes políticos en el Congreso, de acuerdo con los artículos 171 y 176 de la nueva Constitución. Con este mismo proceso se garantizó la Ley de No Pérdida de la Nacionalidad Colombiana establecida en el artículo 96. Ambas leyes ampliaron el espectro político de participación para aquellos que radican fuera del país. Hasta el momento se ha ejercido el derecho al voto en diez elecciones presidenciales consecutivas. En las dos últimas, 1994 y 1998, los colombianos pudieron participar tanto en la primera y en la segunda vuelta para presidente y vicepresidente.[2] Desde la elección de 1998 los votantes participaron en la elección para senadores de la república. Además de las contiendas electorales regulares, los colombianos votaron en el plebiscito por la reforma constitucional en 1990 y por la consulta por la paz convocada en 1997.[3]

La historia de la extensión de derechos electorales para los colombianos radicados en el exterior es una experiencia que revela las características del régimen político colombiano, ya que las leyes y los artículos constitucionales que dan lugar a los derechos políticos, deben verse como resultado de dos importantes momentos democratizadores en la política nacional. El primer momento (cuando se aprobó el voto en el exterior para la elección presidencial), corresponde al pacto bipartidista que puso fin al gobierno del militar de Rojas Pinilla (1953-1957) a través de un sistema de democracia restringida conocido como Frente Nacional (1958-1974). El segundo momento estuvo encarnado en el proceso que dio a luz a la nueva Constitución Política de Colombia de 1991 (cuando se aprobó la doble nacionalidad y el derecho al voto para elec-

---

[1] El Congreso colombiano se divide en Senado (cámara alta) y Cámara de Representantes (cámara baja).

[2] Parte de las reformas políticas de la Constitución de 1991.

[3] Dado que la ley reglamentaria del art. 176 de la Constitución fue promulgada en junio del 2000, los colombianos que residen fuera podrán competir desde el año 2002 para la Cámara de Representantes —fecha de las próximas elecciones del órgano colegiado— por una curul destinada especialmente a las comunidades de colombianos que residen en el exterior.

ciones en el Congreso), el cual se caracterizó por ser un "reequilibramiento reformista", debido a que fue resultado de una serie de ajustes al proceso democratizador emprendido desde 1958 (Dávila, 1997).[4] Durante el proceso político que tuvo lugar en el marco del ajuste democratizador mencionado, fue decisiva la participación de amplios sectores de la sociedad que antes habían estado excluidos del juego político; entre ellos, los colombianos residentes en Estados Unidos, quienes se movilizaron en demanda por la aprobación de la Ley de Doble Nacionalidad y por crear una circunscripción especial en el exterior que los facultara a tener representantes en la Cámara.

En este texto se describe el proceso de extensión de los derechos políticos para los colombianos que residen fuera del país, partiendo de la idea central de que éste fue resultado de las coyunturas democratizadoras que produjeron una base jurídica para ampliar la participación electoral de la comunidad en el exterior. Para documentar este proceso, se retoma parte del testimonio de los migrantes residentes en la ciudad de Nueva York (en voz de uno de sus líderes), quienes desempeñaron un papel central en la ampliación de sus derechos como ciudadanos colombianos, más allá de su localización geográfica.

## LA APROBACIÓN DEL VOTO EXTRATERRITORIAL PARA PRESIDENTE DE LA REPÚBLICA

Durante la década de los cincuenta, Colombia atravesaba una profunda crisis política manifestada en la extrema violencia bipartidista que enfrentó a la mayoría de la población.[5] Las elites políticas acudieron a la estrategia de imponer el orden mediante una dictadura militar encabezada por el general Gustavo Rojas Pinilla (1953-1957), con el fin de retomar las riendas del régimen y con la promesa de convocar a eleccio-

---

[4] Debido a que en 1990 no hubo una transición democrática en Colombia —en el sentido teórico de sustitución de un régimen político por otro (O'Donell, Schmitter y Whitehead, 1994)—, el régimen logró mantener su estabilidad, pero al mismo tiempo, sus vicios internos (Dávila,1997). Es de rescatar que en ambos momentos las elites políticas pactaron: la dictadura, el fin de la dictadura y el inicio del Frente Nacional; luego, en 1990, pactaron la conformación, composición y temario de la Asamblea Nacional Constituyente y buscaron la legitimidad popular a través de la conformación de las mesas de trabajo de amplia participación ciudadana (Dávila,1997).

[5] Alrededor de 200 000 muertos y 2 003 600 desplazados fue el saldo que dejó esta guerra interna (Oquist, 1978).

nes en 1957 (Dávila,1997). Mientras el líder militar se desgastaba en el poder, la violencia rural y urbana demostraba la incapacidad de triunfo de una fuerza política sobre otra. Los líderes bipartidistas optaron por participar conjuntamente en el proceso de negociación para conseguir una reforma constitucional que restituyera el orden democrático, el cual se plasmó en el llamado Frente Nacional. Este acuerdo comenzó oficialmente en 1958 y consistió en la alternancia exclusiva del poder por cuatro años para cada partido político durante 16 años consecutivos.

Los objetivos centrales del Frente Nacional fueron: en primer lugar, acabar con la crisis de representatividad y de legitimidad de las instituciones gubernamentales, así como con la violencia de los años cincuenta;[6] en segundo lugar, destituir el régimen militar e imponer de nuevo el sistema electoral y las funciones legislativas. De esta manera, el régimen colombiano pasó de una dictadura militar a una "democracia restringida", con la restitución de algunos de los derechos individuales y colectivos suspendidos durante el gobierno castrense[7] (Dávila,1997). La posibilidad que abrió el Frente Nacional de una competencia electoral sin violencia y acotada a los cánones democráticos despertó en la población colombiana nuevas esperanzas de reconstrucción nacional y reconciliación política y, por lo tanto, esperanzas de paz.[8] Sin embargo, mientras las elites políticas diseñaban las estrategias para restituir el orden, en los campos colombianos —además de las difíciles condiciones económicas—, la violencia provocaba una importante recomposición demográfica con el desplazamiento de campesinos a otras regiones del

---

[6] Con el Frente Nacional los dos partidos políticos se comprometieron a que los nombramientos, promociones y destituciones de empleados no podían estar determinados por filiación política. De la misma manera, el número de magistrados debía ser proporcional al número de congresistas de cada partido, así como también el gabinete presidencial, el Congreso, la Suprema Corte de Justicia y el Consejo de Estado, debían conformarse de manera equitativa entre miembros de ambos partidos políticos.

[7] Este cambio consiste en un proceso de redirección del régimen y, por lo tanto, hace parte de las oleadas democratizadoras experimentadas en América Latina desde los años ochenta, aunque no sería estrictamente una transición democrática (O'Donell, Schmitter y Whitehead, 1994). Por contexto regional, global, teórico y cronológico no correspondería a aquella que ha ocurrido en América Latina desde los años ochenta.

[8] La naturaleza misma del Frente Nacional parecía desmentir el interés incluyente del nuevo régimen. Durante la vigencia formal del pacto (1958-1974), el Estado operó como un mecanismo de disuasión de los actores en conflicto, los partidos políticos dejaron de aglutinar los intereses de gran parte de la sociedad y excluyeron de la arena política a sectores de diversa ideología, especialmente de la izquierda, quienes ante la ausencia de espacios legales de participación, exploraron el terreno de la insurgencia como mecanismo de incorporación a la política nacional.

país, sobre todo hacia la ciudad de Bogotá y hacia países vecinos, en especial a Venezuela. Con el aumento del flujo migratorio ya no sólo al interior del país, sino hacia otros países, Colombia inaugura un proceso que lo ubicaría como el país más expulsor de la región andina. Esto provocó que, por ejemplo, la comunidad de colombianos en Venezuela comenzara a ser reconocida como la más numerosa entre todos los extranjeros establecidos en aquel país. En el periodo comprendido entre 1964 y 1974 se contabilizaron alrededor de 400 000 colombianos radicados allí, de los cuales aproximadamente 35% entró de forma ilegal.[9] Fueron migrantes que en su mayoría llevaban consigo historias de dolor, tal como las describe Rangel, académico y editorialista venezolano:

> Pocos venezolanos saben que en las tierras que circunscriben, como gigantesca herradura, al lago de Maracaibo, viven cerca de 100 000 colombianos. Fugitivos de la inhumana violencia que ha lamido a su país, esos hombres cruzaron subrepticiamente la frontera buscando en Venezuela el asilo propicio y la oportunidad para el trabajo. Su pasaporte fue el relato de las atroces carnicerías que allá por los años de 1950 convirtieron en hogueras del odio a las aldeas colombianas. Vinieron a Venezuela con sus familiares que pudieron salvarse de las tremendas retaliaciones y con el magro atado en que echaron las escasas pertenencias que les ahorró el terror.[10]

Dado que la migración interna derivó muy pronto a una migración de carácter transfronterizo que de hecho es internacional, esto explica por qué el primer gobierno del Frente Nacional (1958-1962) buscó promover los mecanismos idóneos para garantizar que todos los ciudadanos —sin importar su ubicación geográfica— se incluyeran en el padrón electoral y pudieran votar. Fue en este contexto que se aprobó

---

[9] OEA, *Diagnóstico demográfico de Venezuela*, Migraciones Laborales en América Latina, Washington, 1985.

[10] Domingo Alberto Rangel, publicado en *El Nacional de Caracas* en *El Tiempo*, 3 de marzo de 1961, p. 5. Además del conflicto político interno colombiano, Venezuela contaba con una fortaleza en su economía nacional que atrajo no sólo a los ciudadanos colombianos, sino a otros naturales de los países andinos y europeos. El impulso de la actividad petrolera, el crecimiento de la demanda laboral urbana y los procesos de urbanización en Venezuela, provocaron importantes desplazamientos de la mano de obra local en detrimento del sector rural. De esta manera, se generó un vacío en la oferta laboral del campo venezolano, en especial de la zona fronteriza del Táchira, ocasionando profundas transformaciones en las actividades productivas y fortaleciendo los sectores comerciales y de servicios, así como la industria manufacturera y las actividades agrícolas y ganaderas en la región. OEA, *Las migraciones laborales en Colombia*, Secretaría para Asuntos Económicos y Sociales, Washington, 1985.

el derecho a la elección presidencial desde el exterior a través de la Ley 39 de 1961, que era parte de un paquete de reformas electorales que buscó legitimar el pacto político basado en la alternancia, darle continuidad al régimen, reestablecer la fe del colombiano en el sistema electoral y recuperar la legitimidad perdida entre fraudes y otros vicios electorales existentes durante casi toda la historia de la república.

La Ley 39 respondió a dos intereses del gobierno: el primero estaba relacionado con facilitar y hacer masivo el proceso de cedulación dándole al documento un carácter más amplio que el electoral. A partir de este momento, la cédula de ciudadanía sería el único documento de identificación de los ciudadanos colombianos ante actos políticos, administrativos, civiles y judiciales, además de la función meramente electoral. El segundo interés gubernamental estaba relacionado con las consecuencias demográficas de la crisis política y la violencia bipartidista que, tal como se ha señalado, había detonado un proceso de migración masiva, tanto interna como internacional. En reconocimiento de esta realidad, se crearon mecanismos electorales para contrarrestar los impedimentos de orden territorial que pudieran presentarse. Esto permitió que aquellos ciudadanos que cambiaron de residencia, aquellos ausentes en las listas de sufragantes correspondientes al corregimiento o municipio donde desearan votar, aquellos interesados en votar en un lugar distinto del registro de su cédula y los que residieran fuera del territorio nacional,[11] pudieran desde 1962 ejercer su derecho al sufragio para la elección presidencial.

Este contexto, que enmarcó la existencia de la Ley 39 de 1961, revela que el derecho al voto en el exterior fue parte de una estrategia para rescatar la legitimidad del sistema electoral. Mientras el trámite técnico de otorgar una identificación a cada ciudadano colombiano se convertía en una lucha política bipartidista,[12] un tema como la extensión del derecho al sufragio desde el exterior, se entendía como una

---

[11] Arts. 5°, 6° y 7° (Ley 39 de 1961): "Los ciudadanos colombianos residentes en el exterior podrán votar para presidente de la república, en las embajadas, legaciones y consulados respectivos, el día fijado por la ley para tal acto" (art. 5°, Ley 39 de 1961).

[12] En 1929 se aprobó la existencia de la cédula de ciudadanía, la cual debía ser expedida por el jurado electoral con fines meramente electorales. Sin embargo, en medio del conflicto bipartidista, la cédula se había convertido en arma política al servir como medio de fraude electoral utilizado por ambos partidos. En la información que aparecía en el formato, estaba la filiación partidista del ciudadano, además de aquellos datos relevantes para ser localizado por sus contrarios políticos: una copia fotográfica, la firma del interesado (en caso de saber

medida procedimental para ampliar el electorado en reconocimiento de la movilidad poblacional de los ciudadanos.[13] Si bien esta ley del derecho al voto en elecciones presidenciales (1962) marca un precedente en los procesos de extensión de derechos políticos, la particularidad del caso colombiano radica en el poder que tienen los residentes en el exterior para influir en la composición del Congreso de la república a través de su voto no sólo a nivel presidencial, sino por representantes en distintos niveles de gobierno.

A continuación se relata el proceso que amplía el vínculo electoral entre Colombia y sus ciudadanos allende las fronteras y que comprende la aprobación de la Ley de Doble Nacionalidad y el derecho a elegir y ser elegidos parte del órgano legislativo.

## LA DOBLE NACIONALIDAD Y EL VOTO EXTRATERRITORIAL PARA EL CONGRESO

Pasaron 30 años durante los cuales se instaló, desarrolló y finalizó el pacto político del Frente Nacional (1958-1974) y en los cuales la dinámica de exclusión bipartidista continuó vigente así como los problemas estructurales del régimen. En los años ochenta, la inocultable crisis política ubicó a Colombia como uno de los países más violentos del mundo: los actores del conflicto (narcotráfico, paramilitarismo, guerrillas y delincuencia común) parecían fortalecerse mientras la legitimidad gubernamental se desvanecía y los partidos políticos se distanciaban de las necesidades de la población (Dávila, 1997; Rojas, 1993; Valencia, 1993). En este marco se inscribió una segunda fase en la ampliación de los derechos políticos para los ciudadanos radicados en el exterior.

Desde la finalización del Frente Nacional en 1974 y en vista de la permanencia de los problemas estructurales del régimen, hubo mu-

---

hacerlo), el número que al elector corresponde el registro, el nombre y el domicilio del mismo y la clase de elecciones en que podía tomar parte, entre otras informaciones útiles para atizar el conflicto bipartidista. Esta cédula fue reemplazada en 1952 por otra con especificaciones técnicas como la laminación y la firma del registrador nacional, y con la siguiente información del ciudadano: nombre completo, fecha y lugar de nacimiento, altura, color, señales particulares, firma y lugar y fecha de expedición del documento, Registraduría Nacional del Estado Civil, resolución núm. 06209 de 1997, Bogotá.

[13] En contraste con otros casos en América Latina como el mexicano, donde el tema del voto para aquellos que viven fuera del país ha ocasionado arduos debates políticos que cuestionan desde la representatividad hasta temas como la identidad nacional.

chos y fallidos intentos gubernamentales de reforma constitucional[14] que buscaban cambios sustanciales en la Carta Magna. Sin embargo, fue el gobierno de Virgilio Barco Vargas (1986-1990) que reconoció a los nuevos protagonistas distantes de la vieja clase política como los voceros idóneos para abanderar un proyecto de reforma constitucional. Surgió entonces un movimiento estudiantil —con apoyo gubernamental— que propuso un cambio profundo en el país: una nueva constitución nacional que respondiera a su vez a un Estado moderno, aunque con viejas necesidades políticas no resueltas.

El voto popular aprobó la reforma constitucional (a través de la "séptima papeleta" en los comicios de marzo de 1990),[15] y desde entonces el proceso político que enmarcó la creación de una nueva constitución no tiene parangón dentro de la historia nacional en términos de presencia ciudadana. Participación y pluralidad fueron las palabras más pronunciadas durante el proceso de elaboración de la carta, y no fueron del todo palabras vacías.

A través de la nueva constitución se pensaba en la construcción de un nuevo país que dejara atrás la violencia como mecanismo de pugna por el poder y de oposición, que revitalizara la función de los partidos políticos para que fueran gestores de las demandas sociales, que permitiera la participación legal de las diferentes tendencias políticas tan excluidas durante toda la historia nacional, que otorgara a los sectores sociales, étnicos y raciales —excluidos de la arena política— una vía de participación dentro del gobierno.

Se creó entonces la Asamblea Nacional Constituyente cuyos miembros fueron elegidos por voto popular en diciembre de 1990.[16] Parte de

[14] Antes de 1990 se realizaron varios intentos gubernamentales para crear una Asamblea Nacional Constituyente que se encargara de redactar una nueva constitución política. Desde 1974 con el liberal Alfonso López Michelsen (1974-1978), el primer gobierno después del Frente Nacional. Luego, durante la presidencia de Julio César Turbay Ayala (1978-1982), más adelante con Virgilio Barco Vargas (1986-1990), en cuyo periodo se llevó con éxito la iniciativa de reforma constitucional a través de un movimiento estudiantil que luego se desvaneció en el proceso (Dugas,1993; Dugas, Sánchez, Ungar, 1991).

[15] Para la aprobación de una Asamblea Nacional Constituyente que transformara la Constitución Política, se llevó a cabo un plebiscito más conocido como la "séptima papeleta", ya que constituía la séptima decisión a tomar en dicha contienda electoral donde se decidía por alcaldes, concejales, diputados, representantes a la cámara, senadores y candidato liberal por consulta popular.

[16] Dentro de los actores políticos elegidos por votación popular para conformar la Asamblea Nacional Constituyente están: el Partido Liberal Colombiano y el Partido Social Conservador (los dos partidos tradicionales), la Alianza Democrática M-19 (creada como partido político luego del proceso de desmovilización de los miembros del grupo guerrillero M-19), el

las estrategias de renovación del régimen y demanda generalizada de la ciudadanía ante la Asamblea fue la modernización de las instituciones gubernamentales; entre ellas, el órgano democrático afectado por la corrupción, el clientelismo y la exclusión característica del régimen colombiano: el Congreso de la república. Para ello se propusieron algunos cambios relacionados con la composición del órgano legislativo, con la relación entre electores y congresistas, con el control sobre el poder ejecutivo, con la participación ciudadana en las labores legislativas y con el cumplimiento ético del deber del congresista (Ungar, 1993). De las anteriores, fue la reforma sobre la composición del Congreso la que logró involucrar a los colombianos residentes en el exterior dentro del órgano legislativo. En el contexto de amplitud participativa y renovación del régimen, el Congreso de la república "[debería convertirse] en escenario de las grandes decisiones políticas; de la confrontación de ideas; del surgimiento y consolidación de líderes, espacios y movimientos políticos representativos de fuerzas sociales que reclaman una mayor participación en la toma de decisiones, porque tradicionalmente se han sentido excluidos de ella" (Ungar, 1993: 165).

Bajo este principio, la Asamblea Nacional Constituyente amplió el derecho al voto desde el exterior, permitiendo el voto a los senadores y creando una representación especial dentro de la Cámara de Representantes para las minorías políticas[17] consideradas como los grupos étnicos, tales como indígenas y comunidades afrocolombianas y donde se incluyó a los ciudadanos residentes en el exterior, es decir, se les consideró para efectos legales como minorías. Categorizar como minoría política a los migrantes implicó reconocer su condición desigual y, por lo tanto, otorgarles un tratamiento especial dentro del sistema electoral en términos de inscripción de candidatos y conteo de votos que les

---

Movimiento de Salvación Nacional (creado como disidencia del Partido Social Conservador), Unión Cristiana, Unión Patriótica (partido político de tendencia izquierda que ha sido víctima de la violencia y persecución de sus líderes y dirigentes), comunidades indígenas, algunos conservadores independientes, un miembro por cada uno de los recién desmovilizados grupos guerrilleros Ejército Popular de Liberación (EPL), Partido Revolucionario de los Trabajadores (PRT) y Quintín Lame (estos dos últimos con voz, pero sin voto en la Asamblea Nacional Constituyente) (Dugas, Sánchez, Ungar, 1991).

[17] Son los movimientos o partidos que presenten candidatos a la Cámara de Representantes como mínimo en un 30% de las circunscripciones territoriales; que no obtengan representantes en el Congreso Nacional; y que su votación mayoritaria en un departamento sea menos de 70% de la sumatoria de votación en todo el país. Art. 4º, Congreso de la República, *Texto definitivo aprobado por la comisión conciliadora*, Bogotá, junio de 2000.

permitiera la competencia equitativa con los otros sectores tradicionalmente fuertes.[18]

En síntesis, la profunda reforma del sistema político se enmarcó en un proceso de redirección del régimen y de profundización de la democracia (Dávila, 1997) que trajo como resultado la nueva Carta Magna, y con ella la extensión de derechos políticos. En lo que respecta a los ciudadanos residentes en el exterior, desde la Constitución Política de 1991 los colombianos tienen —como ninguna otra comunidad migrante latinoamericana— el derecho de elegir y ser elegidos parte del gobierno nacional a través del voto para la elección de senadores y de la circunscripción especial en el exterior; la cual los faculta a ser representantes en la Cámara.

## LA LUZ DEL PACTO BAJO LA SOMBRA
## DEL DESPLAZAMIENTO Y LA MIGRACIÓN

A pesar de estos cambios dentro del régimen, desde los años ochenta se incrementó la magnitud del flujo migratorio. Al comenzar la década, los colombianos residentes en el exterior sumaban 1 439 070 personas, mientras que en 1999, 20 años más tarde, la cifra superaba los 3 000 000.[19] Tal auge en el movimiento migratorio se debió, por un lado, a la dificultad de ascenso social dentro de la economía nacional para las clases medias urbanas que contaban con altos niveles de escolarización.[20] Por otro lado, la agudización de las condiciones de violencia a finales del siglo XX que propiciaron la persecución y el desplazamiento forzoso de la población urbana y rural, convirtieron este fenómeno en una constante de la historia nacional e incrementaron el flujo migratorio.[21] Es-

---

[18] Es diferente el tratamiento electoral al tener, en primer lugar, una curul asegurada en la Cámara de Representantes. En segundo lugar, lo anterior implica que quien vote a favor de cualquier circunscripción especial, no debe votar por otro candidato perteneciente a la circunscripción nacional. El candidato elegido ganará por cantidad de votos contabilizados a su favor, pero sin la competencia con los otros candidatos de circunscripción nacional.

[19] Ministerio de Relaciones Exteriores, Área de Promoción de Comunidades Colombianas en el exterior, Censo, Bogotá, 1999.

[20] De los 228 908 colombianos censados en Estados Unidos en 1990, 66% tenían doce años o más de escolarización, CELADE, Boletín Demográfico, núm. 65, enero de 2000 en www. eclac.cl/Celade-sp/bol65/DESitDemBD65-Col.html

[21] Desde 1985 más de 1 200 000 colombianos fueron desplazados violentamente de sus lugares de residencia (Rojas, 1998). Entre enero y noviembre de 2000 se registraron 308 000 desplazados internos, cifra similar a la correspondiente de 1997, el peor de los años, en núme-

tos factores incentivaron una nueva oleada migratoria con destino a las principales ciudades del país y fuera de las fronteras nacionales.

Algunos países fronterizos como Ecuador, Perú y otros de Europa como Gran Bretaña han venido ocupando un lugar destacado en cuanto a recepción de colombianos.[22] Sin embargo, son Venezuela y Estados Unidos los que representan los dos destinos primordiales con una larga tradición migratoria y con redes sociales que hacen del flujo migratorio un constante movimiento. En Venezuela, por ejemplo, se calcula que en 1999 residía un total de 1 080 000 colombianos, mientras que en Estados Unidos la cifra alcanzaba 1 745 000 personas.[23] Por otra parte, es fácil identificar cómo en los años ochenta se produjo un cambio en el destino principal de los migrantes: durante los primeros años de la década 50% de los colombianos en el exterior residía en Venezuela, mientras que en 1999 aproximadamente 58% de ellos lo hacía en Estados Unidos, convirtiendo actualmente a este país en el punto de llegada más común para los colombianos (Torrealba, 1992).[24]

Asimismo, la concentración de la comunidad colombiana comenzó a mostrar un patrón de establecimiento diversificado aun dentro de Estados Unidos. En Nueva York reside aproximadamente 28% y en Florida cerca de 22% del total de colombianos residentes en ese país.[25] De aquellos radicados en Nueva York, 74% se concentra en el condado de Queens en los barrios de Elmhust, Jackson Heights, Corona, Woodside, Sunnyside y Astoria (Guarnizo, Roach y Sánchez, 1999). Tal definición geográfica de la comunidad colombiana explica en parte por qué esta urbe fue el escenario de la organización política a favor de los derechos para la comunidad radicada en el exterior y el porqué del interés del gobierno colombiano en ella, como veremos adelante.

---

ro de desplazados de toda la década de los noventa, *El Tiempo*, 30 de noviembre de 2000 y 22 de marzo de 2001, en www.eltiempo.com

[22] En Ecuador hay aproximadamente 86 000 colombianos y en Perú, 40 000. Por su parte, Gran Bretaña es el país de Europa que más migrantes colombianos ha recibido, se estiman cerca de 60 000 (Ministerio de Relaciones Exteriores, 1999).

[23] Ministerio de Relaciones Exteriores, Área de Promoción de Comunidades Colombianas en el exterior, Censo, Bogotá, 1999.

[24] *Ibid.*, y CELADE, Boletín Demográfico, núm. 65, enero de 2000 en www.eclac.cl/Celade-sp/bol65/DESitDemBD65-Col.html

[25] 14% vive en Nueva Jersey, 11% en California y 4% en Texas. En términos comparativos con otras comunidades de latinos en Estados Unidos, la comunidad colombiana es la menos concentrada geográficamente: 69% de los dominicanos vive en Nueva York, 64% de los cubanos en Florida, 60% de los salvadoreños y 45% de los mexicanos residen en California, (Guarnizo, Roach y Sánchez, 1999).

## UNA NUEVA RELACIÓN DEL ESTADO COLOMBIANO FRENTE A SUS COMUNIDADES EN EL EXTERIOR

Indistintamente del lugar de residencia, los problemas de Colombia afectan a los colombianos en el exterior y los obliga, aunque no quieran, a mantener el vínculo con su patria. Por ello, es indispensable considerar el papel que el tráfico de estupefacientes ha tenido en la conformación de la comunidad colombiana, en especial aquella residente en Estados Unidos, pues es esta situación la que ha dado lugar a una nueva política del Estado colombiano frente a sus comunidades en el exterior.

Debido al grave problema del narcotráfico que afecta a Colombia todo colombiano llevó a cuestas el estigma de criminalidad imputada a ese problema.[26] Para distintos gobiernos como los que lideraron los presidentes César Gaviria Trujillo (1990-1994) y Ernesto Samper Pizano (1994-1998), el tema de la lucha contra el narcotráfico se volvió un aspecto primordial en las agendas de gobierno. Cada uno en su momento se abocó a favorecer un proceso de reivindicación del país a nivel internacional, debido al efecto en los ámbitos económicos y políticos, que la mala imagen traía en una época de apertura e internacionalización de las economías; en especial en las relaciones bilaterales con Estados Unidos que ya presentaban fuertes tensiones.

En 1996 el gobierno estadunidense canceló la visa al presidente Samper, al contralor general y al ex fiscal general de la república en señal de ruptura con el gobierno de Samper. Como respuesta, en febrero de 1997 el gobierno colombiano gastó 12 000 000 de dólares en la campaña a favor de la certificación en los principales medios de comunicación impresa de Estados Unidos. Fueron publicadas separatas en la revista *Forbes*, en *The Washington Post, The New York Times, Los Angeles Times, Miami Herald* y *El Nuevo Herald* (Maingot, 1998). Esfuerzos en vano ya que el error estratégico del gobierno Samper fue adelantar la campaña por la certificación a su nombre —vinculado a un proceso de corrupción por denuncias de infiltración de dinero del narcotráfico en el proceso electoral—, desprestigiando cualquier intento de reivindicación internacional. Aquello que no podía recuperarse era la imagen y la

---

[26] El cual se afianzó con cada nuevo escándalo de corrupción, como ocurrió con la acusación de recursos provenientes del narcotráfico para la financiación de la campaña presidencial de Ernesto Samper Pizano (1994-1998).

legitimidad del gobierno, y así las cosas, el Estado consideró que la estrategia debía venir de otros sectores de presión frente al poder y la opinión pública estadunidense. Así pues, fue esta necesidad de recurrir a otros mediadores lo que dio lugar a que el Estado colombiano buscara establecer una nueva relación con sus ciudadanos migrantes en el exterior, a quienes les adjudicó un papel más activo en la promoción de la imagen positiva de Colombia.

Ante el deterioro de la imagen del país, la respuesta política desde el Estado fue buscar un nuevo papel de Colombia en el escenario internacional. Los sucesivos gobiernos de los años noventa cambiaron la política internacional dando lugar a una nueva relación frente a las comunidades de colombianos en el exterior. La premisa era restablecer el vínculo entre Colombia y sus ciudadanos residentes buscando neutralizar la imagen del narcotráfico, ofreciendo otras caras de un mismo país. Este proceso permite entender por qué a diferencia de aquellas políticas que fomentan el retorno al país de origen, el Estado colombiano ha reconocido y refrendado la condición de migrantes de sus ciudadanos residentes en el exterior. Esta estrategia conocida como "reincorporación transnacional" (Guarnizo y Smith, 1997), consiste en involucrar —desde la distancia—, a los ciudadanos colombianos, estableciendo con ellos un vínculo que fortalezca su sentido de pertenencia a la nación. La estrategia consiste en que los colombianos en el exterior, al ser reincorporados a los intereses nacionales, tengan la posibilidad de convertirse en "embajadores honorarios" del gobierno; figura política importante para el Estado en la gestión y presión frente a las instituciones políticas estadunidenses.[27]

Así, durante los años noventa se aprobaron subsidios a las asociaciones de migrantes que dieran vigencia al vínculo con el hogar, se fomentó la creación de canales formales de comunicación con los ciudadanos allende las fronteras, se brindó asesoría legal gratuita para los refugiados sobre cómo obtener un estatus legal en Estados Unidos,[28] y

---

[27] Para el Estado colombiano la comunidad residente en Estados Unidos es estratégica debido a la magnitud, ya que cerca de 1 500 000 colombianos en total residen en las ciudades de Miami y Nueva York; y a que este país no sólo define el comportamiento político regional en materia de relaciones internacionales, sino que es uno de los primeros socios comerciales de Colombia.

[28] La mención respecto a la asesoría legal para refugiados está referida al caso salvadoreño, único caso existente para el momento en que fue realizado el estudio. Sin embargo, durante el año 2000, el consulado colombiano en Miami ha ofrecido un servicio similar al brin-

se ampliaron los derechos políticos para la comunidad en el exterior, aprobando la Ley de Doble Nacionalidad y el derecho al voto en el Congreso de la república.

## ENTRE BOGOTÁ Y NUEVA YORK: LA LUCHA POR LA AMPLIACIÓN DE LOS DERECHOS POLÍTICOS PARA LOS MIGRANTES

Como hemos dicho, desde 1962 hasta 1991[29] los colombianos residentes en el exterior tenían el derecho de elegir a su presidente (véase cuadro 1); pero paradójicamente, lo que podría considerarse una acción incluyente otorgada por parte del Estado, se convirtió a fines de los años ochenta, en un obstáculo para la participación electoral más amplia de la comunidad allende las fronteras nacionales, ¿por qué? En primer lugar, debido a que durante los 16 años de existencia del Frente Nacional, la elección presidencial más que un mecanismo de participación política se volvió tan sólo en un medio para legitimar el pacto bipartidista, con lo que el voto para elecciones presidenciales durante el Frente Nacional perdió gran parte de su significado de decisión popular y utilidad en la confrontación electoral bipartidista. En segundo lugar, porque los colombianos en el exterior experimentaron un proceso de transformación a lo largo de los 30 años comprendidos entre 1961 y 1991; periodo donde el derecho al voto presidencial desde el exterior dejo de satisfacer las necesidades políticas de la comunidad. Durante esas tres décadas hubo cambios generales tanto en el patrón migratorio como en la situación internacional de Colombia. Para una nueva comunidad de colombianos políticamente más activa, el sólo derecho de elección presidencial limitaba su presencia y protagonismo dentro del régimen: "Si de una parte se nos permite participar en la escogencia de nuestro jefe de Estado, también es cierto que esta partici-

---

dar asesoría legal y gratuita para legalizar la estancia de los colombianos indocumentados en Estados Unidos. Por otra parte, el mismo presidente Andrés Pastrana ha mediado frente al gobierno estadunidense por la aprobación del Estatus de Protección Temporal (TPS) para los colombianos víctimas de la violencia.

[29] Se dice 1991 ya que la Constitución Política de Colombia se promulgó en aquel año, aunque la Ley Reglamentaria del art. 96 Constitucional (doble nacionalidad) fue aprobada en 1993; la correspondiente al art. 171 (elegir a senadores) en 1998, y la ley que reglamenta el art. 176 (ser elegidos como representantes a la Cámara) fue pública en el año 2000.

Cuadro 1. Resultados de la votación en el exterior

| Año | Total de votos |
|---|---|
| 1962 | 3 227 |
| 1966 | 10 847 |
| 1970 | 16 572 |
| 1974 | 25 485 |
| 1978 | 20 267 |
| 1982 | 56 770 |
| 1986 | 26 379 |
| 1990 | 16 996 |
| 1994 Primera vuelta | 27 620 |
| Segunda vuelta | 20 630 |
| 1998 Primera vuelta | 44 313 |
| Segunda vuelta | 27 994 |

Fuente: Registraduría Nacional del Estado Civil, 1998.

pación en una sola vía, recorta la efectividad de la misma, ya que es necesario establecer un mantenimiento representativo de esa voluntad expresada cada cuatro años."[30]

Estos factores fueron los que inspiraron a los colombianos en Nueva York a organizarse en torno de la demanda por la ampliación de los derechos políticos que ya se encontraban estipulados. La comunidad de dicha ciudad tenía antecedentes de organización y gestión a través de algunos miembros del Partido Liberal. Los liberales en Nueva York tenían el interés desde 1987 de ser reconocidos como Directorio Internacional Liberal con voz y voto en las asambleas nacionales del partido realizadas en Bogotá, y por ello emprendieron un proceso de demandas ante la dirección nacional partidista para obtener dicho reconocimiento oficial. En 1987, el entonces presidente del Directorio Liberal Internacional en Nueva York, Efraín Hernández Gómez y el tesorero, Óscar Grisales, decidieron asistir a la Asamblea Nacional Liberal en Bogotá convocada para discutir proyectos y elegir al nuevo presidente del partido:[31] "Asistimos como convidados de piedra, sin voz ni voto. No éramos directorios reconocidos sino considerados como comités,

[30] Fue uno de los argumentos más relevantes del Comité Colombiano Pro Reforma Institucional Doble Nacionalidad y Circunscripción Electoral en el Exterior, comunicado a la comunidad colombiana en el exterior, mayo 13 de 1988, Nueva York.
[31] *Noticiero Colombiano*, Nueva York, 9 de abril de 1987.

pero fuimos tomando liderazgo y fuerza y empezamos a reclamar nuestros derechos [...] No éramos delegados oficiales, no teníamos el reconocimiento del partido, para ellos éramos liberales sí, pero nada más."[32]

En aquella asamblea se propuso una reforma a los estatutos del partido que garantizaran a los delegados del exterior tener voz y voto en las convenciones nacionales, la cual fue aprobada por mayoría.

En Bogotá durante la Asamblea, Hernández y Grisales informaron al Movimiento Poder Popular, al que pertenecía el entonces senador Ernesto Samper Pizano, de las actividades realizadas por los colombianos en el exterior para buscar la reforma constitucional que permitiera conservar la nacionalidad colombiana a pesar de naturalizarse en otro país. Fue entonces cuando el Directorio Liberal en Nueva York se dio a conocer ante las autoridades de la agrupación y se convirtió en conductor político para los intereses del mismo partido frente a la comunidad colombiana en aquella ciudad de Estados Unidos. Los líderes de Nueva York no sólo se abrieron lugar dentro del partido, con derechos y obligaciones, sino que permitieron a la dirección del mismo conocer la dimensión de la comunidad política de los colombianos fuera de las fronteras nacionales para buscar tal fuerza con fines electorales a su favor.

Así, el Directorio Liberal en Nueva York comenzó dos procesos de democratización: el primero, dentro del mismo partido, con el cual pretendía tener el reconocimiento oficial para participar en las asambleas nacionales, y el segundo, de impacto general en la comunidad en el exterior independientemente de la filiación partidista, que consistía en la gestión de reformas constitucionales a favor de la Ley de Doble Nacionalidad y la circunscripción especial en el exterior mediante los senadores liberales y ya no sólo a través de los candidatos presidenciales que visitaban Nueva York en época de campaña electoral: "Antes habíamos perdido mucho tiempo porque habíamos trabajado con precandidatos, y los precandidatos le ofrecen a uno villas y castillos, pero a la hora de la verdad, pierden y se olvidan de nosotros y de lo que prometieron."[33]

---

[32] Entrevista a Efraín Hernández Gómez, ex presidente del directorio del Partido Liberal Colombiano en la ciudad de Nueva York, realizada por Ángela Lucía Serrano, México, D. F., julio 2 del 2000a.

[33] *Noticiero Colombiano*, Nueva York, 9 de abril de 1987; *El Espectador*, Bogotá, 31 de octubre de 1988. Se hace referencia a que los candidatos, cuando pierden, abandonan las propuestas hechas a sus seguidores, pudiendo gestionarlas a través de los hombres que están en el

Como parte de este proceso donde voces de distintas fuerzas políticas colombianas residentes en Nueva York gestionaban ante el gobierno colombiano la Ley de Doble Nacionalidad, surgió la iniciativa en 1988 de agruparse en torno al Comité Colombiano Pro Reforma Institucional Doble Nacionalidad y Circunscripción Especial en el Exterior. En este comité participaron miembros de la Alianza Democrática M-19, de la Unión Patriótica y el Movimiento Obrero Independiente y Revolucionario (MOIR), de reconocida trayectoria de izquierda; representantes del grupo Solidaridad por Colombia y del tradicional Partido Liberal. La finalidad que convocó a estas fuerzas diversas estuvo en el interés por buscar nuevos espacios que permitieran una mayor participación en la arena política interna de los ciudadanos colombianos residentes en el exterior, lo que incluía su reconocimiento oficial como parte integrante del Estado colombiano a través de mecanismos de representación más amplios que el sólo derecho a votar a nivel presidencial. Argumentaban que el sistema democrático debía fortalecerse incluyendo a quienes, a pesar de vivir en el exterior, también aportaban en el desarrollo de la economía nacional a través de las divisas.[34] Su demanda inicial fue la "doble nacionalidad" y luego, una "circunscripción especial en el Congreso de la república" para los colombianos residentes en el exterior. La primera tarea del comité fue nombrar a los senadores Ernesto Samper Pizano y Rodrigo Lloreda, como los defensores del proyecto por la doble nacionalidad ante el órgano legislativo.[35] Se recaudaron 5 000 firmas entre la comunidad en Nueva York durante un festival realizado en el parque de Flushing, que fueron enviadas a Samper para apoyar la iniciativa.[36]

El año de 1990 sería trascendental para la defensa de los derechos de la comunidad en el exterior. Se llevaron a cabo tres procesos de

---

poder, es decir, utilizando la maquinaria política para esto y así, ofrecer un respaldo permanente a pesar de las coyunturas electorales. Efraín Hernández Gómez, entrevista citada.

[34] Carta dirigida a Julio César Turbay Ayala, director nacional del Partido Liberal Colombiano, Nueva York, mayo 10 de 1989.

[35] Carta dirigida a Ernesto Samper Pizano y Rodrigo Lloreda Caicedo, Nueva York, mayo 22 de 1988. Respuesta desde el Senado de la república de Ernesto Samper Pizano, Bogotá, junio 14 de 1988.

[36] *El Especial*, Nueva York, 8 de mayo de 1991. La importancia de haber recaudado 5 000 firmas en Nueva York, no está relacionada con el número de colombianos en aquella ciudad, ya que se calcula una concentración que asciende a más de 200 000 colombianos. Sin embargo, sí es relevante este número de firmas ya que es el primer evento en el cual tantos colombianos están de acuerdo con una misma causa. Efraín Hernández Gómez, entrevista citada.

elección, en el primero, realizado el 11 de marzo de ese año, se aprobó
la reforma constitucional a través de la "séptima papeleta", así como a
César Gaviria como candidato presidencial en consulta popular del
Partido Liberal.[37] Con la primera decisión, el pueblo colombiano abría
la posibilidad de modificar la Constitución Política, lo cual daba cabida
a diversas reformas, una de las cuales era en beneficio de los colombianos en el exterior. Y con la segunda decisión, los miembros del Partido
Liberal en Nueva York integrantes del Comité Colombiano Pro Reforma Institucional Doble Nacionalidad y Circunscripción Especial en el
Exterior creían —aunque sin garantías— en la continuidad de las demandas de los colombianos fuera del país. César Gaviria fue elegido presidente en mayo de 1990 y como lo prometió, gestionó eficazmente la
aprobación y creación de la Asamblea Nacional Constituyente en 1991,
sin embargo no abanderó lo relacionado con sus connacionales residentes fuera del país.

Efraín Hernández Gómez, entonces presidente del Directorio Liberal de Nueva York, envió un comunicado al presidente electo Gaviria
Tujillo en julio de 1990 a nombre de la comunidad colombiana en el
exterior, lamentándose de que ésta no haya sido tomada en cuenta para
conformar la Asamblea Nacional Constituyente. Su reclamo estaba
sustentado en que los colombianos fuera del país habían aprobado con
14 871 votos (véase cuadro 2) la creación de la Asamblea en las elecciones del 27 de mayo de 1990 (segunda contienda electoral del año),
cuando también se eligió a Gaviria como el futuro presidente de Colombia —con 10 569 votos desde el exterior—, de un total aproximado de
30 000 inscritos para sufragar.[38] Sin embargo, ahora no se les tomaba
en cuenta para hacer parte de la Asamblea Nacional Constituyente y,
por lo tanto, habían sido excluidos del proceso de reforma constitucional.[39]

---

[37] La segunda contienda electoral realizada en mayo de 1990 fue para la elección presidencial y la aprobación popular para conformar una Asamblea Nacional Constituyente, y la
tercera contienda, en diciembre de ese mismo año, fue para elegir a los miembros de la Asamblea Nacional Constituyente.

[38] Véase Registraduría Nacional del Estado Civil, Elecciones de presidente y vicepresidente, 29 de mayo y 19 de junio de 1994, Bogotá. El procedimiento para sufragar consiste en la
inscripción del ciudadano en las mesas de votación, en el exterior corresponde en los consulados y embajadas, para conformar el censo electoral. Debido al mismo trámite, el número de
inscritos ha sido históricamente mayor que el número de votos efectivos.

[39] Carta dirigida al doctor César Gaviria Trujillo, presidente electo de Colombia, Nueva
York, julio 30 de 1990.

Cuadro 2. Resultados electorales en el exterior,
27 de mayo de 1990

| Asamblea | | César | Álvaro | Otros | En blanco | Nulos | Total |
| Sí | No | Gaviria | Gómez | | | | |
|---|---|---|---|---|---|---|---|
| 14 871 | 675 | 10 569 | 2 973 | 3 180 | 175 | 99 | 16 996 |

Fuente: República de Colombia, Registraduría Nacional del Estado Civil, 1998.

En el mismo comunicado solicitaron al presidente electo que la comunidad colombiana en el exterior participara con sus representantes con voz y voto en la Asamblea Nacional Constituyente. Sin esperar respuesta de Gaviria, nombraron como candidato a Ricardo Molina, entonces secretario general del Directorio en Nueva York y se encaminaron a crear el Comité Pro Asamblea Nacional Constituyente —distinto al Comité Colombiano Pro Reforma Institucional Doble Nacionalidad y Circunscripción Especial en el Exterior— con las siguientes funciones: apoyar los proyectos sobre la doble nacionalidad y la circunscripción electoral en el exterior, emprender y desarrollar en el exterior la campaña Pro Asamblea Nacional Constituyente, buscar comunicación con los demás colombianos residentes en otros países, exigir representación de los colombianos en el exterior en la Asamblea Nacional Constituyente (ANC) y contactar al comité universitario, promotores de la "séptima papeleta", y con las fuerzas políticas, económicas y sociales del país.[40] La respuesta provino de la Coordinación Ejecutiva para la Preparación de la Asamblea Nacional Constituyente, en la cual le sugirieron al Comité Pro Asamblea Nacional Constituyente que participara con la instalación, en la ciudad de Nueva York, de una mesa de trabajo para debatir los proyectos de interés para la comunidad en el exterior y los presentara ante el órgano correspondiente.[41] Con esta posibilidad abierta desde el gobierno central, se discutieron los proyectos entre los miembros del Comité Pro Asamblea Nacional Constituyente y la versión final fue aprobada en Nueva York a través de la votación simbólica realizada en diciembre de 1990.[42] Sus peticiones fueron escuchadas en

[40] Comunicado de prensa a la opinión pública, Nueva York, 5 de septiembre de 1990.
[41] La participación de toda la ciudadanía para la reforma constitucional se organizó a través de mesas de trabajo en las diferentes regiones de Colombia donde debía estudiarse el temario de la reforma.
[42] En un efusivo texto que incluyó el proyecto de reforma constitucional, los residentes en el exterior justificaron la lucha por el espacio político dentro del gobierno nacional con argu-

el transcurso de la Asamblea Nacional Constituyente durante el primer semestre de 1991. Diversos sectores políticos al interior de la misma apoyaron toda la iniciativa de sus compatriotas en el exterior resultando favorecidos con la aprobación de la doble nacionalidad y la circunscripción especial en el exterior.

## LA LEY DE DOBLE NACIONALIDAD

La iniciativa por la Ley de Doble Nacionalidad fue escuchada por primera vez en un discurso de campaña del líder liberal Luis Carlos Galán Sarmiento (candidato presidencial del partido Nuevo Liberalismo), que la expuso públicamente en una gira en 1984 ante cientos de colombianos residentes en la ciudad de Miami.[43] Fue retomada por el Comité Colombiano Pro Reforma Institucional Doble Nacionalidad y Circunscripción Especial en el Exterior, el cual antes de enterarse de la propuesta de redactar una nueva constitución política (en 1990), buscaba gestionar una reforma a la Constitución de 1886, agregando un "no" en su artículo noveno, para quedar: "la calidad de colombiano no se pierde por adquirir carta de naturalización en el extranjero".[44]

Como resultado de la labor de la Asamblea Nacional Constituyente respecto a los derechos de los colombianos en el exterior, está el artículo 96 de la nueva Constitución que aprueba la no pérdida de la nacionalidad y sostiene que "ningún colombiano por nacimiento podrá ser privado de su nacionalidad", y más adelante: "la calidad de nacional colombiano no se pierde por el hecho de adquirir otra nacionalidad [...] quienes hayan renunciado a su nacionalidad colombiana podrán recobrarla con arreglo a la ley".[45] En el caso colombiano, no hay límite de tiempo para recuperar la nacionalidad.[46]

---

mentos que demostraron claridad sobre su identidad como colombianos, siendo residentes en el exterior.

[43] La propuesta quedó sin líder político debido al asesinato de Galán en 1989. Efraín Hernández Gómez, entrevista citada.

[44] *Cromos*, edición núm. 3732, Bogotá, 31 de julio de 1989.

[45] Art. constitucional reglamentado bajo la Ley 43 de 1993.

[46] El Ministerio de Relaciones Exteriores no lleva el registro de los ciudadanos que han recuperado su nacionalidad hasta el momento. Constitución Política de Colombia, 1991.

Dado que en Colombia la nacionalidad y la ciudadanía son atributos inseparables, la nueva posibilidad de no perder la nacionalidad fue entendida por la comunidad en el exterior como una estrategia del régimen para restituir el vínculo con Colombia.

## DERECHOS ELECTORALES EN EL CONGRESO DE LA REPÚBLICA

Tal como hemos mencionado, los derechos electorales para la comunidad en el exterior fueron en parte resultado de la gestión política del Comité Pro Asamblea Nacional Constituyente desde Nueva York frente la Asamblea Nacional Constituyente en Bogotá, sin embargo, la actividad a favor de estos derechos debe ubicarse en el marco del proceso de transformación profunda que se materializó en la propuesta por la nueva Constitución Política de 1991.

La alegría que en principio acompañó a los migrantes cuando salió a la luz pública la Constitución Política de 1991 con los derechos políticos para la comunidad en el exterior, fue opacándose en el transcurso de los años siguientes debido a que no se realizaron las leyes reglamentarias de los artículos que extendían los derechos de los ciudadanos en el exterior. Incluso, cuando en 1993 se aprobó la Ley 43 (Doble Nacionalidad), múltiples voces se lanzaron en protesta porque el gobierno negó a la comunidad en el exterior la participación en las elecciones del legislativo.[47] "Nos negaron el derecho al voto [...] poniendo a todos los ciudadanos que residen fuera de Colombia en la misma posición del presidiario [...] Ellos, los presidiarios, mantienen su nacionalidad al igual que nosotros, pero pierden sus derechos de ciudadanía."[48]

Sin embargo, la lentitud del proceso de reglamentación de los artículos constitucionales que garantizaban los derechos electorales en el Congreso de la república, provocó que la comunidad en Nueva York se organizara con ahínco para lograr sus objetivos de representación en el

---

[47] *El Espectador*, Bogotá, 29 de octubre de 1993, p. 6-A.

[48] Fue la queja de Luis Yarzagaray, colombiano residente en Chicago que planeaba lanzarse como candidato al Senado de la república para el periodo legislativo 1994-1998. Luis Yazagaray, "Un mensaje a mi patria", comunicado de protesta del presidente de Colombian American National Coalition, 12 de noviembre de 1993.

gobierno de Bogotá y despertó en ella mayor interés en el seguimiento de las actividades legislativas cotidianas, entre ellas, la reglamentación del artículo 171 y 176 de la Constitución Política, relatados a continuación.

## ELECCIÓN DE SENADORES: ARTÍCULO CONSTITUCIONAL 171

En diciembre de 1997 los consulados colombianos en el exterior recibieron un comunicado de la Registraduría Nacional del Estado Civil informando la decisión de dar aplicación directa al artículo constitucional 171: "Los colombianos que se encuentren o residan en el exterior podrán sufragar en las elecciones para Senado de la república";[49] (Constitución Política de Colombia, 1991), por lo tanto, no hubo en este caso ningún debate en el Congreso de la república ni antes ni después de la aplicación. También se anunció que los puestos de votación en el exterior podían ubicarse en otros lugares públicos además de los consulados y embajadas colombianas.[50]

La posibilidad de elegir a los senadores abrió el debate político en la comunidad residente en Estados Unidos. Como nunca antes, se comenzaron a escuchar opiniones partidistas relacionadas con los comicios y con el desarrollo de los debates en el Congreso; posiciones encontradas que afloraron en la prensa local de la comunidad en dicha ciudad y que despertaron interés sobre la contienda electoral que elegiría al sucesor de Ernesto Samper en 1998. Sin embargo, y aun sin tener el derecho a ser elegidos parte del Congreso, junto a la viabilidad del voto para elegir a los senadores, se permitía que los colombianos en el exterior se lanzaran como candidatos suplentes de las listas nacionales. A partir de la Constitución Política de 1991 la conformación del Congreso dejó de constituirse mediante representantes territoriales (por departamentos) según la división política del país, para convertirse en una sola circunscripción nacional. Esto abrió la posibilidad de que los candidatos no

---

[49] Registraduría Nacional del Estado Civil, resolución núm. 06209 de 1997, Bogotá.

[50] La anterior disposición técnica resultó benéfica para los lugares donde existe una alta concentración de colombianos como Venezuela y Estados Unidos. Este último contó sólo en la ciudad de Nueva York con ocho puestos de votación, cinco en Nueva Jersey, tres en Nueva York, Manhattan y dos en Queens. *El Diario La Prensa*, Nueva York, 12 de diciembre de 1997, p. 3.

pertenecieran a una entidad política territorial, y *de facto*, permitió que los colombianos en el exterior pudieran hacer parte de las listas nacionales al Senado.

Fue así como se denominaron las cuatro primeras candidaturas transnacionales de la historia colombiana. La primera, respaldando a Carlos García cuyo suplente fue José A. López —doble nacional en Nueva York—; la segunda, a cargo de Víctor Alarcón de Miami, quien se nombró como suplente de Fernando Cristo del Partido Liberal;[51] la tercera, en cabeza de Jesús Galvis —el que más votos obtuvo en Nueva York— a nombre del partido Fuerza Colombia, cuyo candidato presidencial fue el general Harold Bedoya; y finalmente, Gonzalo Peñaranda, presidente del Directorio Conservador de Nueva York. Aunque todos ellos compartieron la derrota electoral, en caso de haber triunfado, estos candidatos hubieran tenido oportunidad de ejercer en Bogotá, si el senador, cabeza de cada una de las listas, faltara a su cargo por muerte o renuncia. Lo central de este proceso es que se sentaba el precedente de la representación política transnacional.[52] Aunque tal posibilidad abría los espacios de gestión política transnacional, en la práctica limitaba la presencia de los colombianos en el exterior dentro del gobierno y los encasillaba en la condición de suplentes de lista electoral. Esta fórmula acababa favoreciendo a los líderes políticos de Bogotá que sumaban a su favor los votos del exterior. Visto desde los migrantes: "se reglamentaron ellos pero no nos reglamentaron a nosotros".[53] Fue por ello que la comunidad organizada en Nueva York, en especial los miembros del Partido Liberal que no se lanzaron como suplentes, insistieron en la reglamentación del artículo constitucional 176 que los faculta a ser elegidos como representantes en la cámara.

## CIRCUNSCRIPCIÓN ESPECIAL EN EL EXTERIOR: SER ELEGIDOS COMO REPRESENTANTES EN LA CÁMARA

La lucha por una circunscripción especial en el exterior para la Cámara de Representantes fue una iniciativa de Samper en 1988, desarrollada a través del Directorio Liberal en Nueva York. Esta propuesta fue

[51] Efraín Hernández Gómez, entrevista citada.
[52] *El Diario La Prensa*, Nueva York, 10 de marzo de 1998, p. 6.
[53] Efraín Hernández Gómez, entrevista citada.

incluida con éxito en la Constitución Política de 1991 mediante el artículo 176 que dice: "La ley podrá establecer una circunscripción especial para asegurar la participación en la Cámara de Representantes de los grupos étnicos y de las minorías políticas y de los colombianos residentes en el exterior."[54]

Sin embargo, aunque se aprobó dicha ley los periodos legislativos comenzaron a transcurrir y no se reglamentaba dicho artículo. Fue entonces que el Comité Colombiano Pro Reforma Institucional Doble Nacionalidad y Circunscripción Especial en el Exterior lanzó un llamado en 1997 al entonces presidente de la república y promotor del proyecto, Samper Pizano, para que no olvidara las aspiraciones políticas que él mismo había sembrado en la comunidad. Al respecto, el Comité Colombiano Pro Reforma Institucional Doble Nacionalidad y Circunscripción Especial en el Exterior señaló: "Eso sería como si una madre despiadada lanzara al abismo a sus hijos, sólo por el hecho de decirle que es un orgullo el haber salido de sus entrañas."[55]

Lo significativo de esta ley es que reconoció la condición de las minorías políticas, no sólo la que buscaba reglamentar exclusivamente una circunscripción especial en la Cámara de Representantes para las negritudes de Colombia, sino que la Corte argumentó que el proyecto de ley del artículo 176 debía incluir a todas las minorías colombianas, lo que *de facto* establecía una noción amplia del sentido de minoría política al reconocer a aquellos ciudadanos en condición desigual no sólo por su procedencia étnica o política, sino también territorial. Fue así como se agruparon los intereses en torno a la reglamentación del artículo citado.[56] Finalmente, la ley que creó las circunscripciones especiales fue aprobada en junio del 2000. Se autorizó la creación de cinco curules especiales distribuidas así: dos para las comunidades negras, una para los indígenas, una para las minorías políticas y una para los colombianos residentes en el exterior.[57] La ley establece que para estos últimos, las campañas políticas tendrán como escenario cualquier país distinto a Colombia, y que el candidato será elegido sólo por el voto en el exterior. Quien resulte electo deberá residir en Colombia mientras ejerza como representante a la cámara.

[54] Constitución Política de Colombia, 1991.
[55] Carta dirigida al presidente de la república, Nueva York, 25 de abril de 1997.
[56] *El Diario La Prensa*, Nueva York, 1 de diciembre de 1997, p. 6.
[57] Senado de la república, comunicado de prensa, Colombia, 2 de junio de 2000.

Los requisitos para ser candidato radicando en el exterior son: demostrar una residencia en el extranjero mínima de cinco años continuos,[58] contar con un aval de un partido o movimiento político reconocido por el Consejo Nacional Electoral e inscribir su candidatura ante el consulado o embajada de Colombia donde resida. Las tarjetas electorales donde aparezcan los candidatos en el exterior serán de circulación exclusiva en consulados y embajadas de Colombia en el mundo y se distribuirán para las elecciones del año 2002, cuando pueda darse aplicación a la ley. Es posible que esta reglamentación incremente la participación política y electoral de los colombianos en el exterior, ya que existe la motivación de ser representados como comunidad por un ciudadano que no sólo tiene la experiencia migrante, sino el interés de ampliar la participación de los que se encuentran fuera y abogar por la atención del Estado sobre aquellos que han dejado el territorio nacional, pero pertenecen a la comunidad política. Hasta el momento, la historia de la extensión de los derechos en el exterior se ha caracterizado por el desarrollo de una comunidad política que desde el inicio de sus gestiones, por la doble nacionalidad hasta la reglamentación de la circunscripción en el exterior, ha podido experimentar un proceso de consolidación como comunidad y claridad en sus objetivos políticos. El proceso ha permitido que la política colombiana trascienda las fronteras nacionales e involucre a la comunidad en el exterior con su país de origen, que defienda a las instituciones gubernamentales, que participe gobernando en la formulación de las leyes y que se sienta parte de la sociedad colombiana aun con la particularidad de habitar en otras geografías.

## CONCLUSIONES

La experiencia de la extensión de los derechos políticos para los ciudadanos colombianos residentes en el exterior se ubica en dos momentos democratizadores de la historia nacional. El primer momento fue sin-

[58] La residencia en el exterior se comprobará con la fecha del registro del ciudadano colombiano en el consulado de Colombia o con la inscripción en el exterior en el proceso electoral anterior o con el certificado electoral en el que conste su anterior participación en el exterior o con el sello de ingreso al país por parte de la autoridad migratoria estampado en el pasaporte, art. 5º, Congreso de la República, *op. cit.*

gular por ser de reconciliación nacional a través del pacto bipartidista llamado Frente Nacional (1958-1974). Éste abrigó la aprobación del voto para la elección presidencial desde el exterior en 1961 como parte de un paquete de reformas electorales propios de esa coyuntura, cuyo tema central de debate y disputa bipartidista fue la instauración de la cédula de ciudadanía. El segundo momento político de ampliación de derechos para los ciudadanos en el exterior se dio como resultado del acontecer político en Colombia a finales de los años ochenta, cuando el régimen se vio en la necesidad de ser reformado en su interior. Uno de los rasgos de este proceso fue la participación de los líderes políticos excluidos del tradicional juego de poderes. Entre los numerosos actores, que surgieron entonces, están los colombianos residentes en el exterior quienes, desde Nueva York, revaloraron el derecho al voto aprobado décadas atrás para evidenciar frente al Estado el carácter excluyente del mismo y exigir un espacio de gobierno dentro del régimen.

La confluencia de los intereses por la reformulación de las reglas del juego político representada en la pluralidad de la Asamblea Nacional Constituyente de 1991, dio como resultado la aprobación del derecho al voto en el Congreso de la república y la Ley de Doble Nacionalidad. Esto convirtió a Colombia en uno de los paradigmas latinoamericanos donde la categoría de ciudadanía no se limita por criterios territoriales.

A raíz del problema internacional del narcotráfico, del deterioro de la imagen del país y de las exigencias de los gobiernos estadunidenses en la lucha antidrogas, los colombianos residentes en Estados Unidos fueron revalorados como un potencial político para la gestión a favor del Estado colombiano frente a las instancias estadunidenses. Con ello se dio un giro en la percepción e importancia de la comunidad que ha salido del territorio nacional: de ser una comunidad anónima para el Estado pasó a ser una comunidad política cuyo potencial se fundamenta en el ámbito de la política internacional. Con los distintos programas gubernamentales hacia la comunidad en el exterior y de los nuevos derechos electorales, se dio vigencia al vínculo político que determina el sentido de pertenencia ciudadana con Colombia involucrando a los ciudadanos fuera del país desde su condición como migrantes residentes en el exterior y como actores inmersos en otra comunidad política.

Con la extensión de los derechos políticos de los colombianos que radican en el extranjero, la nación se expande, la comunidad política se diversifica con el aprendizaje de cada ciudadano en las comunidades políticas donde reside, y el Estado aprende no sólo a convivir con ello, sino a beneficiarse por esta circunstancia. Si en los países de alta recepción de migrantes la idea de nación debe construirse con aquellos que llegan, en un país de alta tasa de expulsión migratoria como Colombia, esta idea se constituye, ya por más de tres décadas, con aquellos que se van.

## FUENTES CONSULTADAS

*Bibliografía*

Bushnell, David, "Política y partidos en el siglo XIX, algunos antecedentes históricos" en Gonzalo Sánchez y Ricardo Peñaranda (comps.), *Pasado y presente de la violencia en Colombia*, CEREC, Bogotá, 1991.

_____, "Procesos electorales: siglos XIX y XX" en *Nueva historia de Colombia*, Planeta, Bogotá, 1997.

Cardona, Ramiro *et al.*, *El éxodo de colombianos: un estudio de la corriente migratoria a los Estados Unidos y un intento para propiciar el retorno*, Ediciones Tercer Mundo, Bogotá, 1980.

Dávila, Andrés, "Anotaciones sobre la crisis, fragmentación y pulverización de los partidos en Colombia", ponencia presentada en el Congreso LASA 2000, Miami, 16 de marzo del 2000, mimeo.

_____, "Democracia pactada: el Frente Nacional y el proceso constituyente de 1991 en Colombia", tesis de doctorado en Ciencias Sociales, FLACSO, sede México, 1997.

Dugas, John, "La Constitución de 1991: ¿un pacto político viable?" en John Dugas (comp.), *La Constitución de 1991: ¿un pacto político viable?*, Universidad de los Andes, Bogotá, 1993.

_____, Rubén Sánchez y Elizabeth Ungar, "La Asamblea Nacional Constituyente, expresión de una voluntad general" en David Rubén Sánchez (comp.), *Los nuevos retos electorales*, Universidad de los Andes, Bogotá, 1991.

Guarnizo, Luis Eduardo y Arturo Ignacio Sánchez, "Emigración colombiana a los Estados Unidos: Transterritorialización de la participación política y socioeconómica" en Luis Alberto Restrepo (coord.), *Estados Unidos: potencia y prepotencia*, IEPRI/PNUD/Tercer Mundo Editores, Santa Fe de Bogotá, 1998.

―――― y Michael Peter Smith, "The Locations of Transnationalism" en *Comparative Urban and Community Research*, Transaction Publishers, New Brunswick, 1997.

Leal Buitrago, Francisco, "Colombia: un bipartidismo en crisis" en Lorenzo Meyer y José Luis Reyna (coords.), *Los sistemas políticos de América Latina*, Siglo XXI/UNU, México, 1991.

Maingot, Anthony, "Colombia y el Estado Federado de la Florida" en Juan Gabriel Tokatlián (comp.), *Colombia y Estados Unidos: problemas y perspectivas*, Tercer Mundo Editores/IEPRI, 1998 (Colección Ciencias).

O'Donell, Guillermo, Philippe Schmitter y Laurence Whitehead, *"Transiciones desde un gobierno autoritario"*, Paidós, Barcelona, 1994.

Oquist, Paul, *Violencia, conflicto armado y política en Colombia*, Instituto de Estudios Colombianos, Bogotá, 1978.

Palacios, Marco, *Entre la legitimidad y la violencia*, Edit. Norma, Bogotá, 1997.

――――, *Parábola del liberalismo*, Edit. Norma, Bogotá, 1999.

Pellegrino, Adela, *Los indocumentados de la migración colombiana en Venezuela*, Universidad Católica Andrés Bello, Caracas, 1985.

Posada Carbó, Eduardo, "Alternancia y República: elecciones en Nueva Granada y Venezuela" en Hilda Sábato (comp.), *Ciudadanía política y formación de las naciones*, FCE/COLMEX, México, 1999.

Registraduría Nacional del Estado Civil, *Historia electoral colombiana, 1810-1988*, Bogotá, 1991.

――――, *Votación de los colombianos en el exterior*, Bogotá, 1998.

Restrepo, Juan Camilo, "El gobierno de Belisario Betancourt (1982-1986)" en *Nueva historia de Colombia*, Edit. Planeta, Bogotá, 1998.

Rojas, Jorge, "Desplazamiento, Derechos Humanos y Conflicto Armado" en Jorge Rojas (comp.), *Desplazamiento, derechos humanos y conflicto armado*, CODHES, Bogotá, 1993.

Sábato, Hilda (comp.), *Ciudadanía política y formación de las naciones*, FCE/COLMEX, México, 1999.

Sánchez, David Rubén (comp.), *Los nuevos retos electorales*, Universidad de los Andes, Bogotá, 1991.

Tirado Mejía, Álvaro, "Una mirada histórica al proceso electoral colombiano" en Rubén Sánchez David (comp.), *Los nuevos retos electorales*, Universidad de los Andes, Bogotá, 1991.

Ungar, Elizabeth, "La reforma al Congreso: realidad o utopía?" en John Dugas, *La Constitución de 1991: ¿un proyecto político viable?*, Universidad de los Andes, Bogotá, 1993.

Universidad de los Andes, *Informe de investigación presentado a Raquel Álvarez de Flores*, San Cristóbal, Táchira, Venezuela, 1999.

Uribe Vargas, Diego, *La Constitución de 1991 y el ideario liberal*, Universidad Nacional de Colombia, Bogotá, 1995.

Urrea Giraldo, Fernando, "Life Strategies and the Labor Market: Colombian in Nueva York in the 1970" presented at the Conference on *Colombians and Dominicans in Nueva York: Life Strategies in the Household and at Work*, New York University, Nueva York, 1982.

Valencia Villa, Alejandro, "Desplazamiento interno en Colombia" en Jorge Rojas (comp.), *Desplazamiento, derechos humanos y conflicto armado*, CODHES, Bogotá, 1993.

## Hemerografía

Banco de la República, decreto núm. 2126 de 1992; decreto núm. 690 de 1994; decreto núm. 1974 de 1995; decreto núm. 333 de 1995; decreto núm. 2250 de 1996; decreto núm. 1711 de 1999; decreto núm. 1925 del 2000 en www.banrep.gov.com, septiembre de 2000.

*Contacto*, núms. 49 y 50, junio-septiembre de 1999, "Situación de los derechos humanos en Venezuela", Foro por la Vida, 29 de julio de 1999 en www.derechos.org.ve

Fals Borda, Orlando, "Grietas de la Democracia", *Análisis Político*, IEPRI, Universidad Nacional de Colombia, núm. 28, mayo-agosto de 1996.

Guarnizo, Luis Eduardo y Marina Díaz Luz, "Transnational Migration: a View from Colombia", *Ethnic and Racial Studies*, vol. 22, núm. 2, marzo de 1999.

————, Elizabeth Roach y Arturo Sánchez, "Mistrut, Fragmented Solidarity, and Transnational Migration: Colombians in New York City and Los Angeles" *Ethnic and Racial Studies*, vol. 22, núm. 2, marzo de 1999.

Jones-Correa, Michael, "Different Paths: Gender, Immigration and Political Participation", *International Migration Review*, vol. 32, núm. 2, 1998.

Perez-López, Jorge y Sergio Díaz-Briquets, "The Determinants of Hispanic Remittances: an Exploration Using US Census Data", *Hispanic Journal of Behavioral Sciences*, vol. 20, agosto de 1998.

Provea, Derechos Humanos y Coyuntura, núm. 6, 17-22, 24-26, 28 y 32 de marzo a septiembre de 1999 en www.derechos.org.ve

Rojas, Jorge E., "Violencia y desplazamiento: el drama continúa", *Foro,* núm. 34, junio de 1998, Bogotá.

Sengupta, Somini, "Inmigrantes Aplauden la Ciudadanía Dual", *N.Y. Times Service* en www.latinolink.com/news/1231NCIU.HTM; 1996.

Torrealba, Ricardo, "Mercado de trabajo y migración en la frontera de Táchira y norte de Santander", Centro de Investigaciones Históricas-Universidad Santa María, Caracas, Venezuela, *Tercer Congreso Internacional sobre Fronteras en Iberoamérica*, San Cristóbal, Venezuela y Cúcuta, Colombia, 1992.

# EL DERECHO AL VOTO DE LOS CIUDADANOS HONDUREÑOS EN EL EXTERIOR: LA CULTURA DEMOCRÁTICA MÁS ALLÁ DE LAS FRONTERAS

Melba Georgina Hernández Juárez

## INTRODUCCIÓN

El derecho al voto de los ciudadanos hondureños residentes en el exterior es un tema de reciente discusión en Honduras. Ello se debe a que en gran parte del siglo XX, la realización de procesos electorales en el país se dio bajo condiciones de inestabilidad política y represión. Muestra de lo anterior lo constituyen los procesos electorales de los años cincuenta, así como los celebrados durante los años sesenta y setenta cuando se mantuvo el ejercicio del sufragio aún en pleno gobierno militar.

A inicios de la década de los ochenta, el jefe de Estado, general Policarpo Paz García convocó a elecciones para conformar una Asamblea Nacional Constituyente, que se encargó de elaborar un nuevo texto constitucional y de llevar a cabo los preparativos para la realización de elecciones presidenciales en 1981. Éstas dieron inicio a un proceso de transición política que significó el ocaso de un prolongado régimen militar, lo que permitió el establecimiento de uno civil.

Desde entonces, los hondureños acuden cada cuatro años a las urnas para escoger a las autoridades que regirán el destino de la nación, incorporando así en su cultura política el valor del voto como instrumento de participación, mediante la base de un sistema de partidos políticos, que en Honduras se ha caracterizado por ser bipartidista, dominado básicamente por el Partido Liberal y el Partido Nacional, los cuales son considerados como los partidos tradicionales hondureños.[1]

[1] Estos se desprenden del Partido Liberal Decimonónico, cuya formación se dio durante las reformas liberales iniciadas en el último tercio del siglo XIX (Oseguera, 1987). El Partido

Cabe mencionar que los hondureños tienen la tendencia de votar por el Partido Liberal o Nacional en los procesos electorales, pues, aunque la gestión de sus representantes gubernamentales haya sido débil o cuestionada en algún aspecto, los ciudadanos continúan emitiendo su voto por esos mismos partidos.[2] De tal manera, aunque se continúa favoreciendo el bipartidismo tradicional, la orientación del voto en la cultura política hondureña es la que ha permitido que desde 1981 se dé un proceso de continuidad electoral.

En este contexto de transición a una democracia moderna y participativa se ha promulgado una ley para permitir que los hondureños radicados fuera del territorio nacional ejerzan su derecho al voto, esto a partir de las elecciones realizadas el 25 de noviembre de 2001, lo que muestra lo novedoso del tema en dicho país. Los antecedentes a esta primera elección desde el exterior muestran que el derecho al voto en el exterior generó un debate profundo entre los actores políticos donde se cuestionó la legitimidad y legalidad que implica el otorgamiento de tal derecho.

Una de las características que sobresale de la Ley Especial para el Ejercicio del Sufragio de los Hondureños en el Exterior es que sólo se aprobó el ejercicio del voto a los que residen en Los Ángeles, Washington, Nueva Orleans, Nueva York, Miami y Houston.[3] Esta decisión de otorgar derechos políticos sólo a los hondureños residentes en estas ciudades se basó en el supuesto de que dada la compleja e influyente relación de Honduras con Estados Unidos y por la alta concentración de la comunidad migrante hondureña en ese país, podía limitarse a ese territorio la extensión de los derechos políticos de los hondureños ausentes el día de la elección en su país. Esta decisión abre una gran polémica que veremos adelante.

---

Liberal (PL), de carácter progresista y prointegracionista, surgió en 1891. El Partido Nacional (PN) surgió de una división del Partido Liberal en 1902 y se consolidó como tal en 1919, cuando sus seguidores se oponían a la integración centroamericana (Alcántara, 1999). El Partido Democracia Cristiana fue creado en 1968; el Partido Innovación y Unidad Social Demócrata, en 1970; y el Partido Unificación Democrática, que aglutina a la izquierda, fue reconocido legalmente a finales de los años noventa, logrando participar por primera vez en las elecciones de 1997.

[2] A pesar de que existen otros institutos políticos, estos dos son los que usualmente acaparan 95% de los votos del electorado. Al respecto véase Arancibia, 1990.

[3] Art. 17 de la Ley Especial para el Ejercicio del Sufragio de los Hondureños en el Exterior, en www.maduro.hn

Tomando como base estos factores, en este texto se sitúa el origen y argumentos del debate en el interior de las principales fuerzas y actores políticos hondureños respecto al voto en el exterior, los cuales conducen al planteamiento de algunas reflexiones finales.

Para abordar la discusión de la extensión del derecho al sufragio para los hondureños que residen en el extranjero, es preciso que ubiquemos algunos elementos histórico-políticos que han determinado la conformación del Estado en un país que poco a poco transita hacia el fortalecimiento de su recién instaurada democracia, pues en este marco se ha establecido la extensión de la ciudadanía hondureña.

## CARACTERIZACIÓN DEL ESTADO-NACIÓN HONDUREÑO

Un rasgo que caracteriza a Honduras es "la ausencia de una identidad nacional o la existencia de una nación inconclusa" (Arancibia en Zemelman, 1990), lo cual tiene consecuencias al discutir los límites y alcances del Estado-nación contemporáneo. Este hecho se explica en sus antecedentes históricos ya que, desde tiempos de la colonia, Honduras fue una provincia poco significativa para el imperio español debido a su escasa población e inadecuada infraestructura. Después de la independencia de 1821, Honduras fue uno de los países que repetidamente luchó para realizar el sueño de su caudillo Francisco Morazán: de unir a las recién emancipadas naciones centroamericanas en una sola confederación (Arancibia en Zemelman, 1990).

La Unión Centroamericana establecida en 1824 desapareció en 1838, lo que permitió que esos países fundaran sus propios Estados. Honduras no se encontraba en condiciones favorables para llevar a cabo la construcción de su Estado, ya que la minería y la ganadería, que eran las principales actividades económicas de la época, no le generaban suficientes ingresos fiscales. Esa debilidad económica se vio igualmente acompañada de una frágil clase dominante, que en lugar de favorecer la integración social provocó la fragmentación mediante tendencias separatistas impidiendo la formación de un Estado sólido y fuerte (Arancibia en Gutiérrez Haces, 1987). Ello se reflejó en una inestabilidad provocada por golpes de Estado, guerras civiles y gobiernos *de facto*.[4]

---

[4] Entre 1826 y 1849 ocurrieron 54 levantamientos y asonadas; entre 1850 y 1879 hubo 120 rebeliones armadas; y entre 1824 y 1876, 86 gobernantes diferentes (Arancibia en Gutiérrez-

A pesar de que en 1876 se dio una reforma liberal, la cual tuvo algunos resultados positivos, pues se promulgaron los códigos civil, penal y criminal, se impulsó el desarrollo económico; y la inversión extranjera como consecuencia no se generó, ni un Estado-nación, ni un Estado centralizado fuerte (Arancibia en Gutiérrez Haces, 1987).

Este proceso político se entrelazó con un elemento que sería definitivo para el tipo de Estado-nación que se configuró en Honduras: la presencia estadunidense en las primeras décadas del siglo XX, que convirtió al país en un enclave económico debido al establecimiento de compañías estadunidenses dedicadas a la producción, exportación y comercialización de banano.[5] A causa de ello, Honduras pasó a convertirse en un Estado neocolonial.

A mediados de la década de los cincuenta, las compañías transnacionales productoras de banano establecidas en el país intervinieron activamente en la política estatal hondureña.[6] Dicha intromisión aumentó en la década de los ochenta cuando se dio una abierta intervención del gobierno estadunidense en la región y en los asuntos del país, generando una situación de crisis interna de carácter político y económico.[7] La intervención afectó a Honduras en todos los ámbitos, pues generó una situación de dependencia al crear una economía subsidiada por la ayuda monetaria que Estados Unidos otorgaba al gobierno hondureño, a cambio de convertirse en su fiel aliado.

La clase dominante y muchos otros sectores del país esperaban que la alineación con la política estadunidense y la eventual ocupación del territorio hondureño generaran una "lluvia de dólares", cuando en

---

Haces, 1987). Esa inestabilidad a la que se hace referencia en el texto también puede constatarse al hacer un recuento de las constituciones que Honduras ha tenido desde su independencia hasta 1982, las cuales totalizan 18 incluyendo las promulgadas durante el periodo en que perteneció a la República Federal de Centroamérica, véase Colindres, 1982.

[5] La United Fruit Company y la Standard Fruit Company fueron las dos transnacionales que a mediados de la segunda década del siglo XX, llegaron a consolidarse en la economía hondureña.

[6] La presencia de dichas compañías fue determinante en la historia de Honduras puesto que llegaron a controlar no sólo el transporte, las vías de comunicación y los servicios públicos, sino también las instituciones públicas y la vida política del país. Una amplia descripción acerca del tema de las transnacionales en Honduras y Centroamérica se puede obtener en la obra de Castillo Rivas, 1980 y Valades, 1975.

[7] El triunfo de la revolución sandinista en julio de 1979 provocó que el gobierno estadunidense de James Carter definiera una estrategia para Centroamérica que pretendía no sólo disgregar cualquier movimiento popular interno, sino también apoyar a un gobierno civil aliado que garantizara la "estabilidad democrática del área" (Oseguera, 1987). Fue en ese contexto que Honduras brindó su apoyo irrestricto a los intereses de Estados Unidos.

realidad la ayuda enviada ni siquiera sirvió para iniciar un proceso de crecimiento económico sostenido, sino más bien, para contener aún más la capacidad de control del gobierno hondureño sobre sus asuntos internos y de política exterior.[8]

De igual manera, los cambios en el entorno económico internacional a inicios de los años noventa, la endeble economía de Honduras y el poder adquisitivo cada vez más reducido del lempira[9] condujeron a los hondureños a reafirmar la idea de que el dólar americano, "la moneda más fuerte del orbe", constituía el único medio monetario garante de su supervivencia.

Así, los factores anteriores como la debilidad del Estado-nación hondureño y la deteriorada economía, junto con una relación histórica estrecha con Estados Unidos, es lo que da el escenario en que se desarrolla un creciente flujo migratorio internacional, siendo esto lo que colocó el tema del voto en el exterior en la agenda política nacional.

## LA EMIGRACIÓN DE LOS CIUDADANOS HONDUREÑOS HACIA ESTADOS UNIDOS Y SUS FORMAS DE ORGANIZACIÓN: UNA SÍNTESIS DE SUS RAÍCES

Para ubicar a la comunidad hondureña en el exterior es preciso señalar que el número de los que viven y trabajan principalmente en Estados Unidos es incierto y complicado de establecer a causa de la carencia de información estadística actualizada. Sin embargo, un dato útil es el proporcionado por la Comisión Económica para América Latina y el Caribe (CEPAL), basado en el censo poblacional de Estados Unidos, que calcula alrededor de 131 000 hondureños en ese país para 1990. Asimismo, la CEPAL confirma que un poco más de la mitad de esos hondureños entraron a Estados Unidos durante la década de los ochenta, advirtiendo un ritmo más intenso de migraciones durante los años noventa.[10] A estos datos se suman los que según el Servicio de Naturalización e Inmigración de Estados Unidos aporta al señalar: el número de inmi-

---

[8] Desde 1981 hasta 1986, el total de ayuda entre donaciones y créditos provenientes de Estados Unidos superaba los 1 000 millones de dólares. Para mayor información véase Arancibia, 1985.

[9] El lempira es la moneda nacional de Honduras.

[10] CEPAL, sede subregional en México, *Uso productivo de las remesas en Centroamérica: Honduras,* 4 de octubre de 1999.

grantes hondureños admitidos en 1998 fue de 6 463;[11] y en lo concerniente a detenciones de inmigrantes ilegales, uno de los operativos de mayor alcance fue de 2 531 inmigrantes hondureños aprehendidos en el
mes de junio de 2001.[12] Estas cifras muestran la notable presencia de
los migrantes hondureños. Un dato que sobresale del padrón migratorio hondureño es, como hemos señalado, el hecho de que Estados Unidos es su principal destino; otro elemento relevante es la concentración
geográfica de los hondureños: 90% se concentra en siete estados de ese
país: California, Nueva York, Florida, Texas, Louisiana, Nueva Jersey e
Illinois.[13]

A pesar de su corto tiempo de experiencia migratoria, un dato relevante es que los miembros de la comunidad hondureña en ese país
pronto establecen contacto con otros ciudadanos centroamericanos a
fin de incorporarse en organizaciones sociales cuyos objetivos persi-
guen fortalecer sus relaciones con otros compatriotas y defender sus
derechos en su lugar de residencia, con lo cual han creado diversas asociaciones como la Honduran American Emergency Fund en Luisiana,
la Honduran American Friendship Society Inc. en Florida, la Asociación Hondureña del Sur de California, Acción Latina en Nueva York,
Centro Cívico Hondureño en Illinois y la Organización Hondureña en
Boston, Massachusetts.[14] Estas instituciones no sólo tienen fines sociales y culturales sino que también han adquirido un sentido político,
pues gestionan ante las autoridades estadunidenses la aprobación de legislaciones migratorias favorables. El elemento que sobresale es el uso
del argumento de la reciprocidad que debiera tener el gobierno estadunidense, en compensación a la injerencia política y económica que dicho país ha tenido en Honduras. Esto se ha interpretado como una actitud de "indemnización" de parte de algunos sectores empresariales y
funcionarios de gobierno, que han considerado que la lealtad profe-
sada por Honduras al prestarse como aliado de las administraciones

---

[11] Table 3: Immigrants admitted by Region and Country of Birth Fiscal Years 1988-1998
en www.ins.usdoj.gov/graphics/aboutins/statistics/inm98.pdf
[12] De 7 891 aprehendidos, los hondureños encabezaban la lista de resultados del operativo Crossroads International (Encrucijada Internacional) que el Servicio de Naturalización e
Inmigración de Estados Unidos en colaboración con autoridades migratorias de otros trece
gobiernos, realizó del 4 al 20 de junio de 2001. Siguen a Honduras, El Salvador y Guatemala
con 2 183 y 1 962 inmigrantes aprehendidos respectivamente, en www.ins.usdoj.gov/graphics/
publicaffairs/factsheets/crossroadsintl.pdf
[13] CEPAL, *op. cit.*
[14] *Ibid.*

estadunidenses durante los años ochenta y parte de los noventa, no fue debidamente remunerada. Esto da un sesgo distinto a la forma en que tanto las organizaciones como el propio gobierno hondureño negocian la situación de los migrantes, ya que se asume una actitud decidida que ha conseguido beneficios concretos para los hondureños en Estados Unidos.

Ejemplo del activismo que acompaña las demandas políticas lo constituye la protesta presentada en 1998 por la Organización Hondureña Integrada "Francisco Morazán" que solicitó al Congreso de Estados Unidos la aprobación de los proyectos de Ley HR3231 y HR3553, relativo al cese de deportaciones masivas de hondureños.[15] Otra muestra de ello ha sido la manifestación llevada a cabo por cinco inmigrantes hondureños ante la Casa Blanca en abril de 1998. Los manifestantes pasaron hambre por más de quince días motivados por los más de 6 000 hondureños deportados durante 1997 y parte de 1998. Al ser entrevistados por una periodista estadunidense, algunos de ellos sostuvieron: "No solicitamos ninguna clase de privilegios, sino igualdad de trato. Los hondureños lo merecemos, después de haber entregado nuestro territorio para combatir el comunismo."[16] Esto, tal como lo comentamos, en clara alusión al papel que Honduras desempeñó como "peón de la política estadunidense en Centroamérica" (Arancibia en Zemelman, 1990) durante los años ochenta, al aceptar en su territorio el establecimiento de bases militares estadunidenses y permitir el entrenamiento de fuerzas contrarrevolucionarias nicaragüenses como parte de la política de contención al comunismo que Estados Unidos desarrollaba en la zona.

Como resultado de este activismo el gobierno hondureño ha asumido una actitud activa frente a los migrantes. A través de la Secretaría de Relaciones Exteriores, en colaboración con sus embajadas y consulados en Estados Unidos, se han establecido programas que se ocupan de investigar las desapariciones de los inmigrantes hondureños al viajar ilegalmente hacia ese país;[17] promover una campaña para que se ins-

---

[15] Consultado en http://prop1.org/protest/honduras/980419a.htm

[16] Consultado en "Honduran Immigrants Wage Hunger Strike" by Pamela Constable, Washington Post Staff Writer. Friday, April 24, 1998, page C03, http://prop1.org/protest/honduras/980424wp.html

[17] Al respecto, la Secretaría de Relaciones Exteriores en su página de sitio posee un apartado dedicado a proporcionar la información sobre los migrantes reportados como desaparecidos. Para consultar la página, dirigirse a la siguiente dirección: www.sre.hn

criban en el Estatus de Protección Temporal (TPS),[18] otorgado a Honduras en diciembre de 1998 con posteriores ampliaciones; gestionar la aprobación de la extensión de los beneficios de la Ley de Ajuste Nicaragüense y Alivio Centroamericano (NACARA) mediante la propuesta Ley de Paridad Centroamericana y Haitiana de 1999;[19] y de levantar el censo electoral para que estos pudiesen participar en la contienda electoral de Honduras en noviembre de 2001.[20]

El apoyo del gobierno hondureño a sus migrantes también se explica por el gran impacto que los ingresos por remesas familiares han tenido en la economía hondureña. Datos proporcionados por la CEPAL indican que en 1993 el monto de divisas recibidas por concepto de remesas familiares era de 60 000 000 de dólares, y que para 1998 se estimaban 180 000 000 de dólares, lo que mostraba un intenso dinamismo en el crecimiento del número de hondureños que trabajan en Estados Unidos.[21] El Banco Central de Honduras dio a conocer que los ingresos por remesas fueron de 364 800 000 dólares para 1999, donde es evidente un incremento de más de 50% en comparación a 1998.[22]

Otro elemento que explica la reacción del gobierno hondureño ante sus ciudadanos en Estados Unidos es que se considera que el retorno de una cantidad de ciudadanos hondureños traería serias consecuencias desestabilizadoras para el país, pues en primer lugar, los ingresos por remesas familiares que constituyen un importante rubro en la balanza de pagos nacional se verían menguados; y en segundo lugar, se generaría una situación de inestabilidad social al aumentar el desem-

---

[18] El Estatus de Protección Temporal (TPS) es un estado migratorio que el gobierno de Estados Unidos otorga a los nacionales de los países designados, que hayan residido allí continuamente al 30 de diciembre de 1998. Durante el año 2000, más de 100 000 hondureños se acogieron al TPS. Sin embargo, para el 2001 sólo 3 457 inmigrantes de Honduras y Nicaragua habían solicitado su renovación, lo cual generó preocupación en las autoridades del gobierno hondureño. Véase "Renuentes los hondureños a legalizar sus permisos de trabajo en Estados Unidos", Nacionales, edición virtual del diario *El Tiempo* en www.tiempo.hn/NACION~1/ nacio3.htm de fecha 11 de julio de 2001.

[19] La Ley de Ajuste Nicaragüense y Alivio Centroamericano (NACARA) se creó con el propósito de otorgar beneficios generosos a los inmigrantes de Nicaragua y Cuba que llegaron a Estados Unidos antes del 1 de diciembre de 1995. La "Ley de Paridad Centroamericana y Haitiana de 1999" fue propuesta para reformar y extender los beneficios de la Ley NACARA al resto de los países de Centroamérica.

[20] "Cancillería inicia censo de hondureños en exterior" Foro Político, edición virtual del diario, *La Tribuna*, en www.latribunahon.com/2001/Marzo/10/foro.htm#noti102 consultado el 10 de marzo de 2001.

[21] CEPAL, *op. cit.*

[22] "Honduras en Cifras 1997-1999", Banco Central de Honduras, en www.bch.hn

pleo, pues no se cuenta con un aparato estatal eficaz ni efectivo que garantice la inmediata reinserción de esas personas.

Lo anterior describe los rasgos fundamentales del fenómeno migratorio hondureño, así como las últimas acciones que el gobierno de Honduras, a pesar de sus limitaciones, ha realizado a fin de reaccionar ante la realidad que imponen sus connacionales desde el exterior, que se observa en diversos procesos, uno de los cuales es inclusión en el proceso electoral, lo que permitió que por primera vez en noviembre de 2001, los migrantes emitieran su voto fuera del país. Este proceso no fue fácil y en realidad abrió un amplio debate político sobre la incorporación de los migrantes a la vida política nacional, que se ubica en el marco de una serie de principios legales que veremos a continuación.

## LA NATURALEZA DEL VOTO DE LOS HONDUREÑOS EN EL EXTERIOR

1) Sus orígenes: la Constitución, el decreto y el reglamento. El derecho al voto para los ciudadanos hondureños se encuentra estipulado en dos instrumentos legales: la Constitución de la República vigente desde 1982 y la Ley Electoral y de Organizaciones Políticas de 1981.

Según la Constitución, la nacionalidad hondureña se adquiere por nacimiento y por naturalización.[23] De tal forma, son hondureños por nacimiento los nacidos en el territorio nacional, con excepción de los hijos de los agentes diplomáticos; los nacidos en el extranjero de padre o madre hondureños por nacimiento; los nacidos a bordo de embarcaciones o aeronaves de guerra hondureñas, y los nacidos en naves mercantes que se encuentren en aguas territoriales de Honduras; y el infante de padres ignorados encontrado en el territorio de Honduras.[24]

Si son naturalizados, se consideran hondureños los centroamericanos por nacimiento que tengan un año de residencia en el país; los españoles e iberoamericanos por nacimiento que tengan dos años consecutivos de residencia en el país; los demás extranjeros[25] que hayan re-

---

[23] Así lo establece la Constitución de la República de Honduras en sus arts. 22, 23 y 24.
[24] Constitución de la República de Honduras, art. 23.
[25] Con ello, la Constitución se refiere a las personas cuyo origen sea uno distinto al de los países de Centroamérica (se presume que por razones históricas sean Guatemala, El Salvador, Nicaragua y Costa Rica, pues no se especifica si esa disposición también es aplicable a Belice

sidido en el país más de tres años consecutivos; los que obtengan carta de naturalización decretada por el Congreso Nacional por servicios extraordinarios prestados a Honduras; los inmigrantes que formen parte de grupos seleccionados traídos por el gobierno para fines científicos, agrícolas e industriales después de un año de residir en el país llenen los requisitos de la ley; y la persona extranjera casada con hondureño por nacimiento.[26]

La nacionalidad hondureña se pierde por naturalización en país extranjero y por cancelación de la carta de naturalización de conformidad con lo establecido por la ley;[27] asimismo, ésta se recupera, cuando el que la haya perdido se domicilie en el territorio de la república y declare su voluntad de recuperarla.[28]

De igual manera, por precepto constitucional se consideran ciudadanos todos los hondureños mayores de 18 años,[29] por consiguiente, al obtener tal condición, es deber del mismo obtener su tarjeta de identidad y ejercer el sufragio.[30] En definitiva, todos los hondureños, ya sea por nacimiento o por naturalización, mayores de 18 años son ciudadanos y se encuentran facultados para ejercer el voto.

En tal sentido, la Constitución expresa que el sufragio es un derecho y una función pública,[31] y para su efecto, le otorga a los ciudadanos hondureños el derecho a elegir y ser electos en cargos públicos.[32]

-------

y Panamá que se ubican en América Central) o Iberoamérica (es decir, los países de América Latina, España y Portugal).

[26] Constitución de la República, art. 24. En el contenido de este artículo se mencionan de manera puntual los casos en los cuales el solicitante deberá renunciar previamente a su nacionalidad y manifestar su deseo de optar por la nacionalidad hondureña ante la autoridad competente. Además, señala que cuando exista tratado de doble nacionalidad, el hondureño que optara por una nacionalidad extranjera no perderá la hondureña, así como en iguales circunstancias no se le exigirá al extranjero que renuncie a su nacionalidad de origen.

[27] Art. 28.

[28] Art. 29.

[29] Art. 36.

[30] Art. 40. Esta disposición también se menciona en el art. 7 de la Ley Electoral y de las Organizaciones Políticas. De igual manera, esta ley en su art. 149 establece que: "la cédula de identidad es el documento fehaciente que prueba la inscripción del ciudadano en el censo nacional electoral" y que es "autorizada y otorgada por el Registro Nacional de las Personas". El Registro Nacional de las Personas es el organismo estatal dependiente del Tribunal Nacional de Elecciones, encargado de "extender la tarjeta de identidad a los hondureños y de elaborar de oficio y en forma exclusiva el censo nacional electoral", así está contemplado en los arts. 54 y 55 de la Constitución.

[31] Art. 44.

[32] Art. 36.

En lo referente al proceso electoral, por disposición constitucional se ha integrado un Tribunal Nacional de Elecciones, autónomo e independiente, con jurisdicción y competencia en toda la república, a fin de regular todo lo relacionado con los actos y procedimientos electorales. Su organización y funcionamiento están establecidos en la Constitución y en la Ley Electoral y de Organizaciones Políticas, las cuales fijan lo relativo a los demás organismos electorales.[33]

Es por ello que la Ley Electoral y sus reglamentos rigen los procesos electorales, que mediante el sufragio universal se celebren en el país.[34] Así, en su artículo 11 establece que cuando las condiciones de la organización electoral lo permitan, también ejercerán el sufragio los hondureños residentes fuera del territorio nacional. El Tribunal Nacional de Elecciones será quien reglamentará esta disposición con el voto afirmativo unánime de sus miembros.[35] Fueron estas disposiciones legislativas las que permitieron que se diera la promulgación del decreto núm. 91-2000 que otorga el derecho al voto a los hondureños residentes en el exterior.

El decreto menciona que a partir de su publicación se otorgaría un plazo de tres meses al Tribunal Nacional de Elecciones para elaborar el reglamento que regularía el voto de los hondureños residentes en el exterior;[36] pero si dicho órgano electoral no cumplía con esa tarea en el tiempo indicado, el Congreso Nacional quedaría a cargo de elaborar dicho reglamento. De tal manera, representantes de los partidos Liberal, Nacional, Democracia Cristiana, e Innovación y Unidad conformaron una comisión mixta a fin de elaborar el mencionado reglamento. Después de varias deliberaciones y debido a los desacuerdos suscitados en sus posiciones, los miembros de la comisión no lograron aprobar el reglamento por unanimidad en el tiempo establecido de 90 días, por lo que en mayo de 2001, el presidente del Congreso Nacional al amparo de lo establecido en el decreto 91-2000 sometió a consideración del legislativo el reglamento mediante el proyecto de decreto denominado

---

[33] Art. 51.

[34] Ley Electoral y de las Organizaciones Políticas, art. 1.

[35] Art. 11.

[36] El decreto 91-2000 fue publicado en el diario oficial *La Gaceta*, el 2 de febrero de 2001, convirtiéndose en ley a partir de su publicación. Por lo tanto, el tiempo para presentar el reglamento vencería a inicios de mayo del mismo año. Véase "Publicado en *La Gaceta* decreto que permite voto en el exterior", Foro Político, edición virtual del diario *La Tribuna*, en www.latribunahn.com/2001/febrero/14/foro.htm consultado el 14 de febrero de 2001.

Ley Especial para el Ejercicio del Sufragio de los Hondureños residentes en el Exterior,[37] que regula tal actividad para que los que residen fuera del territorio nacional conforme a la Ley Electoral y a la Ley Especial puedan votar en las elecciones generales. La Ley Especial para el Ejercicio del Sufragio de los Hondureños en el Exterior fue aprobada por el Congreso Nacional el 31 de mayo de 2001.[38] Si bien el resultado final de este proceso legal permitió la aprobación y reglamentación de la ley para permitir la inclusión de quienes radican en Estados Unidos a partir de las elecciones celebradas en el año 2001. Sin embargo, el proceso previo a la aprobación de dicha ley suscitó polémica entre los partidos mayoritarios: el Partido Liberal y el Partido Nacional, que en ocasiones anteriores y a pesar de la participación de otros institutos políticos se disputaron en noviembre de 2001 el ejercicio de la presidencia del país para el periodo 2002-2006.

2) Argumentos del debate. *a*) Posiciones en contra: Son diversos los argumentos que se dieron a favor y en contra del derecho al voto de los que radican fuera del país. El principal opositor al voto de los hondureños en el exterior fue el Partido Nacional. Entre algunos de sus argumentos sostuvo que la promulgación del decreto 91-2000 había sido inconstitucional, porque violaba el artículo 51 de la Constitución de la República que establece que las reformas en materia electoral requieren de una mayoría calificada de dos tercios de los votos de los diputados del poder legislativo. Por tal razón, el Partido Nacional llegó a contemplar la posibilidad de presentar ante la Corte Suprema de Justicia un recurso de inconstitucionalidad.[39] Además, el Partido Nacional señaló que el reglamento no tendría una aplicación generalizada porque los ciudadanos residentes en el exterior sólo votarían para elegir al próximo presidente de la república y designados presidenciales, y no como los demás ciudadanos residentes en Honduras, cuyo voto les permite también elegir a las autoridades legislativas y municipales.[40]

---

[37] Véase "Presentan proyecto de reglamento para votación en el exterior", Nacionales, edición virtual del diario *La Prensa*, en www.laprensahn.com/natarc/0105/n24003.htm consultado el 24 de mayo de 2001.

[38] Véase "Aprobado voto en el exterior", Nacionales, edición virtual del diario *La Prensa*, en www.latribunahon.com/2001/Mayo/31/foro.htm consultado el 1 de junio de 2001.

[39] Véase "PN presentará recurso de inconstitucionalidad contra decreto votaciones extranjero", Foro Político, edición virtual del diario *La Tribuna* en http://www.latribunahn.com/2001/febrero/8/foro.htm consultado el 8 de febrero de 2001.

[40] El art. 3 del reglamento menciona que los electores hondureños residentes en el exterior en las ciudades previamente determinadas por el Tribunal Nacional de Elecciones, por

De igual manera, el Partido Nacional argumentó que el reglamento era excluyente ya que sólo daba las facilidades necesarias para que ejercieran el sufragio los hondureños residentes en Estados Unidos, sin tomar en cuenta a los ciudadanos hondureños residentes en el resto del mundo.

El Partido Nacional también sostuvo que la jurisdicción del Tribunal Nacional de Elecciones está en el territorio nacional y que para desarrollar el proceso electoral en el exterior el reglamento nombra a los cónsules como organismos electorales auxiliares,[41] lo que resulta una imposibilidad técnica, pues según lo establecido en el artículo 87 de la Ley Electoral, no pueden ser miembros de los organismos electorales los funcionarios y empleados públicos, excepto quienes desempeñen funciones de carácter docente o de asistencia de salud;[42] por lo tanto, indicaron que el reglamento carecería de imparcialidad porque los cónsules no son de carrera, sino que son personas nombradas por afinidad política o parentesco familiar con candidatos a cargos de elección popular del partido de gobierno.

De igual manera, las autoridades del Partido Nacional consideraron que para realizar el proceso electoral en el exterior, era necesario que los electores se identificaran como ciudadanos hondureños, para lo cual se requeriría entonces llevar a cabo la cedulación de esas personas. Por tal razón, ese instituto político mostró temor en cuanto a que en el proceso de cedulación se pudiera prestar para documentar a extranjeros[43] y propiciar el tráfico de tarjetas de identidad.[44]

---

simple mayoría de votos, "solamente ejercerán el sufragio para elegir presidente de la república y designados a la presidencia".

[41] En el art. 2 del reglamento se establece que éste será aplicable en la jurisdicción de los consulados generales y secciones consulares de Honduras en el exterior, que por disposiciones del Tribunal Nacional de Elecciones sean acreditados como organismos electorales auxiliares, ante los cuales los partidos políticos legalmente inscritos deberán nombrar un representante propietario y un suplente para administrar y supervisar el proceso electoral. Éstos integrarán una Junta Local Electoral de acuerdo con lo estipulado en el art. 113 de la Ley Electoral y de las Organizaciones Políticas.

[42] Ley Electoral y de Organizaciones Políticas, art. 87.

[43] Al respecto, cabe destacar que no sería la primera vez que la nacionalidad hondureña se pondría en entredicho, puesto que antes se han dado grandes escándalos como "el chinazo" generado a través de la Ley de Naturalizaciones que permitió que unos 18 000 ciudadanos orientales se convirtieran en hondureños al pagar cada uno 25 000 dólares, suma que nunca entró al fisco nacional como estaba establecido. Véase "Chinitos naturalizados votarán en elecciones", Foro Político, edición virtual del diario La Tribuna, en www.latribunahon.com/1997/abril/15/foro.htm#noti101 consultado el 15 de abril de 1997.

[44] Véase "El Partido Nacional rechaza cambios de última hora al reglamento del voto en el exterior", Política, edición virtual del diario El Tiempo, en www.tiempo.hn/politica/politica1.htm consultado el 30 de mayo de 2001.

El Partido Nacional señaló que la suma de todos estos factores harían que el voto desde el exterior careciera de transparencia, advirtiendo que si el Congreso Nacional aprobaba el reglamento, ellos acudirían a instancias legales para impedir que dicho órgano legislativo continuara violando la Constitución.[45]

Otra posición en contra la sostuvo el representante del Partido Innovación y Unidad Social Demócrata que destacó el aspecto económico del voto en el extranjero, al argumentar que el Estado hondureño no estaba del todo capacitado para llevar a cabo un proceso electoral en el exterior, cuando ni siquiera existían los recursos financieros para llevar a cabo dicho proceso en el interior del país.[46] Asimismo, mencionó la importancia que conllevaba el aspecto logístico del proceso electoral, al considerar que el transporte de urnas y papeletas electorales era una actividad que requería de sumo cuidado si se quería evitar el propiciar las condiciones para un fraude electoral, denotando así su preocupación de continuar en forma transparente y legítima el proceso de apertura política del país y que el mismo no se viera interrumpido por el bipartidismo tradicional.[47]

*b)* Posición a favor: Por su parte, el Partido Liberal se manifestó en todo momento a favor del voto en el extranjero. Esto se debía a que su candidato a la presidencia, el presidente del Congreso Nacional Rafael Pineda Ponce, fue el introductor de la antes mencionada iniciativa legislativa.

Ante el tema de la aprobación del reglamento, los representantes del Partido Liberal sostuvieron que dicho proyecto podía ser aprobado por mayoría simple y no por mayoría calificada de dos tercios, pues no

[45] Véase "PN acudirá a entes legales si sigue actitud PN con voto en extranjero", Foro Político, edición virtual del diario *La Tribuna*, en www.latribunahon.com/2001/Mayo/30/foro.htm consultado el 30 de mayo de 2001.

[46] Al iniciar el debate sobre el aspecto financiero del proceso electoral, los medios de comunicación publicaron que se estimaban alrededor de 200 000 000 de dólares para garantizar el voto a 100 000 hondureños residentes en Estados Unidos. Véase "Se ocuparían 200 000 000 de dólares para 100 000 votos en el extranjero", Foro Político, edición virtual del diario *La Tribuna*, en http://www.latribunahon.com/2001/febrero/10/foro.htm consultado el 10 de febrero de 2001.

[47] El licenciado Olban Valladares, candidato presidencial por el Partido Innovación y Unidad Social (PINU-SD) publicó el 15 de febrero de 2001 en el diario *El Tiempo de Honduras*, un artículo denominado "Voto en el extranjero, ¿necesidad o imposición?", en el cual argumenta lo relacionado al aspecto económico del voto en el extranjero y el compromiso de su partido porque el "proceso democrático no sea contaminado ni afectado por decisiones caprichosas", en www.tiempo.hn/EDICANTE/2001/febrero/feb15/Editor ̄1/editoria.htm

se trataba de una reforma a la Ley Electoral y de las organizaciones políticas, sino algo relativo a la Ley del Registro Nacional de las Personas.[48]

Algunos de los líderes del Partido Liberal afirmaron que el Partido Nacional se oponía al voto de los hondureños en el exterior, porque percibía la existencia de una gran cantidad de simpatizantes del Partido Liberal residentes en Estados Unidos, y por esta razón temían perder la contienda electoral.[49]

*c*) Posición al margen: El Partido Unificación Democrática que representa a la izquierda unificada no participó en las deliberaciones relacionadas con el voto en el exterior. Por ello, su jefe de bancada se abstuvo de votar por la aprobación del reglamento en el seno del Congreso Nacional.[50]

*d*) Otras posiciones: En cuanto a las erogaciones monetarias implícitas en el proceso, las autoridades financieras del gobierno manifestaron que el Estado no poseía recursos suficientes para llevar a cabo un proceso electoral en el extranjero, y por lo tanto, se deberían buscar fuentes adicionales a las especificadas en el presupuesto general de la república.[51] Después de varias deliberaciones, los miembros del Tribunal Nacional de Elecciones lograron que la Secretaría de Finanzas le asignara a dicho órgano electoral la cantidad de 121 000 000 de lempiras (alrededor de 8 000 000 de dólares) para la realización de las elecciones y la compra de un edificio donde albergar sus oficinas.[52] Esta posición resultó fundamental, ya que el levantamiento del censo electoral a cargo de esta instancia resultaba primordial para llevar a cabo la votación.

[48] Véase "Liberales hacemos campaña propositiva, pero si PN quiere combate lo tendrá", Foro Político, edición virtual del diario *La Tribuna*, en www.latribunahon.com/2001/Mayo/30/foro.htm consultado el 30 de mayo de 2001.

[49] Véase "PN sabe que se le ganará con voto en el exterior", Foro Político, edición virtual del diario *La Tribuna*, http://www.latribunahon.com/2001/Abril/5/foro.htm#noti101 consultado el 5 de abril de 2001.

[50] Véase "Aprobado voto en el exterior", Foro Político, edición virtual del diario *La Tribuna*, en www.latribunahon.com/2001/Mayo/31/foro.htm consultado el 1 de junio de 2001.

[51] Véase "No hay 'pisto' para cubrir gastos de voto en el exterior", Foro Político, edición virtual del diario *La Tribuna*, en www.latribunahon.com/2001/Abril/11/foro.htm#noti101 consultado el 11 de abril de 2001.

[52] Véase "TNE consigue 121 000 000 para celebrar elecciones", Foro Político, edición virtual del diario *La Tribuna*, en www.latribunahon.com/2001/julio/4/foro.htm consultado el 4 de julio de 2001.

*e*) El aspecto técnico: Una vez resuelto el debate político respecto al voto desde Estados Unidos, los aspectos técnico-electorales se volvieron el eje del proceso; así, el censo nacional electoral es el registro ordenado de los ciudadanos con capacidad para votar, preparado de acuerdo con las prescripciones estipuladas en la Ley Electoral y regulado por el Registro Nacional de las Personas. La inscripción en él, otorga el derecho e impone la obligación de ejercer el sufragio.[53] Por lo tanto, se consideran electores todos los ciudadanos hondureños inscritos en el censo nacional electoral.[54]

Debido a que en el país no se disponía de un mecanismo que contabilizara el número de hondureños dispersos en las diferentes ciudades de Estados Unidos, la Ley Especial para el Ejercicio del Sufragio de los Hondureños residentes en el Exterior designó a la Secretaría de Relaciones Exteriores para que a través de sus consulados realizara el levantamiento del censo electoral en las ciudades indicadas y enviara los listados de electores.[55]

Asimismo, debido a que para el ejercicio del sufragio es indispensable la tarjeta de identidad, la mencionada ley estipuló que el Registro Nacional de las Personas al recibir las solicitudes para el otorgamiento, renovación o reposición de la tarjeta de identidad de los ciudadanos residentes en el exterior asegurara la debida inscripción de éstos en el Censo Nacional Electoral, y desplazará a las ciudades seleccionadas, personal técnico propuesto por los partidos políticos en forma igualitaria. Además, se indicó que para tal efecto, los costos de transporte y estancia de las personas que se envíen al exterior serán por cuenta del Tribunal Nacional de Elecciones.[56]

Como resultado de este proceso, las primeras actividades relacionadas al levantamiento del censo electoral se llevaron a cabo durante

---

[53] Ley Electoral y de Organizaciones Políticas, art. 135.

[54] Art. 9. En el art. 10 de la misma ley, se especifica que no pueden ejercer el sufragio aquellos que estén privados de sus derechos políticos por sentencia firme; tengan auto de prisión por delito que merezca pena mayor de cinco años; estén privados de su libertad por sentencia condenatoria firme, dictada por causa de delito y quienes se encuentren prófugos; estén bajo interdicción civil; y, sean militares de alta en las Fuerzas Armadas de Honduras y cuerpos de seguridad o de policía del Estado y custodios de los centros penales.

[55] Ley Especial para el Ejercicio del Sufragio de los Hondureños residentes en el Exterior, arts. 6 y 9.

[56] Art. 7. Asimismo, en el art. 18 de la misma ley se establece un cronograma que las comisiones de identificación deberán seguir a fin de recibir, emitir y remitir las tarjetas de identidad a los solicitantes en las ciudades designadas.

julio de 2001.[57] Sin embargo, aun cuando los medios de comunicación durante casi seis meses desempeñaron una labor diligente al informar a los ciudadanos dentro y fuera del país acerca de la regulación del voto en el extranjero, no se percibió una respuesta enérgica de parte de los hondureños en las seis ciudades designadas para llevar a cabo el proceso electoral, porque cifras preliminares registradas por las comisiones del Tribunal Nacional de Elecciones mostraron que al 30 de julio sólo 8 000 hondureños se habían censado en las seis ciudades designadas,[58] lo cual resultó poco esperanzador en comparación a los 100 000 hondureños que en el año 2000 se habían acogido al Estatus de Protección Temporal (TPS). Por ello, autoridades del Tribunal Nacional de Elecciones consideraron la posibilidad de prorrogar el plazo para el censo en Estados Unidos. Sobre el particular, representantes del Partido Nacional ante dicho órgano electoral consideraron que la ampliación del periodo para el censo constituía una violación a la ley; además, ello provocaría un atraso en el cronograma electoral[59] y encarecería aún más el costo del voto en el extranjero.[60]

Por consiguiente, la discusión del voto en el exterior se volvió un tema controvertido en los círculos políticos hondureños, pues sus implicaciones no fueron sólo de carácter político y legal, sino también de carácter económico, dado el alto costo del voto.

## EL PROCESO ELECTORAL DE 2001

1.) Los resultados en el interior del país. En el proceso electoral realizado el 25 de noviembre de 2001 participaron los cinco partidos legalmente inscritos. En dicha ocasión, el candidato del Partido Nacional, Ricardo Maduro Joest, obtuvo el triunfo con 52.9% de los votos. Mientras que el Partido Liberal 43.4%; Partido Innovación y Unidad Social De-

---

[57] Véase "Hoy inicia voto de hondureños en el exterior", Foro Político, edición virtual del diario *La Tribuna*, en www.latribunahon.com/2001/julio/2/foro.htm consultado el 2 de julio de 2001.

[58] Véase "Sólo 8 000 hondureños se han censado en USA", Foro Político, edición virtual del diario *La Tribuna* en www.latribunahon.com/2001/julio/30/foro.htm consultado el 30 de julio de 2001.

[59] *Ibid.*

[60] Véase "5 000 lempiras costará cada voto en el exterior", Nacionales, edición virtual del diario *El Tiempo*, en www.tiempo.hn/NACION~1/NACIO02.HTM consultado el 30 de julio de 2001.

mócrata, 1.6%; el Partido Unificación Democrática, 1.2%; y el Partido Democracia Cristiana, 1% del total de los votos.[61]

Según informes de la Misión de Observación Electoral (MOE) de la Organización de Estados Americanos (OEA), los comicios se llevaron a cabo en un ambiente de tranquilidad.[62] Asimismo, la Fundación Internacional para Sistemas Electorales (IFES) mencionó que el proceso electoral se realizó con normalidad, aunque destacó que para futuros procesos el país deberá emprender una serie de reformas con el objeto de mejorar el sistema de votación y la recaudación de los votos.[63]

En términos generales, las elecciones se desarrollaron en un ambiente sin mayores irregularidades que pudieran haber afectado la realización de las mismas. No obstante, este proceso destaca de los anteriores debido a que por primera vez el gobierno hondureño permitió a los hondureños residentes en algunas ciudades de Estados Unidos ejercer su derecho al sufragio.

2) Los resultados en el exterior. Contrario a lo sucedido al interior del país, la tendencia triunfadora del Partido Nacional no se vio igualmente reflejada en los resultados provenientes del exterior. Las cifras preliminares indican que el Partido Liberal resultó ganador en Washington, Houston, Nueva Orleans y Nueva York.[64]

Cabe destacar que muchos de los ciudadanos censados no lograron ejercer su derecho al voto, debido a fallas de carácter técnico.[65] Sin embargo, los electores que sí lograron votar manifestaron su satisfac-

---

[61] Las cifras indicadas son resultados preliminares al 10 de diciembre de 2001, ocho días antes de la declaratoria definitiva del ganador por parte del Tribunal Nacional de Elecciones. Véase "Decisión Honduras 2001", edición virtual del diario *La Tribuna* en http://soycatracho.com/elecciones/

[62] Véase "Alta vocación cívica y democrática hubo en elecciones, informa OEA", edición virtual del diario *La Tribuna*, en www.latribunahon.com/2001/Noviembre/25/pag2.htm consultado el 25 de noviembre de 2001.

[63] Véase "Informe del IFES destaca ambiente tranquilo en elecciones generales", edición virtual del diario *La Tribuna*, en www.latribunahon.com/2001/Noviembre/27/pag2.htm consultado el 27 de noviembre de 2001.

[64] Las cifras preliminares de los resultados en el exterior se encuentran anexas a este trabajo.

[65] Según declaraciones de representantes consulares en las ciudades designadas para llevar a cabo el proceso electoral, en algunos casos, los ciudadanos aparecían registrados en el censo electoral, pero aún no habían recibido su tarjeta de identidad, y en otros casos, hubo ciudadanos que sí recibieron su tarjeta de identidad previo a las elecciones pero su nombre no aparecía registrado en el padrón electoral. Véase "Histórica elección de hondureños en Estados Unidos", edición virtual del diario *La Prensa*, en www.laprensahn.com/natarc/0111/n26004.htm consultado el 26 de noviembre de 2001.

ción por la oportunidad que el gobierno hondureño les brindó al permitirles ejercer su derecho al sufragio.[66]

## REFLEXIONES FINALES

Las acciones realizadas por el gobierno hondureño respecto a sus migrantes fortalecen al Estado pues, por un lado, ratifica la condición de sus conciudadanos en Estados Unidos al restablecerles su participación política mediante el derecho al voto; y por otro lado, se coloca un paso adelante al manejar la relación con su comunidad en el exterior por el enorme impuesto que a través de las remesas dichos migrantes tienen en el país. Un elemento que destaca de esta experiencia es que la opción que el gobierno hondureño tuvo de limitar el derecho electoral a aquellos ciudadanos radicados en algunas ciudades de Estados Unidos implica que, aunque la ley constituye un avance, queda aún como preliminar, pues excluye al resto de los hondureños que no radican en la Unión Americana, con lo cual *de facto* sigue marginando políticamente por la ubicación geográfica.

Una de las lecciones que ofrece esta mirada política del proceso en cuestión es que la acción de limitar el sufragio a aquellos que residen en Estados Unidos, se basa en reconocer la importancia de los ingresos recibidos por concepto de remesas, lo cual constituye, por un lado, un nuevo elemento en la dependencia económica de Honduras con respecto a ese país estadunidense, pero por otro, una visión que reconoce derechos no por una membresía política, sino por la capacidad económica de los actores en cuestión.

La gran lección del proceso iniciado en Honduras es el efecto en el ámbito regional, pues el hecho de que Honduras sea el único país centroamericano que ha establecido la extensión de tal derecho político puede generar, a mediano plazo, un "efecto dominó" en otros países del área centroamericana, dado que no se puede descartar la posibilidad de que países como Guatemala y El Salvador, cuya población en Estados Unidos es mucho más numerosa que la hondureña, sigan el precedente que se ha establecido en la zona.[67]

---

[66] *Ibid.*

[67] Al respecto véase en este mismo volumen el texto de Patricia Zapata sobre el caso guatemalteco.

De tal manera, estos dos últimos factores enunciados y aunado a ellos el proceso democratizador y de continuidad electoral promovido por Estados Unidos, permiten inferir de manera clara que la compleja relación de subordinación que históricamente ha tenido Honduras con los gobiernos estadunidenses continúa predominando en la elite política del país, mostrando efectos nunca antes previstos.

Para una nación que se encuentra en pleno proceso de democratización, la realización de un proceso electoral en el exterior solidifica la credibilidad que sus ciudadanos tengan en las instituciones y demuestra a la comunidad internacional que el país se encuentra avanzando respecto al establecimiento de una cultura democrática más allá de las fronteras.

Anexo. Resultados del proceso electoral en el exterior[a]

| Ciudad | Censo[b] | PL[c] | PN[d] | PINU-SD[e] | PDCH[f] | PUD[g] | Votos nulos | Votos en blanco | Total de votos |
|---|---|---|---|---|---|---|---|---|---|
| Washington | 982 | 196 | 189 | 4 | 1 | 2 | 4 | 3 | 399 |
| Houston | 1 599 | 247 | 218 | 36 | 6 | 7 | 5 | 0 | 519 |
| Nueva Orleans | 794 | 240 | 232 | 12 | 2 | 3 | 10 | 0 | 499 |
| Nueva York | 2 196 | 261 | 255 | 1 | 1 | 6 | ND | ND | 524 |
| Miami | 3 590 | 800 | 823 | ND | ND | ND | ND | ND | ND |

[a] Los datos contenidos en este cuadro son preliminares. Sin embargo, muestran la tendencia del voto de los ciudadanos residentes en cinco de las seis ciudades designadas para llevar a cabo el proceso electoral. Cabe hacer notar que a la fecha de publicación de las cifras aún no se disponía de los resultados en la ciudad de Los Ángeles.

[b] Número de personas registradas como posibles electores.

[c] Partido Liberal.

[d] Partido Nacional.

[e] Partido Innovación y Unidad Social Demócrata.

[f] Partido Democracia Cristiana de Honduras.

[g] Partido Unificación Democrática.

ND: No disponible.

Fuente: "Sólo de Los Ángeles California no se conocen datos de votaciones", edición virtual del diario *La Prensa*, en www.laprensahn.com/natarc/0111/n27002.htm consultado el 27 de noviembre de 2001.

## FUENTES CONSULTADAS

*Bibliografía*

Alcántara, Manuel, *Sistemas políticos de América Latina (II): México, Centroamérica y el Caribe*, Tecnos, Madrid, 1999.

Arancibia Córdova, Juan, *Honduras: ¿un Estado nacional?*, Editorial Guaymuras, Honduras, 1985a.

———, "Honduras: del enclave a la ocupación" en Ma. Teresa Gutiérrez-Haces *et al.*, *Centroamérica: una historia sin retoque*, Edit. El Día en libros: Sociedad Cooperativa Publicaciones Mexicanas, México, 1987.

———, "Honduras: historia, política y poder" en Hugo Zemelman (coord.), *Cultura y política en América Latina*, Universidad de las Naciones Unidas/ Siglo XXI, México, 1990a.

Castillo Rivas, Donald, *Acumulación de capital y empresas transnacionales en Centroamérica*, Siglo XXI, México, 1980.

Colindres Ortega, Ramiro, *Análisis comparativo de las constituciones políticas de Honduras*, Corporación Editora Nacional, Honduras, 1982.

Crespo, José Antonio, *Elecciones y democracia*, IFE, México, 1997 (Cuadernos de Divulgación de la Cultura Democrática).

Del Cid, José Rafael, "Migración interna e internacional en Centroamérica" en Rodolfo Casillas (comp.), *Los procesos migratorios centroamericanos y sus efectos regionales*, FLACSO, México, 1992.

González Camacho, Ricardo, "Pasado y presente de la integración económica centroamericana" en *Centroamérica: el reto de la integración*, Federación Liberal y Centrista de América Central y del Caribe, Guatemala, 1988.

Oseguera de Ochoa, Margarita, *Honduras hoy: sociedad y crisis política*, Centro de Documentación de Honduras/Coordinadora Regional de Investigaciones Económicas y Sociales, Honduras, 1987.

Proyecto Estado de la Región, *Informe Estado de la Región en Desarrollo Humano Sostenible*, Costa Rica, 1999.

Schulz, Donald E. y Deborah Sundloff Schulz, *The United States, Honduras and the Crisis in Central America*, Westview Press, Estados Unidos, 1994.

Selser, Gregorio, *Honduras, república alquilada*, MEX-SUR Editorial, México, 1983.

Sohr, Raúl, *Centroamérica en guerra: las fuerzas armadas de Centroamérica y México*, Alianza Editorial, México, 1989.

Torres-Rivas, Edelberto, "Centroamérica: la transición autoritaria hacia la democracia" en Lorenzo Meyer y José Luis Reyna (coords.), *Los sistemas po-*

*líticos en América Latina*, Universidad de las Naciones Unidas/Siglo XXI, México, 1992.

Valádes, Edmundo, *Los contratos del diablo: las concesiones bananeras en Honduras y Centroamérica*, Editores Asociados, México, 1975.


*Hemerografía*

Arancibia Córdova, Juan, "El carácter de la relación entre Honduras y los Estados Unidos", *Cuaderno Semestral Estados Unidos Perspectiva Latinoamericana, Europa Occidental-Centroamérica-Estados Unidos*, 2º semestre, CIDE, núm. 18, 1985, México.

—————, "Honduras: elecciones y democracia", *Secuencia*, Instituto Mora, núm. 17, mayo-agosto de 1990, México.

Santana Ulloa, Roberto, "Le double visage du bipartisme hondurien", *L'Ordinaire Mexique-Amerique Centrale,* núm. 125, enero-febrero de 1990.

# FATALIDAD DEMOCRÁTICA O DEMOCRACIA FATAL LAS ELECCIONES PERUANAS Y EL VOTO EN EL EXTERIOR

Jorge Durand

## ANTECEDENTES

En Chile reinaba el general Pinochet, de lente oscuro, impenetrable, dizque para no ver lo que hacían y deshacían sus compañeros de armas; en Argentina los generales Galtieri, Videla y Massera se libraban de los muertos y desahuciados tirándolos al mar, mientras se guardaban los retoños para fines perversos; en Bolivia el general Banzer, actual presidente democráticamente elegido, masacraba campesinos y sepultaba mineros. Eran los años setenta, cuando casi toda América Latina se cubría de verde uniforme, incluido Perú.

En 1968 una junta militar interrumpió el gobierno democrático del arquitecto Fernando Belaunde, y un hijo de la patria que inició su carrera militar como soldado raso, encabezó un gobierno de tipo reformista, revolucionario. Era Juan Velazco Alvarado, conocido como el "chino", por sus ojos rasgados de tipo indígena, que fue presidente de Perú a lo largo de casi un decenio, hasta su muerte.

Mientras en todo el Cono Sur los gobiernos masacraban a la izquierda radical y a la moderada, en Perú el gobierno daba trabajo a los ex guerrilleros e invitaba al pueblo a participar en una profunda reforma agraria, en una innovadora reforma educativa, en la creación de un nuevo sector de propiedad social, en la expropiación de lo que quedaba de petróleo, en la nacionalización de la mítica Corporación del Cerro de Pasco, el enclave cuprífero más importante de América Latina.

Los únicos que pudieron calificar e identificar con claridad a los militares peruanos, de nuevo cuño, fueron las transnacionales y los terratenientes, que vieron claro, y pronto, la amenaza de perder sus tierras y ver afectados sus intereses. Los partidos políticos tradicionales y la izquierda en general estaban confundidos. Hasta que un lúcido intelectual de corte maoísta tuvo la infortunada idea de calificar al gobierno como "dictadura militar". Fue entonces cuando la izquierda pudo despejar su ecuación teórica e identificar al enemigo. Obviamente, el gobierno de Velazco era una dictadura, no cabe ninguna duda, por ser un gobierno *de facto* y sobre el segundo aspecto, lo militar. Pero en la práctica no era una dictadura igual a las otras que todos conocemos, como las de Chile, Argentina, Paraguay o Brasil.

Los militares peruanos se llamaban a sí mismos: gobierno revolucionario, proclamaban que "la tierra es de quien la trabaja", que el petróleo y las minas son propiedad de la nación; que la educación debe ser gratuita y de buena calidad. Pero nunca fueron un gobierno popular. La mayoría de los intelectuales los criticaban y los jóvenes despreciaban una revolución llevada a cabo por militares. Como quiera, la "dictadura" del chino-cholo Velazco Alvarado fue lo mejor que le ha pasado a Perú en los últimos 50 años. Quizá llegó un poco tarde, pero estos procesos los marca la vida del país y tuvo primero que aparecer la guerrilla de los años sesenta para que las Fuerzas Armadas tomaran conciencia de que el país era una verdadera desgracia y que había que transformarlo de raíz.

Al morir Velazco lo sucedió en el poder el general Morales Bermúdez (1975-1980), quien al final de su gestión inició la transición hacia la democracia. Como corolario del régimen militar se convocó a una Asamblea Constituyente, que debía elaborar una nueva Carta Magna que rigiera los destinos del país. Y fue esa Asamblea Constituyente la que les dio el voto a los peruanos que vivían en el exterior. Tres factores parecen haber influido en esta decisión. Por una parte, el profundo nacionalismo que se desarrolló durante el gobierno de Velazco Alvarado; por otra, los ímpetus democráticos que se generaron en esta etapa de transición. Es posible que haya influido la personalidad y la opinión del presidente de la Asamblea Constituyente, el dirigente político aprista, Víctor Raúl Haya de la Torre, quien vivió muchos años en el extranjero, en el exilio y pudo palpar esta problemática.

De hecho, la reforma constitucional de 1979 introdujo cambios importantes en materia electoral: el derecho al sufragio en el caso de los jóvenes a partir de los 18 años, ya que antes la mayoría de edad se obtenía a los 21 años; el reconocimiento constitucional del derecho al voto de los analfabetos, el establecimiento del sistema de la "segunda vuelta" siguiendo el modelo francés, en el caso de que no exista un ganador que supere 50%, y el voto de los peruanos residentes en el exterior. Al parecer el tema del voto en el exterior se aprobó sin mayores problemas. Por lo menos no es una preocupación para los académicos que comentaron la Constitución de 1979. La discusión y la polémica se centraba en el valor del voto nulo o blanco, un problema crónico en las elecciones peruanas, y en los asuntos concernientes a "la segunda vuelta". Eguiguren, por ejemplo, señala que: "En cuanto al sufragio, la carta concede su ejercicio desde los 18 años y elimina la injusta exclusión de este derecho (que anteriormente estaba impuesta) a los analfabetos", pero no hace mención al voto en el exterior (Eguiguren, 1990). Sucede lo mismo en el libro de Marcial Rubio, donde el tema del voto en el exterior ni siquiera se menciona (Rubio, 1993).

## EL DERECHO AL VOTO EN EL EXTERIOR

La Constitución peruana de 1979 incluyó el derecho al voto de los peruanos en el exterior, pero no sólo fue una manifestación de buenas intenciones, al año siguiente el decreto se hizo realidad y los peruanos que vivían en el extranjero pudieron votar.[1] De este modo, sin quererlo ni demandarlo, los peruanos fueron los primeros en América Latina que pudieron ejercer sus derechos ciudadanos al residir en el exterior.

Sin duda el caso peruano es excepcional. En primer lugar es la experiencia más antigua en América Latina, ya que el derecho al voto en el exterior se promulgó en 1979 y se ejerció en 1980. En segundo término, el derecho al voto se otorgó de acuerdo con la Constitución y se aplicó oportunamente, sin mediar plazos o dilaciones, como ha sucedido en muchos otros países, donde se tiene el derecho constitucional, pero no se puede ejercer, como en el caso de México. En tercer lugar, la propuesta y discusión sobre el derecho al voto "de los ciudadanos resi-

---

[1] Recuerdo haber hecho un viaje de Zamora a Guadalajara, en 1980, para ir a votar al consulado de Guadalajara. Era la primera oportunidad que tenía para votar, y el gusto se frustró porque me informaron que sólo podían votar los que estaban en listas y se habían registrado previamente.

dentes en el extranjero" se dio en un contexto previo, inmediato a nuevas elecciones. Es decir, en el caso peruano, el argumento de la proximidad de las elecciones no fue un elemento que influyera en contra de la promulgación y ejecución de este derecho, como ha sucedido, por ejemplo, en el caso chileno[2] y sucedió en el caso mexicano.

El derecho al voto de los peruanos residentes en el extranjero se sustenta en un conjunto de preceptos constitucionales. En primer lugar se considera que el voto "es personal, igual, libre, secreto y obligatorio hasta los 70 años de edad", y se añade que es "nulo y punible todo acto que prohíba o limite al ciudadano el ejercicio de sus derechos" (título I, capítulo III, artículo 31, párrafo 4); en segundo término, sólo "los miembros de las Fuerzas Armadas y de la policía nacional en actividad no pueden elegir ni ser elegidos. No existen ni pueden crearse otras inhabilitaciones" (título I, capítulo III, artículo 34); por último, al final del capítulo XIII, titulado "Del sistema electoral" se especifica, en el artículo 187, que "la ley contiene disposiciones especiales para facilitar el voto de los peruanos residentes en el extranjero". Por tanto, no se hace una declaración explícita del derecho al voto en el exterior, pero se asume como tal al considerarse nulo y punible que se "limite" al ciudadano el ejercicio de sus derechos. Por otra parte, sólo los militares y policías en actividad no pueden votar y se prohíbe "otras inhabilitaciones", como sería la de ser residente en el extranjero. Al fin, se hace referencia a las disposiciones legales, no constitucionales, que "facilitan el voto de los peruanos en el extranjero".

Por su parte, la Ley Orgánica de Elecciones de 1997, en el título X trata: "Del voto de los ciudadanos residentes en el extranjero", y señala como puntos a destacar que para poder votar, los peruanos residentes en el extranjero deben registrarse en el consulado; en segundo término, se debe constituir un "padrón", el cual es aprobado por el Jurado Nacional de Elecciones, con lo cual la Oficina Nacional de Procesos Electorales (ONPE) se pone en contacto con funcionarios de Relaciones Exteriores para que remitan las "listas de electores" a las oficinas consulares. Para las elecciones del año 2001 se recomendaba que los peruanos residentes en el exterior tramitaran el Documento Nacional de Identidad (DNI) con tres meses de anticipación a las elecciones, para así

---

[2] Véase Brenda Pereyra en este mismo volumen.

quedar inscritos en el padrón del extranjero y poder votar. Este requisito del DNI es nuevo, porque antes la libreta electoral era el documento de identidad. Pero en el caso de las dos elecciones del año 2001 se pudo votar con la libreta electoral antigua o con el DNI.

Las elecciones en el exterior son organizadas por el poder electoral en conjunción con la Secretaría de Relaciones Exteriores, ya que las sedes y el apoyo a las elecciones lo dan los consulados, incluidos los cónsules honorarios, que no son necesariamente de nacionalidad peruana. Sin embargo, el manejo directo de la elección, la apertura de sobres, escrutinio de votos, etc., queda a cargo de ciudadanos que son sorteados a partir de las listas correspondientes y que son escogidos según el nivel de estudios que tienen. El cónsul en su calidad de notario avala el procedimiento, pero no interviene en el manejo directo de la elección, ni en la contabilidad de los votos. Por último, en las elecciones del año 2001, los peruanos pudieron votar en el exterior por congresistas registrados en el distrito de Lima.

## NACIONALIDAD, CIUDADANÍA Y DOBLE NACIONALIDAD

La Asamblea Constituyente de 1979 dio un paso importante, respecto a la naturalización y la doble nacionalidad. En la Constitución peruana se acepta el criterio del *jus soli*, al afirmar que "son peruanos de nacimiento los nacidos en el territorio de la república", pero también se acepta el *jus sanguinis*, al afirmar que son peruanos "los hijos de padre o madre peruanos nacidos en el exterior, siempre que sean inscritos en el registro correspondiente". Por otra parte, el hijo de extranjeros que haya vivido en Perú "desde los cinco años de edad" puede optar por la nacionalidad al llegar a la mayoría de edad.

Para naturalizarse las condiciones son relativamente sencillas, se requería de sólo dos años de residencia consecutivos, realizar una solicitud expresa y renunciar a la nacionalidad de origen. En el caso de los latinoamericanos y españoles de nacimiento, con domicilio en Perú, podían naturalizarse sin perder su nacionalidad. De igual forma el peruano que adoptaba la nacionalidad española o de algún país latinoamericano, no perdía la nacionalidad peruana. También se podía adquirir la nacionalidad por matrimonio, después de dos años de residencia (Rubio, 1993).

Despúes, en la Ley de Nacionalidad de 1996, se amplió el criterio de la doble nacionalidad al afirmar que "nadie puede ser despojado de ella" y que "los peruanos de nacimiento que adopten la nacionalidad de otro país no pierden su nacionalidad, salvo que haga renuncia expresa de ella ante una autoridad competente". Esta ampliación se debió fundamentalmente a la demanda de peruanos que vivían en Estados Unidos y que eran excluidos antes de la posibilidad de la doble nacionalidad. Por otra parte, la Constitución peruana se define expresamente en lo que respecta a la doble ciudadanía: "las personas que gozan de doble nacionalidad ejercitan los derechos y obligaciones de la nacionalidad del país en donde domicilian" (Ley de Nacionalidad, 1996). La ley peruana es clara al fijar el criterio de residencia para los que tienen doble nacionalidad. Pero en la práctica no hay ninguna acción o política premeditada que impida el voto de los dobles nacionales. Según el cónsul peruano en Nueva York, esta práctica suele ser bastante difundida (Arzubiaga, 1998). La ley contempla los casos de recuperación de la nacionalidad en el caso de haberla perdido. Se exige la residencia, buena conducta, ejercer una profesión y hacer una solicitud expresa.

En síntesis las leyes peruanas, al igual que lo que concierne al voto, son bastante avanzadas y facilitan tanto la posibilidad de votar en el exterior, como adquirir otra nacionalidad, naturalizarse o recuperar la nacionalidad. La única restricción es la de la doble ciudadanía que no es aceptada formalmente.

## LOS PERUANOS EN EL EXTERIOR

Los cambios constitucionales para facilitar el voto en el exterior y la doble ciudadanía están relacionados con el fenómeno migratorio. Desde hace 30 años, los peruanos han empezado a emigrar fundamentalmente por razones económicas, y en menor medida por las políticas. Durante el gobierno militar de Velazco Alvarado y Morales Bermúdez (1968-1980) emigraron los sectores pudientes que vieron afectados sus intereses económicos y sus propiedades. Los destinos principales fueron Miami, Ecuador y Chile. Pero fue durante los regímenes democráticos de Belaunde (1980-1985), García (1985-1990) y los dos periodos de Fujimori (1990-2000) donde la emigración peruana fue masiva y alcanzó, al finalizar el siglo XX, los 2 000 000 de personas. Dado que Perú tiene una población de 25 000 000, el peso de la emigración es de aproximadamente 8% de la población total; una cifra comparativamente muy alta.[3]

Las causas que generaron la emigración fueron fundamentalmente económicas, y en menor medida, las políticas. A partir del segundo gobierno de Belaunde (1980) la apertura económica hizo estragos en una economía débil y acostumbrada al proteccionismo. La crisis se alimentó también del caos que generó el terrorismo, principalmente de Sendero Luminoso que tuvo como objetivo paralizar la vida económica del país, a través de la práctica sistemática de dinamitar torres eléctricas de alta tensión y realizar actos de terrorismo indiscriminados. Amplios sectores de la clase media y media baja empezaron a buscar una salida al exterior. La crisis económica y política se agudizó durante la gestión de Alan García (1985-1990). La inflación llegó a límites inimaginables, de varios miles por ciento y el caos económico llegó a su culminación con la fallida nacionalización de la banca. García tampoco pudo hacer nada contra el terrorismo. La emigración a los países vecinos se acentuó, pero sobre todo la emigración a Estados Unidos. En 1988 se registraron 5 936 inmigrantes peruanos en la Unión Americana, la cifra se duplicó en 1989 a 10 175 y se mantuvo en ese rango por dos años más.[4]

Durante el periodo de Fujimori, las cosas empezaron a "mejorar", el país se reinsertó en la economía mundial, es decir, empezó a pagar sus deudas atrasadas y se pudo combatir al terrorismo de manera eficaz. Fujimori y su siniestro asesor Bladimiro Montesinos aplicaron los mismos métodos de Sendero y los golpearon de manera casi mortal. Al Movimiento Revolucionario Tupac Amaru (MRTA) lo lograron aniquilar por completo, matando a todos los miembros del comando que asaltó la embajada japonesa en 1996. Sin embargo, durante el segundo periodo de Fujimori, la economía cayó en una etapa de recesión aguda y volvió a incrementarse la cuota migratoria. En 1995 se estimó una población inmigrante a Estados Unidos de 8 000 personas y ésta incrementó, en 1996, a 12 000 y se mantuvo arriba de 10 000 en los años siguientes. Los lugares de destino fueron fundamentalmente los países vecinos: Chile, Bolivia, Ecuador y Argentina. Es importante también la emigración a Estados Unidos y en menor medida a Australia y Japón.

---

[3] En el caso mexicano, por ejemplo, el peso de la emigración representa 9 por ciento.
[4] Statistical Yearbook of the INS, 1998 en www.ins.usdoj.gov

Además, empezó a notarse la emigración hacia la Unión Europea, en particular, a Italia (Milán) y a España.

La emigración peruana es básicamente una migración económica, aunque en el último periodo de Fujimori empezaron a darse casos de emigrantes políticos que se autoexiliaban. Principalmente su composición es de clase media y clase media baja, sin embargo, han empezado a darse casos de migraciones de sectores campesinos, en particular jóvenes de la sierra central, que buscan realizar trabajos especializados de tipo pastoril en la región montañosa de Estados Unidos. Se calcula 3 000 personas el contingente de pastores que labora normalmente en Estados Unidos.[5] También fue importante, durante la década de los noventa, la emigración de hijos de inmigrantes japoneses, y algunos que se hacían pasar o hacían valer sus apellidos japoneses. Algunos de ellos son de origen campesino, sus padres o abuelos llegaron como inmigrantes a las antiguas haciendas costeras a principios del siglo XX. Se calcula en 50 000 personas el volumen de este flujo, pero hay indicios de que se ha detenido, sobre todo a partir de la crisis creada por Fujimori.[6]

Los peruanos en Estados Unidos están bien organizados en clubes y asociaciones, y sus principales lugares de destino son el área norte de Nueva Jersey, sobre todo en la localidad de Patterson, la ciudad de Miami, en Florida y la ciudad de Los Ángeles, California (Altamirano, 1992, 1996). En el consulado peruano de Los Ángeles se informa que el padrón electoral es de 12 000 personas y que en las elecciones del año 2000 votaron 40%.[7] Pero la corriente migratoria siguió fluyendo. Durante el año 2000, con la crisis que provocó el tercer periodo de Fujimori, el fraude electoral, la corrupción generalizada y el descontento masivo se calcula que emigraron 183 908 peruanos y se estima una cantidad semejante para el año 2001.[8]

Y estos emigrantes, que generalmente son mayores de edad, pueden y deben votar, porque en Perú el voto es obligatorio y hay multas para aquellos que no votan (30 dólares por cada ocasión). Esta obligación incluye a todos los peruanos, incluidos los residentes en el extranjero y sólo están exentos los mayores de 70 años.

---

[5] Inmigration News, abril, 2001 en www.cis.org
[6] *Caretas*, Lima, Perú, 3 de mayo de 2001.
[7] *La Opinión*, Los Ángeles, abril de 2001.
[8] *Caretas*, Lima, Perú, 3 de mayo de 2001.

## VOTAR EN GUADALAJARA, 2001

En Guadalajara las elecciones del 8 de marzo de 2001 transcurrieron en absoluta calma. Figuraban 284 empadronados y en total sólo votaron 77, es decir, hubo un abstencionismo de 73%. Lo que es alto considerando que el voto en Perú es obligatorio, y como hemos señalado los que no votan deben pagar una multa en dólares.

En el consulado de Guadalajara en México se pueden registrar todos los peruanos residentes en la zona occidente, incluidos los del noroeste como Sonora y Baja California. El 9 de diciembre de 2000, tres meses antes de la elección, se venció el plazo de la inscripción para poder votar el 8 de marzo de 2001. Un mes antes de la elección la ONPE envió al consulado la lista de los ciudadanos seleccionados para ser miembros de las dos mesas electorales. Las listas también se pueden consultar en una página web. El sorteo se realizó entre los ciudadanos con mayor nivel de instrucción. Y cada mesa está compuesta por tres miembros titulares y tres suplentes: presidente, secretario y tercer miembro. En Guadalajara, en caso de que no haya el número necesario de personas elegidas para ser miembros de la casilla, el Centro Cultural Peruano Mexicano de Guadalajara, designa, en ese momento, a alguno de sus miembros para que ocupe el puesto y pueda realizarse la elección.

El 26 de marzo, es decir, dos semanas antes, el consulado de Guadalajara recibió todo el material correspondiente para la elección.[9] La lista de materiales resulta sin duda engorrosa y puede que inútil,

---

[9] Materiales para la instalación de la mesa: una guía de control de actividades de los miembros de la mesa, una cartilla de instrucción para los miembros de la mesa, un cartel sobre el "secreto y libertad de sufragio", dos carteles de candidatos para presidente y congresistas, 284 cédulas de sufragio (150 para la mesa uno y 134 para la mesa dos), acta-padrón, cartilla de hologramas para los documentos de identidad y para actas electorales, constancias de asistencias al sufragio, 200 etiquetas autoadhesivas ONPE para cierre de cédula. Como material de trabajo se reciben: un tampón para la huella digital, bolígrafos, cinta adhesiva, ánfora y tinta indeleble. Para impugnaciones se reciben: dos sobres de impugnación de identidad, cinco sobres de impugnación de cédula o voto, formas para reclamos u observaciones al escrutinio, tres forma de cargo de retención de documento de identidad y cuatro etiquetas. Para cada mesa, se reciben: dos cuadernillos de etiquetas de protección de resultados en acta de escrutinio y sobres de distintos colores donde van las actas electorales a la ONPE, Relaciones Exteriores, Jurado Nacional de Elecciones, representaciones políticas y Fuerzas Armadas. Además hay catorce etiquetas de seguridad, formatos de cargo de entrega de actas y material electoral y los carteles donde se anuncian los resultados de la elección en cada una de las mesas.

pero muestra de manera palpable que las elecciones de los peruanos en el exterior siguen el mismo patrón que en su país y que no se trata de un proceso simple. Es bastante complejo, existen plazos, normas y mecanismos de seguridad y éstos se cumplen adecuadamente. Por otra parte, el caso peruano demuestra que es posible realizar un padrón en el exterior, e incluso que ha sido posible cambiar el viejo sistema de libreta electoral por el nuevo sistema de documento de identidad (DNI), sin que esto altere el funcionamiento normal de las elecciones.[10]

En las elecciones de 2001, en Guadalajara hubo un marcado abstencionismo (73%), por su parte, en Los Ángeles, la participación de votantes fue un poco mayor y el abstencionismo alcanzó 60%.[11] Con todo, la organización de las elecciones resulta compleja en los lugares de mayor concentración de votantes. Por ejemplo, en las elecciones de 1995, en Estados Unidos se instalaron 107 mesas en Nueva York, 56 en Patterson, Nueva Jersey, 52 en Miami, 50 en Los Ángeles, 40 en Washington, 20 en San Francisco, doce en Chicago y diez en Houston (Arzubiaga, 1998). En los casos donde hay gran concentración de peruanos, se suele rentar una escuela y en cada aula se instala una mesa, además la escuela cuenta con estacionamiento y servicios higiénicos para atender a una población numerosa.

En Guadalajara el resultado de la votación se puede apreciar con claridad en el cuadro 1. Ganó por amplio margen la candidata Lourdes Flores de la Alianza Unidad Nacional.

Al parecer, esta tendencia se confirmó en los cinco continentes. Lourdes Flores, de la Alianza Unidad Nacional, fue la ganadora. En Asia llegó a sacar 76.67 % de los votos.[12] En términos de los años setenta, "la derecha" ganó en el exterior, pero en Perú ganó Toledo y Lourdes Flores quedó en tercer lugar después de Alan García. Al parecer en anteriores elecciones los resultados del exterior habían sido muy similares a los del interior.

---

[10] Es posible que el cambio de libreta electoral al DNI haya dificultado, en algunos casos, la participación de buen número de electores. De acuerdo con entrevistas, algunos peruanos hicieron el trámite a tiempo y aun así no salieron inscritos, otros llegaron tarde y no pudieron realizar el trámite, finalmente hay un grupo de peruanos residentes que no vota hace varias elecciones, y no lo hace porque la multa que recibe es elevada.

[11] *La Opinión*, Los Ángeles, abril de 2001.

[12] *Caretas*, Lima, Perú, 26 de abril de 2001.

## Cuadro 1. Porcentaje de votos

| Partido | Candidato | A nivel nacional | En Guadalajara |
|---|---|---|---|
| Perú Posible | Toledo | 37.20 | 22 |
| APRA | A. García | 25.80 | 17 |
| Alianza Unidad Nacional | Lourdes Flores | 23.20 | 47 |
| Otros | Varios | 13.80 | 8 |
| Votos nulos o en blanco | | 0.00 | 6 |
| Total | | 100 | 100 |

Fuente: www.peru.com y consulado de Guadalajara.

## CONCLUSIONES

En Perú la democracia nos ha salido cara: Belaúnde fue un fracaso total, Alan Gracia fue peor, y del decenio de Fujimori mejor no hablemos. Eso sí, cada cinco años hay elecciones y si no hay un candidato mayoritario se llama a segunda vuelta, tanto en el interior como en el exterior. Es más, los peruanos han organizado tres elecciones en dos años: en el año 2000, cuando fraudulentamente ganó Fujimori, la nueva elección de marzo de 2001 y la segunda vuelta en mayo de 2001. Lo que demuestra que incluso en casos extremos de conflictividad política, las elecciones, dentro y fuera del país, son viables. De lo que se requiere es de voluntad política y de cumplir y hacer cumplir los preceptos constitucionales. Por otra parte, el caso peruano, señala un camino interesante para la organización de las elecciones. Los consulados sirven de correa de transmisión del poder electoral, pero las elecciones propiamente dichas están al cuidado de los ciudadanos. Este esquema ha funcionado, incluso en el caso de los consulados honorarios. Por otra parte, el ejemplo de Guadalajara y otros lugares pone de manifiesto que la comunidad de peruanos residentes en el exterior son un apoyo fundamental de los cónsules y cooperan con la buena realización de las elecciones.

Sin duda, la Constitución peruana es un buen ejemplo de lo que se puede considerar como una democracia inclusiva. Los únicos excluidos son los militares en servicio y los menores de edad. De igual modo las leyes de nacionalidad y no renuncia a la nacionalidad son bastante inclusivas en cuanto a su concepción y simples en cuanto a trámites burocráticos. Por otra parte, en el caso peruano se ha dado un avance notable al permitir la elección de congresistas en las elecciones del año 2001. El caso peruano es un buen modelo de legislación democrática e inclusiva, acorde con el mundo global en el que vivimos, lamentablemente las gestiones de los gobiernos elegidos democráticamente, dejan mucho que desear.

## BIBLIOGRAFÍA

Altamirano, Teófilo, *Migración, el fenómeno del siglo*, PUCP, Lima, 1996.

————, *Éxodo, peruanos en el exterior*, PUCP, Lima, 1992.

Arzubiaga, Augusto, "El voto de los peruanos en los Estados Unidos de Norteamérica", ponencia presentada en la Conferencia Trilateral Canadá-Estados Unidos-México sobre el Voto en el Extranjero, México, IFE, 2 y 3 de septiembre de 1998.

Eguiguren, Francisco, *Los retos de una democracia insuficiente*, Comisión Andina de Juristas, Lima, 1990.

Rubio, Marcial, *Para conocer la Constitución peruana*, Mesa Redonda editores, Lima, 1993.

# PAÍSES DONDE ESTÁ APROBADO EL VOTO EN EL EXTERIOR PERO NO SE HA REGLAMENTADO

Chile, México y República Dominicana son los países donde el tema del voto en el exterior se ha colocado como uno de los debates más acalorados de la agenda política nacional. En los tres casos hay una ley aprobada para permitir que se pueda votar desde el exterior, y sin embargo, en ninguno se ha avanzado en organizar los mecanismos que permitan hacer efectivo el sufragio transnacional. Sorprende que sea en estos tres países donde la ley aprobada se encuentra en estado de congelamiento, porque se trata de países donde se ha dado el mayor activismo político en torno a esta demanda.

Entre los elementos que caracterizan a estos casos es que los tres pasaron por procesos de transición democrática donde finalmente se dio una alternancia de la elite en el poder a través de elecciones confiables. Durante la década de los noventa en Chile el gobierno militar cedió el poder a los civiles, mientras que en República Dominicana el partido que mantuvo la hegemonía política durante más de 30 años dio paso a un nuevo gobierno que estableció las bases para la transición democrática. En México, por su parte, luego de un largo proceso de transición, se inició una nueva etapa en la vida política cuando mediante las elecciones del año 2000 el partido que controló el sistema político a lo largo de casi todo el siglo XX (70 años) reconoció el triunfo de un partido opositor.

En los tres casos el proceso siguiente a estos cambios, la instauración democrática, dio lugar al surgimiento de nuevos actores políticos, entre ellos, los migrantes. Es precisamente en este proceso político cuando la demanda por el voto en el exterior cobró fuerza, lo que es lógico ya que es sólo en el marco de la democracia que la lucha electoral adquiere sentido.

Otro elemento que comparten estos casos es que durante los años setenta y ochenta se dio un incremento de la migración internacional que consolidó a sus comunidades en el exterior. En los casos de Chile y República Dominicana este proceso coincidió con el recrudecimiento de las dictaduras militares, por lo que el exilio fue en un primer momento la razón principal que propició el éxodo, aunque con el tiempo se haya sumado un tipo de migración económica que hoy por hoy acrecienta ambos flujos. Esto explica el papel político que se le atribuye a los migrantes, pues, en ambos casos, el flujo se nutrió de voces opositoras a los sangrientos regímenes dictatoriales. En México por su parte, durante dichas décadas (70 y 80), aumentó y se modificó el tipo de patrón migratorio que había caracterizado durante más de un siglo a la migración mexicana. Este proceso fue paralelo al inicio del proceso de apertura política gradual (liberalización), que no obstante incluyó una cruenta guerra sucia del partido en el poder contra los disidentes, el exilio político no se convirtió en un rasgo central del proceso migratorio mexicano. Aún en medio de este entramado proceso, el éxodo mexicano siguió siendo principalmente por razones económicas, aun cuando la insatisfacción por las dificultades económicas pueda interpretarse como una actitud de inconformidad con el sistema, pero no hay paralelo con la experiencia de exilio político. Lo central entonces, es que en los tres países la consolidación de cada comunidad migrante tiene como escenario político de su país de origen un avance gradual hacia una transición política. Es en este proceso que en los tres países de este grupo, los migrantes se convierten en actores políticos.

## LA RELACIÓN DE LOS GOBIERNOS FRENTE A LOS MIGRANTES

Estos casos también son similares al hecho de que al darse la instauración de un nuevo régimen, se inició un cambio en la relación política hacia cada comunidad migrante que pasó de la oscuridad casi total a ser incluida en el nuevo escenario político. En Chile, durante la dictadura, los migrantes representaron a un sector que se mantuvo activo en denunciar las atrocidades del gobierno militar, lo que ejerció presión internacional al momento de la transición democrática (1990). La tensión acumulada fue así, una característica en la relación entre la diáspora y el gobierno de transición que se centró en establecer un marco legal para propiciar el retorno y generar un nuevo tipo de vinculación. Fue en ese periodo (1994) que se aprobó la Ley del Derecho al Voto en el Exterior (que se paralizó en 1996). Sin embargo, hasta la presidencia de Lagos en el año 2000 fue cuando se estableció una política de atención a migrantes, creando una Dirección de Asuntos Migratorios.

En el caso de República Dominicana durante el proceso anterior a la transición, la actitud de las autoridades gubernamentales era de recelo y desprecio hacia la comunidad migrante. No había una política de apoyo y atención y sólo había un constante enfrentamiento con la burocracia depredadora del Estado dominicano. Al cambio de régimen político la comunidad migrante fue reincluida en el proyecto nacional a través del establecimiento de distintas reglamentaciones legales. Entre otras, en 1994 se aprobó la Ley de Doble Nacionalidad (que se iguala a ciudadanía por lo que incluye derechos políticos), y en 1997 se aprobó la Ley del Derecho al Voto en el Exterior, esta última aún sin efecto.

En México durante décadas, la política hacia los migrantes fue "la no política". A pesar de la larga trayectoria histórica de la migración mexicana, fue hasta el gobierno del presidente Salinas de Gortari (1988-1994) cuando se pusieron en marcha programas concretos dirigidos a atender a los migrantes. Desafortunadamente dichos programas muy pronto reprodujeron algunos de los peores vicios del viejo sistema político mexicano: la corrupción y el clientelismo. Durante el gobierno de Ernesto Zedillo (1994-2000), la posición hacia los migrantes volvió a entrar en un estado de parálisis y los migrantes fueron ignorados desde el ejecutivo, sin embargo, el proceso de transición democráticas, iniciado un par de años antes, había dado juego a nuevas fuerzas políticas que desde el Congreso lograron incluir la Ley de la No Pérdida de Nacionalidad Mexicana y la Ley del Voto en el Exterior, ambas aprobadas en 1996, aunque esta última sin reglamentación precisa. Cuando en el año 2000 Vicente Fox, primer presidente que no es miembro del partido en el poder (PRI), asumió el poder, el tema migratorio volvió a ser parte central de la agenda política nacional. Para tal fin, se creó una oficina de asuntos migratorios bajo la coordinación presidencial y se inició un discurso reivindicatorio de la condición de los migrantes que incluyó la bandera de la lucha por los derechos políticos de esa comunidad. Sin embargo, muy pronto el discurso presidencial se centró en la creación de programas de apoyo a la inversión y aprovechamiento de los recursos enviados por los migrantes y dejó que temas como el del voto en el exterior quedaran atrapados dentro del debate parlamentario. En los tres casos aquí incluidos, las leyes que se aprobaron reflejan el nuevo papel que los migrantes ocupan para los gobiernos: primero de transición y luego frente a gobiernos democráticos, donde sus voces no pueden ser completamente ignoradas.

## EL ESTADO DE LAS LEYES

En los tres casos los derechos políticos aprobados sólo incluyen el voto para presidente y en su caso para vicepresidente, sin embargo, no se han aprobado otras formas de representación política aunque ese nivel de participación votando y pudiendo ser votados sea una demanda ya presente entre los grupos de migrantes. En Chile existe el debate respecto a la creación tanto de una nueva región que aglutine a los ciudadanos en el exterior, que sea una vía de representación exclusiva para éstos (como ocurre en Colombia). En la misma lógica en México se ha abierto el debate sobre la posibilidad de crear una sexta circunscripción electoral y se han propuesto nuevas formas de representación. Algunos grupos manejan la posibilidad de designar a candidatos migrantes dentro de las listas de los partidos políticos para, de esta manera, abrir espacios políticos a las voces desde el exterior (Propuesta Jones-Borrego). Sin embargo, dado que aún no se logra incluir formalmente a los migrantes en la vida política con el voto directo, el debate sobre formas de representación se mantiene en un segundo plano.

¿Por qué a pesar del reconocimiento gubernamental de la importancia social, económica y política de las comunidades de migrantes, pese al avance de los procesos de democratización que implican ampliación de derechos ciudadanos en cada uno de estos países, las leyes aprobadas para permitir el derecho al voto de los que radican en el exterior siguen sin entrar en vigor? La respuesta se ubica dentro del escenario político que cada país atraviesa, pues el cambio de régimen implica que en la clase política de cada nación perviven actores políticos de los regímenes que mantuvieron el poder durante décadas, junto con los nuevos actores que trajeron los distintos cambios hacia la democracia.

Así, tenemos que el estado de congelamiento de la reglamentación que lleve a la posible realización de elecciones en el exterior ha sido sobre todo cuestionado con argumentos técnicos y económicos, que otros países de la región han resuelto debido a que en ambos casos quienes se han opuesto abiertamente al voto migrante son la derecha en Chile y donde el Senado aún tiene una presencia del sector que sostuvo al régimen militar, y en México el Partido Revolucionario Institucional (PRI) quien aunque luego de setenta años en el poder enfrentó el cambio aún tiene gran peso político principalmente en el Senado, donde se da la última aprobación a las leyes y donde se ha librado la oposición más férrea hacia la organización de elecciones en el exterior. En República Dominicana por su parte, el Estado ha reforzado su contacto con las comunidades en el exterior, sobre todo interesado por la importancia de las remesas, centrales para la economía nacional; sin embargo, ha propuesto el tema de la reglamentación del proceso electoral ante una demanda débil desde el exterior.

Más allá de este escenario en que los derechos políticos no logran encauzarse por la vía formal (el voto), lo que estos casos muestran es que hay una participación política *de facto*, con una dinámica que rebasa el tipo de respuestas que los Estados ofrecen. Así, con voto o sin voto los gobiernos federales y estatales han desarrollado un contacto con las comunidades migrantes que rebasa los límites de un acercamiento protocolario y se sitúa en el reconocimiento del potencial de los migrantes, sobre todo porque representan un porcentaje significativo de la población nacional, 5% de la población chilena y 10%, tanto de República Dominicana como de México.

Con voto o sin voto se ha avanzado en la construcción de un tipo de representación transnacional, ya que los partidos han incluido ya entre sus listas de candidatos a migrantes. En República Dominicana esta es una práctica habitual como se relata en este volumen, y en México hay varias experiencias que dan cuenta de este proceso. En Chile, dado el sistema de segunda vuelta y lo polarizado del electorado, los partidos ya han desarrollado campañas para atraer a los chilenos radicados en el exterior: por ejemplo, las elecciones de 2000, "Operación Argentina".

Esto muestra que la experiencia política transnacional es una práctica a nivel de las comunidades, pero también dentro del espectro político institucional de cada uno de estos países. Además, es una experiencia política que no sólo cobra vida a través de la relación con el Estado, como lo muestra el vigor de la participación en temas de derechos humanos y de justicia internacional donde justamente estas comunidades se han mantenido activas. Así, con voto o sin voto, los migrantes demandan mejores condiciones de vida como extranjeros en el país en que radican, al mismo tiempo que denuncian las condiciones de vida, la corrupción y los abusos que enfrentan en sus países de origen.

## CHILE

| | |
|---|---|
| Población total | 1999: 15 000 000[a] |
| Población en el exterior | 700 000[b] |
| Porcentaje respecto a la población residente | 4.8 |
| Destinos principales de migración | Argentina, Estados Unidos, Brasil, Australia y Canadá |
| Remesas (en dólares)[c] | 1993: 61 000 000 |
| Voto en el exterior | Aprobado en 1994 |
| Estado actual del voto en el exterior | Se aprobó en 1994 de forma unánime por la Cámara de Diputados, sin embargo, en 1996 fue objetado por la Comisión del Senado |
| Tipo de voto | Voluntario |

## MÉXICO

| | |
|---|---|
| Población total | 2000: 97 361 711[d] |
| Población en el exterior | 2000: 8 100 000[e] |
| Porcentaje respecto a la población residente | 1996: 8.32 |
| Destinos principales de migración | Estados Unidos |
| Remesas (en dólares)[f] | 5 910 millones |
| Voto en el exterior | |
| Estado actual del voto en el exterior | Aprobado por la reforma electoral del 31 de julio de 1996, a la fracción tercera del artículo 36, pero no hay ley reglamentaria |
| Tipo de voto | Voluntario |

## REPÚBLICA DOMINICANA

| | |
|---|---|
| Población total | 1999: 8 365 000[g] |
| Población en el exterior | 2000: 900 000[h] |
| Porcentaje respecto a la población residente | 10.7 |
| Destinos principales de migración | Estados Unidos y Venezuela |
| Remesas (en dólares)[i] | 1999: 1 519 millones |
| Voto en el exterior | Aprobado en 1997 |
| Estado actual del voto en el exterior | El artículo 84 de la Ley Electoral menciona que la organización del voto en el extranjero "se establece a partir del año 2000, pero queda a opción de la Junta Central Electoral (JCE) la fecha definitiva en que entrará en vigencia". Hasta la fecha no se aplica |
| Tipo de voto | Voluntario |

[a] Estimaciones de INFONATION, base de datos estadísticos de los miembros de Naciones Unidas.

[b] Ministerio de Trabajo en Chile.

[c] Datos del World Bank, 1995 en Jorge Pérez López y Sergio Díaz-Briquets, "The Determinants of Hispanic Remmittances: an exploration using US Census data", *Hispanic Journal of Behavioural Sciences*, vol. 20, agosto de 1998, p. 320.

[d] XII Censo General de Población y Vivienda del 14 de febrero de 2000.

[e] Proyección CONAPO. En 1996, la población en Estados Unidos nacida en México era de 7 000 000 a 7 300 000 connacionales.

[f] Federico Torres A., "Uso productivo de las remesas en México, Centroamérica y República Dominicana" en Simposio sobre Migración Internacional en las Américas, San José de Costa Rica, 4-6 de septiembre de 2000. Consultado en http://www.eclac.cl/Celade-Esp/migracion/SimpMig00e-pon.htm

[g] Estimaciones de INFONATION, base de datos estadísticos de los miembros de Naciones Unidas.

[h] Estimación basada en los resultados del censo 2000 de Estados Unidos (www.census.gov) y en el número de dominicanos inscritos en consulados en el extranjero (excluyendo Estados Unidos). Juan José Martínez Morales, "Servicio exterior y voto en el extranjero" en José Ángel Aquino (coord.), *El voto de los dominicanos en el exterior*, Comisión Presidencial para la Reforma y Modernización del Estado/Impresora Búho, Santo Domingo, 2000, pp. 119-128.

[i] Federico Torres A., "Uso productivo", *op. cit.*

# LOS QUE QUIEREN VOTAR Y NO VOTAN. EL DEBATE Y LA LUCHA POR EL VOTO CHILENO EN EL EXTERIOR

Brenda Pereyra*

## INTRODUCCIÓN

El 10 de diciembre de 1999, dos días antes de la primera ronda por las elecciones presidenciales en Chile, en la portada del diario *El Mercurio* se pudo leer: "Los que quieren votar y no votan. Mientras en el país 1 500 000 adultos no se inscribieron para elegir al próximo presidente, en el exterior 700 000 compatriotas quedan fuera del proceso." Junto a esa leyenda, una foto de argentinos votando para las elecciones presidenciales de octubre de 1999 en la sede consular de Santiago. En este artículo, el periodista señalaba la paradoja de que, en un momento de escepticismo y falta de interés político en el interior del país, otros estén luchando por la participación política mediante el voto; aunque estén ajenos a la realidad cotidiana que se vive dentro de las fronteras.

El debate relacionado con el voto desde el exterior trasciende el tema en sí mismo. Pone en el tapete elementos filosóficos y políticos respecto a los que conforman la nación y el papel de la nacionalidad y residencia en la ciudadanía. Pero también genera un debate respecto a quiénes y cómo son los que residen fuera de las fronteras y qué aportan hoy al país.

El presente trabajo tiene como objetivo desarrollar este debate y su contenido en un contexto histórico político y geográfico determina-

* Quiero agradecer en especial a Carlos Méndez, presidente de la Federación de Asociaciones Chilenas (FEDACH), por facilitarme material imprescindible para este trabajo y por sus comentarios y reflexiones respecto a este texto. También quiero agradecer a Leticia Calderón Chelius por ser el impulso inicial que motivó este trabajo.

do: Chile democrático. Antes de desarrollar el proceso hacia el voto desde el exterior desarrollaré un marco de referencia a la diáspora chilena y la historia política de ese país, elementos necesarios para comprender este análisis.

## MARCO DE REFERENCIA DEL CASO CHILENO

Chile es un país ubicado en el Cono Sur de América. La superficie de Chile continental[1] es de 756 626 km². La estimación de población para el año 2001, según el Instituto Nacional de Estadísticas, es de 15 401 952 habitantes.

Chile inicia la lucha por la independencia el 18 de septiembre de 1810 cuando se conformó la primera junta de gobierno. Los años que le sucedieron fueron de cierta inestabilidad política en el proceso de organización del Estado y reafirmación de la independencia. Durante el siglo XX el sistema político chileno pasó por una relativa estabilidad institucional que se manifiesta en forma clara a partir de los años treinta. Los principales partidos políticos del siglo son el Partido Conservador, el Partido Liberal, el Partido Radical, Partido Socialista, Partido Comunista, Partido Demócrata Cristiano y los partidos marxistas. Gozó de 40 años de sucesión democrática, algo poco común en los países latinoamericanos marcados por las crisis políticas y militares.

Esta estabilidad política se rompió el 11 de septiembre de 1973 con la instauración de una dictadura militar que duró hasta 1990. En el golpe de Estado más sangriento en la historia chilena murió el presidente electo Salvador Allende. Los registros electorales fueron destruidos y se decretó el receso de la actividad política. Más de 2 000 detenidos, desaparecidos y muertos fueron el resultado trágico de la actuación de la Dirección de Información Nacional (DINA).

En 1980 se estableció una nueva Constitución Nacional. Entre 1980 y 1987 estuvieron vigentes 24 disposiciones transitorias, prohibiendo cualquier actividad de índole político-partidista, lo que permitió mantener el estado de emergencia en todo el país con la censura de prensa

---

[1] "Chile continental" corresponde al territorio dentro del continente americano incluidas la isla de Pascua y las islas esporádicas. Si se toma además el territorio antártico la superficie alcanza a 2 006 626 km².

e impedimento para el libre ejercicio de la asociación, reunión, expresión e información. En 1987 se promulgó la Ley de Partidos Políticos y se reabrieron los registros electorales para un plebiscito con el fin de definir la continuidad del régimen militar. Para estas elecciones los partidos de oposición se unieron en lo que se denominó la "Concertación de Partidos Democráticos". Con la victoria del "no" se reabrió el camino hacia la democracia. Patricio Aylwin Azócar, demócrata cristiano y parte de la Concertación, fue vencedor en los comicios presidenciales del 11 de diciembre de 1989. La Concertación se ha mantenido en el poder desde la fecha hasta la actualidad. La primera transición democrática luego de la dictadura ocurrió en 1993 y fue Eduardo Frei del Partido Demócrata Cristiano quien asumió la presidencia.

La oposición a la Concertación la encarnan los principales partidos de derecha: Renovación Nacional y la Unión Demócrata Independiente (UDI). En el año 2000, ambos se unieron en lo que denominaron la "Alianza por Chile" y eligieron como candidato a Joaquín Lavín que hasta ese momento era alcalde de la comuna de Las Condes. Esto hizo que la elección de ese año se tornara especialmente reñida. El candidato para la concertación, Ricardo Lagos, representaba la opción socialista. Esto sirvió para reflotar el miedo entre la sociedad chilena respecto a una posible nueva crisis económica marcada por la escasez de alimentos que hubo los últimos años de Allende.

Un elemento central de todo este proceso es que se estableció el sistema electoral chileno que requiere una mayoría absoluta del ganador de los comicios. En la primera vuelta los resultados fueron de 47.96% para Lagos y 47.51% para Lavín. En la segunda vuelta ganó la Concertación con la elección más reñida de la historia chilena 51.3% contra 48.94%. Este mecanismo juega un papel importante al hablar de los potenciales votantes en el exterior.

## MAGNITUD Y CARACTERÍSTICAS DE LOS CHILENOS RESIDENTES EN EL EXTERIOR

Si bien Chile se ha considerado históricamente como un país de inmigración, la emigración también ha sido un elemento constante en su historia, aunque con diferentes factores de expulsión, magnitud del egreso y perfil de los emigrantes (Castronovo y Pereyra, 1996).

Antes de los años setenta la emigración chilena era básicamente rural-rural y se dirigía sobre todo a Argentina como lugar de asentamiento. Sólo en la década de los cuarenta estos contingentes migratorios empezaron a trasladarse hacia las grandes ciudades. En los años setenta se inaugura un nuevo movimiento de personas, esta vez movilizadas sobre todo por razones políticas. Con la instauración de un régimen militar en Chile muchos abandonaron el país como exiliados o refugiados. Aquí se abre el abanico de lugares de asentamiento con gran presencia en países como México, Venezuela y países europeos. En los años ochenta se observa un nuevo proceso de emigración, esta vez impulsado por razones económicas, pero también políticas. La crisis económica en Chile, la recesión y el desempleo luego del "boom" neoliberal impulsa la salida. Por otra parte, se inicia una nueva ola de protestas y se reinicia la lucha por la democracia, lo cual trae aparejado el rebrote de la acción represiva por parte de la dictadura. En la década de los noventa se observan dos fenómenos simultáneos de egreso y retorno hacia el país de origen. La recuperación de la democracia en Chile y la política dirigida a facilitar el retorno de exiliados favorece el retorno a este país. En el sentido contrario, las inversiones chilenas en el exterior llevan consigo un contingente de profesionales o trabajadores altamente calificados. Este universo no incide numéricamente en forma sustantiva en la colectividad chilena en el exterior, pero sí ejerce una influencia sobre la imagen general que de ellos se tenga. Por lo anterior, podemos señalar que la emigración no es una realidad actual en Chile y que los que se encuentran viviendo fuera de sus fronteras lo han hecho, en su mayoría, por un periodo prolongado.

Según cálculos del Ministerio de Trabajo chileno, la colectividad chilena que reside en el exterior alcanzaría las 700 000 personas.[2] Utilizando sólo el criterio de edad, se calcula que alrededor de 80% de los que residen fuera del país estarían en condiciones de votar. Este contingente está disperso geográficamente. En Argentina se encontraría 40% del total de los que viven en el exterior. El resto está asentado en países como: Estados Unidos, Brasil, Australia, Canadá, entre muchos otros; pero en ninguno de ellos alcanza más de 10%. De los que viven dentro de Argentina 80% vive en la Patagonia, Mendoza y Buenos Aires.

---

[2] 5% de la población nacional.

La emigración por razones políticas alcanzaría, según cálculos del gobierno de Chile, a no más de 100 000 personas en todo el mundo. Sin embargo, este flujo tiene una importancia simbólica en el debate. Para los partidos de centro-izquierda, lograr que estas personas puedan ejercer sus derechos ciudadanos en Chile es una reivindicación o "pago" de una deuda social. Esta deuda sería mayor si se tienen en cuenta los 17 años de exilio y su aporte al retorno de la democracia. Por otra parte, los partidos de derecha magnifican la emigración política y consideran que la votación de los que viven afuera les sería adversa. Esta es una de las principales causas de la resistencia a participar en las elecciones como veremos más adelante.

Por lo tanto, cuando hablamos de los debates respecto al derecho del voto, no sólo podemos pensar en las características supuestamente objetivas de los compatriotas que viven fuera de Chile, sino en la imagen que se crea respecto a su tamaño, poder y supuesta postura política.

## NACIONALIDAD, CIUDADANÍA Y NORMATIVA ELECTORAL

Según la Constitución chilena vigente, son chilenos los nacidos en el territorio de Chile; los hijos de padre o madre chilenos nacidos en territorio extranjero, hallándose cualquiera de éstos en actual servicio a la república; y los nacidos en el extranjero que sean hijos de padre o madre chilenos por el sólo hecho de avecindarse por más de un año en Chile. La nacionalidad también se obtiene por naturalización (art. 10).

Se consideran ciudadanos a los chilenos que hayan cumplido 18 años de edad y que no hayan sido condenados a pena aflictiva (art. 13). Al nacionalizarse en un país extranjero se pierde la nacionalidad chilena (art. 11) y con ésta la ciudadanía chilena (art. 17). Con la adopción de una nueva nacionalidad no se perdería la ciudadanía chilena en los siguientes casos: *a*) hijos de padres o madres chilenos que se encuentren en servicio a la república en el exterior; *b*) siguiendo el principio de reciprocidad, en los casos en que el país extranjero otorgue el mismo beneficio a los chilenos; *c*) quienes adopten la nacionalidad como una condición de permanencia o igualdad jurídica. Según el art. 16 el derecho a sufragio se pierde por: demencia, estar procesado por delito que merezca pena aflictiva o por delito que la ley califique de conducta terrorista. Un hecho relevante es que tienen derecho a sufragio los extranjeros avecindados en Chile por más de cinco años (art. 14) y sobre ellos recaen las limitantes señaladas en el art. 16.

El sistema político es presidencialista, con el poder político fuertemente centralizado. El país está dividido en trece regiones, cada una de ellas con un intendente regional designado directamente por el presidente. La elección de legisladores es local. Cada legislador representa una circunscripción o parte de una región.

## CHILE FRENTE AL DERECHO AL VOTO

Desde el retorno a la democracia, se ha debatido respecto a la posibilidad de ampliar los derechos políticos de los chilenos que residen fuera del territorio de ese país. Para desarrollar la evolución del proyecto del voto chileno en el exterior me centraré en tres dimensiones que actúan en el proceso: la legislativa, la política y la del movimiento de chilenos en el exterior. Está de más decir que los tres se afectan mutuamente.

## DIMENSIÓN LEGISLATIVA-NORMATIVA

La mayoría de las democracias se basan en el reconocimiento del sufragio universal, igual,[3] directo y secreto que en muchos casos tiene rango constitucional.

El principio de sufragio universal significa que todo ciudadano tiene el derecho de elegir y ser elegido independientemente del sexo, raza, lengua, ingresos o propiedad, profesión, estamento o clase social, educación, religión o convicción política. Sin embargo, este principio no es incompatible con la exigencia de otros requisitos como: edad, nacionalidad, residencia, posesión de las facultades mentales y de los derechos civiles, así como de la plena capacidad jurídica. En otras palabras, existirían tres criterios fundamentales que legitimarían la partici-

[3] El principio de "igualdad" significa que una persona equivale a un voto. No puede haber distinción por propiedad, ingresos, capacidad impositiva, educación, religión, raza, sexo u orientación política. El principio de "secreto" se refiere a que la decisión del elector no sea conocida por otros. Y el principio de "directo" se refiere a que el elector determina a los titulares de los escaños.

pación en esta instancia política: capacidad (mental y civil), lugar de residencia y estatus legal.

De hecho, las migraciones internacionales ponen en juego el criterio de la ciudadanía. ¿Hasta qué punto a los extranjeros que viven dentro del territorio se le otorgan derechos políticos como parte de la población nacional?, y ¿qué tipo de derechos se ampliarán hacia aquellos que, manteniendo la ciudadanía nominal (nacionalidad), viven fuera del territorio nacional?

La Ley 18.700 sobre Votaciones Populares y Escrutinios y la Ley 18.560 sobre Inscripciones Electorales estipulan cómo se ejerce el voto en Chile. La inscripción y la votación son actos personales que se ejecutan ante las mesas inscriptoras y receptoras de sufragios, que no existen fuera de Chile. La inscripción a los registros electorales chilenos es voluntaria, aunque la votación es obligatoria. Aquel que no participe estando inscrito es multado. Aquellos que se encuentren a más de 300 kilómetros de su lugar de inscripción quedan eximidos de la obligación de votar, aunque deben dar cuenta de este distanciamiento en oficinas dispuestas para tal efecto. Este mismo concepto se aplica a quienes se encuentren fuera del territorio chileno, que deben comparecer a los consulados.

En 1991, el diputado Carlos Dupré presentó un proyecto de ley que permitiría el voto de los chilenos en el exterior. En dicho proyecto se planteaba la necesidad de modificar la Ley 18.700 que permitiera instalar mesas inscriptoras y receptoras de sufragios fuera del territorio chileno. En 1994 la Cámara de Diputados aprobó en forma unánime el proyecto. Sin embargo, en 1996 fue objetado por la comisión de constitución del Senado. Los elementos que fundaron dicha decisión fueron los siguientes:

1) Ámbito de aplicación de las elecciones. En el proyecto se consideraba únicamente la participación en la elección de presidente de la república y no en el plebiscito que también es una elección nacional y en las parlamentarias.

2) Obligatoriedad del sufragio. El proyecto no lo incluía. Por razones de justicia consideraba que las sanciones no podían ser aplicables sólo dentro del territorio chileno.

3) Organización del proceso electoral. El proyecto otorgaba muchas atribuciones a los embajadores y según esta comisión, dado que son asignados directamente como cargos de confianza del presidente,

no podían asegurar la transparencia del proceso eleccionario. Además señalaron otros elementos del proceso, por ejemplo: el sistema de objeciones de fraude.

También, algunos senadores lo consideraban inconstitucional ya que este cambio no requería únicamente la reforma de la ley sino de la Constitución. Además, al requerir una modificación de una ley orgánica debía ser patrocinado por el ejecutivo y no por un legislador.

Estas objeciones fueron conocidas por el plenario del Senado el 9 de julio de 1996. Enviaron entonces el proyecto a una comisión conjunta con representantes del Interior y Relaciones Exteriores del Senado en espera de que el ejecutivo precise los aspectos medulares del proyecto. De ahí en adelante, desde el punto de vista legislativo, el proyecto se detuvo.

Cuando asumió la presidencia Lagos, se creó una comisión de la Dirección de Asuntos Jurídicos de la cancillería para trabajar en el diseño de un proyecto de ley que rescate las objeciones planteadas por el senado.

El equipo de cancillería elaboró un proyecto de modificación de la Ley 18.700 Orgánica Constitucional sobre votaciones populares y escrutinios. Este proyecto reemplazaría al anterior planteado en el año 1994. Según Troncoso (coordinador del equipo):

> En el proyecto anterior se buscaba replicar las mismas circunstancias del proceso electoral en Chile, en el exterior. La verdad es que hay muchos cambios en el exterior. Ahí no se vota en las escuelas sino en los consulados. En Chile, el resguardo del acto electoral está entregado a las Fuerzas Armadas; eso es virtualmente imposible en el exterior. Intervienen juntas inscriptoras y juntas electorales presididas por miembros del sistema judicial, cosa que es imposible en el exterior. Hubo que hacer una adaptación al proceso electoral en Chile con lo que estaba ocurriendo en el exterior. Respecto al proceso electoral en Chile, también hay muchas ideas de perfeccionamiento, nosotros no podíamos trabajar con un texto que fuera más moderno que la legislación que estaba en Chile. Tenía que guardar concordancia en esta materia.

Por ejemplo, si bien en Chile se debate respecto al voto electrónico o la inscripción automática con voto voluntario, debía haber concordancia con la normativa en Chile.

Este documento se remitió al texto de votaciones en el interior de Chile y lo que reglamentó fueron las diferencias de las cuales las principales son las siguientes:

1) El proceso de inscripción y votación queda a cargo de los cónsules de carrera. Con esta incorporación se trata de dar transparencia al procedimiento.

2) En cuanto al ámbito de aplicación se definieron las elecciones a presidente de la república y plebiscitos nacionales. No se planteó la posibilidad de elegir en elecciones parlamentarias, ya que en Chile se eligen por circunscripciones electorales que representan determinadas regiones.

3) Se trató de simplificar el procedimiento. Se reemplazó la inscripción en libros electorales por nóminas electorales que se pudieran realizar en triplicado.

4) Se puede participar presentando tanto la cédula de identidad como el pasaporte.

5) Se consagra la obligatoriedad del voto con sanciones monetarias semejantes a las que existen en Chile.

6) Se disminuyen las obligaciones de difusión tal como estipula la ley en Chile. Se estableció una norma más flexible que permite difundir de diferentes formas: afiches en el consulado o en organizaciones, folletos y difusión por Internet.

Tal como se aprobó el proyecto de ley, el texto pasó al Senado para su aprobación. Los siguientes pasos son su aprobación con mayoría calificada (26 en el Senado) y quórum especial 3/5; 2/3. Luego deberá volver a diputados, aunque se suponen menores problemas en esta instancia.

El tema de la representación. A pesar de este avance a nivel del debate político y creación de una ley y debido a que los derechos políticos no se limitan a sufragar, el debate está ahora en la posibilidad de elegir representantes que tengan injerencia en la política chilena y que luchen por los intereses específicos de los que radican fuera. Esto se daría en Chile generando una nueva región con un consejo regional que represente a la colectividad chilena en el exterior. Hasta la fecha, esos intendentes regionales son elegidos por elección indirecta. Sin embargo, en el nuevo plan de gobierno existe la posibilidad de que sean elegidos por elecciones populares y se prevé un mayor protagonismo y proporción del financiamiento.

La posibilidad de crear una XIV Región con representantes elegidos por la comunidad en el exterior, se encuentra en un segundo plano por ahora, al menos desde el ámbito político. Tanto el presidente Lagos como la canciller Alvear lo excluyeron de sus discursos en su visita a Buenos Aires, Troncoso señaló:

> En algún momento surgió la idea de una región respecto a los chilenos en el exterior. Pero yo creo que ellos entienden bien que el avance que pueda hacer esto es un avance gradual. Naturalmente lo primero que está en el orden del día es que ellos puedan participar en el acto electoral de presidente de la república y más adelante podrán discutirse otros temas. Si no logramos que ellos participen en esta elección nacional, va a ser difícil que podamos ampliarlo a otros procesos electorales. Es un punto que ellos entienden bien y comparten.

Sin embargo, no queda muy claro que "ellos" lo compartan. De hecho, es una de las principales demandas de la Federación de Asociaciones Chilenas en Argentina (FEDACH) en este momento.

## LA DIMENSIÓN POLÍTICA

La noción de ciudadanía se refiere (entre otras acepciones) a la relación de derechos y deberes entre la nación y el Estado. La Constitución chilena señala: "la soberanía reside esencialmente en la nación. Su ejercicio se realiza por el pueblo a través del plebiscito y de elecciones periódicas" (art. 5, Constitución Política del Estado). Las migraciones internacionales ponen en juego esta doble dimensión. No todos los ciudadanos viven dentro del territorio nacional ni todos los que están asentados en dicho territorio son ciudadanos desde el punto de vista nominal. Los Estados deben enfrentarse a este nuevo escenario definiendo los límites y alcances del derecho a voto. Ante esto hay dos preguntas centrales: ¿quiénes podrán votar? y ¿qué cargos elegirán? Cada Estado resuelve esta disyuntiva de manera diferente enfatizando una dimensión sobre otra. En esta decisión no sólo influyen visiones filosóficas sino prácticas tales como el tamaño, poder y fuerza de la población inmigrante, así como de la emigrada. Por lo tanto, en el debate relativo al derecho a voto y las posturas políticas que se tomen al respecto, subyace la imagen respecto al aporte del acontecer nacional de quienes viven afuera de las fronteras geográficas.

En el caso chileno, todos los presidentes democráticos han recibido este pedido y se han mostrado interesados en su aprobación. Aylwin fue el primero en impulsar el proyecto, que como vimos, no superó la Cámara de Senadores. Frei prometió en su programa de gobierno: "legislar para que los chilenos residentes en el extranjero voten en las elecciones presidenciales y plebiscitos", agregó, "es un deber de Estado respetar y promover tales derechos, garantizados por la Constitución". A su vez, en un discurso frente a la llegada de la delegación de chilenos en el exterior, él señaló la necesidad de que el parlamento otorgue urgencia al proyecto de ley por ser un derecho cívico.[4] Frei se comprometió a llevar adelante esta ley, sin embargo, no logró avances al respecto. Había cierto acuerdo político en que esta modificación debía estar lejos de procesos eleccionarios (legislativos 1997 y presidenciales 2000) a fin de que no se interprete como una forma de afectar los intereses políticos de algún sector.

Lagos es el presidente que ha demostrado una mayor convicción en llevar adelante el derecho al voto de los chilenos en el exterior. No sólo lo marcó en la carta que le envió a las organizaciones de chilenos residentes en el exterior, sino que lo mencionó en el mensaje presidencial del 21 de mayo de 2000, con motivo de asumir sus funciones señaló: "Quiero que todos nos comprometamos a dar cuerpo a la Región Internacional de Chile; la forman los más de 800 000 compatriotas que viven en el extranjero. Espero que antes de la próxima elección presidencial cuenten, como cualquier chileno, con derecho a sufragio para decidir los destinos del futuro presidente de Chile."

Tal como podemos ver, en su discurso no sólo fue más allá de mencionar el derecho al voto sino que se comprometió a dar cuerpo a la "Región Internacional de Chile".

Lagos fue coherente con sus promesas como candidato. Dentro de su programa estableció tres planteamientos concretos prioritarios para los primeros meses de gobierno:

1) Crear una oficina encargada de poder coordinar y relacionar a los chilenos en el exterior con el país. Esa iniciativa la estableció al

---

[4] *La Nación*, 22 de mayo de 1999.

crear una Dirección de Asuntos Nacionales en el Exterior (DICOEX) que funciona dentro de cancillería. Puso a su cargo al embajador Eduardo Ortiz Laborde.

2) Se comprometió en avanzar en el proyecto de ley que autoriza la votación de los chilenos en el exterior. Este punto también lo cumplió firmando el 24 de agosto el proyecto de ley que aprobó al poder legislativo.

3) La recuperación de la nacionalidad para quienes se vieron obligados a renunciar a ella para igualar sus derechos con los nacionales de los países que residen. Otorgar la nacionalidad a los hijos de chilenos, eliminado el año de avecindamiento que requiere la Constitución. Esta es la petición más importante de la comunidad chilena en Estados Unidos y Europa, aún no se han realizado las modificaciones que lo permitirían. En enero de 2001 el gobierno chileno envió a la Cámara de Diputados el proyecto de reforma constitucional sobre nacionalidad.

Este especial interés de Lagos por los chilenos en el exterior no se puede disociar de su militancia socialista. Desde este punto de vista, todos conocen de cerca la experiencia del exilio y del aporte de este grupo al retorno de la democracia.

## EL PROCESO DEL MOVIMIENTO DE CHILENOS EN EL EXTERIOR

La globalización puede ser vista desde distintas dimensiones. Algunos estudios han hecho una distinción entre estos procesos, ya sea mirado desde arriba como desde abajo (Guarnizo y Smith, 1998). "Desde arriba", se ve una transnacionalización creciente de los capitales, de los medios de comunicación y la penetración cultural y política a través de fuerzas globales. "Desde abajo" (Guarnizo y Smith, 1998) podemos observar cómo las organizaciones de base y las personas desarrollan prácticas que van más allá de las fronteras y que afectan las relaciones de poder, las construcciones económicas y, en forma general, las organizaciones sociales al nivel de la localidad.

Uno de los agentes fundamentales en este proceso de transnacionalización son los inmigrantes, y en especial las organizaciones. Sin embargo, esta presencia ha sido más visible en estos últimos años. El acceso a internet, a canales de comunicación fluidos y las facilidades de transporte hacen sentir que los emigrantes están más cerca de sus comunidades de origen.

El poder transnacional de los que viven fuera de Chile fue visible durante la dictadura militar. El movimiento en pro del retorno a la democracia de los exiliados es un hito importante en la historia chilena. Hasta el día de hoy la lucha por la justicia desde el exterior se manifestó en el procesamiento de Pinochet en Londres. Los chilenos en el exterior también han demostrado su interés por votar a través de diferentes medios. La campaña dirigida a relanzar la temática en el ámbito político estuvo liderada por la FEDACH.

La FEDACH se constituyó como tal en el año 1996 y lentamente empezó a unir a las organizaciones chilenas a nivel nacional. La fuerza de la FEDACH en el interior del movimiento está dada básicamente por su nivel de organización y por ser Argentina el principal país de destino de la emigración chilena. Con un fuerte liderazgo político se planteó el derecho al voto como una meta a perseguir y buscaron caminos tendientes a ese fin.

La estrategia tuvo básicamente tres pilares. Primero, afianzarse como movimiento tanto al interior de Argentina como también estableciendo lazos con dirigentes y asociaciones en otras partes del mundo. Segundo, instalar el debate en el ámbito público para lo cual organizaron un seminario el 29 de marzo de 1999 junto con el Instituto de Ciencia Política de la Universidad de Chile en Santiago. En esa ocasión participaron políticos, académicos y dirigentes de asociaciones y federaciones chilenas y lograron instalar la temática en la opinión pública. Por último, buscaron crear un *lobby* político a fin de asegurar el apoyo a la iniciativa por parte de la mayoría del Senado requerida para su aprobación.

El contacto de la Concertación con la FEDACH fue evidente en la segunda vuelta de las elecciones del año 2000. La polarización del electorado chileno llevó a un empate virtual en la primera vuelta entre la alianza de derecha liderada por Lavín y la Concertación representada por Lagos. La necesidad de una segunda vuelta llevó a ambos comandos a luchar por nuevos votos, entre los cuales se destacaba el de los chilenos en el exterior. Por la cercanía física con los lugares de votación así como por su tamaño, Argentina se transformó en el centro de las miradas en lo que se denominó "operación Argentina". La FEDACH participó activamente en la movilización de posibles votantes. Con apoyo económico de partidos políticos argentinos lograron transportar en forma gratuita a chilenos en condiciones de votar en la segunda vuelta. Según sus cálculos, esta movilización de chilenos habría aportado entre 20 000 y 30 000 votos en estas elecciones. La FEDACH no tomó como criterio de traslado la adhesión política de los participantes. Sin embargo, existía cierta seguridad de que gran parte de esos votos apoyarían a la Concertación. Junto con la FEDACH también actúa el Movimiento Pro-Derecho a Voto de Francia. La visibilidad en los medios de sus dirigentes también se manifestó en ciertos momentos.

Como parte del mismo proceso de activismo político en los últimos años se creó una página en internet: "Casa Chile".[5] Este espacio dirigido a los residentes chilenos en el exterior puso énfasis en la lucha por el derecho al voto. En ese espacio se pueden encontrar las últimas noticias respecto a la evolución del proyecto, así como las noticias de medios de comunicación chilenos al respecto.

Las organizaciones chilenas en Estados Unidos centran su lucha por la doble nacionalidad y no apoyan en forma directa la lucha por el derecho al voto.

## VOCES A FAVOR Y EN CONTRA

La población que reside en Chile está dividida respecto al derecho de voto de los que viven fuera del país, aunque existe una mayor predisposición positiva. Según encuestas realizadas por la presidencia: 60% está a favor, 32% en contra y 8% no tiene opinión formada. El Movimiento Pro Derecho a Voto de Francia junto con la FEDACH constataron que cerca de 35 senadores (de los 46) apoyarían el proyecto, lo que supera los 26 necesarios para su aprobación. Los senadores que se oponen pertenecen a partidos de derecha. Sin embargo, la derecha tampoco tiene una postura homogénea. De hecho, Lavín también se mostró a favor de la iniciativa.

El debate se instaló en los medios, aunque no en forma constante. Éste ha girado en torno a cuatro ejes fundamentales: la ciudadanía, la igualdad, su relevancia social y política y, por último, el impacto electoral.

---

[5] www.casachile.cl

## LA CIUDADANÍA

Este es el eje central de los argumentos para mostrarse a favor o en contra del derecho al voto. En el fondo, lo que está en juego son las dimensiones simbólicas e instrumentales del derecho al voto y sus alcances. Podríamos resumir las posturas en dos frases: "La patria se extiende por la sangre, donde hay sangre chilena, está Chile"[6] y "Los que tienen derecho a decidir el rumbo son los que están en un mismo barco."[7] Analicemos cada una de estas posturas.

### El barco

Los que están en contra del derecho al voto consideran que los que están fuera no deben incidir en decisiones que no afectarán su vida cotidiana y que ellos carecen de la información necesaria, ya que están desvinculados de Chile y lo que ahí ocurre: "Es riesgoso que incida en el destino del país alguien que no vive en él y, por lo tanto, no va a sufrir las consecuencias de su decisión. No se trata de cuestionarles la nacionalidad, pero difícilmente los chilenos residentes en el extranjero puedan tomar esa responsabilidad."[8]

Lo que esta declaración plantea es que los que radican en el exterior no pierden el derecho al voto ni la nacionalidad y ciudadanía, asimilando ambos conceptos como sinónimos. "Un nacional inscrito en los registros electorales en Chile y que se encuentre fuera del país por cualquier razón no pierde su derecho a sufragio ni menos su ciudadanía; sólo está excusado de ejercer aquel según dispone la ley, tal como lo está quien está lejos de su lugar de inscripción."[9] Por otra parte, puede viajar a Chile y sufragar si así lo desea.

### La sangre

Los que se encuentran a favor consideran que limitar la ciudadanía a los límites de un país resulta inconcebible en la actualidad.

---

[6] III Conferencia Internacional de Chilenos Residentes en el Exterior.
[7] Cónsul chileno en Buenos Aires.
[8] Editorial del periódico *El Mercurio*, 14 de junio de 1999.
[9] *Ibid.*

En medio de esta creciente internacionalización de mercados de capitales, de tecnología e incluso de las prácticas culturales, es inadmisible pretender confinar los derechos ciudadanos a escalas nacionales ignorando las nuevas condiciones de movilidad que afectan a grandes contingentes humanos [...] Si la idea de ciudadanía apareció históricamente asociada a la idea de Estado-nación, hoy es inconcebible limitarlo a esos marcos, más aun desde la última posguerra, cuando ha crecido la idea de derechos universales del hombre.[10]

Por otra parte, reclaman el derecho a fin de mantener los lazos que les permiten sentirse miembros de la nación. Sin este voto, mantener su nacionalidad parecería carecer de sentido. "Nosotros conservamos legalmente nuestra nacionalidad, pero en la medida que no establecemos alguna relación con el Estado chileno, esa nacionalidad en la práctica va perdiendo su razón de ser" (presidente de la FEDACH). Desde este punto de vista, no permitirles el derecho al voto es violar un derecho político fundamental. No permitirlo sería "como diluir la nacionalidad y ciudadanía de los chilenos que viven lejos de su patria", "fomentar la segregación con los connacionales" y "no promover la reconciliación entre todos los chilenos".[11]

Estos compatriotas en Estocolmo o París, Nueva York o Montreal, Roma o Caracas se han organizado y movilizado autónomamente en su condición de chilenos para incidir en el porvenir del país. Ellos se identifican con distintas opciones políticas, pertenecen a diversas clases sociales, pero comparten una visión común: desean ser considerados por la patria que los vio nacer y demandan ciertos derechos que a muchos ciudadanos de otros países en el extranjero se les reconoce sin dificultad.[12]

Por otra parte, los que están a favor aluden a características propias de la migración chilena al referirse a la "involuntariedad" de la migración política y las pérdidas que esto implicó para el país. "Curiosa que esta proscripción política sea efectuada por quienes fueron proscriptos de su ciudadanía durante quince años."[13] También argumentan

---

[10] III Conferencia Internacional de Chilenos Residentes en el Exterior.
[11] Nota de prensa presentado por la FEDACH, mayo de 1999.
[12] Heraldo Muñoz, *El Mercurio*.
[13] *Ibid*.

sobre el aporte económico tanto en ingresos a través de remesas o en los viajes a Chile, así como en el ahorro de gastos para el Estado, tales como educación, salud y trabajo: "La comisión de Constitución rechazó el proyecto, pues habla de que nosotros no participamos de la recaudación de impuestos. Sin embargo, no consideran que cuando nosotros viajamos a Chile gastamos cerca de 2 000 dólares anuales."[14]

También se contraponen a la idea de falta de conocimiento de la realidad con la cercanía que todos los chilenos parecerían tener con lo que ocurre en Chile, frente a esto afirman que el acceso a canales de cable o internet los mantiene en un contacto directo.

## Igualdad

Es interesante notar que tanto los que están a favor o en contra del derecho al voto utilizan como argumento la igualdad para apoyar sus posturas. Sin embargo, el contenido del argumento varía en un caso y en el otro.

Para los que están en contra del derecho a voto de los residentes en el exterior, aplicarlo sería una "vulneración del principio de igualdad ante la ley por la diferencia de procedimiento para los chilenos que votan en el país y quienes lo harían en el extranjero".[15] Esto pone en tela de juicio el mecanismo que se organizará a fin de asegurar la transparencia sin violar el principio de igualdad ante la ley.

Por otra parte, estos mecanismos pueden influir en que tampoco los que están afuera estén en igualdad de condiciones: "El proyecto discrimina arbitrariamente en contra de quienes viven en ciudades o países donde no existen embajadas o consulado chilenos a través del cual ejercer el derecho a voto."[16]

Los que están a favor del voto consideran que hoy el tratamiento es una violación a la igualdad ante la ley porque se viola un derecho inalienable. "La validación de estos derechos básicos (nacionalidad y voto) harán posible terminar con la actual discriminación entre chilenos de primera y segunda categoría, según su lugar de residencia, y devolverá

---

[14] Cálculo aproximado por parte de la FEDACH de cuánto gastaría un chileno cada vez que vuelve a su país de vacaciones. Véase Magaly Millán, *La Nación*, 29 de marzo de 1999.

[15] Comunicado de prensa, Senado, 8 de abril de 1999.

[16] Editorial del diario *La Segunda*, abril de 1999.

su identidad nacional a niños y jóvenes que por un vacío legal se han convertido en apátridas."[17]

## LA IMPORTANCIA DEL TEMA

Los que están en contra consideran que no es un tema de relevancia. Que hay problemas de mayor gravedad en Chile como para poner energías en esta materia.

> La actual ausencia de posibilidad de votar para los chilenos residentes en el exterior es poco relevante al considerar otras materias electorales que han estado presentes en la discusión pública, tales como la actual obligatoriedad de votar para las personas inscritas en el registro electoral y la gran cantidad de jóvenes no inscritos, hechos que, por lo demás, pueden estar ligados. Se estima que los jóvenes no inscritos ascienden a 1 500 000, más que el doble de los chilenos residentes en el extranjero.[18]

> Si la preocupación de las autoridades es favorecer el legítimo deseo de integración de aquellos chilenos que viven fuera del país, entonces debería comenzarse por invertir más en iniciativas que mantengan vivas nuestra identidad y tradiciones en esas comunidades que se encuentran lejos de casa.[19]

Para los que están fuera, la identidad y las tradiciones no se mantienen sólo festejando las fiestas patrias, compartiendo bailes y comida folclórica. Para mantenerla viva, es necesario sentirse parte activa de la nación. Además consideran que es un tema central que tiene que ver con integrar a toda la nación (discurso de Lagos) y demostrará que Chile tiene flexibilidad para adaptarse a las nuevas demandas del mundo globalizado: "La aprobación de estas iniciativas gubernamentales situará a Chile entre las democracias modernas que responden a los desafíos del mundo globalizado y, por sobre todo, en un plano de igual-

---

[17] Declaración de la FEDACH, 18 de mayo de 2000.
[18] *El Mercurio*, 7 de abril de 1999.
[19] Editorial del diario *La Segunda*, 5 de abril de 1999.

dad jurídica con el resto de la comunidad internacional donde estos derechos se ejercen plenamente."

## EL IMPACTO POLÍTICO

Tal como hemos visto en las citas antes señaladas, los principales opositores al voto desde el exterior son los partidos de derecha. Según la FEDACH y funcionarios de gobierno chileno, los que se oponen consideran que la votación en el exterior les será adversa y que su incorporación al padrón electoral podría influir e incluso cambiar los resultados de una elección presidencial. Sin embargo, ninguno de los senadores entrevistados y que se mostraron en contra del proyecto esgrimieron públicamente este tema. Lo que sí señalan es que los intereses de la Concertación por apoyar es una postura netamente electoralista y que nada tiene que ver con la convicción profunda.

En este tema surge el debate de cuál sería en la realidad el impacto electoral de la aprobación de esta ley. Aquí las cifras tampoco coinciden. Mientras la FEDACH hace referencia a 700 000, Antonio Garrido, presidente del Movimiento Pro Derecho a Voto de Francia habla de 200 000 y el senador Gazmurri de 100 000. Por otra parte, señalan que dada la heterogeneidad de la migración no había indicios de que sus opciones fueran demasiado diferentes de las que se presentan en Chile.

Para los que están en contra tratan de quitar trascendencia al tema. Comparan a los posibles votantes con el alto costo que supuestamente tendría para el Estado chileno llevar a cabo dicha extensión del proceso electoral, mostrando una correlatividad negativa.

## CONCLUSIONES

En diciembre de 1999 viajé durante 50 horas en micro desde Buenos Aires a Santiago junto a un grupo de chilenos que cruzamos la cordillera para participar en los comicios para presidente. Al regreso vi lágrimas en los ojos de un compañero de viaje que debió irse de Chile en 1973 por su participación sindical. Su voz se entrecortaba al contar la emoción que significó para él votar después de no hacerlo por casi 30 años.

Desde la lógica organizativa este viaje no tenía sentido, gastar dinero y 50 horas de la vida para emitir un voto que no cambiaría el rumbo político de Chile parecía ilógico. Sin embargo, no lo era para los que estábamos ahí. Desde la lógica simbólica, haber votado significaba sentirse parte de un colectivo y complementar la identidad nacional con la ciudadanía política. En resumen, ser parte de la patria.

Es necesario tomar en cuenta estas dos dimensiones al intentar comprender el sentido de la participación política desde el exterior, así como la lucha por el derecho al voto. Desde la lógica organizativa el interrogante gira en torno de las preguntas: ¿en qué aportan los nacionales que están afuera?, ¿en qué lo enriquece su incorporación al mapa político? Desde la lógica simbólica la cuestión ronda en torno de las preguntas: ¿en qué medida pertenecen a la nación? y ¿en qué medida se mantiene la lealtad a la patria?

En la respuesta a estas preguntas influye la historia política de cada Estado-nación así como la imagen que se tenga de los que residen fuera. Considerar que aquellos que están fuera no se mantienen leales a la patria, o tendrán una posición política unilateral, puede influir en esta decisión, así como también la imagen respecto a su magnitud y posibilidades de injerencia real en el proceso electoral. Si bien el retraso del otorgamiento del derecho a voto de los chilenos en el exterior puede ser visto como una derrota, luego del análisis puedo pensar que fue un elemento positivo. Por una parte, permitió mejorar la ley y buscar un mayor consenso. Por otra, se transformó de un derecho legal a fruto de la lucha del movimiento de chilenos en el exterior. Esto permitió mayores acciones coordinadas así como más conciencia y visibilidad de aquellos que emigraron.

Al parecer la lucha por el derecho al voto en Chile está en su recta final. Resulta muy probable que los chilenos en el exterior podamos participar en las elecciones para presidente en el año 2005 desde nuestros lugares de residencia. Hoy existe la voluntad política que disminuiría las objeciones filosóficas. El nuevo texto legislativo incluye gran parte de las objeciones técnicas a su implantación. La lejanía con el proceso electoral quitaría suspicacias respecto a la utilización política de esta ley. El derecho al voto no implica la representación política, pero puede ser el primer paso. Queda por delante el debate en torno a la representación política y los canales para una participación más activa en el caso chileno.

Sigue pendiente la duda respecto a cuáles serán las consecuencias políticas tanto en Chile como en las organizaciones de chilenos en el exterior en cuanto a esta participación. ¿Qué ocurrirá con las organizaciones?, ¿asumirán funciones más políticos partidistas? Por otra parte, ¿qué ocurrirá en Chile?, ¿modificarán el resultado de una elección tan reñida como la anterior?, ¿lograrán transformarse en miembros activos al incorporarse al mapa regional chileno?

El panorama no parece muy alentador. Factores propios de la diáspora chilena tales como dispersión geográfica y la inhabilitación de quienes han optado por otra nacionalidad, dificultarían el voto especialmente si éste se realiza en sedes consulares. Sin embargo, la fortaleza que han adquirido las organizaciones chilenas en el exterior y su compromiso en esta lucha puede ser un factor fundamental a la hora de revertir este panorama. Estas pueden transformarse en impulsoras del ejercicio de este derecho. Esto sólo lo podremos saber el día que todos los chilenos que quieran votar puedan hacerlo.

Anexos
Chilenos logran doble nacionalidad.
Gran triunfo del centro cívico en Estados Unidos

A la comunidad toda:
En nombre del Centro Cívico Chileno en Estados Unidos tengo el honor de informar que hemos concluido exitosamente la "Campaña Mundial por la No Pérdida de la Nacionalidad".

Ya está en poder de los consulados de Chile en Estados Unidos y el mundo el documento que oficializa la iniciativa que permitirá que más de 10 000 compatriotas recuperen su nacionalidad. Para otros miles que no la han perdido, no obstante habiéndose nacionalizado en otro país y deseen conservar su documentación chilena, ahora lo pueden hacer. Configurando de esta forma, una doble nacionalidad de hecho. Asimismo, ya no se realizarán anotaciones en el certificado de nacimiento sin el conocimiento del afectado.

Hay dos formas en que los compatriotas que han adoptado otra nacionalidad pueden comprobar su situación personal, la primera es obteniendo un certificado de nacimiento y constatando si aparece o no una anotación rescindiendo su nacionalidad y la segunda, llamando a su consulado más cercano para averiguar si su nombre está en el listado de connacionales que tienen la anotación de pérdida de la nacionalidad.

Ha sido una larga y extenuante lucha, a la vez que muy gratificante y motivadora.

Muchas gracias a las chilenas y chilenos que acudieron a nuestra convocatoria, tanto en Chicago, como en Nueva York, Washington, D. C., Berlín y La Plata. A los que juntaron firmas apoyando la campaña en los rincones más apartados del planeta. A la dirigencia chilena, de todos los sectores, que trabajaron a la par con nosotros hasta alcanzar el fin propuesto. A los medios de comunicación que siempre nos apoyaron. A todos, mil gracias por ayudarnos en este logro histórico. A pesar de la distancia y el tiempo seguimos siendo "siempre chilenos".

¡Viva Chile!

Mario Tapia G.
Presidente
Centro Cívico Chileno-EE.UU.
www.siemprechilenos.com

CHILE SOMOS TODOS. Y AHORA SOMOS MÁS.
"Exitosa Campaña Mundial Por La No Pérdida de la Nacionalidad"

CENTRO CíVICO CHILENO-EE.UU.
120 WALL STREET, Suite 2301
New York, NY 10005 USA
www.siemprechilenos.com

Chilenos en exterior recurren a OEA por derecho a voto
Publicado el sábado 30 de noviembre, a las 16:28:46 horas

Con profundo dolor los ciudadanos chilenos residentes en el exterior hemos decidido acudir en consulta a la Comisión Interamericana de Derechos Humanos de la Organización de Estados Americanos (OEA) sobre el respeto a nuestros derechos cívicos en Chile.

El proyecto que regulariza la anomalía de no poder ejercer el derecho a voto a los ciudadanos residentes en el extranjero (temporales o permanentes) fue planteado en 1989, concretizado en un proyecto de ley en 1991, aprobado por unanimidad por la Cámara de Diputados en 1994, pasando en segundo trámite constitucional al Senado el 9 de marzo de 1994 y allí, a pesar del apoyo de una mayoría de senadores de todos los horizontes políticos, una minoría de senadores mantiene bloqueada su progresión.

Ha pasado un tiempo razonable de más de ocho años en estudio en comisiones sin poder ser puesto en votación en la sala. Consideramos que este bloqueo dilatorio es una forma de negarnos el ejercicio de nuestro derecho inalienable como ciudadano de la república de Chile.

Que juzguen esta actitud de una minoría de senadores las instancias internacionales de derechos humanos.

Los presentes que firman la siguiente declaración fueron invitados oficiales en representación de organizaciones de chilenos que residen en el exterior al Primer Seminario Internacional sobre "EL DERECHO A VOTO DE LOS CHILENOS EN EL EXTERIOR" realizado el lunes 25 de noviembre de 2002, en la sala del senado del ex Congreso Nacional (Santiago) con participación de parlamentarios, universitarios, representantes de la sociedad civil y embajadores y personalidades extranjeras de países donde rigen en su plenitud los derechos cívicos.

En primer término, deseamos agradecer a los organizadores de este importante evento su invitación, pero igualmente deseamos entregar nuestro sentimiento a la opinión pública sobre lo siguiente:

El futuro de Chile se juega en el exterior (en los mercados externos)

1. Sobre el acuerdo entre la Unión Europea y Chile

En 2001, Chile exportó alrededor de 4 000 millones de dólares hacia la Unión Europea e importó por más de 5 000 millones de dólares, o sea una balanza desfavorable para Chile. Creemos en la necesidad de estimular y otorgar facilidades para crear empresas productoras y exportadoras, de dar facilidades para exportar, estudios de mercados externos puestos a disposición de todas las empresas chilenas, ayudar a los profesionales, artistas, investigadores a realizar actividades o prácticas en el extranjero.

El Acuerdo UE-Chile es una oportunidad para poner en práctica esta estruc- turación de la comunidad chilena en Europa, pero para ello se necesita imaginación, voluntad y medios de parte, no tan sólo del gobierno, sino que hay una responsabilidad y un interés de las propias empresas exportadoras.

La 14 Región: una circunscripción senatorial de 800 000 chilenos

2. Sobre la 14 región: las comunidades chilenas en el exterior: una circunscripción senatorial

La 14 Región, para estructurar las comunidades de chilenos, puede ser compuesta en cuatro zonas continentales:
zona América,
zona Europa,
zona África, Medio Oriente y Asia,
zona Oceanía (Australia).

La 14 Región debería ser constituida en una circunscripción senatorial y le correspondería elegir dos senadores. Dichos senadores serían elegidos por votación directa por los ciudadanos electores inscritos en los consulados y durarían el mismo periodo reglamentario que los senadores metropolitanos, renovándose alternadamente a la mitad del periodo (región par).

"Respeto a los derechos cívicos de los ciudadanos"
(cualquiera que sea el lugar de residencia)

3. Los derechos cívicos solicitados por los ciudadanos
chilenos residentes en el exterior

Solicitamos: Regularizar nuestro derecho al voto en elecciones que incidan en los altos intereses de la nación, como son las elecciones presidenciales y plebiscitarias.

Además,

Solicitamos: La inscripción automática a los 18 años en los registros electorales.

Estamos por la inscripción automática en los registros electorales al cumplir 18 años de todo ciudadano chileno residente, dentro o fuera de Chile.

Solicitamos: La derogación de la penalización del voto.

El derecho a voto de un ciudadano es un derecho inalienable, es su conciencia cívica que le indica hacer uso o no de este derecho. El hombre libre no puede ser penalizado por no ejercer este derecho, él decide, él sufrirá las consecuencias, pero la sociedad le da la oportunidad de ejercerlo.

Solicitamos: La igualdad frente al *ius sanguinis*, o el drama de miles de madres y padres chilenos con sus hijos apátridas o sin la nacionalidad chilena en el exterior.

Según la Constitución de 1980 —enmendada en 1989—, hay ciudadanos chilenos de 1a. y 2a. categoría frente a la aplicación del *ius sanguinis*. En el art. 10º, sus incisos 2 y 3 los consideramos "inicuos".

Estamos por igualdad del ciudadano chileno en la aplicación del *ius sanguinis* y del *ius solis* sin restricciones ni condicionantes.

El drama de las madres y padres chilenos con sus hijos apátridas en el exterior, sobretodo los jóvenes diplomados que vienen a realizar estudios de posgrado (son chilenos, no tienen la nacionalidad del país que los acoge, su hijo nace y pasa a ser apátrida, mientras no viva un año contínuo en Chile).

Solicitamos: La doble nacionalidad o una ventaja en el mundo globalizado.

En el mundo globalizado, en la necesidad de exportar la producción chilena, la doble nacionalidad se presenta como una ventaja para los intereses superiores de Chile.


"Dolor y vergüenza" de acudir a instancias internacionales para obtener
el respeto de nuestros derechos cívicos y humanos

4. Consulta a la Comisión Interamericana de Derechos Humanos de la OEA

Con profundo dolor hemos decidido acudir en consulta a la Comisión Interamericana de Derechos Humanos de la OEA sobre el respeto a nuestros derechos cívicos en Chile. El proyecto que regulariza la anomalía de no poder ejercer el derecho a voto a los ciudadanos residentes en el extranjero (temporales o permanentes) fue planteado en 1989, concretizado en un proyecto de ley en 1991, aprobado por unanimidad por la Cámara de Diputados en 1994, pasando en segundo trámite constitucional al Senado el 9 de marzo de 1994 y allí, a pesar del apoyo de una mayoría de senadores de todos los horizontes políticos, una minoría de senadores mantiene bloqueada su progresión. Ha pasado un tiempo razonable de más de ocho años de estudio en comisiones sin poder ser puesto en votación en la sala. Consideramos que este bloqueo dilatorio es una forma de negarnos el ejercicio de nuestro derecho inalienable como ciudadano de la república de Chile.

Que juzguen esta actitud de una minoría de senadores, las instancias internacionales de derechos humanos.

Queremos una nación chilena unida, solidaria y fraterna

Firman, en Santiago, 28 de noviembre de 2002
(en orden alfabético)

Juan Antonio Garrido
Representante Comité por el Voto y la Doble Nacionalidad (Francia)

Carlos Méndez
Presidente de la FEDACH (Argentina)

Clarisa Valdez
Representante de chilenos en Ecuador

## BIBLIOGRAFÍA

Calderón Chelius, Leticia, "Ciudadanos inconformes. Nuevas formas de representación política en el marco de la experiencia migratoria: el caso de los migrantes mexicanos", *Frontera Norte*, 1999, Tijuana.

Castles, Stephen, "Citizenship and the Other in the Age of migration", ponencia presentada en el seminario Globalization and Citizenship, 6-9 de mayo de 1997, Melbourne.

———— y Mark Miler, *The Age of Migration. International Population Movements in the Modern World*, MacMillan Press, Londres, 1998.

Castronovo, R., y Brenda Pereyra, "Aspectos microsociales de la integración regional con chile" en Marta Beckrman y Alejandro Rofman (comps.), *Integración y sociedad en el Cono Sur*, Buenos Aires, Editorial Espacio, 1995.

————, "Chilenos en Argentina", documento de trabajo, consulado de Chile en Buenos Aires, 1996.

Chávez, Edith, "El voto de los ciudadanos argentinos en el exterior: ¿Una reconciliación con el exilio?", ponencia presentada en el seminario La Experiencia del Voto en el Exterior en América Latina, 4 de julio de 2000.

Glick Schiller, Nina y Georges Fouron, "Transnational Lives and National Identities: the Identity Politics of Haitian Immigrants" en Michael P. Smith y Luis E. Guarnizo (comps.), *Transnationalism from Below*, Transaction Publishers, New Brunswick, Nueva Jersey, Londres, Inglaterra, 1998.

Guarnizo, Luis E. y Michael Peter Smith, "Locations of Transnationalism" en Michael P. Smith y Luis E. Guarnizo (comps.), *Transnationalism from Below*, Transaction Publishers, New Brunswick, Nueva Jersey, Londres, Inglaterra, 1998.

Mahler, Sara, "Theoretical and Empirical Contributions Toward a Research Agenda for Transnationalism" en Michael P. Smith y Luis E. Guarnizo (comps.), *Transnationalism from Below*, Transaction Publishers, New Brunswick, Nueva Jersey, Londres, Inglaterra, 1998.

Nohlen, Dieter, *Sistemas electorales y partidos políticos*, FCE, México, 1997.

Pereyra, Brenda, "Más allá de la ciudadanía formal", documento de trabajo, *Programa Investigaciones Socioculturales en el Mercosur*, IDES, núm. 4, Buenos Aires, 1999.

Ramírez, Francisco y Yasemin Soysay, "The Changing Logic of Political Citizenship: Cross-National Acquisition of Women's Suffrage Rights, 1890 to 1990", *American Sociological Review*, vol. 62, núm. 5, 1997.

Therborn, Goran, "Globalizations: Dimensions, Historical Waves, Regional Effects, Normative Governance", *International Sociology*, vol. 15, núm. 2, junio de 2000.

# "LA DEMOCRACIA INCOMPLETA": LA LUCHA DE LOS MEXICANOS POR EL VOTO EN EL EXTERIOR

Leticia Calderón Chelius
Nayamín Martínez Cossío

En ningún país el tema de la extensión de los derechos políticos para los ciudadanos radicados en el exterior ha suscitado tantas reacciones. Argumentos opuestos, intrigas, secretos inconfesables, mentiras piadosas. No hay otro país donde este debate se haya mantenido vivo por más de dos décadas, haya sido incluido en las agendas políticas de tres gobiernos distintos, y donde miembros de distintos congresos hayan vuelto a discutir el tema como si no hubiera antecedente alguno. Tampoco hay otra experiencia a nivel internacional donde el debate sobre el derecho al voto en el exterior se haya mantenido vigente gracias a una organización permanente de grupos de migrantes que a través de movilizaciones, participación en foros, protestas públicas y cabildeo con los distintos legisladores han insistido en su derecho a votar desde el exterior.

Para constatar lo anterior basta agrupar la cantidad de notas periodísticas,[1] artículos de fondo, estudios académicos, ponencias, foros y conferencias que se han realizado sobre el caso mexicano. Y aún con toda esta inversión de tiempo, energía, compromiso y dedicación, la Ley del Derecho al Voto para los Mexicanos en el Exterior se encuentra en una situación peculiar: fue aprobada en 1996, pero no fue reglamentada, lo que *de facto* inhabilita el ejercicio de este derecho. Pero ¿a qué se debe esta situación?, ¿por qué tanta polémica sin salida, tanta discusión acalorada, tanta pasión desperdiciada?

---

[1] Para tal efecto véase bibliografía.

Lo que ocurre en México es que al debatir este tema no se está discutiendo sólo lo concerniente a los derechos de los migrantes internacionales, sino que este tema toca algunos puntos sensibles del sistema político mexicano, que en el fondo hacen evidente las dificultades, pugnas, contradicciones y desafíos de la reciente democracia mexicana.

Uno de los delicados temas que sintetiza el derecho al voto en el exterior (como demanda y como derecho), es la cuestión de la confianza y la credibilidad en el sistema electoral como fuente de legitimidad para el régimen. Esto se debe a que en México, durante décadas, las elecciones fueron la vía para refrendar al grupo en el poder, pero no por la legitimidad del voto universal y secreto, sino a través de una maquinaria sofisticada que realizaba todo tipo de procedimientos que dieron lugar a una larga tradición de fraudes electorales, lo que la elite denominó "fraude patriótico" (Loaeza, 1989). El gran cambio en el sistema político mexicano, pero sobre todo en la cultura política de los mexicanos, se da a partir de la década de los ochenta cuando se comienza a librar una lucha por transparentar el proceso electoral, que propicio una credibilidad creciente de la ciudadanía en las elecciones como vía para alcanzar la democracia.

Así, el tema de "lo confiable" en la arena política mexicana no es un tema cualquiera, porque no es una cuestión que tenga que ver sólo con tecnología y recursos, sino porque fue la esencia sobre la que descansó el viejo régimen político y a la larga, su talón de Aquiles (Luján, 2000). Fue en ese contexto donde ante la demanda generalizada por "elecciones transparentes" en el país, la lucha por el derecho al voto entre los mexicanos radicados en el exterior cobró sentido. Si en la sociedad mexicana el voto empezó a alcanzar una legitimidad que nunca antes tuvo, para los migrantes inmersos en un activismo social, comunitario y económico en aumento, esta bandera se volvió una vía concreta para mantener la relación política con su país. De ahí la importancia de votar en el exterior, pues dado el nuevo escenario político, se volvió una forma de refrendar la pertenencia a la nación mexicana a través de un *carnet* de membresía, que otros tantos documentos no sólo tiene una utilidad específica, sino que tiene, sobre todo, una carga simbólica (Anderson, 1993).

La cuestión de la credibilidad y confianza es así, un punto nodal que explica el largo y tortuoso proceso por la demanda del voto en México, y que en los migrantes tiene a sus últimas víctimas. A este elemento de fondo se suman una serie de puntos que han creado una sensación de enorme dificultad para realizar elecciones fuera del país. Uno de esos puntos es la magnitud de la comunidad migrante, 8% de la población mexicana vive en el exterior, principalmente en Estados Unidos donde se encuentra 98% de los migrantes mexicanos. Casi 10 000 000 de mexicanos que en términos jurídicos conservan su condición de ciudadanos y, por lo tanto, son votantes potenciales, lo que permite entender que el tema del voto en el exterior no sea un tema menor (véase cuadro 1) pues su participación ciertamente tendría un peso decisivo en la geografía electoral nacional.

Otro elemento que se entrecruza en este proceso es el poder económico que los trabajadores mexicanos en el extranjero han alcanzado. El envío de remesas es la tercera entrada de divisas al país, sólo por detrás de los ingresos que genera el petróleo y el turismo, calculado en cerca de 7 000 millones de dólares anuales, lo que tiene un impacto definitivo en el desarrollo de las zonas de mayor expulsión (Bustamante y Cornelius, 1989). Pero el asunto va más allá del potencial económico, ya que este factor ha propiciado que algunos migrantes se hayan convertido en gestores políticos a través de agrupaciones que cuentan con reconocimiento y prestigio debido a su participación activa e inversión en obras públicas, y su rápida reacción ante tragedias naturales en las que la negligencia de las autoridades acrecienta el drama. Este fenómeno ha permitido que se desarrolle un dinamismo político inédito en la experiencia migratoria mexicana. Así, los migrantes han pasado de tener un mero vínculo social, cultural y económico con sus comunidades de origen, para convertirse en algunos casos, en actores políticos de gran peso. Y es entre estos grupos organizados, involucrados con lo que ocurre en México, comprometidos hace décadas con el desarrollo social y económico de sus localidades, que el interés por votar se ha acrecentado y son ellos quienes abanderan la demanda por votar desde el exterior.

Para explicar esta situación recreamos el proceso histórico de la lucha por el voto en el exterior y, posteriormente, analizamos las posiciones que los distintos actores políticos (principalmente las tres fuerzas políticas nacionales) han sostenido frente a este tema.

Cuadro 1. Población mexicana en edad ciudadana para el año 2000

| Lugar de residencia | Número de habitantes | Porcentaje |
|---|---|---|
| México | 60 254 000 | 85.88 |
| México pero ausentes en la fecha | | |
| de la elección | 883 000 | 1.26 |
| Ausentes por motivos turísticos | 383 000 | 0.55 |
| Migrantes temporales | 475 000 | 0.67 |
| Transmigrantes o "commuters" | 25 000 | 0.04 |
| | | |
| El extranjero | 9 904 000 | 14.12 |
| En Estados Unidos | 9 800 000 | 13.97 |
| Funcionarios del Servicio Exterior Mexicano[a] | 420 | – |
| Inmigrantes en Estados Unidos nacidos | | |
| en México | 7 126 000 | 10.15 |
| Nacionalizados estadunidenses | 1 000 000 | 1.43 |
| No naturalizados | 6 126 000 | 8.72 |
| Nacidos en Estados Unidos pero hijos | | |
| de mexicanos | 2 674 000 | 3.82 |
| De ambos padres | 1 472 000 | 2.10 |
| De madre | 531 000 | 0.76 |
| De padre | 671 000 | 0.96 |
| En otros países | 104 000 | 0.15 |
| Funcionarios del Servicio Exterior Mexicano[b] | 740 | – |
| Nacidos en México | 76 000 | 0.11 |
| Nacidos en el extranjero pero hijos | | |
| mexicanos | 27 000 | 0.04 |

[a] El porcentaje no representa ni una milésima de punto.
[b] El porcentaje es estadísticamente irrelevante.

## HISTORIA DE LA LUCHA POR EL VOTO EN EL EXTERIOR

A fines de los años setenta comenzó en México un proceso de liberalización política, caracterizado por un activismo de los partidos de oposición, quienes hicieron suya la bandera de la democracia electoral. En ese marco el Partido Mexicano de los Trabajadores (PMT) impulsó la demanda de extender la ciudadanía a quienes radicaban fuera del país. Sin embargo, fue hasta el proceso electoral de 1988[2] cuando esta de-

[2] Cabe destacar que las elecciones de 1988 representan un caso especial dentro del espectro de los comicios mexicanos por diversas razones: *a*) porque el candidato que se nombró como triunfador, Carlos Salinas de Gortari, ha sido el presidente mexicano que, desde 1928,

manda cobró fuerza (Gómez, 1997). En 1987, activistas migrantes de Los Ángeles comenzaron a impulsar una campaña en pro del sufragio ausente, misma que se vio fortalecida por la constitución, en mayo de 1988, de la Asamblea Mexicana por el Sufragio Efectivo (AMSE). Dicha organización se manifestó públicamente exigiendo que en México se garantizara el libre ejercicio del voto y convocaran a la participación en los comicios simbólicos que se efectuarían en distintos puntos de la entidad californiana. La demanda quedó en un reclamo y la coyuntura de 1988, fundamental en el proceso de transición política en México, sumó a un nuevo actor que desde el exterior se vinculaba al momento político nacional.

Pasada esta coyuntura, al reclamo de la AMSE de poder sufragar en las elecciones mexicanas estando fuera del país, se sumaron las voces de los miembros de los comités perredistas que se formaron desde 1990 en diferentes puntos de la entidad californiana. En su primera conferencia estatal, celebrada el 1 de diciembre de ese año, se planteaban como uno de sus objetivos renovar esfuerzos para obtener el derecho al voto desde el extranjero. Las estrategias para alcanzar este propósito consistieron en el reparto de volantes en lugares públicos y en la recopilación de firmas, demandando este derecho y condenando lo que calificaron de fraude electoral en las elecciones mexicanas del 6 de julio de 1988 (Santamaría, 1994).

No obstante, la demanda de poder votar desde el exterior de estos grupos de migrantes no recibió una respuesta favorable del gobierno mexicano durante el sexenio de Carlos Salinas de Gortari, quien por el contrario en 1990 propuso una reforma a la Ley Electoral entonces vigente, adicionando al artículo noveno una frase que estipulaba que el voto para elegir al presidente de la república debería ser emitido en el territorio nacional, con lo cual se excluía a todos los ciudadanos emigrados (Ross, 1999).

Ante esta actitud del gobierno mexicano y la consecuente imposibilidad de votar en las elecciones federales del 21 de agosto de 1994, los

---

ha tenido mayores dificultades para que su triunfo fuera reconocido tanto en México como en el extranjero; *b*) fue la primera vez que un partido de oposición ganó con más de 50% de los votos en la elección de diputados, de senadores y de presidente en cuatro entidades: Morelos, Estado de México, D. F. y Michoacán; *c*) ha sido la única ocasión en que la izquierda representó la segunda fuerza electoral en 20 entidades; *d*) en dicho proceso electoral se confirmó la tendencia decreciente de votos favorables al Partido Revolucionario Institucional (PRI), que había comenzado en 1982.

migrantes defensores del sufragio a distancia decidieron llevar su reclamo a instancias internacionales. En julio de ese mismo año presentaron una demanda, con más de 10 000 firmas, ante la Comisión Interamericana de Derechos Humanos (CIDH), denunciando la violación de su derecho a votar —entendido éste como parte de las prerrogativas fundamentales de los derechos humanos—, el cual es consagrado por la Constitución Mexicana.[3] Una vez más, su reclamo no recibió una respuesta positiva en el sentido de posibilitar el ejercicio de sus derechos políticos, no obstante, dichos activistas en el exterior nuevamente manifestaron su interés en la política mexicana: *a*) apoyando las campañas políticas que los candidatos a la presidencia de la república realizaron en Estados Unidos; *b*) participando como observadores electorales, y *c*) realizando elecciones simbólicas en California, Illinois y Texas.

Pese a haber sido excluidos del proceso electoral de 1994, los dos años subsecuentes trajeron noticias favorables para los migrantes. En efecto, la demanda de poder votar fuera del territorio nacional fue recuperada por los perredistas californianos, además por sus pares en territorio nacional. Estos últimos lograron su inserción en las mesas de negociación de la reforma electoral que comenzó a discutirse en 1995, y que concluyó con la aprobación un año después, de una nueva legislación electoral, en la que finalmente se abría la posibilidad de votar en el exterior (Ross, 1997).[4]

## 1996: UN PARTEAGUAS EN LA RELACIÓN ENTRE MÉXICO Y SUS MIGRANTES

Sin lugar a dudas, 1996 ocupa un lugar significativo en la historia de la política mexicana, tras largos meses de ríspidas negociaciones, los partidos y el gobierno lograron consensar una nueva reforma electoral.

---

[3] Mimeo de la demanda presentada a la Comisión Interamericana de Derechos Humanos, 14 de julio de 1994.

[4] Cabe resaltar que previo a la aprobación del voto extraterritorial en la Ley Electoral de 1996, ya existía un precedente en el que en la legislación electoral mexicana se contemplaba la incorporación de los connacionales allende el territorio nacional a la comunidad política, pues el artículo 125 de la Ley Federal de Organizaciones Políticas y Procesos Electorales, mejor conocida como la LFOPPE de 1977, estipulaba que: "los ciudadanos mexicanos residentes en el extranjero que se encuentren en ejercicio de sus derechos políticos, deberán solicitar su inscripción en el padrón electoral en la forma y modalidades que acuerde la Comisión Federal Electoral". Sin embargo, no se llevó a la práctica dicha disposición, amén de que quedó eliminada de las posteriores reformas electorales.

Ante los resultados electorales de 1994, el gobierno federal estaba preparándose para discutir con seriedad las transformaciones que le exigía el pleno desarrollo de México en lo político. Un elemento primordial era una reforma electoral que fuera definitiva, no por negar futuras adecuaciones, sino por terminar ya con controversias sobre lo esencial de esa reforma que debía garantizar la plena autonomía de los órganos electorales y condiciones de equidad en la competencia, que eran los reclamos de la oposición ante los resultados de las elecciones de 1994.

Esta propuesta de reforma surgió de los compromisos de los cuatro partidos con representación en el Congreso Federal: Partido Revolucionario Institucional (PRI), Partido Acción Nacional (PAN), Partido de la Revolución Democrática (PRD) y Partido del Trabajo (PT), y el poder ejecutivo federal, para llegar a una reforma de manera consensuada, que serviría de apoyo para una reforma integral del Estado. El hecho de llamarla definitiva, buscaba que estos cambios estuvieran encaminados a acabar con los conflictos poselectorales.

Se instalaron ocho mesas de negociación, la primera en ser instalada y a la que los propios actores participantes en el proceso de reforma confirieron la más alta prioridad fue la relacionada a la reforma electoral. De hecho, a partir de diciembre de 1995 en un trabajo ininterrumpido, el gobierno federal y los partidos políticos nacionales se manifestaron y reiteraron su interés de que el proyecto de reforma, que lograron consensar, fuera presentado en la sesión ordinaria del Congreso de la Unión, que se desarrolló entre el 15 de marzo y el 30 de abril de 1996.

El 16 de enero de 1996 se dio a conocer el documento, "Sesenta puntos para la reforma político-electoral", en el que se condensaron las convergencias y los consensos alcanzados por los participantes, y que constituyen también un importante aporte para el proceso de la reforma en curso. Fue en ese histórico documento donde el voto de los mexicanos en el exterior se incluyó como el punto 58.[5]

---

[5] Que se evalúe la posibilidad de establecer un mecanismo eficaz para que los ciudadanos mexicanos que residan en el extranjero puedan ejercitar su derecho al voto. Testimonios y documentos, "Sesenta puntos para la reforma político-electoral", *El Nacional*, 17-18 de enero de 1996.

Por otra parte, con el propósito de intercambiar ideas y consensar propuestas concretas que coadyuvarán al proceso de definición de los contenidos y alcances de la reforma democrática en materia electoral, y contando con la importante iniciativa de cinco de los seis consejeros ciudadanos que conformaban el Consejo General del Instituto Federal Electoral (IFE), en marzo de 1995, se iniciaron los trabajos de un foro nacional denominado Seminario del Castillo de Chapultepec, con el propósito de contribuir al proceso de transición democrática.

El foro se llevó a cabo en cinco sedes en un periodo comprendido entre el 3 y el 28 de julio de 1995. En sus trabajos participaron integrantes de los poderes federales y locales, representantes partidistas, de organismos no gubernamentales y de medios de comunicación, miembros de instituciones académicas, especialistas, funcionarios electorales y ciudadanos en general. En total se presentaron 304 ponencias que versaron sobre los tópicos más distintos relacionados con los procesos electorales, 115 fueron elegidas por los organizadores para ser presentadas y discutidas en sesiones públicas.

El 6 de septiembre de 1995 el IFE hizo la presentación y entrega formal de los documentos donde se recogen la memoria y la relatoría de los trabajos presentados en las sesiones públicas de las cinco sedes que comprendió el foro nacional. Dentro de las propuestas sobre derechos políticos y participación ciudadana estaba la de otorgar el derecho al voto en el extranjero.[6]

## EL VOTO EN EL EXTERIOR ENTRA EN LA NEGOCIACIÓN POLÍTICA DE LA AGENDA DE LA TRANSICIÓN

El 15 de abril de 1996 el gobierno y tres de los cuatro partidos negociadores (PRI, PRD y PT), presentaron los acuerdos y conclusiones a los que habían llegado en materia electoral. Fueron 107 propuestas de reformas, 27 constitucionales y 80 a la legislación secundaria. Entre las propuestas consensuadas destacaron la de instaurar la figura del referéndum, iniciativa popular y el voto de los mexicanos en el extranjero (aunque

---

[6] Testimonios y documentos, "Sesenta puntos para la reforma político-electoral", *El Día*, 17 de enero de 1996.

de manera condicionada, lo cual fue motivo de debate entre los partidos políticos). Este tema que se encontraba en el punto 58 pasó al punto 14 de la agenda dentro del apartado de los derechos políticos.[7]

El capítulo comprende otros temas; incluidos, la protección constitucional de los derechos políticos que figuran en el artículo 35 y 36 de la Constitución. Esto es, el derecho de protección de votar y ser votado, y el voto de los mexicanos en el extranjero.[8]

El PRI en todo momento se mostró renuente a elevar el voto de los mexicanos residentes en el extranjero a rango constitucional. Argumentaba que se reglamentaría en el Código Federal de Instituciones y Procedimientos Electorales (COFIPE), donde se harían las precisiones técnicas que garantizarían el ejercicio del voto en el extranjero.

El PRD se preciaba de haber sido el primer partido en incluir en su agenda la demanda del voto en el extranjero. Este era uno de los setenta acuerdos que ya habían logrado el PRI, el PRD y el PT y la Secretaría de Gobernación en la mesa de la reforma electoral y cuyo documento final se dio a conocer para ser enviado a la Cámara de Diputados para su posterior aprobación. Sin embargo, el PRD insistió en acelerar la elaboración del registro nacional ciudadano y verificación del padrón, en garantizar el voto de los mexicanos en el extranjero, y en la ampliación de los mecanismos de fiscalización en la relación entre financiamiento público y privado.[9]

Por su parte, el PAN avaló el acuerdo alcanzado por el PRI, el PRD y el PT, para permitir el voto de los mexicanos en el extranjero. Sostuvo empero, que si bien fue una propuesta que avalaba Acción Nacional, era necesario revisar con mucho cuidado todos los aspectos técnicos para su aplicación. Sus miembros expresaban que el voto de los mexica-

---

[7] Grupo de diputados de la LVI Legislatura de la Cámara de Diputados, Balance de una reforma inconclusa: logros y omisiones de la reforma electoral de 1996.

[8] Es importante señalar que en la exposición de motivos de la reforma constitucional se propone lo siguiente: "se propone suprimir de la fracción tercera del artículo 36 constitucional: la obligación de que el voto del ciudadano mexicano sea emitido en el distrito electoral que le corresponda, a efecto de posibilitar a nuestros compatriotas que se encuentran fuera del territorio nacional, el ejercicio del sufragio".

[9] Muñoz Ledo dijo que este acuerdo era casi un hecho; aunque ratificó la intención del PRD de no firmar los acuerdos de la reforma si el gobierno no se comprometía a establecer plazos y medidas para cumplir con la instauración del Registro Nacional Ciudadano (que fue la condicionante para el voto en el extranjero), que entraría en vigor a partir de las elecciones de 1997; ya que la propuesta del PRI estaba muy atrás de lo acordado informalmente en el Seminario del Castillo de Chapultepec.

nos en el extranjero era parte de los derechos políticos de los emigrantes y, por lo tanto, debía ser respetado.

## UN SIGNO DE LOS CAMBIOS: EL VOTO EN EL EXTERIOR SE INCLUYE EN LA REFORMA CONSTITUCIONAL

Después de más de año y medio de haberse puesto a discusión la cuestión de la nueva reforma electoral, a la que se le añadió el adjetivo de definitiva, se aprobó (con 455 votos a favor en la Cámara de Diputados) un conjunto de modificaciones a la Constitución, al Código Federal de Instituciones y Procedimientos electorales (COFIPE), a la Ley Reglamentaria del artículo 105 constitucional, a la Ley Orgánica del Poder Judicial y al Código Penal, así como una nueva Ley de Medios de Impugnación en Materia Electoral (Becerra, 1997).

El 22 de agosto de 1996, se publicaron en el *Diario Oficial de la Federación* reformas a la Constitución Política,[10] destacándose los artículos que hacen referencia a los derechos de los ciudadanos y la nueva integración del Consejo Electoral.

Fue así como en 1996 el Congreso de la Unión reconoció el derecho de los mexicanos residentes en el extranjero a votar en las futuras elecciones presidenciales; ya que fue parte del paquete de reformas electorales aprobadas por todas las fuerzas políticas con representación parlamentaria. Es importante aclarar que el artículo 36 constitucional no reconoce explícitamente el derecho a votar en el extranjero, sino que quitó el requisito de ejercer este derecho en el distrito electoral al que se pertenece, lo que abrió de facto la posibilidad para el ejercicio del voto externo. Esta salvedad jurídica o técnica fue reglamentada en las reformas al COFIPE, en su artículo 8° transitorio. Así pues, en la reforma electoral de 1996 se consideró el tema del voto de los mexicanos en el extranjero, pero únicamente en las bases de un proceso legislativo general. Esto implica que aunque se anunciaron las disposiciones legales para el ejercicio del sufragio fuera del territorio nacional, no se contemplaron los mecanismos específicos. En tanto esta ley no sea expedi-

---

[10] Esta reforma es la séptima que se realizó entre 1973 a 1996, periodo en que se experimentó una creciente competencia política y un conjunto de cambios.

da, no es viable la organización de las votaciones fuera del territorio nacional (Ross, 2002).[11]

## ¿DÓNDE QUEDÓ EL CANDADO?: ARTÍCULO OCTAVO TRANSITORIO

Dado que la aprobación de esta ley fue por consenso de las diferentes fuerzas políticas, en ese momento no hubo razones para presumir que la ley se aprobaba con candados, sin embargo, el ejercicio de este derecho quedó supeditado a la creación del Registro Nacional Ciudadano y a la expedición de la cédula de identidad, ambas tareas a cargo de la Secretaría de Gobernación (artículo 8 transitorio del COFIPE). El párrafo tercero del artículo octavo indica:

> Con el propósito de estudiar las modalidades para que los ciudadanos mexicanos residentes en el extranjero puedan ejercer el derecho al sufragio en las elecciones de presidente de los Estados Unidos Mexicanos, El Consejo General del Instituto Federal Electoral (IFE), designará una comisión de especialistas en diversas disciplinas relacionadas con la materia electoral, para que realice los estudios conducentes, procediéndose a *proponer*, en su caso, a las instancias competentes las *reformas legales correspondientes*, una vez que se encuentre integrado y en operación el *Registro Nacional* Ciudadano y se hayan expedido las cédulas de identidad ciudadana.

La interpretación de este párrafo fue por un tiempo el principal elemento en discordia, porque supeditaba el derecho al voto en el exterior a la creación de una Comisión de Expertos a cargo del IFE que discutiera las cuestiones técnicas y logísticas necesarias para llevar a cabo elecciones en el extranjero, y a la creación del Registro Nacional Ciudadano. Gobernación finalmente declaró que el Registro Nacional

---

[11] En 1996 el Congreso realizó dos reformas claves en relación con el voto en el extranjero: Una a la Constitución y otra a la COFIPE. En estricto sentido lo que se hizo con esta reforma fue desvincular el ejercicio del voto de la residencia del distrito electoral. En una interpretación más liberal se ha dicho que con esas reformas se aprobó el ejercicio del voto en el extranjero. Lo primero es evidente y fácil de demostrar, lo segundo está sujeto a interpretaciones de la ley y al sentido de la misma, en lo cual no existe consenso.

Ciudadano no estaría listo para ser utilizado durante las siguientes elecciones presidenciales (2000), pero la reglamentación para realizar elecciones fuera del país podría ser definida por el Congreso de acuerdo con los distintos escenarios que planteara el IFE a través de los resultados que ofrecieran los estudios mandatados para tal efecto. La discusión respecto al famoso artículo 8 transitorio, sirvió como argumento para demorar cualquier otro tipo de discusión sobre el tema.

## LA DOBLE NACIONALIDAD

No obstante el entrampamiento que originó la disputa legal sobre cómo discutir un tema que estaba sujeto a otro tipo de modificaciones legales de mayor peso, el año de 1996 tuvo un balance positivo en la relación entre los migrantes y su país de origen, ya que además de aprobarse el voto en el exterior, México dio un paso más al promover reformas constitucionales que permitieran a los mexicanos preservar su nacionalidad (o recuperarla) independientemente de su naturalización en otro país.

En efecto, aunque en el país había predominado la idea de que la nacionalidad debía de ser única, tras un debate de poco más de un año que inició cuando la cancillería mexicana, a través de sus consulados y la Secretaría de Relaciones Internacionales del PRI, comenzaron a realizar consultas entre dirigentes sociales e intelectuales chicanos y algunos representantes de organizaciones de inmigrantes mexicanos con el fin de conocer su postura frente a la eventual reforma a la normatividad en materia de nacionalidad (Martínez Cossío, 1997),[12] lo que permitió que en diciembre de 1996 se aprobara la denominada Ley de No Pérdida de la Nacionalidad Mexicana. Gracias a esta ley, se reconoce que los mexicanos allende el territorio nacional gozan de las prerrogativas que nuestra Carta Magna otorga a los nacionales derechos civiles, sociales y económicos.

Respecto a los derechos políticos, es importante resaltar que durante el debate de la iniciativa de la "no pérdida de la nacionalidad",

---

[12] Entre las organizaciones consultadas destacan: el Fondo Mexicoamericano para la Defensa Legal y la Educación (MALDEF), One Stop Immigration, Concilio de la Raza, Asociación Nacional de Funcionarios Latinos Electos (NALEO), Southwest Voter Registration Program (SVRP) y los presidentes de los clubes de mexicanos de Sinaloa, Tlaxcala, Puebla, Nayarit, Durango, Guerrero, Jalisco, Zacatecas y San Luis Potosí.

tanto el PAN como el PRI y diversos académicos se habían expresado a favor de establecer que si bien se aceptaba la doble o múltiple nacionalidad, no así la ciudadanía (dimensión política), por lo que consideraban que las prerrogativas de orden político, en especial el voto, se deberían de ejercer en un sólo país, aquel en el que se tuviera la residencia efectiva (Martínez Cossío, 1997). Sin embargo, es importante aclarar que tal como se realizaron las modificaciones a la Constitución y a la Ley de Nacionalidad, no se contempla la suspensión de los derechos políticos para las personas que tengan dos o más nacionalidades. A lo que se llegó fue a establecer limitantes a su acceso a ocupaciones relevantes para la seguridad nacional (como las Fuerzas Armadas, cargos electorales, etc.). En todo caso la Ley de Nacionalidad es ambigua en cuanto a sus alcances políticos y éste es uno de los puntos que más controversias ha ocasionado.

Estas dos reformas, el voto en ausencia y la no pérdida de la nacionalidad, replantean la relación del Estado mexicano frente a los connacionales en el extranjero, ambas se encuentran relacionadas entre sí, pero son diferentes por distintas razones. Una diferencia estriba en el origen de las iniciativas. El sufragio extraterriorial es una demanda emanada de los mismos migrantes, en tanto que la Ley de Doble Nacionalidad representa una estrategia del gobierno para alentar la naturalización de mexicanos en la Unión Americana, bajo el supuesto de que esto les daría mejores posibilidades de defenderse por sí mismos de las políticas antiinmigrantes estadunidenses, aunque el objetivo es el de mantener un vínculo con los mexicanos residentes en el exterior dado el potencial económico que representan a través de las remesas que envían, sus constantes viajes al país, y las inversiones que realizan.

Una segunda diferencia entre la Ley de No Pérdida de la Nacionalidad y el Voto en el Exterior estriba en el universo de beneficiarios potenciales. A las prerrogativas que otorga la primera sólo podrían acceder los mexicanos que cuentan ya con el estatus de residentes legales y que reúnen las condiciones para optar por la ciudadanía estadunidense, o bien que ya se naturalizaron, quedando fuera los inmigrantes indocumentados que son los más vulnerables a las políticas antiinmigrantes y al racismo estadunidense. En tanto que el derecho al voto extraterritorial podría beneficiar a todos los mexicanos, salvo que en la reglamentación que se haga de éste, se establezca la exclusión de los dobles nacionales.

Más allá de las similitudes y diferencias entre estas reformas, lo que importa destacar es que 1996 representó un año activo en lo que respecta a la redefinición de la membresía a las comunidades nacional y política. Pero volviendo al tema del voto en el exterior, ¿qué sucedió después? A continuación daremos cuenta de cómo y dónde se negoció la posibilidad de que el sufragio de los migrantes se incluyera en las siguientes elecciones federales.

## 1997-1999: EL INTENTO POR VOTAR EN LAS ELECCIONES DEL AÑO 2000

Después de su inclusión en la reforma electoral de 1996, transcurrió más de un año para que el voto en el exterior volviera a atraer la atención de la clase política mexicana y de los mismos migrantes.

En el año 1997 se caracterizó por ser un periodo de espera, ya que ni el Instituto Federal Electoral ni la Secretaría de Gobernación cumplieron con las labores que el artículo octavo transitorio del COFIPE les mandataba (la creación del Registro Nacional, la expedición de la cédula de identidad y la conformación de la comisión de especialistas). No obstante, a partir de 1998 dio inicio un nuevo proceso de discusión sobre cómo poner en práctica el sufragio extraterritorial.

Por parte de los migrantes, el mutismo se rompió cuando en febrero de 1998 una delegación de más de 20 activistas provenientes de distintos puntos de Estados Unidos (California, Illinois, Texas y Iowa) arribaron a la ciudad de México, para examinar el estado de los avances respecto a la puesta en marcha del voto en el exterior.

Dicha delegación sostuvo reuniones con legisladores del PRI y del PRD (encabezados por el priista Alfredo Phillips Olmedo y el perredista Carlos Heredia), y con los consejeros del Instituto Federal Electoral, Jacqueline Peschard, Alonso Lujambio, Juan Molinar Horcasitas, Jesús Cantú y el consejero presidente de dicho Instituto, José Woldenberg. Estos funcionarios del IFE se comprometieron a conformar la Comisión de Especialistas, así como a participar en foros que sobre la materia del voto extraterritorial pretendían organizar los activistas migrantes.[13]

---

[13] Véase, "Informe sobre la visita de una delegación de mexicanos residentes en el extranjero", documento interno del Área de Relaciones Internacionales del grupo parlamentario del PRD en la Cámara de Diputados, 1998, mimeo, p. 2.

Lo más relevante de esta delegación es que articuló esfuerzos y fundó lo que se denominaría Coalición de Mexicanos en el Exterior, Nuestro Voto en el 2000, que a partir de entonces tuvo un papel dinámico en la defensa de la ampliación de la membresía a la comunidad política y que logró reactivar el debate relativo al voto extraterritorial.

Representantes de dicha coalición se abocaron a cabildear entre las principales fuerzas políticas mexicanas con el fin de ganar adeptos a su causa. Jesús Martínez, miembro activo de la Coalición de Mexicanos en el Exterior Nuestro Voto en el 2000, señaló que los activistas que llegaron a México en marzo de 1998 enfocaron sus esfuerzos en ganar adeptos al interior del Congreso de la Unión, logrando sumar al apoyo perredista el respaldo del PAN. Éste se expresó a través de algunos de sus legisladores (entre los que destacan Rafael Castilla Peniche y Javier Algara Cossío), del entonces presidente nacional panista, Felipe Calderón Hinojosa, y de Vicente Fox, quien era gobernador de Guanajuato en ese momento (Martínez Saldaña, 1998).

Otro de los logros de esa delegación de activistas es el de haber presentado el 20 de marzo de 1998, a través de la mediación de legisladores del PAN y del PRD, una propuesta de punto de acuerdo con el fin de que la Cámara de Diputados conformara una comisión plural abocada a proponer: "las reformas legales correspondientes que permitan abordar el problema del voto de los ciudadanos mexicanos en el extranjero y actualizar la legislación en la materia" (Ross, 1999).

Su propuesta, aunque con reformas, tuvo eco entre las fracciones parlamentarias de la Cámara Baja, la que aprobaron el 31 de marzo de 1999; un punto de acuerdo mediante el cual llamaban a comparecer tanto a los funcionarios del IFE, como de la Secretaría de Gobernación para que informaran sobre el avance de las tareas que el octavo transitorio del COFIPE les confiaba.

Por lo que respecta al IFE, el 29 de abril de 1998 el Consejo General de dicho instituto instaló la Comisión de Especialistas[14] que de mayo a noviembre de ese mismo año estudiaría las modalidades con las que

---

[14] Conformada por: Víctor Blanco Fornieles (jurista), Rodolfo Corona Vázquez (demógrafo), Jorge Durand Arp-Nisen (antropólogo), Víctor García Moreno (jurista), Guadalupe González González (politóloga), Víctor Guerra Ortiz (matemático), Rodrigo Morales Manzanares (politólogo), Olga Pellicer (internacionalista), Alberto Székely (jurista), Rodolfo Tuirán Gutiérrez (demógrafo y sociólogo), Leonardo Valdés Zurita (política electoral), Gustavo Verduzco (demógrafo) y Víctor Zúñiga González (sociólogo).

los mexicanos podrían votar desde el extranjero en los comicios del año 2000. Sin embargo, en abril no sólo se registraron avances en la lucha por el voto migrante, sino también descalabros, ya que el entonces secretario de Gobernación, Francisco Labastida Ochoa, expresó que no sería posible tener listo el Registro Nacional Ciudadano y las cédulas de identidad para los primeros comicios federales del nuevo milenio.[15]

Ante estas declaraciones, quedaba claro que la única salida para que los migrantes pudieran votar en el año 2000 era que los legisladores removieran los candados del octavo transitorio del COFIPE, con lo cual los partidos políticos se convertían en los actores decisivos para que el voto en el exterior se hiciera realidad.

A partir de marzo de 1998 dio inicio un proceso de negociación en el que por más de quince meses los partidos políticos —en momentos interactuando con el ejecutivo, en otros con el IFE y hasta con los mismos migrantes— fueron fijando sus posturas sobre la reglamentación del voto extraterritorial.

Entre marzo y mayo de 1998 las principales fuerzas políticas con representación en el Congreso —PAN, PRI y PRD— mostraron disposición a reactivar el debate que había quedado en el olvido por dos años. Además de la sesión en la que se aprobó el punto de acuerdo, los legisladores aprovecharon la instalación en el IFE de la Comisión de Especialistas (29 de abril) y la comparecencia ante Comisiones Unidas de la Cámara de Diputados del subsecretario de Población y Asuntos Migratorios, Fernando Solís Cámara y del presidente del IFE, José Woldenberg (25 y 26 de mayo respectivamente), para manifestar su voluntad de luchar contra las restricciones al ejercicio del sufragio de los mexicanos en el extranjero. Sin embargo, es importante señalar que el respaldo expresado por el PAN y el PRI fue limitado, ya que ambos hicieron hincapié en "la enorme complejidad que significa[ría] regular adecuadamente el voto de los ciudadanos residentes en el exterior";[16] pero sobre todo, porque condicionaron su apoyo a los resultados que obtendría la Comisión de Especialistas.

---

[15] Norma Jiménez, "Inviable sufragar en el extranjero: Gobernación", *El Universal*, 30 de abril de 1998.

[16] Alfredo Phillips Olmedo, intervención en la comparecencia de José Woldenberg ante las Comisiones Unidas de Gobernación, Puntos Constitucionales, Relaciones Exteriores y de Población y Desarrollo, México, 26 de mayo de 1998, versión estenográfica.

Parafraseando al representante del PRI en el IFE, el diputado Enrique Ibarra, la opinión prevaleciente en esos meses en ambos partidos políticos era: "tendríamos que ver los trabajos que la comisión que hoy se instituye, arrojan, para ya en su momento, con serenidad, con reflexión en un contexto adecuado dar nuestros puntos de vista y hacer los acuerdos pertinentes".[17] Asimismo, estas organizaciones partidarias reflejaron una posición cautelosa y escéptica sobre los medios para poner en práctica el voto extraterritorial, misma que evidenciaron mediante la formulación de una serie de interrogantes jurídicas y logísticas.[18]

Mientras se aguardaba el informe de la Comisión de Especialistas, entre mayo y noviembre de 1998 se abrió un compás de espera durante el cual el debate se trasladó de la escena legislativa a los foros que tanto el IFE como los migrantes y el Senado de la república organizaron.

Sacramento, California, Chicago, Illinois y el Distrito Federal, México fueron las sedes de los cuatro foros que los migrantes organizaron previo a la presentación del esperado informe.[19] En ellos participaron tanto representantes de los partidos políticos como funcionarios del IFE, académicos y activistas. Estos últimos defendieron su derecho a votar con los siguientes argumentos: Dado que el sufragio es una prerrogativa que la Constitución y distintos tratados internacionales suscritos por México garantizan a todos los ciudadanos, exigían al Congreso de la Unión que realizaran las reformas pertinentes (incluyendo la aprobación de una partida presupuestal) para que los miembros de la comunidad política que residen en el exterior puedan ejercer, votando, su ciudadanía.[20] Consideran que de continuar su exclusión política se esta-

---

[17] Diputado Enrique Ibarra Pedroza, intervención en la sesión ordinaria del Consejo General del IFE, México, 29 de abril de 1998, versión estenográfica, p. 101.

[18] Algunas de las preguntas que se formulaban eran: ¿qué autoridad sería la encargada de aplicar la ley electoral?, ¿cómo se distribuirían las casillas?, ¿cómo y quién recolectaría los paquetes electorales?, ¿cuál sería la colaboración del IFE con la Secretaría de Gobernación en la integración de un padrón de mexicanos en el exterior?, ¿podrían votar los dobles nacionales?, y ¿cómo se garantizaría su vinculación con México?

[19] Posterior a la presentación del Informe de la Comisión de Especialistas, los migrantes organizaron cuatro foros más: a) Foro de Zacatecas sobre el Derecho al Voto de los Mexicanos en el Extranjero (Zacatecas, 24-25 de noviembre de 1998); b) Foro Popular sobre el Voto en el Año 2000 (Huntington Park, California, 5 de diciembre de 1998); c) Consulta Nacional Pro Voto Elecciones Presidenciales México 2000 (San Antonio, Texas, 26 de marzo de 1999); d) Foro Binacional de Organismos Ciudadanos, Reglamentación del Voto Mexicano en el Extranjero, ciudad de México, 7 de junio de 1999.

[20] De los tratados internacionales suscritos por nuestro país (que de acuerdo al artículo 133 constitucional son ley suprema de la unión) en donde se hace mención del derecho del

ría limitando el avance democrático en México, ya que se excluiría a una parte importante de su población (más de 15% del total de mexicanos en edad de votar), la que, pese a haber emigrado, sigue contribuyendo económicamente en el desarrollo de sus comunidades (vía las remesas que envían) y sigue participando extraterritorialmente.

El interés de los activistas migrantes por participar en la política mexicana los llevó inclusive a manifestar —en el Tercer Foro Internacional sobre el Voto de los Mexicanos en el Extranjero, efectuado en la ciudad de México del 11 al 14 de noviembre de 1998— su disposición a cubrir los gastos que conllevaría la organización de las elecciones en el exterior. Sumaron a su demanda del derecho a votar, el ser incluidos en las candidaturas de los partidos políticos (Martínez Saldaña, 1998).

Por su parte, el Instituto Federal Electoral, además de participar en varios de los coloquios antes mencionados, también organizó un Seminario Internacional sobre el Voto de los Nacionales en el Extranjero (11 y 12 de agosto de 1998), y una Conferencia Trilateral Canadá-Estados Unidos-México sobre el Voto en el Extranjero (2 y 3 de septiembre de 1998). Ambos eventos tuvieron un perfil comparativo, pues se invitó a ponentes de países donde se practica el voto en el exterior, quienes explicaron desde cuándo y cómo se organiza esta medida en sus respectivas naciones. La discusión fue enriquecedora en el sentido de que se plantearon distintas vías para hacer realidad el voto migrante, los obstáculos que se enfrentan y los índices de participación, entre otros aspectos.

El Senado de la república fue otra de las instancias que organizó foros de discusión y análisis sobre el voto en el exterior. De ellos destaca el coloquio que tuvo lugar en la ciudad de Xalapa, Veracruz en septiembre de 1998, el que no se caracterizó por la pluralidad de los ponentes, ya que contó sólo con dos oradores, los juristas Diego Valadés y Jorge Carpizo, quienes han sido firmes opositores a la posibilidad de que sufraguen desde el extranjero los mexicanos que residen en otro país.

Carpizo y Valadés consideraban que además de que el voto extraterritorial no era un derecho reconocido por la Constitución mexica-

---

que goza toda persona para participar, directamente o por medio de representantes, en el gobierno de su país, destacan: la Declaración Universal de los Derechos Humanos de 1984 (artículo 21), Pacto Internacional de Derechos Civiles y Políticos (artículo 25), y Convención Americana sobre Derechos Humanos (artículo 23).

na, no era una práctica generalizada (Carpizo y Valadés, 1998), a pesar de que más de 40 países alrededor del mundo ya lo practican.[21] Asimismo, afirmaban que el hecho de que la mayoría de los connacionales se concentren en Estados Unidos —con el que México comparte una extensa frontera y una compleja relación bilateral— convertía al voto extraterritorial en un riesgo para la soberanía nacional y no en una contribución al desarrollo de la democracia del país.[22]

En contraste con estos argumentos en contra del voto de los mexicanos en el exterior, la conclusión a la que arribó la comisión de especialistas que se abocaron durante seis meses a analizar cómo podría llevarse éste a la práctica, fue en el sentido de que era viable que éste se ejerciera a partir de los comicios del año 2000. El informe presentado el 12 de noviembre de 1998 sostenía que: "Es viable llevar a cabo la elección presidencial del año 2000 con la participación de los votantes mexicanos en el exterior y que para ello es posible acudir a diversas modalidades para la emisión del voto, aquí identificadas, que cumplen con la racionalidad jurídica del sistema electoral mexicano."[23]

Una vez aclarado que no había condición jurídica, económica o logística para continuarse negando a la realización del sufragio allende las fronteras, quedaba claro que el futuro de esta medida estaba condicionado a un debate político como veremos más adelante. Ante este escenario, las posturas partidistas terminaron por definirse; PRD y PAN

---

[21] Entre los países que lo practican pueden mencionarse: Austria, Alemania, España, Francia, Holanda y Suecia en Europa; Argentina, Brasil, Canadá, Colombia, Estados Unidos y Panamá en el continente americano; Argelia, Nigeria, Sudáfrica y Zimbawe en África; Filipinas e Israel en Asia y Australia y Nueva Zelandia en Oceanía.

[22] De acuerdo con estos juristas, el que voten los mexicanos que residen permanentemente fuera del país representa: a) poner en riesgo la soberanía nacional al permitir, como resultado de la aprobación no sólo del voto extraterritorial sino también de la no pérdida de la nacionalidad mexicana, que participen en las elecciones mexicanas sujetos que también son ciudadanos de otro país, y que por ende, tienen dobles lealtades; b) abrir la puerta a la injerencia externa en asuntos que sólo competen a los mexicanos; c) facilitar el que voten personas que al estar alejadas del país no tienen la información suficiente para emitir un voto responsable e informado y tampoco serán gobernados por las autoridades que están contribuyendo a elegir; d) permitir la intervención de las autoridades estadunidenses en el proceso electoral mexicano; e) dar lugar a que se presenten problemas de incompatibilidad entre las leyes estadunidenses y las mexicanas, así como una posible aplicación extraterritorial de estas últimas; f) contribuir a exacerbar el clima racista y antiinmigratorio que ya se vive en Estados Unidos, al alimentar el fantasma de la reconquista y de las dobles lealtades, lo cual más que beneficiar, afectaría a nuestros connacionales.

[23] Para información detallada sobre el reporte de la Comisión de Especialistas, al final de este capítulo se anexa un resumen del informe presentado por el IFE.

respondieron con una actitud cooperativa y de respaldo a legislar en la materia. Este apoyo se manifestó no sólo en el nivel discursivo, sino también en la participación de legisladores de ambos partidos en los foros que organizaron los migrantes,[24] así como en la presentación de iniciativas de ley relacionadas con el voto en el exterior.

Por parte del PRD, los diputados Lázaro Cárdenas Batel y Martha Dalia Gastelum presentaron sendas iniciativas en abril y diciembre de 1998. La primera, proponía adicionar y reformar distintos artículos del COFIPE (numerales 3 y 5 de los artículos 6 y 23), a fin de trasladar la responsabilidad de establecer las bases y criterios para el ejercicio del voto de los mexicanos residentes en el extranjero al Consejo General del IFE.[25] En tanto que la segunda planteaba adicionar el decreto aprobatorio del presupuesto de egresos de la federación con una partida especial para que el IFE comenzara los trabajos para la puesta en práctica del voto extraterritorial.[26]

Por su parte el PAN, que hasta mayo de 1998 había expresado un apoyo condicional a la posibilidad de que votaran los migrantes, fue mostrando un mayor activismo frente al tema, reflejado a través de los diputados Javier Algara Cossío y Rafael Castilla Peniche. Este último presentó en noviembre de 1998 una iniciativa para adicionar el texto del artículo 35 constitucional con el fin de hacer explícito el reconocimiento al voto de los mexicanos en el extranjero. Asimismo, se planteaba reconocer que este derecho es una necesidad de nuestro país ante la fuerte expulsión migratoria (Ross, 1999).[27]

Aunque ninguna de estas iniciativas prosperó, sí son ilustrativas del apoyo que tanto PAN como PRD demostraron hacia el voto extraterritorial.[28] En contraste, el PRI pasó del apoyo condicionado expresado

---

[24] Entre los legisladores panistas que participaron en los foros organizados por los migrantes destacan la senadora María Álvarez Bernal y los diputados Rafael Castilla Peniche y Javier Algara Cossío. Mientras que por parte del PRD participaron las diputadas Martha Dalia Gastelum, María del Carmen Escobedo y Julieta Gallardo, el diputado Carlos Heredia y los senadores Jorge Calderón y Mario Saucedo.

[25] Iniciativa de decreto que adiciona y reforma diversas disposiciones del Código Federal de Instituciones y Procedimientos Electorales, Palacio Legislativo de San Lázaro, 30 de abril de 1998, mimeo.

[26] Proposición de adición de un artículo transitorio al decreto aprobatorio del presupuesto de egresos de la federación para 1999, Palacio Legislativo de San Lázaro, 11 de diciembre de 1998, mimeo.

[27] Iniciativa de reforma al artículo 35 constitucional.

[28] Es importante señalar que estamos tomando a los partidos como actores unitarios, sin embargo, no perdemos de vista que al interior de éstos se encuentran grupos con opiniones

en mayo de 1998 a la defección. Al demostrar la comisión de especialistas que los argumentos con los que respaldaban su oposición a que votaran los mexicanos en el exterior eran refutables, este partido reaccionó descalificando el informe por considerar que: "las conclusiones de la comisión excedieron sus atribuciones al señalar que es posible que ese voto se produzca en las elecciones presidenciales del año 2000, cuando esto es una facultad que sólo compete determinar al Congreso de la Unión".[29] A partir de la sesión del 16 de noviembre de 1998, dicho partido asumió una actitud de enfrentamiento hacia el IFE acusándolo de imparcialidad.[30]

Con una correlación de fuerzas de dos partidos a favor y uno en contra y acortándose los tiempos para realizar las reformas que permitieran sufragar a los migrantes en el año 2000, dio inició el año de 1999. Durante los tres primeros meses del año, la estrategia de los partidos fue propiciar encuentros entre legisladores y grupos técnicos con el fin de buscar puntos de convergencia para impulsar una agenda parlamentaria conjunta. A fines de enero parecía haber consenso de que en el periodo ordinario se discutieran temas como: "el voto de los mexicanos en el extranjero, la autonomía de la Comisión Nacional de Dere-

---

divergentes. En el caso del PRD no se evidenciaron divisiones con respecto a este tema, sin embargo, en el interior del PAN, sí hubo quienes se mostraban escépticos ante la viabilidad del voto de los migrantes. Entre estos últimos se encontraban los legisladores Santiago Creel, Juan Miguel Alcántara, Francisco José Paoli Bolio y José Medina Padilla, así como los gobernadores de Nuevo León y Aguascalientes, Fernando Canales Clariond y Felipe González, respectivamente. Véase Georgina Morett Cuevas, "Lagunas jurídicas y posiciones partidistas frenan el voto extrafronteras en el 2000", La Crónica de Hoy, 15 de marzo de 1999.

[29] Jesús Rodríguez Gómez, "Madrugan a Woldenberg consejeros del Instituto Federal Electoral (IFE) abandonan la sesión el Partido Revolucionario Institucional (PRI)", El Financiero, 27 de noviembre de 1998.

[30] A manera de contextualización, consideramos importante señalar que el clima de la sesión en la que se presentó el informe de la comisión de especialistas no fue nada propicio al logro de consensos, por el contrario se caracterizó por el enfrentamiento. Éste se desencadenó luego de que la representante del PRD en el IFE, Lorena Villavicencio, solicitara la inclusión en el orden del día, de la discusión de una resolución, de la Junta General Ejecutiva de dicho órgano, sobre la queja que su partido había presentado respecto al presunto financiamiento ilegal del PRI. Este incidente sirvió como catalizador para que se caldearan los ánimos y olvidándose del motivo por el que se habían reunido, consejeros y representantes de partidos se enfrascaran en una discusión sobre si era o no posible incluir un tema no pactado previamente, en una sesión extraordinaria. Legal o no la medida, el punto fue incorporado a la agenda de la sesión extraordinaria del 16 de noviembre de 1998, provocando con ello que el PRI amenazara con enjuiciar políticamente al IFE, y se retirara del Consejo General. Véase José Luis Popo García, "Vislumbra el PRI juicio político contra consejeros electorales", La Crónica de Hoy, 18 de noviembre de 1998.

chos Humanos, el fortalecimiento municipal y la creación del Organismo Superior de Fiscalización", según lo expresara el entonces subsecretario de Gobernación, Jorge Alcocer, después de la reunión que sostuvo con miembros de la Gran Comisión del Senado y de la Comisión de Régimen Interno y Concertación Política de la Cámara de Diputados.[31]

Sin embargo, en abril los diputados priistas, a través de su coordinador y vicecoordinador, Arturo Núñez y Rafael Oceguera, respectivamente, se encargaban de echar por tierra este supuesto consenso al manifestar que: "su partido no avalaría ningún cambio en materia electoral, pues la reforma de 1996 fue producto del consenso de todos los partidos políticos",[32] además de que ésta "no ha[bía] sido aplicada en una elección presidencial".[33] De esta manera, el PRI dejaba en claro su rechazo a cualquier posibilidad de realizar cambios que permitieran el voto extraterritorial en los comicios presidenciales del año 2000.

Por lo que respecta al PAN y al PRD, aunque hubo desencuentros entre ambos partidos sobre el universo de potenciales beneficiarios de esta medida (para los perredistas no debería limitarse el ejercicio ciudadano a ningún nacional mexicano, lo que reconocía de facto la doble ciudadanía; en tanto que la visión panista dejaba fuera del derecho al sufragio a los mexicanos que tuvieran doble nacionalidad) lograron consensar e impulsar, en la Cámara de Diputados, una iniciativa que proponía la adición de un libro noveno al COFIPE, en el que se reglamentaba cómo se debía votar desde el extranjero.

En la iniciativa del libro noveno presentada el 15 de abril de 1999 se proponía:

1) La elaboración de un padrón electoral de votantes con residencia permanente en el extranjero.

2) La emisión de credenciales de elector a aquellos que acreditaran su nacionalidad mexicana y una vinculación con su país de origen.[34]

---

[31] Manuel Moreno Domínguez y Fernando Ramírez Aguilar, "El voto de mexicanos en el exterior, en la agenda del Congreso", *El Financiero*, 31 de enero de 1999.

[32] Mauricio Juárez González, "Intentarán hoy los coordinadores parlamentarios ponerse de acuerdo en la agenda de la Cámara", *El Economista*, 12 de abril de 1999.

[33] Ciro Pérez Silva, "La oposición presentará el jueves las reformas al COFIPE", *La Jornada*, 13 de abril de 1999.

[34] Como documentos probatorios de la nacionalidad mexicana se exigirían: el pasaporte vigente, el acta de nacimiento, la carta de naturalización o el certificado de recuperación de la nacionalidad. Mientras que la vinculación con México se podía probar presentando compro-

3) Otorgar el derecho al sufragio sólo a los que votan en las elecciones del país en que residen.

4) Instalación de casillas ordinarias y especiales en los lugares donde residen más de 500 mexicanos.

5) Voto por correo certificado de las personas que residan en lugares con menos de 500 connacionales.

A pesar de que esta iniciativa no prosperó, el PAN y el PRD continuaron sus esfuerzos por reglamentar el voto migrante. Antes de que finalizara el periodo ordinario, el 26 de abril de 1999, presentaron junto con los otros dos partidos de oposición con representación en la LVII Legislatura, PT y Partido Verde Ecologista de México (PVEM), un paquete de reformas electorales en el que también se incorporaba el sufragio extraterritorial.[35] Resaltaban la importancia de garantizar el ejercicio del voto en el extranjero para el año 2000 con el fin de igualar a México con los países democráticos que ya contemplan este derecho. Sin embargo, no se especificaba cómo llevar éste a la práctica, además que se consideraba que el universo de potenciales beneficiarios era muy limitado, ya que se establecía permitir que votaran sólo los ciudadanos mexicanos que ya contaran con credencial de elector.[36]

No obstante, ni aun esta última iniciativa, con todo lo raquítica que fuera, logró fructificar. Pues a pesar de que el paquete de reformas a la Ley Electoral en el que estaba incluida fue aprobada por el bloque opositor dos veces en el pleno de la Cámara Baja (el 29 de abril y el 10

---

bante de pago de impuestos, constancias de envíos de dinero a familiares directos, títulos de propiedad de bienes en territorio nacional, matrícula consular, credencial de elector expedida en México, o bien, demostrar ser becario o dependiente económico de mexicanos residentes en territorio nacional. Véase "Proyecto de decreto que adiciona un libro noveno al Código Federal de Instituciones y Procedimientos Electorales", Palacio Legislativo de San Lázaro, México, 15 de abril de 1999, pp. 12-13.

[35] Además del voto en el exterior, en dicho paquete se contemplaban los siguientes aspectos: 1) La ampliación de las coaliciones y la reintroducción de la figura de las candidaturas comunes; 2) mayor fiscalización y límites al financiamiento de los partidos en campañas y precampañas; 3) incremento de 200 a 300 horas en el acceso de los partidos al tiempo concesionado en los medios de comunicación electrónica; 4) límite al uso clientelar y propagandístico de los recursos gubernamentales; 5) prohibición del voto corporativo; 6) eliminación de la sobrerrepresentación en los órganos legislativos del partido mayoritario. Véase: Alberto Aguirre, "¿Resucita el bloque opositor? La reforma electoral de la oposición", *Masiosare*, suplemento de *La Jornada*, 18 de abril de 1999.

[36] "Iniciativa de decreto que reforma y adiciona y deroga diversas disposiciones del Código Federal de Instituciones y Procedimientos Electorales", *Diario de los Debates. Órgano Oficial de la Cámara de Diputados de los Estados Unidos Mexicanos*, año II, núm. 4, 29 de abril de 1999, México, p. 1537.

de agosto de 1999), éste fue rechazado igual número de veces por la mayoría priista en la Cámara de Senadores (8 de julio y 12 de agosto de 1999). Y dado que para modificar o emitir una ley es necesario contar con la aprobación de ambos órganos legislativos, con el doble rechazo de los senadores priistas se canceló la posibilidad de que los mexicanos residentes en el exterior pudieran ejercer su ciudadanía votando en las elecciones presidenciales del año 2000.

En vano resultó el intensivo esfuerzo de cabildeo de los migrantes, (en 1999 organizaron dos delegaciones más, una en marzo y otra, la más numerosa de todas, a principios de junio)[37] y las maniobras legislativas de los partidos de oposición, para vencer la correlación de fuerzas que el PRI todavía tenía a su favor en el Senado de la LVII Legislatura. Sin embargo, existieron otros factores que contribuyeron a este resultado, uno de ellos fue el no tratar el tema de forma autónoma, sino incorporándolo en el paquete de reformas electorales.

Incluir la reglamentación del voto de los mexicanos en el exterior en el paquete completo de reformas al COFIPE, no hizo sino dificultar su aprobación. A la renuencia priista frente a la extensión de la ciudadanía se sumaba su rechazo que expresaría ante la posibilidad de que los partidos de oposición se aliaran sin tantas limitaciones como las que impone la actual legislación electoral, que se disminuyera su acceso al tiempo concesionado por el IFE en medios de comunicación electrónica y que aumentaran los controles sobre los gastos en campaña y precampañas; todo ello como consecuencia de los cambios introducidos por las reformas votadas a fines de abril de 1999 por los diputados de oposición.

---

[37] Estas delegaciones además de difundir en la prensa el tema del voto extraterritorial, sostuvieron entrevistas con legisladores y miembros de las dirigencias del PRD, PAN y PRI con los candidatos presidenciales Cuauhtémoc Cárdenas y Vicente Fox, con funcionarios de la Secretaría de Gobernación, e inclusive con el jefe de asesores del presidente de la república, con el fin de exigir a los partidos y a las autoridades mexicanas que reformaran el COFIPE antes del inicio del periodo electoral, el 2 de julio de 1999 (ya que la Ley Electoral establece que no se pueden hacer reformas en la materia una vez iniciado dicho periodo), con el fin de que pudieran votar desde el exterior en las elecciones presidenciales del 2000. Asimismo, los activistas migrantes también recurrieron a la estrategia de enviar cartas, correos electrónicos e inclusive llamar por teléfono a los legisladores, así como realizar protestas en los lugares donde se presentó el presidente Ernesto Zedillo durante su visita a California en mayo del 2000. Véase "El dedazo es parte de la historia: Zedillo", *La Jornada*, 20 de mayo de 1999; Robert Gunnison, "Mix of Cheers, Protests Greet Mexican President Zedillo", *Chronicle*, 19 de mayo de 1999; Richard Wisdom, "Protesters voiced their disapproval of Ernesto Zedillo's policies", *San Jose Mercury News*, 19 de mayo de 1999.

Pero eso no era todo, su inclusión en el paquete de reformas al COFIPE conllevó otros problemas para la puesta en práctica del voto extraterritorial. Al concentrarse la atención en el conjunto de modificaciones electorales y al hacerse cupular la negociación, bajó el perfil de relevancia de este tema, y por consiguiente se dejó fuera del intercambio político a los legisladores que habían impulsado y estudiado el asunto del sufragio migrante. Al mismo tiempo, al no detallarse en la redacción de la iniciativa las especificaciones sobre cómo se debería desarrollar el proceso electoral en el exterior, se dio pie a que los legisladores priistas (entre ellos Enrique Ibarra y Dionisio Pérez Jácome) criticaran la vaguedad de la propuesta opositora y reforzaran sus reticencias.

Por consiguiente, consideramos que al no impulsar el voto en el exterior de forma autónoma y al no haber optado por el recurso de votarlo en lo individual (una vez que éste había sido incorporado al paquete de reformas electorales), los partidos políticos antepusieron sus intereses pragmáticos sobre las condiciones de las reglas del juego electoral, buscando cada uno maximizar sus posibilidades de triunfo, por encima de la obligación de reglamentar el proceso electoral de lo que ya es un derecho garantizado por nuestra Carta Magna, votar sin restricciones de residencia.

## DEMOCRACIA A LA MEXICANA: LA LUCHA POR EL VOTO CONTINÚA, 2000-2003

El voto en el exterior debe verse, tal como se ha mostrado en estas páginas, como un punto más en el debate del proceso de transición política mexicana que sintetiza las posiciones que los diferentes actores asumieran en el proceso del cambio. Sin embargo, este tema quedó como un pendiente, por lo que su demanda continuó vigente.

El 2 de julio de 2000 marca el fin del régimen político mexicano. La elite del PRI reconoció por primera vez el triunfo electoral de un partido de oposición, el PAN encabezado por Vicente Fox, primer presidente mexicano no priista en 70 años. Al igual que lo hicieron la mayoría de los políticos mexicanos desde la década de los ochenta, Fox incluyó en su agenda política giras por las principales ciudades donde radican mexicanos en Estados Unidos, además visitó en repetidas ocasiones regiones de la Unión Americana para entrevistarse con diferente grupos que apoyaban su candidatura. Al asumir la presidencia en todo momento hizo pronunciamientos que reiteraban su compromiso de incorporar social, económica y políticamente a los migrantes mexicanos a la vida nacional. Una de sus declaraciones sobresalientes a este respecto es que repitió en distintas ocasiones que su gobierno incluiría a los 108 000 000 de mexicanos, en clara alusión a los mexicanos que radican en el exterior. Es decir los 10 000 000 que no se incluyen en el censo nacional donde se contabilizan 98 000 000 de habitantes.

Al asumir el poder Fox incluyó la problemática migratoria como un tema fundamental para su gobierno, abriendo incluso una oficina de atención a los migrantes bajo sus órdenes. En varias de sus giras a Estados Unidos habló del tema migratorio incluyendo un sinfín de veces el tema del derecho al voto en el exterior, lo que resultó una novedad porque los políticos priistas eludieron por décadas el tema migratorio ante sus homólogos, por el supuesto temor de generar mayores conflictos entre México y Estados Unidos.

Sin embargo, a pesar de este arranque espectacular, el tema del derecho al voto poco a poco fue quedando relegado y nuevamente entró a un proceso de desgaste en que los migrantes acabaron siendo rehenes de la dinámica del sistema político. A pesar de esto, la espiral de participación de parte de los migrantes fue creciendo, con lo que la demanda de inclusión que buscaba avanzar en la reglamentación para la elección presidencial muy pronto incluyó nuevas fórmulas hacia la representación política.

Este proceso puede verse ya desde el periodo electoral del año 2000, cuando distintos partidos (PRI y PRD) incluyeron de manera extraoficial, pero en concordancia a sus lineamientos partidistas internos, candidatos que radicaban en el exterior. Irónicamente fue el candidato del PRI quien alcanzó la votación necesaria para ser el primer diputado migrante por representación proporcional, a pesar de ser éste el partido que canceló la posibilidad de elecciones en el exterior.

Posteriormente una pugna estatal suscitada por el triunfo en las elecciones para presidente municipal en el poblado de Jerez, estado de Zacatecas, de un migrante, Andrés Bermúdez, conocido como el "Rey del Tomate", cuya candidatura se cuestionó por no poder comprobar su residencia en México, exacerbó el debate sobre la representación política extraterritorial que sobrepasa la demanda de votar en elecciones presidenciales, pues incluye el voto por diputados, senadores, además de poder ser elegido para ambos cargos de representación popular.

Estas demandas empezaron a cobrar forma cuando a mediados de 2001, en el Foro Binacional sobre la reglamentación del voto en el exterior llevada a cabo en Chicago, Illinois (25 y 26 de agosto), se reactivó la organización política trasnacional, ante el temor de volver a ser víctimas de los tiempos políticos mexicanos que requiere modificar las leyes electorales. Fue sin embargo hasta diciembre de ese mismo año, en el marco de un nuevo foro, se demandó la inclusión del tema de derechos políticos en la agenda política nacional, de tal forma que se dio la Declaración de Zacatecas (resultado del foro que se llevó a cabo el 1 y 2 de diciembre de 2001) donde se expuso la necesidad de gestionar con las distintas instancias de representación política sobre este punto. El debate en este foro no fue sobre la problemática migratoria de manera general, sino que fue específicamente sobre la demanda del voto en el exterior. En este foro se incluyó de manera especial la demanda por la participación en elecciones locales. Como resultado de este evento la *Gaceta Parlamentaria* del martes 18 de diciembre de 2001, órgano oficial del Congreso Mexicano, aprobó el punto de acuerdo en "relación con el ejercicio de los derechos políticos de los mexicanos en el exterior".[38]

Dada la pobre respuesta de la clase política mexicana al llamado de los migrantes, se organizó en marzo de 2002 una gira convocada por la delegación por los Derechos Políticos de los Migrantes en el Extranjero, que aglutinó a más de 40 mexicanos radicados en el exterior que realizaron cabildeo político en los foros más importantes de la política nacional. Presidencia, Secretaría de Gobernación, Cámara de Diputados, senadores, IFE y la dirigencia de los principales partidos políticos (PAN, PRI, PRD) dieron entrevistas, conferencias de prensa y participaron en debates académicos. La recepción fue calificada como positiva por organizadores y participantes, ya que nunca antes una delegación de mexicanos en lucha por el voto en el exterior se había reunido a la vez con representantes políticos de alto nivel, desde el presidente de la república (Vicente Fox), hasta los dirigentes de partidos políticos. Sin em-

---

[38] En ese foro se rearticuló la participación de los migrantes a través de distintos grupos, uno de los cuales, la Coalición por los Derechos Políticos de los Mexicanos en el Exterior, mantiene abierta una red virtual que permite el intercambio y debate de ideas respecto a este tema.

bargo, a pesar del éxito de esta visita y la calurosa recepción que cada una de estas instancias tuvo hacia los migrantes, el proceso de reglamentación del sufragio desde el exterior nuevamente se volvió a congelar. Una tendencia a recibir muestras de respaldo y apoyo que los migrantes han aprendido a interpretar como una expresión clásica de la política mexicana de siempre decir que sí, pero nunca decir cuándo.[39]

Sin embargo, desde esa fecha el debate no se paralizó del todo y fue interesante que un político panista (Jeffrey Jones) lanzara una convocatoria para retomar el tema. Luego de algunas sesiones de intercambio y recriminaciones entre migrantes y representantes políticos (entre abril y mayo de 2002), se lanzó una iniciativa acordada con un viejo político priista (Genaro Borrego), que buscaba una nueva forma de inclusión política para los migrantes a través de reglamentar que los partidos políticos incorporaran migrantes en sus listas de candidatos plurinominales. La iniciativa conocida como Jones-Borrego fue debatida entre los grupos de migrantes, algunos la veían con buenos ojos con el fin de que se incluyera ya el tema de la representación en el siguiente proceso electoral de 2003 (elecciones intermedias). Otros, impulsaban una vieja demanda de representación directa a través de una circunscripción especial para migrantes conocida como La Sexta. Ambas iniciativas en realidad se complementaban y no eran excluyentes una de la otra, el problema es que nuevamente los tiempos políticos sacrificaron a los migrantes y durante el periodo extraordinario que realizó el Congreso con el fin de avanzar en temas pendientes por legislar, el tema de los derechos políticos de los migrantes volvió a ser pospuesto para tiempos mejores.[40]

---

[39] Una semana después de esta gira política otra delegación de migrantes visitó la ciudad de México del 18 al 24 de marzo de 2002, a este grupo se le conoció como el Migrantour.

[40] Entre los logros significativos que tuvo la coalición de los derechos políticos de los mexicanos en el extranjero en el año 2002 están: 1) Haber creado en la ciudad de México una representación que diese seguimiento a los encuentros con líderes políticos y acordase con los dirigentes de la coalición en Estados Unidos pasos consecuentes con la lucha emprendida. Esto dio por primera vez continuidad al trabajo de las delegaciones de migrantes. 2) La creación de instancias especiales en el Senado y en la Cámara de Diputados para tratar el tema de los derechos políticos. 3) Haber organizado en unión con las legislaturas estatales y universidades del estado de Michoacán y Zacatecas importantes foros sobre el tema, incorporando así a gobiernos, intelectuales y organizaciones estatales de migrantes en la dinámica para hacer efectivos los derechos de voto y representación política a escala estatal y federal. 4) La redacción, junto con los asesores de los senadores Genaro Borrego y Jeffrey Jones, de la iniciativa de la ley sobre representación de los migrantes en la Cámara de Diputados para el año 2003, a través de candidaturas partidistas a la representación proporcional.

## ALGUNOS ELEMENTOS PARA ENTENDER EL DEBATE

Tal como hemos visto, la postergación de la reglamentación para hacer efectivo el derecho al voto no se explica por algunas de las dificultades que todos los casos analizados en este volumen señalan, como son la dificultad técnica de realizar elecciones fuera del territorio nacional y de garantizar la transparencia del proceso electoral transnacional.[41] En el caso mexicano estos puntos son centrales, pero no explica la postergación de esa ley. En realidad, fue el cálculo político que cada partido hizo de cuánto le favorecería el voto de la comunidad migrante lo que definió su postura y empuje hacia la causa del voto en el exterior, en última instancia, esto explica el estado de congelamiento de la reglamentación de dicha ley. Así pues, para ubicar el proceso del debate, no basta con conocer los sucesos descritos aquí, sino que es importante considerar algunos elementos que pesaron en la posición que cada partido asumió en este ajedrez político en que los migrantes no pasaron de ser los peones.[42]

## PRD: LOS MIGRANTES CON LA IZQUIERDA

El PRD es el partido que ha sostenido la posición más clara de defensa de los migrantes mexicanos. Desde su fundación (1990) y aun antes con sus antecesores como el Partido Socialista Unificado de México (PSUM) y el Partido Mexicano de los Trabajadores (PMT), sus principales lideres elaboraron programas concretos respecto a la problemática migratoria. Pero muchas de las estrategias de las distintas fracciones partidistas de izquierda no tuvieron efecto a largo plazo, y no fue hasta que surgió un movimiento político como el que se dio en 1988 respecto a la candidatura presidencial única del ingeniero Cuauhtémoc Cárdenas, cuando la izquierda mexicana descubrió el inusitado interés de los migrantes por participar en política. Ante su sorpresa, descubrieron que tenían un potencial político desaprovechado que no requería de campañas de sensi-

---

[41] Por ejemplo, este es un tema de gran debate en el caso hondureño. Véase Hérnandez en este volumen.

[42] Para efectos de este análisis consideramos a los principales partidos políticos: PRI, PAN y PRD.

bilización, porque surgía de manera espontánea entre mexicanos sin filiación partidista, deseosos de hacer patente su apoyo a la posibilidad del cambio en México a través del candidato que postuló el Frente Democrático Nacional. Para demostrar este apoyo por el proceso político concentrado en lo electoral, se empezaron a realizar elecciones simbólicas en varias ciudades estadunidenses y la demanda por votar en las elecciones, aun estando fuera del país, empezó a crecer.

Cuando en 1996 se inició un nuevo periodo para debatir la Reforma Política Nacional que se consideraba sería definitiva, el PRD hizo suya la demanda del voto de los migrantes. En clara desventaja con los otros dos partidos importantes de México: el PRI y el PAN, el PRD en voz de un viejo político, Porfirio Muñoz Ledo, negoció el apoyo de su partido al proceso en que se discutía la situación de Chiapas, a cambio de que se aprobara la ley para permitir el voto en el exterior. La ley entró en un paquete de más de 50 reformas electorales, una de las menos relevantes. La inclusión de la ley en el paquete de reformas hizo suponer a muchos que los migrantes podrían votar en las elecciones del año 2000. Sin embargo, como vimos antes, este derecho quedó supeditado a la creación de un Registro Nacional Ciudadano (RENACI) que se volvió un candado para postergar la reglamentación de la ley aprobada.

Un hecho importante en cuanto al juego político del PRD es que desde el impulso de la Ley del Voto en el Exterior se manejó en el interior del PRD, y ante el resto de los demás partidos, la idea de que gozaban de la preferencia de los migrantes. El supuesto se basaba en que, aunque la migración mexicana es predominantemente económica, los migrantes salen del país por la incapacidad del sistema de ofrecer mejores oportunidades, lo que se traduciría en una posición crítica frente al partido en el poder (PRI) y favorable al PRD. Esta hipótesis nunca tuvo un claro sustento porque, si bien durante las diferentes jornadas donde se desarrollaron elecciones simbólicas por parte de los mexicanos en el exterior, el PRD obtuvo una ventaja sobre los otros partidos, estos procesos nunca fueron representativos del universo de migrantes, y su objetivo era sobre todo hacer evidente la exclusión política, además de manifestarse respecto al contexto político mexicano. Si consideramos también que los convocantes en estos procesos eran viejos activistas de la izquierda ligados al PRD, los resultados eran predecibles, lo que no invalida el proceso como un acto simbólico, aunque no puede considerarse como una fuente confiable sobre las preferencias partidis-

tas de los migrantes. Este supuesto de creer que los mexicanos raciona-
lizan su propia migración en términos políticos resultó una mala apre-
ciación del potencial electoral de éstos, que en diversas investigaciones
mostró que, en realidad lejos de ser opositor en principio, reproduce
la complejidad del electorado nacional, que a su vez se define de acuerdo con la coyuntura política. Esto es, el potencial electorado mexicano
en el exterior es como un espejo que refleja la dinámica política interna
(Calderón, 1997).

Hay elementos que permiten ubicar que la migración mexicana
no es por oposición al régimen, lo que sería a todas luces una exageración, ya que pocos son los casos registrados como de exilio político.[43]
Sin embargo, es un hecho que hay una coincidencia interesante que
muestra que los estados de mayor expulsión migratoria son los estados
donde triunfaron partidos de oposición, no sólo a nivel local, sino inclusive obteniendo gubernaturas. Tal es el caso de Guanajuato, Jalisco,
Michoacán, Zacatecas, municipios del Estado de México e inclusive el
Distrito Federal. Esto no quiere decir que la migración define la política en esos lugares, pero es un hecho que la alta concentración migratoria de la mayoría de esas zonas tiene un peso en la vida política local
que de alguna manera se refleja en una mayor oposición al partido que
durante años tuvo la hegemonía del poder político (PRI).

La postura del PRD de apoyo irrestricto a la causa migrante, pero
basada en la idea de que el voto desde el exterior sería a su favor, lejos
de servir a la lucha ciudadana creó la idea de que los migrantes eran
disidentes, lo que puso en alerta a las otras fuerzas políticas. Esta estrategia partidizó la demanda por los derechos políticos en el exterior y
le quitó su fuerza de reivindicación ciudadana como principio democrático.

## PRI: EN DEFENSA DE LA PATRIA...
## LA PATRIA SOMOS NOSOTROS

En el caso del PRI, éste desarrolló diferentes estrategias frente a los migrantes (Santamaría, 1994), pero no fue sino hasta el sexenio de Carlos

---

[43] Y no hay comparación posible ante una migración económica y un exilio político, tal
como se expone a todo lo largo de este volumen.

Salinas de Gortari (1988-1994) que se inició una política estructurada para lograr mantener un contacto permanente con las comunidades de mexicanos en el exterior. Como partido en el poder el PRI impulsó la apertura de nuevos consulados, la organización de programas como El Paisano, y el apoyo a los clubes de mexicanos de los diferentes estados expulsores, criticados por reproducir la estructura corporativa y clientelar que durante tanto tiempo sirvió como pilar del sistema político mexicano (Smith, 1994). Durante ese mismo periodo avanzó la apertura comercial y la aprobación del Tratado de Libre Comercio (TLC), entonces, la estrategia del PRI de acercarse a los migrantes dejó de lado su relación con los trabajadores y permitió que el equipo de tecnócratas privilegiara su contacto con las elites mexico americanas. Si bien esto tuvo resultados favorables porque abrió vías de acceso a los sectores comerciales mexicanos con la sociedad estadunidense, sin embargo, no sirvió para modificar la relación tradicional que el gobierno mexicano había mantenido con los trabajadores migratorios. Por el contrario, se mantuvo un tipo de relación plagada de imágenes acartonadas, folclóricas y hasta cursis de los migrantes mexicanos.

Durante este periodo del proceso de transición política, el PRI realizó políticas a través de organismos gubernamentales (consulados, programas de apoyo de organizaciones sociales de migrantes),[44] y aunque también desarrolló una línea que buscaba impulsar células de organización partidista, que funcionaran más allá de atraer simpatizantes a las fiestas patrias,[45] la relación entre las instancias que representan al gobierno mexicano, el partido oficial y los migrantes llegaron a un desgaste natural que reflejaban los propios cambios del sistema político mexicano.

En este contexto, la posición del PRI, por un lado se declaró a favor de la viabilidad de elecciones fuera del territorio, pero al mismo tiempo organizó una campaña para argumentar contra el voto en el exterior. De alguna manera el PRI se creyó el argumento del PRD de que el voto migrante sería a su favor y vio un peligro evidente en que los resultados electorales en el exterior fueran opositores. Ya se había visto que

[44] Lo que no representa ninguna originalidad, ya que precisamente uno de los pilares del viejo régimen político mexicano fue el de permitir el uso indiscriminado de la estructura de gobierno en beneficio del PRI. La novedad estriba en que estos programas buscaban el uso de la maquinaria gubernamental en el exterior.

[45] Para profundizar en este aspecto histórico, véase Santamaría, 1994.

los mexicanos desde el exterior se expresaban más libremente que estando dentro del territorio nacional, y que esas opiniones repetidas veces eran severas críticas contra el gobierno mexicano (Calderón, 1999). Es probable que de poder votar en el exterior, el PRI no podría haber ejercido presión a través de los mecanismos corporativos que caracterizaron la vida política nacional, y esto probablemente se hubiera reflejado en una votación adversa, sin embargo, este argumento mostró los propios temores que el partido enfrentaba ante sectores que anteriormente tenía bajo control.

Si consideramos que el potencial voto migrante no es opositor en principio, tal como lo argumentamos, y que, por lo tanto, lo probable es que de haber podido votar, los migrantes se hubieran manifestado de manera similar a como ocurrió al interior del país, el "efecto espejo" de lo que ocurre en México. Entonces ciertamente el PRI tenía temores fundados de recibir una votación adversa de parte del electorado nacional y, por lo tanto, decidió oponerse a que los mexicanos en el exterior votaran. Es interesante que esta oposición nunca fue abierta, sino que en múltiples eventos, conferencias, entrevistas y discursos parlamentarios el PRI señalaba las bondades de incluir a los migrantes en la vida política nacional, pero reiteraba los peligros que eso traería a la nación. Uno de ellos, por ejemplo, fue el señalamiento de que de llevarse a cabo elecciones en Estados Unidos (ya que 98% de mexicanos se encuentran en ese país), esto podría causar graves problemas a la relación entre ambos países. Argumentos que nunca se escucharon cuando se aprobó la ley en 1996 y que en realidad, como constatan otros casos incluidos en este volumen, son un punto que es salvable porque el propio gobierno estadunidense desde su discurso de promoción a la democracia avala la regularización de la vía electoral como expresión política y, por lo tanto, ofrece incluso apoyo en la realización de elecciones de otros países en su territorio.[46]

Sin embargo, en un nivel sofisiticado, podemos ver cómo el PRI construyó un argumento que buscaba ser contundente para evitar avanzar en las leyes secundarias necesarias. Esgrimía que con el voto de millones de mexicanos fuera de la patria la soberanía se encontraba en peligro. No porque lo creyeran, como lo había demostrado el pragma-

---

[46] Por ejemplo véase el caso de Colombia en este volumen.

tismo político de los negociadores mexicanos al redefinir el rumbo político y económico del país los últimos años, sino porque este punto resultaba consecuente con uno de los baluartes ideológicos del partido en el poder: el nacionalismo revolucionario.

Para comprender la fuerza de este argumento es importante tener en cuenta que uno de los elementos ideológicos fundamentales del PRI se basó en un discurso que se construyó en oposición al mundo exterior, principalmente respecto a Estados Unidos. Por casi 50 años, el exterior, lo extranjero, se utilizó en los discursos oficiales como un enemigo abstracto para legitimar al grupo que se mantuvo en el poder por el derecho emanado de la revolución armada de 1910, que también sirvió para justificar el fuerte centralismo que buscó homogeneizar criterios en todo el país y mantener así un férreo control de los municipios y gobiernos estatales. Fue hasta los años ochenta cuando hubo un viraje político que apostó por una acelerada apertura comercial que abrió México al mundo. Entonces, la idea del exterior se redimensionó dejando de ser el enemigo para convertirse en "los nuevos socios comerciales". Este proceso fue políticamente muy costoso para el régimen que poco a poco vació de contenido al nacionalismo revolucionario, que fue quedando en lemas obsoletos sin mayor eco en la sociedad. El discurso revolucionario perdió su función legitimadora y de alguna manera fue el preludio del fin del poder para la generación heredera de la revolución mexicana.

Desde esta perspectiva, aunque México es uno de los países con más larga tradición migratoria, el Estado pudo colocar por décadas en un lugar secundario a los migrantes. Podemos decir que, simbólicamente hablando, desde esta construcción ideológica la migración era la representación de todo aquello que iba en contra de la esencia de los valores que el régimen exaltaba. Esto explica que la migración fuera equiparada durante años con "dejar la patria", lo que hizo que socialmente se percibiera como una especie de traición, una cobardía, una opción menos sufrida que la de permanecer para soportar la pobreza como el resto de los mexicanos. Si a esto sumamos el hecho de que la migración mexicana se dirigió históricamente a Estados Unidos, que en el imaginario social ha sido la antítesis de la esencia nacional, "el invasor militar de la patria, el usurpador de Chapultepec, el de la pérdida del territorio, país frente al que se ratifica permanentemente la identidad nacional" (Schumacher, 1994). Esto explica, en parte, la enorme dificultad que hay para entender el proceso migratorio y que a pesar de los enormes cambios en esta imagen social de México en el contexto internacional, aún subsistan argumentos que descalifican la decisión de migrar o el derecho a mantener un vínculo a quienes se han ido. De ahí que negar derechos políticos a quien no radica en el territorio nacional es consecuente con este discurso, pues en esencia a quien migraba se le negaba, se le excluía. La novedad es pensarlo de manera diferente, considerándolo como parte de la patria, y si seguimos lo expuesto hasta aquí, el simple hecho de discutir sobre el derecho de los que se fueron y su vínculo con el país supone un cambio en la mentalidad del mexicano y en la forma de concebirse como nación.

Esta imagen negativa que se tuvo de la migración durante décadas (apochado, agringado), no es ya una generalidad en la sociedad mexicana, pero subsiste entre distintos sectores y hay que tenerla presente para entender por qué algunas posiciones respecto al tema de los derechos políticos de quienes radican en el exterior se centran en cuestionar la lealtad, vínculo, contacto e interés legítimo de los migrantes mexicanos con la patria que dejaron.

Volviendo al PRI podemos ver que, como sostén de este discurso, dicho partido pudo mantener una doble cara frente a este tema. Por un lado, como hemos señalado, fue el partido político que desarrolló la estrategia más sofisticada para organizar grupos de apoyo a su favor entre los migrantes, esto gracias a su condición de partido hegemónico que le permitió echar a andar la maquinaria política del partido oficial a través de los consulados y programas del gobierno federal (Smith, 1994). Por otro lado, el PRI enarboló un discurso donde los migrantes se señalaron como sujetos peligrosos, "ya que son fácilmente influibles por intereses estadunidenses lo que pone la soberanía en peligro".[47]

Este argumento no sólo se utilizó por quienes desde el gobierno y el PRI se opusieron y finalmente detuvieron la reglamentación que haría posible extender las elecciones allende las fronteras nacionales, sino que fue un discurso al que el candidato presidencial del PRI en las elecciones del año 2000, Francisco Labastida Ochoa, recurrió varias veces durante su campaña, exaltando la necesidad de limitar la política en territorio nacional y reiterando la importancia de que el voto no se

---

[47] Al respecto véase la investigación hemerográfica (1990-2000) realizada por Montiel, 2001.

volviera un pretexto de injerencia extranjera, en clara alusión a las elecciones en el exterior. El PRI perdió la elección sin salir de las fronteras, por lo que hoy sabemos que el voto de los migrantes no hubiera definido la elección, aunque sí ubicó a este partido como el que se opuso a que 9 000 000 de mexicanos tuvieran la oportunidad de votar. Estratégicamente hablando fue una apuesta equivocada porque los migrantes no habrían cambiado la clara oposición mostrada por la sociedad mexicana contra el PRI, y el partido probablemente hubiera podido ganar votos de algunos sectores que tradicionalmente los han apoyado. Pero por lo menos no hubiera dejado al partido con el costo político de ser quienes negaron el voto a millones de compatriotas. Después de la elección del 2000 el PRI cambió drásticamente su discurso y aun los que fueron los fervientes opositores al voto en el exterior han hecho declaraciones y compromisos públicos por esta causa.[48]

## PAN: UN DISCURSO A LA MEDIDA DEL CLIENTE

El PAN es un partido que se mantuvo alejado de los migrantes mexicanos. Por su origen de clase media, pequeños empresarios y sectores económicamente favorecidos,[49] el PAN vio con cierto desprecio clasista a los trabajadores mexicanos que emigraban (Santamaría, 1994), reproduciendo el estereotipo de que los migrantes mexicanos eran campesinos pobres, analfabetas que huían del hambre del país. Además, dada su condición de no ciudadanos esto los dejaba sin atractivo político. Si no podían votar para que desgastarse con ellos.

A pesar del desinterés del PAN, los mexicanos en el exterior siguieron de cerca sus avances políticos, especialmente porque ese partido se perfiló a partir de la década de los ochenta como un partido que luchaba por el poder a través de la vía electoral en estados fronterizos del norte del país (Chihuahua, Baja California), estados con los que la comunidad mexicana en Estados Unidos mantiene un contacto constante.[50] Los triunfos panistas fueron seguidos con entusiasmo por miles de

---

[48] En este cambio de estrategia, el PRI diseñó un programa para llevar acciones a partir del año 2001 a través de la Coordinación Ejecutiva de ciudadanos en el exterior. Véase hemerografía anexa.

[49] Sin desconocer en su origen apoyo de amplios sectores campesinos del Bajío mexicano.

[50] Visitas cotidianas, por motivos como compras, médicos, diversión.

mexicanos que veían que algo estaba ocurriendo en la sociedad que habían dejado en busca de un mejor futuro. Aun así, el PAN durante los años ochenta no articuló una política definida, ni externó alguna declaración de apoyo y defensa de los connacionales en el exterior.

Hasta que se hizo evidente el potencial electoral de los millones de mexicanos en el exterior fue cuando este partido empezó a desarrollar estrategias y programas, pero el poco contacto con las comunidades y el desconocimiento de la problemática migratoria provocó dispersión entre sus simpatizantes "del otro lado", lo que impidió que se desarrollara una acción partidista que hubiera encontrado miles de adeptos.

A pesar de esta lejanía del PAN con los migrantes, cuando se desarrolló el debate respecto al voto en el exterior, el PAN mantuvo una posición política pragmática, pues este es un tema que no causaba demasiado interés, pero era claramente un tema que había que considerar. Entre sus miembros había algunos que manifestaban una clara oposición al aprobar esta ley, pero en las negociaciones de 1996 decidieron apoyar la reforma a cambio del voto del PRD en otros temas de su interés. Al paso del tiempo no hicieron mayor esfuerzo por acelerar el proceso para reglamentar la ley, pero dado que dentro de sus miembros hay algunos políticos que conocen de cerca la problemática migratoria, fueron éstos los que comenzaron a ver con verdadero interés el escenario en que se incorporarían millones de votantes, muchos de ellos críticos al viejo sistema político.

En el transcurso del periodo 1996-1998, en el interior del PAN hubo serias controversias sobre la posición que el partido tomaría para acelerar la reglamentación necesaria para llevar a efecto elecciones extraterritoriales. Muchos panistas distinguidos señalaban serias dudas sobre la capacidad del IFE, para realizar elecciones que no fueran a ser cuestionadas. Temían que en caso de cualquier controversia, el PRI se aprovechara de eso para declarar nulas las elecciones presidenciales del año 2000. Además, su posición frente a los migrantes seguía siendo lejana y sin claridad de cómo podían incorporarlos a su agenda política. En ese marco, el PAN tomó una decisión estratégica que le aportó beneficios a costa de sus enemigos, principalmente del PRI. Aunque sus miembros estaban divididos respecto a la ley para permitir que se dieran elecciones en el exterior, decidieron apoyarla abiertamente. Durante 1999 formaron un frente común con el PRD y promovieron que se reglamentara. Como sabían que el PRI difícilmente aprobaría la reglamentación secundaria que permitiera el voto en el exterior, el PAN consideró estratégicamente inútil iniciar un debate interno que podría haberlos dividido. Al apoyar esta causa junto con otras demandas para avanzar en la reforma política previa a las elecciones del año 2000, buscaban dejar una imagen de unidad ante la opinión pública nacional, además de congraciarse con los migrantes que por tanto tiempo despreciaron. La jugada política fue magnífica porque aunque no tenían una clara convicción por esta causa migrante, al apoyarla a sabiendas de que el PRI la pararía, dejaron que ese partido pagara todo el costo de haber sido el único que se opuso a la reglamentación necesaria para permitir el voto desde el exterior. Cuando finalmente el voto de la mayoría priista en el Senado impidió que se avanzará en este tema, el PAN realizó una campaña publicitaria donde enfatizaba que "por culpa del PRI los mexicanos en el exterior no votarían en las elecciones del año 2000". La ganancia política que esto redituó al PAN es difícil de medir, pero la realidad es que este partido ganó las elecciones presidenciales con el voto en el interior del país y millones de mexicanos en el exterior siguieron con júbilo el triunfo electoral.

En este juego de ajedrez político, el PRD que fue el partido de oposición que por años articuló una estrategia frente a la comunidad mexicana en Estados Unidos, no recibió ningún beneficio directo y fue el PAN el que cosechó los frutos de un trabajo no realizado entre los migrantes. El PAN en el poder ha impulsado una política abierta al tema migratorio, sus articuladores políticos se han comprometido a avanzar en los temas pendientes de la agenda de la democracia, sin embargo, la respuesta ha sido más retórica, pues el tema sigue empantanado. Y ahí siguen lo migrantes, esperando, esperando. Principales rehenes de una democracia que no acaba de instaurarse y que aún tiene entre sus principales ausentes a los mexicanos que radican en el exterior.

## Anexo. Resumen del Informe final que presenta la comisión de especialistas que estudia las modalidades del voto de los mexicanos residentes en el extranjero

### Objetivo del estudio

Se "procedió a la identificación de las condiciones objetivas y jurídicas para la realización de elecciones fuera de territorio nacional, así como a la elaboración y evaluación del rango más amplio posible de modalidades para el ejercicio del voto en el extranjero, las cuales garanticen condiciones aceptables de cobertura, seguridad y equidad del proceso electoral en el exterior, similares a las que prevalecen en el país. Se cuidó que dichas modalidades respetaran la confiabilidad del proceso electoral, a fin de preservar los avances que el país ha logrado alcanzar en la materia" (p. 3).

"La cuestión central de los estudios emprendidos no fue el debatir el derecho de los mexicanos a votar fuera del territorio, sino como organizar ese derecho constitucional. En suma, es importante resaltar que el objetivo central de la Comisión, fue el de generar los insumos necesarios y suficientes, con base en datos confiables, para que, en su momento, las autoridades competentes decidan acerca de las modalidades y reformas legales pertinentes para materializar el derecho que le otorga a los ciudadanos la Constitución Política de los Estados Unidos Mexicanos" (p. 4).

### Criterios metodológicos

1) Elaboración de propuestas para facilitar el voto de los mexicanos en el extranjero en el año 2000.
2) Amplia gama de modalidades.
3) Selección de modalidades que cumplen con el orden jurídico mexicano.
4) Identificación de las condiciones jurídicas internacionales.
5) Discusión de las modalidades que favorecen la universalidad, equidad, transparencia y confiabilidad del sufragio.
6) Análisis de la cobertura del universo de electores potenciales.
7) Análisis sociodemográfico de los mexicanos en el extranjero.
8) Establecimiento de opciones flexibles de instrumentación gradual, parcial y combinada de las modalidades posibles (p. 6).

### Factores identificados

1) Magnitud de la comunidad mexicana en el exterior.
2) Patrones de asentamiento.

3) Grado de credencialización.
4) Disposición a participar en las elecciones en el exterior (p. 8).


### Algunos resultados

Relación de concentración de mexicanos
en el extranjero-ubicación de consulados

"No hay una clara correspondencia entre la concentración de mexicanos y la oferta de servicios consulares. California, que concentra a 46% de los mexicanos, solamente cuenta con nueve consulados, mientras que en el territorio de Texas hay catorce consulados, a pesar de que concentra solamente 21% de la población; Illinois, estado que ocupa el 4º lugar de concentración de la población mexicana, tiene un consulado, en comparación con la Florida (6º lugar) que tiene dos consulados" (p. 14).


### Conocimiento sobre derechos electorales

65% de los que integran los flujos de residentes en Estados Unidos, declaró saber que en el año 2000 habrá elecciones para presidente de México, la mayoría expresó su deseo de votar y consideró el consulado más cercano como el lugar donde iría a votar. Asimismo una parte importante está dispuesta a trasladarse a alguna ciudad de la frontera, a otro condado o a otra ciudad dentro de Estados Unidos para ejercer el derecho al sufragio. Hay un "franco y notorio interés" "de votar en las elecciones mexicanas" (pp. 15 y 16).


### Fuentes de información de los mexicanos en Estados Unidos

1) De forma privilegiada los noticiarios de las cadenas televisoras en español.
2) Información que proporcionan familiares radicados en México vía telefónica, cartas o visitas.
3) La prensa, la radio y el internet, son fuentes menos utilizadas.


### Proporción de mexicanos en edad de votar radicados en Estados Unidos que tienen credencial de elector: 22%

74% de los migrantes entrevistados en aeropuertos
77% de los entrevistados en la frontera

Es posible prever que en julio de 2000, 1 500 000 personas, aproximadamente, tengan su credencial (p. 18).

## Documentos que poseen los migrantes

"el pasaporte y la matrícula consular son los documentos mexicanos más usuales con que cuentan los integrantes de los flujos de residentes en los Estados Unidos de América". Además "una proporción importante de los mexicanos que viven allí acostumbra tener su acta de nacimiento" (p. 18).

## Modalidades posibles de registro

"la Comisión procedió a desarrollar modalidades alternativas para el registro de votantes. Ninguna de ellas permite, ni pretende diferenciar a la población mexicana en el extranjero, por ejemplo, según tiempo o condición migratoria. Todas ellas deberían tener las garantías de seguridad que hoy ostenta la credencial para votar con fotografía, así como las posibilidades de vigilancia de la que hoy gozan los partidos políticos."

"La Comisión ubicó tres posibilidades para llevar a cabo el registro de mexicanos con derecho al voto en el extranjero":

1) Hacer una campaña de credencialización en el extranjero.

2) Expedir en el extranjero una tarjeta de identificación electoral.

3) Que el registro de votantes y la emisión de la credencial de elector se efectúe únicamente en territorio nacional.

## Conclusión a partir del diseño de las modalidades básicas

"Dos de las modalidades levantan un registro de mexicanos en el extranjero, y la otra, simplemente permite votar en el extranjero con el instrumento de identificación que se expide en México" (pp. 22 y 23).

El resultado más significativo del ejercicio, del cual se desprende la derivación de las modalidades básicas de voto en el extranjero, es que no hay condición jurídica, económica o logística que provoque como solución a la cuestión del voto de los mexicanos en el extranjero su negación, siempre habrá, en la gama de posibilidades, alguna que satisfaga las condiciones que el principio de realidad impone, es decir, siempre existirá una respuesta afirmativa a la cuestión del voto de los mexicanos en el extranjero (p. 81).

## Colaboración con órganos electorales extranjeros

"Bajo cualquiera de las modalidades propuestas, podrían celebrarse las elecciones sin que para ello sea necesario establecer formalmente la colaboración con" órganos electorales extranjeros (p. 99).

### Acuerdo con el SIN (Servicio de Migración y Naturalización de Estados Unidos)

Un acuerdo con el SIN y demás autoridades coadyuvantes podría permitir un clima de seguridad para los votantes.

### Reformas a la Ley Electoral

Resulta necesario, para posibilitar el voto de los mexicanos en el extranjero, modificar o adicionar:

Código Federal de Instituciones y Procedimientos Electorales (COFIPE).
Ley General del Sistema de Medios de Impugnación en Materia Electoral.
Código Penal (en la parte relativa a los delitos electorales).
Ley Orgánica del Poder Judicial de la Federación.

### Nuevo Libro del COFIPE

Entre diversas opciones la Comisión recomienda agregar un nuevo libro al COFIPE, para implementar el voto de los mexicanos en el extranjero. Éste comprendería:

1. Aclarar que el voto de los mexicanos en el extranjero en el año 2000 será únicamente para presidente de la república.

2. Establecer las formas en que se aplicarán las sanciones administrativas y penales por actos cometidos en el extranjero.

3. Determinar la forma en que el IFE establezca oficinas, casillas y módulos en el extranjero de manera tal que se puedan organizar y llevar a cabo las elecciones.

4. Establecer, dentro del Registro Federal de Electores, un Padrón de Ciudadanos Mexicanos en el Extranjero.

5. Otorgar facultades al IFE para que organice y lleve a cabo el proceso electoral y el derecho al voto de los mexicanos que se encuentran en el extranjero.

6. Definir la colaboración de la Secretaría de Relaciones Exteriores con el IFE para la realización y celebración de dichos comicios.

7. Disponer lo relativo a actos preparatorios de la elección.

8. Definir la normatividad sobre las campañas electorales efectuadas en el extranjero.

9. Posibilitar los procedimientos para la integración y ubicación de las mesas directivas de casillas situadas en el extranjero.

10. Regular el registro de ciudadanos.

11. Establecer normas sobre la producción, distribución y resguardo de la documentación y material electoral.

12. Definir reglas referentes al desarrollo de la jornada electoral.

13. Disponer la normatividad sobre la instalación y apertura de casillas.

14. Establecer reglas sobre la actuación y el registro de representantes de partidos políticos ante mesas directivas de casilla.

15. Definir reglas sobre la votación.

16. Disponer normas sobre el escrutinio y el cómputo en la casilla.

17. Establecer reglas sobre la remisión del expediente electoral.

18. De los actos posteriores a la elección y los resultados electorales y; de los resultados de la votación.

## FUENTES CONSULTADAS

*Bibliografía*

Alonso, Jorge, *Cultura política y educación cívica*, Porrúa, México, 1993 (Serie La Democracia en México, Actualidad y Perspectiva).

Anderson, Benedict, *Comunidades imaginadas. Reflexiones sobre el origen y la difusión del nacionalismo*, FCE, México, 1993.

Badillo, Moreno Gonzalo y Cuauhtémoc Cárdenas Batel (comps.), *Los derechos de los migrantes mexicanos en Estados Unidos*, Fundación para la Democracia, México, 2000.

Bustamante, Jorge A. y Wayne Cornelius (coords.), *Flujos migratorios mexicanos hacia Estados Unidos*, FCE, México, 1989.

Calderón Chelius, Leticia y Jesús Martínez Saldaña, *La dimensión política de la migración mexicana*, Instituto Mora, México, 2002.

Calderón Chelius, Leticia, "Derechos políticos y voto en el exterior: el caso de México", *Temas*, núm. 26, julio-septiembre de 2001, La Habana, Cuba, pp. 71-79.

————, "El voto de los mexicanos en el exterior", *Urna*, Comisión Estatal Electoral de Veracruz, nueva época, núm. 7, diciembre de 2000, Veracruz, México.

————, "O voto dos mexicanos no exterior, uma agenda a cumprir", *Novos Estudos*, Centro Brasileiro de Pesquisadores (CEBRAP), núm. 58, noviembre de 2000, São Paulo, Brasil, pp. 41-52.

————, "Los convidados de piedras Migrantes y sus derechos políticos", *Memoria*, núm. 141, noviembre de 2000, México, pp. 24 -32.

————, "Migración femenina y participación política en El Paso, Texas", *Frontera Norte*, Colegio de la Frontera Norte, núm. 23, vol. 12, enero-junio de 2000, Tijuana, Baja California, pp. 119-151.

————, "Ciudadanos inconformes. Nuevas formas de representación política en el marco de la experiencia migratoria: el caso de los migrantes mexicanos", *Frontera Norte*, Colegio de la Frontera Norte, núm. 21, vol. 11, enero-junio de 1999, Tijuana, Baja California, pp. 117-146.

————, "El voto de los mexicanos en el exterior: la ampliación de los derechos políticos", *Relaciones Internacionales*, FCPyS-UNAM, núm. 79, enero-abril de 1999, México, pp. 99-108.

————, "El ABC del voto en el exterior", *L'Ordinaire Latino-americain*, Universidad de Toulouse, núms. 173-174, julio-diciembre de 1998, Toulouse, Francia.

————, "Vivir a dos tiempos. Actitudes políticas de inmigrantes mexicanos", tesis de doctorado en Ciencias Sociales, Facultad Latinoamericana de Ciencias Sociales (FLACSO), sede México, 1997.

Carpizo, Jorge y Diego Valadés, *El voto de los mexicanos en el extranjero*, Porrúa/UNAM, México, 1999.

Carrillo Castro, Alejandro, "Nacionalidad y ciudadanía" en *Coloquio sobre La Doble Nacionalidad*, Palacio Legislativo, LVI Legislatura/Cámara de Diputados del H. Congreso de la Unión/Comité del Instituto de Investigaciones Legislativas/Porrúa, México, 1995, pp. 21-26.

Castañeda, Jorge G., "México y California, paradoja de tolerancia y democratización" en Abraham F. Lowenthal y Katrina Burgess (comps.), *La conexión México-California*, Siglo XXI, México, 1995.

Corona, Rodolfo y Rodolfo Tuirán, *Tamaño y características de la población mexicana en edad ciudadana residente en el país y en el extranjero durante la jornada electoral del año 2000*, Subcomisión Sociodemográfica, Anexo I, Instituto Federal Electoral (IFE), México, noviembre de 1998.

Díaz de Cossío, Roger, "Múltiples nacionalidades: una nación" en *Memoria del coloquio La Doble Nacionalidad*, Cámara de Diputados del H. Congreso de la Unión/Porrúa, México, 8-9 de junio de 1995.

Escala Rabadán, Luis, "Organizaciones de inmigrantes mexicanos y participación política: los clubes de inmigrantes en Los Ángeles, California", *L'Ordinaire Latino-americain*, Universidad de Toulouse/IPEALT, núms. 173-174, julio-diciembre de 1998, Toulouse, Francia.

Faret, Laurent, "Le vote mexicain á l'étranger: contexte et significations d'une demande socale émergent", *L'Ordinaire Latino-americain*, Universidad de Toulouse, núms. 173-174, julio-diciembre de 1998, Toulouse, Francia.

Goldring, Luin, "From market membership to transnational membership: the changing politization of transnational social spaces", *L'Ordinaire Latino-*

*americain*, Universidad de Toulouse, núms. 173-174, julio-diciembre de 1998, Toulouse, Francia.

Gómez Tagle, Silvia, *La transición inconclusa. Treinta años de elecciones en México*, COLMEX, México, 1997, pp. 118-126.

González Gutiérrez, Carlos, "Los mexicanos de afuera en el futuro de la política exterior de México" en Roberta Lajous (comp.), *Los retos de la política exterior de México en el siglo XXI*, Instituto Matías Romero, México, 2000.

Instituto Federal Electoral, *Informe final que presenta la comisión de especialistas que estudia las modalidades del voto de los mexicanos en el extranjero*, IFE, México, 12 de noviembre de 1998.

_____, Conferencia trilateral Canadá-Estados Unidos-México sobre el voto en el extranjero, IFES/PNUD, Elections Canada, IFE, México, 2-3 de septiembre de 1998.

Loaeza Tovar, Enrique (coord.), *Informe del estudio binacional México-Estados Unidos sobre migración*, Secretaría de Relaciones Exteriores, México, 1997.

Loaeza, Soledad, *El llamado de las urnas*, COLMEX, México, 1989.

Luján Ponce, Noemí, "Construyendo confianza: gobernabilidad y democracia en una transición incierta" en Julio Labastida, Antonio Camou y Noemí Luján P. (coords.), *Transición democrática y gobernabilidad. México y América Latina*, IIS/FLACSO/Plaza y Valdés, México, 2000.

Martínez Cossío, Nayamín, "¿La incorporación del México de afuera?, un análisis sobre el voto de los mexicanos en el exterior", tesis de maestría en Sociología Política, Instituto Mora, México, 2000.

_____, "La doble nacionalidad o no pérdida de la nacionalidad: respuesta al México de afuera", tesis de licenciatura en Relaciones Internacionales, Universidad Iberoamericana, México, 1997.

Martínez Saldaña, Jesús, "El voto de los mexicanos en el extranjero", *Quórum*, Cámara de Diputados, vol. VIII, núm. 67, julio-agosto de 1999, México, pp. 195-203.

_____, "Los emigrados y la nación mexicana: la evolución de una relación" en Miguel Moctezuma Longoria y Héctor Rodríguez Ramírez (comps.), *Impacto de la migración y las remesas en el crecimiento económico regional*, Senado de la República, LVII Legislatura, México, 1999, pp. 241-259.

_____, "La frontera del Norte" en Valerie J. Matsumoto y Blake Allmendiger, (eds.), *Over the Edge: Remapping the American West*, University of California Press, Berkeley, 1999, pp. 370-384.

_____, "Respuesta a Jorge Carpizo: el voto extraterritorial", *Nexos*, México, octubre de 1998.

————, "In Search of Our Lost Citizenship: Mexican Immigrants, the Right to Vote, and the Transition to Democracy in Mexico", *L'Ordinaire Latino-Americain*, Universidad de Toulouse/IPEALT, núms. 173-174, julio-diciembre de 1998, Toulouse, Francia.

————, "The Denationalization of Immigrants in the United States" en Axel Ramírez y Patricia Casasa (eds.), *El mito de lo umbilical: los latinos en América del Norte*, UNAM, México, 1999, pp. 273-283.

————, "Las mentiras del general" en *Memorial de Chiapas: pedacitos de historia*, La Jornada Ediciones, México, 1997, pp. 170-173.

————, "La desnacionalización de los inmigrantes en Estados Unidos", *Cuadernos Americanos*, núm. 59, vol. 5, septiembre-octubre de 1996, pp. 34-46.

————, "¿La manifestación de una ciudadanía posnacional? Participación y cultura política de los mexicanos en el Silicon Valley, 1987-1994" en Jacqueline Peschard (coord.), *Cultura política*, Colegio Nacional de Ciencia Política/UAM/IFE, México, 1996, pp. 173-192.

————, "Tigers in a Gold Cage: Binationalism and Politics in the Songs of Mexican Immigrants in Silicon Valley" en James Porter (comp.), *Ballads and Boundaries: Narrative Singing in an Intercultural Context*, University of California Press, Berkeley, 1995, pp. 325-338.

————, "At the Periphery of Democracy: The Binational Politics of Mexican Immigrants in Silicon Valley", tesis de doctorado, Universidad de Berkeley, California, 1993.

————, "National Identity and Binational Migration: An Autobiography", *San Jose Studies*, vol. XIX, núm. 1, invierno de 1993, California, pp. 89-103.

————, "Los Tigres del Norte en Silicon Valley", *Nexos*, noviembre, 1993, México.

Montiel Guevara, Alonso, "El voto de los mexicanos en el extranjero. Consecuencia del cambio político en México", tesis de licenciatura en Ciencia Política y Administración Pública, ENEP-Acatlán-UNAM, México, 2001.

Moreno Collado, Jorge, "Introducción" en *Coloquio sobre La Doble Nacionalidad*, Palacio Legislativo, LVI Legislatura/Cámara de Diputados del H. Congreso de la Unión/Comité del Instituto de Investigaciones Legislativas/Porrúa, México, 1995, pp. 13-17.

Mummert, Gail (coord.), *Fronteras fragmentadas*, El Colegio de Michoacán/CIDEM, México, 1999.

Pachon, Henry y Louis De Sipio, *New Americans by Choice, Political Perspectives of Latino Immigrants*, Westview Press, San Francisco, Estados Unidos, 1994.

Parra Barbosa, Francisco, "La fuerza del voto en los noventa, la participación electoral de la comunidad mexicana en California", tesis de maestría en Estudios México-Estados Unidos, ENEP-Acatlán-UNAM, México, 2000.

Pérez Godoy, Mara, "Social Movements and International Migration: the Mexican Diaspora Seeks Inclusión in Mexico's Political Affairs, 1968-1998", tesis de doctorado, Universidad de Chicago, Chicago, diciembre de 1998.

Ramírez, Gustavo (comp.), *El sistema político mexicano visto por los mexicanos de afuera*, Cuaderno de Relaciones Internacionales, UNAM, México, 1991.

Rivas Romero, Odette, "Reflexiones sobre la viabilidad del voto del los mexicanos en el extranjero", 2001, mimeo.

Rivera Flores, Antonio, "El voto de los mexicanos en el extranjero: un tema inconcluso" en Bárbara Driscoll A. *et al.*, *Límites sociopolíticos y fronteras culturales en América del Norte*, Centro de Investigaciones sobre América del Norte (CISAN)/UNAM, México, 2000.

Ross Pineda, Raúl, "Derechos políticos de los mexicanos en el extranjero", México, 2002, mimeo.

_____, *Derechos políticos en el extranjero. Balance y perspectivas ante el nuevo gobierno mexicano*, American Friends Service Committee, Chicago Center, Chicago, Illinois, documento de trabajo, octubre de 2000.

_____, *Los mexicanos y el voto sin fronteras*, Universidad Autónoma de Sinaloa /Salcedo Press, México, 1999.

_____, *Coalición de mexicanos en el exterior, nuestro voto en el 2000*, American Friends Service Committee, Chicago, Illinois, 14 de mayo de 1999.

_____, "Los mexicanos y el voto sin fronteras o ¿por qué quieren votar?", *L'Ordinaire Latino-americain*, Universidad de Toulouse, núms. 173-174, julio-diciembre de 1998, Toulouse, Francia.

Sánchez Santillán, Gabriela, "El problema de la doble nacionalidad" *Revista del Senado de la República*, abril-junio de 1999, México.

Sandoval Palacios, Juan Manuel y Raúl Ross Pineda, "El derecho a votar y ser votado. La lucha de los mexicanos en el exterior por la ciudadanización", *Veredas*, Departamento de Relaciones Sociales-UAM-Xochimilco, diciembre de 2000, México.

Santamaría, Arturo (comp.), *Mexicanos en Estados Unidos: la nación, la política y el voto sin fronteras*, Universidad Autónoma de Sinaloa, México, 2001.

_____, "Los emigrantes, la política transnacional y el voto mexicano en el extranjero", *Estudios Latinoamericanos*, Centro de Estudios Latinoamericanos-UNAM, 2000.

_____, "Entre México y Estados Unidos: doble nacionalidad y doble ciudadanía", *Estudios Latinoamericanos*, FCPyS-UNAM, núm. 12, junio de 2000, México.

―――――, "Los emigrantes, la política transnacional y el voto mexicano en el extranjero", *Estudios Latinoamericanos*, FCPyS-UNAM, núm. 13, julio de 2000, México.

―――――, "Política sin fronteras o la nacionalidad postmoderna: los emigrantes entre México y los Estados Unidos" en Gail Mummert (ed.), *Fronteras fragmentadas*, El Colegio de Michoacán/CIDEM, México, 1999.

―――――, "El voto mexicano en el extranjero", *Arenas*, Universidad Autónoma de Sinaloa, enero-marzo de 1997, México.

―――――, *La política entre México y Aztlán, relaciones chicano-mexicanas del 68 a Chiapas 94*, Universidad Autónoma de Sinaloa/California State University, México, 1994.

Santibáñez Romellón, Jorge, "Acerca del voto de los mexicanos en el extranjero", *L'Ordinaire Latino-americain*, Universidad de Toulouse, núms. 173-174, julio-diciembre de 1998, Toulouse, Francia.

Schumacher, María Esther (comp.), *Mitos en las relaciones México-Estados Unidos*, FCE/SRE, México, 1994.

Smith, Robert C., "Transnational Localities: Community, Technology and Politics of Membership Within the Context of Mexico and U. S. Migration" en Luis E. Guarnizo y Michael P. Smith, *Transnationalism from Below*, Comparative Urban and Community Research/Transaction Publications, New Jersey, 1998, pp. 196-238, vol. 6.

―――――, *Los ausentes siempre presentes: The Imagining, Making and Politics of a Transnational Community Between Ticuani, Puebla, México, and New York City*, Columbia University Press, Estados Unidos, 1994.

*Hemerografía*

Aguirre, Alberto, "Campañas electorales en Estados Unidos. La batalla por el voto de los ausentes", *Masiosare,* suplemento dominical de *La Jornada*, 21 de mayo de 2000, México.

―――――, "¿Resucita el bloque opositor? La reforma electoral de la oposición", *Masiosare*, suplemento dominical de *La Jornada*, 18 de abril de 1999, México.

Aponte, David y Ciro Pérez Silva, "Negociar y crear consensos, nueva cultura parlamentaria", *La Jornada*, 13 de marzo de 2000, México.

Arellano Caracas, Antonio, "PAN y PRD dispuestos a reformar leyes electorales, dice Paoli", *El Economista*, 3 de abril de 1999, México.

Bustamante, Jorge, "La necesidad política de la doble nacionalidad para los mexicanos", *La Opinión*, 7 de abril de 1995, Los Ángeles, California.

Carpizo, Jorge, "El peligro del voto de los mexicanos en el extranjero", *Nexos*, julio de 1998, México.

Consejo Electoral Ciudadano Mexicano, "Resultados de la elección presidencial en Chicago de 2 de julio de 2000", julio de 2000, mimeo.

"Declaración sobre los Derechos Políticos de las mexicanas y mexicanos en el extranjero ('Declaración de Zacatecas')", ciudad de Zacatecas, Zacatecas, 1 de diciembre de 2001, mimeo.

Partido Revolucionario Institucional, Coordinación Ejecutiva de Ciudadanos Mexicanos en el Exterior, "Funciones y Programa de Trabajo. Acciones realizadas (agosto de 2001 a febrero de 2002), propuesta de acciones a realizar", mimeo.

"Exposición de motivos de la Iniciativa de decreto que adiciona y reforma diversas disposiciones del Código Federal de Instituciones y Procedimientos Electorales", Palacio Legislativo de San Lázaro, 30 de abril de 1998, mimeo.

Galván, Francisco y Rafael Farfán, "¿Cuál cultura política?", *El Nacional*, agosto 6 de 1992, México.

"Iniciativa de decreto que reforma y adiciona y deroga diversas disposiciones del Código Federal de Instituciones y Procedimiento Electorales", *Diario de los Debates*, órgano oficial de la Cámara de Diputados de los Estados Unidos Mexicanos, año II, núm. 4, 29 de abril de 1999, México.

"Iniciativa que adiciona un Libro Noveno al Código Federal de Instituciones y Procedimientos Electorales", *Diario de los Debates*, órgano oficial de la Cámara de Diputados del Congreso de los Estados Unidos Mexicanos, año II, núm. 11, 15 de abril de 1999, México.

"Informe sobre la visita de una delegación de mexicanos residentes en el extranjero", documento interno del Área de Relaciones Internacionales del grupo parlamentario del PRD en la Cámara de Diputados, febrero de 1998, mimeo.

Martínez Rufino, Elías, "Con punto de acuerdo en relación al ejercicio de los derechos políticos de los mexicanos en el extranjero presentada por el diputado Elías Martínez Rufino, del grupo parlamentario del PRD, sábado 15 de diciembre de 2001", *Gaceta Parlamentaria*, Palacio Legislativo de San Lázaro, año V, núm. 903, 18 de diciembre de 2001, México.

Martínez Saldaña, Jesús, "Country –Wide Protests– Mexicans Living in the U.S. Hit with Unfair Policies from Both Sides of the Border", *Pacific News Service*, 19 de abril de 1999, California.

————, "Debate over Mexican Migrants Right to Vote Goes to the Heart of Questions About Democracy and Accountability", Pacific News Service, California,19 de enero de 1999.

————, "El rechazo del voto migrante", *La Jornada*, 8 de julio de 1999, México.

————, "El significado de nuestro voto", *La Jornada*, 7 de diciembre de 1998, México.

————, "El voto de los mexicanos en el extranjero", *Quórum*, año VIII, núm. 67, julio-agosto de 1999.

————, "La lucha por el voto migrante", 1999, mimeo.

————, "The Anti-Immigrant Backlash", *Santa Clara Magazine*, invierno de 1994, California.

Mimeo de la demanda presentada a la Comisión Interamericana de Derechos Humanos con fecha del 14 de julio de 1994.

Minuta de la reunión relativa al voto de los mexicanos en el exterior, celebrada entre representantes de organizaciones de mexicanos que residen en Estados Unidos con integrantes de la Cámara de Diputados, 19 de febrero de 1998, mimeo.

Minuta de las reuniones de los miembros de la Coalición de Mexicanos en el Exterior. Nuestro voto en el 2000, con el presidente nacional del Partido Acción Nacional, Felipe Calderón Hinojosa, 18 de marzo de 1998.

Minuta de las reuniones de los miembros de la Coalición de Mexicanos en el Exterior. Nuestro voto en el 2000, con el presidente nacional del PAN, Luis Felipe Bravo Mena, 9 de junio de 1999.

Partido de la Revolución Democrática (PRD), Estatuto, aprobado por el 4o. Congreso Nacional, junio de 1998.

"Proposición de adición de un artículo transitorio al decreto aprobatorio del presupuesto de egresos de la federación para 1999", Palacio Legislativo de San Lázaro, 11 de diciembre de 1998, mimeo.

"Proyecto de decreto que adiciona un libro noveno al Código Federal de Instituciones y Procedimientos Electorales", Palacio Legislativo de San Lázaro, 15 de abril de 1999, México.

Ross Pineda, Raúl, "Los derechos electorales de los mexicanos en el extranjero y el proceso legislativo". Foro Binacional sobre la Implementación del Voto de los Mexicanos en el Exterior, Chicago, 25-26 de agosto de 2001.

————, "Sobre el voto de los ciudadanos mexicanos residentes en el extranjero en las elecciones presidenciales del año 2000", Chicago Illinois, 1997, documento.

————, "Coalición de mexicanos en el exterior. Nuestro voto en el 2000", American Friends Service Committee, Chicago Illinois, 1998, Documento interno.

————, "Demandemos el derecho al voto, votando; documento interno para su discusión en el Frente Mexicano", American Friends Service Committee, Chicago, marzo de 1994.

Santamaría Gómez, Arturo, "El movimiento vasconcelista en Estados Unidos y el voto mexicano en el extranjero", 1999, mimeo.

Versión estenográfica de la comparecencia de José Woldenberg ante las Comisiones Unidas de Gobernación, Puntos Constitucionales, Relaciones Exteriores y de Población y Desarrollo, San Lázaro, México, 26 de mayo de 1998.

Versión estenográfica de la sesión ordinaria del Consejo General del IFE, México, 29 de abril de 1998.

# LA MIGRACIÓN Y LOS LÍMITES DE LA CIUDADANÍA: EL VOTO DE LOS DOMINICANOS EN EL EXTERIOR

José Itzigsohn

## LAS FRONTERAS DEL ESTADO Y LOS LÍMITES DE LA NACIÓN

La extensión del derecho al voto en el exterior a los migrantes dominicanos nos pone frente a una situación histórica peculiar. El marco institucional para el ejercicio de los derechos políticos en el mundo contemporáneo ha sido el Estado-nación. La expansión de la ciudadanía en sus diferentes formas (civil, política y social) se ha desarrollado dentro de fronteras nacionales (Roberts, 1998). Asimismo, la democracia como sistema político también ha tenido como marco histórico el desarrollo de los Estados nación. Sin embargo, en el periodo actual podemos ver un cambio en los límites dentro de los que está planteada la ciudadanía y la participación política. En el caso de República Dominicana, la consolidación de la ciudadanía política a través de procesos electorales transparentes y de la competencia política democrática coinciden con la expansión de los límites de la nación más allá de las fronteras del país y de la extensión de derechos ciudadanos a los numerosos migrantes dominicanos.[1] El ejercicio de derechos ciudadanos parece estar menos limitado por fronteras nacionales que en el pasado (Itzigsohn, 2000a; Mandaville, 1999).[2]

---

[1] El fenómeno descrito aquí no es único de República Dominicana. Procesos similares han sido descritos para casos de inmigrantes de otros países tan variados como México, Haití o Cabo Verde (Calderón, 1999; Glick y Fouron, 1998; Itzigsohn, 2000a; Laguerre, 1999).

[2] El proceso de transnacionalización de la política contemporánea no se limita a extender derechos ciudadanos a comunidades migrantes, sino que es un proceso multifacético que

El derecho al voto en el exterior ha sido aceptado por numerosos países europeos, así como de Estados Unidos y Canadá (Aquino, 2000). Sin embargo, en el caso de República Dominicana —o de otros casos similares tales como el de México— la extensión del derecho al voto implica, de hecho, la reinclusión en el marco político de la nación de comunidades migrantes de gran peso numérico. Si bien no disponemos de números exactos, algunas cifras nos brindan una idea de la magnitud de la población que nos concierne. El último censo dominicano, conducido en 1993, daba una población de 7 200 000 personas. El censo del año 2000 en Estados Unidos contó 764 945 dominicanos. Esto se suma a que a fines de 1998, la cifra de dominicanos inscritos como residentes en varios consulados del mundo (excluyendo Estados Unidos) era alrededor de 135 000 personas (Martínez, 2000). Esto nos permite estimar un número mínimo de 900 000 dominicanos viviendo en el exterior. Esta cifra es con seguridad menor al número real, dado que se sabe que el censo estadunidense no cuenta a todos los inmigrantes y que no todos los dominicanos marcaron su origen nacional en la pregunta sobre origen hispano en el formulario del censo. Además, no todos los dominicanos en el exterior se registran en consulados. De todos modos, estas cifras, si bien inexactas, nos indican que se trataría de por lo menos 10% de la población.[3] Nos encontramos entonces frente a una diáspora de gran magnitud que puede tener un enorme peso en las decisiones políticas. Su inclusión dentro del proceso político puede, potencialmente, cambiar la relación de fuerzas dentro de la política nacional.

A partir de ubicar el contexto, este capítulo tiene dos propósitos: el primero es describir la historia de la relación entre el Estado dominicano y la comunidad migrante. Me enfocaré particularmente en el estudio de esta última en Estados Unidos, dado que es la más numerosa y la de mayor peso político y económico. Pongo especial atención en la descripción del cambio reciente de actitud del Estado dominicano hacia la población emigrante, en particular, a lo concerniente al voto de los

---

incluye diversas formas de participación y movilización. Entre las diferentes formas de transnacionalización de la política se encuentran las siguientes acciones colectivas: las manifestaciones contra la globalización económica, acciones internacionales en defensa del ambiente, el apoyo internacional a movimientos indígenas que cuestionan la definición neocolonial de las naciones y la acción de consumidores en países centrales para mejorar las condiciones de trabajo en partes de la periferia del sistema mundial (Evans, 2000; Keck y Sikkink, 1998).

[3] En otros casos, como el de Cabo Verde, se trata de una diáspora que se estima igual o mayor al total de la población residente en el país.

dominicanos en el exterior. Este es un derecho que ha sido reconocido y legislado, pero aún no ha sido regulado e implantado. El segundo propósito de este artículo es analizar las razones que llevan a la reinclusión de los migrantes dentro de los límites de la nación y a la extensión a éstos de la ciudadanía política.

El argumento central de este artículo es que el derecho al voto en el exterior hay que entenderlo en el contexto de tres procesos paralelos que se influyen entre sí. El primero de ellos es la consolidación de las instituciones democráticas dominicanas, sin las cuales plantear el voto en el exterior carece de sentido. Sin embargo, sólo con esto no basta. La consolidación de la democracia tiene lugar en un contexto económico en el que el dinero enviado por los inmigrantes tiene una gran importancia para el balance de las cuentas nacionales y para la subsistencia de la población. A esto hay que agregarle la organización de la población emigrante para exigir derechos políticos (Itzigsohn, 2000a). Termino este capítulo con algunas consideraciones comparativas que nos permiten ver el caso dominicano como un ejemplo de una tendencia más general hacia una erosión parcial de las fronteras nacionales y con una evaluación del alcance y los límites del proceso de transnacionalización de la ciudadanía política.

## DEMOCRATIZACIÓN Y TRANSNACIONALIDAD

Para introducir el tema que nos concierne es útil comenzar con la narración de un evento reciente en la ciudad de Providence, Rhode Island, en el noreste de Estados Unidos. Esta ciudad, en la que reside el autor de este trabajo, tiene alrededor de 170 000 habitantes. Una ciudad menor dentro de un área geográfica que históricamente ha sido la cuna de la nación estadunidense. Sin embargo, lejos de ser una ciudad "yankee", un tercio de la población de Providence es "latina" y los dominicanos son el grupo inmigrante más grande dentro de la ciudad. A ella llegó, una tarde lluviosa de abril de 2001, el ex presidente dominicano Leonel Fernández, para visitar a la comunidad dominicana de la ciudad. Al encuentro asistieron numerosos miembros del partido de Fernández —el Partido de la Liberación Dominicana (PLD)— así como miembros de la comunidad latina en general, curiosos por escuchar y ver al ex presidente. Luego de un breve discurso en el que éste agradeció a los asistentes el calor de la visita y exhortó a los miembros de su partido a seguir trabajando para reconquistar el gobierno en las elecciones del año 2004, Fernández se dispuso a responder preguntas del público. La primera pregunta fue justamente respecto al voto en el exterior. Un asistente al acto preguntó cuál era la situación del voto en el exterior dado que los dominicanos en Estados Unidos habían demandado arduamente ese derecho y lo querían ejercer. La respuesta a esta pregunta es un buen punto de partida para nuestro análisis.

El ex presidente afirmó que el derecho al voto es un derecho que nadie puede quitar a los dominicanos en el exterior y que éste está reconocido y garantizado en leyes establecidas durante su administración. Leonel Fernández sostuvo que los dominicanos en el exterior se ganaron ese derecho gracias a la enorme contribución económica que realizan al país, aseverando que las remesas son la segunda fuente de ingresos. Sin embargo, afirmó Fernández, las instituciones democráticas recientemente se han afianzado en República Dominicana. Fue hasta la segunda mitad de los años noventa que se consiguió erradicar el fraude electoral y garantizar la transparencia del voto. Por esta razón, la aplicación de la ley que otorga a los dominicanos en el exterior el ejercicio del voto debía plantearse de una manera que garantice la transparencia del proceso electoral. En la respuesta del ex presidente resaltaron tres puntos: el reconocimiento del derecho de los dominicanos en el exterior a participar en el proceso político de su país a través del voto; que este derecho se lo ganaron gracias a su contribución a la economía del país; el voto tiene que estar supeditado a que se pueda llevar a cabo un proceso electoral transparente.

Esta respuesta, que sintetiza la situación actual, nos pone frente a la peculiar situación a la que me refería antes: en el caso dominicano la consolidación del derecho a ejercer el voto, sin temor a que la voluntad popular sea trastocada mediante el fraude electoral —en otras palabras, la consolidación de procesos democráticos competitivos y transparentes— tiene lugar dentro de los marcos de una nación concebida más allá de los límites políticos del país. La consolidación democrática tiene lugar dentro de un marco transnacional. Para entender la evolución y las razones de este proceso peculiar es necesario analizar el desarrollo histórico del Estado y la ciudadanía en República Dominicana y las diferentes etapas en la relación entre el Estado y la diáspora migrante de ese país.

## EL ESTADO, LA CIUDADANÍA Y LA DIÁSPORA MIGRANTE

Podemos identificar tres periodos en el proceso de desarrollo del Estado, la ciudadanía y la diáspora en el marco de la historia moderna de República Dominicana. El primero de estos periodos es el del régimen de Trujillo (1930-1961), donde encontramos un Estado autoritario que no permite el desarrollo de la ciudadanía política y que tiene una relación hostil con la migración que está compuesta fundamentalmente por la oposición política. El segundo periodo es el de hegemonía de Joaquín Balaguer (1966-1994), el cual muestra un régimen político que en un comienzo era semiautoritario y luego permitió el lento desarrollo de la democracia y los derechos políticos. Durante estos años fue cuando la diáspora migratoria dominicana se convierte en masiva, frente a la cual el Estado tuvo una política de ignorar intencionalmente su presencia. El tercero y último es el actual, un periodo de consolidación democrática en el país que coincide con una extensión transnacional de los derechos políticos.

Existe una polémica dentro de la historiografía dominicana sobre los diversos momentos de consolidación del Estado (Betances, 1995). Sin embargo, es posible afirmar que la consolidación final del proceso de formación del Estado dominicano moderno tiene lugar bajo el régimen trujillista (1930-1961). Éste es en cierto sentido, un producto de la invasión estadunidense que ocupó el país de 1916 hasta 1924. Es cuando se creó la fuerza militar que será la base sobre la que se asienta dicho gobierno. El Estado trujillista fue un régimen autoritario y patrimonial, donde el déspota, su familia y sus aliados usaban al país como propiedad personal. Como otros regímenes de este tipo en América Latina, la base de legitimización fue un discurso de progreso económico a través del orden en la política y en este periodo comienzan ciertos intentos limitados de creación de industrias. El trujillismo es, en este sentido, parecido al régimen de los Somoza en Nicaragua (desde la primera mitad de la década de 1930 has-ta 1979) y en cierto modo también al porfiriato, en México.

Bajo el régimen de Trujillo, la emigración fue exclusivamente política. Tanto la migración interna como externa estaban celosamente controladas por el gobierno y las personas que intentaban y conseguían salir del país lo hacían por oposición al régimen. El extranjero se convirtió así en el espacio de organización de la oposición política al régimen autoritario. Esto explica que fuera en el exterior donde se creó el Partido Revolucionario Dominicano (PRD) que se convertiría en uno de los principales partidos políticos del país y que ostenta actualmente el gobierno. En este periodo, la actitud del gobierno frente a la migración es de recelo y hostilidad e incluye la acción de los servicios de seguridad de aquél. El caso más famoso es el secuestro del doblemente migrante vasco Jesús Galíndez, quien encontró refugio en República Dominicana luego de la guerra civil española. Al principio fue cercano al régimen que le había proporcionado un refugio, pero luego se alejó de él criticándolo acerbamente, y buscó asilo en Nueva York. Es allí donde lo secuestraron agentes del régimen y lo llevaron a República Dominicana, lugar donde fue torturado y asesinado.

El régimen de Trujillo terminó abruptamente en 1961 con el asesinato del tirano, lo que da lugar a un proceso de transición caracterizado por cinco años de inestabilidad política. Al principio, la crisis del régimen creó la oportunidad de una apertura democrática. En 1962 Juan Bosch fue electo presidente de la república, con la que inició un proceso de democracia política y de reformismo social. Desafortunadamente este proceso es cortado por un golpe militar en 1963, que instaura un régimen cívico-militar de carácter conservador. No obstante éste no consigue estabilizarse y en abril de 1965 estalla una rebelión civil y militar que demanda el restablecimiento del régimen constitucional y la vuelta de Juan Bosch al gobierno. Esta rebelión se transforma en una breve guerra civil que culmina con una nueva invasión estadunidense. La resolución final de la crisis abierta por la terminación del régimen trujillista se consigue en 1966, con la elección a la presidencia de Joaquín Balaguer (quien fue uno de los colaboradores más cercanos del trujillismo), seguida por la retirada de las fuerzas estadunidenses.

Sin embargo, Balaguer no era simplemente un ex colaborador de Trujillo, sino, sobre todo, un hábil político que dominaría por su propio peso los siguientes 30 años de la política dominicana. Su proyecto era conservador pero de carácter populista, y las tres décadas en las que dominó se caracterizan por su peculiar sistema de gobierno. El régimen político bajo la hegemonía de Balaguer ha sido descrito como neopatrimonial. Balaguer no se apropia del Estado como Trujillo, pero usa sus prebendas para garantizar la continuidad del régimen a través de relaciones clientelares con sus bases de apoyo que incluyen sectores del campesinado y de las poblaciones urbanas pobres, así como sectores del ejército y de las elites económicas del país (Hartlyn, 1998; It-zigsohn, 2000b; Lozano, 1985).

Los primeros doce años de gobierno de Balaguer fueron de cor-te autoritario. Si bien se celebraron elecciones en 1970 y 1974, éstas se realizaron sin la participación de la oposición. Durante este periodo, las fuerzas opositoras de izquierda fueron severamente reprimidas con cárcel y asesinatos por parte de las fuerzas de seguridad. Sin embargo, se produjo un proceso de apertura gradual que en 1978 llevó al poder al Partido de la Revolución Dominicana (PRD). A pesar de que el gobier-no del PRD contribuye a establecer los derechos políticos y el respeto a las formas democráticas, continúa con el modelo clientelista de la polí-tica creada por Balaguer. Además, a este partido le toca administrar la crisis de la deuda externa de comienzos de los años ochenta, con la cual se pone fin al periodo de crecimiento económico rápido de los "doce años"[4] y es a partir de ella que comienza la masiva migración económi-ca que caracteriza a República Dominicana en las dos últimas décadas. En 1984, el gobierno del PRD enfrentó una protesta masiva en contra de la aplicación de un plan de ajuste recomendado por el Fondo Moneta-rio Internacional a la que responde con represión indiscriminada, tan-to que aún hoy se desconoce el número de muertos en esas jornadas. La crisis económica, las protestas por las medidas de ajuste económico, la represión y las divisiones internas desgastaron al PRD y esto llevó a la victoria electoral a Balaguer en 1986, quien gobernó diez años más.

Durante los años de hegemonía política de Balaguer, la ciudada-nía política se desarrolla, pero en forma acotada, primero por la repre-sión (durante los doce años) y luego por el fraude electoral y el clien-telismo. El interregno perredeísta constituye una ruptura en cuanto a los derechos civiles, ya que éste PRD pone fin a los años duros de la re-presión balaguerista. Sin embargo, el PRD no deja atrás al Estado neopatrimonial y al uso clientelista de los recursos públicos, y la vuelta de Balaguer al gobierno se lleva a cabo sin mayores trastornos. Es du-rante este periodo que comienza a formarse una diáspora migrante do-minicana de grandes dimensiones.

---

[4] Así se conoce el periodo que comienza con la elección de Balaguer en 1966 y termina con la victoria electoral del PRD en 1978. Estos fueron los años duros de la represión política a las fuerzas progresistas.

Los casi 30 años de hegemonía política de Balaguer son el periodo de migración masiva dominicana y la constitución de una amplia diáspora que abarca numerosos países de América y Europa. El centro de esta diáspora, por peso numérico, económico y político se encuentra en Estados Unidos, sobre todo en Nueva York. Al principio, la migración fue fundamentalmente política. El gobierno de Balaguer vio en la migración una válvula de escape a la tensión política del país y contó con la anuencia de las autoridades estadunidenses que, interesadas en la estabilidad política, otorgaban con facilidad visas de migrante a todo el que lo solicitaba.[5] Durante "los doce años" el régimen de Balaguer usó la migración para disminuir las presiones políticas internas, y de este modo, parte de los opositores emprendieron el camino de la migración. La diáspora migrante creció rápidamente durante las décadas de 1980 y 1990 más que por el factor político por razones económicas. La crisis y restructuración económica que afectó a toda Latinoamérica durante este periodo llevó a gran número de dominicanos a buscar la subsistencia y la movilidad social mediante la migración (Grasmuck y Pessar, 1991; Itzigsohn *et al.*, 1999; Torres-Saillant y Hernández, 1998).

En general, es posible constatar la dimensión de la migración dominicana a través de una mirada comparativa de ésta a Estados Unidos. Durante la década de los setenta los dominicanos constituyen el octavo grupo en número de migrantes a Estados Unidos, y en los años ochenta están en la sexta posición entre todos los grupos migratorios. Asimismo en la década de los noventa constituyen el quinto grupo más grande de migrantes a Estados Unidos, sólo atrás de países con población mayor tales como México y China.

La relación entre la diáspora y el Estado durante los casi 30 años de hegemonía política de Balaguer estuvo marcada por la distancia y la falta de contacto entre ambos. Los gobiernos dominicanos de este periodo ignoraron a la creciente diáspora y sus demandas. Tanto la clase política como la elite económica miraban con recelo y desprecio a la migración. Tanto la vuelta de inmigrantes al país como cualquier intento de inversión por parte de éstos encontró, no ya la acción hostil de los servicios de seguridad, pero sí el laberinto de una burocracia predadora.

---

[5] Al mismo tiempo, es necesario señalar que los años sesenta y setenta son décadas de liberalización de la política migratoria estadunidense.

La crisis de la hegemonía de Balaguer se produjo a causa de una crisis electoral que llevó a la movilización de los partidos opositores y de la sociedad civil tanto en República Dominicana como en la diáspora. Balaguer venció al candidato del PRD, José Francisco Peña Gómez, en las elecciones de 1994. No obstante la victoria estuvo marcada por el fraude electoral. La protesta popular y la presión internacional forzaron a Balaguer a aceptar un acuerdo político que limitó su mandato hasta 1996, por lo que se llevaron a cabo importantes reformas constitucionales diseñadas para garantizar la transparencia de los procesos políticos. Estas reformas incluyen la prohibición de la reelección presidencial y la instauración del sistema de doble vuelta para elegir al presidente (Martínez, 2000).[6]

Las reformas constitucionales que surgieron de la solución de la crisis política de 1994 marcan el comienzo de la consolidación de la transparencia de las prácticas electorales en República Dominicana y también el inicio de una nueva etapa entre el Estado dominicano y la diáspora, por lo que ésta va siendo progresivamente reincluida dentro de los límites de la nación. La reforma constitucional que surge de la crisis de 1994 incluyó el reconocimiento de la "doble nacionalidad" para los dominicanos en el exterior. El artículo 11 de la reformada Constitución dominicana establece que los dominicanos que adquieran otra nacionalidad no perderán por eso la suya. De acuerdo con la Constitución, los dominicanos que adquieren doble nacionalidad son ciudadanos con los mismos derechos que el resto de los dominicanos, aunque no pueden ser elegidos presidente o vicepresidente de la nación.[7] Ésta era una demanda por la que la diáspora migrante dominicana había trabajado arduamente.

---

[6] Dado que el sistema político dominicano tiene tres partidos principales —el gobernante Partido de la Revolución Dominicana (PRD), el Partido de la Liberación Dominicana (PLD) del ex presidente Fernández, y el Partido Revolucionario Social Cristiano (PRSC) del ex presidente Balaguer— la instauración de la doble vuelta electoral estaba diseñada para evitar que un candidato sea consagrado presidente con poco más de un tercio de los votos, tal y como fue el caso de Balaguer en las elecciones de 1986, 1990 y 1994. Sin embargo, el sistema de doble vuelta le permitió a Balaguer mantener su influencia dentro del sistema político dominicano, dado que fue su apoyo el que definió el triunfo de Leonel Fernández y el PLD en 1996.

[7] La Constitución dominicana estipula que: "Son ciudadanos todos los dominicanos de uno y otro sexo que hayan cumplido 18 años de edad" (título III, sección II, artículo 12) y que son los derechos de los ciudadanos el de votar y ser elegidos. La Constitución también establece que votar es un deber de todos los ciudadanos que estén legalmente capacitados para hacerlo (título II, sección II, artículo 9).

El proceso de acercamiento entre el Estado dominicano y la diáspora se acelera con la victoria de Leonel Fernández del PLD en las elecciones de 1996. Durante el mandato de Fernández, que creció en Nueva York y tiene la residencia estadunidense, se legisla el derecho al voto de los dominicanos en el exterior que estaba ya implícitamente reconocido en la Constitución luego de la reforma de 1994. Este derecho es establecido a través de la Ley Electoral 275-97 aprobada por el Congreso en 1997. El voto en el exterior es desde entonces un derecho reconocido por ley, pero aún no regulado e implantado (Arias, 2000). En su origen, la ley contemplaba que los dominicanos en el exterior podrían ejercer el derecho al voto a partir del año 2000, pero éste no fue el caso y actualmente se contempla que esta ley será por fin aplicada en las elecciones presidenciales del año 2004.

## LA TRANSNACIONALIDAD POLÍTICA

A partir de 1994, el Estado dominicano cambia radicalmente su relación con la diáspora migrante. Si hasta la mitad de esa década, los gobiernos dominicanos preferían ignorar la presencia y las demandas de una creciente diáspora en Estados Unidos, a partir de la crisis política de 1994 el aparato del Estado y el sistema político comienzan a ver a los migrantes en términos de un grupo de ciudadanos con demandas particulares a su situación y como parte de la nación dominicana. Como se mencionó antes, dos fueron las demandas más importantes de la comunidad migrante hacia el Estado dominicano: la doble nacionalidad y el voto en el exterior, reconocidas en 1994 y 1997 respectivamente (Guarnizo, 1998; Itzigsohn, 2000a).

Sin embargo, como mencionó Fernández en su respuesta en Providence, no hace tanto tiempo que en República Dominicana se puede confiar en la transparencia del proceso electoral y el desarrollo del derecho al voto en el exterior necesita hacerse de tal manera que se eviten los viejos males del proceso electoral. La implantación del voto en el exterior está a cargo de la Junta Central Electoral (JCE), que es el organismo encargado de organizar y supervisar las elecciones (Arias, 2000). La JCE ha elaborado una propuesta de reglamentación del voto en el exterior que aún no ha sido ratificada. Dado que este es un debate en curso, no sabemos cuáles van a ser los términos finales que se van a establecer, sin embargo considero interesante explorar algunos puntos de la propuesta actual concernientes al alcance de los derechos políticos en el exterior.

De acuerdo con el proyecto en discusión, cualquier dominicano mayor de 18 años residente en el exterior puede votar en las elecciones presidenciales. Para poder ejercer su derecho, los que están en el exterior deberán estar incluidos en un registro de electores residentes en el exterior y estar en condiciones de ejercer sus derechos civiles y políticos conforme a la Constitución y legislación nacional. El reglamento contempla ciertas limitaciones en el ejercicio del derecho al voto: No podrían votar en el exterior aquellos que hayan sido condenados en el país de residencia (hasta su rehabilitación), así como las personas que hayan sido condenadas por la justicia dominicana mientras dure la pena. Tampoco lo podrían hacer los condenados por traición o conspiración contra la República Dominicana o los que aceptaran funciones en los gobiernos de sus países de residencia sin solicitar permiso al gobierno dominicano. Estas limitaciones están contempladas en la Ley Electoral y corresponden a limitaciones que también existen para los residentes en el país. En ese sentido, no habría diferencias entre los que están habilitados para votar en el país y en el exterior.

En cuanto a los dominicanos con "doble nacionalidad", el reglamento en discusión estipula que éstos podrán ejercer el derecho al voto siempre que el país cuya nacionalidad adoptaron no tenga una prohibición expresa al respecto. También se excluye del derecho al voto a aquellos que hayan ingresado a las Fuerzas Armadas del país en el que residen. Nuevamente, esta es una limitación que existe para todos, sin embargo, la prohibición del voto al personal militar no existe en Estados Unidos, porque en este país la participación en las Fuerzas Armadas constituye una alternativa de movilidad social para inmigrantes y sectores marginados; esta disposición excluye a un amplio sector de la población con doble ciudadanía. Debemos esperar, sin embargo, a que la JCE decida sobre la versión final del reglamento para tener una idea clara del alcance de la transnacionalización de la ciudadanía política.

Otro aspecto de la transnacionalización de la política es la creación de representación parlamentaria para la comunidad migrante. En conversaciones con activistas dominicanos en el exterior, tanto miembros de partidos políticos como de organizaciones de inmigrantes, surge en muchos casos ideas sobre la creación de distritos electorales de ultramar en los países con gran número de inmigrantes. Sin embargo, la Ley Electoral de 1997 contempla sólo la participación de los dominicanos en el exterior en las elecciones presidenciales. La ley no permite la votación para el Congreso ni tampoco establece ninguna forma de representación para los residentes en el exterior.[8] Esto constituye un límite en el acceso a la ciudadanía política de los migrantes, dado que implica que de hecho pueden elegir, pero no ser elegidos (Arias, 2000).

A pesar de todo, existen formas incipientes de representación de la migración dominicana en el sistema político. El caso más claro es un diputado del PLD que reside en Nueva York y representa a la comunidad de esta ciudad. En ausencia de mecanismos institucionales para garantizar esta representación, este diputado fue incluido en las listas electorales del PLD en Santiago, la ciudad de la cual es originario. Si bien él reside en Nueva York fue incluido en las listas partidarias como reconocimiento del PLD a la importancia de los miembros del partido y de la comunidad en general en Nueva York.[9] Tanto el PLD como el PRD han incluido también en listas a miembros del partido en la diáspora para otro tipo de cargos como regidores en los municipios.[10] Además, ambos partidos al llegar al gobierno han dado cargos administrativos a militantes importantes de la diáspora. Estos cargos electivos y administrativos, además de formas de representación de la comunidad migrante, representan cuotas de poder y espacios de representación para los miembros de los partidos en el exterior.

Otro tipo de cargos que tanto el PLD como el PRD han dado a sus miembros en Estados Unidos son los consulares. Anteriormente, los car-

---

[8] Mecanismos de representación de las comunidades migrantes existen en otros casos tales como Colombia y Cabo Verde.

[9] Al momento de escritura de este capítulo en la primavera del año 2001, la Junta Central Electoral estableció cambios a la forma en que se llevarían las elecciones, lo que puede poner fin a este mecanismo de representación. Hasta ahora, los diputados eran elegidos en listas cerradas establecidas por los partidos en forma proporcional a los votos recibidos por cada partido en las elecciones para senador por las diferentes provincias. La Junta Central Electoral ha propuesto recientemente separar las elecciones para senadores y diputados. Los diputados serán electos en distritos electorales más pequeños en los que cada partido presentará una terna de candidatos en listas abiertas. Los votantes deberán votar no sólo por un partido, sino que también votarán por uno de los candidatos incluidos en la terna propuesta por cada partido. Es decir, que serán los votantes los que determinen quiénes serán los diputados por cada partido en los distritos. Esta reforma ciertamente va a dificultar la elección de migrantes al parlamento.

[10] La elección de migrantes a estos cargos también se verá afectada por las modificaciones al sistema electoral propuestas por la Junta Central Electoral.

gos consulares solían ser prebendas que Balaguer repartía a sus aliados cercanos. A partir de las elecciones de 1996 éstos fueron puestos en manos de militantes en el exterior primero del PLD y después de las elecciones del año 2000 al PRD. Esto responde a las presiones de los militantes de los partidos en el exterior, pero también es una forma de poner los cargos representativos del Estado en el exterior en manos de la comunidad migrante, y de este modo transformar a los consulados en instituciones que respondan más a los intereses de esta comunidad.

Otro aspecto del cambio de actitud por parte del Estado dominicano es el desarrollo de una percepción de los emigrantes como un grupo de presión en favor de los intereses políticos y económicos de República Dominicana en Estados Unidos. Esta visión se expresa en llamamientos a la comunidad dominicana a adoptar la ciudadanía estadunidense y a participar en el sistema político de este país. Al gobierno dominicano le gustaría que la comunidad migrante actúe en defensa de sus intereses dentro del sistema político estadunidense. Los temas en los que ha tratado de movilizar el apoyo de los migrantes son los de barreras arancelarias en el comercio y las deportaciones de dominicanos condenados en Estados Unidos a República Dominicana.[11] La respuesta de los líderes de las diversas organizaciones dominicanas en Estados Unidos a las expectativas que el gobierno dominicano tiene de ellos por supuesto varían, pero en general es posible afirmar que si bien los dominicanos en Estados Unidos expresan su interés en las necesidades de su país, se niegan a ser vistos simplemente como un grupo de *lobby* y demandan dialogar con el Estado en términos de iguales (Itzigsohn, 2000a).

## TRANSNACIONALIDAD POLÍTICA Y GLOBALIZACIÓN

Las dos tendencias descritas —el reconocimiento por parte del Estado a los inmigrantes como parte de la comunidad política dominicana y el aliento a que participen en el sistema político estadunidense— nos llevan a cuestionar los límites tradicionales de la soberanía y la ciudada-

---

[11] Esto no es un hecho nuevo o particular de los dominicanos. Históricamente muchos grupos migrantes y étnicos han entrado en la política estadunidense para influir en las decisiones de Estados Unidos respecto a su país (Glick, 2000; Karpathakis, 1999).

nía política. Estamos en presencia de una expansión de los límites de la nación y de la creación de un campo de acción político que trasciende las fronteras de los Estados. Es necesario en este punto explicar las razones de este cambio en los límites de la nación y la ciudadanía. ¿Por qué la consolidación de los procesos democráticos se produce en el marco de una expansión de los límites de la nación imaginada?

La creación de comunidades transnacionales en todas sus formas (políticas, sociales, culturales y económicas) es muchas veces atribuida a la globalización (Glick, 2000; Guarnizo y Smith, 1998). Sin embargo, el término globalización es usado con significados tan diferentes hasta perder sentido por completo. Es necesario identificar cuáles son los procesos políticos, económicos y sociales del sistema mundial contemporáneo que llevan a la expansión geográfica de los marcos políticos de la nación y de los derechos ciudadanos. La respuesta a esta interrogante radica en el análisis de los procesos socioconómicos y políticos que afectan a ciertos países de la periferia y la semiperiferia del sistema mundial. Como mencioné antes, lo primero que hay que destacar es el proceso de democratización o consolidación de las formas competitivas de la democracia, por la que han pasado numerosos países latinoamericanos. En este sentido, República Dominicana se parece bastante a México, ya que sus formas democráticas existían hace varias décadas, pero los procesos electorales no eran verdaderamente transparentes y competitivos. Sin esta consolidación de las formas democráticas, no se podría hablar de transnacionalización de la ciudadanía política. Pero este proceso histórico se ha llevado a cabo a través de la extensión de la ciudadanía política dentro de los marcos políticos del Estado-nación, mientras que lo innovador y paradójico en el caso dominicano, así como en casos parecidos como el mexicano, es que este proceso se lleva a cabo a través de la extensión de los derechos políticos mas allá de las fronteras del Estado. Para entender las razones de este proceso histórico peculiar hay que analizar la función de tres grupos de actores institucionales: el aparato del Estado, los partidos políticos y las organizaciones de inmigrantes. Es necesario investigar cuáles son los intereses que motivan las acciones de estos tres grupos de actores y por qué en el momento histórico actual éstos coinciden en la expansión de la ciudadanía.

El Estado es un actor central en este proceso. Son las instituciones del Estado mediante sus funciones ejecutivas, legislativas y reguladoras las que hacen posible la extensión de los derechos ciudadanos. Sin embargo, los Estados en general son instituciones celosas de su soberanía, por lo que los aparatos estatales tienden a tratar de mantener el control sobre la toma de decisiones políticas. ¿Qué motiva al Estado dominicano a abandonar parte de su soberanía a través de la extensión de derechos políticos a poblaciones que de hecho no están bajo su autoridad? La respuesta a esta pregunta es relativamente simple y está contenida, en parte, en la respuesta dada por Leonel Fernández durante su visita a Providence. Lo que mueve a los aparatos estatales a tratar de reincluir en la nación a los migrantes es el poder económico que tienen éstos.

Dentro del orden económico neoliberal que se ha impuesto en la región en los últimos 20 años, las remesas de los migrantes cumplen un papel fundamental tanto como fuentes de divisas para equilibrar la cuenta corriente de la balanza de pagos, como también de fuente de ingreso para garantizar la supervivencia y el acceso a un nivel de vida medianamente aceptable para amplios sectores de la población. La importancia de las remesas se puede apreciar calculando la proporción del dinero ingresado por remesas dentro del total de lo recaudado por medio de las exportaciones de bienes, servicios e ingresos. Usando los números reportados por el Banco Mundial para los años correspondientes se obtiene que esta relación era de 13.9% en 1980, 16.4% en 1990, y 20.8% en 1996 (Itzigsohn, 2000a). En este sentido, es fundamental para el aparato del Estado garantizar el flujo de remesas. Así se explica el hecho de que el gobierno trate de establecer relaciones con la diáspora y trate de garantizar su seguridad en sus lugares de residencia. De aquí la exhortación y el apoyo a los intentos de grupos de inmigrantes para participar en la vida política del país receptor. Para esto es fundamental la legislación de la doble ciudadanía dado que sin ella muchas veces la primera generación de migrantes —que son aquellos que envían la mayor parte de las remesas— prefiere no adoptar la ciudadanía del país al que emigran.

No obstante, esto no explica la extensión de los derechos ciudadanos. Han habido casos de países para los que las remesas de migrantes han sido fundamentales para la vida económica y, sin embargo, no han extendido los derechos ciudadanos a sus diásporas —por ejemplo, la España franquista o actualmente Cuba. En este sentido, el proceso de consolidación democrática es fundamental, tanto porque sin ella no existe la ciudadanía política como por las demandas que genera en los partidos políticos la competencia por los cargos electivos. En el marco de la consolidación de la democracia competitiva, los partidos políticos necesitan movilizar apoyos políticos y financieros. Los ingresos económicos en dólares de la comunidad migrante es una fuente importante para el financiamiento de campañas políticas. Además, en conversaciones con activistas de los partidos políticos dominicanos, éstas indican que operan bajo la convicción de que la opinión de la comunidad migrante influye sobre el voto de sus parientes y amigos en el país de origen. La explicación de esta influencia radica en dos elementos: la influencia de las remesas en la vida de los familiares en el país de origen y, por otro lado, en cierto prestigio del que goza el migrante.

La imagen del migrante en la sociedad dominicana es ambigua. Por un lado existe un gran desprecio hacia el migrante basado en prejuicios que afirman que el dinero ganado por estos proviene del negocio de la droga, así como quejas respecto a la arrogancia y ostentación de los migrantes en sus visitas al país. Este desprecio se expresa en términos despectivos tales como "dominicanyork" o "cadenú" (término que hace alusión a cadenas de oro que muchas veces usan los migrantes para mostrar su nuevo estatus social). Por otra parte, existe cierto respeto o admiración por el migrante. Este último sería en cierto modo alguien que triunfó y que tiene acceso a niveles de vida e información mayores de los que no migraron. Este sentimiento es menos expresado que el otro en el discurso de la sociedad dominicana, pero no por eso es inexistente. Por lo menos muchos activistas políticos explican de esta manera la supuesta influencia de los migrantes sobre el voto de los no migrantes.

La influencia económica y política de los migrantes ha llevado a los partidos políticos a extender sus campañas a las ciudades estadunidenses donde hay grandes concentraciones de dominicanos. De este modo, tanto el Estado como los partidos políticos tienen interés en fomentar la "lealtad" (en términos de Hirschman, 1970) de los migrantes hacia el país de origen, pero esto solo no explica la extensión de los derechos políticos. Si el Estado y los partidos políticos están interesados en la "lealtad" de los migrantes, estos últimos están interesados en ejercer su "voz". Es aquí donde radica la importancia de los grupos organizados de migrantes; son éstos los que presionan al Estado para expandir los derechos ciudadanos y reincluir a la diáspora dentro de los límites de la nación.

Un sector importante dentro de los grupos migrantes son las organizaciones de los partidos políticos en el exterior. Como vimos antes, la diáspora siempre ha tenido una presencia importante en la política dominicana. Bajo el gobierno de Trujillo, es en el exterior donde se organiza gran parte de la oposición al régimen. Durante los primeros años de hegemonía balaguerista, la migración política tiene gran importancia para reducir las tensiones políticas en el país. Por esta razón, el PRD tiene una gran presencia histórica en las comunidades dominicanas en Estados Unidos. Y la fractura del PRD que llevó a la fundación del PLD, tuvo lugar tanto en República Dominicana como en el exterior, por lo que este partido se funda al mismo tiempo en el país y en la diáspora. Los grupos políticos en el exterior funcionan como grupos de poder dentro de los partidos y demandan para los migrantes cuotas de poder y representación. Así se explica que el PLD tenga un diputado representante en Nueva York, que ambos partidos distribuyan cargos administrativos en República Dominicana para sus militantes en el exterior, y que los consulados sean controlados por grupos de migrantes.

Además de los partidos políticos existen numerosas organizaciones culturales, sociales y políticas de migrantes. Muchas de ellas se han dedicado a promover y demandar la extensión de los derechos políticos a los dominicanos en el exterior. También han exigido que el Estado dominicano los tome en cuenta facilitando los viajes, la entrada de productos, la compra de vivienda y las inversiones de dominicanos migrantes. El arma que tienen las comunidades migrantes, en términos de Hirschman, es "la salida". Los grupos migrantes son muy conscientes de la importancia de su contribución económica y de la necesidad del país de tener un grupo de presión dentro de la política estadunidense. Los migrantes usan este poder para demandar reconocimiento y la extensión de derechos.

## CONSIDERACIONES FINALES

Hemos visto en este capítulo cómo el proceso de consolidación de la democracia competitiva se lleva a cabo en un marco de extensión de los límites de la nación y la ciudadanía política. He argumentado que es la combinación de cierto modelo de inserción en la economía global con el establecimiento de la democracia competitiva y con la organización de los migrantes lo que lleva a la peculiar situación de consolidación democrática en un marco transnacional; República Dominicana no es el único país afectado por estos procesos. Dado que estos son procesos globales que afectan a numerosos países es posible predecir una expansión de las presiones hacia la transnacionalización de la ciudadanía política.[12]

La generalidad de estos procesos ha llevado a algunos analistas a predecir el fin del Estado como el vehículo de organización de la ciudadanía política y de los derechos civiles en general (Agnew, 1999; Laguerre, 1999). Sin embargo, es necesario evaluar cuáles son los alcances y perspectivas de este proceso. En este sentido hay numerosas interrogantes a los que sólo el desarrollo de los procesos políticos dará respuesta. El voto en el exterior, inicialmente planeado para el año 2000, no ha sido aún implantado, y si bien la respuesta de Fernández respecto a la necesidad de garantizar la transparencia del proceso es válida, es también legítimo preguntarse cuánto interés tiene el Estado dominicano en que se extiendan los derechos políticos a un grupo que está más allá de su autoridad. La respuesta a esta pregunta la obtendremos cuando quede determinado si los residentes en el exterior van a poder votar en las elecciones del año 2004. Tampoco es evidente cuál será la respuesta a las demandas de las diversas organizaciones de migrantes al crear formas de representación parlamentaria para la diáspora migrante.

Por otra parte tampoco precisa cuál va a ser la respuesta de la comunidad migrante a la extensión de los derechos políticos. Es evidente que ésta es una demanda de los grupos más activos, de aquellos migrantes que están organizados en el marco de los partidos políticos dominicanos o de grupos sociales y culturales. Estos grupos se han movilizado activamente para demandar el voto en el exterior. Sin embargo, no sabemos cuál va a ser la actitud de la mayoría de los migrantes que no participa en los grupos que se movilizan para demandar derechos políticos en el exterior. Esto se definirá cuando se abran los registros electorales y se establezca el voto en el exterior. Esto nos permitirá ver cuán masivos son el registro para votar y el voto en sí.

---

[12] En otro lugar he argumentado que este modelo se aplica también a otros casos como los de Haití, El Salvador y Cabo Verde (Itzigsohn, 2000a). También me parece que el caso mexicano tal como ha sido descrito por Calderón, 1999 corresponde a los argumentos desarrollados en este capítulo.

No cabe duda, para los que conocen la cultura dominicana, que este es un pueblo sumamente politizado. La afiliación política es un eje fundamental de la formación de identidades individuales y colectivas. Sin embargo, aún no está claro cuánto le interesa al común de los migrantes tener voz y voto en la política de su país de origen. Una parte importante de la comunidad está más interesada en mejorar su situación en Estados Unidos (u otros países de residencia de migrantes) que en el proceso político dominicano. En la medida que crece el peso de la segunda y tercera generación de hijos de inmigrantes, esta tendencia se hará cada vez más fuerte. El peso de la demanda de extensión de derechos políticos depende en parte del flujo continuo de inmigrantes y de la renovación de la primera generación.

Estas consideraciones nos llevan a atemperar nuestra evaluación del proceso de transnacionalización de la ciudadanía. En algunos casos se ha querido ver en la extensión de derechos ciudadanos el fin de la importancia de los Estados como marco de derechos políticos, siendo estos remplazados por formaciones sociales transnacionales o la creación de instancias de derecho internacional. Los procesos sociales descritos arriba —la influencia de las remesas, la consolidación de la democracia competitiva y las demandas de la comunidad migrante organizada— indicarían una tendencia a una creciente expansión de la política transnacional. Sin embargo, es conveniente recordar que este proceso está en sus comienzos y que su consecución depende de la voluntad de actores políticos con intereses diversos que actúan limitados por las presiones de procesos estructurales, pero no determinados por éstos.

## BIBLIOGRAFÍA

Agnew, John, "Mapping Political Power Beyond State Boundaries: Territory, Identity, and Movement in World Politics", *Milennium: Journal of International Studies*, London School of Economics, vol. 28, núm. 3, 1999, Londres, pp. 499-521.

Aquino, José Ángel, "Introducción comparativa al voto de los nacionales en el exterior" en José Ángel Aquino (coord.), *El voto de los dominicanos en el exterior*, Comisión Presidencial para la Reforma y Modernización del Estado/Impresora Búho, Santo Domingo, 2000, pp. 23-58.

Arias Núñez, Luis, "La organización electoral y el voto en el exterior" en José Ángel Aquino (coord.), *El voto de los dominicanos en el exterior*, Comisión Presidencial para la Reforma y Modernización del Estado/Impresora Búho, Santo Domingo, 2000, pp. 93-117.

Betances, Emelio, *State and Society in the Dominican Republic*, Westview Press, Boulder, Colorado, 1995.

Calderón Chelius, Leticia, "Ciudadanos inconformes. Nuevas formas de representación política en el marco de la experiencia migratoria: el caso de los migrantes mexicanos", *Frontera Norte*, vol. 11, núm. 21, 1999, México, pp. 117-146.

Evans, Peter, "Fighting Marginalization with Transnational Networks: Counter-Hegemonic Globalization", *Contemporary Sociology*, American Sociological Association, vol. 29, núm. 1, 2000, Washington, pp. 230-241.

Glick Schiller, Nina, "Transmigrants and Nation-States: Something Old and Something New in the U.S. Immigrant Experience" en Charles Hirschman, Philip Kasinitz y Josh DeWind (comps.), *The Handbook of International Migration: The American Experience*, Russell Sage Foundation, Nueva York, 2000, pp. 94-119.

————— y Georges Fouron, "Transnational Lives and National Identities: The Identity Politics of Haitian Immigrants", *Comparative Urban and Community Research*, Transaction Books, vol. 6, 1998, Nueva Brunswick, Nueva Jersey, pp. 130-161.

Grasmuck, Sherri y Patricia Pessar, *Between Two Islands: Dominican International Migration*, University of California Press, Berkeley, 1991.

Guarnizo, Luis, "The Rise of Transnational Social Formations: Mexican and Dominican State Responses to Transnational Migration", *Political Power and Social Theory*, JAI Press, vol. 12, 1998, Greenwich, Connecticut, pp. 45-94.

————— y Michael Peter Smith, "The Locations of Transnationalism", *Comparative Urban and Community Research*, JAI Press, vol. 6, 1998, Greenwich, Connecticut, pp. 3-34.

Hartlyn, Jonathan, *The Struggle for Democratic Politics in the Dominican Republic*, The University of North Carolina Press, Chapel Hill, North Chapel, 1998.

Hirschman, Albert, *Exit, Voice, and Loyalty*, Harvard University Press, Cambridge, Ma., 1970.

Itzigsohn, José, "Immigration and the Boundaries of Citizenship: The Institutions of Immigrants Political Transnationalism", *International Migration*

*Review*, Center for Migration Studies, vol. 34, núm. 4, 2000a, Nueva York, pp. 1126-1154.

_____, *Developing Poverty*, Penn State University Press, University Park, Pa., 2000b.

_____, Carlos Dore Cabral, Esther Hernández Medina y Obed Vázquez, "Mapping Dominican Transnationalism: Narrow and Broad Transnational Practices", *Ethnic and Racial Studies*, Routledge & Kegan Paul, vol. 22, 1999, Londres, pp. 316-339.

Karpathakis, Anna, "Home Society Politics and Immigrant Political Incorporation: The Case of Greek Immigrants in New York City", *International Migration Review*, Center for Migration Studies, vol. 33, núm. 1, 1999, Nueva York, pp. 55-78.

Keck, Margaret y Kathryn Sikkink, *Activists Beyond Borders: Advocacy Networks in International Politics*, Cornell University Press, Ithaca, Nueva Jersey, 1998.

Laguerre, Michel S., "State, Diaspora, and Transnational Politics: Haiti Reconceptualised", *Millennium: Journal of International Studies*, London School of Economics, vol. 28, núm. 3, 1999, Londres, pp. 633-651.

Lozano, Wilfredo, *El reformismo dependiente*, Editora Taller, Santo Domingo, 1985.

Mandaville, Peter G., "Territory and Translocality: Discrepant Idioms of Political Identity", *Milennium: Journal of International Studies*, London School of Economics, vol. 28, núm. 3, 1999, Londres, pp. 653-673.

Martínez Morales, Juan José, "Servicio exterior y voto en el extranjero" en José Ángel Aquino (coord.), *El voto de los dominicanos en el exterior*, Comisión Presidencial para la Reforma y Modernización del Estado/Impresora Búho, Santo Domingo, 2000, pp. 119-128.

Roberts, Bryan, "Ciudadanía y política social en Latinoamérica" en B. Roberts (ed.), *Ciudadanía y política social*, FLACSO/SSRC, San José, 1998, pp. 35-70.

Torres-Saillant, Silvio y Ramona Hernández, *The Dominican Americans*, Greenwood Press, Westport, Conn., 1998.

PAÍSES DONDE HAY DEBATE SOBRE LA
POSIBILIDAD DE QUE SUS CIUDADANOS
PARTICIPEN EN EL PROCESO ELECTORAL
DESDE EL EXTERIOR

Guatemala, El Salvador, Paraguay y Uruguay son los países que conforman este grupo. Se trata de casos donde no existe una ley que permita a sus ciudadanos participar políticamente desde el exterior. Sin embargo, a pesar de la ausencia de reglamentación jurídica al respecto, en los cuatro casos hay un acalorado debate en torno a la ampliación de derechos políticos para quienes se encuentran ausentes del país. Esto se explica porque si bien cada país tiene una experiencia histórica singular como se relata en cada capítulo, hay una constante que se repite en los casos aquí agrupados: el hecho de que atraviesan por un proceso de democratización en distintos grados de desarrollo. Este escenario político propicio para la discusión sobre la ampliación de los derechos ciudadanos da sentido a la demanda de quienes radican fuera de las fronteras nacionales, ubicando el tema como un pendiente más en las agendas políticas nacionales.

Cada uno de estos países cuenta además con comunidades en el exterior que han desarrollado organizaciones comunitarias, que han alcanzado un alto nivel de participación. Muchas de estas organizaciones han pasado a un nivel de participación política, dentro de las cuales algunas han incluido la demanda por el derecho al voto desde el exterior. Demanda abierta entre los salvadoreños y paraguayos, visible ya entre los uruguayos y los guatemaltecos.

Al observar estos casos en conjunto vemos que los Estados no tienen una posición unánime frente al activismo político de sus ciudadanos en el exterior, sino que en realidad, cada Estado articula respuestas y estrategias muy distintas. Dicha respuesta política no se explica por la importancia numérica de cada comunidad en el exterior, ni por su peso económico medido en las cifras de remesas que cada comunidad representa para sus países de origen, sino que en realidad, el debate sobre la legitimidad de los derechos de los ciudadanos en el exterior se explica por el lugar que cada comunidad migrante ocupa para su propia sociedad.

Ese lugar privilegiado o estigmatizado en que se ubica a los migrantes es resultado de una construcción social que se sustenta en el motivo original que le da su sello particular a cada proceso migratorio. Y no obstante que el fenómeno se renueva constantemente, son dichos motivos originales que provocaron el inicio de la migración los que dan su identidad a cada proceso, y los que están en la base de los argumentos al aprobar, cuestionar, e inclusive prohibir, en algunos casos, que quienes radican fuera de la patria puedan ser considerados miembros de la comunidad política.

En el caso de El Salvador la movilidad al interior del país por razones económicas fue siempre una opción temporal recurrente entre la población, sin embargo, la migración internacional empezó propiamente como resultado de la guerra civil durante los años ochenta, lo que marcó el éxodo como eminentemente político. La experiencia salvadoreña como pocos ejemplos, propició la generación de redes políticas trasnacionales de uno y otro bando en disputa (principalmente de parte del FMLN que tuvo la capacidad de articular una amplia red internacional de solidaridad hacia su causa), las cuales propiciaron que los migrados mantuvieran un vínculo basado en un sentido de obligación y responsabilidad con quienes permanecieron en el país. Este hecho es central, pues mantuvo la presencia en el país de quienes se fueron, primero por razones políticas pero, posteriormente, al transitar a un sistema democrático en construcción durante los años noventa, en un proceso definido por necesidades económicas. A pesar del tránsito de una migración política a un proceso más económico el rasgo de la forma como se inició y posteriormente se consolidaron las redes de los migrantes salvadoreños, permite entender por qué las argumentaciones sobre la legitimidad de extender derechos políticos a quienes originalmente mantuvieron un sentido de "lealtad" y compromiso y no rompieran lazos con su país natal sea sumamente fuerte y difícil de contraponer. Da además, una fuerza y potencial político a los migrantes salvadoreños como se observa en muy pocos casos incluidos en este libro.

Guatemala es semejante a El Salvador en el hecho de que el origen de su éxodo fue resultado de la guerra civil que duró 36 años, durante los cuales la migración se volvió central para la sobrevivencia de sus ciudadanos. Sin embargo, a diferencia del caso anterior, el exilio guatemalteco no desarrolló de una manera tan eficaz una participación política transnacional, pues su objetivo central era lograr que se dieran las condiciones políticas y sociales en el país para volver, lo que a la firma de la paz en 1996 y el cambio de la situación política en un tránsito hacia la democracia fue posible.

Esto de alguna manera concluyó con la razón de ser del exilio, aunque para ese momento la constante migración no sólo política, sino principalmente económica ya había consolidado comunidades de guatemaltecos en el exterior, ubicados no sólo en el refugio tradicional localizados en la región fronteriza mexicana, sino principalmente en Estados Unidos, desde donde los migrantes mantuvieron un contacto frecuente con su país de origen.

Así pues, aunque cambiaron las circunstancias de una migración política a una económica, pero dado que el motivo que dio origen a la migración masiva se asocia a los años de la más dura represión militar en el país, la fuerza de esta imagen está presente en el debate político sobre el voto en el exterior, lo que explica por qué ninguna fuerza política argumenta, por lo menos, contra la legitimidad y derecho de los guatemaltecos a participar políticamente en su país independientemente de radicar fuera del territorio. La oposición a abrir este tema es de carácter más bien técnico y proviene del Tribunal Supremo Electoral, que se ha declarado incapacitado en la cuestión operativa de un proceso electoral de dichas magnitudes, además de argumentar que no se cuenta con las condiciones económicas para poder realizar elecciones en el exterior. De esta manera el debate sobre los derechos políticos de los guatemaltecos en el exterior se inscriben en el marco de una difícil transición democrática y en la batalla por consolidar un Estado de derecho.

En el caso de Paraguay el fenómeno migratorio se inició con el golpe militar de 1947, este hecho histórico marcó una nueva experiencia social para el país que se nutrió a lo largo del tiempo de un continuo flujo de exiliados, los cuales mantuvieron activamente su oposición a la dictadura. El factor político es pues la imagen asociada al origen de la migración y aunque dicha migración lejos está de ese origen político extremo y con el paso del tiempo adquirió un sentido más bien económico, en el imaginario social el hecho de migrar quedó asociado a la larga dictadura que concluyó hasta 1989, cuando se dio paso a un gobierno civil, aún cuando el partido en el poder siguió siendo el mismo.

Este escenario político ha sido propicio para que subsistan posiciones políticas muy polarizadas, lo que ha hecho que el debate sobre otorgar derechos políticos a los que radican fuera del territorio nacional esté permeado irremediablemente por la postura que los legisladores y la sociedad en general asumen frente al exilio, para unos visto como disidencia y resistencia, para otros como traición y cobardía, lo que explica por qué a pesar de que el tema ha sido motivo de acaloradas discusiones a nivel del congreso y de movilizaciones desde el exterior (principalmente desde Argentina donde radica la mayoría de la comunidad paraguaya), este tema se haya pospuesto varias ocasiones.

Otra es la lógica del debate en el caso de Uruguay, pues la migración es un elemento inherente a su esencia nacional, un tema histórico fundacional de la patria, pero en este caso, como un proceso dual, ya que se trata de un país que fue un importante destino migratorio a lo largo del siglo XIX, lo que se invirtió en la actualidad ya que tiene uno de los índices más altos de expulsión migratoria de América Latina, con casi 15% de sus ciudadanos radicando en el exterior.

Esta dualidad ha creado una paradoja en la sociedad uruguaya respecto a la visión de la migración, lo que tiene consecuencias concretas, ya que en tanto subsiste una mayor identificación de la sociedad uruguaya con la idea de ser un país originalmente receptor de migrantes, lo cual se constata en la existencia de generosas leyes para otorgar derechos políticos y sociales a los extranjeros. Contrariamente, al no asimilarse cabalmente el peso de la emigración como un proceso constante y creciente, se han manifestado grandes reservas ante la posibilidad de siquiera debatir sobre el cambio en las leyes electorales que actualmente eliminan del padrón a quien este ausente en más de dos elecciones, lo cual afecta a quienes justamente radican en el exterior.

De esta manera, el fenómeno migratorio uruguayo está permeado por una idea socialmente compartida que se dan como país de recepción de extranjeros, lo que influye en el tipo de argumentos respecto a la relación política de ese país con sus ciudadanos en el exterior.

## LOS ARGUMENTOS DE LA DEMANDA
## POR LA EXTENSIÓN DE DERECHOS POLÍTICOS

Un punto que deriva de los casos aquí reunidos es que ofrecen distintos elementos para repensar la forma tradicional de ciudadanía. Esto porque a través de los argumentos que sirven de sostén a la demanda por la extensión de derechos políticos los distintos actores ponen en discusión cuestiones como la lealtad, la pertenencia y hasta el sentido de la patria. Algunos de estos argumentos revitalizan la noción de ciudadanía, ya que demandan una membresía política, basada en una experiencia con el Estado al que apelan ese reconocimiento. Algunos de estos argumentos son:

1) Como "restitución" por lo que los migrantes dan de remesas al país. No sólo por el impacto económico que tiene gran relevancia, sino sobre todo porque éste se basa en la existencia de un vínculo de lealtad y compromiso de quienes aunque se fueron, mantienen con sus comunidades (El Salvador).

2) Como una forma de "resarcir" la pérdida que produjo el exilio. Dado un contexto de transición democrática los exiliados representan una fuerza política que tuvo un lugar en la lucha contra el régimen militar. Este hecho trasciende al gobierno militar, y genera posiciones opuestas en la clase política frente a los migrantes, dependiendo como se les perciba, sea como portadores de valor y resistencia, de debilidad y deserción, lo que irremediablemente fragmenta todo debate (Paraguay).

3) Como forma de mantener un "vínculo jurídico". Cuando al definir la membresía política priva el criterio de residencia por encima de la pertenencia a la comunidad política, la ciudadanía se pierde por la ausencia prolongada del país, lo que ante un proceso de migración constante corta los lazos formales de los sujetos con su país de origen (Uruguay).

4) Como forma de "ratificar las instituciones democráticas" y el contexto de paz. Este punto parte de un reconocimiento a que la comunidad política se disgregó geográficamente, principalmente por una situación de violencia extrema. En ese contexto, el hecho de que los ciudadanos mantengan un vínculo que no sólo sea económico y social, sino que muestran interés en opinar, incidir, se considera que legitima el proceso democratizador en proceso (Guatemala).

## ESTADO ACTUAL DE CADA CASO

Debido a que el debate para otorgar derechos políticos a cada diáspora se fundamenta en elementos de la historia de cada nación, entonces la intensidad del debate y su posible avance cristalizado en leyes varían de caso en caso. Esto ha generado un avance distinto no sólo en las respuestas que los Estados han articulado, sino también en los niveles de organización de sus diásporas. Así tenemos que:

*a*) En *El Salvador* se ha dado una activa política de parte del Estado para incluir a los migrantes en proyectos productivos, ante esta situación, el Estado no se opone abiertamente a la participación política, pero tampoco la aprueba y sólo es por la insistencia de grupos de migrantes organizados que el tema se mantiene vigente. Un elemento que resulta fundamental es que, con o sin voto, la participación política es un hecho cotidiano en la vida de los migrantes salvadoreños en sus comunidades de origen, donde apoyan candidaturas, financian campañas y utilizan su prestigio para avalar un proyecto económico y político. Dada la legislación electoral salvadoreña de aprobarse el voto desde el exterior no sería necesario hacer grandes cambios legales.

*b*) En *Guatemala* la aprobación a cualquier reforma electoral se ha supeditado a los avances en la inclusión de otros grupos especiales, como ocurre con los migrantes internos que dado el desplazamiento por razones económicas y políticas representan un número importante de ciudadanos que se encuentran fuera de su residencia al momento de las elecciones. Su inclusión a través de nuevas formas de empadronamiento y ejercicio electoral fuera de su lugar de origen ha sido un tema que el Tribunal Supremo Electoral (TSE) ha puesto como prioridad para la consolidación democrática, anteponiéndolo al de los migrantes guatemaltecos en el exterior, lo que ha pospuesto la posible legislación sobre extenderles derechos políticos.

En ambos casos, El Salvador y Guatemala, la experiencia hondureña donde en noviembre del 2002 se llevaron por primera vez elecciones fuera del territorio nacional, es un precedente que puede tener un "efecto dominó" como suele ocurrir en esa zona, acelerando el debate sobre toda la región centroamericana.

En el caso paraguayo el dato central para ubicar el estado actual del tema es que hay que remitirse a la Constitución de 1992 donde se tomó el criterio de residencia sobre el de nacionalidad para definir los derechos ciudadanos. Esto creó una exclusión *de facto* para quienes apelaban por el derecho al voto en el exterior. Al hablar de *Paraguay* hay que tener en cuenta que estamos ante un caso extremo, ya que el debate ha sido una constante, tanto de quienes demandan la ampliación de este derecho ciudadano, como por parte del Estado que ha reaccionado duramente contra el potencial político de esa comunidad desde el exterior, identificada aún por su carácter de oposición activa contra el régimen militar que aunque cambió mantuvo a un importante sector de la vieja clase política en el poder. Tan es así, que ante la posible presencia masiva de migrantes paraguayos en las elecciones de 1989, se cerraron las fronteras para impedir su participación dentro del territorio.

Aún en medio de esta confrontación abierta el debate parlamentario en Paraguay es sumamente intenso y ante la convocatoria a una nueva Constitución prevista a partir del año 2002 este tema se incluye como un punto pendiente de la agenda política nacional.

Finalmente, algunos miembros de la comunidad uruguaya dispersa en distintos países han iniciado un proceso de cabildeo para que se apruebe una ley que no limite sus derechos políticos a su presencia en el territorio como actualmente esta contemplado. Estos grupos plantean un posible voto por correo o consular. Su capacidad movilizadora ha permitido generar formas de comunicación virtual, de tal suerte que han creado un sitio de internet que aglutina a quienes demandan su pertenencia a la comunidad política de su país de origen, donde la página elvotoqueelalmapronuncia.org es la mejor síntesis del estado en que se encuentra el interés, pasión y compromiso de una comunidad interesada en mantener lazos con su país de origen, a pesar de la distancia.

## EL SALVADOR

| | |
|---|---|
| Población total | 1999: 6 154 000[a] |
| Población en el exterior | 1998: 300 306[b] |
| Porcentaje respecto a la población residente | 5.36 |
| Destinos principales de migración | Estados Unidos, Guatemala y México |
| Remesas (en dólares)[c] | 1999: 1 374 millones |
| Voto en el exterior | No ha sido aprobado |
| Estado actual del voto en el exterior | Existe un movimiento de los miembros de la |

Red Nacional Salvadoreña Americana para
conseguir que les sea concedido el voto
en el extranjero, ya han sostenido pláticas
con el Tribunal Supremo Electoral y
el Instituto de Estudios Jurídicos de
El Salvador

Tipo de voto                        Voluntario


## GUATEMALA

Población total                     1999: 11 090 000[d]
Población en el exterior            1998: 307 902[e]
Porcentaje respecto a la
  población residente     2.7
Destinos principales
  de migración            Estados Unidos, México y el Salvador
Remesas (en dólares)[f]             1999: 448 000 000
Voto en el exterior                 No ha sido aprobado
Estado actual del voto
  en el exterior          No permite el voto en el exterior
Tipo de voto                        Voluntario


## PARAGUAY

Población total                     2000: 5 496 450[g]
Población en el exterior            2000: 400 000[h]
Porcentaje respecto a la
  población residente     7.27
Destinos principales
  de migración            Argentina y Brasil
Remesas (en dólares)[i]             1992: 100 000 000
Voto en el exterior                 No ha sido aprobado
Estado actual del voto
  en el exterior          Existe una serie de manifestaciones
      públicas de los paraguayos que viven
      en el exterior
Tipo de voto                        Obligatorio


## URUGUAY

Población total                     2000: 3 334 000[j]
Población en el exterior            1999: 194 864[k]

Porcentaje respecto a la
  población residente             10 y 12[l]
Destinos principales
  de migración                Argentina, Brasil, Estados Unidos, España,
                                Italia, Francia, Suecia y Australia
Voto en el exterior          No ha sido aprobado
Estado actual del voto
  en el exterior             No está permitido
Tipo de voto               Voluntario

[a] Estimaciones de INFONATION, base de datos estadísticos de los miembros de Naciones Unidas.

[b] "Inmigrants admitted by Region and Country of Birth Fiscal Years 1988-1998" en Immigrants Fiscal Year 1998 en www.ins.usdoj.gov/graphics/aboutins/statistics/inm98.pdf

[c] Federico Torres A., "Uso productivo de las remesas en México, Centroamérica y República Dominicana" en Simposio sobre Migración Internacional en las Américas, San José de Costa Rica, 4-6 de septiembre de 2000 en www.eclac.cl/celade/proyectos/migracion/SimpMig00e-pon.htm

[d] Estimaciones de INFONATION, base de datos estadísticos de los miembros de Naciones Unidas.

[e] "Inmigrants admitted by Region and Country of Birth Fiscal Years 1988-1998" *op. cit.*, "Illegal Alien Resident Population" en www.ins.usdoj.gov/graphics/aboutins/statistics/illegalalien/index.htm

[f] Federico Torres A., "Uso productivo", *op. cit.*

[g] IDB Summery Demographic Data

[h] Organización Internacional para las Migraciones.

[i] Roberto Cáceres Cayo, "Transferencia de migrantes paraguayos desde Estados Unidos de Norteamérica y República Argentina", Asunción, Mimeo, 2000.

[j] U.S. Census Bureau, IDB Summary Demographic Data for Uruguay en www.census.gov/cgi-bin/ipc/idbsum?cty=UY

[k] Información de la Base de Datos IMILA (Investigación de la Migración Internacional de Latinoamérica), cifras obtenidas de publicaciones censales. Miguel Villa y Jorge Martínez Pizarro, "Tendencias y patrones de la migración internacional en América Latina y el Caribe" en Simposio sobre Migración Internacional en las Américas, San José de Costa Rica, 4-6 de septiembre de 2000 en http://www.eclac.cl/Celade-Esp/migracion/SimpMig00e-pon.htm

[l] Adela Pellegrino, Informe sobre la Migración Internacional presentado a la Comisión Sectorial de Investigación Científica, Paraguay, 1998.

# EL TRANSNACIONALISMO POLÍTICO Y EL DERECHO AL VOTO EN EL EXTERIOR: EL SALVADOR Y SUS MIGRANTES EN ESTADOS UNIDOS

Patricia Landolt*

## INTRODUCCIÓN

Al comienzo de los años setenta, los salvadoreños huían de su país debido a la violencia estatal. En medio de ese éxodo, los refugiados forjaron mecanismos que les permitieron mantenerse en contacto con sus comunidades de origen. Estos vínculos basados en obligaciones e intereses recíprocos proliferaron y en el transcurso de casi tres décadas, estas relaciones sociales se extendieron mas allá de la esfera doméstica formando las bases de una amplia variedad de instituciones con carácter transnacional —empresas, partidos políticos, organizaciones caritativas, grupos de jóvenes, ambientalistas. Este proceso ha dado lugar a la participación de los migrantes en los asuntos de su país de origen, lo que ha influido en los cambios de las políticas públicas del Estado salvadoreño y en una reorientación de las estrategias de mercado del sector privado. Esta novedosa interacción entre los migrantes y la sociedad salvadoreña ha transformado el país, al entrelazarlos a través de múltiples fronteras lo que ha consolidado nuevas instituciones transnacionales (Mahler, 1995; Lungo, 1997; Landolt *et al.*, 1999; Landolt, 2000; Menjívar, 2000).

* Quiero agradecerle a Leticia Calderón Chelius por invitarme a contribuir al libro y por su paciencia y energía, a José Itzigsohn e Isar Godreau por sus sugerencias. En El Salvador le doy mil gracias a Vinicio Merino, Tita Zelaya y su familia, Kay Eekhoff, y a la familia Baires por todo lo que han compartido conmigo y me han enseñado sobre su país.

En el ámbito político, se ha establecido un intercambio entre organizaciones de migrantes y diferentes actores sociales de El Salvador. En gran medida, este proceso es el resultado de una larga trayectoria de movilización iniciada por parte de la comunidad migrante durante la guerra civil (1981-1992) que culminó en el año 2000 con la inauguración de una campaña para conseguir el derecho al voto para los salvadoreños residentes en el exterior.

Este proceso político que vincula la comunidad migrante con su país de origen, El Salvador, ha provocado que se den respuestas espontáneas e institucionales en el país. El gobierno nacional, por ejemplo, ha reformado ministerios y creado nuevas oficinas a fin de interactuar con la comunidad en el exterior. A la vez, en muchos pueblos los miembros del consejo municipal viajan regularmente al exterior para consultar y buscar el apoyo de los paisanos.

Este trabajo explora la relación entre la construcción de estrategias e instituciones políticas transnacionales y la transformación de las fronteras reales e imaginadas de la nación salvadoreña. Está basado en información obtenida como parte de un proyecto comparativo sobre las causas y consecuencias de la migración transnacional.[1] La premisa inicial plantea que el transnacionalismo político desafía la noción de los Estados-naciones, el cual supone un dominio exclusivo de éste sobre un territorio delimitado. Tanto la participación política de migrantes en un país donde ya no residen, como las estrategias extraterritoriales de un Estado que busca reincorporarlos al proyecto nacional apuntan hacia esta nueva situación. El transnacionalismo político, a la vez que pone en duda nociones establecidas, apunta a una reconceptualización de la nación y por ende a una redefinición de los derechos y las obligaciones del ciudadano. Con este proceso de redefinición se está determinando no sólo quien constituye parte del proyecto nacional, sino también, quien será excluido del mismo. No sólo se está replan-

[1] El ensayo se basa en información recogida con financiamiento de la Fundación Nacional de Ciencias, la Fundación Ford, y la Fundación Andrew W. Mellon. Su contenido es la responsabilidad exclusiva de la autora. La recaudación de datos se hizo en tres fases durante cuatro años (1996-2000) incluyendo: 1) entrevistas con 60 informantes claves en Washington, D. C. y Los Ángeles en Estados Unidos, y en San Salvador, San Miguel y sus alrededores en El Salvador (1996); 2) una encuesta estructurada aplicada a 150 jefes de hogar y 130 actores transnacionales en Los Ángeles y Washington, D. C. (1998), y 3) una encuesta estructurada aplicada a 200 actores transnacionales en El Salvador (2000).

teando cuáles son los derechos y las obligaciones del ciudadano, sino también, cuáles son los límites de la responsabilidad estatal por el bienestar de la población.

El capitulo tiene cuatro secciones. Primero, se cuenta la historia de la migración salvadoreña. Se identifican las condiciones políticas y económicas que marcan el éxodo de refugiados en la década de los ochenta y se caracterizan las instituciones políticas transnacionales que surgieron durante la guerra civil. Posteriormente, se explora el periodo de posguerra que plantea un escenario en que la comunidad migrante vive un proceso de reconstrucción y reconciliación. En este marco se plantea el tema del derecho al voto para los salvadoreños residentes en el exterior, enfocándose en las incongruencias y ambigüedades que caracterizan el encuentro entre diferentes actores a favor y en contra de este derecho. La conclusión considera las implicaciones políticas y teóricas de los hallazgos.

## ÉXODO E INCORPORACIÓN

El Salvador tiene una tradición centenaria de migración laboral cíclica. Desde finales del siglo XIX la economía agroexportadora ha expropiado y concentrado las tierras agrícolas del país, generando un semiproletariado desterrado y marginado que depende de la economía monetaria (Vilas, 1995). Como resultado, una alta proporción de la población rural siempre ha tenido que emigrar temporalmente para trabajar en las cortas de café y en las plantaciones de otros países del área centroamericana. En este contexto, el hogar campesino desarrolla estrategias de sobrevivencia económica que se han convertido a su vez en normas de comportamiento comunitario. En particular, el hogar rural permite y apoya la migración temporal de sus miembros, con la expectativa de que el migrante siga contribuyendo a su mantenimiento y reproducción social (Wood, 1981).

En el periodo de la guerra civil (1981-1992) esta historia de migración laboral marcó tanto las respuestas estratégicas, como la interpretación normativa de los refugiados frente a su éxodo. Por esta razón, muchas familias vieron la migración como una solución temporal y al migrante como miembro del hogar con el cual tenía una responsabilidad económica y al que debía volver.

La violencia política desatada por la guerra trastornó estos patrones migratorios tradicionales convirtiendo el proceso estructural de desalojar la población rural en uno de desplazamiento forzoso (Zolberg *et al.*, 1989; Edwards y Siebentritt, 1991). Durante los años de la guerra (1980-1992), murieron más de 80 000 personas y 30% de la población del país, calculada en 5 000 000 en 1980, fue desplazado de su lugar de origen; 20% de los desplazados salieron de El Salvador. Aproximadamente 450 000 salvadoreños se refugiaron en Centroamérica y otros 250 000 se asentaron en México. Canadá y Australia otorgaron asilo político a miles de familias salvadoreñas (Ferris, 1987). La gran mayoría de estos refugiados emigraron a Estados Unidos, donde la población salvadoreña ahora se calcula en 1 200 000, con concentraciones poblacionales en Los Ángeles, San Francisco, Washington, D. C., Boston, Atlanta, y el área de Nueva York.

En Estados Unidos, el proceso de asentamiento de los salvadoreños ha sido condicionado por múltiples factores incluyendo la respuesta del gobierno federal, las oportunidades laborales y la respuesta de la sociedad civil (Portes y Rumbaut, 1996). La presencia salvadoreña en Estados Unidos provocó una lucha política entre el gobierno de Ronald Reagan y un amplio espectro de organizaciones progresistas conocido como el Movimiento de Solidaridad con Centroamérica (MSC). La administración Reagan se negó a conceder refugio a los salvadoreños debido a que el reconocimiento del estatus de refugiado implicaba el reconocimiento del gobierno estadunidense de que el Estado de El Salvador no respetaba los derechos humanos y civiles de su población. Esto ponía en riesgo la aprobación del Senado de fondos para una solución militar al conflicto. Como respuesta, el MSC apoyó a los refugiados y se movilizó para exigir una política migratoria justa (MacEoin, 1985; Gosse, 1988). El MSC argumentó que si el gobierno estadunidense financiaba las campañas militares del gobierno salvadoreño también tenía la responsabilidad de ofrecerles asilo a las víctimas del conflicto.

A corto plazo, y a pesar de los logros legales y políticos del MSC,[2] la posición del gobierno federal fue devastadora. A pesar de no tener es-

---

[2] En los años ochenta la Iglesia Bautista Americana demanda al Servicio de Inmigración y Naturalización por su tratamiento prejudicial contra guatemaltecos y salvadoreños. La resolución de este caso, en 1990 permitió que a más de 250 000 clamantes que habían solicitado y les había sido negado el asilo político fueran considerados bajo normas más flexibles que las utilizadas anteriormente.

tatus de refugiados, los salvadoreños continuaron entrando ilegalmente a Estados Unidos, viviendo con el temor de ser deportados, y solicitando asilo sólo cuando eran arrestados por el Servicio de Inmigración y Naturalización (INS, por sus siglas en inglés). A raíz de esta situación, se calcula que hoy 50% de la población salvadoreña en la nación estadunidense sigue indocumentada o tiene sólo permiso de permanencia temporal (López *et al.*, 1997).

La situación económica que enfrentaron los migrantes fue igualmente difícil. La reestructuración industrial estadunidense de los años setenta y ochenta redujo el sector industrial sindicalizado y llevó a la informalización de muchos aspectos de la producción manufacturera (Sassen, 1991). En este contexto, la mayoría de los salvadoreños, sin importar su nivel de estudio o entrenamiento previo, sólo consiguieron trabajos mal remunerados e inestables en el sector servicios. Incluso hoy se concentran en ramas laborales menores como, la costura industrial, el empleo doméstico, la jardinería, y como jornaleros en diferentes sectores de la industria y la construcción.

En su conjunto, las condiciones adversas que provocaron la salida de El Salvador combinadas con las de entrada a Estados Unidos son la causa que ha llevado a los migrantes a optar por la distribución y administración transnacional de sus recursos. Son las normas construidas tras un siglo de migración las que han contribuido a que esta sea considerada una solución temporal y a que el migrante siga apoyando su hogar en El Salvador. La posibilidad de ser deportados también explica que los migrantes mantengan contacto con El Salvador como lugar de salvaguarda. Como resultado, desde el momento de su salida del país la mayoría de salvadoreños mantiene contacto con parientes y amigos que quedan atrás. Les envían dinero y velan por su salud, educación y bienestar. Los ahorros, cuando se logran, también se envían a El Salvador y en algunos casos se invierten en pequeñas empresas (Landolt, 2001). Con el tiempo, esta forma de distribuir los recursos resulta en la construcción de un marco de referencia transnacional para la toma de decisiones. Una consecuencia significativa de esta estrategia son las remesas familiares que desde la década de los noventa alcanzan más de 1 000 millones de dólares anuales, los cuales representaron 0.8% de los ingresos en moneda dura al país en 1980, 17.6% en 1990, llegando a 47% en 1996 (Itzigsohn, 2001).

## TRANSNACIONALISMO POLÍTICO
## EN TIEMPOS DE GUERRA

Durante la década de los ochenta, el transnacionalismo político reflejó las divisiones y lealtades del conflicto armado. El gobierno salvadoreño tachó a los refugiados de subversivos y se mantuvo ausente de los asentamientos migrantes. Como resultado, el movimiento de oposición político-militar, el Frente Farabundo Martí para la Liberación Nacional (FMLN), dominó sin mayores obstáculos los espacios transnacionales donde se desarrollaron redes internacionales y estrategias de movilización que dejaron una huella indeleble en la manera de hacer política en la comunidad migrante.

Como parte de este proceso el FMLN creó una red de solidaridad en torno a los sectores progresistas de la sociedad civil estadunidense y europea. En su cumbre de 1984, la red estadunidense incluyó a miles de grupos locales coordinados por varias organizaciones nacionales entre las cuales estaban el Comité en Solidaridad con el Pueblo Salvadoreño (CISPES), el Movimiento Santuario, y Testigos por la Paz (Gosse, 1996). Cada grupo local trabajaba para concientizar a los ciudadanos estadunidenses sobre las políticas de su gobierno en El Salvador, organizaba vigilias y acciones de emergencia, y recaudaba fondos para diferentes organizaciones salvadoreñas incluyendo al movimiento guerrillero.

A la vez, el Frente creó organizaciones de servicio social cuyo propósito fue ayudar a la población migrante y mantenerla informada de la situación en su país. Las organizaciones más importantes y duraderas de esta estrategia han sido el Centro para Refugiados Centroamericanos (CARECEN), que abrió oficinas en varias ciudades de Estados Unidos y El Rescate que concentró su trabajo en California. Ambas agencias han hecho trabajo de educación política e intentan ayudar a los salvadoreños con información y consejos sobre leyes migratorias, salud pública, empleo, etc. Estas agencias también se dedicaron al cabildeo en defensa de los migrantes, denunciando la política intervencionista del gobierno estadunidense y condenando la violencia indiscriminada del gobierno salvadoreño y sus Fuerzas Armadas.

La relación que el aparato sociopolítico del FMLN creó con los migrantes es bastante compleja. Activistas que trabajaron por años con CARECEN o El Rescate consideran que hubo un fuerte respaldo para las actividades del Frente en la comunidad migrante. Líderes políticos que han regresado a El Salvador apuntan a casos, como el de Joaquín,[3] que muestra la efectividad del trabajo del Frente en los asentamientos migrantes. Joaquín explica:

> Yo me fui mojado a Los Ángeles en 1980. Tenía catorce años. Ahí estudié y trabajé como jornalero por diez años y regrese a mi pueblo en 1990. Mi experiencia en Los Ángeles fue transformadora. De joven no me interesaba en política, a pesar de que mi padre participaba, y realmente creo que no entendía la lucha que ocurría en mi país. Pero en Los Ángeles comencé a tener acceso a todo tipo de información sobre la historia de El Salvador y sobre la situación de la guerra, el porque de ella. Organizaciones como CARECEN me dieron otro tipo de información, un nuevo entendimiento, una educación política y comencé a entender que era una guerra justa. Cuando regresé al país comencé mi propia empresa de buses y en estas elecciones de marzo (2000) me postulé como alcalde para el Frente, recibí bastante apoyo financiero para mi campaña de amigos en Los Ángeles y Chicago, y aquí estoy. Hoy creo que debo buscar el apoyo de la comunidad que está afuera para levantar las obras públicas del pueblo.

En este caso la experiencia migratoria funciona como un mecanismo de educación política. Al retornar, Joaquín mantuvo una serie de contactos en el exterior que le permitieron acceder a recursos primero para su empresa y luego para su campaña electoral.

Por otro lado, hay quienes consideran que el típico inmigrante no se incorporó a los proyectos del Frente. Así lo explica una trabajadora social en Washington, D. C.:

> Alguien te puede decir, nosotros los salvadoreños estábamos unidos contra el gobierno. Esa no fue mi percepción. Que los salvadoreños sabían todo lo que estaba pasando —de la guerrilla, de los líderes salvadoreños–, sí lo sabían todo y quizás respetaban al Frente. Pero el músculo político del Frente eran las asociaciones y las organizaciones estadunidenses contra la injusticia del sistema. El salvadoreño que vino aquí era un salvadoreño muy curtido, que había visto mucha guerra y mucha muerte. Yo creo que eso les ayudó a decidirse, no a nosotros. Lo que queremos es trabajo.

---

[3] He cambiado los nombres de personas y lugares.

Es indudable que para muchos migrantes la lucha cotidiana por evitar "la migra", conseguir empleo, y enviar remesas es un obstáculo para la participación. Sin embargo, el FMLN logró mantener una fuerte presencia política en el exterior y el nivel de compromiso político de la población migrante con el proyecto del FMLN aunque variable se mantuvo constante.[4] Esto provocó una hiperpolitización de todo lo que concerniera a los flujos migratorios y los migrantes. La sección que sigue documenta como las estrategias transnacionales del gobierno salvadoreño y el sector privado toman en cuenta el fantasma del Frente en los asentamientos migrantes.

## RECONSTRUCCIÓN Y RECONCILIACIÓN EN EL CAMPO TRANSNACIONAL

En 1992, bajo la tutela de las Naciones Unidas, el gobierno de El Salvador y el FMLN firmaron los Acuerdos de Paz de Chapultepec. Con esto se inició un proceso de desmilitarización, reconstrucción y reconciliación en el país centroamericano. Como explican los politólogos salvadoreños Briones y Ramos (1995), este proceso: "Marca una transición política orientada a una transformación jurídico-institucional que posibilita una dinámica sociopolítica menos autoritaria y menos excluyente. Se trata fundamentalmente de un proceso dirigido a alterar los cánones e instituciones del régimen político." De esta manera, la firma de la paz inició un cambio drástico en el panorama político de El Salvador, sus asentamientos migrantes, y en los lazos que los vinculan a ambos.

El proceso de reconciliación disminuyó la polarización ideológica. Los espacios políticos que antes se defendían con apelación al enfrentamiento armado se comenzaron a disputar más abiertamente y por otros medios. En este contexto, surge una variedad de nuevas voces políticas. A la vez que la vieja estructura internacional del FMLN se desmorona, el Estado salvadoreño desarrolla nuevas políticas ministeriales para acercarse a la comunidad de migrantes.

En los asentamientos migrantes, muchas organizaciones tradicionalmente ligadas al Frente desaparecen y otras, como CARECEN y El

---

[4] Para una discusión comparativa del transnacionalismo salvadoreño en Los Ángeles y Washington, D. C. véase Landolt *et al.*, 1999 y el capítulo cinco en Landolt, 2000.

Rescate, intentan reorientar su mandato para responder más clara y directamente a las inquietudes y necesidades de la población. También aparecen nuevas organizaciones. Surgen asociaciones que se autoidentifican como salvadoreñas-americanas y comités que apoyan la reconstrucción del pueblo de origen de sus miembros. Las diferentes organizaciones migrantes se pueden distinguir por su tono y enfoque. Hay organizaciones que velan por los derechos civiles y políticos de la diáspora, y otras cuyo trabajo gira en torno al paisanaje motivado por obligaciones y lealtades a la "patria chica", o sea al pueblo de origen.

El comité de pueblo es la organización más distintiva del periodo de posguerra. Los comités son formados por un grupo de paisanos, o sea gente del mismo lugar de origen, que organiza eventos sociales y culturales en la comunidad migrante con el propósito de recaudar fondos para financiar proyectos de reconstrucción en su localidad. Los comités varían en su tamaño, estilo administrativo, tipo de actividades que llevan a cabo, proyectos que financian, y naturaleza de su relación con las autoridades locales. Para dar una idea de su variedad y vitalidad, los comités de pueblo salvadoreños recaudan cantidades de dinero que pueden fluctuar entre 1 000 y 15 000 dólares anuales. Financian una diversidad de actividades como obras públicas, eventos religiosos y deportivos, proyectos de salud pública, y mejoras a espacios públicos (iglesia, parque, plaza). En Los Ángeles, donde se encuentra uno de los principales asentamientos de la población salvadoreña calculada en 500 000 personas, hay por lo menos 80 comités de pueblo. En Washington, D. C., donde la población migrante es de aproximadamente 150 000 personas, no llegan a 20. En El Salvador aproximadamente 50% de los 226 municipios del país mantienen vínculos formales o informales con comités de migrantes (Landolt *et al.*, 1999).

El fundador de un comité identifica algunas de las razones que motivan a los migrantes a crear este tipo de organización. Él explica,

La formación de un comité es un sentimiento que siempre existía pero por la guerra todo giraba en torno a la política. O estabas con ARENA o estabas con el Frente. El vacío de poder que dejan los acuerdos de paz lo ha llenado este deseo de asistir al pueblo. Entonces nos reunimos aquí, con gente del mismo barrio, cantón o pueblo para tratar de entender lo que está pasando allá. Nos juntamos con el compadre que recién ha ido de visita y él nos cuenta. De esta manera comenzamos a entender que las cosas se habían tranquilizado y que podíamos ayudar al pueblo, porque de cierta manera nosotros siempre estuvimos ayudando a nuestros familiares y amistades, enviando ropa, dinero, medicinas [...] pero ahora podía ser algo más formal y organizado y no sólo para la familia sino para todo el pueblo.

Esto sugiere que el comité de pueblo, de cierta manera, representa una extensión o reorientación de las obligaciones del migrante con el hogar ampliado al pueblo.

La reorientación de un compromiso social transnacional del ámbito privado al espacio público indica la importancia del comité de pueblo como herramienta de reconciliación y apertura. En los asentamientos migrantes, desarrollar proyectos colectivos crea oportunidades para que los migrantes se acerquen, no sólo a sus pueblos de origen, sino también a sus compatriotas en Estados Unidos. Participar en un comité ayuda a la comunidad a controlar la desconfianza y los temores que puede tener una población indocumentada. En El Salvador, el comité representa un reto contra lo que Torres-Rivas (1990) llama la cultura del horror. Con años de violencia y crisis política, la población vivió en un estado de constante miedo e inseguridad que produjo una trivialización del horror y una profunda desconfianza y aislamiento. Frente a esto, el comité muchas veces sirve de catalizador para la reincorporación de los ciudadanos a la vida pública. Son particularmente efectivos aquellos comités que enfatizan su autonomía y desinterés por la política partidista.

Por ejemplo, en Santa María, comités de pueblo en cuatro diferentes asentamientos de Estados Unidos financiaron la construcción de un edificio para la Cruz Roja. La población local quedó a cargo de contribuir con mano de obra gratuita. Inicialmente, los únicos que trabajaban en el proyecto eran familiares de los paisanos migrantes, pero, a medida que se levantó el edificio, la población local comenzó a ayudar. Los hombres llegaban a ofrecer un par de días de trabajo y las mujeres se presentaban con almuerzos y refrescos para los trabajadores. Una vez terminado el edificio, el comité de pueblo en Virginia comenzó a recaudar fondos para una ambulancia y el comité en Los Ángeles se comprometió a financiar los arreglos mecánicos de ésta. En San Francisco, se creó un comité de apoyo al comité de pueblo llamada la Alianza Pro-Mejoramiento de Santa María.

A pesar de que la mayoría de los comités de pueblo profesan su neutralidad y autonomía política, el contexto institucional en el cual operan los inmiscuye en la política partidista. Esta tendencia es reforzada por dos reformas estatales realizadas como parte de los acuerdos de paz. Primero, en 1992 se sustituyó el Consejo Central de Elecciones por un nuevo Tribunal Supremo Electoral (TSE), y se le concedió el derecho de vigilancia sobre la elaboración, organización, publicación y actualización del registro electoral a todos los partidos legalmente inscritos (Briones y Ramos, 1995). Con esto, la política electoral queda limpia de corrupción y se torna un instrumento relativamente efectivo y legítimo de participación. Segundo, en 1994, como parte de un programa de descentralización de la estructura estatal, el gobierno de Calderón Sol legisló la autonomía económica de los gobiernos municipales. A cada municipio se le otorgó un porcentaje fijo del presupuesto central y se le obligó a recolectar impuestos locales para financiar los gastos de la alcaldía y las obras públicas del pueblo.

Obviamente, en este contexto, la relación de la alcaldía con el comité de pueblo adquiere enorme importancia. La presencia de un comité que en muchos casos tiene mayor capacidad de convocatoria que el gobierno, puede volverse una amenaza política. El comité puede convertirse en un aliado o rival en las elecciones, aun cuando los miembros del comité no tienen el derecho a votar en éstas.

Se pueden señalar tres modos a través de los cuales el comité de pueblo es incorporado a la vida política salvadoreña. Primero, igual como un comité puede coordinar su trabajo con la iglesia del pueblo o el centro de salud, un comité puede optar por desarrollar obras en asociación con la alcaldía. Segundo, un comité es politizado tras la obstaculización o el sabotaje. Al interpretar al comité como una amenaza política, la alcaldía es capaz de desarrollar obras paralelas, negarse a prestarles maquinaria pública o difundir rumores sobre su malversación de fondos, clientelismo, etc. Tercero, la alcaldía puede hacer una gira a los asentamientos de migrantes para crear su propio comité de pueblo. Por último, en pueblos donde hay un nivel de migración muy alto, las rivalidades políticas (y familiares) pueden resultar en la formación de varios comités, cada uno representando una tendencia política diferente. En algunos casos, estos grupos logran colaborar en obras específicas, pero en tiempos de elecciones cada uno trabaja a favor de su candidato.

En el periodo de posguerra, las organizaciones de derechos humanos y las agencias sociales salvadoreñas experimentaron muchos cambios. Grupos como CARECEN y El Rescate que por años simplemente reflejaron las imperativas del FMLN, comenzaron a luchar por redefinir su plataforma y encontrar otra manera de relacionarse con la población migrante y con El Salvador. Comenzaron ofreciendo una mayor variedad de servicios dada la creciente diversidad de la población migrante que ahora incluye no sólo un sector marginado económica y políticamente, sino también una clase media empresarial. Atendiendo a sus propias inquietudes transnacionales, estos grupos desarrollaron campañas para apoyar la reconstrucción del país.

Por otro lado, proliferan organizaciones salvadoreñas-americanas que se distinguen por su visión e identidad explícitamente estadunidense. Como explica uno de los fundadores de la Asociación Salvadoreña Americana del Norte de Virginia (ASANOVA),

> Los acuerdos de paz cambiaron nuestra visión. Antes estábamos enfocados en El Salvador. El trabajo era en contra de la ayuda militar del gobierno gringo, los derechos humanos, las repoblaciones de refugiados. Después del 92, se empieza un periodo de discusión sobre nuestro futuro en Estados Unidos; el reconocer que no hay regreso, que en toda la historia de todos los pueblos nunca hay un regreso, una vez que hay una emigración no hay un regreso. Reconocimos que había que acompañar a la comunidad acá donde también hay una lucha por la igualdad, los derechos humanos y la legalidad.

Estos grupos actualmente desarrollan proyectos de educación con la población migrante, enseñándoles sobre leyes y derechos civiles de los inmigrantes en Estados Unidos.

Con la proliferación de nuevas agencias sociales salvadoreñas, en 1995 los líderes de la comunidad migrante crean una coordinadora nacional llamada La Red Nacional Salvadoreña-Americana (La Red). Cada año desde su fundación, La Red convoca a las agencias y asociaciones salvadoreñas de todo el país a una reunión en la cual se identifican temas y situaciones de alta urgencia y relevancia para la comunidad. También desarrollan campañas de cabildeo local y nacional en torno a estas problemáticas. La Red desempeña un papel sumamente importante como intermediario entre las múltiples agencias migrantes en Estados

Unidos y diferentes instituciones políticas en El Salvador. Por ejemplo, La Red colabora con la Procuraduría Nacional para la Defensa de los Derechos Humanos, organización creada con los acuerdos de paz. Ambas organizaciones participan en las reuniones de la otra y comparten información. Juntas comienzan a desarrollar un programa de derechos del migrante para presentarlo al Parlamento Centroamericano que incluye métodos para la protección del migrante en tránsito y en los países de asentamiento.[5] La Red también mantiene una relación con el gobierno salvadoreño, al cual le ofrece información sobre la situación de la comunidad migrante y le sugiere modos de hacer cabildeo con el gobierno de Estados Unidos.

Para enfrentar y aprovechar la nueva situación transnacional del país, el gobierno salvadoreño se vio forzado a someterse a un ajuste institucional muy profundo. En 1994, como primer paso en esta dirección, inició una campaña consular para cerrar la distancia institucional entre los migrantes para lo cual anunció varias iniciativas ministeriales dirigidas a la comunidad en el exterior. La meta del proyecto gubernamental era legalizar y estabilizar la situación de los migrantes en el extranjero. En las palabras del cónsul de Los Ángeles: "la meta es mantener el cordón umbilical con la población".

Con este propósito se reformó la proyección consular y se le extendió el mandato a los Ministerios de Hacienda, Educación, y Relaciones Exteriores para incluir en sus actividades a la comunidad migrante. Esto cambió drásticamente la proyección y las actividades del servicio consular. Se estableció contacto directo con organizaciones como CARECEN y El Rescate, y se inició un programa de servicios legales para la comunidad. El Consejo Nacional de Arte y Cultura (CONCULTURA), que se ubica bajo la jurisdicción del Ministerio de Educación, extendió su campo de acción e inició, con la colaboración del consulado local y el gobierno municipal de Los Ángeles, la creación de una casa de la cultura en esa ciudad. El nuevo espacio cultural se inauguró en 1996. El Ministerio de Hacienda, a través del Banco Central de Reserva de El Salvador (BCR), autorizó a varios bancos salvadoreños con sucursales en Estados Unidos (Banco Cuscatlán y Banco Salvadoreño) a servir como

---

[5] A fines de los años noventa la procuraduría se vio en medio de una crisis financiera y de liderazgo, con lo cual los resultados de dicha iniciativa se tornaron inciertos.

agencias de envío de remesas. El BCR, en consulta con el Banco Mundial, también lanzó un programa de inversiones para permitir a los receptores de las remesas familiares a tener acceso a pequeños préstamos comerciales. Estos proyectos han tenido poco éxito. El BM ha cancelado su iniciativa y la gran mayoría de remesas familiares todavía circulan por medio de correos nacionales como Gigante Express, multinacionales como Western Union, y por medio de viajeros informales.

En resumidas cuentas, el periodo de posguerra se distingue por dos dimensiones. Primero, el país entra en una etapa de verdadera reconciliación en la cual la gran mayoría de los actores políticos demuestran su disposición por participar en la política institucional, resolviendo conflictos y avanzando sus intereses por medios no militares. En los asentamientos migrantes, nuevas y viejas instituciones representativas comienzan a forjar alianzas estratégicas con los gobiernos municipales y estatales de Estados Unidos, sus pueblos de origen, y el gobierno de El Salvador.

Segundo, la apertura política del periodo de posguerra facilita la consolidación de un campo político transnacional salvadoreño que incorpora una variedad de actores en El Salvador así como múltiples instituciones y asociaciones de migrantes en el exterior. La participación transnacional de los migrantes en la formación del Estado-nación se logra por medio de tres canales. Siguiendo la tradición del FMLN de llevar la lucha política salvadoreña al terreno internacional, el cabildeo salvadoreño adopta una estrategia transnacional. Las asociaciones de migrantes pactan con organizaciones no gubernamentales en El Salvador, con el gobierno salvadoreño y con aliados dentro del gobierno y la sociedad civil estadunidense, para promover sus intereses y lograr tener voz política. Por último y más indirectamente, los migrantes consolidan un espacio institucional en El Salvador a medida que el gobierno salvadoreño y el sector privado (la banca) reorientan sus políticas ministeriales y estrategias empresariales para incluir a la población migrante.

## EL DERECHO AL VOTO EN EL EXTERIOR

En el contexto en que se da *de facto* la consolidación del campo político transnacional salvadoreño, surgen discusiones sobre la pertinencia de otorgar el derecho al voto para salvadoreños residentes en el extranjero. En el caso salvadoreño, el tema del derecho al voto en el exterior está cargado de incongruencias y ambigüedades algunas de las cuales se muestran en la siguiente discusión.

La Constitución de El Salvador identifica a los salvadoreños como las personas nacidas en el territorio nacional y a los hijos de padre o madre salvadoreños nacidos en el extranjero. La definición del nacional es amplia y bastante general. Hay que notar, sin embargo, que tal definición se presta fácilmente a un discurso basado en una visión racial de la nación. En contraste, los derechos políticos del ciudadano salvadoreño son bastante más estrechos e incongruentes con esta definición.

Los salvadoreños tienen derecho a la doble o múltiple nacionalidad pero hasta ahora no se les ha otorgado el derecho al voto en el exterior. El Estado salvadoreño no rechaza el derecho al voto en el exterior, pero tampoco lo aprueba. El Código Electoral de 1997, artículo 9, estipula que para "ejercer el sufragio se requiere ser ciudadano salvadoreño y estar inscrito en el Registro Electoral". El problema para los salvadoreños que viven fuera del país es que el artículo 22 señala que para inscribirse en el Registro Electoral: "Todo ciudadano deberá declarar ante los funcionarios del tribunal [...] el departamento y municipio en que desea quedar registrado en razón de su domicilio para los efectos de votación. Se entenderá por domicilio el lugar donde el ciudadano reside, trabaja o tenga el asiento principal de negocios."

Entonces detrás de una definición amplia del nacional y flexible del ciudadano, los derechos políticos del ciudadano salvadoreño acaban restringidos. Queda claro que si existiese la voluntad política para facilitarle el derecho al voto a los salvadoreños en el exterior, éste se podría hacer sin mayor necesidad de cambios legales.

En el año 2000 se comenzó a movilizar una alianza transnacional que partía del supuesto de que el otorgar el derecho al voto en el exterior es cuestión de voluntad política. En marzo del 2000, la Red Salvadoreña Americana, en asociación con la Fundación para el Desarrollo de El Salvador (FUNDE), organizó un foro sobre el derecho al voto en el exterior en el cual se confirmó que tanto los partidos políticos, particularmente el FMLN, como diferentes organizaciones no gubernamentales, apoyan la extensión del derecho al voto a la población migrante. Magistrados del Tribunal Supremo Electoral confirmaron su posición de facilitar el proceso técnico para el empadronamiento, la obten-

ción del documento único, y la organización del evento electoral en todo país donde residan los salvadoreños.

En julio del mismo año, La Red, en colaboración con el Instituto de Estudios Jurídicos de El Salvador (IEJES), la fracción del FMLN de
la Comisión de Asuntos Electorales de la Asamblea Nacional y el TSE,
comenzó a diseñar una campaña de relaciones públicas para lograr el
derecho al voto en el exterior. Dicha campaña se basó en un doble discurso justificativo. Por un lado, se argumenta que facilitar el voto migrante requiere de un simple cambio técnico, o sea, crear las condiciones
burocráticas, por medio de los consulados, para el empadronamiento y
la votación. En los asentamientos de migrantes, por otro lado, el derecho al voto se quiere manejar como un derecho inalienable del ciudadano y en particular un derecho de aquellos que por medio de las remesas
mantienen al país.

Claramente el derecho al voto en el exterior se está transformando en parte del proyecto reivindicativo de aquellos que fueron forzados
a abandonar su tierra y que ahora son responsables de su mantenimiento. La idea de que debería haber un *quid pro quo* entre el enviar remesas
y el derecho a la participación política electoral también se encuentra
en el discurso del pueblo migrante. En los comentarios extraídos de
una encuesta realizada por www.departamento15.com, un sitio de internet muy reconocido en la comunidad, 82% de los encuestados apoyan el derecho de los migrantes de participar en la política electoral de
El Salvador. Ven en este derecho una manera más de expresar su "amor
por su patria" y lo asocian con el hecho que su contribución al país es
"el oxígeno de la economía salvadoreña". La interpretación migrante
también plantea una alta dosis de dudas (18%). Muchos ciudadanos
desconfían del Estado salvadoreño y consideran que "no hay credibilidad en como se manejarían las urnas".

Se encuentra ausente de esta discusión el gobierno de la Alianza
Republicana Nacional (ARENA) que ha optado por desarrollar un programa político transnacional paralelo. En 1999, después de consultas
con el Programa de Atención a la Comunidad Mexicana en el Exterior,
el gobierno de Francisco Flores inauguró la Dirección General de Atención a la Comunidad en el Exterior (DGACE). La DGACE funciona bajo el
Ministerio de Relaciones Exteriores y sirve tanto de intermediaria entre la
comunidad migrante y diferentes oficinas e instituciones del Estado, como de coordinadora central de las diferentes iniciativas ministeriales.

En su página web (www.rree.gob.sv) la DGACE identifica tres áreas de trabajo planificadas para esta nueva oficina que incluyen: 1) negocios internacionales, que plantea juntar la demanda migrante con la oferta de pequeños y medianos empresarios en El Salvador buscando utilizar a la comunidad migrante como puerta de entrada al mercado latino en Estados Unidos, promover el turismo migrante, y la inversión de empresarios migrantes en El Salvador; 2) asuntos comunitarios, que planifica el trabajo con organizaciones migrantes, fomenta la creación de asociaciones representativas en la diáspora, y apoya las transferencias de recursos y donaciones a El Salvador de grupos caritativos; 3) asuntos culturales y educativos, que desarrolla actividades en torno a la promoción de la cultura salvadoreña, como concursos de fotografía y pintura.

Las diferentes dimensiones de este proyecto son significativas. Primero queda ausente del proyecto cualquier mención de la institucionalización de la voz migrante en la estructura política del Estado o el país (el voto en el exterior). Segundo, hay una tendencia a ver a la comunidad migrante como un simple recurso económico de remesas, consumo e inversión. El Estado está calculando que los recursos de la población migrante le permitan extender la existente estrategia económica de industrialización basada en la exportación. Al lograrlo, El Salvador exportaría productos agrícolas, productos ensamblados en las maquiladoras del país, y mano de obra (el migrante), y a la vez extendería su mercado consumidor para incluir a la población migrante (Landolt, 2001).

¿Sobre qué discurso ideológico se legitima tal proyecto?, ¿cuáles son sus debilidades o incongruencias del discurso? El Estado salvadoreño ha desarrollado el discurso del "hermano lejano" para simultáneamente legitimar su proyecto económico y obviar o apaciguar cualquier discusión sobre un proyecto político transnacional (el voto). ¿Quién es el "hermano lejano"? Es un hombre (no una mujer) que se sacrifica trabajando arduamente en el extranjero (en Estados Unidos) para mantener a su familia en El Salvador y por ende al país. Es a esta figura a la que se le pide que mantenga "el cordón umbilical" con la nación.

El discurso paternalista del "hermano lejano" tiene dos fisuras muy profundas. Una es la violenta historia de El Salvador. El interés, aquí, no es por la historia material del país, que es bien conocida, sino en el discurso ideológico que la ha acompañado. Un momento clave en la historia del país es el levantamiento de enero de 1932. En la ciudad, cuando el movimiento comunista fue derrotado y sus líderes exiliados, en la zona cafetalera se levantaron los pueblos indígenas. En los centros ladinos —Santa Ana, Ahuachapán y Sonsonate— los caciques, con sus cofradías, ocuparon la ciudad y se vengaron de las elites ladinas —mayordomos y recolectadores de los impuestos estatales (Brignoli, 1995). La respuesta de la oligarquía fue despiadada. En el curso de pocos meses, el gobierno asesinó a más de 30 000 campesinos indígenas. La represión asumió un amargo tono racista. El editorial de un terrateniente en el diario nacional comentó: "El indio siempre ha sido, y siempre será el enemigo del ladino [...] No había ningún indio no afectado por la enfermedad del comunismo [...] Cometimos un grave error en hacerlos ciudadanos" (Anderson, 1971).

La segunda fisura en el discurso benevolente del "hermano lejano", relacionada por supuesto con la primera, son las interpretaciones negativas que existen sobre el migrante y su familia. A la par de la mitología del "hermano lejano", existen otras imágenes del migrante que no sólo son negativas, sino que reflejan el clasismo que marca las relaciones sociales en El Salvador. El discurso básicamente es el siguiente: en la familia que recibe remesas los hombres ya no quieren trabajar por que reciben dólares, no quieren ir a las cortas de café y viven a la espera del dólar, sus hijos son rebeldes, haraganes y pandilleros, y sus mujeres e hijas unas libertinas. Este discurso es particularmente popular entre ricos de pueblo que están perdiendo su estatus frente a migrantes con dólares, pero también es difundido ampliamente por los medios de comunicación. Complementando este discurso, está la versión oficial sobre las remesas. Los economistas y tecnócratas del Estado dedican tiempo y recursos en intentar capitalizar, canalizar, controlar y hacer productivas las remesas porque, a su manera de ver, la familia migrante ha estado "malgastando" los 100 dólares que reciben mensualmente.

Estos relatos sugieren que la historia de la burguesía salvadoreña no ofrece las bases para la promoción de un discurso de una comunidad política imaginada amplia (Anderson 1991). Con poco esfuerzo y con cierta consistencia, la burguesía o el Estado excluye a una proporción significativa de la población por ser india, subversiva, terrorista o refugiada. En algunos momentos, estos discursos excluyentes justifican la violencia militar y en otros, la violencia económica —la pobreza, el desempleo, la desnutrición. El discurso del "hermano lejano" proclama palabras vanas. Es sencillamente la cara benigna de un discurso excluyente que le pide al migrante que contribuya económicamente, mientras que se humilla a su familia y se le niegan los derechos substantivos de la ciudadanía.

Volviendo al transnacionalismo político de la comunidad migrante, es importante reconocer que, con o sin el derecho a votar en el exterior, los migrantes son parte del mundo político salvadoreño. Las elecciones municipales de marzo de 2000 resaltan esta realidad. Comités de migrantes financiaron muchas campañas electorales, por compromiso político o por apoyar a un compadre o familiar. Con frecuencia se encuentran alcaldes que han vivido en el extranjero o viajan regularmente a visitar a los paisanos. Después de las elecciones, muchos consejos municipales en pueblos de alta migración están buscando el apoyo de los paisanos migrantes para financiar las obras públicas.[6] Entonces, con o sin el derecho al voto en el exterior, los migrantes están participando activamente en los procesos políticos de su país de origen.

## CONCLUSIONES

Este capítulo ha explorado diferentes momentos en la interacción entre el transnacionalismo político y la formación del Estado-nación. Primero, se examinó de qué manera las diferentes estrategias transnacionales del FMLN y las instituciones migrantes y del gobierno han transformado las fronteras reales e imaginadas del Estado-nación salvadoreño. Se documentó cómo durante la guerra, el FMLN construyó y dominó el campo político transnacional, desarrollando redes de apoyo con la sociedad civil estadunidense y los migrantes. En el periodo de posguerra, proliferaron diferentes tipos de organizaciones migrantes, todas con un marco de referencia transnacional para definir sus inquietudes y realizar sus proyectos. Al mismo tiempo, el gobierno extendió el mandato de varios ministerios para incorporar a la comunidad salvadoreña radicada en el exterior. En 1999 se inauguró la Dirección General de Atención a la Comunidad en el Exterior como coordinadora de las políticas ministeriales y promotora de un acercamiento económico y cultural con la población migrante salvadoreña. En el ámbito local, los consejos muni-

---

[6] Respondiendo a esta tendencia, el FMLN ha revitalizado sus redes transnacionales, realizando giras informativas.

cipales en pueblos de alta migración fueron electos y financiados por comités migrantes. Todo esto comprueba que el Estado-nación salvadoreño no se está desmoronando y más bien se está ajustando a las prácticas transnacionales.

Segundo, se vio cómo la consolidación del campo político transnacional va acompañado de diferentes discursos de la nación y de los derechos y las obligaciones del ciudadano. Por un lado, se vio que existe una coincidencia o un consenso casi absoluto de que la comunidad política imaginada salvadoreña va más allá de las fronteras del país e incluye a los salvadoreños que viven en el extranjero, particularmente aquellos que viven en Estados Unidos. Por otro lado, este aparente consenso contiene profundas incongruencias. El discurso amplio de la nación entra en contradicción con la práctica, particularmente del Estado, y con los diferentes discursos sobre los derechos y las obligaciones del ciudadano.

Los migrantes asocian su membresía a la nación salvadoreña con obligaciones morales. Este compromiso, que surge en tiempos de guerra, se transforma y extiende en la década de los noventa para incluir el pueblo de origen. Organizaciones migrantes comienzan a promover un discurso que presenta el derecho al voto en el exterior como el derecho de aquellos que son "el oxígeno de la economía salvadoreña". El discurso del "hermano lejano", en contraste, resulta ser la cara paternalista de un discurso burgués excluyente.

El texto contribuye a la teorización del transnacionalismo político. Primero, sugiere que el transnacionalismo político no da paso, ni a una época posnacional, ni a una radicalización de los espacios políticos. Las prácticas transnacionales trasladan el proceso de formación del Estado-nación a un terreno que cruza múltiples fronteras nacionales y vincula sitios en diferentes regiones del sistema mundial. Lo que distingue este momento y da luz a nuevas posibilidades políticas es el hecho de que el transnacionalismo cambia la posición estructural de los diferentes actores. En este contexto el migrante adquiere una posición estructural de máxima importancia para la nación. Por esto, el gobierno nacional, la burguesía, los partidos políticos y los gobiernos municipales se ven en la incómoda situación de tener que trabajar con el poder migrante, canalizarlo, apaciguarlo, enfrentarlo.

Por último, los discursos de membresía y los discursos de ciudadanía que presentan los diferentes actores no caen fácilmente en ninguna de las caracterizaciones hechas por la teoría. Igual como no hay un actor que promulga un discurso singularmente radical, antiesencialista o contestatario, tampoco hay ningún actor que presente un discurso singularmente esencialista o excluyente. Cada actor adapta e incorpora los diferentes discursos que tiene a su disposición por hacer avanzar sus intereses. Esto sugiere que el próximo paso en nuestro trabajo puede ser tratar de explicar los factores que determinan que el transnacionalismo político conlleva un proyecto nacional amplio y contestatario o uno excluyente.

## BIBLIOGRAFÍA

Aguayo, Sergio y Patricia Weiss Fagen, *Central Americans in Mexico and the United States*, Hemispheric Migration Project/CIPRA/Georgetown University, Washington, 1988.

Anderson, Benedict, *Imagined Communities: Reflections on the Origin and Spread of Nationalism*, Verso, Londres y Nueva York, 1991.

Anderson, John, *Matanza: El Salvador's Communist Revolt of 1932*, University of Nebraska Press, Lincoln, 1971.

Appadurai, Arjun, "The production of locality" en R. Fardon (comp.), *Counterworks: Managing the Diversity of Knowledge*, Gordon & Breach, Amsterdam, 1995, pp. 204-225.

Basch, Linda, Nina Glick Schiller y Cristina Szanton-Blanc, *Nations Unbound: Transnational Projects, Postcolonial Predicaments and Deterritorialized Nation-States*, Gordon y Breach, Amsterdam, 1994.

Bhabha, Homi, *The Location of Culture*, Routledge, Nueva York, 1994.

Brignoli, Héctor, "Indians, Communists and Peasants: The 1932 Rebellion in El Salvador" en William Rosebury, Lowell Gudmundson y Mario S. Kutschbach (comps.), *Coffee, Society and Power in Latin America*, The Johns Hopkins/University Press, Baltimore, 1995, pp. 36-89.

Briones, Carlos y Carlos Guillermo Ramos, *Gobernabilidad en Centroamérica: Gobernabilidad, economía, y democracia en El Salvador*, Programa El Salvador-FLACSO, San Salvador, 1995.

Brubaker, Rogers, *Citizenship and Nationhood in France and Germany*, Harvard University Press, Cambridge, 1992.

Daniels, Roger, *Coming to America: a History of Immigration and Ethnicity in American Life*, HarperCollins, Nueva York, 1990.

Edwards, Beatrice y Gretta Tovar Siebentritt, *Places of Origin: the Repopulation of Rural El Salvador*, Lynne Rienner Publishers, Boulder, Colorado, 1991.

Ferris, Elizabeth, *The Central American Refugees*, Praeger Press, Nueva York, 1987.

Glick-Schiller, Nina, "Transmigrants and Nation-States: Something Old and Something New in the U.S. Immigrant Experience" en Charles Hirschman, Philip Kasinitz y Josh DeWind (comps.), *The Handbook of International Migration: The American Experience*, Russell Sage Foundation, Nueva York, 1999, pp. 71-93.

_____, Linda Basch y Cristina Blanc-Szanton (comps.), *Towards a Transnational Perspective on Migration: Race, Class, Ethnicity and Nationalism Reconsidered*, New York Academy of Sciences, Nueva York, 1992.

Gosse, Van, "The North American Front: Central American Solidarity in the Reagan Era" en Mike David y Michael Sprinker (comps.), *Reshaping the US Left: Popular Struggles in the 1980s*, Verso Books, Nueva York, 1988, pp. 11-50.

_____, "El Salvador is Spanish for Vietnam: a New Immigrant Left and the Politics of Solidarity" en Paul Buhle y Dan Georgakas (comps.), *The Immigrant Left in The United States*, State University of New York, Albany, 1996, pp. 302-330.

Guarnizo, Luis Eduardo y Michael Peter Smith, "The Locations of Transnationalism" en M. P. Smith y L. E. Guarnizo (comps.), *Transnationalism from Below*, Transaction Publishers, New Brunswick, N. J., 1998, pp. 3-34.

Hobsbawm, Eric y Terence Ranger, *The Invention of Tradition*, Cambridge University Press, Cambridge, 1983.

Itzigsohn, Jose, "Immigration and the Boundaries of Citizenship: the Institutions of Immigrants Political Transnationalism", *International Migration Review*, vol. 34, núm. 4, 2001, pp. 1126-1154.

Jones, Maldwyn, *The Old World Ties of American Ethnic Groups*, Macmillan, Londres, 1976.

Landolt, Patricia, "Salvadoran Economic Transnationalism: Embedded Strategies for Household Maintenance, Immigrant Incorporation and Entrepreneurial Expansion", *Global Networks: a Journal of Transnational Affairs*, vol. 1, núm. 3, 2001, Estados Unidos, pp. 217-241.

_____, "The causes and Consequences of Transnational Migration: Salvadorans in Los Angeles and Washington, D. C.", tesis de doctorado, Department of Sociology-The Johns Hopkins University, Baltimore, 2000.

_____, Lilian Autler y Sonia Baires, "From *Hermano Lejano* to *Hermano Mayor*: the Dialectics of Salvadoran Transnationalism", *Ethnic and Racial Studies*, vol. 22, núm. 2, 1999, Estados Unidos, pp. 290-315.

López, David, Eric Popkin y Edward Telles, "Central Americans: at the Bottom, Struggling to Get Ahead" en Roger Waldinger y Mehdi Bozorgmehr (comps.), *Ethnic Los Angeles*, Russell Sage Foundation Press, Newbury Park, 1997, pp. 26-40.

Lungo, Mario, *Migración internacional y desarrollo*, FUNDE, San Salvador, 1997, vols. 1 y 2.

MacEoin, Gary (ed.), *Sanctuary: a Resource Guide for Understanding and Participating in the Central American Refugees' Struggle*, Harper & Row, San Francisco, 1985.

Mahler, Sarah, *American Dreaming: Immigrant Life on the Margins*, Princeton University Press, Princeton, Nueva Jersey, 1995.

Menjívar, Cecilia, *The Ties that Unbind: Salvadoran Immigrants and the Transformation of Social Networks*, University of California Press, Berkeley, 2000.

Portes, Alejandro y Rubén G. Rumbaut, *Immigrant America: a Portrait*, University of California Press, Berkeley, 1996.

Repak, Terry, *Waiting on Washington: Central American Workers in the Nation's Capital*, Temple University Press, Filadelfia, 1995.

Sassen, Saskia, *The Global City: New York, London, Tokyo*, Princeton University Press, Princeton, Nueva Jersey, 1991.

Soysal, Yasmin N., *Limits of Citizenship: Migrants and Postnational Membership in Europe*, The University of Chicago Press, Chicago, 1994.

Stanton Russell, Sharon, "Migrant Remittances and Development", *International Migration Review*, vol. 30, núm. 3, 1992, Estados Unidos, pp. 267-287.

Torres-Rivas, "El sistema político y la transición a la democracia en Centroamérica", *Cuaderno de Ciencias Sociales*, FLACSO, núm. 30, 1990, San José.

Vertovec, Steven, "Conceiving and Research Transnationalism", *Ethnic and Racial Studies*, vol. 22, núm. 2, 1999, Estados Unidos, pp. 447-462.

Vilas, Carlos, *Between Earthquakes and Volcanos: Market, State and the Revolutions in Central America*, Monthly Review Press, Nueva York, 1995.

Wood, Charles C., "Structural Changes and Household Strategies: a Conceptual Framework for the Study of Rural Migration", *Human Organization*, núm. 40, 1981, pp. 338-344.

Zolberg, Aristide, Astri Suhrke y Sergio Aguayo, *Escape from Violence: Conflict and the Refugee Crisis in the Developing World*, Oxford University Press, Nueva York y Oxford, 1989.

# EL VOTO EN EL EXTERIOR DE LOS GUATEMALTECOS: REIVINDICACIÓN DE LOS MIGRANTES Y PROMESA PRESIDENCIAL

## Patricia Zapata

## INTRODUCCIÓN

El 4 de julio de 2001, el presidente de Guatemala, Alfonso Portillo, anunció en Washington D. C., a los líderes de las comunidades de guatemaltecos que se reunieron con él, que enviaría al Congreso de la república la iniciativa de ley correspondiente para que en las reformas pendientes a la Ley Electoral y de partidos políticos, se incluya el artículo que permita a los guatemaltecos residentes en el extranjero, ejercer el derecho al voto.[1] También se comprometió a promover que se declarara el 25 de junio como día del Guatemalteco Migrante. Estos hechos indican que aunque en el país aún no hay ley que permita ejercer el voto en el exterior, el tema integra ya el debate político nacional.

En esa declaración el presidente se refirió a las reformas producto de los acuerdos de paz, firmados el 29 de diciembre de 1996 y que terminaron con más de 36 años de conflicto en el país, y que como se verá a lo largo de este texto, han sufrido un proceso de estancamiento en diversos puntos, entre los que se encuentra ahora la extensión de los derechos políticos a los guatemaltecos residentes en el extranjero.

El hecho de que los migrantes en su encuentro con el presidente se comprometieran a buscar fondos para apoyar el cumplimiento de los acuerdos de paz, así como el de que sea precisamente la comunidad de migrantes la que más ha luchado en los últimos años por conseguir el derecho al voto es una expresión de los cambios profundos en la cul-

---

[1] Comunicado 0054-2001 del Ministerio de Relaciones Exteriores de Guatemala, 4 de julio de 2001.

tura política de los guatemaltecos, en particular de los que están fuera del país, quienes reflejan una confianza no registrada en años anteriores en el sistema político y en el peso del ejercicio democrático del voto; esto explica la importancia que esta demanda ha adquirido principalmente entre dichas comunidades migrantes.

Para entender el momento en que se encuentra esta demanda, es necesario tener en cuenta dos elementos que se entrelazan. Primero, el escenario político guatemalteco en pleno proceso de transición democrática, y segundo, la consolidación de una comunidad guatemalteca en el exterior. Si bien el tema aún no cobra el peso que ha adquirido en otras comunidades de migrantes de la región como es el caso salvadoreño, estamos ante una posible reglamentación sobre el voto en el exterior debido a que en 1999 se aprobó la reforma a la legislación por medio de la cual los guatemaltecos ya pueden tener múltiples nacionalidades, y al impacto que puede tener el hecho de que Honduras realizó elecciones en el exterior a partir del año 2001, sobre todo por el efecto dominó que suelen tener los hechos que ocurren en los países de Centroamérica.

## EL ESCENARIO POLÍTICO

Un elemento central para ubicar ese debate en Guatemala radica en el hecho de que la importancia del voto es un elemento recién incorporado a la vida política nacional, claramente vinculado con el inicio de la transición democrática del país, proceso que empezó en 1985 con el ascenso del primer presidente civil, luego de la decisión de la cúpula militar de convocar a elecciones, y que avanzó en 1996 con la llegada al poder de Álvaro Arzú, quien impulsó el proceso de paz entre el gobierno, el ejército y la guerrilla.

A este proceso se llegó luego de uno de los más largos periodos de dictaduras continuas donde la política contrainsurgente fue un signo muy notorio desde 1930. Aunque hubo momentos de cambio en el control del Estado, tal como ocurrió en lo que se conoció como el periodo de la revolución democrático-burguesa de 1944-1954; sin embargo, la constante fue que los militares mantuvieron el poder de manera continua.

Una singularidad de este proceso es que a pesar de que la vía de control político se basaba en la represión abierta, al mismo tiempo se mantenía una fachada electoral que buscaba contar con legitimidad al interior del país, pero principalmente en la esfera internacional. Este hecho es muy importante para entender la dinámica política actual porque, al igual que otros casos que se analizan en este volumen (Brasil, México), la persistencia de elecciones creó las bases de una cultura política ambivalente ante la posible eficacia del voto como vía de alternancia.

Esto nos explica por qué pudieron convivir de manera simultánea planes diseñados para combatir la subversión, en los cuales las acciones de represión estaban escalonadas en tres categorías: terror preventivo, represión selectiva y represión masiva con procesos electorales que se realizaban periódicamente. Esto permitió que, por ejemplo, luego de tres golpes militares, el demócrata cristiano Vinicio Cerezo llegara al poder respaldado por una elección a la que acudió 69.3%[2] de la población, lo que sugiere una gran expectativa popular ante un posible cambio de régimen en el país.

Al gobierno de Cerezo, pronto considerado un títere del poder militar, lo sucedió, también por la vía electoral, Jorge Serrano Elías en 1991. Sin embargo, dado que el proceso electoral era una fachada para el ejército que seguía ostentando realmente el poder, las elecciones se prestan a una serie de movimientos políticos internos que no hacen sino desgastar al propio poder. Se pasa así de un intento de autogolpe a un gobierno transitorio asumido por el hasta entonces procurador de los Derechos Humanos, Ramiro de León Carpio. Posteriormente, Álvaro Arzú del Partido de Avanzada Nacional (PAN) asume el poder (1996), luego de que el Tribunal Supremo electoral resolviera negarle al general Efraín Ríos Montt la posibilidad de contender por su participación en un golpe de Estado.

El momento político más relevante de este largo proceso de dualidad entre el control por la vía de las armas y una persistencia electoral se dio con el cambio de poder por la vía electoral que, aunque tuvo el control muy cercano de la oligarquía, cambió el rumbo del país al firmar con la guerrilla los acuerdos de paz. A este proceso siguió en el año 2000 la sucesión presidencial por la vía electoral del actual presidente Alfonso Portillo.

---

[2] Cifra de participación que no se ha vuelto a registrar en Guatemala.

La firma del acuerdo de paz y las acciones que emanaron representan un cambio simbólico en una cultura política basada en el terror y la represión, ante lo que cualquier signo de ejercicio ciudadano es considerado parte del mismo proceso y por ende, una oportunidad de participar en la vida política del país a través de procesos electorales transparente, legales y legítimos.[3]

En este marco, la demanda del derecho a votar aun desde el exterior cobra vigencia y fuerza, pues se inscribe en el cúmulo de cambios que apuestan por una vía civil de dirección del país. Esto fortalece la demanda, pues no se concibe como ajena sino como un aporte en el debate interno que el país está siguiendo. De esta manera, aunque actualmente no hay una ley expresa que permita que los guatemaltecos en el exterior tengan la posibilidad de ejercer el derecho a voto y tampoco está planteada en las reformas a la Ley Electoral y de Partidos Políticos que puede ser aprobada en la legislación actual,[4] es previsible que la demanda sea recogida por algunos grupos dado que coincide plenamente con el clima de transformaciones a los que está avanzando el sistema político guatemalteco. Esta posibilidad se fortalece con el hecho de que el presidente de su propia iniciativa sugiriera la inclusión de esto en las reformas pendientes.

[3] Uno de los acuerdos que el 29 de diciembre se volvían simbólicamente acuerdos de Estado era el llamado Acuerdo sobre Reformas Constitucionales y Régimen Electoral, que todavía venía caliente de la mesa de negociaciones, pues había sido firmado por los negociadores el 7 de diciembre de 1996, en la ciudad de Estocolmo. Este acuerdo se realizó considerando que la Constitución guatemalteca, en vigor desde 1986, plantea la responsabilidad del Estado, como organización jurídico-política de la sociedad, de promover el bien común y la consolidación del régimen de legalidad, seguridad, justicia, igualdad, libertad y paz, y plasmó como preocupación central impulsar una plena vigencia de los derechos humanos dentro de un orden institucional estable, permanente y popular, donde gobernados y gobernantes procedan con absoluto apego al derecho. El mismo acuerdo reconocía que las reformas constitucionales contenidas constituían bases sustantivas y fundamentales para la reconciliación de la sociedad guatemalteca en el marco de un Estado de derecho, la convivencia democrática, la plena observancia y el estricto respeto a los derechos humanos, la erradicación de la impunidad y, a nivel nacional, la institucionalización de una cultura de paz basada en la tolerancia mutua, el respeto recíproco, la concertación de intereses y la más amplia participación social en todos los niveles e instancias de poder.

[4] Las reformas a la Ley Electoral y de Partidos Políticos contempladas en los Acuerdos de Paz fueron elaboradas por una comisión *ad hoc* y presentadas el 31 de marzo de 1998. Sin embargo, hasta abril de 2001, aún espera la necesaria ratificación del Congreso para integrarse a las leyes del país.

## LOS GUATEMALTECOS EN LA DIÁSPORA

Pero no toda la explicación del momento en que se encuentra la ley del derecho al voto en el exterior en Guatemala recae sobre el proceso político interno, un elemento central es la existencia de una comunidad guatemalteca consolidada que demanda enérgicamente su inclusión en la vida política.

Esta comunidad migrante tiene características especiales, pues se conformó en un largo proceso que se inició en los años setenta como un fenómeno continuo y recurrente, según lo indica la Comisión Económica para América Latina y el Caribe (CEPAL). Sin embargo, a principios de los años ochenta este éxodo se multiplicó con la salida masiva de campesinos guatemaltecos hacia México, quienes huían de la ola represiva sin precedentes en el país que impulsaron los gobiernos militares, enmarcado todo ello dentro de la política contrainsurgente.

En los 17 meses de gobierno de Ríos Montt, por ejemplo, miles de guatemaltecos desaparecieron o fueron asesinados, 440 aldeas se borraron del mapa nacional por la llamada política de tierra arrasada, 1 500 000 campesinos integró el bloque de los llamados desplazados internos, mientras cerca de 250 000 guatemaltecos huyeron del terror y se refugiaron en países vecinos (Falla, s. a.).

De esta manera, en el caso guatemalteco la represión estatal y la forma en la que se hizo, fue un elemento que acrecentó el proceso migratorio produciendo una migración forzada de grandes cantidades de campesinos e indígenas, tanto hacia zonas no controladas por el ejército en el interior del país (desplazados internos), como hacia afuera del territorio nacional, en especial hacia México, población que pronto fue considerada refugiada y que se estableció en las zonas fronterizas de ese país por más de diez años.

Este flujo se inició en pequeña escala durante los últimos años del gobierno de Lucas García (1978-1982), época en la que la migración forzada se dio en forma familiar o individual; fue durante el periodo de Ríos Montt cuando, dadas las características de la represión, el grueso de refugiados llegó a México (Falla, s. a.).

Como respuesta internacional a esta situación la Organización de Naciones Unidas (ONU) declaró que: "en Guatemala se vive un conflicto armado de carácter interno no internacional derivado de factores económicos, sociales y políticos de índole estructural",[5] lo cual reconocía el conflicto armado interno y las causas del mismo.

Para la población guatemalteca, sobre todo la rural que se refugió en México o la que vivió escondida en las montañas, todo esto significó una experiencia en la que tuvieron que enfrentar los actos represivos más brutales, cotidiana y masivamente, por lo que su alternativa fue la huida y el abandono de todo aquello que le daba sentido a sus vidas.

La primera llegada masiva de refugiados a México se registra en 1981,[6] las personas que llegaron procedían del departamento de Petén, en el norte de Guatemala, y se ubicaron en el estado de Chiapas, México. Una buena parte de las primeras familias que buscaban refugio fueron deportadas y se sabe que muchas de ellas asesinadas al volver al país. Sin embargo, ante el creciente problema, el Alto Comisionado de Naciones Unidas para los Refugiados (ACNUR) envió un representante a México y abrió oficinas en el país en marzo de 1982. Paralelo a esto el gobierno mexicano creó la Comisión Mexicana de Ayuda a Refugiados (COMAR), hechos que posibilitaron una mejor recepción a los guatemaltecos y que sin duda, evitaron que creciera el número de víctimas.

Para diciembre de 1982, tanto ACNUR como COMAR informaron que existían 56 campamentos en los que se asentaban 36 000 refugiados, localizados a lo largo de la frontera y un año después en 1983 reportaban 90 campamentos y 46 000 refugiados. Sin embargo, extraoficialmente autoridades de COMAR hablaban hasta de unos 200 000 refugiados en esa época (Manz, 1988).

A una cifra de 300 000 refugiados que se manejó en el punto más álgido de la represión se sumaron 1 500 000 guatemaltecos que vivían en las montañas como desplazados internos y que conformaron las llamadas Comunidades de Población en Resistencia. Con esto estamos hablando de 18% de la población guatemalteca, que en ese entonces rondaba los 10 000 000 de habitantes, quienes no sólo vivieron la represión sino que estaban automáticamente marginados del ejercicio de cualquier derecho ciudadano reconocido por la Constitución del país.

Si bien en ese entonces un sector de los refugiados habló de la posibilidad del voto en el exterior, en particular en 1985 con la llegada al

---

[5] ONU, Asamblea General, Resolución 38-120, Nueva York, 14 de diciembre de 1984.
[6] Americas Watch, "Guatemalan Refugees in Mexico 1980-1984", Estados Unidos, septiembre de 1984.

poder del demócrata cristiano Vinicio Cerezo, las Comisiones Permanentes de Refugiados (CCPP),[7] descartaron esta posibilidad argumentando que su deseo no era establecerse en México y desde ahí ejercer sus derechos políticos, sino retornar a Guatemala en condiciones dignas y seguras, organizarse libremente y participar así en forma activa en la vida política del país.

Ante este deseo que ellos consideraban "un anhelo legítimo e irrenunciable", el tema fue relegado de la agenda dando paso a las negociaciones por el retorno colectivo y organizado, mismo que lograron ya a inicios de la década de los noventa. Para muchos observadores internacionales, el grado de organización y la claridad de los objetivos políticos que formularon los refugiados resultó sorprendente. En ese sentido Óscar González, coordinador general de COMAR, aseguró que no conocía en ningún otro país un planteamiento y una solicitud como los que hacían los refugiados en México, ni ningún antecedente con características similares.[8]

Esto nos muestra que el fenómeno de la migración masiva de guatemaltecos hacia el exterior se inició como producto y resultado directo de la represión expresada en planes que incluían estrategias como la política de tierra arrasada y el genocidio del régimen militar. Este elemento es central pues nos permite caracterizar la migración en Guatemala por razones sociopolíticas.

## LA MIGRACIÓN CAMBIA DE DESTINO: ESTADOS UNIDOS

Estados Unidos es un actor central en la vida política guatemalteca ya que desde inicios del siglo XX fue el principal apoyo y promotor de los gobiernos militares, financista de las aparatosas estrategias contrainsurgentes y el beneficiario directo de la política contrainsurgente aplicada por los gobiernos militares que tenía como objetivo el combate al comunismo en la región centroamericana. Por eso, resulta una ironía que en algún momento ese país se haya vuelto un destino obligado para los migrantes guatemaltecos. Paradojas de la historia, pues este des-

---

[7] Organización formada por los refugiados para luchar por sus derechos y sobre todo por el derecho a retornar a Guatemala en condiciones dignas y seguras.
[8] Entrevista de Cerigua a Óscar González, 25 de marzo de 1988.

tino es al mismo tiempo uno de los responsables de la dramática guerra que vivió Guatemala.

Los guatemaltecos que se dirigen a Estados Unidos lo han hecho principalmente por razones económicas, y se trata de un flujo que, según datos del Servicio de Inmigración y Naturalización de Estados Unidos (INS, por sus siglas en inglés), adquirió un carácter masivo especialmente a partir de 1983 (Rincón, 2000).

Según el informe de la CEPAL, entre 1980 y 1990, la población guatemalteca en Estados Unidos se quintuplicó y ya desde inicios de los años ochenta era la segunda comunidad centroamericana más grande en ese país. El mismo documento establece que las cifras actuales sobre guatemaltecos inmigrantes en Estados Unidos, incluyendo a los indocumentados, provienen de estimaciones que van desde 700 000 hasta más de 1 000 000 y según el censo, casi 84% de los inmigrantes guatemaltecos residen sólo en cinco estados: California (casi 60%), Nueva York, Illinois, Texas y Florida.

El gobierno guatemalteco, por su parte, calcula ahora que la población guatemalteca en Estados Unidos llega a la cifra de 1 200 000, la cual incluye a los residentes legales permanentes, a aquellos en el limbo con permisos de trabajo temporales y a los indocumentados que se cree son 45% de este número estimado (Rincón, 2000). Estas cifras de inmigrantes, para un país con aproximadamente 11 000 000 de habitantes, permite estimar que 11% de la población guatemalteca reside en Estados Unidos, aunque otras fuentes como el Ministerio de Relaciones Exteriores de Guatemala en junio de 2001,[9] al hablar de la posibilidad de instaurar consulados móviles para apoyar a la comunidad de guatemaltecos, estima que la cifra asciende a cerca de 2 000 000 de personas.

Un dato que es relevante de la migración guatemalteca es la composición étnica de los inmigrantes guatemaltecos. Como lo explica Sergio Aguayo (1998) (Rincón, 2000), antes de 1981 la mayoría eran ladinos, es decir mestizos que sólo hablan español. Sin embargo, quienes emigraron en los años ochenta eran campesinos e indígenas acusados por el Estado de apoyar fuerzas insurgentes, lo que provocó que comunidades enteras de indígenas guatemaltecos buscaran nuevos destinos dirigiéndose a Estados Unidos de manera colectiva (Rincón, 2000).

---

[9] Comunicado 044-2001 del Ministerio de Relaciones Exteriores de Guatemala, 6 de junio del 2001.

Un elemento relevante de este proceso son las remesas familiares, que según la balanza cambiaria, han registrado un aumento paulatino año con año, en especial a partir de 1991, y la importancia de estos recursos se ha dejado sentir desde hace tres años frente a los ingresos de divisas por concepto de exportaciones en particular del café, el rubro más importante de ingreso de divisas, afectado por la caída de precios internacionales. Recientemente funcionarios del gobierno han publicado estimaciones anuales que van de 430 000 000 a 500 000 000 de dólares recibidos por concepto de remesas familiares. Así las cosas, la inmigración guatemalteca ha dejado no sólo cientos de miles de guatemaltecos dispersos en el exterior del país, sino millones de dólares en divisas que entran anualmente a Guatemala como remesas enviados por los inmigrantes a sus familias.

El peso de las remesas en la economía nacional[10] le ha dado a las comunidades de migrantes, organizadas principalmente en Estados Unidos, una capacidad de presión y de negociación que se revela en la declaración del presidente Portillo durante su visita a Estados Unidos, donde ofreció enviar la iniciativa de ley al congreso en el marco de las reformas constitucionales pendientes.

## LAS LEYES ELECTORALES Y EL VOTO EN EL EXTERIOR

Para poder establecer cómo se puede perfilar la posibilidad del voto en el exterior es necesario plantear cuál es el estado actual de las leyes electorales en el país. Su complejidad plantea de antemano potenciales desafíos para la extensión del voto a los residentes en el extranjero, por lo cual será necesario conocer el escenario y hacer ajustes paulatinos que lo permitan. Una posibilidad para empezar podría ser plantear en un inicio la participación de quienes están en el exterior en las elecciones presidenciales, una de las que a continuación se describen.

Así nos encontramos que la Constitución en vigor desde 1986, pese a que fue impulsada durante el primer gobierno civil en los últimos años en Guatemala, tiene un claro fondo contrainsurgente plan-

---

[10] Analistas guatemaltecos consideran que las remesas son el primer rubro de ingreso de divisas al país, encima incluso del ingreso por la exportación de café, situación agravada por la crisis del grano en los mercados internacionales.

tea la responsabilidad del Estado, como organización jurídico-política de la sociedad, de promover el bien común y la consolidación del régimen de legalidad, seguridad, justicia, igualdad, libertad y paz.

En Guatemala el voto es obligatorio, así como la inscripción en el registro de ciudadanos. El proceso electoral contempla diferentes clases de sufragio. El primero se refiere a las elecciones generales realizadas cada cuatro años, que comprenden la elección del presidente, el vicepresidente, diputados titulares y suplentes al Congreso de la república, diputados al Parlamento Centroaméricano y de alcaldes y miembros titulares y suplentes de las corporaciones municipales. En segundo término, la elección de diputados a una asamblea nacional constituyente, y en tercer lugar, la consulta popular.

La elección de presidente y vicepresidente se lleva a cabo por el principio de mayoría absoluta a dos vueltas, si ninguno de los candidatos obtuviera en la primera vuelta la mayoría absoluta de los votos válidamente emitidos, los dos candidatos más votados deben concurrir a una segunda elección, que se ha de celebrar en un plazo no mayor de 60 días ni menor de 45 días después de los primeros comicios.

Con respecto a las elecciones al Congreso de la república, el sistema adoptado es mixto, al concurrir diputados electos por lista nacional y por distritos electorales, según lo estipula el artículo 157 de la Constitución. Los diputados electos por lista nacional constituyen una cuarta parte del total del Congreso y sus candidaturas figuran en la misma papeleta que la postulación presidencial de su partido. Los diputados por distritos, que son todos los departamentos de la república más el municipio de Guatemala, se eligen a razón de uno por cada 100 000 habitantes o fracción superior a 50 000, eligiendo cada departamento como mínimo un diputado. En ambas situaciones, el sistema seguido es el proporcional con reparto de los restos por el método D'Hondt y con listas cerradas y bloqueadas.

El Tribunal Supremo Electoral (TSE) es la máxima autoridad en materia electoral, es un ente independiente, no supeditado a organismo alguno del Estado y tiene entre sus atribuciones y obligaciones la de velar por el fiel cumplimiento de la Constitución Política de la república, leyes y disposiciones que garantizan el derecho de organización y la participación política de los ciudadanos.

El TSE desarrolla sus funciones en forma permanente y su conformación y atribuciones están reguladas por la Ley Electoral y de parti-

dos políticos que tiene rango constitucional. A diferencia de otros ordenamientos jurídicos latinoamericanos, los partidos políticos no están
directamente presentes en la conformación de este tribunal, en aras de
buscar una completa independencia política en su actuación. Está integrado por cinco magistrados electos por el Congreso mediante mayoría calificada (dos terceras partes del total de los parlamentarios) de
entre una lista postulada por una comisión compuesta por cinco representantes del mundo universitario y del gremio de la abogacía.

Cabe mencionar que el TSE es uno de los únicos organismos públicos que en Guatemala gozan del prestigio y la legitimidad popular, lo
que tiene un gran significado si se toma en cuenta que según encuestas
presentadas por los medios de comunicación en el periodo preelectoral
de 1999, 26% de la población manifestó no tener ninguna confianza en
el poder judicial, ni en el presidente de la república; 31% dijo lo mismo
de la policía; 32%, del Congreso, y 36% se manifestó en los mismos
términos sobre los partidos políticos (Alcántara, 1999). Sin embargo,
para la sociedad guatemalteca el TSE significa la única garantía real de
comicios limpios en el país.

El 7 de diciembre de 1987 el TSE aprobó la Ley Electoral y de partidos políticos vigente a la fecha, que entró en vigor de inmediato al ser
publicada en el diario oficial. El primer artículo de la misma indica
que: "La presente ley regula lo relativo al ejercicio de los derechos políticos; los derechos y obligaciones que corresponden a las autoridades,
a los órganos electorales, a las organizaciones políticas y lo referente al
ejercicio del sufragio y al proceso electoral." Esa misma ley, en el artículo 2º indica que son ciudadanos todos los guatemaltecos mayores de 18
años y entre los derechos y deberes inherentes a los ciudadanos establece: respetar y defender la Constitución Política de la república; inscribirse en el registro de ciudadanos; elegir y ser electo; ejercer el sufragio; optar a cargos públicos; velar por la libertad y efectividad del sufragio
y la pureza del proceso electoral; defender el principio de alternabili-
dad y no reelección en el ejercicio de la presidencia y la vicepresidencia de la república, y desempeñar las funciones electorales para las que
sean designados. Agrega que los derechos ciudadanos se suspenden por
sentencia condenatoria firme, dictada en proceso penal o por declaratoria judicial de interdicción, y la suspensión termina por cumplimiento de la pena impuesta en sentencia, por amnistía o por indulto, y por
rehabilitación judicial en el caso de interdicción. Pero, hasta 1999 las

leyes nacionales impedían a los guatemaltecos tener más de una nacionalidad, sin embargo este punto fue reformado y ahora la situación es distinta.

## REFORMAS A LA LEY DE NACIONALIDAD

Esto cambio a partir del 21 de octubre de 1999, cuando el Congreso de la república de Guatemala, en su decreto 86-96, realizó una reforma a la Ley de Ciudadanía, considerando que muchos guatemaltecos, al igual que nacionales de otros países se desplazan a diversas partes del mundo por razones de trabajo y de familia y que el fenómeno de la emigración no disminuye las costumbres de los connacionales, quienes mantienen el nexo y la comunidad de lengua y tradición, intereses y sentimientos que caracterizan la nacionalidad; que la adopción de la nacionalidad extranjera no hace perder la nacionalidad guatemalteca de origen, máxime si esa adopción obedece a beneficios legítimos de tipo cultural y social, y que es imperativo resguardar la nacionalidad guatemalteca frente a determinadas interpretaciones y defenderla de actitudes que tienden a menoscabarla, lesionando los sentimientos cívico-sociales.[11]

Ante esto, el artículo 3º del capítulo 1 que establecía que: "La nacionalidad guatemalteca, una vez adquirida, es irrenunciable, salvo por naturalización en país extranjero", se reformó quedando de la siguiente manera:

> A ningún guatemalteco de origen puede privársele de su nacionalidad, una vez adquirida es irrenunciable, aun cuando se hubiere optado por la naturalización en país extranjero. Se exceptúan los casos en que la renuncia sea obligatoria para dicha naturalización. Los guatemaltecos de origen, naturalizados en el extranjero que hubieran perdido la nacionalidad guatemalteca por renuncia obligatoria, podrán constituir domicilio nuevamente en Guatemala y recuperar la nacionalidad guatemalteca de conformidad con esta ley. Se exceptúa a aquellos que habiendo renunciado obligatoriamente a la nacionalidad de origen, ratifiquen ante el Ministerio de Relaciones Exteriores su renuncia, con el fin de conservar exclusivamente la nacionalidad extranjera para gozar de los privilegios econó-

---

[11] Véase decreto 86-96, Congreso de la República de Guatemala, 21 de octubre de 1999.

micos que su país de adopción les proporciona, en cuyo caso deberán inscribirse como extranjeros en los registros correspondientes.

La reforma a la ley también establece que:

En los casos de doble o múltiple nacionalidad concurrentes en guatemaltecos de origen, el Estado de Guatemala, dentro de sus límites territoriales, les reconoce exclusivamente la propia, sin perjuicio que en el territorio de los Estados que les atribuyan nacionalidad, ejerzan los derechos y obligaciones propios de los nacionales de esos países, no pudiendo en ningún caso invocar otra soberanía frente a la de Guatemala [y que] Los guatemaltecos de origen pueden usar pasaporte extranjero para salir y entrar al territorio nacional, cuando en ellos concurra la nacionalidad correspondiente al pasaporte sin requisito de visa.

El beneficio de esta reforma está en el hecho de que los guatemaltecos, al poder conservar su nacionalidad y con ello su ciudadanía ya que no existe diferencia entre una y la otra, mantienen sus derechos políticos aun estando en el exterior y habiendo adquirido alguna otra nacionalidad, lo que sienta un precedente para el ejercicio del voto en el exterior.

## EL PROCESO DE PAZ Y LA REFORMA ELECTORAL

Como se indicó al principio del texto, el 29 de diciembre de 1996, Guatemala inició una nueva etapa en su historia, la Unidad Revolucionaria Nacional Guatemalteca (URNG) y el gobierno del presidente Álvaro Arzú, con la ONU, el pueblo guatemalteco y la Comunidad Internacional como testigos, suscribieron el Acuerdo Definitivo de Paz Firme y Duradera que puso fin a 36 años de conflicto armado interno.

El proceso de paz guatemalteco inició formalmente en 1991, cuando una delegación gubernamental suscribió con la guerrilla El Acuerdo de México, bajo los auspicios de la Comisión Nacional de Reconciliación (CNR) encabezada por el obispo de la provincia guatemalteca de Zacapa y por quien luego fue nombrado conciliador vitalicio, monseñor Rodolfo Quezada Toruño.

El fruto de ese esfuerzo lo conforma un conjunto de acuerdos sustantivos sobre democratización, derechos humanos, poblaciones desarraigadas, esclarecimiento histórico, identidad y derechos de los pueblos indígenas, situación socioeconómica y agraria, fortalecimiento del poder civil, papel del ejército en una sociedad democrática, reformas constitucionales y régimen electoral. Esta serie de compromisos, aunada a los llamados acuerdos operativos que implican el desarme, la desmovilización y la integración de la URNG a la vida legal del país, conforma en concreto las bases de una reforma de Estado que busca la transformación estructural de un sistema caduco que provocó por décadas el atraso, la violencia, la miseria y la injusticia.

El 7 de diciembre del 1996, Gustavo Porras, el general Otto Pérez Molina, Raquel Zelaya y Richard Aitkenhead por el gobierno de Guatemala; Carlos González, Rolando Morán, Pablo Monsanto y Jorge Rosal por la URNG, y el moderador del proceso Jean Arnault por la ONU, firmaron en Estocolmo, Suecia, el Acuerdo sobre Reformas Constitucionales y Régimen Electoral. Las reformas que se plantean en estos acuerdos relativos al Régimen Electoral se hacen considerando que las elecciones constituyen el instrumento esencial para la transición que vive Guatemala hacia una democracia funcional y participativa. Con esto se pasa de las elecciones ficticias a un medio real de transmisión de poder.

Toman en cuenta para ello que Guatemala dispone del TSE, institución independiente y de reconocida imparcialidad y prestigio que constituye un factor fundamental para garantizar y fortalecer el régimen electoral, así como que es necesario elevar la participación ciudadana en los procesos electorales y superar los fenómenos de abstención para afianzar la legitimidad del poder público y consolidar la democracia pluralista y representativa.[12] Luego de reconocer el papel que le corresponde al TSE en la custodia y el perfeccionamiento del régimen electoral, las partes convinieron en solicitarle que conformara y presidiera una comisión de reforma electoral que se encargara de publicar un informe y un conjunto de recomendaciones sobre la reforma electoral y las modificaciones legislativas correspondientes.

---

[12] El acuerdo también reconocía que los procesos electorales en Guatemala adolecen de deficiencias específicas que dificultan el goce efectivo del derecho al voto, entre ellas la falta de documentación confiable de los ciudadanos, la ausencia de un padrón electoral técnicamente elaborado, la dificultad de acceso al registro y a la votación, las carencias en la información y la necesidad de una mayor transparencia de las campañas electorales. Ese acuerdo aspiraba a promover las reformas legales e institucionales y a contribuir a perfeccionar el régimen electoral en tanto instrumento de la transformación democrática.

El 19 de febrero de 1997, poco más de mes y medio después de firmada la paz y adelantándose al plazo otorgado en los acuerdos que era de tres meses, el TSE creó la comisión que según el acuerdo 016-97 tendría como objetivo el estudio, análisis y presentación de recomendaciones sobre reforma electoral y modificaciones legislativas relativas a una serie de temas como el documento de identificación personal, el padrón electoral, la votación, la transparencia y publicidad, las campañas de información y el fortalecimiento institucional. Estos temas correspondían a la agenda mínima planteada en el acuerdo, que sin embargo de antemano se decía que no era limitativa.[13]

En el tema referido a la votación, los acuerdos de paz establecían que era necesario que la Comisión de Reforma Electoral estudiara y propusiera los cambios legislativos o administrativos que facilitaran la participación de los trabajadores migrantes internos en los procesos electorales, que coinciden con la época de migración laboral estacional.

En junio de 1998, la Comisión dio a conocer sus propuestas y recomendaciones, que vale decir, siguen esperando ser aprobadas por el Congreso, el cual puede aprobarlas en su totalidad, parcialmente, o definitivamente no aprobarlas puesto que no tienen carácter vinculante. Es en el marco de estas reformas pendientes que el presidente Portillo ofreció a la comunidad guatemalteca en Estados Unidos la inclusión en ellas del voto en el exterior.

El tema del voto en el exterior no estuvo ausente en el debate, sin embargo las recomendaciones se centraron en el análisis y la solución al problema de los llamados migrantes internos: cerca de 1 500 000 trabajadores, que no podían votar por no encontrarse en su lugar de origen y residencia. La solución que consideró más conveniente fue la de realizar las elecciones el primero o segundo domingo del mes de agosto, fecha en que a pesar de encontrarse en pleno invierno (como es llamada en el país la época de lluvias), el TSE considera que se pueden paliar los efectos del clima si el elector cuenta con juntas receptoras de voto fuera de las cabeceras municipales, si el TSE ejecuta acciones que tiendan a facilitar el acceso a los centros de votación en cabeceras municipales y en la capital, porque los trabajadores aún se encontrarán en

---

[13] La comisión estuvo integrada por un presidente, magistrado del TSE, dos magistrados titulares y dos suplentes del TSE y un representante titular y su suplente de todos los partidos políticos que en ese entonces tenían representación en el Congreso de la república.

sus poblados de origen. Esto demuestra que existen formas de adecuar los procesos a las necesidades para lograr la participación.

Como ya se mencionó, el tema del voto en el exterior también fue discutido en el seno de la comisión, pero no se logró integrar las recomendaciones, porque de antemano el TSE consideró que no tenía la capacidad operativa para lograr este propósito con los recursos, que dispone actualmente. Sin embargo, es importante mencionar que en principio, ninguno de los partidos políticos que participaron en la comisión manifestó oposición a esta posibilidad, lo que constituye un antecedente importante en el debate porque ninguna fuerza política está de antemano en contra de ello, como sucedió en otros casos centroamericanos.[14]

Otra cosa que a juicio de los medios de comunicación podría dificultar esa posibilidad es la situación del Estado de derecho en el país. Es necesario que los embajadores y representantes del Estado en el exterior sean realmente representantes de éste y que exista el servicio civil de carrera. Hasta ahora, quienes ejercen estas funciones no son diplomáticos de carrera, sino personas con quienes el presidente en turno ha adquirido un compromiso personal y político. Este hecho podría afectar la credibilidad del organismo electoral y la legitimidad del proceso.

## CONCLUSIONES

Sin duda Guatemala es un país de los que hoy se llaman expulsores de población; las razones han sido políticas y económicas, pero unas no pueden desvincularse de las otras porque los problemas estructurales en Guatemala son los que han generado índices muy altos de pobreza y marginación, y es eso precisamente lo que provocó la inconformidad social y el conflicto armado interno. La población, además de vivir estas difíciles condiciones de pobreza, resultaba ser el blanco más vulnerable de la lucha contrainsurgente y ambos factores hacían imposible su permanencia en el país, lo cual puede explicar el porqué del explosivo flujo migratorio a partir de los años ochenta.

Las condiciones que ha vivido Guatemala en los últimos 50 años, sumida en dictaduras militares, regímenes autoritarios, represión y opresión, explican por qué el concepto de ciudadanía es un concepto

---

[14] Véase texto de Melba Hernández, en este mismo volumen.

que empieza a construirse en el país y que hay que trabajar mucho para lograr que la población asuma conscientemente sus derechos y deberes como ciudadanos. Al mismo tiempo es necesario trabajar por la consolidación de una democracia real para que los guatemaltecos empiecen a creer que su participación es importante en el futuro del país.

De cara al voto en el exterior, como en toda la realidad nacional, el camino es largo y difícil pero no por ello desalentador. Para lograr que todos los guatemaltecos tengan acceso real a la participación en la vida política económica y social del país son necesarias diversas medidas que van estrechamente vinculadas unas con otras; esto sin olvidar qué importante es para los guatemaltecos en el exterior y para la democracia del país su participación, pero no menos importante es el acceso que todos quienes viven en el país deberían tener a estos procesos y que la realidad muestra que no lo tienen.[15]

Para lograr esto son importantes varios factores. Primero, el establecimiento de un Estado de derecho real que permita la delegación de este tipo de funciones a los representantes de un Estado ante otros Estados; si no se logra generar confianza en la población ni en órganos independientes como el TSE, sobre la limpieza y transparencia con que actuarán los funcionarios, será imposible lograr tal participación política. También es fundamental una modernización del Estado, que haga posible, en términos operativos, este tipo de procesos, la cual necesariamente pasa por la asignación de mayores recursos al TSE para que pueda desempeñar el papel que le corresponde a la autoridad electoral de los países democráticos, que es garantizar el acceso de todos los ciudadanos a los procesos electorales.

La lucha y la organización de quienes están en el exterior, en especial en Estados Unidos, tiene una legitimidad incuestionable, por su derecho inalienable como guatemaltecos; además cuenta ahora con el peso y la presión que significa ser ellos quienes más divisas aportan a los ingresos nacionales, puesto que las remesas en los últimos años han desplazado al ingreso por exportación de productos agrícolas, tradicionalmente los más importantes en el país, como el café y el banano, y además son recursos que alcanzan a diversos sectores sociales, a dife-

---

[15] Por ejemplo, en la primera vuelta electoral de 1999 un gran número de habitantes de la población del Polochic, en el departamento de Cobán no pudo emitir su voto porque además de existir una gran distancia hacia las mesas electorales, las fuertes lluvias hicieron intransitable el camino.

rencia de las exportaciones que benefician económicamente sólo a los agroexportadores. Este argumento para negociar puede ser cuestionado por especialistas en el tema que consideran que este factor no debería ser el más importante en el debate, pero la realidad muestra que es lo que les ha dado los mecanismos de presión con que cuentan.

Otro factor importante en esta lucha por lograr el voto en el exterior puede ser la posibilidad que existe desde hace pocos años, de que los guatemaltecos tengan doble nacionalidad. En Guatemala, no se distingue ciudadanía de nacionalidad, lo que permite a los guatemaltecos en el exterior, a partir de la nueva Ley de Nacionalidad, ejercer su derecho al voto aun cuando tengan otra nacionalidad.

En el contexto guatemalteco resulta muy difícil rescatar de entre los escombros del tejido social destruido por la violencia, conceptos como ciudadanía y participación, ya que la mayor parte de la población todavía hoy mantiene en su interior la cultura del terror y el miedo a expresar cualquier demanda u opinión, porque la historia del país en las últimas décadas mostró, y está escrito con sangre de quienes lo intentaron, que el costo por manifestarse era muy elevado. Sin embargo, la historia ha demostrado que los guatemaltecos tienen una clara tendencia a confiar en los mecanismos electorales, tal y como hace suponer la amplia participación en los comicios que pretendían arrancar el poder a los militares (1985), lo que es un precedente favorable en el tránsito a la democracia y la consolidación del Estado de derecho.

Votar es importante, pero es sólo una parte del derecho que todos los habitantes tienen de una vida digna, por lo que es fundamental que no se focalicen las demandas sólo en este sentido, porque primero es necesario que el voto tenga la importancia que le corresponde en un país democrático y que se le otorgue a la población guatemalteca la capacidad de elegir vivir de forma diferente de la que hasta hoy ha vivido.

Hasta el momento el tema, si bien presente en el debate de la clase política e introducido a él por la presión de los migrantes en Estados Unidos, no ha generado polémica entre los diferentes partidos políticos que existen en el país; en principio, ninguna de estas organizaciones se opone a que se otorgue el voto a los guatemaltecos en el exterior y si no se ha hecho es por la falta de capacidad operativa del órgano supremo electoral. Sin embargo, habría que esperar a que este tema se convierta en un debate real, con posibilidades de aplicarse para ver la posición que sostendrá cada una de las organizaciones políticas. Esto dependerá en gran medida de la coyuntura que se viva en ese momento, porque hay que recordar que en Guatemala los partidos políticos no responden a un programa o a un proyecto de nación, sino a coyunturas electorales específicas.[16]

Entonces, aunque hoy no existe ese derecho, hay ciertas luces que nos indican que puede convertirse en realidad a mediano plazo. Primero, la presión de quienes están fuera para poder ejercerlo, que nos habla de un reconocimiento de los guatemaltecos a los procedimientos propios de la democracia, así como la confianza que tiene la población en la transparencia del organismo electoral; segundo, la posibilidad de adecuar los mecanismos electorales a las necesidades de participación de los votantes, tal y como quedó plasmado en el caso de los migrantes internos; tercero, la reforma a la Ley de Nacionalidad, que facilitaría el proceso; y cuarto, el ofrecimiento hecho por el presidente Alfonso Portillo a la comunidad guatemalteca en Estados Unidos el 4 de julio de 2001, de impulsar esta iniciativa de ley para que se incorpore a las reformas electorales que esperan en el tintero del Congreso de la república ser aprobadas por el parlamento, y que de aprobarse tendría que iniciar de inmediato el proceso de censo e inscripción, y dotación al TSE de los mecanismos necesarios para hacerlo. Es posible entonces que los países centroamericanos sigan el ejemplo de Honduras[17] para implantar este derecho.

Luis Cardoza y Aragón dijo que Guatemala, el país considerado de la eterna primavera, era en realidad el país de la eterna tiranía, agregó que de 1944 a 1954 se habían vivido los diez años de primavera en el país de la eterna tiranía. Creo que el esfuerzo debe centrarse en lograr lo que Eduardo Galeano deseó en una de sus más recientes visitas al país: Guatemala es el país más hermoso, ojalá que deje de ser el más terrible.

---

[16] Durante la campaña para las elecciones generales de 1999, sólo la izquierda de la Alianza Nueva Nación (ANN) presentó su programa de gobierno, los 21 partidos políticos que también participaron en los comicios no lo hicieron y basaron sus campañas en ofertas populistas, promesas y ataques entre ellos.

[17] Véase en este libro el texto de Melba Hernández sobre el caso hondureño.

# BIBLIOGRAFÍA

Aguayo Quezada, Sergio, *El panteón de los mitos,* Grijalbo, México, 1998.

Alcántara, Manuel, *Sistemas políticos de América Latina,* Tecnos, Madrid, 1999, vol. II.

Bermúdez, Lilia, *Guerra de baja intensidad. Reagan contra Centroamérica,* Siglo XXI, México, 1987.

Cardoza y Aragón, Luis, *Guatemala: las líneas de su mano,* Siglo XXI, México, 1990.

Casaus Arzú, Martha, *Linaje y racismo,* FLACSO, Madrid, 1992.

*Causas internas de la migración forzada,* CITGUA, Guatemala, 1989.

Comité de defensa de los derechos humanos, *La violencia en Guatemala,* Fondo de Cultura Popular, México, 1970.

*Constitución Política de la República de Guatemala,* s. d.

Falla, Ricardo, *Masacres de la selva. Ixcán, Guatemala 1975-1982,* s. d.

*Guatemala en cifras,* Dirección General de Estadística-Ministerio de Economía, Guatemala, 1980.

*Guatemala, memoria del silencio. Informe de la Comisión de Esclarecimiento Histórico,* Guatemala, 1999.

*Guatemala, paz y democracia. Informe de la Comisión de Reforma Electoral,* TSE, Guatemala, 2000.

Guerra Vilaboy, Sergio, *Luchas sociales y partidos políticos en Guatemala,* André Voisin, La Habana, 1985.

*Informe de la Primera Cumbre Nacional de la Sociedad Civil por la Paz,* Cumbre Nacional de la Sociedad Civil por la Paz, Guatemala, 1999.

*Informe de un genocidio: los refugiados guatemaltecos,* Federación Editorial Mexicana, México, 1982.

*La contrainsurgencia y los refugiados guatemaltecos,* Federación Editorial Mexicana, Grupo de Apoyo a Refugiados Guatemaltecos, México, 1983.

Manz, Beatriz, *Guatemala: cambios en la comunidad, desplazamientos y repatriación,* Iglesia Guatemalteca en el Exilio/Praxis, México, 1988.

*Paz en Guatemala: Documentos y acuerdos históricos,* Cerigua, Guatemala, 1997.

Rincón Gallardo, Alejandra, *La migración guatemalteca en Estados Unidos 1980-1996,* CEPAL, México, 2000.

Schilesinger, Stephen y Kinze, *Fruta amarga, la CIA en Guatemala,* Siglo XXI, México, 1982.

Toriello Garrido, Guillermo, *La batalla por Guatemala,* Ediciones Políticas/Editorial de Ciencias Sociales, La Habana, 1977.

————, *Tras la cortina del banano*, Ediciones Políticas/Editorial de Ciencias Sociales, La Habana, 1979.

*Uso productivo de las remesas en Centroamérica*, Comisión Económica para América Latina y el Caribe, México, 2000.

Zapata, Adrián, *Descripción general de la situación que condujo a las negociaciones*, s. e., Guatemala, 2001.

Zapata, Patricia, "Retorno al país de la eterna primavera", tesis de licenciatura, UNAM, México, 1998.

# EXILIAR A LOS EXILIADOS. ACERCA DEL DERECHO AL VOTO DE LOS PARAGUAYOS EN EL EXTERIOR

## Gerardo Halpern

### INTRODUCCIÓN

El tema del presente refiere los debates suscitados en el marco de la última reforma constitucional de Paraguay (1992) respecto de la construcción de la ciudadanía y los derechos políticos de aquellos paraguayos que residen fuera de las fronteras nacionales de Paraguay.

Durante dicha reforma se produjo una serie de discusiones que cuestionaron el texto que finalmente fue aprobado por un sector de la constituyente. En dicha oportunidad, el Estado paraguayo definió que el derecho al voto sólo podía ser ejercido por aquellos ciudadanos paraguayos mayores de 18 años de edad y con residencia en Paraguay. De este modo, aquellos paraguayos que residen fuera de las fronteras nacionales quedaron excluidos del derecho cívico. Así, se generaron cuestionamientos que permanecen hasta hoy y que discuten la lógica de que la prioridad para la elección de las autoridades del país sea establecida por el lugar de residencia.

A pesar de la fuerte presión que ejercieron algunas organizaciones de paraguayos residentes en Argentina y de los medios de comunicación, la aprobación del artículo 120 de la Constitución de Paraguay se convirtió en un hito para los de "extramuros", puesto que, en 1992, según consideran, se los construyó como "ciudadanos de segunda".

La exposición del presente texto es producto del trabajo de campo realizado por el autor durante tres años en el marco de diferentes instituciones de la "comunidad paraguaya en Argentina" y se desarrolla en dos apartados. El primero muestra, en particular, la historia de los paraguayos en Argentina (dado que éste ha sido el principal lugar al que se ha dirigido la migración paraguaya), sus dinámicas de organización y su importancia específica en relación con la lucha por el ejercicio del derecho cívico de los "migrantes" en el país de origen. Dicho abordaje histórico permite una comprensión más acabada acerca de las implicancias que tienen las diferentes construcciones y apropiaciones de la historia de la "migración" paraguaya, principalmente a Argentina. Para ello, además de proponer el marco teórico para el análisis de esta problemática, se presenta una breve reseña histórica política de Paraguay, su relación con los desplazamientos poblacionales del país de origen al de llegada y las implicancias simbólicas de los mismos. En ese apartado, además, se presentan diferentes modos de organización de estos paraguayos y sus campos sociales de intervención. Así, la permanente relación que éstos mantienen con el Estado paraguayo se convierte en un elemento clave para comprender el marco de discusión producido durante la reforma de 1992.

El segundo apartado presenta las diferentes posiciones que se enfrentaron durante la reforma constitucional y las apelaciones que los distintos actores sociales utilizaron para legitimar sus posiciones. Para ello se toma una serie de intervenciones realizadas durante las sesiones tanto por los constituyentes como por los medios de comunicación y las organizaciones paraguayas que participaron públicamente en las discusiones. Se analizan las relaciones entre esos discursos como modo de construcción de alteridades y de lecturas de la historia de Paraguay. En ello se disputan las nociones de lealtad y traición implicadas en la noción de "ciudadanía". El eje aquí es, precisamente, la reconstrucción de uno de los tópicos fundamentales por los cuales los paraguayos que viven en el exterior, específicamente en Argentina, en términos de Anderson (1993) se imaginan como comunidad.[1]

Las conclusiones sintetizan el proceso analizado, las implicancias de lo resuelto por la Constitución nacional y los modos en que este debate ha reaparecido permanentemente desde los paraguayos que viven en el exterior, aunque en particular los que están en Argentina.

---

[1] No es objeto de este trabajo dar cuenta de los imaginarios que permiten hablar de una "comunidad" en el caso de los paraguayos en Argentina. Sin embargo, uno de los ejes que me parecen fundamentales para destacar, como se verá en el presente, es que la "comunidad" ha construido ese imaginario, entre otras cosas, alrededor de la lucha política, tanto durante el stronismo como después del mismo. Es importante destacar, en este sentido, la fuerte relación que hay entre el imaginario de "comunidad" y el Estado paraguayo.

## CUANDO EL ESTADO CLASIFICA

El modo de clasificación del Estado paraguayo respecto de sus nacionales plantea una serie de particularidades tras las cuales se manifiestan
permanentes conflictos sociales.[2] La noción de "ciudadanía", como un
capital en disputa, se encuentra permanentemente cuestionado por parte
de quienes viven fuera de sus fronteras nacionales.

La Constitución sancionada en 1992, que reforma la anterior de
1967 (y de sus modificaciones de 1977), establece, en su artículo 2°
que: "En la república de Paraguay, *la soberanía reside en el pueblo*, que la
ejerce conforme con lo dispuesto en esta Constitución". El 3° sostiene que: "*El pueblo ejerce el poder público por medio del sufragio*. El gobierno
es ejercido por los poderes legislativo, ejecutivo y judicial en un sistema
de independencia, equilibrio, coordinación y recíproco control."

En su artículo 146, la Constitución afirma que:

[2] La importancia de considerar al Estado (en lo que a la situación política y el estatus jurídico de los paraguayos residentes fuera de las fronteras nacionales y los conflictos que ello
implica) radica en que éste, según Bourdieu, 1993, siguiendo el planteo weberiano, "es una X
(a determinar) que reivindica con éxito el monopolio del uso legítimo de la violencia física y
simbólica en un territorio determinado y sobre el conjunto de la población correspondiente".
En este sentido, el Estado aparece como un "metacampo" con la capacidad de "codificar" y la
consiguiente regulación de los diferentes campos que constituyen lo social. El campo por excelencia de manifestación explícita de la lógica del Estado es el campo jurídico. En el mismo,
según Bourdieu, el Estado regula la distribución de los escasos bienes simbólicos y establece
así las diferentes distancias entre las posiciones y disposiciones de los agentes que lo componen. Uno de estos capitales es el de la "ciudadanía", entendida como la capacidad del ejercicio
de derechos y obligaciones que determinado grupo social posee en torno a la toma de decisiones políticas en un Estado determinado. Si se entiende la "ciudadanía" como un capital simbólico en juego dentro del campo jurídico y social, podemos comprender, junto con Bourdieu
que "el capital simbólico puede ser oficialmente sancionado y garantizado, e instituido jurídi-
camente por el efecto de la nominación oficial. La nominación oficial, es decir, el acto por el
cual se le otorga a alguien un título, una calificación socialmente reconocida, es una de las manifestaciones más típicas del monopolio de la violencia simbólica legítima que pertenece al
Estado o a sus mandarines" (Bourdieu, 1996:138). Siguiendo con este autor, se puede considerar que si codificar es "poner en formas y poner formas", esto implica que codificar es reglar.
Codificar, según Bourdieu, o sea, clasificar y reglar significa un modo de establecer modos de
disciplina y de normalización de las prácticas sociales. Por ello, la codificación "es una operación de puesta en orden simbólica, o de mantenimiento del orden simbólica, que incumbe a menudo a las grandes burocracias de Estado". En consecuencia, Bourdieu encuentra en la codificación una simplificación de las cosas, una pretensión de homologación y de reducción del
equívoco. Una normalización que evita el conflicto social. Sin embargo, el mismo Bourdieu
sostiene que "una parte de las luchas sociales se debe al hecho de que, precisamente, todo no
está homologado y que, si hay homologación, ella no pone fin a la discusión, a la negociación,
hasta la controversia" (Bourdieu, 1996:89).

son de *nacionalidad* paraguaya natural: 1) las personas nacidas en el territorio de la república; 2) los hijos de madre o padre paraguayo quienes, hallándose uno o ambos al servicio de la república, nazcan en el
extranjero; 3) los hijos de madre o padre paraguayo nacidos en el extranjero, cuando aquellos se radiquen en la república de manera permanente, y 4) los infantes de padres ignorados, recogidos en el territorio.

A la vez, la misma Constitución establece en el artículo 152 que:
"son *ciudadanos*: 1) toda persona de nacionalidad paraguaya natural,
desde los 18 años de edad, y 2) toda persona de nacionalidad paraguaya por naturalización, después de dos años de haberla obtenido".

Además, la Constitución paraguaya sostiene en el artículo 153 que:

> Se *suspende el ejercicio de la ciudadanía*: 1) por adopción de otra nacionali-
> dad, salvo reciprocidad internacional; 2) por incapacidad declarada en
> juicio, que impida obrar libremente y con discernimiento, y 3) cuando la
> persona se hallara cumpliendo condena judicial, con pena privativa de
> libertad. La suspensión de la ciudadanía concluye al cesar legalmente la
> causa que la determina.

Sin embargo, este caso agrega un elemento particular para el "ejercicio de la ciudadanía". En su artículo 120 (119 durante la reforma), la
Constitución establece que: "Son electores los ciudadanos paraguayos
*radicados* en el territorio nacional, sin distinción, que hayan cumplido
diez y ocho [*sic*] años. Los ciudadanos son electores y elegibles, sin más
restricciones que las establecidas en esta Constitución y en la ley. Los
extranjeros con radicación definitiva tendrán los mismos derechos en
las elecciones municipales" [cursivas mías].

Vale decir que, desde el planteo de la Constitución Nacional, quienes no radican en Paraguay no pueden sufragar.[3]

---

[3] Es necesario remarcar que no es menor el dato de ser la Constitución la que sostiene
esto, puesto que, para ser modificado, no basta con una ley. Si la Constitución está por encima
de las leyes y éstas no pueden contradecir las letras de la misma, es imposible una modificación por la vía legislativa. El único modo que esta situación se modifique es a través de una
nueva reforma constitucional, condicionada, en el caso paraguayo, a partir de lo establecido
por el artículo 289: "la reforma de esta Constitución solo procederá luego de diez años de su
promulgación". Además, tras establecer los criterios para la realización de enmiendas, el artículo 290 explicita que "no se utilizará el procedimiento indicado de la enmienda, sino el de
la reforma, para aquellas disposiciones que afecten el modo de elección, la composición, la
duración de mandatos o las atribuciones de cualquiera de los poderes del Estado".

El ejercicio de la ciudadanía en Paraguay establece la prerrogativa de la residencia como criterio de "horizontalidad" de los nacionales en tanto electores. En este sentido, si bien la nacionalidad mantiene los criterios propuestos por Anderson (1993), la "ciudadanía" se inscribe en un terreno más complejo. Aquí los tópicos de Hirschman (1977) de "salida, voz y lealtad" se vuelven fundamentales, sobre todo porque parte de la discusión en torno de la ciudadanía en Paraguay se manifiesta en las implicancias simbólicas de la "salida" de las fronteras nacionales.[4]

En este sentido, el caso paraguayo establece que sólo pueden votar aquellos que radican en Paraguay, con lo que prioriza la residencia por encima de la nacionalidad. Esta conceptualización permite entender por qué ante el tema del voto en el exterior se impide el debate legislativo sobre la cuestión. Más allá de que existan otros casos en los que se priorice la residencia, este caso plantea la particularidad de cerrar la posibilidad de la discusión hasta que se convoque a una nueva reforma de la constitución, lo que se podría realizar a partir de 2002.[5]

## CONTEXTO HISTÓRICO POLÍTICO

Algunas de las características políticas del Estado paraguayo lo han convertido en uno de los más inestables en lo que institucionalidad refiere, al menos durante la década de 1990. Para poder dar un marco interpretativo a las permanentes crisis e intentos de golpes de Estado en dicho país, es necesario comprender algunos datos históricos que en-

---

[4] Si bien el análisis que propongo focaliza puntualmente en la noción de "lealtad", creo necesario profundizar sobre la idea de "salida". Si bien hay un hecho objetivo, que es el desplazamiento hacia otro lado de las fronteras nacionales, no necesariamente esto implica que sea una "salida", en los términos de Hirschman. Lamentablemente no podré extenderme en ello, pero sugiero que los procesos de desplazamientos entre territorios nacionales están fuertemente codificados y merecen ser desnaturalizados para poder dar un mejor marco de interpretación a los modos de percepción que tienen los actores involucrados. Un ejemplo de ello es la noción de "exiliados" o la de "refugiados".

[5] De este modo, el derecho al voto ha sido desplazado del marco legislativo hacia el constitucional, lo cual acarrea un eje llamativo: la Constitución de Paraguay estableció explícitamente el piso y el techo de la discusión de esta problemática en la residencia. Durante la reforma, éste fue uno de los terrenos de mayor confrontación. Los que alentaban la explicitación de la necesidad de la residencia esgrimieron que había dos casos similares que legitimaban esta posición: las constituciones mexicana e israelí. Respecto de las posibilidades para una nueva reforma constitucional, véase nota al pie 2 y los artículos 289 y 290 de la Constitución de Paraguay.

marcan la situación actual de Paraguay. Por lo pronto, es importante recordar que la entrada de Paraguay a la etapa de la "democratización de
los Estados latinoamericanos" de los años ochenta se produce tras una
dictadura de 35 años, en manos del general Alfredo Stroessner. Éste,
desde 1954 había controlado, junto con la Asociación Nacional Republicana (ANR), Partido Colorado, los destinos del Paraguay hasta que, en
1989, fue derrocado por otro golpe de Estado, en manos de un correli-
gionario y consuegro de Stroessner: el general Andrés Rodríguez. Vale
decir, la dictadura de Stroessner finalizó con otro golpe de Estado. Recién en 1993 se produjo la asunción de un "civil" a la primera magistra-
tura, con la llegada del también colorado Juan Carlos Wasmosy.

El ascenso al poder de Stroessner en 1954 formaba parte de una
inestabilidad política en Paraguay que se había profundizado desde la
guerra civil de 1947. Stroessner fue, en última instancia, el cierre del
periodo más convulsionado en lo que a las sucesiones presidenciales
refiere. Las permanentes crisis se registraban, por lo menos desde 1936,
año desde el cual los militares fueron los únicos propietarios del poder
político en Paraguay (Flecha, 1991:80). En 1947 se había desatado una
cruenta guerra civil que finalizó con el ascenso de los colorados al poder y su permanencia hasta la actualidad.[6]

La relación partido-Estado-ejército le permitió a los colorados ejercer una hegemonía y una coacción sobre la sociedad civil que se plasmó, entre otras cuestiones, en el crecimiento de los afiliados a dicho
partido que, para 1982, llegaba a más de 30% de la población total de
Paraguay. Durante los años de Stroessner, algunas de las características
fundamentales sobre las que se sostenía su poder fueron la necesidad
de estar afiliado al Partido Colorado para acceder a algún empleo público y, por otro lado, la persecución permanente a los opositores al régimen (Simón, 1990; Céspedes, 1993; Boccia Paz *et al.*, 1994; Halpern,
2000). Esta estructura le permitió al stronismo gobernar con una base
social muy amplia que, entre otras cosas, le garantizó la naturalización
de la dictadura como realización política del Estado de derecho. En el

---

[6] De hecho, gran parte de las crisis entre 1947 y 1954 fueron, más que nada, "internas"
dentro de ese partido que, progresivamente, se fue convirtiendo en un "partido-Estado", sobre todo por la connivencia de una de las instancias más poderosas de Paraguay: el poder militar. Incluso, algunos analistas paraguayos sostienen que la caída de Stroessner fue más un producto de las contradicciones internas de los colorados que un proceso de transformación
política como se dieron en otros países de la región.

Paraguay de Stroessner se convocaba a elecciones, aunque se sabía de antemano el resultado. De hecho, tal como sostiene Nohlen (1998), las elecciones pueden formar parte de los modos de legitimación del autoritarismo. En este sentido, las elecciones funcionaban como parte de un andamiaje político "perfecto" bajo el cual se sostenía el poder militar de Paraguay. Las elecciones eran parte del ritual de confirmación del poder de Stroessner, sin oposición legalizada, libertad de prensa ni libertad de reunión. El cerrojo del poder alrededor de Stroessner se plasmó, entre otras instancias, en la Constitución de 1967 y en su reforma de 1977 (Balmelli, 1995).

Fue apenas en 1998 que se registró la primera sucesión presidencial entre civiles (hasta hoy, la única), cuando el colorado Wasmosy (1993-1998) entregó la banda presidencial al también colorado Raúl Cubas Grau. A fin del siglo XX se produjo la "novedad" de una sucesión presidencial más o menos enmarcada en los criterios de las democracias liberales occidentales, aunque aún se desconoce en Paraguay el pasaje de la banda presidencial de un miembro de un partido político a otro de un partido diferente (un caso similar a éste era el mexicano, pero con la victoria de Fox en 2000, la tradición de sucesiones dentro del PRI como sinónimo del Estado se vio interrumpida tras 71 años de hegemonía priista).[7] No obstante ello, la política en Paraguay se resuelve entre los dos grandes partidos que dominan las esferas de poder desde comienzos del siglo XX: el ANR (Partido Colorado) y el Partido Liberal (aunque con diferentes denominaciones a lo largo de su historia —Partido Liberal, Partido Liberal Radical Auténtico, entre otras). Estos partidos son, básicamente, policlasistas y con diferentes vertientes internas, lo cual configura una complejidad que no se desarrollará en este trabajo, pero que es necesaria considerar puesto que en ese marco se comprende que en una misma agrupación conviven posiciones progresistas y conservadoras a la vez. Aun el nacimiento de nuevas fuerzas

---

[7] Más allá de haber sido derrotado en las elecciones para vicepresidente en 2000 por el liberal "Yoyito" Franco en una coalición de liberales, encuentristas y fracciones del coloradismo oviedista (o "ético"), el actual gobierno de Luis González Macchi (presidente de Paraguay tras la destitución de Cubas Grau en marzo de 1999), se define y es percibido como Colorado. La complejidad política está, nuevamente, atravesada por las internas del Partido Colorado. El mismo se ha fragmentado, al menos en dos vertientes: el argañismo y el oviedismo. El enfrentamiento entre estos dos grupos ha llevado a una inestabilidad política e institucional que se plasmó, entre otros casos, en el magnicidio que condujo al "Marzo paraguayo" en 1999 y en los intentos de golpe de Estado durante el año 2000.

políticas como el Encuentro Nacional o de coaliciones como la Alianza Nacional de los años noventa no ha logrado romper la estructura bipartidaria de Paraguay.

En 1992, bajo el gobierno *de facto* del general Andrés Rodríguez, Paraguay sancionó su actual Constitución nacional. La misma se enmarcaba en el proceso de democratización de los diferentes Estados de América Latina y constituyó uno de los hitos más importantes para la formación del Estado de derecho y su institucionalidad. En el caso paraguayo, la Constitución cerraba la etapa de las anteriores, netamente presidencialistas, desequilibradas en la concentración de poder y hechas a imagen y semejanza de Stroessner. En este contexto, es necesario comprender de qué manera esta última Constitución (actualmente en vigencia) ha definido la "ciudadanía", puesto que la misma fue, entre otras cuestiones, uno de los puntos más conflictivos de aquella reforma. De hecho, muchos son los paraguayos que, incluso ocho años después de sancionada la Carta Magna, siguen reclamando la transformación de la misma.

## HISTORIA DE DESPLAZAMIENTOS

*Algunas consideraciones*

Si bien la historia de Paraguay presenta la riqueza de su excepcionalidad en lo que a su caótico desarrollo institucional refiere, también plantea otras particularidades como la de la cantidad de nacionales que viven fuera de las fronteras del Estado. Según estima el investigador Tomás Palau (2000), siguiendo los cálculos de la Organización Internacional para las Migraciones (OIM) en 2000, aproximadamente 14.3% de paraguayos vive fuera de Paraguay, cerca de 800 000 paraguayos. De ellos, la gran mayoría se ha concentrado en la república Argentina donde, según la misma fuente, habría una cifra cercana a los 400 000 paraguayos, más o menos 50% de los que han salido del territorio nacional. El resto de los paraguayos se concentra en Brasil, Canadá, Estados Unidos y Uruguay.

La población total de Paraguay, según el último censo nacional (1992) asciende a 4 152 588 habitantes. Las estimaciones para 1999, según las cifras de la Dirección General de Estadística, Encuestas y

Censos del Gobierno del Paraguay es de 5 355 843, y para el año 2000, de 5 496 450.[8] Más allá de estos números, Paraguay ha sido, históricamente, un país de emigración hacia Argentina, lo que ha constituido una problemática específica para dicho país, ya reconocida en 1915 por Eligio Ayala (1941) y más aún en 1970, bajo el trabajo de Rivarola y Heisecke (1970). Al respecto, el investigador Ponciano Torales (1991), sostiene que el Paraguay ha sido uno de los países de mayor flujo emigratorio en el Cono Sur (principalmente a Argentina). A pesar de que dicho flujo se ha equilibrado en la última década (incluso, es posible que se haya invertido), en el imaginario social "paraguayo", la emigración, y sobre todo a Argentina, aparece como una constante y como una posibilidad. Tanto por razones económicas como políticas, Argentina es un territorio imaginado y fuertemente vinculado con la historia y la cotidianidad de la sociedad paraguaya (Halpern, 1999).

Los desplazamientos hacia Argentina, no obstante, no implican un "corte" con el lugar de origen. La formación de "comunidades transnacionales" (Smith, 1993) conlleva, entre otras cuestiones, las permanentes relaciones que mantienen quienes están fuera de las fronteras nacionales, a través de diferentes prácticas, con los que están en el lugar de origen. El impacto de unos sobre otros no responde a una línea de un punto a otro, sino más bien una circularidad de bienes materiales y simbólicos a ambos lados de la frontera. A diferencia del caso mexicano analizado por Canales y Zlolniski (2000), dicha circularidad, en el caso paraguayo, no se produce entre personas. Si bien hay un fuerte anclaje de los dos grupos a ambos lados de la frontera (y, en este caso me detendré en el impacto que tienen los que están más allá de las fronteras nacionales en el país de origen), no se producen los desplazamientos de ida y vuelta permanente que describen ambos autores. Además, las construcciones simbólicas a uno y otro lado de la frontera difieren significativamente, construyendo alteridades para nada desdeñables. De todos modos, sí se produce el fenómeno de la formación de redes sociales que contemplan la búsqueda de inserciones laborales y de vivienda para los posibles desplazamientos hacia Argentina, aunque en este punto se generan conflictos acerca de la conveniencia o no de la llegada de nuevos contingentes hacia el lugar de destino (la división que se produ-

---

[8] Según las Naciones Unidas, para 1999 había 5 359 000 paraguayos, mientras que en 2000, según el IDB Summery Demographic Data, 5 586 000.

jo alrededor del posible convenio migratorio entre Paraguay y Argentina en 1999 entre quienes lo apoyaban y quienes lo rechazaban, fue un ejemplo de ello).[9]

Uno de los modos con que los paraguayos que viven en Argentina mantienen relaciones con Paraguay es a través de instituciones sociales, religiosas y políticas. En ellas se suele apelar a la "tradición" cultural paraguaya para la realización de encuentros, discusiones y diversos rituales. El permanente contacto entre ambos lados de las fronteras nacionales se establece, entre otras prácticas, mediante la realización de eventos deportivos y musicales con la presencia de invitados paraguayos que viven en Paraguay, de la convocatoria a eventos vinculados a la actualidad política de Paraguay o las celebraciones de las fechas "patrias", y de la celebración multitudinaria del día de la virgen de Caacupé, patrona de Paraguay, celebración que concentra a decenas de miles de paraguayos en el gran Buenos Aires una vez al año. En estos ámbitos, una de las características comunes es la práctica del habla predominantemente en guaraní y la de las discusiones acerca de la situación política y económica contemporánea de Paraguay. Así, siguiendo la propues-

---

[9] Es interesante incorporar aquí que, en el caso paraguayo, el imaginario del desplazamiento hacia el otro lado de la frontera forma parte de su cotidianidad. Con ello aparece una nueva coincidencia con el caso señalado por Canales y Zloniski: "La pertenencia a una comunidad transnacional, y por lo tanto, la participación de este proceso de transmigración, no implica necesariamente un desplazamiento continuo. Basta formar parte de una comunidad donde la transmigración le ha permitido expandir sus ámbitos territoriales de reproducción social y económica. En una comunidad transnacional no todos los miembros son transmigrantes, pero la transmigración es una práctica social que está presente en el horizonte de vida de todos y cada uno de los miembros de dicha comunidad" (Canales y Zloniski, 2000:19). Sin embargo, es importante resaltar que, al menos en este caso, las relaciones hacia ambos lados de la frontera no son necesariamente armónicas. Las conflictividades no se producen solamente hacia dentro del grupo de paraguayos que residen en el exterior, sino también entre quienes están en Paraguay y "los de la Argentina". Los primeros consideran que los segundos se han "argentinizado" o "curepizado" y que eso los aleja culturalmente de "los paraguayos", mientras que los segundos sostienen que los primeros los rechazan por haberse desarrollado más en Argentina. El término "curepizado" es una referencia a "curepí" (piel de chancho, en guaraní), material del cual estaban hechas las botas y pecheras de los soldados argentinos que invadieron Paraguay durante la guerra de la Triple Alianza (1865-1870). "Curepí" en Paraguay es sinónimo de argentino, con lo que "curepizado" lo es de "argentinizado". Estas remisiones construyen un tópico en el que ir a Argentina no es desplazarse hacia cualquier lugar, sino a las tierras del que ha invadido las propias. En este sentido, "curepizado" es una sanción simbólica que construye diferencias sociales, a partir de lo que se puede comprender por qué Grimson (2000) sostiene que es el conflicto el que construye las diferencias y no al revés. Así se puede ver que las relaciones sociales que se producen no son armónicas sino que están atravesadas por diferentes tensiones que aparecen permanentemente, incluso con apelativos naturalizados para construir a "los otros".

ta de análisis de Calderón Chelius (1999: 127), en el caso paraguayo se puede encontrar que:

> a través del desarrollo de las organizaciones sociales y políticas, éstos no sólo interactúan en una nueva sociedad, sino que expresan un creciente interés por el proceso político de sus países de origen. Así, las organizaciones de migrantes conforman una extensa red de política trasnacional que muestra que éstos no concentran su interés en un solo universo político, sino que en realidad reaccionan y sostienen posiciones políticas ante dos universos políticos.

En este marco, se pueden encontrar algunas similitudes con lo expuesto por Canales y Zlolniski, ya que muchas de estas organizaciones tienen un fuerte peso en la toma de decisiones en el país de origen. De hecho, aunque no se analizará el caso en este trabajo, el rechazo al convenio migratorio argentino-paraguayo de 1999 que se produjo en la Cámara de Diputados del Paraguay, partió de una negociación entre el gobierno paraguayo y una serie de organizaciones de residentes paraguayos en Argentina que se oponían al mismo. La presión de estas organizaciones tuvo un alto impacto en los medios de comunicación de Paraguay que les sirvió para acrecentar su fuerza y detener el proyecto que ya estaba aprobado por los senadores de Paraguay.

También las remesas desde Argentina a Paraguay forman parte de los vínculos que se establecen con el país de origen. Las mismas constituyen una entrada de dinero muy importante para el país mediterráneo. La economía que se "mueve" a partir de las remesas constituye un factor clave para dinamizar la ya ahogada economía del vecino país (Maletta, 1992). Según Palau (2000), para el año 2000, la cantidad de remesas que ingresan a Paraguay desde Argentina ascendería a cerca de 100 000 000 de dólares.[10] Este dato es necesario para describir, de ma-

---

[10] Según Maletta, para el año 1992, uno de los factores importantes "de la prosperidad no registrada en la economía paraguaya es el ingreso de capitales, que se mantiene en el país en forma de activos financieros o se invierten en la construcción o en otras actividades. Los orígenes de estos flujos de capitales son (según se estima) principalmente dos: por un lado fondos de variado origen que aprovechan las características de Paraguay como país con pocos controles sobre la actividad económica, y en segundo lugar las remesas de los emigrados". Además, el autor sostiene que: "La magnitud del ingreso de capitales foráneos al sistema financiero paraguayo es imposible determinarla, pero parece suficientemente grande como para mantener relativamente estable el tipo de cambio a pesar de un fuerte déficit comercial y una fuerte inflación en un contexto de mercado cambiario libre". Por último, Maletta señala que si bien

nera breve, de qué se trata la presencia de paraguayos en Argentina y
su impacto económico en el país de origen. De hecho, en el imaginario
social, la presencia de paraguayos en Argentina se explicaría, principalmente por las diferencias cambiarias entre uno y otro país y el beneficio que esto les da a las familias que reciben ese dinero en Paraguay.

Según la investigación de Cayo Roberto Cáceres (2000), las remesas
que se envían desde Argentina hacia Paraguay para 1999, asciende
a prácticamente 100 000 000 de dólares anuales. Sin embargo, a diferencia de Maletta, la cifra que estima en 1992 es de 93 000 000 (casi 10%
menos), con lo cual reconoce un ascendiente en las remesas, aunque
una disminución entre 1998 y 1999.[11]

## DESARROLLO HISTÓRICO DE LOS PARAGUAYOS EN ARGENTINA

La presencia de paraguayos en Argentina aparece registrada ya en el censo de 1869 del Instituto Nacional de Estadísticas y Censos de la Argentina (INDEC). Si bien su cantidad era mínima y fue aumentando progresivamente, los diferentes registros censales muestran una estabilidad
porcentual de los mismos en relación con la "sociedad local": los paraguayos en Argentina jamás llegaron a 1% de la población total.[12]

---

"No hay datos cuantitativos sobre ese flujo, pero datos informales sobre los salarios en Argentina, las tasas de ahorro y remesas usuales de emigrantes paraguayos en ocupaciones típicas
en ese país, etc., llevan a cifras bastante importantes, que pueden llegar a más de 100 000 000
de dólares por año bajo hipótesis muy conservadoras". La supuesta disminución de remesas
que aparecería en las estimaciones de Palau estaría vinculada, al menos hipotéticamente, con
la recesión económica que vive hoy Argentina. De hecho, los datos macroeconómicos argentinos han retrocedido en 1999 y se han estancado en 2000. Si bien sería aventurado plantear
afirmaciones al respecto, es interesante ver el modo con que la actual crisis económica de Argentina habría impactado en la supuesta disminución de los flujos de divisas hacia el país de
origen. En las cifras estimadas por Cáceres se estaría ante el mismo registro de análisis.
[11] Según la investigación de Cayo Roberto Cáceres (2000), las remesas que se envían desde Argentina hacia Paraguay para 1999, asciende a prácticamente 100 000 000 de dólares
anuales. Sin embargo, a diferencia de Maletta, la cifra que estima en 1992 es de 93 000 000
(casi 10% menos), con lo cual reconoce un ascendiente en las remesas, aunque una disminución entre 1998 y 1999. El autor sostiene que, sobre la base de su propia encuesta, en 1992 las
remesas ascendían a 93 755 975 dólares; en 1998, a 99 791 364, y en 1999, a 99 529 633.
[12] Los registros censales del INDEC muestran que los paraguayos en Argentina han sido,
de acuerdo con el año del censo, en 1869, 3 288; 1895, 14 562; 1914, 28.592; 1947, 93 248; 1960,
155 269; 1970, 212 200; 1980, 262 799; 1991, 253 522.
Como se puede ver en el cuadro, las corrientes de paraguayos a Argentina han tenido
momentos específicos de fuerte crecimiento cuantitativo, así como de retrocesos, como el re-

Uno de los momentos históricos más importantes para el presente análisis ha sido el proceso de desplazamientos que se produjo a partir de 1947. En dicho año se desató una guerra civil que implicó, para algunos historiadores, uno de los momentos críticos para la constitución de la población de Paraguay. De hecho, según los registros del INDEC, desde ese año se ha producido un crecimiento cuantitativo muy significativo de paraguayos residentes en Argentina.[13]

A partir de 1947, dentro de los contingentes que llegaron a Argentina se encuentra una gran cantidad de paraguayos que escapaba de la represión del ejército vencedor en la guerra civil de dicho año. El proceso vivido en 1947 con la guerra civil y la consiguiente derrota de los comunistas, febreristas y liberales desató una oleada de "exilios" que, principalmente, escaparon a Argentina. Dicho año es "central" en las dinámicas políticas y poblacionales de Paraguay. Uno de los elementos clave de este proceso es que el contingente estuvo compuesto por muchos paraguayos definidos como "exiliados", básicamente militantes de diferentes partidos políticos.

A la vez, grandes sectores de los principales partidos políticos paraguayos de ese entonces debieron escapar hacia Argentina, sobre todo a través de la frontera Asunción-Clorinda (provincia de Formosa). Una de las narraciones que sintetizan esta experiencia es sostener que "se sale por Clorinda y se vuelve por Posadas" (provincia de Misiones). Esta descripción es uno de los modos de reconstrucción que los paraguayos realizan del proceso vivido a partir de 1947.

## LA CONSTRUCCIÓN DE UNA DIÁSPORA POLÍTICA

El 3 de julio de 1956, en la publicación de actualidad porteña *Qué Sucedió en 7 Días* apareció la nota: "Exiliados de América Latina en Buenos Aires". En ella, tras hacer un recorrido por diferentes grupos de exiliados, se marca que: "casi una tercera parte de la población para-

---

gistrado entre 1980 y 1991, periodo en el cual se produjo una amplia cantidad de retornos a Paraguay.

[13] Entre la guerra de la Triple Alianza y la guerra civil de 1947 se produjeron desplazamientos poblacionales generados por la guerra del Chaco entre Paraguay y Bolivia (1932-1935). En este sentido, Balán (s. d.) expresa que es recién con este conflicto bélico que se iniciaría el amplio proceso migratorio de paraguayos hacia Argentina.

guaya —fenómeno sin parangón en el mundo— vive y trabaja fuera de las fronteras nacionales. De esta gigantesca migración en masa, ¿cuántos son los expatriados por motivos políticos? Los partidos opositores al coloradismo gobernante afirman que son la mayoría." Esta mención forma parte de un reconocimiento a un sector social específico que, entre otras cuestiones, continuó sus prácticas políticas en Argentina y que, progresivamente, fue formando las bases de diferentes organizaciones sociales paraguayas que existen hoy en día. La misma nota destaca que: "los mandatarios paraguayos de los últimos lustros han sido asiduos clientes de la hospitalidad porteña. Cuestión de costumbrismo: no ocupan el sillón dorado de Asunción sin reservarse un sillón más modesto en Buenos Aires [...] Parecería que el pueblo paraguayo fuera llamado a elecciones para decidir quién será el próximo exiliado."

La inestabilidad política a la que refiere este documento encontró su "cierre" en el golpe de Estado de 1954. En el mismo, tras una sucesión de presidencias que duraban horas, llegó al poder quien se mantendría en él durante 35 años: el general Alfredo Stroessner. Con esta presidencia se inició en Paraguay un nuevo flujo migratorio hacia Argentina, vinculado, en gran medida, al hundimiento económico de Paraguay así como a las persecuciones políticas del stronismo.

Durante el gobierno de Stroessner (1954-1989) miles de paraguayos debieron salir de Paraguay por persecuciones políticas, a la vez que por el impedimento para conseguir empleo, producto de su no afiliación al Partido Colorado gobernante (Céspedes, 1993). El periodo político entre 1954 y 1989 marcó un proceso de exilios y expulsiones que se registran en la bibliografía que tematiza la dinámica política de Paraguay durante esos 35 años (Simón; 1990, Boccia Paz et al., 1994; Almada, 1993).[14]

El desplazamiento desde las zonas de frontera hasta Buenos Aires, según diferentes relatos, conforma parte de las redes sociales de paraguayos en Argentina. Desde Clorinda o Posadas, los "exiliados" eran

---

[14] En los *Archivos del terror* encontrados en Asunción en 1992 se puede ver la cantidad de expulsiones decididas por el ejecutivo. Entre ellas aparecen, básicamente, las principales figuras de los diferentes partidos políticos (incluidos miembros del Partido Colorado) y de la iglesia. Además están miembros de las Ligas Agrarias y de organizaciones sociales y políticas clandestinas en Paraguay. Gran parte de ese contingente se asentó en Argentina, como se desprende de los trabajos que analizan el Plan Cóndor (Boccia Paz et al., 1994; Almada, 1993), y las condiciones de vida de militantes antistronistas durante "el régimen".

ayudados por sus compatriotas para llegar a Buenos Aires, más de 1 000 kilómetros al sur, donde continuaban con sus actividades políticas aunque, ahora, fuera del país de origen. Entre los grupos que funcionaron en Argentina se encontraban los liberales, febreristas, comunistas y fracciones del Partido Colorado opositoras a Stroessner (entre estas últimas, los grupos del Movimiento Popular Colorado —MOPOCO— y de la Asociación Nacional Republicana en el Exilio —ANRE).

Durante tres décadas, las dinámicas de reunión de estos grupos aparecían vinculadas a la necesidad de la transformación de Paraguay y de construir espacios "propios" donde "mantener siempre latente el cariño y patriotismo hacia la patria lejana", como dice el acta fundacional de una de estas instituciones sociales. No casualmente es en el "exilio" donde surgen los grupos más radicalizados contra el régimen stronista. Los movimientos revolucionarios que conoció la historia de Paraguay han surgido en Argentina (el Movimiento 14 de mayo y el FULNA [Frente Unido de Liberación Nacional], a fines de los años cincuenta y durante los años sesenta) y en Chile (la OPM [Organización Político Militar], durante los años setenta). Los tres tuvieron como uno de sus centros intelectuales y políticos a Buenos Aires.

A la vez, cabe considerar que, aun los grupos menos radicalizados, constituyeron en Buenos Aires parte de sus centros de reunión y organización. La fundación de sedes de los partidos políticos paraguayos en Argentina y sus permanentes reuniones en diferentes lugares caracterizaron las dinámicas de organización de amplios grupos de paraguayos. En dichas organizaciones participaron miembros de diferentes partidos políticos que se habían exiliado en Argentina, muchos en 1947. La organización de estos grupos respondió, ya para la década de los años setenta, al Acuerdo Nacional, una confluencia de sectores políticos antidictatoriales que había nacido en Paraguay en esa década y que, según participantes del mismo, tenía su sede en Buenos Aires.

Algunas de las actividades desarrolladas por estos grupos (bien como Acuerdo Nacional, o bien como organizaciones autónomas) tuvieron la colaboración de organizaciones locales e, incluso, algunos miembros de esas organizaciones formaron parte de otras locales (como es el caso de dirigentes de la OPM dentro de la estructura de Montoneros). Durante el gobierno de Stroessner, los paraguayos "exiliados" formaron parte de una cultura política distinta a la del país de origen y asistieron a modos de organización diferentes al tradicionalismo político faccional del Paraguay.[15] Muchos dirigentes entrevistados en Paraguay marcaron las relaciones que tenían con organizaciones "argentinas" y de otros países a fin de lograr una resistencia contra Stroessner. Las lecturas que hoy realizan muchos de ellos ubican a estas relaciones como "estratégicas" para legitimar la resistencia contra la dictadura stronista. En ese sentido, las identidades construidas priorizan sus relaciones con Paraguay desde el extranjero.[16]

Tras el cambio de política de Stroessner durante los años ochenta que permitió el reingreso de los expulsados políticos (menos de los comunistas), muchos de estos actores se reinsertaron en el campo político en el vecino país y participaron del fin del régimen militar paraguayo (el caso más evidente es el del MOPOCO, uno de los grupos más perseguidos por el stronismo, sobre todo a causa de que uno de los dirigentes que formó parte de ese sector, a pesar de no provenir políticamente de él, fue Epifanio Méndez Fleitas).

Sin embargo, muchos otros, a pesar del cambio formal de la política de Stroessner, permanecieron en Argentina. Estos grupos continuaron con "su" Acuerdo Nacional (en el que participaban también miembros del Partido Comunista paraguayo) que comenzaba a desmembrarse en Paraguay.[17] Aun con el regreso de los "exiliados", quienes se quedaron en Argentina siguieron su lucha con la realización de mani-

---

[15] Es interesante ver cómo coincide este proceso con el señalado por Calderón Chelius, 1999:119, cuando afirma que: "la experiencia de migrar no sólo replantea los valores y experiencias del grupo a nivel social y cultural, sino que, a su vez, representa una conformación de valores políticos, un reconocimiento de reglas, pautas y formas de comportamiento ante un universo político distinto al propio. Esta experiencia lleva a que se generen nuevas formas de representación y de ejercicio ciudadano que influyen marcadamente en la constitución de la identidad política de los sujetos. Lo novedoso es que esta redefinición de la identidad política no se da sólo como resultado de una adaptación al sistema político al que se incorporan los sujetos, sino que la visión de lo político mantiene como referente al sistema político de la sociedad de origen, que los inmigrantes contemporáneos no dejan del todo." La continuidad de las organizaciones políticas paraguayas en Argentina, da cuenta de ello.

[16] Otro de los elementos fundamentales que han marcado es el del "aprendizaje" de la política como práctica en la Argentina. Muchos de ellos consideran que, a su regreso, se encontraban con una estructura política e ideológica "atrasada" y que les costó insertarse nuevamente en la sociedad local. Una de las caracterizaciones que cuentan los que han regresado a Paraguay es el de haber sido clasificados bajo el sintagma "curepizados", vale decir, "argentinizados". Para algunos comentarios al respecto, véase Halpern, 1999.

[17] En las primeras elecciones formales de Paraguay, una vez caído Stroessner, 95% de los votos se concentraron entre los dos partidos históricos de Paraguay: el Colorado (con 73.3%) y el Liberal Radical Auténtico (con 21.6%). Dichas elecciones se realizaron el 1 de mayo de 1989. En esas elecciones los "retornados" habían regresado a "sus" partidos políticos de antaño, descartando la conformación de algún nuevo bloque que rompiera la bipolaridad política

festaciones a la frontera (según el año, Clorinda o Posadas). A la vez, realizaron festivales musicales en Argentina, pensados como parte de esa confrontación contra la dictadura. De estos grupos surgieron formaciones sociales paraguayas integradas por paraguayos, hijos de paraguayos y algunos militantes de agrupaciones locales que siguieron con su pelea hasta la caída del dictador.[18]

Una vez asumido el general Andrés Rodríguez, muchos de estos grupos comenzaron a reunirse con el objetivo de luchar por los derechos de los paraguayos que vivían fuera de Paraguay, y por políticas que permitieran su regreso con la garantía de trabajo y sin las restricciones impositivas que establecen las políticas aduaneras. Entre otras organizaciones surgidas en esos años, la de mayor importancia fue el Encuentro para la Participación Cívica de Paraguayos Residentes en el Exterior (ENCIPARE), en la que participaban colorados, liberales, febreristas y miembros de organizaciones sociales, deportivas y religiosas.

ENCIPARE, nacida el 16 de octubre de 1991, fue una organización que permitió a los paraguayos residentes en Argentina canalizar sus reclamos para que se les reconociera su derecho cívico y que el mismo fuera contemplado en la reforma constitucional que se haría al año siguiente. ENCIPARE tenía como parte de sus objetivos, según su acta fundacional, "impulsar en conjunto las iniciativas tendientes a clarificar y definir la normativa legal que posibilite el voto de los paraguayos residentes en el exterior y su garantía constitucional permanente" (Bogado Poisson, 1992). La misma realizó una serie de manifestaciones públicas por los derechos al voto de los paraguayos que vivían fuera de Paraguay. Sobre este punto, el investigador Bogado Poisson sostiene que:

> El tema (*del derecho al sufragio desde el exterior*) vuelve a tomar vigencia en
> ocasión de la elaboración de una nueva Constitución por la Convención

---

de Paraguay entre colorados y liberales. En 1993, para las elecciones nacionales presidenciales, aparecería un nuevo actor (el Encuentro Nacional) de fuerte composición urbana, básicamente, asuncena.

[18] De allí, el surgimiento de la CPTU (Confederación Paraguaya de Trabajadores Unitaria), una escisión de la ya existente CPTE (Confederación Paraguaya de Trabajadores en el Exilio). Ésta, básicamente compuesta por sectores "progresistas", existió, según algunos integrantes de la misma, hasta que se cumplió con su objetivo: la caída de Stroessner. Estas organizaciones llevaron a cabo una política de rechazo contra Stroessner que confluyó en la sistemática realización de "sentadas" frente a la embajada de Paraguay en pleno centro de la ciudad de Buenos Aires.

Nacional Constituyente electa en diciembre de 1991. En los proyectos constitucionales de los partidos y movimientos políticos el tema está ausente, a excepción del enviado por el poder ejecutivo nacional que reproduce el artículo 130 sobre "repatriación" de la Constitución de 1967. La discusión ahora es, si los residentes en el exterior debían tener participación vía sufragio en las elecciones nacionales se instala en los medios de comunicación social desde enero a mayo de 1992. Al mismo tiempo como dos caras de un mismo fenómeno se destaca la nueva ola masiva de emigración a Argentina. Los residentes en el exterior, agrupados en la organización ENCIPARE presentan su propio proyecto de normas constitucionales específicas presionando sobre los convencionales en conjunción con la opinión pública [cursivas mías].

Marchas frente a la embajada de Paraguay solían juntar a cientos de paraguayos que buscaban obtener su derecho cívico. Uno de los hechos más destacados de este grupo, como se verá más adelante, fue su viaje a Asunción durante la reforma de 1992 para discutir con los constituyentes y conseguir el respaldo de los mismos para que fuera incorporado un artículo que les garantizara el derecho al voto. Si bien se volverá sobre estas manifestaciones más adelante, cabe adelantar aquí que las acciones de ENCIPARE fracasaron rotundamente, constituyendo una derrota que llevó a la desaparición de la misma organización.[19]

## LA CONSTITUCIÓN DE 1992

Tal como plantea Nohlen (1998), en relación con las implicancias del derecho al voto en las democracias modernas, existe una "estrecha relación definitoria entre elecciones y democracia". Por ello, sostiene que:

> las elecciones representan el elemento central de la participación democrática en las democracias occidentales. Aunque las elecciones son una forma de participación política entre tantas otras, como la afiliación partidaria o sindical o la participación en manifestaciones, su importancia

---

[19] Si bien ENCIPARE dejó de existir en 1994, el mismo año surgió una organización menor, COPADECI, Coordinadora Paraguaya por los Derechos Cívicos, que continúa reclamando el derecho al voto de los paraguayos residentes fuera de las fronteras de Paraguay.

es muy especial, pues para la gran mayoría de la población representan el único instrumento de participación en el proceso político (Nohlen, 1998:14).

En este marco, dicho autor se detiene en la coyuntura actual que vive América Latina en torno al tema del voto tras el fin de las dictaduras de la década de los setenta. La contextualización que realiza le permite establecer que:

> el debate sobre sistemas electorales en América Latina se inserta en la amplia discusión sobre reformas, suscitada a raíz de la redemocratización de los sistemas políticos en los años ochenta y de la situación de crisis de la región. Abarca así la reforma del Estado, su alcance y función, su estructura (descentralización) y la reforma de las instituciones políticas, en especial el presidencialismo y el sistema electoral (Nohlen, 1998:152).

Si bien esta afirmación "general" resulta aceptable, para el caso paraguayo exige, al menos inicialmente, una detención particular. Tal cual sostiene uno de los constituyentes de la última reforma constitucional en Paraguay, Teófilo Balmelli (1995), la constitución paraguaya de 1992 implica "en términos jurídico-políticos la superación del *cesarismo presidencial* (1940) y del *presidencialismo autoritario* (1967-1977)" (1995:59, cursivas en el original). Además, si la "nueva" Constitución marca un avance respecto de sus concepciones históricas, también se inscribe en un marco social y político que puede hacer de ella un instrumento inútil para la democratización de Paraguay. Tomando en cuenta la historia de Paraguay, varias fueron las ocasiones que, desde la caída de la última dictadura en dicho país se han registrado intentos de golpes de Estado. El caso paraguayo, como parte de los procesos de democratización formal de América Latina, plantea una de las más frágiles institucionalidades que se pueden registrar, junto con Perú, durante la década de los noventa.

Si, por un lado, es cierto que "la consolidación democrática de los países de la región luego de periodos de regímenes autoritarios, ha reanimado el interés por la política del país de origen" (Pereyra, 2000:7), también es cierto que, por el otro, no todos los periodos posdictatoriales se convirtieron en verdaderas transiciones democráticas. El caso paraguayo plantea un ejemplo interesante que pone en duda aquella afirmación o, al menos, la matiza la idea de "consolidación democrática". En 1991, Víctor-jacinto Flecha mostraba las implicancias políticas de las transformaciones que se daban en Paraguay. En ese marco, consideraba pertinente preguntarse si el potstronismo era realmente una transición a la democracia. Para contestar, el analista paraguayo marcaba el peso político y económico de las estructuras militares coloradas de Paraguay, las que habían consolidado una estructura plutocrática, incluso vigente hoy en día. En 1991, el autor encontraba algunos ejes que le permitían dudar de la democratización de Paraguay. Y el punto central de su argumentación estuvo en la escasa participación electoral de mayo de 1991. En dicha ocasión, según Flecha "se comprobó que de los 2 200 000 eventuales electores sólo se inscribieron alrededor de 1 400 000". En ese marco, el autor concluye que: "lo cierto, por de pronto, es que esta apatía participativa en una transición que supone no la restauración sino la instauración de la democracia vuelve muy endeble y vulnerable a la propia transición" (Flecha, 1991:86). Sin embargo, el reclamo por el derecho al voto de amplios sectores paraguayos desde el exterior, muestra, una voluntad de participación política diferente de la de sus compatriotas en Paraguay.

Al análisis de Flecha de 1991, se le puede agregar el modo con que se llevó a cabo la reforma de 1992. El proceso de democratización de la misma fue percibido, por muchos, como un modo de continuación de la dictadura stronista, al menos en referencia a los derechos de quienes vivían fuera de Paraguay. Los opositores al artículo 120 consideraron que la nueva Carta Magna había ido más lejos que el stronismo en la negación de derechos políticos sin siquiera haberlo sometido al voto que convocaba a la reforma.

En cierta medida, el rechazo del artículo, en el marco de la "comunidad paraguaya en Buenos Aires" implicaba esa experiencia dual, a la que refiere Calderón Chelius (1999), "que permite que los trabajadores internacionales y sus familias no abandonen del todo su país de origen y sus vínculos no se limiten a lo social, cultural o comercial, sino que también alcanzan el ámbito político". Esa discusión se plasmó, entre otros lugares, en las sesiones de la reforma, como también en diversos medios de comunicación y en las movilizaciones populares en las calles de Buenos Aires y de Asunción.

## DURANTE LAS SESIONES DE LA CONSTITUYENTE

La bancada mayoritaria (correspondiente al Partido Colorado) inauguró la discusión respecto del derecho al voto "en general" puesto que constituían la mayoría en la Comisión Redactora que proponía el artículo en cuestión. En la apertura de la propuesta, el 13 de mayo de 1992, el titular de esa bancada (con quórum propio en la constituyente), argumentó de manera bastante extensa el porqué del proyecto que finalmente se aprobó. Para ello, apeló al derecho electoral en diferentes partes del mundo:

> La nacionalidad nos introduce a la sociedad civil; la ciudadanía a la sociedad política. Lo nacional se opone a lo extranjero. Los ciudadanos pueden también oponerse, pero no necesariamente. Hay acá una permanente condicionalidad; allá una indestructible antinomia. La ciudadanía implica la idea de Estado, por lo general soberano; la nacionalidad, la existencia de una sociedad civil con caracteres configurativos de la nación, pero sin ninguna condicionalidad política. Y de lo que aquí se trata, y de lo que estamos legislando, es de los derechos del ciudadano en cuanto partícipe de la sociedad política que contribuye a la formación del Estado nacional. No estamos hablando aquí del nacional, estamos hablando del ciudadano. Ahora bien, esta persona, el nacional, no por eso, es abandonada por el Estado paraguayo. Desde que en todo lugar del planeta donde exista representación diplomática, es obligación del embajador atender a los intereses de sus nacionales, ni qué hablar de que esto es propio de la función consular.[20]

Luego, apelando a una paráfrasis del libro de Nohlen *Los sistemas electorales en el mundo* (1981), el constituyente sostuvo que el autor alemán establecía

> como uno de los requisitos para el ejercicio de la calidad de elector, el que la persona deba avecindarse en un país. Por eso dice, como decíamos más arriba, debe definirse la vecindad a objeto de disponer de una lista

---

[20] En este apartado, las diferentes intervenciones de los oradores son citadas según las bancadas a las que corresponden y no según los nombres y apellidos de los constituyentes, salvo que la aclaración lo amerite.

de electores con derecho a elegir a los representantes en una determinada circunscripción. Encontramos casos en que el nacimiento en la circunscripción es requisito imprescindible, o una alternativa respecto a la residencia. Pero la verdad es que es imprescindible estar avecindado dentro del territorio en el cual el Estado ejerce y tiene jurisdicción, reitero, no lo digo yo, lo dice uno de los más autorizados tratadistas mundiales en materia de derecho electoral.

Después de ello, el constituyente titular de la bancada colorada apeló a varios ejemplos, desde Brasil, México y Costa Rica, hasta España, Israel y Alemania para reivindicar su negativa a que los paraguayos sin residencia en el territorio de Paraguay pudieran votar. No todos los colorados acordaron con esta posición, pero la mayoría del bloque logró imponer esta perspectiva, incluso contra algunos constituyentes y militantes de la ANR.[21]

Este artículo ha sido considerado por los paraguayos residentes fuera de Paraguay como un modo de establecer "jerarquías de ciudadanía". En esa jerarquización, quienes viven o están fuera de Paraguay ocuparían el lugar de "ciudadanos de segunda". La distancia que establece el artículo 120 respecto de los "migrantes" funciona como castigo de una causa generada, entre otros, por el mismo Estado paraguayo. Sin embargo, la bancada colorada sostenía que, en caso de permitir el voto de los que viven fuera del territorio nacional, se establecería una clasificación de paraguayos de "primera" y de "segunda". El argumento para ello estaba sostenido en que permitir el voto desde fuera de Paraguay implicaba una violación a la soberanía de los demás Estados. En este sentido, aducía que era imposible imponer los códigos legales de

---

[21] Los directivos de la seccional colorada de Buenos Aires sostuvieron que "no queremos ser ciudadanos de segunda" en una carta dirigida al líder de la bancada republicana de convencionales. En la misma carta, sostenían que: "Reclamamos la posibilidad del ejercicio pleno de nuestra ciudadanía" y sostuvieron que: "Un país con una de sus dos regiones territoriales con 60% de su superficie habitada sólo por 2% de la población no puede darse el lujo de mantener una política expulsiva y de desprecio a los paraguayos residentes en el exterior que aman a su patria, desean participar de las decisiones nacionales y regresar gradualmente. Sólo los autoritarios de espíritu, de mentalidad contraria al auténtico pensamiento republicano, de democracia y soberanía popular, los que pretenden incluso restringir el acceso de jóvenes, mujeres y de los hombres de campo a los cargos de conducción nacional y partidaria, son los que se niegan a considerar sus iguales a los paraguayos residentes en el exterior, en un vano intento de seguir atornillados en sus cargos, manteniendo el *statu quo* de un Paraguay subdesarrollado con un pueblo cada vez más pobre y una dirigencia cada vez más rica" (*Última hora*, miércoles 13 de mayo de 1992, p. 8).

Paraguay y sus leyes electorales a los vigentes en otras posibles legislaciones en los demás países: "Es evidente que nosotros estaríamos con-
sumando una injerencia en los asuntos internos de otro Estado [...] El
ciudadano, el sujeto de los derechos políticos, tiene derechos y tiene
obligaciones. Así como elige, debe someterse a la jurisdicción del Estado en que vive."

Además, la bancada colorada sostuvo que si la democracia es "el
gobierno del pueblo y para el pueblo", no se puede pretender que el gobierno paraguayo gobierne a todos los paraguayos que viven en el mundo. Citando a Kelsen, la bancada argumentó que "el ámbito de validez
de las normas jurídicas sancionadas por el Estado paraguayo, sólo afectan su territorio nacional". En función de ello, concluyó afirmando
que:

> quienes razonan de una manera diferente están suponiendo que pudie-
> ran haber gentes que pudieran contribuir a la elección de un gobierno,
> cuya normativa no les va a afectar, en una situación claramente irregular,
> porque lo que queremos es consagrar la democracia, aquí, en Paraguay.
> Pues bien, a quienes quieren trabajar, laborar y luchar por la democracia
> aquí, el Paraguay no le cierra sus puertas a nadie. Quien quiera hacerlo,
> que venga aquí a contribuir a la formación de las autoridades electivas.
> Pero que también democráticamente se sometan a cuanto establecen es-
> tas autoridades.

Por último, el titular de la bancada colorada manifestó que:

> le estamos trasladando a un plano emotivo, como lo he advertido desde
> el primer momento, y en ese plano emotivo hay demasiadas cosas que po-
> demos decir. Está demasiado fresca y es causa de la postración de esta
> patria, el que paraguayos hayan sido armados por gobiernos extranjeros
> y desde Buenos Aires hayan empuñado las armas contra sus hermanos
> paraguayos.

Fuera del ámbito de sesiones, los colorados sumaron el argumento de los costos elevadísimos que implicaría realizar mesas electorales
fuera del territorio nacional.

Las respuestas opositoras no se hicieron esperar. Varios fueron
los puntos que discutieron de esta argumentación, con lo cual la cons-

tituyente quedó partida en dos bloques. La bancada del Partido Liberal Radical Auténtico (segunda bancada, pero minoritaria), la de los del Partido Revolucionario Febrerista, la del Partido Demócrata Cristiano y la del CPT (Constitución Para Todos) atacaron por "incoherente" a la pretensión colorada. Consideraron que, "al evitar, al impedir el voto de una franja enorme de compatriotas que están en los países vecinos, estamos cercenando la posibilidad del ejercicio de esos derechos a paraguayos" (haciendo referencia a las conquistas democráticas de la revolución francesa de 1789, terreno simbólico en donde se sustenta la Constitución de Paraguay). Uno de los anclajes más reiterados en sus argumentaciones fue la de las motivaciones de la "migración". En este sentido, la palabra "exilio" fue uno de los elementos cruciales para hablar de una "migración no voluntaria, sino obligada". La contextualización histórica de la presencia de paraguayos fuera de sus fronteras estatales se convirtió, a su vez, en uno de las maneras de legitimación de la postura de abrir el derecho al voto sin la aclaración del lugar de residencia. Las consideraciones al respecto llevaron la discusión acerca del modo de concepción de la ciudadanía: ésta, ¿se da por lugar de nacimiento o por lugar de residencia?, vale decir, ¿qué se entiende por ser "ciudadano paraguayo", más allá de lo que la definición constitucional sostiene?

En este plano, los opositores a los colorados marcaron el modo con que los paraguayos que viven en Argentina se organizaron y disputaron contra la dictadura stronista desde fuera de Paraguay como un modo de reivindicar su condición de paraguayos y su derecho al ejercicio de la ciudadanía. Además, sostuvieron que las organizaciones sociales de paraguayos fuera de las fronteras daban cuenta de la continuidad que los mismos pretenden tener con Paraguay. Las consideraciones acerca de la misma exigencia del derecho electoral manifestaban, a su entender, una relación con Paraguay que legitimaba su continuidad como paraguayos. A esto le sumaron que, frente a la afirmación de que quienes no están en Paraguay "no aportan económicamente nada al Estado", permanentemente envían remesas.

Otro punto a destacar es que la oposición al artículo tuvo cambios en sus formulaciones. De la pretensión de otorgar explícitamente el derecho al voto como parte del artículo que estableciera el ejercicio de la ciudadanía y vehiculizar a la vez los mecanismos necesarios para el ejercicio del voto desde los países donde hubiera paraguayos, se pasó a solicitar que no se explicitara en la Constitución la necesidad de la residencia, dejando que sea el marco legislativo el que resolviera la cuestión. Este cambio radicó, básicamente, en la búsqueda de una estrategia para negociar con la mayoría colorada, aunque no tuvo el efecto deseado.

En el debate, los opositores afirmaban que la norma desviaba su eje hacia un terreno electoralista (la perspectiva instrumental a la que refiere Pereyra, 2000). Los liberales sostenían que los colorados temían (y temen) que los votos desde fuera de Paraguay se volcaran en su contra. La vinculación entre las causas de los desplazamientos y las consecuencias electorales se enmarcaban, precisamente, en la historización del proceso de salidas de Paraguay. Desde 1954 miles de paraguayos debieron escapar hacia otros países, producto de las persecuciones políticas del stronismo. A su vez, se sumaban los centenares de "exilios" dictados por el mismo Estado paraguayo, en manos del Partido Colorado. En ese sentido, una de las intervenciones recalcó el impacto que había tenido el cierre de las fronteras en mayo de 1989, cuando el general Rodríguez convocó a las elecciones que legitimaran su presencia en la presidencia. Según los liberales, en dicha oportunidad, y ante la posibilidad de una masiva presencia de paraguayos que viajaran de Argentina hacia Paraguay para sufragar, el Estado habría decidido cerrar las fronteras para evitar el voto opositor.[22]

De todos modos, el artículo 120 es un punto de llegada tras una serie de medidas o de decisiones que fueron en camino contrario desde 1989 hasta la reforma. No es casual que durante la reforma varios de los opositores a la explicitación de la necesidad de la residencia en el territorio nacional apelaran a las leyes que antecedieron a este articula-

---

[22] Este hecho, según lo que he podido establecer ocurrió de manera pública y evidente en 1993, para las elecciones presidenciales. En dicha oportunidad, el 8 de mayo de 1993, el Juzgado Electoral Central dispuso como "medida de urgencia la prohibición del ingreso en el país de ciudadanos paraguayos residentes en el extranjero, a partir de la fecha hasta el cierre de las elecciones del día domingo 9 de mayo del año en curso, de conformidad a lo dispuesto en el artículo 120 de la Constitución Nacional". Esta medida respondió al pedido de amparo presentado por el ministro del Interior, profesor doctor Hugo Estigarribia Elizeche, del Partido Colorado. Como se puede ver, la problemática del derecho al voto continuó tensamente y con medidas decididamente restrictivas para los paraguayos que viven fuera de Paraguay. La repercusión mediática de este dictamen de la justicia ocupó varias páginas de los medios de comunicación y fuertes cruces entre los diferentes partidos políticos. De hecho, los colorados adujeron que los liberales estaban preparando una maniobra ilegal desde Argentina. Casos similares de discusión sobre el derecho electoral y el cierre de las fronteras se abrieron con motivo de las elecciones nacionales de 1998.

do desde la caída de Stroessner. La Ley 01/90 —Ley Electoral de 1990— había establecido que, para las elecciones nacionales que se realizarían en 1993, serían adoptadas las medidas necesarias para que pudieran votar aquellos paraguayos que vivían fuera de Paraguay. En el artículo 367 de la mencionada Ley se establecía que: "Para las elecciones generales de 1993 los paraguayos, residentes en el exterior, podrán hacer uso del voto, para lo cual se arbitrarán, por los organismos competentes, los medios necesarios a dicho efecto." Este artículo, como otros, fue derogado por la Ley 39/92, posterior a la sanción de la Constitución de 1992. De hecho, las modificaciones realizadas por la Ley 39/92 fueron para adaptar la ley a lo que la nueva constitución establecía.

La Ley 01/90 establecía que: "Son electores los ciudadanos y extranjeros, sin distinción de sexo, que hayan cumplido 18 años, que reúnan los requisitos exigidos por la ley, y que estén inscriptos en el Registro Cívico Permanente." La modificación sufrida por este artículo, en 1992 fue la de su adaptación a la letra de la nueva constitución. Por ello la Ley 39/92 estableció el criterio de la residencia como condición para el ejercicio del derecho al voto: "Son electores los ciudadanos paraguayos *radicados en el territorio nacional* y los extranjeros con radicación definitiva, sin distinción, que hayan cumplido 18 años, que reúnan los requisitos exigidos por la ley, y que estén inscritos en el Registro Cívico Permanente" (cursivas mías).

Estos cambios son fundamentales para comprender las implicancias de la medida constitucional adoptada. Es sobre estos puntos sobre los cuales los paraguayos residentes en el exterior consideran que han sido convertidos en "ciudadanos de segunda".[23]

Durante la convención constituyente, los opositores se encontraron con una sorpresa. Los colorados cerraron el debate y pasaron a la votación. Ante la inminencia de la misma y a sabiendas que ésta estaba resuelta desde antes, la minoría opositora decidió levantarse y quitar legitimidad al artículo que se aprobaría minutos después. Uno de ellos, mientras se retiraba, manifestó "no vamos a convalidar el genocidio cívico contra los compatriotas", como destacó un periódico paraguayo.

_____

[23] La actual Ley que establece el Código Electoral Paraguayo es la 834 de 1996. La misma ha mantenido los cambios de la 39/92 en lo que refiere al derecho al voto. Vale decir, la actual Ley Electoral de Paraguay se ha adaptado a la norma constitucional impidiendo que voten aquellos ciudadanos que no tienen residencia en el territorio paraguayo.

Seis días después se volvió a hablar del tema en el recinto. El artículo ya estaba aprobado. Los paraguayos que no tuvieran residencia en Paraguay no podrían ejercer el derecho al voto. El 19 de mayo de 1992, nuevamente, los opositores comenzaron a argumentar la necesidad de sacar la cláusula de la residenca del texto constitucional. Marcaron que:

> el concepto de ciudadanía es fundamental para la democracia. La ciudadanía es el elemento fundamental que permite construir las sociedades modernas. Y la ciudadanía que implica participación y protagonismo es, esencialmente, un concepto político y ese concepto político en las democracias tiene un eje fundamental que es el voto. Si nosotros restringimos estamos, simplemente, planteando arbitrariamente la creación de ciudadanos de primera y de segunda categoría, que no tenemos derecho a hacerlo [...] no es absolutamente admisible que en una constitución que pretende ser libertaria, que pretende abrir un nuevo modelo y una nueva forma de vida para la sociedad paraguaya, estemos, de entrada, restringiendo y estableciendo exclusiones en el concepto de ciudadanía.

Otro de los convencionales opositores, haciendo un anclaje histórico y atacando la intervención del colorado que refirió a los paraguayos que se habían armado contra sus compatriotas, sostuvo que:

> otros señalaban que aquellos exiliados políticos o económicos ejercitaban actividades guerrilleras. Los han tratado de subversivos y bandoleros. Quiero señalarle que aquellos hombres jóvenes que estuvieron alistados en las guerrillas del 59 y del 60, son febreristas y comunistas, pero en un 90% afiliados al Partido Liberal Auténtico [...] Creo que es un orgullo para los paraguayos haber tenido un puñado de jóvenes que ofrendaron sus vidas para luchar por las libertades, para luchar por la democracia, para luchar por los derechos humanos.

Por último, sostuvieron que la Constitución estaba yendo contra el proceso histórico que asumía Paraguay desde hacía pocos meses (por la firma del MERCOSUR), como parte de la legitimación de sus argumentos. El derecho al voto desde el lugar de residencia ya no era solamente defendido desde una perspectiva respecto del pasado, sino también una apuesta a las dinámicas de "integración" continental. No obstante, el artículo, tras la nueva sesión, se mantuvo intacto y es el que sigue en vigencia al día de hoy.

## ENCIPARE Y MEDIOS DE COMUNICACIÓN

Como se señaló arriba, los paraguayos residentes en Argentina conformaron una entidad que agrupó a miembros de los diversos partidos políticos paraguayos en Argentina y de organizaciones de "migrantes" en Argentina, además de entidades religiosas. El trabajo realizado por el Encuentro para la Participación Cívica de Paraguayos Residentes en el Exterior (ENCIPARE) se inició en 1991 cuando se habilitaron las propuestas para los constituyentes que se reunirían en 1992.

El 28 de enero de 1992, ENCIPARE propuso, ante la presidencia de la convención, su proyecto consistente en tres normas constitucionales:

> 1. Poblamiento de todo el territorio nacional con paraguayos, con apertura de colonias agrícolas y asentamiento de industrias ocupadoras de mano de obra para evitar la permanente emigración hacia países extranjeros; 2. Fomento de la repatriación de paraguayos con facilidades de radicación gratuita de sus familias y el libre ingreso de sus bienes e instrumentos de trabajo sin pagar impuestos; 3. El derecho de los paraguayos residentes en el exterior de emitir su voto desde el lugar de residencia en todo evento electoral de carácter nacional.

A la vez, el 15 de febrero de ese año, lanzaron una convocatoria a "todas las organizaciones paraguayas en Argentina y a los compatriotas a movilizarse para recuperar el ejercicio pleno de su ciudadanía". Para ello, establecían, entre otros puntos "movilizarse en manifestación pública frente a la representación diplomática paraguaya en Argentina en fecha a determinar".

Según los documentos de la época obtenidos, ENCIPARE tenía como objetivo "lograr que los paraguayos residentes en el exterior tengan voz y voto en todo acontecimiento cívico en su patria". El anclaje histórico que hacían remarcaba la idea de "recuperar" y la idea de "su patria".[24]

---

[24] Las explicaciones que daba esta organización para fundamentar su reclamo eran que "caída la dictadura, nuestro país vive una etapa transicional de gran importancia. Por primera vez en su historia hay intendentes municipales elegidos por el voto popular; personas independientes pueden acceder a cargos electivos; todos los sectores de la sociedad paraguaya de alguna manera pueden hacer oír su voz en los organismos representativos [...] Frente a esta hora histórica de Paraguay, ¿cuál es la situación de los paraguayos residentes en el exte-

Este tipo de reclamo tuvo una trascendencia muy importante en los medios de comunicación de Paraguay. Incluso, durante las sesiones constituyentes, fue mencionada la presencia de un amplio grupo de esta entidad como modo de fortalecer el argumento a favor del derecho al voto.

Sin embargo, las reacciones por parte de los oficialistas fueron inamovibles. Sostuvieron que los paraguayos que estaban fuera de Paraguay no contribuían impositivamente al Estado, lo cual configuraba un modo de abandono de sus obligaciones. A su entender, la posición "aperturista" a los de "extramuros" implicaba la búsqueda de derechos sin obligaciones. El debate suscitado en los medios de comunicación proveyó más riqueza a la cuestión, encontrándose momentos de mucha tensión.

De hecho, ENCIPARE decía la verdad cuando afirmaba que ningún proyecto había contemplado el tema del voto en el exterior. Ese fue otro de los puntos sobre los cuales discutieron los opositores cuando el Partido Colorado aprobó la propuesta de la Comisión Redactora. En las campañas y propuestas de los partidos, ninguno había manifestado la cuestión, siendo solamente tematizada con la afirmación del derecho al voto de los ciudadanos mayores de 18 años. Fue en la Comisión Redactora donde se produjo el cambio en la redacción y concepción del artículo. Los opositores sostuvieron que se estaba "engañando" a los paraguayos cuando se adoptaba una medida que no formaba parte de las propuestas hechas en las campañas.

Este tema fue ampliamente contemplado por los medios gráficos de Paraguay. Con motivo del viaje de la comitiva de ENCIPARE a Asunción, el periódico *abc Color* puso en la página 2: "Compatriotas residentes fuera del país insisten en derecho al voto" (29 de abril de 1992). En dicha oportunidad el medio explicaba qué era ENCIPARE y su intención de discutir con los constituyentes acerca del proyecto constitucional. El diario mantuvo la noticia sobre el tema durante más de dos semanas, incluyendo una volanta que permitía identificar al "tema" como una

---

rior?: No hay posibilidades para el retorno de la mayoría. No hay ley que permita su participación cívica en los eventos electorales como sí se da en la mayoría de los Estados. Más todavía, el Código Electoral vigente, hecho por los actuales parlamentarios, anula el derecho al voto de los paraguayos con cinco años de residencia fuera del país. Ninguno de los proyectos constitucionales presentados ante la Convención contempla el fenómeno migratorio ni la participación de los emigrados en la vida nacional."

"cuestión" (Oszlak y O'Donnell, 1984). En dicho lapso, tituló, entre otras noticias: "Reclaman voto de paraguayos que viven fuera del país"; "Pastoral Social apoya voto de paraguayos en el extranjero"; "Reclamarán derecho al voto a principales líderes colorados"; "Queremos seguir siendo paraguayos" (referida a una carta abierta a los convencionales constituyentes remitida por la coordinadora paraguaya de residentes en Clorinda, República Argentina); "Ejecutivo presiona para evitar voto 'foráneo'"; "Se debe reconocer al Paraguay de extramuros"; "Reclaman norma amplia para luego llamar a plebiscito"; "Insisten en el derecho al voto"; "Residentes en el extranjero no votarán".

Entre estas notas, es interesante ver que el medio no apeló a ninguna descalificación del reclamo. Es más, como una costumbre mediática, cuando quiso plasmar su perspectiva sobre el tema, apeló a las citas textuales de los opositores a la propuesta colorada. Estos últimos consideraban que no había impedimento para que ellos regresaran y emitieran su sufragio. Sin embargo, este argumento no es el que tomaba el medio para construir sus noticias sino el contrario, el que habla del cercenamiento del derecho. En esto es importante remarcar que quienes pelearon por el derecho al voto encontraron en los medios a uno de sus "aliados". Los entrevistados sobre este tema sostienen que los medios y la "sociedad en general" en Paraguay apoyaban la postura para que los paraguayos residentes fuera de Paraguay pudieran votar. Sin embargo, la fuerza propia que tenían los colorados en la constituyente les bastaba para aprobar el artículo como ellos deseaban.

En una entrevista mantenida con una de las actuales autoridades del Partido Colorado en 2000, éste manifestó que el partido "se había equivocado en 1992" y que, cuando se pueda hacer, el coloradismo apoyaría el derecho al voto sin la restricción del lugar de residencia, con lo que se puede especular, hoy en día, que no quedan opositores en Paraguay al sufragio sin consideración del lugar de residencia. Algunos sostienen que, en aquel entonces, el Partido Colorado no hubiera sacado muchos votos y, en cambio, hoy en día sí.[25]

---

[25] Si bien es discutible que en 1992 el coloradismo no hubiera tenido una buena actuación, no caben dudas de que hoy en día el Partido Colorado ha crecido muchísimo en Argentina. La permanente visita de algunas autoridades de algunos partidos muestra cómo Buenos Aires sigue siendo un lugar de posible construcción y acumulación política. De hecho, gran parte de los opositores al artículo 120 son "colorados". La circulación de información y el trabajo permanente de las organizaciones políticas en Buenos Aires configuran parte de las ba-

El 2 de mayo de 1992, el diario Última Hora tituló, bajo el copete "Paraguayos 'de afuera' reclaman derecho al voto": "Queremos participar para construir nuestra nación". El amplio espacio que le dedicó al tema, sumado a la continuidad de las notas al respecto permiten concluir que *Última Hora* tenía la misma posición que *abc Color*. De hecho, el recurso fue el mismo: las notas donde se reclamaba el derecho iban tituladas con alguna cita de algún entrevistado y no se extendía la posición oficialista.

El modo de exponer las noticias mostró claramente que no era "la constituyente" la que rechazaba el derecho al voto, sino específicamente, la bancada colorada. Esto permite comprender, entre otras cuestiones, la gran polémica desencadenada en torno de este tema. De hecho, cuesta encontrar argumentos en los medios de la decisión tomada, con lo cual se puede inferir que los diarios dieron más que nada la perspectiva opositora. Además, al igual que en *abc Color*, el modo con que refirieron en general a los paraguayos que no están radicados en Paraguay, fue: "compatriotas", "diáspora", "paraguayos del exterior", vale decir, modos de dar cuenta de la hermandad que, en términos de Anderson (1993), implica la "nación" como "comunidad".

El 14 de mayo de 1992, días después de la aprobación del artículo, *Última Hora* tituló: "Los colorados proscribieron voto de emigrados". Aquí se sumó el término "proscripción" a la vez que se dejó claro que

---

ses de acumulación política para una posible apertura del derecho electoral. Por ejemplo, a fines de 2000, el ex general Lino César Oviedo (preso en Brasil y con pedido de extradición a Paraguay), líder de una de las fracciones del coloradismo "ético", transmitió, en varios programas radiales de la "comunidad", salutaciones por las fiestas a los paraguayos residentes en Argentina. Esto fue percibido como un modo de "hacer política" del oviedismo para el futuro. El Partido Liberal Radical Auténtico tiene representantes elegidos en Buenos Aires para la toma de decisiones de ese partido en Asunción. Una de sus filiales es, precisamente, la de Buenos Aires. Esto configura un nuevo problema, puesto que la decisión de la Ley Electoral actual de Paraguay pone las mismas restricciones para el empadronamiento nacional como para los partidos políticos. En este caso, se puede concluir que, según el Estado paraguayo, no pueden ser afiliados a partidos político ciudadanos que no residan en Paraguay. Esto último quedó más claro aún cuando, en marzo de 1994, la Justicia Electoral del poder judicial de Paraguay falló contra un pedido de amparo por parte del presidente del comité del PLRA de Buenos Aires. En el fallo se desestimaba el reclamo entre otras cuestiones porque "la condición de los paraguayos radicados en el exterior, constituye una limitación para el ejercicio de los derechos electorales, habida cuenta que la afiliación a los partidos y movimientos políticos es derecho que corresponde solamente a las personas que pueden ser electores (artículos 9 y 48 del Código Electoral) en concordancia con los establecido en el artículo 120 de la Constitución Nacional". El artículo 48 citado remite al cumplimiento de lo establecido en el artículo 2 de la Ley, ya expuesto en el presente trabajo, y que define que son electores los ciudadanos mayores de 18 años radicados en territorio paraguayo.

había sido una parte de la constituyente la que aprobó el polémico artículo. A partir de ese día, se empezó a utilizar el término proscripción, a la vez que, tras la sesión del 19 de mayo, *Última Hora* publicó en tapa: "Rotundo 'no' colorado a voto de emigrados". Nuevamente apareció marcado el Partido Colorado como el actor de la decisión, y esta vez en la portada. Ese mismo día, el periódico publicó la lista de "los 112 convencionales colorados que votaron para aprobar la norma que proscribirá el derecho al voto de miles de compatriotas que residen en el exterior". Casi como con un dedo acusador volvieron a hablar de proscripción y de "compatriotas", un modo de dar cuenta de la diferencia y la igualdad. La proscripción establecía diferencias entre la hermandad que pregona el término "compatriotas". Las columnas de opinión que acompañaron estas notas durante algunos días fueron todas de opositores a los colorados. Este modo de exposición permite suponer que los medios manifestaron, a modo de denuncia, la forma con que los colorados generaban un "ellos" dentro del "nosotros", vale decir un sistema de codificación que, entre otras cosas, construye diferencia.

Un caso diferente fue el del periódico *Hoy*, el cual tematizó la cuestión en términos de "deseos". Aquí se producen algunas diferencias respecto de los otros medios y del discurso de ENCIPARE. Hoy refería al eje del voto con títulos como "Residentes en el exterior ratifican deseos de votar". Sin embargo, en las notas, cuando transcribían alguna declaración de los opositores, ninguno hablaba de "deseos" sino de derechos (a excepción del texto expuesto de los colorados residentes en Buenos Aires). La distinción es importante puesto que si el eje se desplaza hacia el terreno de las voluntades, el problema deja de ser un conflicto de índole política y de legitimidades para llevarlo a las consideraciones particulares en las cuales la noción de ciudadanía deja de ser la discusión. Es importante resaltar esta diferencia puesto que la bancada colorada, a través de este argumento, lograba considerar que si "deseaban" votar lo podían hacer regresando a Paraguay. De todos modos, algunas explicaciones de los mismos colorados fueron sorprendentes, como la del titular de la bancada que sostuvo que quienes se fueron al exterior "ya se fueron".[26] De todos modos, *Hoy* tituló el 10 de mayo que "Siguen con el 'no' al voto de exiliados", estableciendo una

---

[26] *Hoy*, 8 de mayo de 1992.

síntesis del grupo de paraguayos residentes en el exterior bajo el apelativo "exiliados" que, obviamente, descarta la "decisión subjetiva" como eje y vuelve a legitimar el reclamo.

Tras ello, se sumó el problema del costo que tendría el acto eleccionario en caso de aprobarse la posibilidad de que el mismo fuera realizado también fuera de Paraguay. En este punto se amparó un sector colorado para impedir el voto fuera de las fronteras. El mismo fue duramente atacado por los opositores quienes consideraron que era absurdo el argumento.

Es destacable que, en el caso de los tres diarios expuestos se le dio una importancia mayúscula al tema y a la perspectiva y presencia de ENCIPARE, incluyendo además de los textos, fotografías del grupo. Cuando ENCIPARE realizó la movilización por el centro de Asunción para reclamar contra lo propuesto en la Comisión Redactora, los diarios le dieron cobertura destacando, entre otras cosas, el apoyo de otras instancias sociales. En este sentido, se puede comprender por qué aquellos participantes de ENCIPARE consideran que los medios de comunicación fueron muy importantes para ellos para que creyeran que podrían lograr torcerle el brazo a la bancada mayoritaria colorada.

En la publicación paraguaya *Noticias*, del 13 de septiembre de 1992, cuando se sancionó la Ley 39/92 que cerró este proceso de discusión acerca del derecho al voto y se adaptó la legislación a lo que establecía la nueva Constitución, la periodista Marilut Lluis O'Hara expuso una nota de opinión que reclamaba contra la decisión de impedir el derecho al voto:

> durante el régimen anterior, yo me mantuve en silencio. Es cierto que no estuve nunca incluida entre quienes hacían "vivas" y "hurras" al supremo de entonces, pero tampoco levanté mi voz de protesta en contra del gobierno. Este silencio, este no meterme en nada con el argumento de "si no buscás problemas y no te metés en nada, vivís tranquilo" me permitió vivir en mi patria, estudiar y trabajar tranquilamente. Yo sabía que mientras apoyaba al gobierno —porque nadie puede negar que era una forma de apoyo— con mi silencio cómplice, muchos compatriotas míos, más valientes sin ninguna duda, se enfrentaban al régimen. Yo sabía positivamente que la paz y la tranquilidad eran una ficción, que había paraguayos perseguidos, desparecidos, torturados. Yo sabía también que muchos de estos valientes (los que no desaparecían) tenían que sufrir una de las más

dolorosas penas que puede sufrir el ser humano, el exilio, el desarraigo. Aun así, me mantenía en silencio, sin meterme en problemas que no son míos. Con la llegada del nuevo gobierno y el inicio del proceso de democratización, uno podría pensar que los cobardes de antaño seríamos censurados y los valientes de ese entonces obtendrían el reconocimiento de sus compatriotas, los que ahora están en el poder, muchos de los cuales compartieron la misma lucha y el mismo ideal. Este debería ser el momento del reconocimiento de todos estos paraguayos. La patria tendría que abrirles los brazos, y si no pudiera recibirlos inmediatamente, debiera establecer los mecanismos necesarios para que poco a poco vayan reinsertándose en el país. Pero, ¡oh sorpresa! Acaba de ocurrir exactamente lo contrario. Yo que por cobarde no tuve necesidad de sufrir el triste exilio, puedo ahora, cuando ya es fácil ser valiente, participar activamente del proceso político nacional. En mayo del año próximo podré sin ningún problema votar por quien creo será el candidato más adecuado para dirigir al país. Podré, por haber sido cobarde antes, influir decididamente en la formación del nuevo Estado paraguayo. Ellos no; a esos paraguayos que por su valentía tuvieron que emigrar dejando patria, familia, amores, se les ha negado la posibilidad de elegir a las próximas autoridades nacionales. Dicen que no tiene por qué decidir el destino de quienes vivimos aquí, porque ellos se encuentran lejos. Con este argumento, les volvimos a condenar a un nuevo exilio, mucho más doloroso que el anterior, porque se supone que las circunstancias son diferentes y ahora ya no hay un dictador contra quien luchar. Yo, cobarde, voy a votar en el 93. Ellos, valientes, no. Si alguna vez vuelve a imperar una dictadura en Paraguay, posiblemente de nuevo yo me mantenga en silencio. Ahora ya sé que en este país, la cobardía es bien vista y recibe premios. Y no pienso arriesgarme.

Nuevamente, los tópicos de *salida*, *voz* y "lealtad" fueron el eje de análisis y toma de posición.

Si bien el tema fue "desapareciendo" de la agenda pública y mediática, continuó siendo uno de los ejes de articulación de diferentes grupos de paraguayos residentes en Argentina. Y cada vez que el reclamo reapareció públicamente, los medios le dieron amplia cobertura.

Para las elecciones de 1993 se cerraron las fronteras procurando evitar el ingreso de paraguayos desde la Argentina para emitir su sufragio. El diario *abc Color* se hizo eco de la crisis que se generó tras esta decisión. A su vez, las autoridades coloradas atacaron a los liberales por intentar enviar votantes a Paraguay. El enfrentamiento verbal entre los diferentes partidos políticos volvió a colocar la problemática del derecho al voto en la agenda política y mediática.

En agosto de 1994, dirigentes de la seccional colorada en Buenos Aires se reunieron con autoridades de la Junta de Gobierno (colorados) para solicitar "la enmienda de la Constitución Nacional a fin de permitir el voto de los paraguayos en el extranjero".[27]

El reclamo por el derecho al voto apareció, nuevamente, en noviembre de 1997 con vistas a las elecciones del año siguiente. En esa oportunidad, miembros del Encuentro Nacional, de Participación Ciudadana, del PLRA y de colorados independientes se reunieron con los candidatos de la Alianza Democrática (una confluencia opositora al coloradismo oficialista) para reclamar contra el Artículo 120 y un "mejor trato a los compatriotas de parte de la policía paraguaya en los puestos fronterizos, especialmente en Falcón y Encarnación".[28]

En marzo de 1999, ante uno de los intentos de golpe de Estado que se registró en Paraguay, un amplio grupo de paraguayos se concentró frente a la embajada de ese país en Buenos Aires para repudiar la crisis que se registraba en Asunción. En aquella oportunidad, varios asistentes dijeron que la movilización les recordaba las concentraciones de 1992 y la de las luchas contra Stroessner. Tiempo después, ante la visita de una comisión investigadora de diputados y senadores paraguayos respecto de la crisis de marzo, un grupo de paraguayos los interrogó acerca de cuándo se derogaría el artículo que "nos convierte en ciudadanos de segunda".

A mediados del año 2000, cuando se conformó la segunda conducción de la Federación de Entidades Paraguayas de la República Argentina (FEPARA) que agrupa a diversas organizaciones sociales de residentes paraguayos en Argentina, una de las autoridades electas manifestó que la nueva comisión directiva debía reasumir la lucha por derogar el artículo que hace a los paraguayos que viven fuera de las fronteras nacionales "ciudadanos de segunda".

[27] Diario *abc Color*, 17 de agosto de 1994, p. 10.
[28] Diario *abc Color*, 19 de noviembre de 1997, p. 9.

## CONCLUSIONES

El proceso histórico de los desplazamientos de paraguayos hacia el exterior, principalmente hacia Argentina, data desde el fin de siglo XIX. Pero, sin dudas, Paraguay se convirtió en un país expulsor de nacionales de manera masiva desde mediados del siglo XX. Estos desplazamientos tuvieron, además de los motivos económicos y laborales, un fuerte componente "político". Los modos de organización de esos "migrantes" contribuyeron, en gran medida a que los mismos continuaran involucrados con Paraguay. Las instituciones sociales, políticas y religiosas de paraguayos residentes en el exterior contribuyeron a la construcción de un imaginario de "comunidad paraguaya" que tiene y tuvo como interlocutor permanente al Estado paraguayo. Esta interlocución no es una relación diádica entre iguales, sino más bien, una relación de poder permanente entre diferentes agentes sociales. Pero estos agentes poseen capitales (poder) diferentes para establecer qué es legítimo y qué no, qué es legal y qué no, tal como se desprende del planteo de Bourdieu.

Si bien el marco actual internacional de "globalización" imprime de nuevos conceptos a las prácticas sociales, el caso paraguayo encuentra una continuidad histórica en los modos de relación entre ciudadanía y Estado que está atravesada por las políticas que el Estado impone, por consenso o por coerción. Por ello, dar un marco histórico a la discusión se convierte en el elemento más importante de la misma. Los modos de percepción que tienen los de "extramuros" respecto de Paraguay implican, entre otras cuestiones, el componente "político" de las organizaciones sociales como un tópico desde el cual construyen su "identidad". El caso de los paraguayos en Buenos Aires es un claro ejemplo de ello.

Desde 1947 se registran organizaciones paraguayas en Argentina vinculadas a los procesos políticos y sociales de Paraguay. Éstas, tanto opositoras como oficialistas, han confluido, ante diferentes coyunturas, en posiciones políticas homogéneas. El caso más relevante, probablemente, sea el del derecho al voto. En ENCIPARE convivieron colorados, liberales, febreristas y comunistas bajo una misma lucha. Vale decir, convivieron en Buenos Aires los grupos que se enfrentaban, en el mismo momento histórico en Paraguay. En este sentido se construiría una identidad "ciudadana" que antecede a la identidad "partidaria". Esa identidad "ciudadana" permite considerar la formación de modos de relación social en las que los desplazamientos del país de origen se vuelven el componente "primordial" de sustentación del colectivo. Por ello, se podría comprender por qué los colorados residentes en Argentina no "acataron" la disciplina partidaria emanada desde la ANR de Asunción. De todos modos, la continuación de las "mismas" organizaciones políticas en el país de destino expone un anclaje de esa "ciudadanía" en componentes políticos que procuran intervenir en el país de origen.

Los reclamos de ENCIPARE por el derecho al voto tenían su base de sustentación en la historia misma de los desplazamientos. El anclaje en la dictadura stronista como motivación de ellos fue el modo de legitimar un discurso que reclamaba un derecho, no una concesión. En este sentido, la afirmación de las luchas que diferentes actores realizaron contra la dictadura era una muestra del cumplimiento de las "obligaciones" que supone la "ciudadanía". Si el ejercicio de la ciudadanía es la expresión de los derechos y obligaciones de los ciudadanos, los que viven fuera de Paraguay exigían la contrapartida del Estado paraguayo. No se trataba de favores, sino del cumplimiento del pacto que implica la ciudadanía.

Como se trató de mostrar, la discusión va más allá del derecho al voto. Se producen construcciones de sentido acerca de quienes están fuera de las fronteras nacionales. Estos son definidos, según las diferentes perspectivas, como "nacionales" o como "ciudadanos". Aquí, la construcción de alteridades implica lecturas sobre el pasado, sobre las lealtades y las traiciones. La construcción de un "ellos" o un "otros" se enfrenta con una disputa acerca del significado del "nosotros" y sus fronteras simbólicas (con su correlato "real").

Por ello, el elemento histórico y los modos de reconstrucción de los procesos de desplazamientos fue uno de los ejes donde se produjo la discusión acerca del derecho o no al voto desde fuera de Paraguay. La discusión acerca de la "traición", manifestado por uno de los colorados que dijo que los que se habían ido, se habían armado contra "sus hermanos", mostraba una lectura de la historia y de las lealtades en la que la "salida" era un objeto de sanción. Este punto es crucial para comprender la percepción que algunos sectores sociales y políticos tienen de los paraguayos que viven fuera de Paraguay y, básicamente, en Argentina: traidores, "curepizados", argentinizados.

El punto en cuestión, en definitiva, es cuál es la noción de lealtad que está en juego. Parafraseando a Hirschman, se puede sostener que la tensión que se produce es entre "salida, voz y lealtad", ya que, según desde cuál se argumenta, se prioriza una de las dos primeras nociones para significar la tercera.

Mientras para los colorados, la "salida" es motivo de sanción e implica el impedimento de la "voz" (por ello exigen que la "voz" se ejerza con la inversión de ese proceso, o sea, del retorno, único modo de restablecer su "lealtad"), en el segundo caso, la "voz" desde la "salida" ha sido el modo de poder pelear contra la dictadura (por ello es la "voz" la que legitima la "salida" y, por consiguiente, demuestra "lealtad"). Con esto, el tema de la "lealtad" se convierte en "diferentes sentidos de lealtad" y, por ende, en un signo multiacentuado. Este carácter de multiacentualidad, al decir de Voloshinov (1992), da cuenta de las luchas por las nominaciones legítimas y hegemónicas en un momento histórico determinado. Con ello, y volviendo sobre el planteo inicial acerca de la codificación que propone Bourdieu, el conflicto en el campo político-jurídico se evidencia de manera más clara si consideramos que las clasificaciones implican posiciones y resistencias de los diferentes agentes sociales en los diversos campos en cuestión.

En definitiva, la discusión acerca del derecho al voto desde el exterior en Paraguay es una discusión sobre las lealtades que constituyen la hermandad de la "nación" y su correlato de ejercicio político en la "ciudadanía". La remisión a la historia implica diferentes modos de construcción de "tradiciones selectivas" o la construcción de la misma historia.

Para los colorados constituyentes, la guerra de la Triple Alianza es una de las claves para designar a quienes se han ido de Paraguay como "traidores" ("curepizados"). A su vez, este desplazamiento aparece como una elección de quienes los han realizado. Más aún, el hecho de haber existido movimientos políticos armados paraguayos generados en Argentina contra Stroessner se convierte en una continuación de esa traición, puesto que implican haberse armado contra la "hermandad" y, peor aún, en connivencia con aquel "invasor". En este contexto, el "exilio" se redefine invirtiendo los términos: la víctima se convierte en victimario. Por ello, reconocer el derecho al voto sin contemplar la residencia desde esta construcción discursiva se hace impensable.

Diferente es la postura de los opositores a los colorados. Haberse ido a Argentina no es una elección sino un efecto de la dictadura, vale decir, del propio Estado paraguayo. Los actores que debieron desplazarse son víctimas y deben ser resarcidos o reconocidos. En ese marco, haberse armado contra Stroessner, no sólo es legítimo, sino además demostrativo de la lealtad ciudadana. Aquí no se habla de "curepizados" sino de "compatriotas", "paraguayos", "exiliados". Se fortalece la posición de la "hermandad". El derecho al voto anclado en la residencia aparece como una negación de los derechos de los paraguayos como nacionales, con lo cual se establece una jerarquía, una ruptura de los lazos horizontales que supone la "nación" como comunidad imaginada. Quedaría por ver qué ocurrirá cuando la distribución del poder político de Paraguay sea diferente, como parece vislumbrarse en las últimas elecciones nacionales. De todos modos, la complejidad de Paraguay impide aseverar que el debate cambiará de rumbo.

En síntesis, como se puede registrar en este breve recorrido, los paraguayos en el exterior que siguen peleando por lo que consideran un derecho que se les ha quitado apelan, permanentemente a la noción de "exiliados" para dar cuenta, en este caso, de su proceso de desplazamiento y permanencia en Argentina. "Exiliados" implica, desde esta perspectiva, "lealtad". En esa apelación exhiben una resignificación de la noción de exilio. Si bien no se consideran expulsados políticos ni perseguidos por ninguna dictadura, sostienen que, el modo de clasificación que les ha impuesto el Estado paraguayo, constituye una continuidad del "exilio". Continuidad que ha establecido una jerarquía en la noción de "ciudadanía"; un segundo exilio aunque, ahora, constitucional.

## BIBLIOGRAFÍA

Almada, Martín, *Paraguay: la cárcel olvidada. El país exiliado*, Ñandutí vive/Intercontinental Editora, Asunción, 1993.

Anderson, Benedict, *Comunidades imaginadas. Reflexiones sobre el origen y la difusión del nacionalismo*, FCE, México, 1993.

Ayala, Eligio, *Migraciones paraguayas*, Biblioteca Carlos Pastore, Santiago de Chile, 1941.

Balán, Jorge, "Las migraciones internacionales en el Cono Sur" en *Trabajo realizado dentro del marco del Proyecto de Migración Hemisférica (Comité Intergubernamental para las Migraciones y Universidad de Georgetown)*, CEDES, Buenos Aires, 1985.

Balmelli, Carlos Mateo, *El desarrollo institucional*, El Lector, Asunción, 1995.

Boccia Paz, Alfredo, "'Operativo Cóndor': ¿un ancestro vergonzoso?", *Cuadernos para el Debate*, núm. 7, Programa de Investigaciones Socioculturales en el MERCOSUR/Instituto de Desarrollo Económico y Social, Buenos Aires, Argentina, 1999.

―――, *La década inconclusa. Historia real de la OPM*, El Lector, Asunción, 1997.

―――, *et al.*, *Es mi informe. Los archivos secretos de la policía de Stroessner*, Centro de Documentación y Estudios, Asunción, 1994.

Bogado Poisson, Luis, "Retorno de paraguayos desde Argentina", Buenos Aires, 1992, mimeo.

Bourdieu, Pierre, "Espíritus de Estado. Génesis y estructura del campo burocrático", *Actes de la Recherche en Sciences Sociales*, núms. 96-97, marzo de 1993, París, pp. 49-62.

―――, *Cosas dichas*, Gedisa, Barcelona, 1996.

Cáceres, Cayo Roberto, "Transferencia de migrantes paraguayos desde Estados Unidos de Norteamérica y la República Argentina", Asunción, 2000, mimeo.

Calderón Chelius, Leticia, "Ciudadanos inconformes. Nuevas formas de representación política en el marco de la experiencia migratoria: el caso de los migrantes mexicanos", *Revista Frontera Norte*, Tijuana, 1999.

Canales, Alejandro y Chritian Zlolniski, "Comunidades transnacionales y migración en la era de la globalización", Simposio sobre Migración Internacional en las Américas, CEPAL/CELADE/OIM, San José de Costa Rica, 4 al 6 de septiembre de 2000.

Céspedes, Roberto, "Relaciones de trabajo en el sector público. Paraguay, 1989-1993", *Revista Paraguaya de Sociología*, año 30, núm. 88, septiembre-diciembre de 1993, Asunción.

*Constitución Nacional del Paraguay*, edición del periódico *abc Color*, Asunción, 1992.

*Diario de sesiones*, Local: sala de convenciones del Banco Convención Nacional Constituyente 1991-1992, Central del Paraguay, Asunción, 1992.

Dirección General de Estadística, Encuestas y Censos, *Proyecciones de población del Paraguay, sobre la base del Censo de Población y Viviendas 1992 del Paraguay*, Asunción, 2000.

Fisher, Sara, Tomás Palau y Noemia Pérez, "Inmigración y emigración en el Paraguay 1870-1960", *BASE Investigaciones Sociales/Instituto Panamericano de Geografía e Historia*, Asunción, Programa de Población y Desarrollo, octubre de 1997, Asunción.

Flecha, Víctor-jacinto, "Historia de una ausencia. Notas acerca de la participación electoral en el Paraguay", *Revista Paraguaya de Sociología*, año 28, núm. 80, enero-abril de 1991, Asunción.

————, "Más allá de la utopía burguesa. La pervivencia del Estado oligárquico. Consecuencias sociales de la guerra del Chaco en la sociedad y la política paraguaya", *Revista Paraguaya de Sociología*, año 32, núm. 93, mayo-agosto de 1995, Asunción.

Grimson, Alejandro, *Interculturalidad y comunicación*, Norma, Buenos Aires, 2000.

Halpern, Gerardo, "Comunicación e identidades: reapropiaciones de la política de los paraguayos en Buenos Aires", tesina de licenciatura en Ciencias de la Comunicación, Facultad de Ciencias Sociales-Universidad de Buenos Aires, marzo, 2000.

————, "Informe de avance: Identidad, migración y comunicación en el contexto del MERCOSUR. el caso de los paraguayos en Buenos Aires", Facultad de Ciencias Sociales-Universidad de Buenos Aires, 1999, mimeo.

Hirschman, Albert O., *Salida, voz y lealtad*, FCE, México, 1977.

Instituto Nacional de Estadísticas y Censos, *Censo nacional de población y vivienda 1991*, resultados definitivos.

————, *La migración internacional en la Argentina: sus características e impacto*, INDEC, Buenos Aires, 1997 (Estudios 29).

Maletta, Héctor, *Migración internacional en Paraguay e integración del Cono Sur: una agenda de investigación*, Asunción, 14 de agosto de 1992 (sin otra referencia).

Nohlen, Dieter, *Sistemas electorales y partidos políticos*, FCE, México, 1998.

Organización Internacional para las Migraciones, *Migraciones en América Latina*, vol. 10, núm. 2-3, 1992.

Oszlak, Óscar y Guillermo O'Donnell, "Estado y políticas estatales en América Latina: hacia una estrategia de investigación" en B. Kliksberg y J. Sulbrandt (comps.) *Para investigar la administración pública*, INAP, Madrid, 1984.

Palau Viladesau, Tomás, "Nostalgia y temor. Las condiciones del retorno de migrantes paraguayos desde Argentina", ponencia en Asociación Internacional de Sociología: Seminario de Buenos Aires, La Migración Internacional en América Latina en el Nuevo Milenio, 2, 3 y 4 de noviembre de 2000.

Pereyra, Brenda, "Los que quieren votar y no votan. El debate y la lucha por el voto chileno en el exterior", *Cuadernos para el Debate*, Programa de Investigaciones Socioculturales en el MERCOSUR/Instituto de Desarrollo Económico y Social, núm. 9, noviembre de 2000, Buenos Aires.

Pérez Acosta, Juan F., *Migraciones históricas del Paraguay a la Argentina*, Disertación en la sociedad Argentina de Estudios Geográficos/Biblioteca del Congreso de la Nación, Buenos Aires, 13 de agosto de 1952.

Pomer, León, *La guerra del Paraguay. Estado, política y negocios*, CEAL, Buenos Aires, 1987.

Pozzi, Pablo, "Paraguay: la alternativa de desarrollo autónomo", UBA, s. d., mimeo.

Rivarola, Domingo M. y G. Heisecke, *Población, urbanización y recursos humanos en Paraguay*, Centro Paraguayo de Estudios Sociológicos, Asunción, 1970.

Simón, José Luis, *La dictadura de Stroessner y los derechos humanos*, Comité de Iglesias para Ayudas de Emergencias, Asunción, 1990, vols. 1 y 2 (Serie Nunca Más).

Smith, Robert, "Los ausentes siempre presentes: The Imagining, Making and Politics of a Transnational Community Between New York City and Ticuani, Puebla", *Papers on Latin America*, Columbia University, núm. 27, 1993, Nueva York.

Torales, Ponciano, *Retorno de paraguayos. Características y expectativas de retornantes paraguayos desde Buenos Aires*, OIM, Buenos Aires, 1991.

Voloshinov, Valentin N., *El marxismo y la filosofía del lenguaje. (Los principales problemas del método sociológico en la ciencia del lenguaje)*, Alianza, Madrid, 1992.

# URUGUAY Y LA CIUDADANÍA DISPERSA

## Adela Pellegrino

### INTRODUCCIÓN

Este artículo tiene como objetivo presentar el caso de Uruguay como país profundamente marcado por la migración internacional a lo largo de su historia. La discusión en torno al concepto de ciudadanía y sobre las formas de inclusión de los inmigrantes a la vida ciudadana ocupó un tiempo considerable en las polémicas que tuvieron lugar a propósito de los proyectos constitutivos de la nación. Desde mediados del siglo XX, la migración cambió de signo y de país receptor de inmigrantes se convirtió en expulsor neto de población. La polémica sobre las fronteras de la ciudadanía se reabre en esta etapa para discutir si el derecho al voto se limita a los presentes en el territorio o si es válido incluir la opción del voto consular o a distancia.

En este trabajo presentamos una breve historia de la migración en Uruguay, algunas precisiones en relación con el debate contemporáneo sobre migración y ciudadanía y la situación actual de Uruguay respecto a las demandas de los migrantes de participación electoral.

### LA HISTORIA MIGRATORIA

La migración internacional es un capítulo importante de la historia de América Latina y el Caribe. Si nos atenemos a los 500 años de historia transcurridos desde la ocupación de los territorios por los reinos de España y de Portugal, es posible identificar cuatro grandes etapas en el proceso migratorio de estos territorios.

La primera, que se inicia con la conquista y finaliza con la independencia, se caracteriza por la incorporación de población proveniente de los territorios metropolitanos y de población africana en régimen de esclavitud. La segunda, en la que los países de América Latina y el Caribe y muy particularmente la región sur del continente, recibieron una parte de la gran corriente de emigración europea de la segunda mitad del siglo XIX y principios del XX. La tercera fase transcurre desde los años treinta hasta finales de la década de los sesenta; en ella se incrementa notoriamente la migración de la población latinoamericana, tanto en movimientos internos como internacionales. La cuarta y última transcurre en las últimas décadas del siglo XX: la emigración hacia Estados Unidos y otros países desarrollados se convierte en el hecho dominante del panorama migratorio.

Uruguay es un ejemplo de país latinoamericano donde se manifestaron con fuerza todas las etapas de la historia migratoria del continente. El territorio uruguayo con una extensión de 176 215 kilómetros cuadrados,[1] es prácticamente todo habitable, sin accidentes geográficos o climáticos que impidan su ocupación. Sin embargo, una de sus características es la de constituir un territorio "despoblado", atributo que lo acompaña desde el periodo de la conquista. La ocupación por parte del imperio español aparejó la dispersión y el exterminio de las poblaciones originales de los escasamente poblados territorios del sur del continente. A esta debilidad poblacional inicial se agregó un limitado interés por parte de la corona española en la colonización de la banda oriental del virreinato de Río de la Plata.

En ausencia de poblaciones indígenas numerosas y siendo una zona de frontera entre el imperio español y el portugués, el poblamiento estuvo marcado por los avances y los retrocesos de las corrientes colonizadoras provenientes de ambas regiones. También fue un importante receptor de africanos en régimen de esclavitud, en la medida que el puerto de Montevideo fue lugar de arribo para los barcos que trasladaban esclavos que desde allí se distribuían en la región. Territorio de frontera y encrucijada de caminos, los movimientos de población conformarán un factor constitutivo de la historia uruguaya.

Durante el periodo colonial, las leyes de Indias que regían para los dominios españoles reglamentaban estrictamente el ingreso de perso-

---

[1] Esta superficie refiere al área terrestre.

nas y condicionaban su asentamiento. Algo similar ocurría en Brasil bajo la dominación portuguesa. La independencia del dominio colonial tuvo como uno de sus objetivos la apertura al intercambio comercial con el mundo y fundamentalmente con las grandes potencias europeas ávidas de obtener materias primas para sus industrias y alimentos para sus crecientes poblaciones urbanas.

La apertura comercial fue acompañada con una liberalización de las restricciones al ingreso y al afincamiento de poblaciones de diferentes orígenes que fue contemporánea al crecimiento de la emigración desde los países europeos. Río de la Plata, y particularmente Montevideo —la ciudad-puerto— se convirtió en un foco temprano e importante de atracción de población. Durante el siglo XIX y la primera mitad del siglo XX se sucedieron distintas oleadas de corrientes inmigratorias provenientes de Europa, a las que se agregaron pobladores de los países vecinos (brasileños en el norte del país y argentinos en el litoral limítrofe) quienes con niveles de intensidad diversos según las etapas, contribuyeron al crecimiento demográfico de Uruguay.

Salvo el testimonio que nos han dejado los escasos censos realizados desde la independencia hasta la segunda mitad del siglo XX, el aporte real de la inmigración europea y de los pobladores de los países limítrofes es difícilmente cuantificable. La extensa frontera terrestre con Brasil, así como el fácil tránsito fluvial que permite la frontera con Argentina, hicieron que la movilidad de personas haya trascendido ampliamente a la que fuera registrada en los puertos o puestos fronterizos. Habiendo sido Uruguay una zona de paso entre países que pusieron en marcha importantes políticas de atracción de inmigrantes, resulta difícil evaluar con precisión en qué medida quienes fueron oficialmente registrados como ingresados al país y radicaron en el mismo de manera efectiva, emprendieron el camino del retorno o reemigraron a zonas limítrofes.

Si bien la inmigración europea tuvo un peso muy importante en Montevideo y los territorios del sur del país y el saldo migratorio mantuvo un signo positivo hasta los inicios de la década de los años sesenta, también existieron empujes de emigración hacia los países vecinos. Este hecho fue motivo de preocupación por parte de testigos destacados de fines del siglo XIX y primeras décadas del siglo XX (Mourat, 1966; Barrán y Nahum, 1967; Jacob, 1969; Aguiar, 1982).

Por las mismas razones señaladas, el peso de los movimientos regionales de emigración de esa época es difícilmente cuantificable, aunque los censos de Argentina permiten estimar que la población uruguaya en ese país alcanzó su volumen máximo en el censo de 1914, cuando representaba aproximadamente 8% de la población total residente en el territorio uruguayo.

A partir de entonces, durante la etapa de impulso a las políticas económicas de desarrollo industrial y de sustitución de importaciones, se detuvo la salida de población fuera del territorio y la movilidad de la población tuvo lugar hacia la capital donde se ubicaba la mayor parte de las industrias y de los servicios.

La crisis económica y el agotamiento del modelo de desarrollo hacia mediados de la década de los cincuenta dieron lugar a un largo periodo de estancamiento económico, que puso en evidencia la incapacidad creciente del mercado de trabajo para ocupar a la población activa de una manera acorde con las expectativas creadas anteriormente y con el nivel de capacitación que llegó a adquirir a raíz del desarrollo del sistema educativo. Esto llevó a una crisis política y social, acentuada a finales de la década de 1960, que desembocó en el quiebre del sistema democrático en 1973 y en un régimen dictatorial que se mantuvo hasta 1985.

Como consecuencia de este proceso, ya desde la década de 1960, la emigración comenzó a manifestarse de manera creciente, adquiriendo características masivas en la década de los años setenta. En este periodo, si bien aproximadamente la mitad de los emigrantes se dirige a los países fronterizos Brasil y Argentina, se inicia una diversificación de destinos migratorios tanto hacia los países desarrollados como hacia otros países de América Latina. Se trata de una nueva fase, en la que uno de los rasgos distintivos será el de la población dispersa con una dimensión global.

Al contexto expulsivo que se daba en el país se agregaron condiciones propicias en los países receptores. La apertura a la población "no europea" en los grandes países de inmigración como Estados Unidos, Canadá y Australia comenzó a estimular las corrientes en esa dirección. La emigración uruguaya, al compás de lo que sucediera en la mayoría de los países latinoamericanos, comienza a integrar la comunidad "hispana" en Estados Unidos; grupos más pequeños se instalan en Canadá y en Australia. Las fuertes raíces culturales que vinculaban el país con España y otros países europeos, extendieron también a ese continente la búsqueda de espacios de inserción.

Otros países de la región latinoamericana, como Venezuela y México, presentaban posibilidades de ingreso relativamente fácil y oportunidades de empleo y salarios que justificaban la posibilidad emigratoria, aun teniendo en cuenta la distancia y los mayores costos de traslado.

La emigración se convirtió entonces en un fenómeno masivo que involucró amplios sectores de la población, convirtiendo a Uruguay en uno de los países con una proporción mayor de personas residentes fuera de sus fronteras.

Las diferentes estimaciones sobre el total de emigrantes coinciden en señalar que las magnitudes del éxodo fueron muy grandes respecto al débil poblamiento del territorio: se estima que entre los años 1964 y 1981 habrían emigrado cerca de 400 000 personas y que el saldo migratorio correspondería a aproximadamente 12% de la población media del periodo (Niedworok, 1989).

Los resultados del censo de 1996 indicaron que aún cuando el retorno de la democracia en 1985 implicó el regreso de un cierto número de emigrantes y exiliados, la emigración continuó en el periodo transcurrido entre 1985 y 1996 (último periodo intercensal), poniendo en evidencia que se ha convertido en un fenómeno estructural y que las redes establecidas por las colonias en el exterior continúan alimentando la propensión emigratoria de la población.

Aunque no existe aún una evaluación precisa diversos elementos indican que en el último año (2000) la emigración uruguaya tuvo otro impulso. Al igual que lo ocurrido en ocasiones anteriores, la emigración se mantiene como un fenómeno estructural y experimenta periodos de empuje significativo como los que se evidenciaron en este año. Esto muestra la existencia de una sensibilidad especial de la población uruguaya a responder casi de manera inmediata a situaciones adversas (en este caso el aumento del desempleo), con tendencias emigratorias. También, como había ocurrido en coyunturas anteriores, las condiciones de la demanda de trabajadores en los países de recepción estimularon el funcionamiento de las redes para la captación de trabajadores con diversos niveles de calificación.

En este caso, la emigración hacia países de la región sacudidos por niveles de desempleo similares o mayores a los de Uruguay, no constituyó una opción; Estados Unidos y España concentraron gran parte de la emigración uruguaya del último periodo.

Aun cuando las estimaciones de la emigración reciente son complejas de realizar en virtud de la carencia de información precisa, una hipótesis conservadora permite afirmar que la población residente fuera de fronteras se mantiene en una "existencia" de aproximadamente 12% de la población en el país.

Uruguay es un caso atípico con respecto a los planteos generales con que se analiza la migración internacional, ya que experimentó una fuerte emigración hacia el exterior sin estar sometido a la presión del alto crecimiento demográfico.

Desde otro ángulo, el caso uruguayo, ha presentado algunas características que fueron anticipatorios de modalidades migratorias que luego se harían extensivas a otros países de América Latina. Además de los factores políticos, que evidentemente actuaron como disparador de las corrientes de los años setenta, de manera similar que en otros países de la región (Chile y Argentina, fundamentalmente), Uruguay comenzó tempranamente a desarrollar una modalidad emigratoria de sectores medios con un nivel educativo elevado, a los que el estancamiento económico limitó las posibilidades de realización personal y frustró las expectativas depositadas en la educación como mecanismo de movilidad social.

La globalización de los medios de comunicación de masas de las últimas décadas no sólo implicó un mayor acceso a la información, sino que tuvo como consecuencia la homogeneización de aspiraciones y de valores, creando expectativas de modos de vida y de pautas de consumo, que son los de las sociedades desarrolladas. La imposibilidad de acceso a esos estilos de vida constituyó un estímulo adicional para desencadenar la potencialidad migratoria.

En el caso uruguayo deben agregarse también las peculiaridades de la ubicación geográfica y su relación con el resto de la región. País pequeño relativamente a sus vecinos, el tamaño puso límites a los proyectos posibles. Al mismo tiempo, las grandes ciudades de la región actuaron como bombas de succión ofreciendo horizontes más variados de oportunidades.

## LAS FRONTERAS DE LA CIUDADANÍA URUGUAYA

La discusión sobre la ciudadanía, el acceso a la misma y los derechos de los ciudadanos estuvo siempre presente en Uruguay, a medida que se trataba de legislar para un país de inmigración donde una fracción importante de la población era extranjera.

En Uruguay, la consolidación de la nación y la conformación de la ciudadanía estuvieron muy marcadas por la movilidad de personas a través de las fronteras y por una población integrada por múltiples identidades. Se podría afirmar que el concepto de "transnacionalidad" propio del proceso migratorio contemporáneo, tiene un antecedente fuerte en el caso uruguayo.

Históricamente, la discusión a propósito de los derechos de ciudadanía giró alrededor de la incorporación de los inmigrantes, a medida que éste fue un tema central durante gran parte de su vida como Estado independiente. Tratándose de un país que se proponía incorporar inmigrantes, Uruguay tuvo una tradición generosa en las formas de acceso a la condición de ciudadanos para los extranjeros. María Inés de Torres (1997) sostuvo que el proceso de debates en torno a la nación y la ciudadanía que se dio en la etapa "fundacional", condujo a la adopción de un modelo incluyente:

> Las definiciones de nación y ciudadanía que lograron consolidar su hegemonía terminaron abarcando un concepto que, por lo menos, daba cuenta de una realidad heterogénea: se puede ser al mismo tiempo gallego y uruguayo, griego y uruguayo, alemán y uruguayo. La dimensión de los límites espaciales de la nación aceptaba esa zona de fricción, de hibridez, de fractura.

La Constitución uruguaya distingue entre ciudadanía natural y legal. Tiene la ciudadanía natural toda persona que haya nacido en el territorio o que sea hijo de padre o madre uruguaya y que pruebe su avecinamiento en el territorio. De esta manera la legislación uruguaya adopta una combinación del *jus soli* y el *jus sanguinis*.[2] La ciudadanía

---

[2] El acceso a la ciudadanía varía según las tradiciones jurídicas adoptadas por los Estados. En la tradición anglosajona, los países que siguen la "common-law" el concepto de ciudadanía tiende a reforzar el principio de territorialidad mientras que en los países de tradición del derecho romano dicho principio no está determinado por un vínculo territorial, sino por relaciones personales. En esta concepción, el Estado es considerado una corporación de individuos-miembros y la ciudadanía es obtenida por herencia (o descendencia). De allí se desprende la existencia del *jus soli* en los países de tradición en la "common-law" y del *jus sanguinis* en los de tradición vinculada con el derecho romano (Naciones Unidas 1998). Los países de emigración, en general, han adoptado el *jus sanguinis*, aunque en la mayor parte de

natural no se pierde (artículo 81) ni aun en el caso de naturalizarse en otro país, de modo que, de manera indirecta, queda reconocida la posibilidad de doble o múltiple ciudadanía.

La ciudadanía legal puede ser obtenida por los extranjeros luego de tres años de residencia en la república, que tengan buena conducta y una familia constituida. En los casos en que no se tiene una familia constituida, el plazo de residencia se extiende a cinco años.

La ciudadanía natural no se pierde en ninguna circunstancia, es decir que el derecho a voto de los emigrantes que son ciudadanos naturales está en principio garantizado. Sin embargo, la no participación en dos comicios consecutivos determina la eliminación del padrón electoral y su restitución al mismo sólo es posible mediante un trámite expreso y personal. Esto último perjudica a los emigrantes que al estar fuera del país no han concurrido a votar.

El objetivo actual de ciertos grupos de emigrantes es el de tener la posibilidad de votar en el exterior. Este propósito ha movilizado a uruguayos residentes en diferentes países, que han presentado su inquietud a legisladores nacionales y en actos públicos. El ejercicio del voto en el país de residencia (voto consular) o el voto a distancia (por correo o métodos similares) se ha convertido en una fuerte demanda. Un ejemplo de estas manifestaciones es el foro virtual de Redota.com, donde aparece el objetivo de apoyar la sanción de una ley que permita el voto en los países de residencia de los migrantes; en el sitio de Internet denominado "elvotoqueelalmapronuncia.org" se ofrece información sobre objetivos, programa, informaciones diversas y la búsqueda de diálogo con legisladores nacionales.

La convocatoria del movimiento planteada en esa página virtual recuerda, en primer lugar al país como territorio de emigrantes y utiliza símbolos (el nombre "de Redota", el Ayuí) que hacen referencia a episodios importantes de la historia nacional en el periodo de la independencia.[3]

---

los casos lo que existe es una condición mixta de *jus soli* y *jus sanguinis*, en aras de mantener los vínculos que unen a las comunidades dispersas, una vez desaparecidos aquellos derivados de la convivencia en un territorio.

[3] Redota se denominó a un movimiento que se organizó espontáneamente alrededor del héroe nacional José G. Artigas cuando es derrotado frente a la coalición entre Buenos Aires y el gobierno portugués. Un número importante de población de la campaña lo siguió en su retirada (el llamado "éxodo del pueblo oriental") y se instaló con él en un campamento llamado el Ayuí en el litoral argentino.

En segundo lugar, enuncian claramente que la heterogeneidad es un atributo que los identifica; al tiempo que es el ejercicio de la democracia en su "tierra de origen" el aspecto que los aglutina. Finalmente evocan los aspectos positivos que resultarán de su participación ciudadana.

> Somos un grupo de ciudadanos uruguayos que nos conocimos en el forum de Redota.com. Vivimos en diferentes partes del planeta y nos une la vivencia del "desarraigo de la tierra": nos embarcamos en un éxodo silencioso que nos llevo hasta este "Ayuí virtual".
>
> Tenemos diferentes profesiones, hablamos diferentes idiomas, vivimos bajo diferentes cielos y acuñamos diferentes idearios políticos. Pero, lo que no nos es indiferente, es la praxis democrática. Queremos ejercer el básico derecho de elegir nuestros representantes en nuestra tierra de origen: matria y patria de nuestros anhelos.
>
> Tal como herederos de aquellos vecinos en la Redota que dejaron sus tierras y sus afectos, hoy no existen meridianos ni paralelos que impidan nuestra expresión política. Las tecnologías y las voluntades ya están maduras, para que se pueda ejercer el voto en la red de representaciones diplomáticas.
>
> Somos conscientes de que ese nuevo hábito electoral generará procesos altamente positivos para nuestro país, su cuerpo social sentirá los beneficios de esa actitud integradora. Existirá en la sociedad uruguaya una egrégora mas luminosa y mas inspiradora a la hora de resolver sus problemas.
>
> Por eso estamos aquí, porque para instaurar el voto extrafronteras.

Existe un alto potencial de participación electoral en el exterior. Hasta el presente, en las elecciones nacionales ha habido traslados para votar, dada la imposibilidad de hacerlo en el país de residencia. Hay que recordar que Buenos Aires y su área de influencia es la segunda o la tercera ciudad[4] en número de uruguayos residentes. Los partidos políticos han estado atentos a esta situación, y han organizado acciones de campaña electoral en los países vecinos —principalmente en la ciudad

---

[4] El segundo o tercer puesto depende del cálculo de la población total uruguaya residente en Buenos Aires.

de Buenos Aires— y otro tipo de acciones orientadas a captar votos de los migrantes.

Haciéndose eco de los planteos que han formulado los emigrados, desde la restauración de la democracia en 1985 se han presentado tres proyectos de ley destinados a permitir el ejercicio del voto a los ciudadanos uruguayos en los países en que residen. Esos proyectos no han prosperado todavía; han surgido de los partidos de oposición: Encuentro Progresista, Frente Amplio y Nuevo Espacio. Los escasos márgenes de diferencia con que se definieron las últimas elecciones nacionales convierten este tema en un asunto espinoso ya que los votos de los uruguayos "de afuera" podrían ser decisivos para dirimir las próximas instancias electorales.

Las leyes presentadas incluyen la disposición que autoriza el voto consular y si bien este es el objetivo principal, estos proyectos (que tienen diferencias menores) proponen legislar sobre los derechos de los migrantes, los deberes de los funcionarios diplomáticos frente a ellos, así como medidas que tiendan a estimular el vínculo entre emigrados y actividades que se realizan en el país.

Hasta el año pasado (2000) las propuestas referidas a la posibilidad de organizar comicios en el exterior no contaron con el apoyo de los partidos tradicionales Blanco y Colorado. En conjunto, parece haber poca receptividad lo que está directamente asociado con ese carácter decisivo que pueden tener los votos "de afuera".

Más allá de las especulaciones sobre los derechos de los migrantes y su acceso al derecho a votar desde el exterior existe un sentimiento ambiguo respecto a su participación activa en proyectos que se realizan en el país.

Por una parte, existe poco conocimiento sobre las comunidades en el exterior. Más allá de algunos esfuerzos aislados no existe una voluntad política firme de apoyar estudios que informen sobre dichas comunidades y sus posibles vínculos con el país, se sabe muy poco del impacto de las remesas y su destino así como tampoco se conoce si hay retorno de emigrantes.

En el periodo inmediatamente posterior al fin de la dictadura militar hubo varios proyectos orientados a crear condiciones favorables para el retorno de los exiliados. En 1985, se constituyó la Comisión Nacional de Repatriación, que aunó esfuerzos gubernamentales, privados y financiamientos externos, en el marco de la reinserción de los "retornantes" y de una serie de programas laborales, educativos y científicos.

Algunas iniciativas conjuntas de los "de adentro y los de afuera" dieron resultados muy fructíferos. El funcionamiento de una red de científicos básicos en los últimos años de la dictadura permitió el desarrollo exitoso de programas en esas áreas una vez que reinstalado el gobierno democrático. El PEDECIBA (Programa de Desarrollo de las Ciencias Básicas) constituye un ejemplo paradigmático de esta situación.

Sin embargo, estos proyectos fruto del entusiasmo particular que acompañó el retorno de la democracia y por lo tanto la posibilidad de retorno de los exiliados no perduró en el tiempo. El objetivo de incorporar a los migrantes como parte activa de la ciudadanía y de abrir espacios a sus proyectos es alentado fervorosamente en algunos discursos y desechado en otros. Se oponen los argumentos de los que buscan incorporar la diáspora a la vida ciudadana de aquellos que sostienen que la vivencia y la participación de las vicisitudes cotidianas son condiciones necesarias para ejercer estos derechos.

La discusión de los proyectos de ley respecto a la posibilidad de extender el derecho a votar en el exterior debería constituirse en la ocasión para un debate nacional sobre las fronteras de la ciudadanía. La discusión debería trascender las circunstancias electorales concretas y ubicarse en el plano de pensar las fronteras de Uruguay como nación. Este debate aún no se ha dado en profundidad aunque las circunstancias actuales lo convierten en un tema fundamental en la definición del proyecto de país.

## BIBLIOGRAFÍA

Aguiar, César, *Uruguay país de emigración*, Ediciones de la Banda Oriental, Montevideo, 1982.

Barran, J. P. y B. Nahum, *Historia rural de Uruguay moderno 1851-1885*, Ediciones de la Banda Oriental, Montevideo, 1967.

Castells, Manuel, "The Rise of the Network Society" en *The Information Age: Economy, Society and Culture*, Blackwell, Estados Unidos, 1996, vol. 1.

Castles, Stephen y Davison Alastair, *Citizenship and Migration Globalization and Politics of Belonging*, Routledge, Nueva York, 2000.

Castles, Stephen y Mark J. Miller, *The Age of Migration, International Population Movements in the Modern World*, The Guilford Press, Nueva York, 2000.

Glick Schiller, Nina, "Transmigrants and Nation-States. Something Old and Something New in the U.S. Immigrant Experience" en Charles Hirschman, Philip Kasinitz y Josh de Wind (comps.), *The Handbook of International Migration. The American Experience*, Russell Sage Foundation, Nueva York, 1999.

Hirschman, Charles, Philip Kasinitz y Josh de Wind (comps.), *The Handbook of International Migration. The American Experience*, Russell Sage Foundation, Nueva York, 1999.

Jacob, Raúl, *Consecuencias sociales del alambramiento (1872-1880)*, Ediciones de la Banda Oriental, Montevideo, 1969.

Mourat, Óscar, "La inmigración y el crecimiento de la población de Uruguay, 1830-1930" en Mourat *et al.*, *Cinco perspectivas históricas del Uruguay moderno*, Fundación de Cultura Universitaria, Montevideo, 1966.

Naciones Unidas, *International Migration Policies*, Department of Economic and Social Affairs/Population Division, Nueva York, 1998.

Niedworok, Nelly, Juan Carlos Fortuna y Adela Pellegrino, *Emigración de uruguayos, colonias en el exterior y perspectivas de retorno*, CIESU/Banda Oriental, Montevideo, 1989.

Sassen, Saskia, *The Global City: New York, London, Tokyo*, Princeton University Press, Princeton New Jersey, 1991.

————, *The Mobility of Labor and Capital*, Cambridge University Press, Cambridge, 1988.

Seton-Watson, H., *Nations and States*, Methuen, Londres, 1977.

Shuval, J. T., "Diaspora Migration: Definitional Ambiguities and Theretical Paradigm", *International Migration*, vol. 38, núm. 5, 2000, pp. 41-58.

Smith, A., *National Identity*, London Penguin, Londres, 1991.

Torres, María Inés de, "Decir adiós no es irse. La nación en tiempos de diáspora", *Brecha*, 22 de agosto de 1997, Montevideo.

Weil, Patrick y Randall Hansen, *Nationalité et citoyenneté en Europe*, La Découverte, París, 1999.

Withol de Wenden, Catherine, *L'immigration en Europe*, La Documentation Française, París, 1999.

# PAÍSES DONDE NO HAY DEBATE

Imposible no incluir a Cuba en el debate sobre la extensión de derechos políticos de sus migrantes aun cuando en la isla no hay debate alguno sobre esta posibilidad, principalmente por el hecho de que se trata de un caso donde los derechos políticos aun de los que radican en el propio país no son plenos, ni se encuentran dentro de un proceso de transición democrática que permita vislumbrar ese objetivo. Sin embargo, aunque este caso no cumple las principales características del resto de los casos de este libro, estamos ante una de las experiencias más representativas de política transnacional que implica una fuerte organización comunitaria, además de una activa participación de la misma en diferentes niveles de la esfera política institucional. En este caso principalmente dentro de la estructura política estadunidense, donde la comunidad cubana goza de una influencia que no tiene prácticamente ninguna otra diáspora latinoamericana.

La extrema politización es una característica de esta comunidad migrante, no sólo debido al origen de su flujo actual iniciado en los años sesenta a raíz de la toma del poder de Fidel Castro, sino también porque la disidencia política convertida en exilio ha sido una constante en la historia cubana. Este hecho es crucial para la construcción del nacionalismo de ese país y por ende, de la concepción de ciudadano que se aplica a quien radica en la isla y excluye sin concesión alguna a los que se marchan.

La posición del gobierno cubano hacia su diáspora ha ido cambiando de una rígida política migratoria hacia una posición más flexible los últimos años, aunque prevalece el discurso que estigmatiza al que decide irse. Traición, deslealtad, enemigo potencial, "gusano", son los fuertes apelativos con que se alimenta la imagen social del emigrado, aun cuando paradójicamente, esta es una de las comunidades de migrantes con más presencia cotidiana en su país de origen. Las remesas son sólo una expresión de ese fuerte vínculo que ha superado toda restricción impuesta por el Estado cubano, logrando evadir la prohibición, y más recientemente, la regulación excesiva de cualquier envío. La preservación de esta presencia se explica porque en el fondo, lo que subsiste es el fuerte compromiso de quienes se van con el porvenir de los que permanecen.

Cuba es ciertamente un caso único dentro de esta categorización. Un ejemplo atípico de cercanía y contacto entre la comunidad radicada en el exterior y su país natal, enmarcado en un complejo proceso político con posiciones polarizadas. Es, como ningún otro caso, una presencia definitiva en la toma de decisiones de la política nacional, en el desarrollo de la comunidad, y sobre todo, en la vida cotidiana de todo cubano que tiene un familiar viviendo en el exterior.

## CUBA

| | |
|---|---|
| Población total | 1999: 11 160 000[a] |
| Población en el exterior | 1997: 913 000[b] |
| Porcentaje respecto a la población residente | 8.18 |
| Destinos principales de migración | Estados Unidos, México, Canadá, Chile, Venezuela y Brasil |
| Remesas (en dólares)[c] | 2000: 800 000 000 |
| Voto en el exterior | No ha sido aprobado |
| Estado actual del voto en el exterior | Está prohibido el voto en el exterior |
| Tipo de voto | Voluntario |

[a] Estimaciones de INFONATION, base de datos estadísticos de los miembros de Naciones Unidas.

[b] "Immigrants Admitted by Region and Country of Birth Fiscal Years 1988-1998" en Immigrants Fiscal Year 1998 en www.ins.usdoj.gov/graphics/aboutins/statistics/inm98.pdf

[c] CEPAL, 2000.

# UNA DIFÍCIL EXCEPCIÓN: LA COMUNIDAD CUBANA EN EL EXTERIOR

## Velia Cecilia Bobes

## INTRODUCCIÓN

En el mundo actual la discusión en torno a la ciudadanía —en su relación con los problemas del multiculturalismo y la transnacionalidad— se ha vuelto un tema recurrente y crucial tanto para las ciencias sociales como para la opinión y el espacio público de muchas naciones. Las migraciones de grandes grupos de personas de un país a otro generan membresías parciales que no alcanzan totalmente la condición de ciudadanos, a la vez que muchas de estas comunidades migrantes conservan un sentido de pertenencia a sus comunidades de origen anclado en la construcción simbólica de una identidad nacional (no necesariamente correspondiente a la existente en las naciones de origen) muchas veces asociada con un reclamo de ciudadanía. Así, muchos países se encuentran abocados con la solución del problema del voto para aquellos ciudadanos que han emigrado y se encuentran fuera de las fronteras territoriales del Estado-nación.

El caso cubano, incluido en este estudio como una "difícil excepción" —ya que el asunto del voto en el exterior no se encuentra aún como un punto de la agenda política—, presenta, sin embargo, un gran interés, ya que la existencia de una numerosa e influyente comunidad cubana en Estados Unidos así como la magnitud diaspórica de la emigración de la población cubana en las últimas cuatro décadas, convierten este resultado en uno de los problemas a los que el Estado y la sociedad cubana deberán enfrentarse en un futuro cercano. El asunto del voto de los residentes en el exterior plantea para el caso cubano un punto crucial en términos de inclusión-exclusión, ya que involucra la discusión sobre la (re)inclusión de un numeroso grupo de personas que (siendo cultural, identitaria, y étnicamente cubanos) se encuentran hoy excluidos de la nación y de la ciudadanía.

Precisamente por la importancia del proceso migratorio que ha tenido lugar en estos últimos años, no es posible hablar en Cuba de los temas de nación, identidad nacional y ciudadanía sin hacer una referencia obligada a los temas de la migración, el exilio y la comunidad en el exterior. A la vez, los temas de la nación y la cubanidad para todos aquellos que viven hoy fuera de la isla no pueden ser abordados sin que esto implique una toma de posición (muchas veces más que radical) respecto a la revolución cubana y a su líder, Fidel Castro.

Esto se explica, entre otros factores, por la prevalencia de una cultura política marcada por un nacionalismo beligerante, la intolerancia y la moralización de la política (Bobes, 2000) que ha generado una definición simbólica de la nación desde lo político y lo ético que siempre es excluyente respecto a un "otro". Tales compresiones de la nación explican sucesivamente tanto las exclusiones como las inclusiones en el ejercicio efectivo de la ciudadanía y la ampliación o restricción de los derechos ciudadanos.

Los procesos migratorios masivos a partir de 1959 hacia Estados Unidos han generado la formación de una numerosa comunidad cubana en Miami, la cual tiene su propia definición de la nación en competencia con la del Estado cubano —quien, por su parte los excluye de sus derechos ciudadanos— y usa su membresía en la comunidad política estadunidense para influir en la política hacia la isla.

Si pensamos además que el proceso cubano de transición a la democracia tendrá lugar en un mundo globalizado y donde las ciudadanías transnacionales serán una realidad, la reflexión sobre estos temas se convierte en una obligación para todos aquellos que estamos interesados en el futuro del país.

## CIUDADANÍA, ESTADO Y EMIGRACIÓN: ANTECEDENTES DE UN PATRÓN QUE SE REPITE

La historia de la emigración y sus relaciones con el Estado cubano, hunde sus raíces en el siglo XIX. Desde los procesos mismos de constitución de la nación cubana, los grupos de emigrados han contribuido de manera significativa tanto a la construcción simbólica de la nación como a la de los proyectos políticos que en las diferentes etapas la han dotado de su cuerpo procedimental. Muchos de los que —en el periodo colonial— soñaron y lucharon por el establecimiento de una república independiente y democrática tuvieron que hacerlo desde un exilio que se asentó principal (aunque no únicamente) en Estados Unidos. Esta, aparenta ser una circunstancia que se repite a lo largo de la historia y parecería confirmar que en todas las épocas "las autoridades gobernantes en Cuba fallaron en crear una visión inclusiva de su patria o en establecer un ambiente político y socioeconómico y una cultura que diera espacio efectivo a la competencia de ideales: los disidentes usualmente han abandonado la isla" (Poyo, 1995).

Al analizar tanto el proceso histórico de la ciudadanía cubana como la historia de las relaciones del Estado con la emigración, aparecen como sus hitos constituyentes las luchas independentistas que llevaron a la Constitución de 1901; el movimiento revolucionario de la década de los treinta, que consiguió una nueva constitución de la república en 1940, y la revolución de 1959 cuyas transformaciones sociopolíticas y económicas quedaron concretadas en la Constitución de 1976, reformada en 1992. Entre unos y otros de estos hitos el desarrollo de la ciudadanía en Cuba puede verse como un proceso de rupturas y contradicciones articulado alrededor de la definición simbólica de la nación y su procedimiento en la forma de la delimitación de la membresía a la comunidad política.

El proceso de conformación y posterior desarrollo de la ciudadanía en Cuba es altamente complejo en tanto se encuentra atravesado por una variable exógena que lo condiciona en gran medida y que no se encuentra presente en los procesos "pioneros" de formación de ciudadanos —Europa y Estados Unidos. La constitución de una ciudadanía efectiva en la isla no puede comprenderse sin el análisis de la influencia externa sobre ese proceso; primero en la forma de dominación colonial con la metrópoli española[1] hasta el fin del siglo XIX y, posteriormente, como hegemonía estadunidense que se mantuvo hasta 1959.

---

[1] Es precisamente esta peculiaridad lo que justifica emprender el análisis de la ciudadanía desde antes de su constitución efectiva (a partir del establecimiento de una república independiente), ya que en las propias definiciones simbólicas de la nación cubana que se desarrollan desde muy temprano el siglo XIX —y que en cierto sentido fundamentan y legitiman las luchas emancipadoras— se construyen también proyectos de ciudadanía que forman parte de (e influyen profundamente en) la historia política cubana.

No se puede dejar de tener en cuenta que ya desde estos momentos fundacionales la existencia de una numerosa comunidad cubana emigrada a Estados Unidos contribuyó significativamente a conformar los modelos de ciudadanía y la relación del Estado con esa emigración.

La primera emigración, que se produce en el siglo XIX, fue de carácter eminentemente político, se organizó en asociaciones civiles, clubes patrióticos e incluso partidos políticos, con el objetivo de organizar, apoyar o ejecutar la independencia de Cuba. Por lo tanto, al finalizar la contienda emancipadora, en su gran mayoría retornaron al país y participaron activamente en su vida política.

El antecedente inmediato de la Constitución de 1901 —la que por primera vez concede el estatuto de ciudadanos cubanos a los habitantes de la isla— lo constituyen los diferentes proyectos de nación enarbolados fundamentalmente por dos fuerzas políticas e ideológicas diferentes: de un lado los independentistas, y del otro los reformistas y autonomistas.

La idea de la nación cubana que defendieron reformistas y autonomistas era sustancialmente diferente de la que defendiera el independentismo (en todas sus etapas). Mientras que para los primeros, Cuba podía ser una provincia de España —siempre y cuando se les concedieran derechos políticos de representación a los "notables criollos"— para los segundos, la independencia era una condición imprescindible de su propia existencia.

Desde esta perspectiva, es posible observar diferencias en el patrón inclusión-exclusión (aunque también no pocas similitudes). Es claro que ambos proyectos —al menos en principio— conciben una Cuba blanca y masculina, por lo cual la más evidente exclusión ciudadana que comparten es la del negro (esclavo o libre) y la mujer, pero no es la única. Dado que ambos proyectos de nación son obra de la clase alta y la intelectualidad, es posible percibir cierta notabilidad en la proyección de la ciudadanía que se manifestaría en la restricción de los derechos civiles y políticos a "aquellos (varones) con capacidad para la actividad política" (esto es, aquellos con instrucción o un mínimo de propiedad o ambas).

La principal diferencia entre los modelos está en el ámbito de la inclusión. Mientras que para la nación de los autonomistas y reformistas los peninsulares cabrían en la definición ciudadana, para los separatistas, los españoles constituían el "otro" por excelencia, más que eso, eran el enemigo y, por lo tanto, no podían ser dotados de los mismos derechos que los criollos.

La comunidad política que se pretendía fundar se basaba en una nación que compartía una cultura y una historia común y la ciudadanía se perfilaba como el espacio de igualdad que posibilitaría desdibujar las diferencias raciales, de clase y políticas. No obstante, ya desde estos momentos iniciales es posible advertir la existencia de ciertas características de la cultura política que impactarán en la forma de concebir la ciudadanía y la nación. Entre ellas, la más sobresaliente es la intolerancia y, consecuentemente, la incapacidad del diálogo entre proyectos diferentes, en su lugar, lo que demandaban los diferentes grupos era la unanimidad y la conformidad políticas. Esta característica, aunque se encuentra presente en los exilios desde el siglo XIX, se ha hecho mucho más evidente después de 1959[2] (Poyo, 1995).

La otra peculiaridad de estos procesos, la constituye la presencia de fuerzas externas muy vinculadas a la emigración. Con el fin de la guerra, cuando se firmó el Tratado de París se produjo la primera intervención militar estadunidense dentro de la cual tuvieron lugar una reforma educativa, un programa de salubridad y saneamiento y la celebración de elecciones para la convención constituyente; se disolvió el Ejército Libertador y se formaron los primeros partidos políticos republicanos. Este proceso estuvo marcado por la negociación entre los grupos oligárquicos y los dirigentes de la guerra, así como los grupos que desde el exilio habían cabildeado, recaudado fondos y organizado toda una fuerza popular de apoyo a la contienda emancipadora, sin olvidar, por supuesto, la presencia de las fuerzas de ocupación.

La Constitución de 1901, democrática y liberal, refrendaba los principios de representación y elección, la división de poderes y el sufragio universal masculino, pero estaba acompañada de un apéndice —la enmienda Platt— que otorgaba a los estadunidenses el derecho a intervenir militarmente en la isla "para la conservación de la independencia cubana, el mantenimiento de un gobierno adecuado para la protección de vidas, propiedad y libertad individual" (texto de la enmienda, en Pichardo, 1973, t. II:119). De este modo la soberanía del pueblo —principio ineludible de la condición de ciudadano— quedaba mediatizada,[3] lo

---

[2] Sobre esto, abundaré más adelante.

[3] Hablo de soberanía mediatizada por cuanto, en términos normativos, la soberanía del Estado dimana del pueblo, pero en presencia de la Enmienda Platt los cubanos delegaban su

que implicaba, *per se*, una contradicción entre el modelo normativo jurídico y la realidad concreta del país.[4]

El establecimiento del sistema democrático en el país, así como la adopción de una legislación electoral "inclusiva" —sufragio universal masculino para mayores de 21 años—, responden a la conjunción de una constelación de factores diferentes.

La preexistencia de dos tradiciones, una de las cuales había presidido la contienda emancipadora y la necesidad de movilización nacional que ella había demandado, condicionaron que la Convención Constituyente de 1901 fuera necesariamente un espacio de negociación entre las diferentes fuerzas que habían participado en la guerra y con los representantes de la otra tradición. Esto determinó la extensión del sufragio —obviamente ni los negros ni los mulatos ni los pobres ni los analfabetos, que habían participado como grupos en la guerra, podían excluirse del sufragio y demás derechos políticos en estas condiciones.[5]

No obstante, al analizar el tipo de ciudadanía que prevaleció en Cuba en estos primeros años, más importante que los principios generales consagrados en la Constitución y las leyes resulta el análisis de las prácticas —inclusivas en algunos aspectos y excluyentes en otros— a través de las cuales las instituciones de poder buscaban consolidar las relaciones sociales con las que estaban comprometidos.[6]

Si se analiza los derechos civiles y la pertenencia a la comunidad política, queda clara la negociación de las dos definiciones simbólicas de la nación en su traducción como criterios de pertenencia a la comunidad política. Según la Constitución de 1901 (artículo 5º) se consideran ciudadanos cubanos por nacimiento los hijos de cubanos nacidos dentro o fuera del territorio nacional (inclusión para los exiliados políticos que retornaran y sus descendientes) y cubanos por naturalización (artículo 6º) los extranjeros que hubieran pertenecido al Ejército Liber-

---

soberanía a un gobierno elegido para representarlos; sin embargo tal gobierno no respondía sólo a la "voluntad general" sino que debía responder también a los intereses de una potencia extranjera.

[4] Esta circunstancia marcaría en lo adelante toda la vida política cubana y constituye el elemento simbólico fundamental que posibilitó la inserción del proyecto socialista en el marco de la cultura política prevaleciente (Bobes, 1994 y 2000).

[5] De modo similar G. Therborn (1980) discute los casos de extensión del sufragio y ampliación de la democracia por la vía de la "movilización nacional" estudiados para Europa.

[6] Como ha señalado Taylor (1994), los derechos sólo tienen significación si dan la posibilidad de acceso y control sobre los recursos necesarios para realizar las necesidades humanas de auto desarrollo.

tador (inclusión de los que lucharon por la independencia), los españoles residentes antes de 1899 que no se hubieran inscrito como españoles hasta 1900 (inclusión dimanada de grupos de interés cercanos al autonomismo y el reformismo), africanos antes esclavos o emancipados (inclusión que corresponde a la definición integracionista y asimilacionista de la nación) y otros extranjeros residentes en el territorio por no menos de dos años (inclusión que amplía la definición de la nación incluso a algunos grupos con intereses económicos en la isla, quizás cercanos a grupos anexionistas o proestadunidenses) (Constitución de 1901, en Pichardo, 1973).

Como puede apreciarse la negociación entre diferentes grupos de interés redundó en un criterio muy inclusivo de pertenencia a la nación y de derechos ciudadanos para casi todos los individuos que "eligieran" ser cubanos. Por otra parte, esta legislación también evidencia la necesaria relación (con un interés expreso de incorporación) del nuevo Estado con su comunidad emigrada, la cual, en no poca medida había participado activamente en la preparación y el financiamiento de la guerra de independencia, a la vez que había constituido un importante grupo de presión dentro del territorio estadunidense para influir en la política de aquel país hacia la isla. De hecho (y no por anecdótico es menos importante), el primer presidente de la república —don Tomás Estrada Palma— no sólo había vivido una larga temporada en Estados Unidos como exiliado político, sino que como delegado del Partido Revolucionario Cubano[7] había participado en las negociaciones para el reconocimiento de la beligerancia de Cuba por parte del Congreso estadunidense. Así también otros políticos influyentes del periodo fueron exiliados retornados al país; entre ellos se cuentan embajadores, senadores y ministros de Estado, además de otro presidente de la república —Mario García Menocal— quien había estudiado y vivido por varios años en Estados Unidos.

La conformación de la ciudadanía durante estos primeros años de la república presenta varias tensiones y paradojas. Por una parte, el sistema político era excluyente, a pesar de la existencia de un sufragio considerablemente extendido y de altas cifras de participación electoral,[8] en tanto no representaba a los diferentes grupos de interés. Por la otra, el

---

[7] Fundado por José Martí en Estados Unidos con el objetivo de unificar los esfuerzos para la independencia de Cuba y Puerto Rico.

[8] Para la convención constituyente, de un total de 185 501 electores, votaron 131 627

proceso de modernización que implicaba un aumento del nivel educacional, mayor movilidad social, mayor acceso a los medios de información y, por lo tanto, estimulaba una ampliación de la participación política, favorecía la formación de organizaciones en la sociedad civil y de actores políticos que demandaban la transformación del sistema, la cual eventualmente conseguirían después de la revolución de 1930.

La aprobación de la Constitución de 1940 amplió los derechos civiles y políticos, al refrendar el sufragio femenino que había sido otorgado en 1934 y legalizar todos los partidos y agrupaciones políticas, reconocer el derecho de huelga e incorporar derechos sociales como jornada de ocho horas, salario mínimo, contrato colectivo de trabajo, descanso retribuido, licencia de maternidad, derecho a seguridad social, etc. (Constitución del 40 en Pichardo, 1973, t. IV:329-418).

Hay que destacar que entre los derechos ciudadanos se introducen explícitamente la no discriminación por raza, credo, clase u opiniones políticas —no incluye el género— y la residencia irrestricta en el territorio (artículo 10º, inciso a), el derecho al voto —no es obligatorio—, el derecho a la seguridad social (artículo 10º, inciso c). Y como obligaciones se adicionan el cumplimiento a la constitución y el observar una conducta cívica (artículo 9º). Por otra parte se restringe la inclusión en la pertenencia a la comunidad política ya que se excluyen los españoles a los cuales se les concede el derecho de naturalizarse como cualquier otro extranjero (ya no se mencionan), aunque se mantiene la aceptación de considerar cubanos por nacimiento a los que hubieran prestado servicios en el Ejército Libertador (artículo 12, inciso d). Esto nos habla ya de una comprensión de la nación totalmente enajenada del pasado colonial, que no precisa en su definición de contender con la presencia de grupos de poder vinculados a la antigua metrópoli.

Por otra parte, y a pesar de que el flujo migratorio hacia Estados Unidos —aunque menguó— no se detuvo, la relación del Estado con su comunidad emigrada fue de una total ignorancia y nunca se la planteó como problema. La emigración, por estos años, se modificó de un patrón eminentemente político a uno de motivaciones más económicas, y tuvo como destinos principales las ciudades de Nueva York, Nueva Orleans, Key West y Tampa (ambas en el estado de Florida). Aunque

---

(más de 70%), y para las elecciones presidenciales de 1902, de un total de 335 699 lo hicieron 213 116, lo que representa 63% del electorado (Riera, 1955).

Miami no se destacó por el volumen de inmigrantes cubanos, esta ciudad se mantuvo como un lugar que cíclicamente recibía refugiados o exiliados políticos, entre ellos el ex dictador Gerardo Machado, derrocado por la revolución de 1933 y el ex presidente Prío quien se marchara al exilio después del golpe de Estado de Batista en 1952. También la dictadura batistiana generó un gran volumen de exiliados que, huyendo de la persecución y la represión del régimen, buscaron refugio en el país del norte. Esto demuestra que el cambio en el perfil de exiliados a emigrantes fue relativo y parcial, ya que las motivaciones políticas siempre estuvieron presentes en una parte de la emigración.

Desde el punto de vista de la ciudadanía y la democracia, puede decirse que la ampliación de los derechos ciudadanos no implicó el establecimiento de gobiernos verdaderamente democráticos en el país ni fortaleció suficientemente las instituciones como para permitir el desarrollo de su sistema político por tales cauces. A pesar de lo avanzado de la Constitución de 1940, no se lograron implantar los mecanismos legales necesarios para el cumplimiento de sus principios rectores. El poder legislativo virtualmente no fiscalizaba las acciones del ejecutivo, lo cual facilitaba la corrupción y el enriquecimiento personal de los gobernantes, y el sistema político siguió siendo excluyente en el sentido de que las masas no organizadas no se beneficiaban de políticas públicas de distribución y no se logró controlar la violencia como comportamiento político, lo cual implicó que la legitimidad de los gobiernos y las elecciones —aun cuando se realizaban competitivamente y con una alta concurrencia— (Domínguez, 1978) fueran permanentemente cuestionadas por la mayoría de los ciudadanos.

Estos y otros factores condicionaron el acontecimiento político más importante de la historia del siglo XX cubano: la revolución de 1959, que transformó radicalmente tanto al Estado, como a la sociedad cubana y que propició un nuevo modo de comprensión de la nación y del ejercicio de la ciudadanía.

## CUBA PARA LOS REVOLUCIONARIOS. LA EXCLUSIÓN DE LOS QUE SE MARCHAN

1959 es un año que representa un parteaguas en la historia del país y lo es en muchos sentidos, pero sin lugar a dudas determinó un vuelco total en los asuntos migratorios y en el tema de las relaciones del Estado con la emigración.

Las transformaciones del nuevo gobierno abarcaron tanto al sistema político como la organización de la economía. Entre los años 1959 y 1969 la revolución triunfante barre con las instituciones democráticas y con los viejos órganos de poder estatal —Congreso, ejército y policía—, con los partidos republicanos y sus maquinarias electorales instaurando un gobierno revolucionario, que en un primer momento declararía su provisionalidad, en función de la realización de los cambios necesarios para garantizar la constitución de un sistema político libre de los vicios y lacras del anterior.

En febrero de 1959 se aprueba una Ley Fundamental que sustituye a la Constitución de 1940, con la finalidad de hacer más expedito el camino a las leyes revolucionarias. Aunque en su parte dogmática reitera los principios de 1940, introduce reformas substanciales para el sistema de gobierno y las relaciones de propiedad. Entre ellas reforma la organización del Estado, elimina el Congreso, limita los derechos políticos de los que participaron en la dictadura, crea el Consejo de Ministros como órgano supremo del poder público, al que le otorga funciones legislativas, elimina la elección popular del presidente, concede potestad al Consejo de Ministros para reformar la Constitución y otorga vigencia a las leyes del Ejército Rebelde (Chalbaud, 1978). Esta Ley Fundamental fue modificada más de 20 veces hasta la aprobación, en 1976, de la Constitución socialista.

Más importantes que la reforma constitucional en la transformación del país resultan, sin embargo, las leyes revolucionarias como la de reforma agraria, reforma urbana, nacionalización de la enseñanza y nacionalización de empresas estadunidenses, porque de hecho, ellas implican reformulaciones drásticas de los principios liberales consagrados por la Constitución anterior y cambios radicales en la estructura económico-social.

Dentro de las transformaciones simbólicas y de la cultura política, lo más importante en términos de construcción de la nación y que tiene grandes implicaciones para la comprensión y el ejercicio de la ciudadanía es la reelaboración de la identidad nacional en términos de su identificación con el proyecto socialista. A partir de ahí, se asume que el socialismo es la patria (Bobes, 2000). El nuevo discurso propone la revolución como el acto que da cuerpo real a la identidad nacional. En la medida en que la revolución se asume como la realización plena de la patria, la (nueva) identidad nacional se define en términos de confrontación con el "enemigo" —Estados Unidos— a la vez que como identificación con el orden estatal que la "representa" —el gobierno revolucionario (Bobes, 1994).

Desde esta perspectiva es crucial la "unidad" en función de los intereses de la patria y, por esta vía, se justifica la cancelación de la pluralidad y la exclusión de los que discrepan con el proyecto socialista, los cuales resultan definidos como enemigos (no cubanos). De este modo la cubanidad se delimita a partir de una elección ético-política excluyente e intolerante.

Estas reelaboraciones discursivas generan un cambio en el patrón inclusión-exclusión de la ciudadanía. A partir de ellas se excluyen de los derechos ciudadanos (civiles, políticos y sociales) no sólo a los extranjeros, sino a todos aquellos que —a partir de su discrepancia con el proyecto estatal— deciden emigrar, principalmente a Estados Unidos.

La opción de emigrar precisamente a Estados Unidos facilitaba la descalificación de esta oposición emigrante puesto que ése era precisamente el país "enemigo" por excelencia, la fuerza que representaba una amenaza para el pueblo cubano y "su revolución". La oposición, entonces, aparecía identificada a un adversario externo y poderoso y se le podía acusar de antinacional y antipatriótica, con lo cual su exclusión de la nación se presentaba como su propia elección.

Esta operación simbólica tiene un correlato en la política migratoria del Estado cubano, que establece la categoría de "salida definitiva", a través de la cual aquellos cubanos que emigran a un país extranjero pierden su derecho de residencia en Cuba —además de todos sus derechos civiles, políticos y sociales. A pesar de que la Constitución (1992, artículo 32) establece que los cubanos no pueden ser privados de su ciudadanía (y que aunque emigren conservan un pasaporte cubano), durante muchos años esta restricción incluyó la prohibición de visitar el país y aún en la actualidad, los cubanos residentes en el extranjero deben pedir un permiso para entrar en Cuba.[9]

---

[9] Además, a todos aquellos que salen con un permiso oficial y deciden no regresar en el plazo permitido se les aplica la categoría de "desertores", la cual establece un "castigo" de cinco años sin ir a Cuba y de tres años de imposibilidad para que sus familiares los visiten a ellos en el extranjero. Después de transcurrido este periodo, se rigen por la misma discrecionalidad que los otros emigrados para obtener permisos de ingreso al país.

Para comprender cabalmente esta rígida e inusual legislación hay que analizar cómo tuvieron lugar los procesos migratorios a partir de 1959.

En los primeros momentos el Estado cubano se enfrenta, por una parte, al retorno masivo de muchos de los exiliados políticos y otros emigrados desde Estados Unidos —que regresaban entusiasmados con el nuevo proyecto social y político de la revolución. Éstos fueron recibidos por el gobierno como "repatriados" y se les dieron todas las facilidades para su reinserción (económica y social) en la sociedad cubana "revolucionaria", pero, simultáneamente estaba ocurriendo un éxodo también masivo de todos aquellos que veían en el proyecto una amenaza para sus intereses.

En este punto, convine conectar el análisis de la historia de la relación del Estado cubano posterior a 1959 con su comunidad emigrada con el entorno político interno y externo. Para ello, es necesario tener en cuenta que esta tensa relación ha estado marcada por: 1) la existencia del diferendo político de enorme importancia que ha existido entre el gobierno cubano y el de Estados Unidos (principal receptor de esta emigración), 2) el carácter de oposición política de los (primeros) migrantes, y 3) el volumen diaspórico de la emigración. Cada uno de estos elementos, a su modo, influye y debe ser tenido en cuenta para comprender la relación, pero sin dudas, es el primero el que determina sus principales derroteros.

En este sentido, la centralidad del diferendo cubano-estadunidense (instituido en principio a partir de los preceptos de la guerra fría), puede ser vista desde una doble perspectiva: desde el punto de vista de la confrontación con un enemigo externo, en la que el país receptor de la emigración favorece y estimula la misma, concediéndole a la comunidad cubana un estatuto de excepcionalidad[10] que favorece su aceptación como refugiados políticos y un sentimiento de diferencia respecto a otros inmigrantes. Pero también desde una perspectiva interna no se

---

[10] En 1960 se organiza desde ese país la Operación Peter Pan, a través de la cual y en colaboración con la Iglesia Católica se estimuló y se llevó a cabo la emigración de más de 14 000 niños sin sus padres a Estados Unidos; en 1961 se creó el Programa de Refugiados que les daba a los cubanos el estatuto de refugiados políticos con las consecuentes ventajas migratorias, además de un ambicioso programa de ayuda para la ubicación de cubanos en distintos estados de la unión, y en 1966 se aprobó la Cuban Refugee Act. Toda esta legislación no sólo beneficiaba de manera extraordinaria a los emigrantes cubanos por sobre el resto de los emigrantes, sino que ayudó a instituir un imaginario de excepcionalidad entre la comunidad.

puede dejar de ver que esta circunstancia sirve al gobierno cubano para legitimar la exclusión de los emigrantes, politizar el tema, ubicarlo en el contexto de un discurso nacionalista y centrar la unidad de la nación alrededor de un proyecto político (socialista) que se presenta como encarnación de la patria. Por otra parte, tal situación ha servido al Estado cubano para "exportar la oposición" (Domínguez, 1978) y éste en muchas ocasiones ha liberalizado la emigración utilizándola como "válvula de escape" a presiones internas.[11]

Por su parte, esta comunidad emigrada alcanza una magnitud digna de consideración, sobre todo si se compara con la población total de Cuba (aproximadamente 11 500 000 habitantes).

> Estimaciones del año 1994 determinaban que el número de emigrantes ascendía a 1 400 000 cubanos, de los cuales 87% se encontraba en Estados Unidos y del resto, 74% en la región americana. Estos datos demuestran la concentración de dicha emigración en el territorio estadunidense, donde según el censo de 1990 el número de personas de origen cubano era de 1 044 000, cifra que creció a 1 241 685 en el censo del año 2000. [...] en el estado de Florida [...] la población de origen cubano pasó de 674 052 en 1990 a 833 120 en el año 2000, representando 67% de la población de ese origen en el país (Trabaue, 2001).

Respecto al carácter de la emigración cubana baste decir que ella se autopercibe como una comunidad "exiliada" y, aunque la diáspora se extiende por muchos países y ciudades de Europa, América Latina y Estados Unidos, la mayor concentración se encuentra hoy en día en Miami (la segunda ciudad de cubanos en el mundo, solo aventajada por La Habana), allí los cubanos son 56% de los extranjeros y 70% de los hispanos (Pérez, 1992).

Esta población cubana en Estados Unidos se ha integrado a partir de las diferentes oleadas migratorias que han tenido lugar desde 1959 hasta hoy. La primera de ellas se da entre enero de 1959 y octubre de 1962; la segunda, desde septiembre de 1965 hasta 1975; la tercera corresponde al puente marítimo Mariel-Key West (abril-septiembre de 1980), y la cuarta se da a partir de 1994 (Rodríguez Chávez, 1997).

---

[11] Tal es el caso de los fenómenos de Mariel y agosto del 94 a los que me referiré más adelante.

Entre 1959 y 1975 salieron hacia Estados Unidos aproximadamente 550 000 personas. Desde 1959 y hasta octubre de 1962 (momento en que se cancelan los vuelos directos entre Cuba y Estados Unidos, en el marco de la crisis de los misiles) la emigración se produce todavía por la vía del tráfico aéreo normal y alcanza un total de 215 000 personas, luego, a partir de presiones internas se habilita el puerto de Camarioca por el que salen vía marítima aproximadamente 5 000 personas (Pérez, 1992:85) y desde septiembre de 1965 a abril de 1973 partieron en los "vuelos de la libertad" o puente aéreo unos 340 000 cubanos (Rodríguez, 1997:48). De ellos, la inmensa mayoría pertenecía a las clases media y alta, con un fuerte peso de profesionales y técnicos.

Este altísimo flujo migratorio hacia Estados Unidos en esta primera etapa se explica por diversos factores. En cuanto a la motivación, hay que mencionar el radicalismo del cambio de gobierno y proyecto económico, social y político que la revolución de 1959 significó, lo que implica, lógicamente, que muchos ciudadanos no estuvieran dispuestos a aceptarlos.

Por otra parte, la elección del destino responde tanto a obvias razones geográficas como a motivos más instrumentales. Teniendo en cuenta que —dado el alto nivel de injerencia de Estados Unidos en la política y la economía cubanas durante toda la república— en la psicología social de muchos cubanos prevalecía la idea de que "los americanos no iban a permitir un gobierno socialista en la isla" y que, finalmente, desde aquel país se resolvería la situación en Cuba,[12] emigrar a Estados Unidos constituía una opción de organizar una oposición desde el "exilio" (lo que se sustentaba, además, por la actitud de hostilidad del gobierno estadunidense frente a las primeras medidas revolucionarias). Tampoco hay que olvidar que Estados Unidos había sido el destino natural para los emigrantes cubanos desde el siglo XIX, y por lo tanto existía una tradición e incluso redes que facilitaban la emigración.

Por último, *last but not least*, en medio de la confrontación entre los dos países, Estados Unidos facilitó y estimuló la emigración como un mecanismo de desestabilización del nuevo régimen, así apoyaron a los inmigrantes cubanos con programas de ayuda y leyes especiales pa-

---

[12] La mayoría de estos emigrados veían su emigración como una situación temporal y pensaban regresar a Cuba en un periodo breve.

ra garantizarles la residencia (por ejemplo la Ley de Ajuste Cubano de 1966).

En estas circunstancias, la comunidad asentada en Miami ha desarrollado lo que se podría llamar una "ideología del exilio" (Pérez, 1992) que encuentra su lugar de expansión dentro de un "enclave étnico" (Portes y Bach, 1985).[13] Tal ideología se caracteriza por una permanente preocupación por la situación política de la patria (la cual condiciona que la alta participación que tienen en el sistema político de Estados Unidos tanto en las elecciones locales como estatales esté marcada en gran medida por resultados de política exterior hacia Cuba); anticastrismo y anticomunismo a ultranza que se reflejan en una franca hostilidad y confrontación con el gobierno cubano, e intolerancia que se expresa en una falta de debate acerca de esta ideología al interior de la propia comunidad (Pérez, 1992).

Por su parte, el gobierno cubano, ante el éxodo masivo de políticos, propietarios afectados económicamente por las medidas revolucionarias y profesionales; en medio del enfrentamiento nacionalista con el vecino del norte y del conflicto interno entre la revolución y los que se oponían a ella y deseaban revertirla, la primera posición que tomó fue cancelar la posibilidad del regreso para aquellos que partían. Tratándolos como traidores a la patria y aliados del enemigo extranjero, los "gusanos"[14] fueron excluidos de la nación y del ejercicio de su ciudadanía, y en este contexto, la única relación entre el gobierno y su emigración fue el enfrentamiento. Fueron cortados casi por entero los vínculos entre un país y otro, y sólo se mantuvieron relaciones privadas (a través de correspondencia o contactos telefónicos esporádicos) a nivel familiar, pero que no eran bien vistos al interior de Cuba.[15]

---

[13] La noción de enclave étnico desarrollada por estos autores refiere a una comunidad migrante que logra, en un asentamiento espacial determinado, organizar y llevar adelante una variedad de empresas y servicios que satisfacen las necesidades de su propio mercado étnico y sirve además a la población en general. La existencia del enclave facilita tanto la inserción de los nuevos inmigrantes como el fortalecimiento de la propia comunidad. Otros enclaves étnicos en Estados Unidos lo constituyen los judíos de Manhattan y los japoneses en California (Portes y Bach, 1985).

[14] Con esta expresión, por muchos años se ha designado en Cuba, tanto a los emigrados como a todos aquellos que expresan oposición al proyecto socialista (Bobes, 2001).

[15] Un ejemplo de esta censura es el hecho de que uno de los impedimentos para ingresar al Partido Comunista o a la UJC, incluso para ocupar ciertos cargos públicos, era mantener correspondencia con los familiares o amigos residentes en el exterior.

Estas medidas garantizaban, por una parte, limitar las operaciones subversivas que los emigrados pudieran organizar desde Estados Unidos,[16] y en la medida en que se "exportaba la oposición", a la vez, se lograba compactar el consenso de los que se quedaban y la homogeneidad alrededor del proyecto revolucionario. Por otra parte, desde el punto de vista subjetivo y privado esta circunstancia generaba profundos procesos de rupturas, confrontaciones y separaciones (reales y simbólicas) en la mayoría de las familias cubanas que se vieron escindidas e imposibilitadas de contactos fluidos durante muchos años.

La primera fisura en esta política de repudio absoluto, rechazo y exclusión del gobierno hacia la comunidad en el exterior se produjo a finales de la década de los setenta cuando un grupo de dicha comunidad comienza a promover un diálogo entre el gobierno y sectores moderados de la misma. En este diálogo se mencionó por primera vez la posibilidad del reencuentro y la necesidad de una reunificación familiar. El gobierno cubano permitió por primera vez la visita a la patria de aquellos que habían partido años atrás. Sin embargo, esto no significó el restablecimiento de los derechos ciudadanos para ellos ni su inclusión en la comunidad política nacional, ya que sólo se permitían visitas temporales con permisos que el gobierno otorgaba (o no) de manera casuística y discrecional. Así, los ciudadanos cubanos eran recibidos como "turistas" en su propio país.

En estas circunstancias se produce la tercera gran oleada migratoria en 1980. Esta se dio con la salida de más de 125 000 personas por el puerto de Mariel[17] y se caracterizó por ser de muy distinta composición social, ya que, después de más de 20 años de puesta en marcha de un proyecto socialista, los que emigraban entonces eran obreros, campesi-

---

[16] No hay que olvidar que desde ese país y con el apoyo de la CIA y el gobierno estadunidense, se organizaron y ejecutaron muchas acciones de sabotajes económicos, actos terroristas y atentados a dirigentes de la revolución. Esta realidad servía para justificar y legitimar las restricciones al ingreso al país de los emigrados.

[17] Esta crisis fue precedida por varios intentos de asilo en embajadas con uso de la fuerza. Una de ellas ocurrió en la embajada de Perú; al negarse el embajador peruano a entregar a las autoridades cubanas un grupo de asilados que habían disparado y matado a un custodio, el gobierno cubano decidió retirar la protección al recinto diplomático y en las 48 horas que siguieron entraron en la embajada en busca de asilo aproximadamente 10 000 personas. Como resultado de las negociaciones que siguieron al incidente se habilitó el puerto de Mariel para permitir que los residentes en Miami pudieran ir por sus familiares en embarcaciones y llevarlos a Estados Unidos, con la condición de que en las mismas embarcaciones también se llevaran a ex presidiarios, homosexuales y delincuentes que el gobierno estimuló a emigrar.

nos e intelectuales formados en la revolución y en su mayoría eran jóvenes.[18] También en esta oleada salieron un numeroso grupo de marginales, y ex convictos, a los cuales (junto con los homosexuales hasta entonces también considerados por el pensamiento oficial "desviados sociales",[19] el gobierno estimuló a emigrar con el objetivo de caotizar aún más el masivo éxodo.

El fenómeno de Mariel fue particularmente espectacular por la cantidad de personas que emigraron en un plazo muy breve y por la atmósfera de confrontación interna que se desplegó a su alrededor, en la cual, quienes expresaron su decisión de emigrar fueron tratados como "escoria" y traidores a la patria, y sufrieron repudios organizados en mítines y concentraciones, orientados y dirigidos por el Estado.[20]

Con este proceso, el tímido acercamiento del gobierno con su comunidad en el exterior retrocedió y, aunque las visitas de la comunidad no se cancelaron del todo, la relación entre "los de afuera y los de adentro" volvió a enrarecerse y el viejo rechazo oficial se revitalizó. Los viajes continuaron siendo obstaculizados por trabas burocráticas y por los altos precios de los trámites necesarios.

Después del puerto de Mariel, y como resultado de los acuerdos migratorios entre Cuba y Estados Unidos que le siguieron, puede decirse que se "normalizó" la emigración. Aun cuando Estados Unidos no concedieron nunca el monto máximo de visas anuales que establecía el acuerdo (20 000), durante estos años salieron de Cuba un número elevado de emigrantes entre los cuales se les concedía preferencia a los ex prisioneros políticos y a la reunificación familiar; en este contexto, los intentos de emigraciones ilegales crecieron discretamente durante los años siguientes pasando de una media mensual de 33 en 1962 hasta una de 110 en 1980 (Martínez *et al.*, 1996).

Ya desde Mariel, la connotación política del exilio cubano se modifica —incluso en cuanto a la autopercepción de los migrantes. Aunque no puede decirse —como afirma el discurso oficial— que a partir de

---

[18] De ellos, 41% era menor de 26 años (Fernández, 1993:199) y 48.9% eran varones de entre 22 y 50 años (Rodríguez Chávez, 1994:18).

[19] Sobre esto, también he tratado más extensamente en Bobes, 2001.

[20] "Que se vaya la escoria" era la consigna que se coreaba en los "actos de repudio", con lo cual, además de caotizar el proceso, se intentaba hacer ver que los únicos descontentos eran los marginales y los delincuentes y así atenuar el efecto de ruptura de consenso que evocaba la salida de tantos miles de personas en un plazo tan breve.

estos momentos se trata de una emigración estrictamente económica, es obvio que los nuevos emigrantes ya no llevaban la idea de regresar en un breve lapso, recuperar sus propiedades, ni de organizar una
oposición armada contra el gobierno, lo cual los distinguía de sus antecesores; aun así, lo cierto es que la motivación política también estaba
presente; en esto influyen dos circunstancias; la primera es que el sistema cubano tiene la peculiaridad de politizar todas las esferas de la vida
social (Bobes, 2000), desde la economía hasta la vida cotidiana; la segunda refiere a la existencia de vínculos con familiares emigrados en
anteriores olas y la fuerte politización de las organizaciones del exilio
que en muchos casos ayudaron a la inserción de los recién llegados, tales circunstancias hicieron de esta ola un grupo que —en tanto se incorporó a la cultura política de la "ideología del exilio"— no permanecería
ajeno a la confrontación política. Por otra parte, el propio tratamiento
de la crisis y el modo como el gobierno cubano encaró el éxodo poli-
tizaron el acontecimiento y sus protagonistas.

En realidad, no fue sino hasta la crisis del periodo especial que se
produjeron cambios ostensibles en la política migratoria del gobierno
cubano y en su relación con la emigración. Por un lado, la crisis orilló
al Estado cubano a flexibilizar sus restricciones para la salida de los
cubanos[21] y, por el otro, se reinició el contacto con la comunidad emigrada.

## CRECE LA NACIÓN. LOS CAMBIOS EN LA RELACIÓN
## ESTADO-EMIGRACIÓN A PARTIR DE LOS AÑOS NOVENTA

Ya desde fines de la década de los ochenta se establecieron nuevas regulaciones migratorias y se inauguró una nueva política tanto respecto
a los emigrantes potenciales como respecto a la comunidad emigrada:
en cuanto a lo primero:

> Esta política reduce hasta los 18 años la edad para salir del país en viaje
> temporal por asuntos particulares:[22] permite la realización de contratos

---

[21] En este punto, puede decirse que se reproduce la práctica de usar la migración como
válvula de escape a las presiones internas.
[22] Antes era de 21 años.

personales de trabajo en el exterior para algunos sectores[23] y otorga permisos de residencia permanente en el exterior a cubanos con determinados requisitos,[24] quienes pueden entrar y salir del país sin autorización previa (Rodríguez, 1997:54).

No obstante, esta flexibilización no ha terminado con los intentos de salidas ilegales ni con las presiones a la migración. En agosto de 1994 se produce la llamada crisis de los balseros, en el momento en que la crisis económica impactaba más duramente a los sectores de menores ingresos y a los ciudadanos sin acceso a dólares. Precedida por varios intentos de emigración ilegal con uso de violencia y desatada por el incidente del secuestro de un remolcador en el malecón de La Habana —que fue sometido violentamente por las fuerzas del orden hasta que zozobró, con un saldo de varios muertos—, esta crisis desencadenó los primeros disturbios callejeros en el país en 40 años y, a partir de que el gobierno cubano retiró la custodia del espacio marítimo, generó la salida de miles de personas en embarcaciones improvisadas y terminó con nuevos acuerdos migratorios entre los gobiernos de Cuba y Estados Unidos.

Respecto a las transformaciones en torno a la relación del Estado cubano con su emigración; en 1994 y 1995 se realizan en La Habana las conferencias "La Nación y la Emigración", en las cuales se discute públicamente el problema de la relación de Cuba con su comunidad en el extranjero; a ellas asiste, invitado por el gobierno cubano, un grupo de representantes de la comunidad. Además se empieza a discutir la apertura de una oficina en el Ministerio de Relaciones Exteriores para atender los asuntos de los emigrados y se habilitan nuevas facilidades para sus visitas a la isla.[25]

También, a partir de estos años, dentro del país se comienzan a publicar en antologías y revistas nacionales obras literarias de cubanos exiliados (antes totalmente ignoradas y silenciadas) y se fortalecen y es-

---

[23] Fundamentalmente artistas y profesionales.

[24] Esto se aplica en la mayoría de los casos a ciudadanos cubanos que han contraído matrimonio con extranjeros, a ellos se les otorga un permiso de residencia en el exterior.

[25] Se trata de un permiso especial denominado "vigencia de viaje" que habilita por dos años a los emigrados para entrar y salir del país sin necesidad del permiso establecido en las leyes migratorias. Esta vigencia de viaje es otorgada de manera discrecional y casuística por parte de las autoridades y debe ser revalidada cada dos años (en este sentido, puede decirse que flexibiliza pero no cancela la función de control de las regulaciones migratorias).

timulan los vínculos académicos y culturales en general con los "cubano-americanos". Todo esto expresa una voluntad de ampliar los límites de la inclusión simbólica a la nación y de incorporar, siquiera parcial y selectivamente, a una parte de la emigración a ella.

Sin embargo, el cambio más radical en las relaciones de los cubanos de una y otra orillas del estrecho de Florida se relaciona con las medidas de ajuste económico emprendidas por el régimen después de 1989 (véase Monreal y Rua, 1994). Entre ellas, las que más directamente impactaron la relación fueron la despenalización de la tenencia de divisas y la autorización del envío de remesas familiares, las cuales transformaron la economía de muchas familias cubanas, sin olvidar, desde luego, la autorización a la inversión extranjera y el trabajo por cuenta propia que han diversificado las fuentes de ingreso y modificado el patrón igualitarista de consumo que había prevalecido hasta entonces en la sociedad cubana.

Estas transformaciones han conducido a un reciclamiento del nacionalismo y a una modificación en la percepción de la emigración. Si tenemos en cuenta que para el año 2000 las remesas familiares alcanzaron la cifra de 720 000 000 de dólares (CEPAL, 2001), hay que reconocer que los que una vez (y durante tanto tiempo) fueron llamados "gusanos" hoy participan en el PIB nacional. El impacto simbólico de esta situación apunta, por una parte a un cambio en las relaciones Estado-sociedad al interior de Cuba, ya que muchos cubanos han sustituido su dependencia (económica y de consumo) respecto al Estado por la dependencia con los antiguos "enemigos", lo cual implica resentimientos y dudas respecto a viejas actitudes de ruptura (política) con las familias y, por la otra, a un cambio en la percepción de la decisión de emigrar, amén del restablecimiento de relaciones y contactos —en algunos casos— interrumpidos por muchos años.

Así, el discurso se ha modificado, la expresión "gusano" ha dejado de usarse y en su lugar ha surgido una forma más limitada que excluye de manera selectiva. Ahora la "mafia de Miami" —expresión acuñada alrededor del "caso Elián"—[26] sirve para deslindar entre "el primo

---

[26] Aunque el caso fue muy conocido, creo necesario recordar que me estoy refiriendo al incidente de un niño cubano llevado por su madre a Estados Unidos en una balsa que naufragó y cuya custodia desató una ordalía legal y política en torno a su regreso a Cuba. El niño, finalmente fue regresado a Cuba y a la custodia de su padre en los primeros meses del año 2000.

que nos manda remesas" y las fuerzas políticas que hacen *lobbies* en Washington y se alinean con la Fundación Nacional Cubano America-na. Asimismo, el discurso oficial comienza a valorar la emigración más en función de motivos familiares y económicos y menos en términos de confrontación política.

Por su parte, la "ideología del exilio" (aunque sigue siendo la pre-dominante en el espacio publico de Miami) también comienza a dar muestras de agotamiento y en la comunidad cubana se hace más visible la heterogeneidad y la diversidad de posiciones respecto a la actitud hacia el gobierno y la sociedad cubanas.

En estas circunstancias, es posible prever relaciones cada vez más fluidas y "normales" entre los de adentro y los de afuera. Si tenemos en cuenta también que la migración parece que va a continuar siendo un patrón de la sociedad cubana y que los cubanos asentados en Estados Unidos se han incorporado y socializado en formas democráticas de participación política, dentro de las cuales han demostrado un alto ni-vel de involucramiento,[27] podemos pensar en la formación de una for-ma de ciudadanía transnacional potencial (o emergente) que espera el establecimiento de una estructura institucional democrática que permi-ta su despliegue.

El voto de la comunidad cubana en el exterior, que hoy se presen-ta aquí como un caso excepcional podría ser una realidad en el futuro. En un escenario de transición a la democracia y en presencia de elec-ciones competitivas, este podría ser un punto central de la agenda de la reconciliación, ya que, a pesar de tantos años de ruptura y rechazo, las relaciones entre los "de adentro y los de afuera" han sido persistentes e inevitables. Así, de lo que no cabe duda es que, dada su magnitud y sus características, la inclusión de esta comunidad como miembros con pleno derecho de ciudadanía, tendrá de seguro un peso significativo en el proceso político futuro de Cuba; un futuro en el cual, lo deseable sería que todos los proyectos pudieran dialogar y competir en un espa-cio público abierto y tolerante y la emigración no fuera el único cami-no para la discrepancia.

---

[27] El cual incluye no sólo altos niveles de concurrencia electoral sino además un gran número de cubanos en puestos de elección y presencia de este grupo étnico en las alcaldías y el congreso del estado de Florida y en la Unión Americana.

# FUENTES CONSULTADAS

*Bibliografía*

Ackerman, H., "Protesta social en la Cuba actual: los balseros de 1994", *Encuentro de la Cultura Cubana*, núm. 3, invierno de 1996-1997, Madrid.

Bobes, V. C., "La invención del paraíso. Itinerario sobre la identidad nacional, la cultura política y el cambio revolucionario en Cuba (1959-1969)", tesis de maestría, FLACSO, México, 1994.

————, *Los laberintos de la imaginación. Repertorio simbólico, identidades y actores del cambio social en Cuba*, El Colegio de México, México, 2000.

————, "Sociedad civil. Instituciones y narrativas en el escenario cubano", 2001 (en prensa).

Brubaker, W. R., *Inmigration and the Politics of Citizenship in Europe and North America*, University Press of America, Londres-Nueva York, 1989.

Castro, M. J. (comp.), *Free Markets, Open Societies, Closed Borders? Trends in International Migration and Immigration Policy in the Americas*, North South Center Press/University of Miami, Florida, 1999.

CEPAL, *Cuba: evolución económica durante 2000*, CEPAL, México, 2001.

Chalbaud Zerpa, R., *Estado y política*, Facultad de Derecho-Centro de Investigaciones Jurídicas-Universidad de los Andes, Mérida, Venezuela, 1978.

Domínguez, J., *Cuba: Order and Revolution*, Harvard University Press, Massachusetts, 1978.

Fernández, D., "Youht in Cuba. Resistance and Accommodation" en E. Baloyra y J. Morris (comps.), *Conflict and Change in Cuba*, University of New Mexico Press, Albuquerque, 1993.

Gomis, R., *Notas críticas sobre la bibliografía acerca de la comunidad cubana*, CEA, La Habana, 1985 (Avances de Investigación, 22).

Hernández, J., "Emigración y ciencias sociales: notas para una discusión sobre la identidad cubana" en D. García (ed.), *Cuba: cultura e identidad nacional*, Memorias del encuentro: Cuba: Cultura e Identidad Nacional, La Habana, 23-24 de junio de 1995, Unión, La Habana, 1995.

Martínez, M. *et al.*, *Los balseros cubanos. Un estudio a partir de las salidas ilegales*, Editorial de Ciencias Sociales, La Habana, 1996.

Monreal, P. y M. Rúa, "Apertura y reforma de la economía cubana: las transformaciones institucionales", *Cuadernos de Nuestra América*, vol. XI, núm. 21, 1994, La Habana.

Pérez, L., "Cuban Miami" en G. J. Grenier y A. Stepick III, *Miami Now: In-*

*migration, Ethnicity and Social Change*, University Press of Florida, Greensville, 1992.

Pérez, L. A., *On Becoming Cuban. Identity, Nationality and Culture*, The University of North Carolina Press, Carolina del Norte, 1999.

Pichardo, H., *Documentos para la historia de Cuba*, Editorial de Ciencias Sociales, La Habana, 1973.

Portes, A. y R. Bach, *Latin Journey. Cuban and Mexicans Immigrants in the U.S.*, University of California, Berkeley, 1985.

Poyo, G., "The Cuban Exile Tradition in the United States. Patterns of Political Development in the Nineteenth and Twentieth Centuries" en D. García (ed.), *Cuba: cultura e identidad nacional*. Memorias del encuentro Cuba: Cultura e Identidad Nacional, La Habana, 23-24 de junio de 1995, Unión, La Habana, 1995.

Riera, M., *Cuba política. 1898-1955*, Impenta Modelo, La Habana, 1955.

Rodríguez Chávez, E., "La crisis migratoria Estados Unidos-Cuba en el verano de 1994", *Cuadernos de Nuestra América*, vol. XI, núm. 22, 1994, La Habana.

————, "El flujo emigratorio cubano, 1985-1996: balance y perspectivas", *Revista de Ciencias Sociales*, Universidad de Puerto Rico, junio de 1997.

Soysal, Y. N., *Limits of Citizenship. Migrants and Postnational Membership in Europe*, The University of Chicago Press, Chicago, 1994.

Taylor, D., "Citizenship and Social Power" en B. Turner y P. Hamilton (comps.), *Citizenships: Critical Concepts*, Routledge, Londres-Nueva York, 1994.

Therborn, G., "Dominación del capital y aparición de la democracia", *Cuadernos Políticos*, núm. 23, 1980, México.

Trabaue, C., "Cuba: la emigración a la luz de un nuevo contexto social", ponencia presentada en el XXIII Congreso de Latin America Studies Association, Washington, 5-8 de septiembre de 2001.

## Constituciones de la República de Cuba

*Constitución de la República de Cuba, 1901* en H. Pichardo, *Documentos para la historia de Cuba*, Editorial de Ciencias Sociales, La Habana, 1973, t. II.

*Constitución de la República de Cuba, 1940*, en H. Pichardo, *Documentos para la historia de Cuba*, Editorial de Ciencias Sociales, La Habana, 1973, t. IV.

*Constitución de la República de Cuba, 1976*, ed. oficial, Ministerio de Justicia, La Habana.

*Constitución de la República de Cuba, 1992*, FCE/UNAM, México.

# DOS CASOS EUROPEOS DE EXTENSIÓN DE DERECHOS POLÍTICOS TRANSNACIONALES

En esta parte nos referimos a dos países europeos en los que la legislación sobre el voto en el exterior fue resultado del proceso de extensión de derechos ciudadanos propio de la instauración de sistemas democráticos, España y Portugal. Cada uno de estos países ejemplifica una historia excepcional, como veremos en cada apartado, pero analizados a la par muestran que hay patrones que permiten que se dé un proceso de esta naturaleza. Adicionalmente, nos ofrecen experiencias que sirven para explicar el desarrollo y el impacto potencial del ejercicio electoral transnacional de manera más amplia.

La ruta que cada país siguió al otorgar derechos políticos a sus migrantes es resultado de un largo proceso político interno, pero en ambos casos coincide con una coyuntura que originó se debatiera la inclusión de los migrantes en la vida política de manera formal; esta coyuntura se localiza en los procesos de transición democrática. En España, tras 36 años de dictadura, en 1978 se aprobó una nueva constitución en la que se incluyó un capítulo concerniente a los españoles en el exterior, donde se reglamentó la participación electoral a través del voto directo en elecciones presidenciales y municipales. En Portugal, por otra parte, en 1974 terminó una dictadura de 48 años, y en ese marco se aprobó una nueva constitución (1976) que incluyó el voto de los migrantes para la Asamblea Constituyente y, posteriormente, para el Parlamento.

En los dos países, los derechos políticos se otorgaron partiendo del principio de reconocer la condición especial de los migrantes, dada su ubicación geográfica, por lo que no aprobaron sólo derechos políticos básicos sino que se crearon nuevas formas de representación política. Para tal efecto, en España se creó una figura denominada CERA (Censo Especial de Residentes Ausentes en el Extranjero), que consiste en un consejo cuyos miembros son residentes en el exterior. En Portugal, a fin de darle representación a la comunidad migrante en el Parlamento, se concedió un escaño para un diputado migrante. Posteriormente, esta representación se amplió a cuatro escaños, dos para migrados en Europa y dos para quienes radican en el resto del mundo.

La inclusión sin contratiempos de los migrantes en el escenario político de ambos países, se debe a dos factores que se entrecruzan. En primer lugar, es importante considerar y revalorar el significado del advenimiento de la democracia, pues en estos casos, este cambio político representó el final de dos regímenes dictatoriales que implicaban la nula existencia de derechos ciudadanos (o sumamente limitada aun al final de los dos gobiernos). En estas circunstancias se dio una situación excepcional en la que las diferentes fuerzas políticas se aglutinaron en torno a una causa común para avanzar hacia la instauración de la democracia. Esto brindó una amplia legitimidad al proceso democratizador de cada país, que se tradujo en un deseo genuino de los distintos actores políticos de renovar las viejas estructuras de control y exclusión, siendo condición *sine qua non* para este cambio la elaboración y la reglamentación de nuevas constituciones. Este proceso también generó un momento de optimismo excepcional que traspasó las fronteras, ya que invadió no sólo a los ciudadanos dentro de cada país, sino también a quienes radicaban en el exterior.[1]

En segundo lugar, entrelazado con este escenario hay que tener en cuenta que la migración española y la portuguesa fueron experiencias que se produjeron como resultado directo de la represión, aunque, dado lo prolongado de ambas dictaduras, dichas migraciones no pueden ser caracterizadas tan sólo como exilio político, pues con el tiempo adquirieron un sentido más económico y social. Sin embargo, para efectos del proceso que llevó a la transición política, se considera que el papel opositor activo que grupos de migrantes mantuvieron durante largos periodos también influyó en el derrocamiento del régimen. En ambos países hubo por lo tanto un exilio democratizador, que posteriormente legitimó su reclamo a ser incluido en la vida política nacio-

---

[1] Este caso ofrece una experiencia de representación interesante pues además los extranjeros pueden participar en elecciones municipales también.

nal, lo que ocurrió sin mayores cuestionamientos en la nueva organización política.

Al transcurrir los primeros periodos de la transición y ya en el marco de una consolidación democrática se aprobaron nuevas leyes para extender derechos a la comunidad migrante. En 1990 se aprobó la ley de no pérdida de nacionalidad española[2] (sólo para los nacionales de origen). Esta ley permite la múltiple nacionalidad *de facto* (mientras otro Estado o Estados no se opongan, esto es posible), aunque se estipula que, ante dos nacionalidades, una se encuentra en operatividad plena mientras que la otra se mantiene en hibernación. Se hace uso de ella a juicio del portador, dependiendo de lo que más le convenga. En Portugal, por otra parte, en la década de los noventa se aprobaron dos nuevas leyes que permiten que los portugueses, independientemente de donde radiquen, puedan votar para el Parlamento Europeo, y en 1997 se amplió el derecho al voto para presidente de la república, única posibilidad de ejercicio político hasta ese momento aún pospuesta.

## LECCIONES QUE OFRECEN ESTOS CASOS

Con su experiencia, ambos países nos permiten ver que la extensión de derechos políticos es parte de un proceso que, una vez iniciado, se va ampliando; por ejemplo, en España y Portugal se permite votar en las elecciones presidenciales, en las elecciones locales de otros países miembros de la Unión Europea y en las elecciones al Parlamento Europeo, las cuales el votante es incluido en el padrón del país de residencia, el cual contabiliza dicho voto como propio.

Estos casos también muestran que en tanto el régimen cuente con un alto rango de confiabilidad, el proceso se lleva sin mayores contratiempos con diferentes modalidades: el voto por adelantado, por correo o directamente en el consulado el día del proceso electoral. Dada la regularidad en la realización de este tipo de votaciones, podemos decir que la participación inicial se presenta generalmente de manera muy elevada; por ejemplo, en la primera elección en el exterior de Portugal, votó 85% de los inscritos, sin embargo, con el paso del tiempo esa par-

---

[2] Dado que en el caso español la nacionalidad se iguala a la ciudadanía, esta ley incluye derechos políticos para quienes resulten beneficiados.

ticipación tendió a bajar, incluso mostrando altos índices de abstencionismo. Aun así, es importante considerar, para ambos países, que la baja participación no es un factor que lleve a cuestionar este derecho.

## IMPACTO POLÍTICO DEL VOTO EN EL EXTERIOR

Una de las lecciones interesantes por rescatar de la experiencia que nos ofrecen estos países es que el impacto político de los migrantes no se traduce en un número significativo a escala nacional, sino que es en las localidades de donde principalmente proceden los migrantes donde su efecto se magnifica. Así, aun con índices altos de abstencionismo global, tenemos que en España hay algunas comunidades donde el voto en el exterior resulta definitivo. El voto gallego de Buenos Aires, conocido como "la quinta provincia", define curules en Galicia, lo que explica el interés de los partidos españoles en hacer campaña electoral en Argentina. En Portugal, por su parte, dada su alta tradición de emigración, que se combina actualmente con su calidad de país de alta recepción de extranjeros, la participación transnacional es una fuerza política latente, sobre todo si se considera que de un país de poco más de 10 000 000 de habitantes, hay 4 500 000 ciudadanos en el exterior, ya sean nacidos en el país o sus descendientes, que de acuerdo con la ley de nacionalidad portan los derechos de todo portugués, y pueden votar si lo desean. Si consideramos que el juego de la democracia tiene cierto nivel de impredecibilidad, puede ocurrir que se dé un proceso electoral que active estas comunidades, lo que puede, definitivamente, tener un peso significativo en el resultado final de una elección. Sorpresas de la democracia si se juega realmente a la democracia.

ESPAÑA

| | |
|---|---|
| Población total | 2000: 39 952 651[a] |
| Población en el exterior | 1999: 995 211[b] |
| Porcentaje respecto a la población residente | 0.35 |
| Destinos principales de migración | Argentina, Francia, Alemania, Venezuela y Suiza |

Remesas (en dólares)
Voto en el exterior                    Aprobado en 1978
Estado actual del voto
    en el exterior                     Los residentes españoles en el exterior
                                           pueden votar por correo o depositando su
                                           papeleta en el consulado en caso
                                           de elecciones autonómicas a todos los
                                           cargos políticos, desde las elecciones
                                           municipales, las generales (Congreso y
                                           Senado) y culminando con las europeas
                                           (Parlamento Europeo)
Tipo de voto                           Voluntario


## PORTUGAL

Población total                        2001: 10 300 000[c]
Población en el exterior               4 800 000[d]
Porcentaje respecto a la
    población residente                2000: 46.6
Destinos principales
    de migración                       Estados Unidos, Brasil, Canadá y Venezuela
Remesas (en euros)                     3 143 500 (aprox. 3% del PNB)[e]
Voto en el exterior                    Aprobado en 1975
Estado actual del voto
    en el exterior                     El ejercicio del voto en el exterior se realiza
                                           por vía postal y es escrutinado en Lisboa.
                                           Cargos a elegir: diputados para la Asamblea
                                           de la República (Parlamento) y
                                           presidente de la república (electo por
                                           voto universal directo y secreto); el voto
                                           de los emigrantes es permitido desde la
                                           reforma constitucional de 1997 (votaron
                                           por vez primera en el año 2000)
Tipo de voto                           Voluntario

[a] Instituto Nacional de Estadística del Gobierno de España.
[b] Gazeta Antropológica, núm. 17, año 2000, Barcelona, España.
[c] Datos del Censo General de Población 2001, INE.
[d] Proyección para el año 2000, que incluye a individuos de origen portugués. Véase Dirección General de Asuntos Consulares y Comunidades Portuguesas, Ministerio de Negocios Extranjeros, de acuerdo a la información proporcionada por las embajadas y consulados portugueses.
[e] Datos referentes a 1999, proporcionados por el Banco de Portugal.

# EL VOTO EN EL EXTERIOR
# DE LOS NACIONALES ESPAÑOLES

## Luis Peraza Parga

> Dicen que nadie ha llorado con más alegría, dicen que
> aquellos que han vuelto de nuevo a Galicia.
>
> Canción de Julio Iglesias

## INTRODUCCIÓN

España superó hace tiempo el debate sobre la necesidad del voto en el exterior. Es un derecho político asentado y ya muchas veces ejercido debido a que el voto en el exterior tiene quince años de edad y se utiliza en todas las elecciones, en todos los niveles. En este trabajo se plantea la mecánica de este instrumento y las ventajas e inconvenientes que se dan en su puesta en práctica, apuntando posibles soluciones para mejorarla.

Para ubicar el escenario político en que se desarrolla este derecho nos situamos en 1975, con el final de 36 años de dictadura personal (1939-1975). Sería más exacto decir 20 años de dictadura y 16 últimos de autoritarismo. Varios "Francos" en ese recorrido: Franco de la posguerra civil y segunda guerra mundial, Franco aislado de la comunidad internacional, Franco estupendo escudo contra el avance comunista aprovechado por Estados Unidos, Franco en la España desarrollista de los sesenta, Franco agonizante. Podemos realizar las clasificaciones que queramos y seguramente todas serán correctas. Sin embargo, lo más importante es que bajo este régimen en España se careció de la posibilidad de elegir gobernantes, de expresar libremente cualquier tipo de ideas, de recibir y difundir toda clase de información, de derecho de reunión para fines políticos o laborales.

Durante el proceso posterior definido como la transición a la democracia, se pasó de gobernantes con afán rupturista "reciclados" del régimen franquista a un partido de izquierdas moderado y a un líder carismático: el Partido Socialista Obrero Español (PSOE) y Felipe González Márquez. Su mayoría absoluta en octubre de 1982 y su permanencia en el poder durante trece años consolidó definitivamente la democracia plena y efectiva en España, que ha culminado con la elección, también por mayoría absoluta en marzo de 2000, de un partido de otro signo, el Partido Popular, libre ya del estigma de heredero del régimen franquista.

Así, España goza, desde hace 25 años, de una monarquía constitucional parlamentaria, apoyada en una Constitución que, si bien se fundamentó en las tendencias y normas constitucionales de la época, traduce perfectamente el espíritu de consenso que quería alcanzar la sociedad española de finales de los setenta. La clase política del momento supo captar las necesidades de una sociedad joven que no quería revoluciones ni cortes drásticos, anhelante de un cambio profundo y desde la legalidad y que aceptaba de buen grado a un rey, entronizado por Franco, continuador de la monarquía interrumpida con la II República. Este sería el escenario político general en que se enmarca nuestro tema.

## LA CONSTITUCIÓN DE 1978

El 6 de diciembre de 1978 la primera Constitución española realmente democrática[1] y de consenso es aprobada mayoritariamente con 87% de los votos afirmativos en referéndum, y entra en vigor el 29 de diciembre siguiente. Es aquí donde encontramos el verdadero origen y la fundamentación primigenia del voto del español en el extranjero. El derecho de sufragio se consagra como uno de los derechos fundamentales

---

[1] Las constituciones democráticas contemporáneas emanan del poder constituyente en forma de asamblea que goza de la facultad máxima de crear la constitución. Una vez cumplida esta fundamental tarea, el poder constituyente se agota en sí mismo. Por lo tanto, es falsa su concepción como ley de leyes, ya que el origen de una ley viene del poder legislativo y el de una constitución, del constituyente que, acabada su principal y única tarea, se disuelve. Es, en pocas palabras, la norma superior y la que crea todo el sistema de fuentes que hay por debajo de ella.

del ciudadano y además, en un artículo[2] sin precedente en el derecho constitucional comparado, "obliga a que la ley reconozca y el Estado facilite, el ejercicio de este derecho a los españoles que se encuentran fuera de España"[3] (con las limitaciones inevitables al desarrollar un mandato constitucional que veremos más adelante). Este reconocimiento al derecho electoral del español en el exterior se debió a un cúmulo de factores:

1. La voluntad[4] firme e inequívoca de los "padres fundadores" de la Constitución de 1978, y de la sociedad española en general, de saldar la deuda histórica que la "España vencedora" tenía con los exiliados políticos y económicos.

2. El anhelo de un texto *incluyente* y perdurable que diera estabilidad al devenir económico, político y social de *todos* los españoles. Si la clase política no podía corregir el exilio económico haciéndolo volver, sí podía garantizar la no persecución de los emigrantes que desearan volver y la libertad de ideas y su expresión, la libertad de cultos y su manifestación.

A pesar de la importancia original de la Constitución como marco jurídico esencial, son las normas que la desarrollan las realmente importantes a la hora de llevar a la práctica un mandato constitucional.

## LA NACIONALIDAD ESPAÑOLA

Un elemento inherente a este debate es sobre quién es considerado nacional, ya que es partiendo de esta definición jurídica y sociológica como se establecen los derechos políticos. En diciembre de 1990 se promulgó la Ley de Nacionalidad española que reformó los artículos del Código Civil (CC) al respecto, respetándose las líneas esenciales de la Ley de 1982 (posconstitucional). El artículo fundamental de la Constitución española de 1978 sobre nacionalidad es el 11, que forma parte del importante título I, capítulo I "De los españoles y los extranjeros":

---

[2] Ver el artículo 68.5 de la Constitución española.

[3] En 1999 se calculó alrededor de 1 995 211 españoles en el exterior. Fuente: *Gazeta Antropológica*, Instituto Nacional de Estadística del Gobierno de España, núm, 17, año 2000, Barcelona, texto 17-06.

[4] Manifestada en que el párrafo 5 del artículo 68 se mantuvo inalterado desde el anteproyecto constitucional.

1. La nacionalidad española se adquiere, se conserva y se pierde de acuerdo a lo establecido por la ley.

2. Ningún español de origen podrá ser privado de su nacionalidad.

3. El Estado podrá concertar tratados de doble nacionalidad con los países iberoamericanos o con aquellos que hayan tenido o tengan una particular vinculación con España. En estos mismos países, aun cuando no reconozcan a sus ciudadanos un derecho recíproco, podrán naturalizarse los españoles sin perder su nacionalidad de origen.

Lo central es que el segundo apartado del artículo 11 de la Constitución nos habla de que la nacionalidad de origen[5] no se podrá perder ni renunciar a ella, lo que *de facto* establece un vínculo permanente de España con sus migrantes. Este privilegio es sólo para los nacionales de origen.

En el marco de la efectividad práctica de la doble nacionalidad y de los convenios que la regulan, destaca el hecho de que sólo una de las dos nacionalidades de las que se disfruta tiene total eficacia con una plenitud operativa, mientras que la otra sufre una "hibernación". Es decir, aunque el individuo teóricamente disfruta de las dos al mismo tiempo, por razones prácticas sólo hace uso de la que más le conviene en cada época de su vida. También se adquiere la nacionalidad por carta de naturaleza otorgada discrecionalmente por real decreto, cuando en el interesado concurren circunstancias excepcionales, y por residencia legal en España por diez años consecutivos, que se rebajará a cinco si obtuvo asilo o refugio, e incluso a dos cuando sean nacionales de origen iberoamericano o de Andorra, Filipinas, Guinea Ecuatorial, Portugal, o sefardíes.

Con esta Ley de Nacionalidad española de 1990, España crea, en el derecho comparado europeo, una nueva forma de adquisición de la nacionalidad, denominada por posesión de estado. La posesión y utili-

---

[5] El artículo 17 del Código Civil español dice que son españoles de origen: los nacidos de padre o madre españoles (*ius sanguinis*), los nacidos en España (*ius soli*) de padres extranjeros si, al menos, uno de ellos hubiera nacido también en España (exceptuados diplomáticos), o si ambos carecen de nacionalidad (apátridas) o si la legislación de ninguno de ellos atribuye al hijo una nacionalidad, o si su filiación no resulta determinada (se presumen nacidos en territorio español los menores de edad cuyo primer lugar conocido de estancia sea territorio español). El extranjero menor de 18 años adoptado por un español adquiere, desde la adopción, la nacionalidad de origen, y si es mayor, podrá optar a la misma en el plazo de dos años desde de la adopción.

zación continuada de la nacionalidad española durante diez años, con buena fe y basada en un título inscrito en el Registro Civil, consolida la nacionalidad, aunque se anule el título que la originó. Es decir, tal posesión necesita las condiciones tradicionales de justo título, prolongación durante cierto tiempo y buena fe.

Excluyendo a los españoles de origen, perderían la nacionalidad española los emancipados (los mayores de edad o asimilados a éstos) que, residiendo habitualmente en el extranjero, adquieran voluntariamente otra nacionalidad o utilicen exclusivamente la nacionalidad extranjera que tuvieran atribuida antes de la emancipación, una vez pasados tres años; también los que renuncien expresamente a ella. Formarían parte de esta categoría los españoles condenados a perderla por sentencia firme o que entraran voluntariamente al servicio de las armas o ejerzan cargo político en un Estado extranjero contra la prohibición expresa del gobierno. Parece que es eminente la aprobación, en un futuro cercano, por la vía de urgencia, de una nueva ley sobre nacionalidad que traerá los siguientes cambios positivos: un español de origen no perderá la nacionalidad por adquirir la del país de residencia; se establecerá permanentemente, para los hijos de emigrantes españoles, la posibilidad de optar por la nacionalidad española, superando el sistema de sucesivos plazos de opción[6] y, por último, se suprimirá la absurda prohibición discriminatoria de impedir a las mujeres transmitir a sus hijos la nacionalidad española.

## LEY ORGÁNICA DEL RÉGIMEN ELECTORAL GENERAL (LOREG 1985) MODIFICADA POR LEY ORGÁNICA DE 1995

Una de las características básicas del voto en el exterior en España es que se extiende a todas las elecciones, sin quedar restringido a las votaciones para presidente como sucede en otros Estados. Es al desarrollar el mandato constitucional visto arriba cuando el legislador español estableció, como mecanismo ordinario para el ejercicio del derecho de voto del ausente, el del voto por correo, regulando una modalidad específica de éste para los españoles ausentes en el extranjero.

---

[6] El último plazo se otorgó durante el año 1996, finalizando el 7 de enero de 1997.

Las opciones que tiene cualquier legislador cuando se enfrenta a la regulación del voto en el exterior son las siguientes:

*a*) Mediante oficinas establecidas *ad hoc* en los consulados españoles en el extranjero.

*b*) El voto por correo con las debidas garantías para que no haya un solo español que no pueda ejercer su derecho.

Las características esenciales del voto del español residente en el extranjero son:

*a*) Es una modalidad *sui generis* del voto por correo ordinario.

*b*) Coordinación entre los siguientes organismos de la administración pública: Juntas Electorales Central, Provincial y de Zona que, con su control, evitan la duplicidad de inscripción censal; Oficina del Censo Electoral Central y Provincial; Dirección General de Asuntos Jurídicos y Consulares, así como los respectivos consulados dependientes del Ministerio de Asuntos Exteriores; Organismo Autónomo de Correos y Subdirección General de Política Interior y Procesos Electorales.

*c*) Absoluta gratuidad del voto para el residente ausente (no estableciendo de esta manera distinciones con el elector residente en España). Se calcula que al Estado español le supone un desembolso de 17 dólares estadunidenses por votante en el extranjero.

Las dificultades son las siguientes:

*a*) La confección de un Censo Especial de Residentes Ausentes en el Extranjero, mejor conocido por su acrónimo, CERA.

*b*) *Perentoriedad de los plazos*, ya que son los mismos que dentro de España, sin tener en cuenta el largo procedimiento por correo de recepción y envío de documentos.

*c*) Imposibilidad de que existan mesas electorales en los consulados, obstáculo que no se salva con la reciente posibilidad de depositar el voto en una "urna", como opción al envío por correo.

*d*) A pesar de las mejoras técnicas y ajustes necesarios introducidos a lo largo del tiempo, el sistema actual no resuelve el problema de la imposibilidad de ejercer el derecho al voto de aquellos que se encuentran temporalmente ausentes en el extranjero.[7]

---

[7] Félix Marín Leiva, "Procesos electorales del Ministerio del Interior español", participación en el Seminario Internacional sobre Voto en el Extranjero, Instituto Federal Electoral de México, 11 y 12 de agosto de 1998.

## ORGANIZACIÓN LOGÍSTICA DEL VOTO

A pesar de las dificultades, el voto del español en el exterior es, sin duda, uno de los más consolidados internacionalmente, y puede servir como modelo para ser establecido en otras latitudes. Si en este esquema debiéramos destacar la actuación de algún organismo, éste sería la Junta Electoral Central, ya que lleva a cabo el diseño y la recopilación del CERA. Es el Ministerio del Interior el que administra y ejecuta de manera exclusiva todo el presupuesto electoral.

Es importante destacar la ardua tarea que supone la confección y actualización del CERA, las instrucciones a embajadas y consulados para coordinar todo este aparato, la divulgación del sistema de votación, y el inflexible cumplimiento de los plazos a la hora de organizar todo este sistema de sufragio en el exterior para cumplir con el obligado mandato constitucional visto antes.

De los 203 artículos de los que se compone la Ley Orgánica del Régimen Electoral General (en delante LOREG) de 1985, apenas siete se refieren al voto del español residente en el extranjero. De estos siete, sólo uno es específico (el 75) ya que los demás simplemente equiparan las funciones que debe desplegar un ayuntamiento a las del consulado en materias de altas y bajas en el censo, en el cambio de domicilio, en la exposición de las listas electorales el quinto día después de la convocatoria de las elecciones.

Los primeros artículos de la LOREG establecen que el derecho de sufragio corresponde a los españoles mayores de edad, salvo incapaces definitivos o temporales y los sentenciados a privación de ese derecho, que estén inscritos en el censo electoral vigente y que lo ejerzan de manera personal en la sección y en la mesa electoral que les corresponda, salvo el voto por correspondencia o el voto de los interventores, sin que puedan ser obligados o coaccionados bajo ningún pretexto en ese ejercicio, ni a revelar el contenido de su voto.

Los artículos 31 y 32 dentro del capítulo IV ("El censo electoral") y la sección I ("Condiciones y modalidad de la inscripción") se limitan a apuntar que el censo electoral está compuesto por el Censo de los Electores Residentes en España (CERE) y por el Censo de los Electores Residentes-Ausentes (CERA) que viven en el extranjero, y que estos últimos deben instar su inscripción al consulado español correspondiente en la forma que se disponga reglamentariamente (toda ley, y más una ley orgánica, debe ser desarrollada por un reglamento para prever su aplicación efectiva y al detalle).

El artículo 72 describe la mecánica del voto por correspondencia (con las dos vertientes, una la de voto que podríamos denominar de "adelantado", y otra la del elector español residente en el extranjero).

En la del adelantado, todo elector residente en España que prevea que en la fecha de la votación no se hallará en la localidad donde le corresponda ejercer su derecho, podrá emitir su voto por correo, previa solicitud a la delegación provincial de la Oficina del Censo Electoral (OCE). Todo el procedimiento es rápido, sencillo, gratuito; se realiza por medio de cualquier oficina de correos presentando el Documento Nacional de Identidad (DNI) desde la fecha de la convocatoria hasta el quinto día anterior al de la votación. Transcurridos unos días, un funcionario de correos se apersona en el domicilio con las papeletas, los sobres electorales, el certificado de inscripción en el censo, un sobre dirigido a la mesa donde corresponda votar y una hoja explicativa. Se introduce la papeleta elegida o rellenada, según sea el caso, en el sobre de la votación y se cierra. En el caso de que sean varias las elecciones convocadas, cada papeleta deberá introducirse en su sobre específico. Acto seguido, esos sobres y el certificado arriba mencionado se introducen en el sobre dirigido a la mesa electoral correspondiente. Finalmente, se remite por correo certificado sin necesidad de pagar franqueo o estampillas.

A las nueve de la mañana del día de la votación (los colegios electorales abren de 8 a 20 horas), Correos traslada estos votos a sus respectivas mesas, permitiéndose que siga llevando los votos que se reciban ese mismo día hasta la hora de cierre de los colegios. El gobierno adoptará las medidas que garanticen este derecho a los ciudadanos que se encuentren realizando el servicio militar, regulará las especialidades para el voto por correo del personal embarcado en buques de la armada, de la marina mercante española o de la flota pesquera.

Llegamos al antes mencionado, por su importancia, artículo 75. En él se establece que las delegaciones provinciales de la OCE: *envían, por correo certificado, de oficio a los inscritos en el CERA, el certificado de inscripción en el censo electoral,* las papeletas y sobres de votación, un sobre dirigido a la Junta Electoral Provincial y una nota explicativa. La mecánica es exactamente igual que la vista arriba y se remitirá por correo certificado (también gratuito) *no más tarde que el día anterior al* *de la elección, dando fe la fecha del franqueo o matasellos de la oficina de correos del Estado de que se trat*e.

Tres días después del escrutinio general, la junta electoral competente se constituye en mesa electoral a las 8 a.m., con los interventores que a tal efecto designen las candidaturas concurrentes. A continuación su presidente procede a introducir en la urna o urnas los sobres de votación de los residentes ausentes recibidos hasta ese día y el secretario anota los nombres de los votantes en la correspondiente lista. Es entonces cuando la junta escruta todos esos votos e incorpora los resultados al escrutinio general.

## PARTICULARIDADES DEL VOTO DE LOS RESIDENTES EN EL EXTERIOR EN LAS ELECCIONES MUNICIPALES

Todo este procedimiento no se aplica para el voto de los CERA en las elecciones municipales,[8] que se regirán por las disposiciones especiales de esta misma ley orgánica (LOREG), a partir de su artículo 176, en el que establece el criterio de reciprocidad: gozan del derecho de sufragio activo en las elecciones municipales los residentes extranjeros en España cuyos respectivos países permitan el voto de los españoles en dichas elecciones, en los términos de un tratado. Los españoles residentes ausentes que vivan en el extranjero y deseen ejercer su derecho de voto en las elecciones del municipio español en el que estén inscritos, según el censo electoral, *deben comunicarlo*, mediante escrito y fotocopia del DNI o pasaporte, a la correspondiente delegación provincial de la OCE, *no más tarde que 25 días después de la convocatoria*. A partir de aquí el procedimiento es idéntico al ya analizado, salvo porque aquí la papeleta de votación enviada es en blanco, donde el elector escribirá el nombre del partido, federación, coalición o agrupación que elija basándose en la copia de las páginas del *Boletín Oficial* de la provincia en el que figuren las candidaturas proclamadas en el municipio que deberán ser recibidas junto al resto de la documentación enviada por la delegación provincial.

---

[8] Son los entes de gobierno más cercanos al ciudadano: ayuntamientos, municipios, etcétera.

## CONSEJO DE RESIDENTES ESPAÑOLES

Además de esta amplia posibilidad de votar desde el exterior, existe un instrumento de participación institucional en donde se canalizan las inquietudes, necesidades y aspiraciones de los españoles residentes en el extranjero: los Consejos de Residentes Españoles[9] (CRE) con unas amplias funciones de asesoría y consulta de la oficina consular a la que esté adscrita. Su constitución, finalidad, elección de miembros y funcionamiento se establecen en una orden ministerial del Ministerio de Asuntos Exteriores (AAEE) de 19 de febrero de 1988.

No debemos confundir, por muy entrelazados que se encuentren, los dos cauces de participación política que tienen los españoles residentes en el extranjero: por un lado, la elección de los distintos niveles de gobierno en España mediante el voto por correo y, por el otro, la posibilidad de elegir a sus representantes en el CRE, procedimiento que se basará, por analogía, en el electoral español.

Para formar válidamente, siempre por elección directa, personal y secreta, un CRE, deben darse un mínimo de 700 electores inscritos en la lista del CERA de una circunscripción consular (por ejemplo el consulado de la ciudad de México), incluyendo también los que hubieran solicitado su inscripción en el CERA antes de la publicación de la convocatoria de las elecciones.

El número de consejeros aumenta proporcionalmente al de, paradójicamente, españoles (no electores) residentes. Así, serán siete en las circunscripciones consulares en donde residan menos de 50 000 españoles. La cifra asciende a once en las de entre 50 000 y 100 000, y llega a un máximo de 21 si supera este último límite.

Estos consejeros, cuyo mandato es por cuatro años renovables, son elegidos "democráticamente" por el voto directo personal y secreto de los españoles que figuren en el CERA y los que hayan formalizado su inscripción en el mismo al menos siete días antes de la celebración de las elecciones para este órgano consultivo.

Para el sufragio pasivo son elegibles los del CERA, y los que solicitaron su inscripción en el mismo antes de la terminación del plazo para la presentación de candidaturas pueden ser elegidos. Nadie podrá ser elector o candidato en más de una circunscripción. Finalmente, en todo

---

[9] Ver real decreto 1339/1987 de 30 de octubre.

este procedimiento electoral se seguirá, por analogía y en la medida de lo posible, la legislación electoral española.

Se reunirá al menos una vez cada tres meses o siempre que sea convocado por el presidente (elegido de entre y por el CRE, por mayoría absoluta), de oficio o a petición de tres de sus miembros o por solicitud del jefe de la oficina consular (que tendrá voz pero no voto en las deliberaciones). La principal actividad desarrollada por el CRE en relación con el objeto de este trabajo es *colaborar con las autoridades españolas con ocasión de las convocatorias electorales o para la revisión del censo electoral, interesando a los españoles residentes en la participación de todos a fin de que el voto desde el extranjero sea cada vez más el reflejo de la voluntad popular.*

## TENDENCIA DEL VOTO Y NIVEL DE ABSTENCIÓN DE LOS ESPAÑOLES EN EL EXTERIOR EN LAS ÚLTIMAS ELECCIONES[10]

Para poder analizar de una manera detallada el impacto de este derecho, observaremos el sentido del voto y la vinculación que supone con el país de nacionalidad el hecho de seguir votando. Para tal efecto, analizaremos los datos de las elecciones locales y autonómicas celebradas el 28 de mayo de 1995. El gran parteaguas con respecto a otras convocatorias es que, por primera vez, participaron en las elecciones municipales los nacionales holandeses (1 208), daneses (465), noruegos (275) y suecos (411) residentes en España, en virtud de unos acuerdos de voto recíproco y de la evolución natural del derecho comunitario europeo.

Dado que en las elecciones municipales es esencial el voto del español residente en el extranjero para dilucidar el reparto final de poder entre los partidos políticos, quisiéramos volver a insistir, por ser una diferencia fundamentalmente discriminatoria que debiera obviarse, en el hecho de que en las elecciones municipales es el elector español residente en el extranjero el que debe mover la primera ficha, comunicando su deseo de ejercer el voto a la correspondiente delegación provincial de la OCE del municipio en el que están inscritos, en un pla-

---

[10] Actuaciones (1995).

zo de 25 días desde la convocatoria a las elecciones. En el resto de las elecciones el procedimiento se desencadena de oficio.

## Elecciones municipales

Se recibieron 74 482 solicitudes, de las que se tramitaron 64 587 (la diferencia está en 5 075 deshechadas por defecto de forma y 3 203, por entrar fuera de plazo), lo que supone 14.07% de todos los inscritos en el CERA. A simple vista sería fácil deducir que los españoles residentes en el extranjero no están interesados en votar, pero si comparamos esta cifra con la que se produjo en las anteriores elecciones municipales de 1991 nos encontramos con un incremento de 684 por ciento.

Desglosando esa cifra de 64 587 solicitudes de voto tramitadas o certificadas, vemos que el mayor número (7 090) corresponde a Madrid, seguido de La Coruña (6 180, que en recibidas supera a Madrid), Barcelona (5 744) y Pontevedra (5 070). Podríamos destacar un dato que refleja la diversidad del voto: los residentes españoles inscritos en los municipios de La Coruña y Pontevedra son los que más solicitudes por correo mandan y son, a la vez, los que más solicitudes no certificadas "pierden" (2 131 y 1 970, respectivamente).

La OCE debería extremar la supervisión e información para evitar esta pérdida de votos cuyos electores han demostrado una voluntad real de ejercer su derecho y que por motivos de forma[11] o por plazo, se extravían irremediablemente. Es curioso que Madrid sólo pierda 342 votos y Barcelona, 219. ¿Estarán mejor informados los residentes españoles en el extranjero provenientes de estos municipios? Pregunta cuya respuesta rebasaría el objetivo de este trabajo, pero que dejamos abierta por la experiencia que implica y que abre líneas de investigación en cuestiones electorales.

Después de confeccionar el CERA se les envió, a todos y cada uno de los españoles residentes en el extranjero, una carta informativa individualizada sobre las elecciones municipales a celebrar el 28 de mayo. En la misma, se facilitaba la petición de documentación para el voto de las elecciones municipales, incluyendo un modelo de solicitud con los

---

[11] Debemos preguntarnos entonces si el procedimiento del voto por correo no está suficiente y correctamente explicado.

datos censales preparado para firmarse y enviarse a la delegación provincial de la OCE con fotocopia del DNI o del pasaporte. Las listas del CERA se expusieron en ayuntamientos y consulados. Del total de electores que pudieron participar en las municipales (32 000 000), sólo 458 915 correspondían al CERA.

Como paso subsiguiente, se les remitió el certificado de inscripción en el censo electoral, papeletas de votación y sobres, hoja explicativa en castellano y en el otro idioma oficial si era el caso, donde se describía pormenorizadamente el procedimiento a seguir para la remisión del voto de todas las elecciones que pudieran celebrarse en la mesa electoral asignada al elector.

Se enviaron un total de 64 587 documentaciones a electores del CERA, de las que las mesas electorales recibieron, en plazo, sólo 37 152 votos, es decir, 57.52% de las solicitudes tramitadas y 8.10% de todos los españoles inscritos en el CERA. De aquí deberíamos deducir, y proponemos, la necesidad de aumentar el presupuesto de información para que los españoles sepan cómo ejercer el derecho al voto, y estudiar las causas de ese elevado índice de abstención o no finalización del procedimiento una vez que han manifestado su deseo de votar en las elecciones municipales.

De nuevo La Coruña se queda por debajo del porcentaje entre los votos recibidos y los votos tramitados: 47.01%, perdiéndose en el trámite 3 275 votos. Por su parte, Navarra se destaca con un porcentaje de 97.79%. Coherentemente también es muy poca la diferencia entre las solicitudes recibidas (854) y las tramitadas (815). Podríamos tomar a Navarra como un modelo de estudio y sacar consecuencias ejemplares para otros municipios. La voluntad de votar se manifiesta desde el principio del proceso y suele coincidir una mayor pericia para mandar las solicitudes rellenas correctamente, con un elevado porcentaje de votos finalmente recibidos en tiempo y forma adecuada.

En las *elecciones autonómicas*,[12] por el contrario, son las mismas delegaciones de la OCE las que *remiten de oficio*, dentro de un plazo de 34 días desde la convocatoria, a los electores inscritos en el CERA, la do-

---

[12] España, desde la Constitución de 1978, está formada por 17 comunidades autónomas que abarcan desde una provincia hasta ocho. Cuentan con gobiernos propios y cámaras legislativas elegidos por sufragio universal. Tienen competencias delegadas y propias y en algunos casos pueden recaudar y administrar sus propios impuestos. Es decir, España vendría a ser una especie de Estado federal bajo el nombre de Estado de las autonomías.

cumentación electoral necesaria para que puedan ejercer el derecho de sufragio por correspondencia. El plazo que tiene la OCE es realmente insuficiente, hay que tener en cuenta que en esa documentación deben ser incluidas las papeletas de votación, cuya edición no puede realizar-se hasta la proclamación de las candidaturas, 27 días después de la convocatoria.

Se realizaron 208 563 envíos completos (es el número de electores españoles residentes en el extranjero que pudieron ejercer su derecho al voto), de los que se recibieron 48 353 votos en plazo, es decir, 23.18% de aquéllos. La opción comentada más arriba de depositar el voto en el consulado, ejercida por primera vez en las elecciones analizadas, tuvo una aceptación mediocre, ya que fue sólo 5.7% de los que ejercieron su derecho al voto desde el extranjero (sin contar los embarcados) y un exiguo 1.3% de los votos tramitados.

De esos 208 563 potenciales electores, destacaríamos que 48 000 son originarios de Madrid; 11 611, de León; y 11 210, de Santa Cruz de Tenerife, cifras que no tienen en cuenta Galicia (tradicional expulsora de personas) puesto que no le correspondía celebrar elecciones en este periodo. Ese 23.18% de votos recibidos sobre envíos completos de do-cumentación es muy bajo, y los partidos políticos españoles deberían tratar de aumentarlo por todos los medios a su alcance.

Los electores españoles inscritos en el CERA por continentes en las elecciones que estamos analizando se desglosarían de la siguiente ma-nera: 254 334 en Europa; 7 640 en África; 187 278 en América; 2 940 en Asia y 6 723 en Oceanía, resultando un total de 458 915.

Las provincias que más electores residentes tienen en el extranje-ro son Madrid (47 923), La Coruña (45 681), Pontevedra (39 009), Bar-celona (35 005) y Orense (27 150). Entre las cinco primeras nos encon-tramos tres de las cuatro provincias de Galicia que, debido a su pobreza estructural, es tradicional tierra de emigrantes. Cuando arriba obser-vamos la abultada cifra de electores residentes en Europa, debemos sa-ber que el grueso se lo lleva la Unión Europea con 217 692 y el resto (36 642) Europa central y oriental y lo que queda de la Asociación Eu-ropea de Libre Comercio, mejor conocida por sus siglas en inglés, EFTA (Noruega, Islandia y Liechtenstein). Esta diferencia a favor de la Unión Europea tiene muchas explicaciones, pero la más importante es la libre circulación de trabajadores y personas en todo el territorio comunita-rio y la ciudadanía comunitaria.

## EL VOTO DESDE MÉXICO: EL VOTO DEL AUSENTE, LA ABSTENCIÓN PRESENTE

El CRE en México no funcionó hasta el año 1989-1990. En el consulado de México hay inscritos 60 000 españoles, de los cuales figuran en el CERA 45 000. El otro consulado oficial español es el de Guadalajara, con 2 000 españoles. Los demás consulados españoles en la república de México tienen la categoría de honorarios, y dependen de estos dos. El CRE del consulado del Distrito Federal tiene once miembros, ya que la cifra de españoles está entre el rango de 50 000 y 100 000. Los únicos consulados que tienen un CRE de 21 miembros están en Argentina, Alemania y Francia, ya que estos países superan los 100 000 habitantes españoles.

Es importante destacar que dentro de los resultados generales de una elección se sabe cuántos españoles residentes votaron en el extranjero, el nivel de abstención por cada consulado y, lo que es más importante para la labor de los partidos políticos, el sentido del voto por consulado. Se conoce a quién ha votado la colonia española en México. Por ejemplo, en las elecciones autonómicas gallegas, el voto del gallego en el exterior, sobre todo el establecido en Latinoamérica y especialmente en Argentina, ha resultado fundamental para el final reparto de sillones en el parlamento gallego (en las últimas autonómicas, el Partido Popular consiguió el último escaño en disputa con el "bloque gallego" gracias al voto exterior en Buenos Aires). De hecho, a Argentina se la conoce popularmente como la "quinta provincia" gallega. Por este efecto tan característico se demuestra la importancia del voto, venga de donde venga.

La abstención es el principal problema en México, puesto que de los 40 000 españoles residentes en la ciudad de México con derecho de sufragio, votaron efectivamente 1 250 en las últimas elecciones generales del 12 de marzo de 2000, donde los votos se repartieron al 50% entre el Partido Popular, que alcanzó la mayoría absoluta en España, y el PSOE. Es indudable que la nueva facilidad de poder votar a través del consulado respectivo depositando el sufragio no más tarde del séptimo día anterior a la elección[13] puede animar a ejercer ese derecho; pero de las entrevistas realizadas a españoles residentes en la ciudad de México

---

[13] LO 3/1995 de 23 de marzo de modificación de la LOREG.

se desprende que les resulta más fácil mandarlas por correo por dos motivos: el franqueo ya viene pagado desde España y el plazo es mayor. Tomando como ejemplo las recientes elecciones autonómicas vascas de mayo de 2001, hasta el día 6 de mayo podían depositar su voto en el consulado los residentes españoles vascos en México. Al día siguiente, la "urna" salía dirección a España en una valija especial. La otra opción digamos "tradicional" era el correo certificado, cuya fecha límite era el 12 de mayo.

De esos 1 250 votos emitidos, 125 se realizaron a través del consulado, es decir, 10% del total de sufragios. Como ejemplo hay que destacar que, de 54 personas con derecho a voto procedentes de la provincia española de Toledo, sólo una votó; de Asturias ejercieron su derecho siete. Por último, en las más recientes elecciones (las autonómicas vascas de mayo de 2001) de 1 600 vascos españoles con derecho al voto en México, votaron 54. Un motivo importante de esta abstención es la falta de entusiasmo en el ejercicio del derecho al voto por parte de la colonia española, especialmente en los hijos de los españoles de origen, cuyo interés en tener el pasaporte español se dirige sobre todo a las oportunidades de movilidad, establecimiento y trabajo que les abre en el territorio europeo comunitario.

## IMPERFECCIONES EN EL MECANISMO

Si bien el caso español ofrece un modelo consolidado de extensión de derechos políticos transnacionales, vale la pena explorar los problemas centrales que ha mostrado dicho proceso. Señalaríamos tres grandes fallas:

1. *Lo exiguo de los plazos en todo el proceso electoral.* Ha sido solicitada reiteradamente la urgente necesidad de ampliarlos para otorgar el tiempo adecuado para que las papeletas de votación las reciban los destinatarios en el extranjero. Desde que las papeletas se editan, quedan sólo quince días para que lleguen a México, se vote y sean recibidas en España por el organismo competente. Este tiempo es, a todas luces, insuficiente, y debería ser ampliado, al menos, a un mes. Desde el momento en que se disuelven las cámaras legislativas al día de la votación, por ley, no pueden pasar más de 56 días, plazo que debería también ampliarse dos semanas más. Esta premura de tiempo se traduce en que cualquier

impugnación en el certificado de registro en el censo electoral sea una tácita exclusión del derecho al voto ya que siempre llegaría, una vez ganada la impugnación, fuera de plazo. Por conversaciones mantenidas con expertos, podría asegurar que existe la voluntad política necesaria en el gobierno español de atender, prontamente, esta perentoria necesidad de aumentar los plazos electorales.

2. También se pretende que en las elecciones municipales la documentación sea enviada de oficio, y que ya no sea el español residente el que tenga que pedir el envío de la misma. Este tema es muy delicado ya que, como demostramos, es real la posibilidad de que el alcalde de un pueblo, por ejemplo gallego, sea elegido con el solo apoyo de paisanos en el exterior debido a la altísima emigración que se registra en algunas zonas de España.

3. Los partidos políticos, en sus campañas electorales, no toman en cuenta, ni en el diseño de las mismas ni en los resultados, a la comunidad española en el exterior. Con la excepción de Argentina, los líderes políticos no realizan actos electorales allende las fronteras. Es por este motivo, no cuidar el capital político en el extranjero, que se producen situaciones como la de otorgar el voto a un partido determinado por el simple hecho de que haya sido el único que mandó una carta "personalizada", cuando si se vive en España es abrumante ese tipo de misivas. Es una pena que una decisión tan importante y tan íntima y personal como el ejercicio del derecho al voto, se decida por un detalle tan nimio.

Aunque no goza de la misma naturaleza que el voto en el exterior, quisiéramos apuntar una realidad experimental sin precedentes en la historia mundial de las elecciones políticas: la posibilidad de que los ciudadanos comunitarios se hagan elegir y voten al Parlamento Europeo[14] y a los gobiernos locales[15] del lugar de su residencia dentro del territorio comunitario, entendiendo que es distinto al de su nacionalidad.

---

[14] Directiva 93/109/CE del Consejo de 6 de diciembre de 1993, página web: www.europa. eu.int

[15] Directiva 94/80/CE del Consejo de 19 de diciembre de 1994, *ibid.*

## CONCLUSIONES

Dentro de la actual tendencia del derecho internacional de reconocer, cada vez más, los derechos de los extranjeros en los llamados países "huésped", España se encuentra entre el grupo de países con democracias consolidadas que ofrecen, desde hace años, la posibilidad a sus nacionales residentes allende sus fronteras de ejercer su derecho de voto. Sólo es necesario la existencia de un español en una circunscripción de un consulado español en el extranjero para que la costosa maquinaria electoral se ponga en marcha y ofrezca a la persona la posibilidad de votar. En España el voto no es obligatorio, y su no ejercicio no acarrea sanción o desdoro social. España fue la pionera en el derecho constitucional europeo comparado en crear una nueva forma de adquisición de nacionalidad por posesión de estado y estableciendo un artículo que obliga a que la ley reconozca y el Estado facilite el ejercicio del derecho de sufragio a los españoles que se encuentren fuera. A pesar de esto, debe seguir siendo imaginativa y audaz en las soluciones a los defectos prácticos en el ejercicio real del voto desde el exterior. Debemos señalar que, no obstante el perfeccionamiento jurídico alcanzado por el voto del español en el exterior y de las numerosas contiendas electorales en las que se ha llevado a cabo, el sistema sigue adoleciendo de muchas imperfecciones:

*a*) La elaboración de un censo electoral consular exacto y fiable. Para ello es fundamental la participación activa del nacional residente. El censo de los españoles residentes en el exterior, a pesar de estar muy depurado, no refleja la realidad en su totalidad, ya que son los familiares de un español fallecido los que tienen que comunicar este hecho al consulado. Algunos españoles tampoco dan a conocer en el consulado su condición de residentes o, simplemente, cambian de dirección sin notificarlo. Para paliarlo se podría establecer un plazo de diez a doce años para dar de baja al español inscrito que no dé "señales de vida".

*b*) Perentoriedad de los plazos. La solución no sería establecer plazos diferentes para el voto interno y el voto del nacional residente en el exterior, ya que no hay que olvidar que estos plazos tan limitados en el tiempo tienen el objetivo de reducir, al máximo, el vacío de poder que siempre produce la convocatoria de elecciones. Es decir, nos encontramos ante la tensión que se produce entre ampliar los espacios para que los nacionales españoles participen, llenando de esta manera una necesidad ciudadana, y los aspectos prácticos de las exigencias de organización de los tiempos del proceso. Existe consenso político en que este difícil acomodo se consiga finalmente ampliando en una o dos semanas los plazos electorales que seguirán siendo únicos. Muchos actores (Junta Electoral Central, partidos políticos, fuerzas sociales, defensor del pueblo) proponen soluciones para la *posibilidad de que se diera el voto del transeúnte* pero con las garantías de un buen censo y a través del voto en el consulado. Una de las soluciones más imaginativas y que también solucionaría la perentoriedad de los plazos sería reforzar las funciones de los consulados, otorgándoles competencias hasta ahora en manos exclusivas del servicio de correos español, verbigracia, recibir peticiones de inscripción en el Censo Electoral y la entrega de la documentación correspondiente al voto. En suma, convertir los consulados en oficinas de correo para el voto en el exterior.

Los residentes españoles en el exterior pueden votar por correo o depositando su papeleta en el consulado en caso de elecciones autonómicas, a todos los cargos políticos, desde las elecciones municipales (en los que se votará a instancia de parte o elector) pasando por las autonómicas (especie de gobiernos estatales), las generales (Congreso y Senado) y culminando con las europeas (Parlamento Europeo). Curiosamente, y esto es algo que debería cambiar, tanto en las elecciones en el nivel más cercano al ciudadano (lo que nos evoca el principio de subsidiariedad), es decir, los poderes municipales, como en el más alejado (Parlamento Europeo), es requisito indispensable que el potencial elector inicie el procedimiento para poder votar. En el resto, el procedimiento se desencadena de oficio o de manera automática.

La institución del CRE está infravalorada. Los legisladores españoles se dieron cuenta de que las comunidades españolas en el exterior necesitaban un órgano propio que sirviera de interlocutor con el consulado y que éste transmitiera las preocupaciones de aquéllos a las autoridades españolas. El CRE puede ser el germen de una participación más activa de la comunidad española en el exterior si se lo dota de los medios financieros y humanos necesarios para desarrollar las importantes funciones que se le otorgan. Sin embargo, debería empezarse cambiando su régimen de órgano consultivo por otro más coercitivo.

En términos de perspectiva a futuro, es probable que el voto en el exterior influya en el resultado final, principalmente en las elecciones municipales y autonómicas, donde la posibilidad de elegir un alcalde o grupo de concejales puede decidirse y definirse desde el exterior. Los partidos políticos deberían "mimar" a sus posibles votantes en el exterior más allá de que el costo supere el beneficio esperado u obtenido. De esta manera demostrarían que son capaces de gobernar para todos los españoles. El Estado español debería invertir más presupuesto en la información de cómo votar en el exterior y esperar al recuento final de todos los votos para dar el resultado de las elecciones, ya que, de otro modo, se distingue entre nacionales de diferentes clases, respetando de esta manera, formalmente también, a todos los españoles.

Un punto polémico es cómo establecer un justo equilibrio entre seguir siendo nacional y el derecho a votar fuera, por un lado, y, por otro, que estos mismos ciudadanos puedan determinar, por su elevado número, a los gobernantes que, finalmente, nunca los gobernarán.

Aun así, no es conveniente limitar el análisis a un mero cálculo de coste beneficio que resultaría, sin duda, negativo para la existencia de la institución. Este derecho humano político electoral está firmemente establecido en el orden del día prioritario de la agenda nacional e internacional de las políticas públicas en este momento, y ha llegado para quedarse. Cualquier Estado que quiera ser plenamente democrático y reconocido como tal dentro y fuera de sus fronteras tendrá que regular mecanismos eficaces que ofrezcan la opción a todos sus nacionales residentes en el extranjero (independientemente del número de ellos que habiten en la demarcación del consulado) de manifestarse votando por el tipo de gobierno que quieren tener en su país de origen o de sangre.

Esquema de las elecciones en España

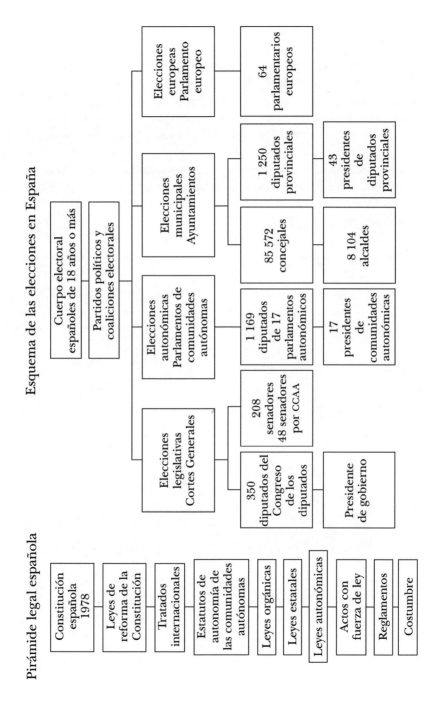

Pirámide legal española

Constitución española 1978

Leyes de reforma de la Constitución

Tratados internacionales

Estatutos de autonomía de las comunidades autónomas

Leyes orgánicas

Leyes estatales

Leyes autonómicas

Actos con fuerza de ley

Reglamentos

Costumbre

Cuerpo electoral españoles de 18 años o más

Partidos políticos y coaliciones electorales

Elecciones legislativas Cortes Generales

350 diputados del Congreso de los diputados

Presidente de gobierno

208 senadores 48 senadores por CCAA

Elecciones autonómicas Parlamentos de comunidades autónomas

1 169 diputados de 17 parlamentos autonómicos

17 presidentes de comunidades autonómicas

Elecciones municipales Ayuntamientos

85 572 concejales

8 104 alcaldes

1 250 diputados provinciales

43 presidentes de diputados provinciales

Elecciones europeas Parlamento europeo

64 parlamentarios europeos

# BIBLIOGRAFÍA

Actuaciones de la Oficina del Censo Electoral, *Elecciones locales y autonómicas*, INE/Artes Gráficas, Madrid, 1995.

Álvarez de Miranda, Fernando, *La experiencia española como país exportador e importador de mano de obra. Primer Encuentro Mediterráneo de las Instituciones Nacionales de Protección y Promoción de los Derechos Humanos*, Imprimerie Najah El Jadida, Marruecos, 1998.

Colom González, Francisco, *La transición española: del autoritarismo a la democracia*, IFE, México, 1997 (Temas de la Democracia).

*Constitución Española de 1978.*

*Gazeta Antropológica*, núm. 17, año 2000, texto 17-06, Barcelona.

*Ley Orgánica del Régimen Electoral General* (LOREG, 1985).

Orden ministerial del Ministerio de Asuntos Exteriores de 19 de febrero de 1988.

Maravall, José María, *La política de transición 1975-1980*, Taurus, España, 1981.

# EL VOTO, ARMA DEL PUEBLO:
## LA PARTICIPACIÓN POLÍTICA DE LOS EMIGRANTES PORTUGUESES*

Jorge Macaísta Malheiros
Maria José Caldeira Boavida

La divulgación de los resultados preliminares de los Censos de 2001, en junio de este año, reveló un saldo migratorio positivo, en la década de los noventa, de cerca de 360 000 individuos (aproximadamente 3.5% de la población en el país). Para muchos, desde analistas políticos hasta periodistas, pasando por algunos académicos, esta fue la respuesta de la demografía cuantitativa a la postura de Portugal en el contexto de las migraciones internacionales —en definitiva, el pequeño Estado ibérico se volvió un *país inmigrante*.

A pesar del contexto, las denominadas comunidades portuguesas en el exterior registran más de 4 500 000 personas, que envían anualmente divisas superiores a 3 100 millones de euros[1] (cerca de 3% del PIB), lo que coloca a Portugal entre los cinco países del mundo —Egipto, Portugal, Turquía, India y México— con mayor volumen de transferencias financieras de emigrantes (Stalker, 1995 y Banco Mundial, 1995, 1996 y 1997). Además, la emigración portuguesa, a pesar de tener actualmente un predominante carácter temporal y de ser significativamente más reducida que en los años sesenta y la primera mitad de los setenta, continúa sentando un precedente.

* La versión original de este artículo fue hecha en portugués, por tanto, le agradecemos la traducción al español a la maestra Martha Palacios Hernández, jefa del Departamento de Portugués en el Centro de Educación de Lenguas Extranjeras (ENEP Acatlán-UNAM). Los autores agradecen a la Fundación Luso-Americana para el Desarrollo (FLAD) el apoyo concedido para la elaboración de este artículo.
[1] Un dólar americano corresponde a cerca de 1.14 euros.

Pero no se trata sólo de números; la sociedad portuguesa está marcada por una cultura migratoria profunda, con raíces que se remontan al siglo XVI y que se consolidó a finales del siglo XIX. Los emigrantes portugueses y sus descendientes poseen actualmente condiciones únicas para alimentar un vaivén continuo, sea real o virtual, entre los destinos y el origen que justifica los intensos intercambios de bienes y de información. "Vivir Portugal desde el extranjero" se volvió una posibilidad más viable que en cualquier otro periodo, alimentada por las facilidades de contacto ofrecidas por las telecomunicaciones y el internet, por la disminución del binomio distancia-tiempo y costo y por la difusión de noticias a escala mundial efectuada por los canales internacionales de las televisoras portuguesas, principalmente la RTP Internacional (el canal oficial).

Y si el asunto de la inmigración está en el orden del día de la agenda política del gobierno portugués, la emigración nunca dejó de estar incluida, es más, se puede afirmar que los últimos años del siglo XX estuvieron marcados por el recrudecimiento de los intereses en este sector. Por un lado, algunos hechos políticos[2] sirvieron para llamar la atención hacia la función y la importancia de las comunidades emigradas. Por otro lado, los gobiernos portugueses reforzaron su actuación junto a los emigrantes, que tenían importancia según sus fuentes de financiamiento, factores de internacionalización e incluso el *lobby* nacional en el exterior, lo que justifica la ampliación de las posibilidades de participación institucional[3] y también la creación de otro tipo de mecanismos de aproximación a la sociedad portuguesa.[4] Finalmente, procesos como la estabilización de la vida democrática a partir de los años ochenta, la modernización y el crecimiento económico ocurridos en las últimas dos décadas y el mayor protagonismo internacional del país, iniciado

---

[2] Entre éstos, se destacan: *a*) la participación política de muchas comunidades emigrantes en el proceso reivindicador popular que unificó casi la totalidad de la nación portuguesa en torno de la transición de Timor Oriental para su autodeterminación (1999); *b*) un cambio nítido de las tendencias del voto de los emigrantes portugueses en las últimas elecciones legislativas (1999), donde contribuyeron al exito del Partido Socialista; *c*) la primera participación política de los emigrantes en las elecciones presidenciales portuguesas, en 2000.

[3] Por ejemplo, a través de la creación del Consejo de las Comunidades Portuguesas con carácter consultivo y de la ampliación del voto para las elecciones presidenciales en el marco de la revisión constitucional de 1997.

[4] Un ejemplo es la institución del programa Practicar en Portugal, dirigido a los jóvenes portugueses y lusodescendientes residentes en el extranjero que deseen trabajar temporalmente en el país de origen, actual o ancestral.

con la entrada a la CEE en 1986 y reforzado con la realización de grandes eventos como la Exposición Mundial de 1998 en Lisboa y el próximo Campeonato Europeo de Futbol en el 2004, reforzaron el potencial de atracción y la autoestima nacional, contribuyendo a acentuar los nexos de los emigrantes con su lugar de origen.

Una de las maneras de alimentar los lazos de los emigrantes en relación con su país de origen consiste en garantizar el ejercicio de los derechos políticos desde el exterior, fundamentalmente por medio de la posibilidad de participar en las elecciones de los órganos de soberanía nacional. El presente texto tiene justamente como objetivo analizar el comportamiento político, especialmente electoral, de los emigrantes portugueses en el periodo posterior a la instauración de la democracia en 1974, insertándolo en un marco analítico que privilegia tres dimensiones:

*a*) El desarrollo de las comunidades transnacionales en el contexto de la afirmación de las formas de organización espacial en red, poco congruentes con la territorialidad, continua característica del Estado-nación.

*b*) La acción de los Estados-nación y la posibilidad del ejercicio de derechos políticos a distancia, permitiendo el voto de los emigrantes desde el exterior.

*c*) La importancia de la emigración en la construcción de los idearios nacionales y, específicamente, en la estrategia de los partidos y de sus liderazgos, sobre todo en los periodos del régimen totalitario.

## MIGRACIONES, TRANSNACIONALISMO Y EJERCICIO DE LOS DERECHOS POLÍTICOS

Antes de proceder a la presentación y discusión del caso portugués, es importante establecer un marco de referencia que contemple dos dimensiones cruciales: una de naturaleza geográfica o geopolítica, consustanciada en la afirmación de la organización espacial en red a escala global; otra de índole cívico-política, que remite a la discusión de las modificaciones en las formas de concesión y de ejercicio de los derechos políticos en el nuevo contexto de movilidades y organización espacial. Es el cruzamiento de estas dos dinámicas el que permite situar y comprender el ejemplo portugués. Lo consideramos didáctico, en la medida de que se trata de un caso en el que la extensión del voto a los residentes en el exterior proviene de la instauración del régimen democrático en 1974, fundado en una experiencia emigratoria antigua, consolidada y diversificada que cobija una parte significativa de la nación.

Si el periodo comprendido entre los últimos 25 años del siglo XIX y la primera guerra mundial fue testigo de la reafirmación de la fórmula correspondiente al Estado-nación moderno y de las más significativas migraciones intercontinentales de la historia de la humanidad, entonces, tal vez a la etapa actual, caracterizada por la crisis del Estado-nación y nuevamente por un importante incremento en el volumen absoluto de los migrantes internacionales, le corresponda la reafirmación de los espacios multiétnicos y el desarrollo de la aldea global.

## EL CASO PORTUGUÉS

*Portugal: de la emigración a la inmigración*

En el contexto de la movilidad poblacional, Portugal ha sido encarado como un país con una fuerte tradición emigratoria. Como afirma Magalhães Godinho (1978), las condiciones específicas del territorio portugués (país periférico, con una extensa franja marítima) articuladas con diferentes contextos internacionales proporcionaron esta realidad.

El inicio de este proceso de expulsión ocurrió con el descubrimiento de nuevos espacios que provocaron la salida y posterior fijación de la población oriunda de Portugal. A lo largo de los siglos un rasgo normal en la vida de los portugueses fue la manutención de flujos entre la metrópolis y sus territorios que se esparcieron por los otros continentes, consolidando así un vasto imperio colonial y una nación que se extendió más allá del pequeño rectángulo europeo que constituía el núcleo del Estado portugués.

Con esta tradición de salida, el primer ciclo de la emigración portuguesa fue inevitablemente marcado por su pasado colonial, lo que ayuda a comprender que uno de los primeros destinos escogidos por los portugueses haya sido Brasil. Después de la independencia de éste en 1822, la apuesta en el cultivo de algunos productos agrícolas, destacadamente el café, justificó el reclutamiento de mucha mano de obra, sobre todo después de la abolición de la esclavitud en 1888. A su vez, Portugal mantenía fuertes lazos históricos y culturales con Brasil, ayudados por un idioma común. La presencia de una comunidad portuguesa numerosa sostuvo una importante red emigratoria, que se originó en un país que acentuó el retraso en su desarrollo en relación con las potencias europeas a lo largo del siglo XIX.

Ya en el siglo XX, la emigración continuó durante 30 años (entre 1930 y 1960); se estima que emigraron cerca de 600 000 portugueses (que correspondió a 20% del total de la emigración entre 1930 y 1999), y de éstos, cerca de 400 000 escogieron Brasil como destino, aunque otros países del continente americano también tienen importancia como lugares de emigración de los portugueses, destacándose sobre todo Estados Unidos de Norteamérica, Venezuela y Canadá.

Desde la década de los sesenta hasta mediados de los años setenta, se inicia un nuevo ciclo de la emigración portuguesa, que corresponde a un contexto internacional de posguerra que albergaba la necesidad de reconstrucción de Europa. Esta nueva etapa se caracteriza por el cambio en los destinos escogidos, que tal vez por ser más cercanos geográficamente, permitieron que la cantidad de población fuera muy elevada (emigraron cerca de 1 500 000 personas). Los portugueses trazaron su rumbo hacia algunos países de Europa central que estaban experimentando una etapa de gran expansión económica apoyada en sectores como la industria de la transformación y obras públicas, y para ello necesitaban mucha mano de obra poco calificada. Francia se volvió de esta manera el principal destino de los portugueses que legal e ilegalmente[5] se establecieron ahí (entre 1961 y 1974 se dirigieron a ese país cerca de 900 000 portugueses registrándose el máximo flujo en 1970 con 136 000 emigrantes (véase cuadro 1).[6] En la década de los setenta, Alemania fue otro de los destinos escogidos por los portugueses, quedándose ahí cerca de 200 000 individuos, mano de obra contratada sobre todo para trabajar en la dinámica industria de la transformación.

La emigración portuguesa se debió casi siempre a razones económicas. Atrasos estructurales relacionados con el débil desarrollo de la

---

[5] Una parte importante de la emigración portuguesa se dio de manera irregular; en el periodo anterior a los años sesenta se estima que haya correspondido a un tercio de la emigración legal (Serrão, 1977). En los años sesenta y hasta finales de los ochenta estos estimados crecieron considerablemente, y se considera que para Francia las entradas sin autorización hayan sido de cerca de la mitad de las legales (Peixoto, 1999).

[6] Los valores presentados engloban emigración legal e ilegal.

Cuadro 1. La emigración portuguesa por destinos principales

| | Brasil | EUA | Canadá | Francia | Alemania | Suiza | Sudáfrica | Venezuela | Total |
|---|---|---|---|---|---|---|---|---|---|
| 1930-1960 | 396 168 | 33 142 | 16 245 | 28 187 | 84 | 43 | 4 056 | 19 371 | 586 056 |
| 1961-1974 | 66 462 | 104 834 | 84 920 | 878 479 | 183 847 | 4 548 | 17 231 | 51 234 | 1 430 838 |
| 1975-1985 | 4 583 | 62 072 | 29 953 | 114 719 | 43 851 | 23 901 | 2 063 | 25 639 | 349 135 |
| 1986-1999 | 140 | 30 682 | 50 858 | 72 275 | 139 992 | 161 254 | 80 | 322 | 519 603 |
| Total | 467 353 | 230 730 | 181 976 | 1 093 660 | 367 774 | 189 746 | 23 430 | 96 566 | 2 885 632 |

*Valores relativos (porcentaje)*

| | Brasil | EUA | Canadá | Francia | Alemania | Suiza | Sudáfrica | Venezuela | Total |
|---|---|---|---|---|---|---|---|---|---|
| 1930-1960 | 67.6 | 5.7 | 2.8 | 4.8 | 0 | 0 | 0.7 | 3.3 | 84.9 |
| 1961-1974 | 4.6 | 7.3 | 5.9 | 61.4 | 12.8 | 0.3 | 1.2 | 3.6 | 97.3 |
| 1975-1985 | 1.3 | 17.8 | 8.6 | 32.9 | 12.6 | 6.8 | 0.6 | 7.3 | 87.9 |
| 1986-1999 | 0.0 | 5.9 | 9.8 | 13.9 | 26.9 | 31.0 | 0.0 | 0.1 | 87.7 |

*Medias anuales*

| | Brasil | EUA | Canadá | Francia | Alemania | Suiza | Sudáfrica | Venezuela | Total |
|---|---|---|---|---|---|---|---|---|---|
| 1930-1960 | 12 779.6 | 1 069.1 | 3 249.0[a] | 2 562.5[b] | 7.6[b] | 8.6[a] | 811.2[a] | 3 874.2[a] | 18 905.0 |
| 1961-1974 | 4 747.3 | 7 488.1 | 6 065.7 | 62 748.5 | 13 131.9 | 324.9 | 1 230.8 | 3 659.6 | 102 202.7 |
| 1975-1985 | 416.6 | 5 642.9 | 2 723.0 | 10 429.0 | 3 986.5 | 2 172.8 | 187.5 | 2 330.8 | 31 739.5 |
| 1986-1999 | 46.7[c] | 2 789.3[d] | 4 238.2[e] | 5 162.5 | 9 999.4 | 11 518.1 | 26.7[c] | 107.3[c] | 37 114.5 |

[a] Sólo existen datos a partir de 1956.
[b] Sólo existen datos a partir de 1950.
[c] Sólo existen datos hasta 1988.
[d] No existen datos para los años de 1995, 1996 y 1999.
[e] No existen datos para los años de 1995 y 1996.
Fuente: Adaptado de Peixoto (1999); Estadísticas demográficas, INE.

agricultura, bajos niveles de instrucción y formación, y una industrialización tardía, contribuyeron fuertemente para que una parte significativa de la población, proveniente esencialmente de las regiones rurales
menos desarrolladas, buscara en otros países las oportunidades que en
Portugal escaseaban, aunque la necesidad de huir a la guerra colonial y
los motivos de índole político fueron también responsables de la emigración de individuos que, por no estar de acuerdo con el régimen dictatorial que entró en vigor entre 1926 y 1974, fueron forzados a exilarse
en otros países, básicamente europeos.

En las décadas de los sesenta y los setenta, a pesar de la gran transferencia de emigrantes portugueses a Europa, destinos del continente
americano como Estados Unidos de Norteamérica, Canadá y Venezuela no fueron completamente abandonados. Estos países, aunque con
restricciones a la inmigración (por ejemplo Estados Unidos adoptó el
sistema de cuotas, mientras Canadá exigía mano de obra calificada ad-
mitiendo solamente población con el perfil pretendido), permitieron
algunas entradas. La manutención de corrientes migratorias antiguas
entre estos destinos y algunas regiones portuguesas generaron ciertas
redes de solidaridad que mantuvieron la cadena migratoria, activa haciendo que portugueses oriundos sobre todo de los Azores, Murtosa y
Madeira se instalaran en esos países (Malheiros, 1996).

Desde mediados de los años setenta y hasta mediados de los ochenta, se vio una desaceleración de la emigración portuguesa (entre 1961
y 1974 se estableció una media anual de salidas de cerca de 102 000
personas, mientras que en el periodo de 1975 a 1985 ese valor pasó a
ser de aproximadamente 32 000; véase cuadro 1). Los desastres petrole-
ros, el aumento de los costos de producción y la inestabilidad del sistema financiero son algunos de los elementos que marcaron el agotamiento del ciclo feliz del capitalismo europeo en los 20 años anteriores
y que fuera sustentado por el Estado-providencial y por una expansión
en el consumo de las familias. La crisis económica y el proceso de reestructuración productiva iniciado tuvieron reflejos en el aumento del
desempleo y en la reducción de las necesidades de mano de obra im-
portada. En este contexto, países como Francia y Alemania impusieron
fuertes restricciones a la entrada de emigrantes a partir de 1973-1974,
al mismo tiempo que incentivaron el retorno a los países de origen.
Conjugada con esta coyuntura externa, en 1974 se dio la revolución portuguesa que terminó con el régimen dictatorial que tenía ya 48 años e

implantó la democracia en Portugal. En esta nueva perspectiva, la libertad política, el final de la guerra colonial y las expectativas de desarrollo contribuyeron no sólo al regreso de los exiliados, sino también para atenuar la presión emigratoria.

La desaceleración de la emigración portuguesa duró hasta la segunda mitad de los años ochenta, época en que se reinicia un nuevo ciclo emigratorio marcado por flujos menos elevados que los que se dieron en los años sesenta, aunque retomando como principales destinos los países europeos (Francia, Suiza, Alemania, Reino Unido, alguna migración de temporada para España). Las diferencias salariales y una mayor libertad de circulación dentro del espacio de la Unión Europea orillaron a muchos portugueses a trasladarse a esos países, adoptando estrategias de emigración más flexibles, lo que provocó que las modalidades temporales por periodos relativamente cortos (hasta de un año) prevalecieran sobre las opciones de emigración definitiva.

A partir de la segunda mitad de los años setenta, después de la descolonización de los antiguos territorios, Portugal empezó a asimilar el doble papel de país expulsor y receptor de migrantes. Esta situación se acentuó en los años ochenta y noventa con la instalación de comunidades importantes, mayoritariamente de brasileños y africanos oriundos de las antiguas colonias portuguesas, más allá de la reciente multitud de europeos venidos del Este (ucranianos, rusos, moldavos, rumanos). Fue esta situación la que contribuyó a alterar el saldo migratorio portugués, claramente positivo para la segunda mitad de la década de los noventa del siglo XX.

Como se puede entender, el fenómeno emigratorio no fue igual a través de los tiempos, las cantidades poblacionales (debido a los contextos internacionales y nacionales) y variaron los destinos (hasta mediados de los años cincuenta los portugueses partieron sobre todo para el continente americano, en los 20 años siguientes prefirieron Europa, y a partir de los años ochenta las salidas se reparten por los dos continentes, preponderantemente para Europa en los años noventa).

El pasado colonial de Portugal y el proceso histórico que llevó a la consolidación de una cultura emigratoria contribuyeron a la formación de una nación más allá de las fronteras del Estado. Desde los años treinta hasta finales del siglo XX, se estima que se ausentaron del país cerca de 3 000 000 de emigrantes dispersos por varios países del mundo, dando inicio a una diáspora de más de 4 500 000 personas (gráfica 1).

Gráfica 1. Comunidades de origen portugués más importantes
en 2000 (porcentajes)

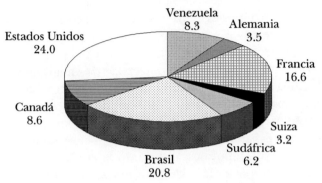

Fuente: División de Información y Documentación de la Dirección-General de los Asuntos Consulares y Comunidades Portuguesas, Ministério dos Negócios Estrangeiros, 2000.

La mayor comunidad portuguesa reside en el continente americano (cerca de 2 600 000 personas, que corresponde a 62% de los portugueses dispersos por el mundo), repartida, esencialmente, en cuatro países, Estados Unidos de Norteamérica, que acoge a cerca de 1 150 000 personas de origen portugués, mayoritariamente provenientes de la región autónoma de Azores; Brasil, con aproximadamente 1 000 000 y Canadá y Venezuela (muchos de los portugueses ahí instalados son originarios de la región autónoma de Madeira), con comunidades más pequeñas, cerca de 400 000 individuos (gráfica 1).

En Europa reside el otro gran contingente de personas de origen portugués (29%), de manera sobresaliente se cita a Francia, Alemania y, en los últimos años, Suiza, que suma en conjunto cerca de 1 120 000 personas. Conviene igualmente destacar a las comunidades residentes en países como Luxemburgo y Andorra no por el número de personas, sino por el peso relativo que los portugueses detentan en la población residente (cerca de 12 por ciento).

En el continente africano se destaca Sudáfrica,[7] donde residen aproximadamente 300 000 personas. El hecho de que existan pocos portugueses establecidos en las antiguas colonias portuguesas de África se

[7] Una parte importante de este grupo es resultado de un proceso de reemigración asociado a la descolonización, básicamente de Mozambique.

debe esencialmente a la inestabilidad política (guerras frecuentes) y a la difícil situación económica que estos países han atravesado.

La idea del regreso es, casi siempre, parte integrante del proyecto emigratorio de los portugueses, pero muchas veces no se concreta. Analizando los valores relativos a los regresos (Poinard estimó que, entre 1960 y 1980, regresaron en promedio de 25 000 a 30 000 personas por año), se confirmó que un importante porcentaje de emigrantes permanece en los lugares de destino, siendo este hecho más relevante en los destinos americanos. Se estima que en 1999 regresaron cerca de 15 000 emigrantes, en su mayoría provenientes de Europa (principalmente de Alemania, Francia y España), aunque este regreso incluye también a emigrantes con contratos temporales, ilustrando la creciente circulación de trabajadores en el espacio de la Unión Europea, a la cual se une Suiza (SOPEMI, 2001).

A pesar de que el regreso es muchas veces un mito, la verdad es que el interés por el país y la preocupación por la afirmación y la valoración de una identidad es cada vez más importante. Este sentimiento se expresa principalmente a través: *a*) de la vertiente cultural con la preservación de la lengua (casi siempre mantienen el uso de la lengua portuguesa y frecuentemente exigen a los hijos que la aprendan) y con la creación de asociaciones culturales que conjugan actividades relacionadas con la música o el folclore y el deporte (básicamente futbol); *b*) del envío de remesas, que se sabe, históricamente, es una de las contribuciones económicas más significativas de la emigración portuguesa, con reflejo no sólo en el mejoramiento de las condiciones de vida de las familias (mayores utilidades, inversión en la compra de casas, terrenos y pequeños negocios, acceso a los bienes de consumo doméstico) sino también en la economía del país, y en particular de algunas regiones; *c*) de las visitas frecuentes al país de origen durante las vacaciones de verano y, a veces, en Navidad.

## LA PARTICIPACIÓN POLÍTICA DE LOS AUSENTES: DERECHOS, PROCESOS Y COMPORTAMIENTOS

La intervención en la vida política portuguesa es uno de los eslabones más vulnerables de la conexión entre los emigrantes y Portugal. Esta situación es más evidente a nivel de la participación electoral. Se detectan formas de comportamiento cívico y político que se apoyan en la acción de los líderes de la emigración y de diversas organizaciones sociales y culturales, desde actos muy puntuales basados en las iniciativas de ellos mismos a órganos del poder político portugués, recepciones al presidente de la república durante sus visitas al exterior,[8] contactos más o menos informales con entidades representativas del poder local, hasta iniciativas políticas estructuradas, como la presentación de candidaturas y la realización de actos de campaña electoral para el Consejo de las Comunidades Portuguesas, pero este grado de activismo no se refleja en los niveles de participación electoral. Sin embargo, la baja participación de los portugueses residentes en el exterior no debe entenderse fuera de un contexto más general, ya que resulta de la asociación de componentes endógenos,[9] las limitaciones institucionales impuestas por los países de destino (la participación electoral de los extranjeros) y las resultantes del propio aparato jurídico portugués. Además, hay que considerar que el marco de oportunidades para el ejercicio de la participación electoral no se mantuvo estático a lo largo de los últimos 27 años. En este periodo, que corresponde a la vigencia de la democracia portuguesa, dos momentos son particularmente importantes:

*a*) Aún durante el periodo revolucionario (1974-1976), cuando se establecieron las bases del nuevo régimen político, con la aprobación de la Ley Electoral que posibilitó el voto de los emigrantes en la Asamblea Constituyente y, posteriormente, en el Parlamento.

*b*) En la segunda mitad de los años noventa, cuando la legislación comunitaria permitió que los ciudadanos de la Unión Europea votaron en el Parlamento Europeo, en las elecciones municipales de su residencia (mediante ciertas condiciones), independientemente de la nacionalidad, y la alteración de la Constitución portuguesa en 1997, concediendo a los emigrantes el ejercicio del voto en las elecciones presidenciales desde el exterior.

---

[8] Asume una gran importancia el día de Portugal y las comunidades portuguesas (10 de junio).

[9] Bajos niveles de instrucción, privilegio de objetivos individuales de corto o mediano plazo y, en caso de emigrantes más antiguos, un proceso de socialización efectuado en un medio rural y conservador en el contexto de un régimen totalitario de derecha.

## DEMOCRACIA, INSTITUCIÓN DEL NUEVO RÉGIMEN POLÍTICO Y PARTICIPACIÓN POLÍTICA DE LOS EMIGRANTES, LAS MODIFICACIONES DEL PERIODO REVOLUCIONARIO

El régimen democrático portugués es relativamente joven y surgió como consecuencia de la revolución del 25 de abril de 1974 que puso fin a una larga dictadura corporativista de derecha (48 años), que tuvo como figura central a Oliveira Salazar y que se autodesignó "Estado Novo" desde la aprobación de la Constitución corporativa de 1933 (revocada en 1974 y sustituida por el texto constitucional democrático del 25 de abril de 1976). Está fuera del ámbito de este estudio presentar las condiciones que llevaron al surgimiento de la revolución y discutir el contexto que dirigió la evolución de la situación política en los periodos revolucionario y posrevolucionario. Sólo interesa evidenciar los elementos estructurales y coyunturales que permitieron la inclusión de los emigrantes como participantes a distancia del proceso político portugués, principalmente a través de la concesión del derecho de voto desde el exterior.

Durante el periodo dictatorial, las elecciones a la presidencia de la república y a la Asamblea Nacional tenían un carácter esencialmente formal, quedando prohibidos los partidos políticos (con excepción del "partido de Estado", la Unión Nacional, transformada en 1970 en Acción Nacional Popular) y existiendo grandes restricciones a la participación electoral, que estaba limitada a una parte minoritaria de los ciudadanos potencialmente electores.[10] Aunado a lo anterior, la persecución política de los opositores al régimen y los fraudes electorales eran procedimientos frecuentes, sin que la oposición pudiera contar con mecanismos efectivos de fiscalización y control de los actos electorales, incluso en la etapa final del régimen (elecciones de 1969), cuando se permitió la formación legal de comisiones electorales.[11] En este

[10] En 1973, sólo se había censado a cerca de 1 800 000 electores (Almeida, 1999). El primer censo en un clima democrático concluyó en los inicios de 1975, donde alcazaron el derecho a votar los jóvenes entre 18 y 21 años y los analfabetas (cerca de 30% de la población portuguesa de la época); estaban inscritas más de 6 200 000 personas (Ferreira, 1994).

[11] Pese a todo, entre 1949 y 1969 hubo algunos intentos de presentación de candidaturas de la oposición a las elecciones presidenciales parlamentarias. Sin embargo, a excepción de la lista de Cunha Leal (1953) y de la candidatura presidencial de Humberto Delgado, en 1958 (ambas sin éxito), en los otros casos los candidatos se vieron obligados a desistir poco antes de

contexto, en el que la oposición es anulada y la legitimidad de las instituciones no es garantizada por actos electorales que sirvan, eventualmente, para confirmar la manutención de los poderes apoyados en otros mecanismos (Gaspar, André y Honório, 1984), las posibilidades de participación electoral son limitadas, y únicamente se reflejan de forma aparente en los modos de gobernar. Si internamente había una falta de incentivos para participar en política ya que sólo algunos podían hacerlo en los actos electorales, la extensión del voto a los residentes en el extranjero ni siquiera se tocaba.

Sin embargo, durante la dictadura, la actividad política de la oposición organizada desde el exterior detentó un papel relevante. A fines de 1962, como consecuencia de la derrota del candidato de la oposición Humberto Delgado asociada a un proceso electoral fraudulento (1958), fue fundado en Argel el Frente Patriótico de Liberación Nacional que pretendía reunir varias tendencias de la oposición representadas por diversos exiliados. Aunque esta organización nunca se consolidó ni tuvo una real influencia interna (Rosas, 1994), es un ejemplo de la actividad política desarrollada desde el exterior, que se intensificó aún más en los años sesenta e inicios de los setenta, principalmente por parte de comunistas y socialistas exilados en los países de Europa occidental. La Acción Socialista Portuguesa (ASP), fundada en 1964, realizó actividades políticas propagandísticas tanto en Portugal como en el exterior. Además, el exilio de algunos líderes socialistas en Francia a finales de los años sesenta e inicios de los setenta, como Tito de Morais y Mario Soares, contribuyó al soporte de la actividad externa de este grupo político-ideológico, que vendría a ser la base de la fundación del Partido Socialista, en 1973. Por su parte, el Partido Comunista Portugués, cuyo secretario general, Álvaro Cunhal, se encontraba igualmente exiliado desde el inicio de los años sesenta, también realizaba una importante actividad desde el extranjero, habiendo organizado algunas células apoyadas en los exiliados y que poseían contactos con la emigración laboral. Más allá de estos personajes, aunque emblemáticos, ligados a estructuras políticas que vendrían a detentar los papeles centrales tanto en el

---

la realización de las elecciones (como ejemplos están las candidaturas de Norton de Matos a las elecciones presidenciales de 1949 y de Ruy Luís Gomes y el almirante Quintão Meireles a la elección subsecuente —1951—, originada por la muerte del presidente de la república en funciones).

periodo revolucionario como en el proceso de transición y consolidación del régimen democrático portugués, muchas otras personalidades, tanto independientes como ligadas a grupos de extrema izquierda y a la denominada izquierda católica, desarrollaron actividad política de oposición desde el extranjero.

El movimiento de las fuerzas armadas que derrocó al régimen el 25 de abril de 1974 incluyó en su programa el principio de la realización, en un plazo de un año, de elecciones libres y directas para que una asamblea se encargara de aprobar la nueva Constitución democrática de Portugal. Este objetivo de realización de elecciones está en el eje de la construcción del nuevo régimen político y de la institucionalización de las prácticas democráticas en Portugal (Ferreira, 1994).

Con la finalidad de concretar la aspiración arriba mencionada, fue nombrada, en junio de 1974, una comisión encargada de elaborar la nueva legislación en materia de elecciones, cristalizada en los decretos 621-A, 621-B y 621-C, del 15 de noviembre de 1974. Esta comisión interpretó el ejercicio del derecho al voto en un sentido holístico, concediendo capacidad electoral a todos los ciudadanos mayores de 18 años. En relación con los emigrantes, prevaleció un criterio que privilegiaba la existencia "de una efectiva participación del ciudadano en la vida económica y social de la comunidad", por lo que el derecho al voto fue también extendido a los ciudadanos nacionales residentes en el exterior, siempre y cuando cumplieran con determinadas condiciones (Ferreira, 1994). Estas condiciones incluían la manutención de hijos menores o del cónyuge que residieran habitualmente en Portugal o que tuvieran menos de cinco años de instalados en el extranjero al momento de la promulgación de la ley. A pesar de la perspectiva restrictiva que significa la frase "efectiva participación en la vida económica y social portuguesa", el principio fundamental consistió, desde el inicio de la construcción del marco que sostiene al nuevo régimen político, en la atribución de los derechos electorales a los residentes en el extranjero. Se considera, por lo tanto, que la nación ausente también debería participar en la elaboración de la nueva ley fundamental para el país (la Constitución) y, posteriormente, en la composición del órgano legislativo supremo, a través de la elección de diputados al Parlamento. En este caso no nos encontramos propiamente frente a un proceso de exigencia fundamentalista sustentado por los residentes en el exterior, sino a una iniciativa institucional desde "la elite", en el marco de una transición política profunda, veloz y compleja, que supo interpretar correctamente los principios democráticos (por ejemplo, los ciudadanos nacionales no debían ser coartados en sus derechos políticos) y, eventualmente, anticiparse a las exigencias de los emigrantes.

Debe decirse, sin embargo, que este procedimiento de la comisión que elaboró la primera legislación electoral democrática va al encuentro de una serie de características de la sociedad portuguesa de los años setenta que es importante recordar. En primer lugar, la existencia de una cultura migratoria antigua reunida en un saber circular que se acentuó al inicio de los años setenta (el máximo flujo emigratorio se registró en 1971) revivía la emigración como tema central. En segundo lugar, el progreso de los medios de transporte y comunicación asociado a la sobrerrepresentación de los destinos migratorios de Europa occidental (Francia y, en menor grado, Alemania) desde los inicios de los años setenta, regresaban los procesos de vaivén directo e indirecto (remesas monetarias, bienes, información) lo que hizo que cada vez fuera más sencillo mantener en contacto a la nación ausente y a la nación presente. Finalmente, el fenómeno del exilio, como vimos antes, estaba presente en la conciencia política nacional, habiendo sucedido, en abril y mayo de 1974, el regreso al país de varios dirigentes políticos de la oposición (Mario Soares, Álvaro Cunhal y muchos otros) que vendrían participando, activamente, en el proceso de reformas jurídico-políticas que cambiaron radicalmente la sociedad portuguesa en el periodo revolucionario y posrevolucionario.

Las restricciones existentes en la primera ley electoral fueron removidas posteriormente (legislación de 1976 y de 1979), pasando los residentes en el extranjero a tener una posibilidad de participación idéntica a la de los residentes en territorio nacional. Aunado a ello, el número de diputados a ser electos por las comunidades emigradas aumentó de uno a cuatro, cantidad que se mantiene sin alteraciones hasta hoy (dos para los emigrados en Europa y dos para el resto del mundo). Se mantiene sin embargo una diferencia respecto al censo electoral: obligatorio para el segundo grupo de individuos y facultativo para el primero, ya que el Estado portugués admitió no poseer condiciones para fiscalizar el registro electoral de los residentes en el extranjero.

Con la rápida remoción de las restricciones para la participación electoral desde el exterior y el inicio de la difusión de una cultura de vida democrática entre los portugueses, residentes dentro y fuera del país, el número de electores inscritos en el extranjero pasó de 21 910 en 1975 a 105 709 en 1976, y a más de 170 000 en 1980. Es necesario referirse a las dos primeras elecciones (la Asamblea Constituyente en 1975 y el primer Parlamento democrático en 1976), los índices de participación electoral de los emigrantes inscritos fueron elevadísimos (cerca de 85%), aproximándose a las cantidades registradas en Portugal.[12] Después de 48 años de dictadura y un periodo revolucionario de transición no legitimado por el voto que dejaba dudas de la expresión real de las fuerzas políticas, la enorme afluencia a las urnas en las dos primeras elecciones refleja la esperanza y el deseo del pueblo por adentrarse en la construcción de los pilares del nuevo régimen y en la definición de sus gobernantes. En un periodo en que las acciones políticas fundamentalistas eran significativas y los mecanismos institucionales de control del poder se revelaban frágiles y frecuentemente limitados, la novedad de la democracia electoral fue suficientemente atractiva para generar los índices de participación antes mencionados. Por lo demás, los llamados al voto y la propia campaña electoral acentuaron claramente la noción de que el futuro político portugués era mediado por los partidos y dependía de la participación electoral de los ciudadanos, idea patente en uno de los más significativos *slogans* de la época "el voto, arma del pueblo".

La legitimidad de la participación electoral de los emigrantes portugueses y la formalización de los modos en que ésta procedería (elección de cuatro diputados a la Asamblea de la República a través del voto directo y secreto ejercido por correspondencia) fueron establecidas en el marco de las transformaciones del régimen en el periodo revolucionario y posrevolucionario. Será necesario esperar casi 20 años para que una nueva serie de cambios importantes ocurra, aunque en circunstancias sustancialmente diferentes.

---

[12] Efectivamente, en las elecciones de 1976, el índice de abstencionismo de los residentes en el extranjero fue incluso menor a la registrada entre los electores residentes en Portugal (86.8% y 83.3% respectivamente). Como veremos en el próximo punto, a partir de esta fecha, el abstencionismo fue conociendo incrementos significativos, abriendo una brecha entre el porcentaje de votantes residentes en Portugal y el porcentaje de votantes correspondiente a las comunidades emigradas.

## VEINTE AÑOS DESPUÉS: UNA NUEVA EXTENSIÓN DE LOS DERECHOS ELECTORALES EN UN CONTEXTO POLÍTICO-SOCIAL INTELIGIBLE

Después del periodo revolucionario, la sociedad portuguesa caminó hacia la estabilización político-institucional enmarcada en una democracia parlamentaria republicana. Como relata Aguiar (1994:172-173), entre 1975 y el inicio de los años noventa, se dio un proceso de maduración y consolidación del sistema político. De la etapa inicial marcada por la intranquilidad (gobiernos minoritarios, alianzas frágiles, legislaturas incompletas, fuertes tensiones institucionales) se pasó a una etapa de estabilidad correspondiente a los gobiernos con mayorías absolutas o casi absolutas,[13] reducción de las tensiones entre el gobierno y la Asamblea de la República y una tendencia para una doble hegemonía partidaria entre el Partido Social Demócrata (centro liberal) (PPD/SD) y el Partido Socialista (PS), de izquierda y afiliado a la Internacional Socialista.

De manera complementaria, el proceso de alineamiento político-económico de Portugal en relación con Europa occidental después de la modificación del régimen político y la independencia de las colonias africanas en 1974-1975, quedó definitivamente consolidado con su adhesión a las Comunidades Europeas en 1986.

Estos dos procesos —llegada a un estado de maduración del régimen democrático e inserción en las Comunidades Europeas, hoy simplemente designadas como Unión Europea (UE)— son fundamentales para comprender las alteraciones ocurridas en la segunda mitad de los años noventa con las posibilidades de participación electoral de los emigrantes portugueses, especialmente en Europa. También el cambio de gobierno ocurrido en 1995, con la victoria electoral del PS,[14] habrá

[13] En las elecciones de 1987 y de 1991, el Partido Social Democrático (PPD/SD), de tendencia centro-liberal, lidereado por Cavaco Silva, obtuvo dos mayorías absolutas que le permitieron constituir un gobierno sin necesidad de efectuar acuerdos políticos de gobernabilidad. En las dos elecciones subsecuentes (1995 y 1999), el Partido Socialista, bajo la orientación de António Guterres, estuvo tan cercano a la mayoría absoluta (en 1999, registró exactamente la mitad de los diputados del Parlamento —115 de 230) que la situación, *de facto*, permite una gobernabilidad apoyada en acuerdos políticos más o menos puntuales, sin necesidad de estrategias profundas comunes o alianzas.

[14] Esta victoria electoral creó, por primera vez en la historia de la democracia portuguesa, una sintonía política entre presidente de la república, gobierno y Parlamento, todos liderados por personalidades nacidas de la misma fuerza política (el Partido Socialista).

eventualmente contribuido a la aceleración de algunos de los procesos de transformación que ya se vislumbraban.

Por último, hay que agregar la acción de algunas organizaciones de emigrantes portuguesas que venían, desde hace mucho, reclamando su derecho al voto en las elecciones presidenciales, reivindicación secundada por algunas fuerzas políticas que acostumbraban obtener buenos resultados electorales en las comunidades de emigrados, notoriamente el PPD/PSD.

Como ya hicimos referencia, las modificaciones que ampliaron el marco de la participación política de los emigrantes portugueses en la segunda mitad de los años noventa abrieron la posibilidad de votar: *a*) en las elecciones presidenciales portuguesas; *b*) en las elecciones locales de los otros países miembros de la UE,[15] y *c*) en las elecciones al Parlamento Europeo, votando en el padrón del país de residencia.

Las dos últimas alteraciones deben ser enmarcadas en el ámbito del proceso de construcción del ideal de ciudadanía europea que, no sustituyendo a la ciudadanía nacional de cada uno de los quince Estados-miembros, funciona como una ciudadanía complementaria, de sobreposición ("es ciudadano europeo todo individuo que tenga la nacionalidad de un Estado miembro") (Simon, 1999). El Tratado de Maastricht (1993) representó un avance en el reconocimiento de los derechos de los extranjeros ciudadanos de la UE que se reflejó, entre otras cosas, en los derechos políticos. Efectivamente, la posibilidad de ejercer el derecho al voto para los órganos subnacionales (los municipios) y supranacionales (el Parlamento Europeo) teniendo como base el área de residencia y no la nacionalidad, significó una evolución en el sentido de igualdad de derechos políticos de los extranjeros comunitarios en el interior de la UE.

Tomando como ejemplo el caso del derecho al voto en las elecciones municipales, particularmente importante para cerca de 1 000 000 de portugueses residentes en otros países de la UE, una directiva desde diciembre de 1994 está progresivamente modificando los marcos lega-

---

[15] Esta posibilidad de votar en las elecciones locales de los países de residencia, aunque respete a los países de la UE, alcanza también otros Estados (Cabo Verde, Brasil, Perú, Noruega, etc.), con los cuales existen acuerdos de reciprocidad electoral a nivel local (los extranjeros residentes en Portugal pueden votar en las elecciones portuguesas y los portugueses residentes en el país con el que exista acuerdo también podrán ejercer el derecho al voto en las elecciones municipales).

les nacionales, de manera que los extranjeros nacidos en la UE pudieran elegir y ser electos. Hasta este momento, los derechos políticos de los extranjeros oriundos de la UE eran idénticos a los de los no comunitarios, lo que se traducía en una diversidad de situaciones, pues la imposibilidad legal de votar era la regla en la mayoría de los países. Para alterar el marco legal se reunieron ejemplos exitosos de países como Holanda o Dinamarca, donde el derecho de los extranjeros (comunitarios y no comunitarios) a votar en las elecciones locales ya estaba consagrado desde la década de los ochenta. Adicionalmente, diversos municipios franceses, belgas, luxemburgueses, alemanes y de otros países crearon consejos consultivos de residentes extranjeros que fueron reivindicando una igualdad de derechos políticos, específicamente a nivel local. Finalmente, la acción de diversas asociaciones de inmigrantes y de apoyo a los inmigrados también contribuyó a la promulgación de la directiva comunitaria de 1994 y para la alteración en las diversas legislaciones nacionales en los años subsecuentes.[16] Hay que hacer referencia a que, en los últimos años, la acción de muchos municipios, consejos consultivos y asociaciones de inmigrantes está dirigida hacia conceder el derecho a votar en las elecciones locales a todos los extranjeros residentes y no sólo a los comunitarios, como atestigua el "Llamado de Estrasburgo" de noviembre de 1999, salido de la Conferencia Europea: "¿Cuál es la participación de los residentes extranjeros en la vida pública local?", organizada por el Congreso de los Poderes Locales y Regionales Europeos.

## LA ELECCIÓN PRESIDENCIAL, UN TEMA PENDIENTE

En cuanto al asunto de la extensión del derecho al voto en las elecciones presidenciales a los portugueses residentes en el extranjero, la referencia del cambio se sitúa naturalmente en un plano interno. Aunque esta modificación se haya sólo concretado en la revisión constitucional de 1997, en diversos momentos anteriores, representantes de los

---

[16] Aunque la directiva establezca principios comunes con el objetivo de apuntar hacia una categoría única de ciudadanos comunitarios, son admitidas diferencias en la reglamentación electoral específica de los distintos países. Por ejemplo, en Francia y Luxemburgo los extranjeros no pueden ser electos presidentes municipales.

emigrantes y miembros de algunos partidos políticos portugueses ya la habían solicitado. Sin embargo, en las revisiones constitucionales anteriores nunca había sido posible reunir el voto favorable de dos tercios de los diputados, condición necesaria para la modificación de los artículos de la Ley Constitucional. La argumentación de los que se oponían al cambio se fundaba en cuestiones técnicas, pues sabiendo de la existencia de procesos poco claros en las votaciones para diputados de las comunidades emigradas, afirmaban que la elección del más elevado cargo de la nación no podía ser decidida por votos dudosos (aunque fueran pocos).[17] No obstante, esta argumentación escondía motivaciones de índole político, pues los partidos con pocos votos dentro de las comunidades emigradas se mostraban más renuentes a aceptar el derecho al voto de los emigrantes en las elecciones presidenciales. Surgía también una controversia de legitimidad abordada ya en este texto y que consiste en el hecho de considerar que los presentes (mejor informados, acompañando los procesos más de cerca) tienen más derecho a decidir sobre los destinos políticos de la nación que los ausentes, fundamentalmente en asuntos como la elección del presidente de la república. Se señala que el problema del número también suscitaba controversia en este proceso. Efectivamente, son cerca de 4 500 000 emigrantes y lusodescendientes en el exterior, y el potencial de votantes sería siempre elevado en el contexto de un país donde los residentes son poco más de 10 000 000. Y en el caso de la Asamblea de la República, la influencia de los votos del exterior corresponde a cuatro de los 230 diputados, en las elecciones presidenciales la utilización de este tipo de mecanismo es imposible. Pero, dada la relativa estabilización de los inscritos en el padrón electoral de los portugueses residentes en el extranjero en alrededor de los 180 000 a 190 000 a partir de 1983, asociada con niveles de abstencionismo muy elevados en las elecciones parlamentarias, quedaba claro que la influencia efectiva del voto de los emigrantes era bastante limitada.

El rebasar las limitaciones indicadas arriba en el periodo de la 4a. revisión constitucional se relaciona, desde el punto de vista estructural, con la madurez de la democracia portuguesa, que asume el principio

---

[17] Como se trata de una elección por mayoría absoluta que elije un sólo candidato, esta situación es posible, específicamente en caso de demostrar una gran proximidad de los resultados obtenidos por los candidatos.

de la igualdad de los derechos políticos de todos los ciudadanos miembros de la nación (residentes en el país y emigrados), y parte de un presupuesto de confianza que considera que la consolidación de la conciencia cívico-política de los emigrantes limita la posibilidad de que ocurran irregularidades electorales. Por otro lado, es este el periodo en el que la emigración portuguesa comienza de nuevo a ganar visibilidad social, comprendiendo, el poder político portugués, que en el marco de la globalización los emigrantes y los lusodescendientes no sólo detentaban un papel relevante a nivel del equilibrio de la balanza de las transacciones comunes, sino que podían actuar como *lobby* político-económico en el exterior. Por su lado, la coyuntura en este periodo fue también favorable al proceso, no sólo porque los dos partidos dominantes en el espectro político poseían más de dos terceras partes de los diputados, sino sobre todo porque el hecho de que el PS posea una posición sólida en el gobierno le permitía aceptar, más fácilmente, un acuerdo de revisión constitucional que ampliara el derecho al voto de los emigrantes en las elecciones presidenciales. El presidente de la república (también socialista) no puso obstáculos al proceso, lo que también contribuyó para consolidar la posición de la bancada socialista en el Parlamento. El final feliz de este proceso se materializó en la modificación del artículo 121 de la Constitución en 1997, en la posterior revisión de la Ley Electoral y, finalmente, en la participación de los emigrantes en las elecciones presidenciales de enero de 2001.

## LECTURAS DEL COMPORTAMIENTO ELECTORAL DE LOS PORTUGUESES RESIDENTES EN EL EXTRANJERO: LOS SUFRAGIOS PARA LA ASAMBLEA DE LA REPÚBLICA

Debido a que los sufragios a la Asamblea de la República (Parlamento) son los únicos en los que los emigrantes pueden participar siempre que haya elecciones democráticas con voto universal directo y secreto, éstos funcionan como el único indicador que posibilita un análisis del comportamiento electoral de los portugueses residentes en el extranjero. Con base en esta información, pretendemos responder a dos preguntas:

*a*) ¿Cuáles han sido los niveles de participación electoral de estos ciudadanos y cuál es su explicación?

*b*) ¿Cómo se relacionan los patrones del voto identificados con el comportamiento de los electores residentes en Portugal?

El análisis del comportamiento abstencionista es relativamente complejo, pudiendo estar asociado a un proceso de indiferencia o distanciamiento de cara al sistema político o funcionar como una actitud de protesta. Como refieren Gaspar, André y Honório (1984), una ausencia de identificación entre las exigencias y las aspiraciones de determinada parte del electorado y las propuestas y prácticas políticas de los partidos y gobiernos puede traducirse en comportamientos abstencionistas más o menos significativos.

En el caso de los emigrantes, no sólo la abstención es mucho más elevada que la registrada por los electores residentes en territorio nacional, también las propias inscripciones al padrón electoral son muy reducidas. Este distanciamiento de cara al sistema político nacional es particularmente nítido entre los residentes fuera de Europa, que representan cerca de 75% de los emigrantes y lusodescendientes. En este grupo, no sólo el número de inscritos es prácticamente idéntico al registrado entre los emigrantes en Europa (véanse los cuadros 2 y 3), sino que los índices de abstención son más elevados (véase gráfica 2).

Según Archer (1991), la explicación a esta situación radica en el distanciamiento temporal de la emigración para los países de América (que incluye a muchos descendientes de emigrantes que poseen la nacionalidad portuguesa aunque no hacen uso de ella) y no se designa por el "carácter definitivo" de la emigración. En relación con los portugueses residentes en Europa, la proximidad geográfica, el mayor acceso a la información (RTP Internacional, prensa y radios nacionales) y la importancia del regreso son, según la misma autora, los factores que explican los niveles de participación más elevados que los registrados en las comunidades del resto del mundo. El cuadro explicativo presentado nos parece pertinente, resaltando el efecto del distanciamiento geográfico y temporal, luego de que en el contexto actual de interacción mundial la problemática de la emigración temporal y definitiva debe ser formulada de modo diferente, porque inclusive la mayoría de los portugueses actualmente residentes en Europa no pueden ser clasificados como emigrantes temporales.

Siendo así, más allá de los factores sociológicos avanzados y de las mayores dificultades experimentadas por los partidos en la manera de transmitir su mensaje electoral, la explicación a los elevadísimos nive-

Cuadro 2. Estructura de la votación para la Asamblea de la República de los portugueses residentes en el exterior fuera de Europa

(porcentajes)

| | 1976 | 1979 | 1980 | 1983 | 1985 | 1987 | 1991 | 1995 | 1999 |
|---|---|---|---|---|---|---|---|---|---|
| Inscritos | 48 368 | 73 089 | 105 151 | 109 880 | 115 521 | 114 644 | 103 103 | 99 050 | 86 328 |
| Votantes | 82.8 | 63.2 | 61.0 | 44.0 | 29.4 | 26.7 | 30.7 | 20.2 | 20.1 |
| Blancos | 0.1 | 1.4 | 1.4 | 1.6 | 2.3 | 1.7 | 0.6 | 0.9 | 0.6 |
| Nulos | 1.3 | 1.9 | 1.8 | 1.1 | 0.9 | 1.0 | 0.7 | 8.9 | 6.8 |
| PPD | 53.2 | 72.3 | 85.5 | 48.3 | 40.5 | 63.1 | 77.1 | 70.4 | 48.1 |
| PS | 6.3 | 5.7 | 4.0 | 7.0 | 7.7 | 7.2 | 4.9 | 13.0 | 38.0 |
| CDU/PCP | 1.4 | 3.1 | 2.6 | 3.6 | 2.5 | 1.4 | 1.0 | 1.2 | 1.6 |
| CDS | 33.7 | AD | AD | 34.2 | 37.8 | 19.9 | 14.6 | 3.9 | 3.3 |
| Otros partidos | 4.0 | 15.6 | 4.7 | 4.2 | 8.3 | 5.7 | 1.1 | 1.7 | 1.6 |

AD: El porcentaje está incluido en los resultados del PPD, luego de que estos partidos se congregaron, bajo la denominación de la Alianza Democrática.

Cuadro 3. Estructura de la votación para la Asamblea de la República
de los portugueses residentes en Europa
(porcentaje)

| | 1976 | 1979 | 1980 | 1983 | 1985 | 1987 | 1991 | 1995 | 1999 |
|---|---|---|---|---|---|---|---|---|---|
| Inscritos | 57 341 | 59 184 | 68 864 | 74 803 | 75 745 | 72 894 | 84 327 | 93 279 | 97 023 |
| Votantes | 90.1 | 71.3 | 63.0 | 47.5 | 31.1 | 26.2 | 34.9 | 27.7 | 26.5 |
| Blancos | 0.1 | 0.9 | 1.8 | 1.2 | 2.9 | 1.2 | 0.9 | 0.4 | 0.3 |
| Nulos | 1.8 | 1.6 | 2.2 | 0.9 | 0.6 | 1.2 | 1.3 | 17.3 | 8.8 |
| PPD | 32.2 | 38.3 | 48.5 | 33.6 | 24.3 | 36.7 | 53.5 | 33.8 | 24.4 |
| PS | 46.1 | 33.2 | 25.6 | 31.2 | 24.3 | 28.4 | 31.7 | 35.1 | 55.1 |
| CDU/PCP | 10.1 | 13.4 | 15.4 | 17.1 | 18.8 | 16.0 | 3.0 | 6.4 | 5.2 |
| CDS | 6.9 | AD | AD | 11.1 | 17.3 | 6.7 | 7.8 | 4.4 | 3.2 |
| Otros partidos | 2.8 | 12.6 | 6.5 | 4.9 | 11.8 | 9.8 | 1.8 | 2.6 | 3.0 |

AD: El porcentaje está incluido en los resultados del PPD, luego de que estos partidos se congregaron bajo la denominación de la Alianza Democrática.

Gráfica 2. Evolución del porcentaje de votantes
en comunidades emigrantes

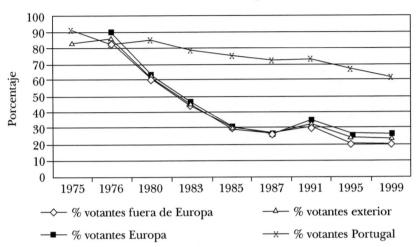

les de abstencionismo y su acentuado crecimiento desde 1976 (que acompaña, aunque de manera más pronunciada, la tendencia registrada fronteras adentro; véase gráfica 2) resulta también del refuerzo de los sentimientos de marginalidad político-social del electorado emigrado. Distantes del país, preocupados con problemas cotidianos cuya solución se encuentra en el destino y muchas veces sin creer en los efectos de la actividad del gobierno portugués, es comprensible que los emigrantes, más que cualquier otro grupo de la nación portuguesa, adopten una actitud de alejamiento en relación con las elecciones.

Es significativo también que, en las elecciones de 1995 y de 1999, los porcentajes de votos nulos entre los emigrantes son mucho más elevados que los registrados entre los electores residentes en el territorio nacional (cuadro 4). Excluyendo un eventual problema técnico de selección de resultados, este comportamiento parece expresar una actitud de desilusión y, eventualmente, de protesta por parte del electorado, principalmente de votantes de derecha y, especialmente, del PSD. En las elecciones de 1987 y, sobre todo de 1991, parte importante del electorado, tanto de la izquierda como de la derecha del PSD, fue seducido ante la alternativa presentada que transitaba por la estabilidad política con un líder fuerte (asociada a la mayoría absoluta), por un discurso apoyado en el liberalismo y la modernización y por apelar a la im-

Cuadro 4. Estructura de la votación para la Asamblea de la República
de los portugueses residentes en el exterior
(porcentaje total)

| | 1976 | 1979 | 1980 | 1983 | 1985 | 1987 | 1991 | 1995 | 1999 |
|---|---|---|---|---|---|---|---|---|---|
| Inscritos | 105 709 | 132 273 | 174 015 | 184 683 | 191 266 | 187 538 | 187 430 | 192 329 | 183 351 |
| Votantes | 86.8 | 66.8 | 61.8 | 45.4 | 30.1 | 26.5 | 32.6 | 23.8 | 23.5 |
| Blancos | 0.1 | 1.2 | 1.6 | 1.5 | 2.5 | 1.5 | 0.8 | 0.6 | 0.4 |
| Nulos | 1.6 | 1.8 | 1.9 | 1.0 | 0.8 | 1.1 | 1.0 | 13.6 | 8.0 |
| PPD | 41.4 | 58.7 | 70.6 | 41.1 | 33.8 | 53.0 | 65.7 | 49.8 | 33.9 |
| PS | 28.7 | 18.8 | 12.7 | 18.3 | 14.5 | 15.4 | 17.8 | 25.5 | 48.2 |
| CDU/PCP/MDP | 6.3 | 8.0 | 7.8 | 8.9 | 9.1 | 7.0 | 4.3 | 4.1 | 3.8 |
| CDS | 18.6 | AD | AD | 24.4 | 29.4 | 14.8 | 9.0 | 4.2 | 3.2 |
| Otros partidos | 3.3 | 11.5 | 5.4 | 4.8 | 9.9 | 7.2 | 1.4 | 2.2 | 2.5 |
| Votantes Portugal | 83.3 | 87.5 | 85.4 | 78.6 | 75.4 | 72.6 | 72.6 | 67.1 | 61.8 |

AD: El porcentaje está incluido en los resultados del PPD, luego de que estos partidos se congregaron bajo la denominación de la Alianza Democrática.

portancia de los emigrantes para la sociedad portuguesa. Después de cuatro años, con el agotamiento del modelo de gobierno del PSD, este efecto se desvaneció, lo que llevó a una parte del electorado a cambiarse a otros partidos, sobre todo el PS, y a otra a optar por la abstención o por el voto nulo. Entre estos últimos se encontraban muchas personas de las elites regionales y con un origen sociogeográfico en las áreas dominadas por valores conservadores y campesinos, cuyas aspiraciones pasarían por una trayectoria política "más de derecha", que el PSD no consiguió materializar. Marginados por este factor y también por su posición periférica frente al teatro político-social dominante situado en territorio portugués, es comprensible una mayor predisposición al abstencionismo y al voto nulo.

En relación con los que no se abstienen, el análisis evolutivo del padrón de los votos revela una fijación del electorado más hacia la derecha (PSD y CDS-Partido Demócrata Cristiano) que en el caso de los residentes en el país, principalmente entre los emigrados fuera de Europa. En esta última comunidad, la situación hasta 1985 fue claramente marcada por una lógica de doble hegemonía hacia la derecha, con una supremacía del PSD sobre el CDS, aunque insuficiente para impedir la división de los dos mandatos por los citados partidos. El periodo entre 1987 y 1995 está marcado por una concentración en el PSD que absorbe al CDS, hasta reducirlo a una expresión diminuta. Las elecciones de 1999 establecen un nuevo punto de cambio en la dirección, con el PS alcanzando por primera vez una votación significativa en este círculo electoral (elige su primer diputado), lo que conlleva una situación de dualidad de tipo izquierda/derecha, característica de las votaciones obtenidas en territorio nacional (Aguiar, 1994), sobre todo después de 1987.

Dos factores pueden ayudar a comprender la posición "más hacia la derecha" del electorado portugués residente fuera de Europa.

Por un lado, el pequeño repunte migratorio de 1974-1975, que alcanzó a países como Brasil o Canadá, tuvo su origen en la salida de una población con características muy particulares, perteneciente, en su mayoría, a las clases media alta y alta, residentes en Portugal y en las colonias, que estaba protegida por el régimen dictatorial y para la cual el periodo revolucionario fue particularmente desfavorable. En el caso de Sudáfrica, el crecimiento de la población portuguesa en ese periodo, es poco detectable en las estadísticas, y está relacionado con el proceso de descolonización de Angola y Mozambique, que obligó a la reubicación de muchos residentes en las ex colonias. Tomando en cuenta el perfil sociológico de esta población y las condiciones de su emigración, es comprensible la concentración del voto en los partidos que están más a la derecha del espectro político, sobresaliendo el CDS, el único que parecía, de alguna manera, ser capaz de realizar sus aspiraciones.

Por otro lado, la emigración tradicional hacia Estados Unidos y Canadá ha sido dominada por los azorianos (Baganha, 1990), región donde el PSD asumió, hasta la segunda mitad de los años noventa, una posición electoral absolutamente dominante. La situación que se da entre los emigrados residentes en Venezuela y Sudáfrica es relativamente análoga, dado que la mayoría de la población es originaria de la isla de Madeira, región donde la hegemonía del PSD es aún más acentuada (Aguiar, 1994).

Las votaciones correspondientes a la comunidad emigrada en Europa son diferentes, aproximándose más al obtenido en los resultados internos de las diversas elecciones. Aunque la mayoría de los emigrantes instalados en los destinos europeos tenga origen, directa o generacionalmente, en el campesinado rural más religioso y conservador del norte y del interior central, regiones donde el PSD (y hasta 1987, el CDS) tiene una gran aceptación (Gaspar, André y Honório, 1984; Aguiar, 1994), los resultados electorales han presentado alguna variación,[18] acompañando ya sea la estructura global de los resultados, o las oscilaciones temporales registradas en las votaciones internas.

En primer lugar, la dualidad izquierda/derecha característica del espectro político portugués, que tiene como principales protagonistas al PS y al PSD, está patente en todos los resultados electorales de la comunidad en Europa, con la eventual excepción de las últimas elecciones (el PS duplicó un poco más los votos del PSD; véase cuadro 2). En segundo lugar, el PCP y el CDS, fuerzas complementarias a la izquierda y a la derecha mantienen siempre alguna expresión (insuficiente para elegir diputados), principalmente hasta 1987, cuando se refuerzan las tendencias bipolares (tanto en esta comunidad, como en las internas). Es precisamente a partir de 1987 que se acentúa el efecto de absorción

---

[18] Los principales partidos de izquierda (PS y PCP) tuvieron siempre más votos que los dos principales partidos de derecha (PSD y CDS) en este ámbito electoral, con excepción de las elecciones de 1980 y de 1991.

del electorado del CDS por parte del PSD, sucediendo una situación idéntica entre el PCP y el PS, en las elecciones posteriores a 1991.[19] Finalmente, la concentración en el PS en 1999 también acompaña al comportamiento de los electores residentes en Portugal, pues en estas elecciones el PS se quedó con un solo diputado de mayoría absoluta. La evolución del PS en los círculos de la emigración entre 1995 y 1999 en lo que pueda ser disociada ya sea de la mencionada visibilidad externa conseguida por el país (y de sus efectos en la autoestima nacional), o de la acción de los gobernantes socialistas que, accediendo al aparato de Estado, utilizaron esa posibilidad para aproximarse a las comunidades emigradas y capitalizar sus dividendos político-electorales.

Atendiendo a la composición social de la población emigrada en Europa, sería legítimo esperar una postura más de derecha del electorado. Esto no se da, ya sea porque los emigrantes trabajadores tradicionales poseen perfiles sociológicos que los llevan a separarse más fácilmente de las elecciones, o porque los otros componentes de la emigración (estudiantes, profesionales calificados, activos, jóvenes más instruidos socializados en medio urbano), aunque minorías, tienden a registrar niveles de participación más elevados, contribuyendo a equilibrar los resultados. Además, las estructuras de los mayores partidos políticos portugueses en Europa están relativamente activas, lo que garantiza una mayor difusión de la información y un contacto más estrecho con el electorado. Dado que la rotación de la emigración portuguesa en Europa es sustancialmente mayor, esto implica que los cambios sociopolíticos en proceso en el territorio nacional se reflejen, a su vez, más fácilmente, en este destino de emigración.

## CONCLUSIONES

Si los principios y las bases de la participación electoral de los emigrantes portugueses fueron establecidos a mediados de los años setenta, durante el proceso de fundación del nuevo régimen político, es indudable que se verificó una ampliación en las posibilidades de participación,

---

[19] Esta analogía debe, sin embargo, ser formulada con cuidado. Por un lado, la modificación de los regímenes políticos en Europa del Este en el inicio de los años noventa afectó, inevitablemente, al electorado del PCP en mayor medida, ya que se trataba de uno de los partidos europeos más próximos a la línea soviética. Por otro lado, también se ha registrado un

especialmente de los residentes en la Unión Europea, a finales de la década de los noventa. Este proceso fue acompañado por una gran ampliación en las posibilidades de acceder, casi de manera instantánea, a la información político-social relativa a la sociedad portuguesa. Además, se detecta un proceso de reconstrucción de los lazos entre el gobierno portugués y las comunidades emigradas que, en el fondo, acentúa una lógica de nación que traspasa las fronteras del Estado. Aunque Portugal registre flujos inmigratorios superiores a los emigratorios, la significativa dimensión de la diáspora portuguesa asociada a la manutención de los lazos significativos con su origen, obliga a los responsables políticos a mantener en su agenda esta parte extraterritorial de la nación.

No obstante el cuadro, las nuevas oportunidades electorales parecen no suscitar gran interés en las comunidades emigradas, situándose en una posición de relativa marginalidad frente al sistema político. Las estructuras sociales dominantes en estas comunidades y los bajos niveles de participación explican, parcialmente, la realidad detectada. Por otra parte, se corrobora también un proceso de distanciamiento de muchos ciudadanos frente al modelo de participación político-electoral vigente, que se traduce en un progresivo aumento de la abstención, no sólo en los círculos de emigración, donde es más acentuada, sino también internamente. De cualquier modo, el distanciamiento espacio-temporal y la ausencia parecen acentuar las tendencias para la no participación político-electoral, lo que demuestra que, en este dominio, la *lógica de la falta de inserción se sobrepone a la lógica de la red transnacional portuguesa*, organizada a partir del pequeño rectángulo territorial europeo y de las islas adyacentes (Azores y Madeira). A pesar de esta situación, en un marco de ampliación de los llamados a la participación política y al efectivo uso de los derechos de ciudadanía en la democracia, los emigrantes no pueden ser coartados en sus derechos políticos con base en justificaciones de carácter geográfico (ausencia del territorio nacional) o de una historia de baja participación electoral.

Efectivamente, las acciones a desarrollar deben orientarse en sentido contrario, incentivando a los emigrantes a reforzar sus modos de

---

proceso de envejecimiento del electorado comunista, lo que demuestra una incapacidad de renovación y algún agotamiento debido no sólo a la transferencia a otros partidos, sino también a la propia "mortandad" interna.

participación política, tanto en el destino, como en el relativo al origen. Una de las formas con las que podrá contribuir a este deseo consiste en la modificación y diversificación de las acciones de las campañas electorales, excesivamente centradas en la propaganda escrita divulgada en los periodos electorales (Archer, 1991). Una mayor aproximación entre electores y electos tendrá, ciertamente, potenciales efectos positivos.

Otro aspecto podrá consistir en la introducción del voto presencial, a la par que el voto por correspondencia, lo que no sólo posibilitará un mayor control sobre eventuales irregularidades, sino que podrá hacer de la elecciones algo más "palpable" para los electores.

Finalmente, la organización espacial en red de los emigrantes tendrá que ser acompañada por procesos de difusión de información política, también en forma de redes. Ya se verifica un refuerzo en la utilización de canales televisivos y de internet para la difusión de la información política, aunque hay todavía un largo camino por recorrer en el sentido de agilizar las formas de contacto entre elegidos y electores y, en consecuencia, entre los centros de decisión localizados en el Estado-nación y las comunidades emigradas.

## BIBLIOGRAFÍA

Aguiar, J., "Partidos, eleições e dinâmica política", *Análise Social*, núms. 125-126, 1994, Lisboa, pp. 171-236.

Almeida, L., "O caso Português" en IFE-México, *Seminário Internacional sobre voto a partir do exterior*, México, www.universidadabierta.edu.mx/1999

Archer, G. M., "Processo de votação dos emigrantes dos Estados-membros da Comunidade Económica Europeia", *Eleições-Revista de Assuntos Eleitorais*, STAPE, núm. 2, 1991, Lisboa, pp. 19-29.

Baganha, M. I., *Portuguese Emigration to the United States 1820-1930*, Garland Publishing, Nueva York, 1990.

———— y Pedro Góis, "Migrações internacionais de e para Portugal: o que sabemos e para onde vamos?", *Revista Crítica de Ciências Sociais*, núms. 52/53, Coimbra, 1999.

Banco Mundial, *Relatório do Banco Mundial*, Oxford University Press, Nueva York, 1995-1996-1997.

Ferreira, J. M., "Portugal em Transe" en J. Mattoso, *História de Portugal*, Círculo de Leitores, Lisboa, 1994, vol. VIII.

Gaspar, J., I. André y F. Honório, *As Eleições para a Assembleia da República 1979-1983 Estudo de Geografia Eleitoral*, Instituto de Pesquisa Social Damião de Góis, Lisboa, 1984.

Godinho, V. Magalhães, "L'emigration portugaise (XV et XXe siècles). Une constante structurale et les responses aux changements du monde", *Revista de História Económica e Social*, núm. 1, 1978, Lisboa.

Hobsbawm, E. J., *Nations and Nationalism since 1780. Programme, Myth, Reality*, Cambridge University Press, Nueva York, 1992.

Malheiros, J. M., *Imigrantes na região de Lisboa –os anos da mudança*, Colibri, Lisboa, 1996.

Martiniello, M., "Citizenship of the European Union" en T. A. Aleinikoff y D. Klusmeyer (eds.), *From Migrants to Citizens*, Carnegie Endowment for International Peace, Washington, 2000, pp. 342-380.

Peixoto, J., "A emigração" en *História da expansão portuguesa*, Francisco Bethencourt y Kirti Chaudhuri (dirs.), Círculo de Leitores, Portugal, 1999, pp. 152-181, vol. V.

Poinard, M., "Emigrantes portugueses: o retorno", *Análise Social*, vol. XIX, núm. 75, 1983, Lisboa, pp. 42-63.

Riquito, A. L., "Os direitos de participação política dos estrangeiros" en J. G. Canotilho, *Direitos humanos, estrangeiros, comunidades migrantes e minorias*, Celta, Oeiras, 2000, pp. 121-142.

Rosas, F., "O Estado Novo (1926-1974)" en J. Mattoso, *História de Portugal*, Círculo de Leitores, Lisboa, 1994, vol. VII.

Serrão, Joel, *A emigração portuguesa. Sondagem histórica*, Livros Horizonte, Lisboa, 1977.

Simon, D., "Citoyenneté et droits politiques des ressortissants de l'Union Européenne", *Devenir-Journal du Conseil Consultatif des étrangers de Strasbourg*, núm. 15, 1999, Estrasburgo.

SOPEMI, *Tendances des Migrations Internationales 2001*, SOPEMI/OCDE, París, 2001.

Soysal, Y., "Changing Citizenship in Europe: Remarks on Postnational Membership and the National State" en D. Cesarani y M. Fulbrook, *Citizenship, Nationality and Migration in Europe*, Routledge, Londres, 1996, pp. 17-29.

Stalker, P., *Les Travailleurs Immigrés. Etude des migrations internationales de main-d'œuvre*, Bureau International du Travail, Ginebra, 1995.

Teixeira de Sousa, A., "Trabalhadores portugueses e sindicatos franceses: uma tentativa de interpretação das suas relações", *Análise Social*, vol. X, núm. 40, 1973, Lisboa, pp. 703-733.

# EXTENSIÓN DE DERECHOS POLÍTICOS TRANSNACIONALES EN LA EXPERIENCIA DE DOS DEMOCRACIAS CONSOLIDADAS

El proceso de extensión de derechos políticos transnacionales en Canadá y Estados Unidos nos muestra que dicha extensión es un proceso que puede rastrearse a través de una larga trayectoria histórica, sin embargo, hay una coyuntura específica que permite que ese derecho cristalice de manera universal para todos sus ciudadanos.

Este proceso sigue una ruta consecuente con la historia de esos países, en donde la práctica militar es la columna vertebral de su desarrollo. Así, debido a que la estructura militar es una de las vías mediante las cuales se da la mayor presencia de ciudadanos estadunidenses y canadienses fuera de sus países, esta línea es la que definió el inicio de la experiencia del voto en el exterior. La tradición militar, sea por una política de expansionismo permanente (Estados Unidos), o por la necesidad de mantener una presencia activa en la esfera internacional (Canadá), ha ubicado grandes contingentes de militares que, al momento de las elecciones de su país, se encontraban impedidos para votar por estar ausentes de su distrito electoral. Esto implicaba una doble desventaja para dichos ciudadanos, ya que no sólo exponían sus vidas a nombre de sus naciones, sino que además eran excluidos de sus derechos políticos básicos.

Ante esta realidad y por el peso de la institución militar se decidió, en ambos países, desarrollar formas de votación fuera del territorio. En Estados Unidos, las primeras reformas electorales transitorias para este fin se dieron en 1900, pero fue hasta la primer guerra mundial cuando se estableció el derecho exclusivo a los militares de votar fuera de su distrito electoral. En el caso de Canadá esto se extendió también a las enfermeras (*Bluebirds*) apostadas en el exterior durante la conflagración mundial. El perfeccionamiento de estas leyes se dio al concluir la segunda guerra mundial cuando, debido a que Estados Unidos mantuvo su fuerte presencia militar en distintos países como Corea, Vietnam y, posteriormente, Centroamérica y Medio Oriente, el Estado se vio obligado a retribuir de alguna manera a los militares ubicados en territorios extranjeros por medio de, entre otras cosas, mantener sus derechos políticos plenos.

Sin embargo, hasta ese momento la extensión del derecho al voto se limitaba a las fuerzas militares, y no fue sino hasta que se dio una coyuntura política excepcional en la vida estadunidense, la lucha por los derechos civiles, iniciada en la década de los cincuenta, que al cuestionarse la exclusión y segregación de las minorías en la vida política del país se consideró por primera vez que los derechos políticos debían ampliarse a todo tipo de ciudadanos, sin restringirlos a los militares. A pesar de que este cuestionamiento permitió que el proceso avanzara, se mantuvo la limitación de que este derecho sólo se concedía a civiles que vivieran *temporalmente* fuera del país.

1970 fue un año clave en ambos países, pues en Estados Unidos no sólo se extendió el derecho al voto a quienes estuvieran fuera de su distrito electoral, o temporalmente fuera del país, sino que expresamente se amplió a quienes radicaran en el exterior. En Canadá el proceso se dio de manera más gradual, ya que ese mismo año se enmendó la ley electoral que permitió que los funcionarios públicos radicados fuera del territorio (diplomáticos, empleados gubernamentales y sus familiares) pudieran votar. En 1977 se amplió este derecho a la tripulación de aerolíneas canadienses y a empleados civiles en las Fuerzas Armadas. Parte de este paquete de reformas incluyó la aprobación de una nueva ley de ciudadanía que estipula que, a partir de entonces, todo ciudadano canadiense que haya votado en elecciones de otro país no queda impedido para hacerlo en su país de origen, lo que da lugar a la posibilidad de la múltiple nacionalidad. Finalmente, en 1993 se concedió el voto universal a todo ciudadano canadiense radicado fuera de su distrito electoral, lo que extendió *de facto* el derecho al voto para quienes radican en el extranjero.

Esta ampliación de derechos ciudadanos incluye la representación política, pues las leyes electorales de ambos países no restringen la posibilidad de ser electo residiendo en el exterior. En el caso de Canadá, los candidatos no tienen que residir o estar empadronados en la lista de votantes del distrito electoral por el que se estén postulando mientras conserven la ciudadanía, lo que se logra, en el caso de quienes radican en el exterior, volviendo al territorio canadiense por lo menos una vez cada cinco años. En el caso estadunidense esta normatividad varía de estado en estado, aunque la constante a nivel nacional es la posibilidad de votar para la presidencia, la vicepresidencia y en elecciones locales de todo tipo.

Un dato importante para el caso estadunidense es que los votos de quien reside en el exterior se contabilizan para el condado donde está el registro del ciudadano ausente del territorio, lo que da poder político real a este tipo de participación, pues a nivel local es donde los procesos son más competidos. En las elecciones para un puesto en la Corte de Justicia de Arkansas en 1992, dos votos de ciudadanos en el exterior fueron los que definieron la victoria de uno de los postulantes. En el nivel federal, en 1996 quince curules del Congreso fueron para el Partido Republicano gracias al voto en ausencia emitido desde el exterior, y las elecciones presidenciales del año 2000 también fueron definidas por los votos de los ciudadanos civiles y militares en el exterior, votos que fueron contabilizados en el estado de Florida luego de un acalorado y cuestionado proceso electoral que inclinó la balanza hacia el candidato republicano.

Canadá y Estados Unidos muestran varias formas de votación para el sufragio en ausencia. Dichas modalidades son el voto adelantado (se entrega la boleta hasta una semana antes de la elección en las oficinas destinadas expresamente para tal fin), el voto por correo, y el voto consular, que se refiere a la votación directa en el consulado del país donde radique el ciudadano. Lo novedoso del caso estadunidense es que recientemente se ha avanzado en establecer el voto por fax y por vía electrónica, además de que se ha dado ya el *voto espacial*, pues en 1997 el astronauta David Wolf votó por primera vez desde el espacio vía fax.

Los casos que se incluyen en este grupo muestran distintas razones que dieron origen a la extensión de derechos políticos para sus emigrantes. Cada ejemplo es resultado de su propia historia política, sin embargo, una constante es que el marco democrático es el sostén de la demanda y de la aprobación de la misma. Es desde un proceso gradual de inclusión de minorías y consecuentes con un discurso democrático que la clase política reconoce la necesidad de ajustar la normas políticas a las condiciones del presente, donde la experiencia transnacional es más una constante que una excepción.

Otro elemento que sobresale de los casos aquí reunidos es que la participación política desde el exterior es una práctica común, y lo que las leyes hacen al permitir el voto, es simplemente reglamentarla; en los casos estadunidense y canadiense, consolidando una práctica ancestral de su cultura cívica internalizada en sus ciudadanos y que se representa claramente en el derecho al voto.

Un resultado de este proceso es el activismo político transnacional que se observa en diferentes niveles, sea en la participación activa mediante organizaciones civiles, o en el ejercicio partidista que promueven, por ejemplo, los dos partidos más representativos de Estados Unidos por medio de sus oficinas de ciudadanos en el exterior (Democrats Abroad y Republicans Abroad). Por estos medios la actividad política desde el exterior se incrementa en coyunturas específicas, y es importante subrayar que en ningún caso de los aquí incluidos se cuestiona, sino que se estimula este ejercicio político transnacional, ya que se considera que fortalece el ejercicio democrático de los ciudadanos, más allá de dónde se encuentren.

## CANADÁ

| | |
|---|---|
| Población total | 1996: 26 640 000[a] |
| Población en el exterior | 1996: 913 320[b] |
| Porcentaje respecto a la población residente | 3.49 |
| Destinos principales de migración | Estados Unidos |
| Voto en el exterior | Civiles: aprobado en 1993 |
| Estado actual del voto en el exterior | *Normas Especiales de Votación*, 11 de la *Ley Electoral Canadiense* de 2000. Cargos que se eligen: parlamentarios de la Cámara de los Comunes |
| Tipo de voto | Voluntario |

## ESTADOS UNIDOS

| | |
|---|---|
| Población total | 1999: 273 828 000 |
| Población en el exterior | 1999: 4 609 672[c] |

Porcentaje respecto a la
  población residente          1999: 1.68
Destinos principales
  de migración               México y Canadá
Voto en el exterior          Militares: aprobado en 1978; civiles:
                                 aprobado en 1975

Estado actual del voto
  en el exterior             En 1986, las legislaciones concernientes
                                 a los dos sectores de la población se unen
                                 en una Ley de Sufragio en Ausencia para
                                 Ciudadanos Uniformados y en el Exterior
Tipo de voto                Voluntario

[a] Statistics Canada, "Population 5 Years and Over by Mobility Status, 1991-1996 en www.statcan.ca/english/Pgdb/People/Population/demo42a.htm
   [b] *Ibid.*
   [c] Departamento de la Defensa y Departamento de Estado en www.usdoj.gov

# EL VOTO EN EL EXTERIOR EN CANADÁ: COMO UNA POLÍTICA ESTATAL DE PERTENENCIA

## Érika González Aguirre

> Estar lejos... te hace reflexionar sobre la grandeza del país
> de donde provienes, y el escuchar más y más acerca de la
> posibilidad de votar a distancia, se otorga más valor a ese
> voto.
>
> Heather Parkyn
> Ciudadana canadiense radicada en Gran Bretaña, 1997

## INTRODUCCIÓN

Hablar del voto en el exterior en Canadá es referirse a una evolución que tomó todo el siglo XX y que primero contempló la extensión de este derecho a los miembros de las Fuerzas Armadas y mucho tiempo después a los ciudadanos civiles residentes temporalmente fuera de las fronteras del territorio canadiense. Las características de este proceso permiten afirmar que es un ejemplo del modelo de construcción de la ciudadanía que parte primordialmente de la iniciativa del Estado, que se ve reflejado en otros momentos de la historia política de Canadá, y que intenta dar a los sectores antes desincorporados un sentido de pertenencia a una comunidad política nacional.[1] En esta medida, el ejercicio del sufragio desde el extranjero es, además, una forma de parti-

---

[1] La comunidad política se define como el grupo social con base en el territorio que conjunta a los individuos involucrados en la atención de los asuntos públicos, ya sean gobernantes y gobernados. Véase Lucio Levi, "Comunidad política" (Bobbio, 1994:286-270).

cipación cívica que representa una etapa avanzada en la ampliación de los derechos políticos al eliminar el criterio de residencia dentro del territorio nacional para ejercerlo y seguir siendo parte de esa comunidad sin estar físicamente dentro de sus límites.

Con base en estas dos ideas, el presente capítulo se divide en tres partes. La primera de ellas aborda el tema de la importancia del voto en la sociedad canadiense. La segunda sección muestra la lógica de la evolución de los derechos políticos marcada por iniciativas que se originan en el mismo Estado canadiense. Ambas partes, aportan elementos esenciales que permitirán entender, en el tercer subíndice, la evolución de la ampliación del voto en el exterior y su condición actual.

## EL SIGNIFICADO DEL VOTO EN LA CULTURA POLÍTICA DE CANADÁ

El voto es uno de los elementos fundamentales contenidos dentro de la noción de ciudadanía, y resulta ser uno de los mecanismos de participación política[2] más aceptados para caracterizar a la democracia.[3] En términos prácticos, las elecciones son la vía para participar a través del sufragio en el sistema político democrático, al constituirse como los procedimientos por los cuales la comunidad política (ciudadanos) elige a sus representantes. Asimismo, los resultados finales de los comicios dan los elementos para conocer acerca de la participación electoral de esa comunidad. De tal suerte, la importancia de dicha forma de participación dentro de la cultura política de los canadienses y la actitud de los mismos frente a este mecanismo da la pauta para entender la importancia de votar en el exterior.

Almond y Verba entienden por cultura política las "orientaciones [...] políticas, posturas relativas al sistema político y sus diferentes elementos, así como actitudes en relación con el papel de uno mismo

[2] La participación política "incluye una actividad voluntaria individual o de grupo, legítima o no, directa o indirecta, que a pesar de sus efectos reales está orientada a influir [en la elección de los gobernantes] en la política pública o en los que toman las decisiones". Una de las formas de llevarla al cabo es el ejercicio del sufragio (Mishler, 1979:12).

[3] Para Robert Dahl, actualmente no existen regímenes totalmente democratizados, por lo que adoptó el término de poliarquía, es decir, un sistema sustancialmente liberalizado y popularizado, es decir, representativo y abierto al debate público (Dahl, 1993:18). A partir de esta caracterización, Dahl define a Canadá como una poliarquía.

dentro de dicho sistema" (Almond y Verba, 1970:30). Al hablar en específico de Canadá, hay autores que niegan la existencia de una cultura política canadiense nacional, y sólo reconocen la presencia de subculturas basadas en divisiones de etnia o región. Robert y Doreen Jackson coinciden en la presencia de "una multitud de subculturas políticas étnicas y regionales, pero éstas se encuentran sujetas por valores de una cultura nacional preponderante" (Jackson y Jackson, 1994:75-77). De acuerdo con estos autores, la cultura política canadiense está constituida por tres líneas que se entrelazan para formar una sola: la cultura política del Estado-nación, las culturas políticas etnolingüísticas y las culturas políticas regionales.

Para los fines que este apartado persigue se hará referencia a la cultura política del Estado-nación como la abordan Robert y Doreen Jackson. Ésta se encuentra determinada por los valores y actitudes comunes a todos los ciudadanos del Estado y que tienen sus raíces en la tradición occidental definida por elementos liberales dominantes: creencia en una sociedad capitalista, una economía de mercado y la propiedad privada. A pesar de que existan variaciones regionales, éticas y de clase dentro de la cultura política canadiense, hay un compromiso con los valores democráticos a nivel nacional (Loon y Whittington, 1987). Uno de ellos es el derecho individual al goce de las libertades fundamentales (de conciencia, religión, prensa, asociación) y la igualdad.

En la esfera política, los valores democráticos que caracterizan a Canadá son la soberanía popular, y los derechos y libertades políticos asociados con el gobierno representativo. En Canadá, los gobiernos están basados en la habilidad de retener la mayoría de los votos en la Cámara de los Comunes, y los miembros de la misma son electos por el principio de mayoría.

Sin embargo, el predominio de la corriente liberal no excluye las aportaciones del pensamiento conservador y socialista, de donde surge la importancia "de la tradición, el orden, la continuidad histórica y los intereses del grupo y no sólo los del individuo" (Jackson y Jackson, 1994:74). En cuanto al conservadurismo, la sociedad política canadiense "ha puesto énfasis en el orden, la lealtad y la deferencia hacia el gobierno [...] la necesidad ha sido enfocada hacia la paz, el orden y el buen gobierno" (Loon y Whittington, 1987:114).

Así, el conservadurismo ha influido de dos maneras en la cultura política y en la conducción del gobierno en Canadá. La primera de ellas es el enfoque en la colectividad, expresado en un paternalismo hacia la sociedad que ha llevado a la creación de más programas igualitarios de salud y bienestar que en Estados Unidos. Más aún, "se asume que la gente no es igual y que nunca lo va a ser, por lo que el Estado debe cuidar a los miembros de la sociedad que son genéticamente inferiores proporcionando programas sociales redistributivos" (Loon y Whittington, 1987:115).

La corriente roja (de izquierda) del conservadurismo, *red tory streak*, hizo posible la emergencia y la sobrevivencia del movimiento socialista. A partir de este enfoque, se ha apoyado la creación de políticas económicas igualitarias.

El énfasis, en el individuo, producto del liberalismo, se plantea como resultado de un sentido corporativista (*corporatist*) en los "dos fragmentos de la sociedad canadiense": el anglófono y el francófono. De acuerdo con esta perspectiva, en la que coinciden la tradición inglesa y la francesa, herencia de la colonia, el corporativismo (*corporatism*) es "una visión orgánica de la sociedad en la que las aspiraciones colectivas son vistas como prioritarias frente a las de cualquier individuo o grupo, incluso el Estado" (Loon y Whittington, 1987:115).

La segunda forma en que el conservadurismo ha impactado en los valores políticos en Canadá es la fuerte influencia de las elites en la toma de decisiones. "La postura de deferencia frente a la autoridad, basada en lazos con la monarquía y las formas tradicionales de la autoridad, derivaron en una estructura altamente centralizada"[4] (Landes, 1995:289). El patrón elitista del control del poder ha favorecido una participación ciudadana particular que se constriñe en gran medida al voto (cuasi-participación), dejando de lado otros tipos de participación política, ya que los canales provistos para ello son pocos (Landes, 1995; Jackson y Jackson, 1994; Mishler y Clarke en Whittington y Williams, 1995; Loon y Whittington, 1987).

A esto se suma el hecho de que en Canadá el acto de votar es visto como una afirmación del proceso democrático. Mishler y Clarke explican que el sufragio también se entiende como una obligación cívica, in-

---

[4] Esto explica muy bien el proceso de construcción de la poliarquía que Robert Dahl expone, en el cual menciona que en este caso el antiguo régimen se transformó mediante un proceso evolutivo sin un movimiento nacional de independencia o una dura lucha contra la nación colonizadora (Dahl, 1993:47).

teresante y psicológicamente satisfactoria, ya que no se invierte mucho tiempo, dinero y esfuerzo. Esto nos lleva a entender la razón por la cual Ronald Landes, y Robert y Doreen Jackson caracterizan a la cultura política de los canadienses como cuasi-participativa, en la que se percibe el voto como medio principal de participación en el proceso político. Pocos son lo que buscan estar presentes en otras actividades que se relacionen con el proceso político.

## UN BREVE RECUENTO DE LA AMPLIACIÓN DEL SUFRAGIO

Como hemos visto, en Canadá, el desarrollo de la ampliación del voto está relacionado con los valores ideológicos que definen su cultura política. Por un lado, hay un compromiso con los principios democráticos cuyo origen está en el liberalismo. Pero, por otro, existe una gran influencia inglesa conservadora, en la que el objetivo es mantener el orden, la paz y el buen gobierno. Esta tradición se expresa en una preocupación por lograr una estructura centralizada y un enfoque en las necesidades de la colectividad. En esta lógica, la iniciativa de ampliar los derechos políticos proviene del Estado, en donde se reconoce la función legítima de las instituciones representativas, siendo a la vez una estrategia de regulación y de institucionalización del conflicto. Se puede afirmar, entonces, que el Estado canadiense ha tenido una política proactiva para otorgar derechos como una medida que busca construir un sentido de pertenencia a una comunidad política nacional, frente a las fracturas étnicas y regionales.[5]

Estas afirmaciones encuentran su correspondiente en varios ejemplos. En cuanto a la influencia inglesa, durante la época de la dominación directa de la corona británica (1758-1867), el voto era un privilegio. Uno de los requisitos que se tenía contemplado como condición para votar en la Norteamérica británica consistía en ser súbdito de la

---

[5] El desarrollo de una identidad nacional en Canadá ha sufrido varios obstáculos que no le han permitido consolidarse: la histórica relación de conflicto entre los canadienses anglófonos y francófonos; la definición de una relación satisfactoria con los pueblos indígenas; los problemas de atención a los grupos minoritarios; los efectos del regionalismo como una distribución desigual de la actividad económica, la peculiaridad en los asentamientos humanos, entre otros (Jackson y Jackson, 1994:49).

corona inglesa (*subjectiship*),[6] por medio de lo cual se definía de manera clara la relación de sujeción súbdito-soberano. Ésta encontró gran aceptación en la monarquía británica desde 1688, y fue transplantada al nuevo mundo. El criterio de residencia se encontraba directamente vinculado con esto, implicando un obstáculo para que los extranjeros pudieran sufragar.

De la misma forma, solamente podían ejercer el voto los varones blancos, de religión protestante, con más de 21 años y que tuvieran propiedades o que pagaran impuestos, aunque existieran variantes en cuanto al monto, de una colonia a otra.[7] Frente a estas restricciones, católicos, judíos, cuáqueros, indígenas, menonitas, migrantes de origen asiático (japoneses, hindúes, chinos que se habían establecido en Vancouver y la Columbia Británica principalmente, a partir de principios del siglo XIX) fueron excluidos del proceso electoral.

Hacia 1844, el criterio de profesión se sumó a los ya existentes. De ahí que se excluyera a jueces, aduaneros, recolectores de impuestos, oficiales, agentes encargados de las elecciones, escribanos de las cortes y la corona.

Una vez constituido el Dominio de Canadá en 1867, el voto continuó siendo un privilegio. Del periodo anterior, aunque con algunas variaciones de provincia a provincia, permanecieron los requisitos para ser incluidos en el electorado (propiedad, ingresos, edad, carácter de

---

[6] La condición de súbdito (*subjectship*) evolucionó al estatus de ciudadano a lo largo del siglo XX. De acuerdo con Robert J. Sharpe, la constitución que surgió de la Confederación de 1867 no hacía una referencia expresa a la ciudadanía, los nacionales canadienses eran súbditos británicos, y solamente el estatus legal de ciudadano canadiense surgió con la primera ley de ciudadanía que entró en vigor en 1947. Aun así, esta ley retuvo el carácter de súbdito británico como elemento de la membresía política canadiense (Sharpe en Kaplan, 1993). Al respecto, Paul Martin, quien introdujo la propuesta para dicha ley, menciona que si no se hubiera incluido, como parte de la concepción de ciudadanía canadiense, la ley no hubiera sido aprobada. Por otro lado, fue un paso significativo en la construcción de un sentido de nación (Martin en Kaplan, 1993). Canadá fue la primera entidad de la Comunidad Británica de Naciones (*Commonwealth*) en hacerlo, lo que le daba cierta autonomía frente al imperio. No obstante, a partir de 1975 se excluyó a los ciudadanos británicos del proceso electoral, a menos que adoptaran la ciudadanía canadiense. Finalmente, en la Ley de Ciudadanía de Canadá de 1977, el estatus de súbdito británico deja de ser parte de la noción de ciudadanía canadiense.
La Carta Canadiense de Derechos y Libertades de 1982 también tuvo efectos importantes para la ciudadanía canadiense. Siguiendo a Sharpe, éste menciona que la Carta define la relación del individuo con el Estado, al hacer la distinción entre los derechos que son inherentes a todos los individuos sujetos a la ley canadiense (derechos civiles y sociales) y aquellos que otorgan la membresía a la comunidad política, uno de los cuales es el voto.
[7] Minister of Public Works and Government Services Canada, *A History of the Vote in Canada*, Canadá, 1997.

súbdito británico, género), perpetuándose la tradición inglesa y la tónica de una inclusión definida principalmente desde el Estado. Esta lógica también se vio reflejada en la lucha por el control, en el nivel federal, del voto en las leyes electorales de 1885 y 1898, cuya raíz se encuentra en la intención de lograr constituir un gobierno centralizado. No fue hasta 1920, con la Ley Electoral del Dominio de Canadá, que se logró este control.

La ley electoral de 1920 es un parteaguas en la historia política de Canadá, ya que el voto dejó de ser un privilegio y se convirtió en un derecho. Los requisitos expresos para votar eran tener 21 años o más y ser súbito británico. Aunque siguieron esgrimiéndose argumentos de exclusión como los raciales, los religiosos y los de alfabetismo.

Otros dos ejemplos, que nos ofrecen una visión general de la tendencia que sigue la ampliación de los derechos políticos en Canadá, fue la incorporación definitiva de los indígenas en la Ley de Derechos de 1960 y la Carta Canadiense de Derechos y Libertades de 1982. Ambas se dieron con base en un proyecto del primer ministro en turno en un afán por incluir a sectores antes desincorporardos. En el caso de la Ley de Derechos, el gobierno de corte progresista del conservador Diefenbaker introdujo la propuesta de la ley, la cual protegía el derecho al voto de los canadienses sin importar raza o credo. A los indígenas les garantizaba el sufragio sin que tuvieran que renunciar a los derechos establecidos en los tratados con el gobierno federal, como el fin del reconocimiento como pueblos o naciones autónomas o el abandono del estatus de no contribuyentes fiscales con respecto a la propiedad personal.[8]

Hasta 1982, en la nueva Carta Canadiense de Derechos y Libertades se garantizó constitucionalmente el sufragio para todos los ciudadanos. De acuerdo con el artículo 3º de la carta, todo ciudadano de Canadá tiene el derecho a votar y ser votado en elecciones de los miembros de la Cámara de los Comunes o de cualquier Asamblea Legislativa. Esta carta fue un proyecto del primer ministro Pierre Elliot Trudeau.

Es importante resaltar que aunque exista un acento en la ampliación desde el Estado de los derechos políticos sin que existan demandas claras para hacerlo, se han dado situaciones en donde sí ha existido cierta presión por parte de los grupos desincorporados. Tal es el caso

---

[8] *Ibid.*

de una delegación de japoneses-canadienses que en 1936 pidieron a la Cámara de los Comunes que les fuera extendido el derecho a votar. A pesar de ello, el debate se dio principalmente en el Parlamento y no en las calles. También la reducción de la mayoría de edad de 21 a 18 años para ejercer el voto fue un tema que generó cierta presión por parte de grupos de la sociedad civil, hasta que la propuesta fue introducida por el gobierno de Trudeau (Mishler, 1979). En el caso de la extensión de derechos a las mujeres, éstas iniciaron su lucha en la década de los sesenta del siglo XIX, pero no es sino hasta 1918, cuando el primer ministro Borden legisló para permitir que sufragaran aquellas que contaran con 21 años o más.[9]

## EVOLUCIÓN DE LA EXTENSIÓN DEL SUFRAGIO EN EL EXTRANJERO

El patrón de extensión del voto en Canadá también se ve reflejado en la evolución de la ampliación del voto en el exterior, en donde el Estado canadiense ha desempeñado un papel esencial en otorgar este derecho y, en esa medida, lograr un sentido de pertenencia. Este proceso abarca el siglo XX y se ve coronado en 1993 con la concesión del voto a los ciudadanos civiles que residen temporalmente en el extranjero. La participación de Canadá en conflictos armados determinó en un principio la inclusión en el proceso electoral de los miembros de las Fuerzas Armadas emplazadas en el extranjero. El reconocimiento de los derechos políticos a este sector implicaba una señal de pertenencia de estos individuos al país que los había mandado a combatir a favor de la democracia (Carpizo y Valadés, 1999), y que en realidad se encontraban defendiendo los intereses canadienses en el exterior asegurando su presencia internacional frente al imperio británico y, posteriormente, favoreciendo un contexto internacional estable.

[9] No es ocioso mencionar que esta lucha se empató con la búsqueda de la satisfacción de los intereses de las elites en el gobierno. Borden les concedió el derecho a votar ya que en gran parte les debía la reelección y la aprobación de la conscripción obligatoria (*ibid.*). Siguiendo a Stein Rokkan, este caso demuestra que la ampliación de los derechos políticos es producto de la competencia por el poder entre las elites dirigentes que se empatan con la demanda organizada de distintos sectores por ser incluidos en el proceso electoral (Rokkan, 1970).

La primera referencia del voto de los militares canadienses se encuentra en 1900 durante la guerra Boer en Sudáfrica, a la que el Dominio de Canadá mandó un contingente para apoyar a las tropas inglesas. Se decretó entonces que el personal militar y los corresponsales de guerra no perderían el derecho a votar debido a su ausencia del territorio por estar en servicio. Al término de la guerra, dos años después, este privilegio no cambió.[10]

El siguiente acontecimiento en la evolución del voto de los militares en el extranjero fue la primera guerra mundial, a la cual Canadá ingresó automáticamente como parte del imperio británico. Así, en 1915 se otorgó el derecho a votar por correo a los activos que se encontraban combatiendo en Europa o fuera de su distrito electoral en el interior del país. A las enfermeras militares canadienses, conocidas como *Bluebirds* (2 000 aproximadamente, que prestaban sus servicios en Europa durante la guerra) también se les reconoció este derecho. Como resultado de estos cambios legislativos, en 1916 las elecciones provinciales de la Columbia Británica fueron las primeras en donde se recibieron votos de los militares apostados en el extranjero; a esta entidad le siguió Alberta en 1917.

De acuerdo con la Real Comisión para la Reforma Electoral de 1991, existieron dos razones para tomar esta decisión. En primer lugar, del total de soldados canadienses en combate, alrededor de 33 000 eran voluntarios (1.58% de todo el electorado en los comicios de diciembre de 1917), por lo que era fundamental hacerlos sentir parte de la democracia que defendían. En segundo lugar, el número de votantes en bases militares en Canadá hubiera determinado los resultados de las elecciones del lugar en donde estaban emplazados, en el caso de que votaran en el sitio en donde se encontraban apostados.[11]

A estos motivos se sumaron los intereses de política interna y externa del primer ministro Borden, quien a principios de 1916 había decidido conformar una fuerza militar canadiense de 500 000 hombres que no fueran conscriptos. Borden había determinado que mientras el conflicto continuara, Canadá participaría plenamente, ganando así presencia y reconocimiento dentro del imperio británico. Con ello, el Do-

---

[10] Minister of Public Works, *A History, op. cit.,* p. 109.
[11] Royal Commission on Electoral Reform and Party Financing, *Reforming Electoral Democracy: Final Report,* Minister Supply and Services Canada, Ottawa, 1991, vol. 2, p. 51.

minio de Canadá lograría adquirir cierta autonomía de Gran Bretaña (aunque más adelante estrecharía sus relaciones con Estados Unidos), además de que lograría tomar parte en las decisiones del imperio, ser representado en las conferencias y ser miembro de la Liga de Naciones.

Ante la disminución del número de hombres en el frente y del enlistamiento voluntario, se hizo necesaria una nueva política de reclutamiento en la que el servicio militar fuera obligatorio. Para aprobar la ley del servicio militar obligatorio se necesitaba el apoyo de los votantes, y Borden vio en una coalición la posibilidad de resolver este problema y algunos otros de carácter político (como la permanencia de los conservadores en el poder).

Borden impulsó la alianza entre conservadores y liberales, y logró promulgar en 1917[12] dos leyes que evidenciaban los frutos de esta acción: la Ley Electoral de Tiempos de Guerra y la Ley de Electores Militares. Éstas incorporaban grupos de personas antes excluidos del proceso electoral, que le proporcionarían el apoyo necesario para su candidatura y para la aprobación de la conscripción. Ambas leyes tenían el propósito de "incrementar el número de electores que favorecían al gobierno en el poder y reducir el número de electores que no lo hicieran".[13]

De las dos leyes, la que resulta importante en la evolución de la extensión del voto en el extranjero es la Ley de Electores Militares. La anterior establecía el procedimiento que los militares canadienses (hombres y mujeres) debían seguir para votar, incluyendo indígenas y personas de menos de 21 años, que se encontraran en activo militar en el extranjero o fuera de su distrito electoral en el interior del país.

Sin embargo, no fue sino hasta la segunda guerra mundial cuando se avanzó en el camino de la extensión del derecho al voto en el exterior. Nuevamente la razón está en el número de efectivos enviados por Canadá para combatir militarmente. En 1941, alrededor de 250 000 hombres y mujeres se habían enlistado en el ejército, y ya para 1945 se calculaba que 1 000 000 de canadienses había participado en la guerra (Cook, 1991:501). Es importante resaltar que en el involucramiento de

---

[12] Para abril de 1917, habían servido como voluntarios en Europa durante la guerra 424 526 canadienses, y en ese momento se encontraba un total de 5 530 voluntarios en el viejo continente. En mayo, la cifra había aumentado ligeramente, a 6 407 personas. Minister of Public Works, *A History, op. cit.*, p. 58.

[13] *Ibid.*

Canadá tenía que ver la intención de ganar voz y voto en el ámbito internacional, basado en un principio de representación funcional, de acuerdo con el cual "el estatus dentro de una colectividad internacional se debía basar en la contribución de un país" (Hilliker, 2000:448).

Ahora bien, desde una argumentación político-filosófica, teniendo como justificación la democracia, se volvía muy cuestionable el no incluir en los procesos electorales a aquellos que combatían. Esto explica que en la década de los años cuarenta se introdujeran las Normas Especiales de Votación, y con ellas la boleta especial, para reglamentar en las elecciones generales el voto por correo de los miembros de las Fuerzas Armadas que se encontraran fuera de sus distritos o en el extranjero. La instauración del voto de los militares en el extranjero permitió que 342 000 miembros de las Fuerzas Armadas ejercieran su derecho en las elecciones del 11 de junio de 1945. En términos de porcentajes esta cifra representó 4.9% del padrón electoral (6 952 445 votantes) y 6.4% del total de votos contabilizados (5 305 193). Ello demostró que un importante sector de la población estaba siendo excluido del proceso electoral, base de la democracia canadiense.

En estos años se introdujo la votación por poder (*proxy voting*) para los canadienses que estuvieran detenidos como prisioneros de guerra. En la elección general de 1945, los votos por poder alcanzaron la cifra de 1 300, los cuales fueron depositados por los familiares más cercanos a los prisioneros. En la guerra de Corea, esta disposición también fue aplicada a 18 prisioneros de guerra canadienses.

Las condiciones en que finalizó la segunda guerra mundial y le siguió la guerra fría determinaron el cambio de la política exterior de Canadá (Keating, 1993:16) y la forma en que el Estado continuó con la política de inclusión de otros sectores de la población que se encontraran fuera del país cumpliendo un mandato, como los diplomáticos y los miembros de las Fuerzas Armadas canadienses apostadas en el extranjero o fuera de su distrito electoral. De tal suerte, Canadá dejó su aislacionismo, que había abrigado desde el Estatuto de Westminster,[14] y empezó a participar activamente en el ámbito internacional.

[14] El Estatuto de Westminster de 1931 o Carta de la Soberanía, como la llama Desmond Morton, otorgaba el pleno control a Canadá sobre su política interna y externa. Hasta la segunda guerra mundial, la política exterior canadiense estuvo orientada a asegurar la autonomía frente a Gran Bretaña, resolver conflictos bilaterales con Estados Unidos y evadir cualquier participación en asuntos internacionales, especialmente en Europa, a pesar de lo cual, Canadá no pudo evitar ser arrastrada a este conflicto armado (Keating, 1993:13).

Como parte de su política exterior, la estrategia de defensa fue moldeada por dos ideas principales. La primera de ellas era la importancia geoestratégica de Canadá, que con el surgimiento del conflicto Este-Oeste, quedó situado entre las dos superpotencias (Estados Unidos y la Unión Soviética). En el caso de que hubiera existido un enfrentamiento militar global entre ambos, el Ártico canadiense hubiera servido como campo de batalla (Hristoulas, 2000). El segundo principio era el multilateralismo, ya que por un lado, Canadá buscaba en la relación con otros países un contrapeso a sus vínculos con Estados Unidos. Por otro, la necesidad de favorecer un ambiente internacional estable que le permitiera continuar satisfaciendo su necesidad económica a través del comercio, lo llevó a participar activamente como mediador en las instituciones establecidas para resolver conflictos, como la OTAN, la ONU, el NORAD (Mandato de Defensa Aeroespacial de América del Norte) (Hristoulas, 2000:479).

Como miembro de la OTAN, fue necesario el inmediato emplazamiento de fuerzas aéreas y terrestres en Europa (15 000) (Morton en Brown, 1991). Asimiso, Canadá se sumó a la movilización de fuerzas militares en Asia para participar en la guerra de Corea (26 791 efectivos). Justo en este marco, hacia 1955 fue concedido el voto postal a los cónyuges de los miembros de las Fuerzas Armadas, que se encontraran acompañándolos en algún puesto fuera de su distrito electoral, tanto en el interior del país como en el extranjero.

De la misma forma, Canadá participó en la definición de los rasgos que durante la guerra fría caracterizarían las operaciones de mantenimiento de la paz. Esto se llevó al cabo bajo la batuta de Lester Person durante la crisis del Canal de Suez. Por citar algunos ejemplos, Canadá contribuyó con sus fuerzas militares en operaciones para el mantenimiento de la paz en Cachemira (1949-1979), Nueva Guinea del Oeste (1962-1963), Yemen (1963-1964), Congo (1960-1964) y Sinaí (1956-1967 y 1973-1979).[15]

---

[15] Más recientemente, Canadá participó en Yugoslavia en una Fuerza de Protección de Naciones Unidas (UNPROFOR) en 1992-1995. Hacia 1999, Canadá tenía más de 3 634 soldados emplazados en operaciones de paz en todo el mundo. Defense National Department, *Current Operations*, consultado el 9 de mayo de 2000, en www.dnd.ca/menu/Operations/index_e.htm y Defense National Department, "Canada's International Alliances and Commitments", consultado el 8 de mayo de 2000, en www.dnd.ca/menu.infokit/2_7_e.htm

En este contexto, en el que Canadá diversificó sus relaciones con otros países y organizaciones multilaterales, en 1970 se enmienda la Ley Electoral de Canadá, que incluyó el derecho al sufragio a los funcionarios públicos (diplomáticos y sus familias) que sirvieran a su país en el exterior. No obstante, los civiles que trabajaban en organizaciones internacionales no fueron incluidos. Otra de las enmiendas consistió en la introducción del voto por poder (*proxy voting*) para pescadores, marineros y estudiantes de tiempo completo que se encontraran lejos de su distrito electoral el día de la elección ordinaria o avanzada. En 1977 se extendió el voto por este medio a las tripulaciones de las aerolíneas y a los encuestadores. En este mismo año, se permitió el voto por boleta postal a los empleados civiles de las Fuerzas Armadas (maestros o personal administrativo de las escuelas en las bases militares canadienses).[16]

En 1991, la Real Comisión para la Reforma Electoral y el Financiamiento de los Partidos reconoció "que la presencia de muchos canadienses en el exterior contribuye con beneficios directos para Canadá o a intereses e ideales canadienses",[17] lo que sirvió como argumento para lograr las reformas que permitieran la participación política de los ciudadanos canadienses independientemente de donde se encontrasen, lo que se plasmó en la reforma electoral de 1993, en la que se concedió el voto universal a nivel federal por boleta especial para todos los que se encontraran en el exterior o lejos de su distrito en el momento de las elecciones (con lo que el voto por poder se eliminaba). A partir de entonces, los civiles en el exterior pueden votar por boleta especial por correo o en persona por adelantado.[18]

La ampliación del voto a los civiles radicados temporalmente en el extranjero coincide de nuevo con algunos lineamientos actuales de la

---

[16] Minister of Public Works, *A History*, *op. cit.*, p. 94.

[17] Royal Commission, *Reforming Electoral*, *op. cit.*, vol. 1, p. 46.

[18] Antes de la introducción de la posibilidad del voto en el extranjero en elecciones nacionales ya se presentaban disposiciones para registrarse y votar en ausencia en elecciones provinciales en Quebec (por correo), Alberta (por adelantado y por correo), Ontario (poder y municipales por correo), Saskatchewan, Terranova y Nueva Brunswick. Algunas de las provincias y territorios que recientemente han establecido el voto por correo o por poder para los que se encuentran allende las fronteras son: Isla Príncipe Eduardo (1996, voto por correo), Manitoba (1999, voto por correo, el 21 de septiembre se realizaron las primeras elecciones provinciales en las que se pudo utilizar, obteniendo una participación de 1 800 votos), Territorios del Noroeste (1998, por correo y por poder) y el Yukón (por correo, en el caso de ser razones de trabajo o profesión, y por poder). Información obtenida a través de la comunicación vía correo electrónico con cada oficina de elecciones de las provincias mencionadas.

política exterior canadiense. Por un lado, el poder internacional ya no está en función del militar, sino del económico. En esa medida, ahora los agentes que cuidan los intereses económicos canadienses son sus ciudadanos que viven fuera de las fronteras de Canadá y trabajan en empresas multinacionales o que experimentan una constante movilidad debido a viajes de negocios. De la misma forma, son transmisores de los valores canadienses (respeto a derechos humanos, democracia, entre otros).

## REFORMA ELECTORAL DE 1993

Además del factor evolutivo del sufragio en el exterior, moldeado en sí mismo por diferentes fuerzas (por ejemplo intereses, la necesidad de reconocer e incluir a los que combatían por una democracia y dotarlos de un sentido de pertenencia a una comunidad política), existen otros elementos que influyeron de forma definitiva para que se legislara sobre el voto de los ciudadanos civiles temporalmente en el exterior en la reforma electoral de 1993.

En primera instancia, podemos identificar como antecedente las modificaciones electorales que han tenido como meta la construcción de un sistema más seguro de votación. La reforma de 1993 fue la Propuesta para la Reforma de la Ley Electoral (White Paper of Election Law Reform) de 1988, la que resultó central pues sus principales objetivos eran extender el voto a más canadienses, facilitar el proceso de votación, modernizar la administración de las elecciones y restringir los gastos de campaña. No obstante, la aprobación de este documento fue dejada de lado al presentarse las elecciones generales de 1988, por lo que la reforma tuvo que esperar.

Otro de los factores que se relaciona con la propuesta antes mencionada es la Carta Canadiense de Derechos y Libertades de 1982 incorporada a la Constitución del mismo año. En ella se resalta el predominio de los derechos individuales y la igualdad. Lo más importante, como vimos anteriormente, es que a éstos se les otorga un rango constitucional.

Tal carta significó un paso importante para hacer más accesible el voto a todos los ciudadanos canadienses, ya que sienta las bases para la incorporación de sectores excluidos del proceso electoral. Uno de ellos, precisamente, es el de los ciudadanos civiles en el exterior. Al respecto, el representante del distrito Halifax West, el señor Crosby, quien participó en el Comité Especial sobre la Reforma Electoral de 1991-1993, mencionó que la "ley electoral tiene que reflejar los principios de la Carta Canadiense de Derechos y Libertades y otorgar el voto a la mayor extensión posible de la población [En este sentido] no existe ninguna indicación de que solamente deba votar la población dentro del territorio de Canadá el día de la elección."[19]

Como tercer factor nos encontramos el proceso de globalización reconocido por la Comisión. A partir de éste se han originado tanto relaciones comerciales intensas con otros países o bloques comerciales, como disparidades económicas, entre otros elementos, que han hecho que el flujo de canadienses hacia el extranjero se haya incrementado. Esta movilidad hacia el exterior es experimentada principalmente por dos sectores de la población: uno que trabaja en empresas multinacionales y se encuentra constantemente en viaje de negocios, y otro que sale de Canadá buscando mejores condiciones de trabajo, de ingreso y de vida. Tal es el caso de los canadienses altamente calificados que se han incorporado al llamado fenómeno de "fuga de cerebros" (*brain-drain*).[20]

Como resultado de un periodo de cinco años (1986-1991), en 1991 se calculó un total de 913 320 migrantes externos, de los cuales 453 565 son hombres, y 459 760, mujeres. En el cuadro 1 se puede observar que, en términos reales, los emigrantes canadienses aumentaron, de 913 360 en 1991 a 928 690 en 1996, es decir, se registró un incremento de 15 370 individuos. En términos de la población total de Canadá, la cifra de 928 690 migrantes corresponde a 3.49 por ciento.

Dentro del grupo de los migrantes externos, el más importante es el que se dirige a Estados Unidos; este flujo no es reciente aunque ha sufrido cambios a lo largo del siglo XX.[21] En el censo estadunidense de

---

[19] Mr. Crosby (Halifax West), Special Committee on Electoral Reform. House of Commons, 3rd Session, 34th Parliament, 1991-1993, núms. 1-20, 25-03-92, p. 3:30.

[20] Véase Richard Muller, "Is Canada Losing Her Best and Brightest? Qualitative Changes in Canadian Migration to the United States", ponencia presentada en el VI Congreso de la Asociación Mexicana de Estudios Canadienses (AMEC), ciudad de México, 21 a 23 de septiembre de 1999.

[21] En este sentido, el fenómeno de la emigración a Estados Unidos no es algo nuevo, y más bien ha sido un flujo continuo, pero en la década de los noventa del siglo XX el número de personas que legalmente migraron no descendió de 720 461, cifra más baja, registrada en 1995.

Cuadro 1. Población canadiense de acuerdo con su movilidad,
1991 y 1996

|  | Población 1991 | Porcentaje | Población 1996 | Porcentaje |
|---|---|---|---|---|
| Población total de Canadá | 24 927 870 | 100 | 26 640 135 | 100 |
| Población sin movilidad | 13 290 690 | 53.32 | 15 079 410 | 56.60 |
| Población con movilidad | 11 637 180 | 46.68 | 11 524 725 | 43.26 |
| No migrantes | 5 776 215 | 23.17 | 6 130 740 | 23.01 |
| Migrantes | 5 860 970 | 23.51 | 5 393 985 | 20.25 |
| Internos | 4 947 645 | 19.84 | 4 465 295 | 16.76 |
| Externos | 913 320 | 3.66 | 928 690 | 3.49 |

Fuente: Statistics Canada, "Population 5 Years and Over by Mobility Status, 1991-1996 Census", en www.statcan.ca/english/Pgdb/People/Population/demo42a.htm consultado el 19 de agosto de 1999.

Cuadro 2. Migrantes externos por provincia entre
1991 y 1996

| Provincia | 1991 | 1996 |
|---|---|---|
| Notario | 497 675 | 455 615 |
| Columbia Británica | 147 035 | 214 520 |
| Quebec | 141 845 | 139 910 |
| Alberta | 74 890 | 70 250 |
| Manitoba | 24 510 | 19 485 |
| Nueva Escocia | 8 640 | 9 435 |
| Saskatchewan | 8 595 | 9 710 |
| Nueva Brunswick | 5 400 | 5 435 |
| Terranova | 2 680 | 2 680 |
| Isla Príncipe Eduardo | 980 | 690 |
| Territorios de Noroeste | 620 | 590 |
| Yukon | 440 | 375 |

Fuente: Statistics Canada, "Population 5 Years and Over by Mobility Status, 1991-1996 Censuses", en www.statcan.ca/english/Pgdb/People/Population/demo42a.htm consultado el 19 de agosto de 1999.

1990, de 19 767 316 individuos nacidos en el extranjero, 744 830 (3.77%) era de origen canadiense,[22] le siguen, en orden ascendente, Filipinas (912 674) y México (4 298 014). En el mismo censo, de un total de

---

[22] En el censo de 1980, de 14 079 906 personas nacidas en el extranjero, 842 859 eran de origen canadiense, y en 1970, de 9 619 302 individuos nacidos en el exterior, 812 412 eran canadienses. US Bureau of Census, *Tech Paper 29: Table 4. Region and Country of Area of Birth of*

7 996 998 individuos que buscaron la naturalización, 402 954 eran canadienses, es decir, 5.04%, superado solamente por Italia (5.50%), Filipinas (6.15%), Alemania (6.40%) y México (12.12 por ciento).[23]

Es interesante destacar que en octubre de 1996 se registró una cifra de 120 000 canadienses indocumentados. Esto colocó a Canadá como el cuarto país de origen de población no legalizada en Estados Unidos. De hecho, el promedio anual entre 1992 y 1996 de ingreso a Estados Unidos con estatus de indocumentado fue de 8 000 individuos. Siendo también el cuarto flujo más importante, después de El Salvador, Guatemala y México,[24] y el quinto en sufrir aprehensiones, con 3 160 nacionales durante el año fiscal de 1996. Un número importante de canadienses migra a Estados Unidos porque tiene mayor oportunidad de conseguir empleos mejor remunerados que en su país natal. De hecho, su nivel educativo alcanza estándares mayores que los de sus colegas estadunidenses.[25]

## PROCESO DE REFORMA

La Carta Canadiense de Derechos y Libertades, la propuesta C-79 de 1988 y la movilidad al exterior de la población canadiense son elementos que ayudan a entender el contexto en el que se dan las reformas electorales a nivel federal en la década de los noventa del siglo XX, sobre todo la de 1993. El 15 de noviembre de 1989 se formó la Real Comisión para la Reforma Electoral y el Financiamiento de los Partidos encargada de investigar el proceso que se debería seguir para la elección de los miembros de la Cámara de los Comunes,[26] el financiamiento de los partidos políticos y las campañas de los candidatos. Una de las

---

the Forein-Born Population Geographic Detail Shown in Decennial Census Publicantions of 1930 or Earlier: 1850 to 1930 and 1960 to 1990, 9 de marzo de 1999, p. 3, en www.census.gov/population/ www.documentation/twps0029/tab04.html consultado en julio de 1999.

[23] United States Immigration and Naturalization Service, "Statistics" en www.ins.usdoj. gov/stats/299.html consultado el 6 de agosto de 1999, pp. 1-2.

[24] Ibid.

[25] Véase Muller, op. cit.

[26] No está por demás recordar que sólo se incluye en el mandato de la Comisión la investigación sobre el proceso de elección de miembros de la Cámara de los Comunes, porque el Senado no es electo por voto directo, sino que sus miembros son designados por el gobernador general.

principales razones para llevar a cabo la reforma electoral fue asegurar que todos los votantes que quisieran ejercer su derecho constitucional tuvieran oportunidad de hacerlo sin obstáculos ni problemas administrativos mismos del proceso de votación, es decir, "hacer el voto más accesible" (Mackie, 1993). Esto se encuentra estrechamente relacionado con la meta de elevar el nivel de participación sin dejar de asegurar la integridad del voto, de la cual es parte fundamental su cualidad secreta, no garantizada en la ley electoral anterior.

Así pues, la aprobación del voto para los civiles que residieran temporalmente en el extranjero cumplió dos de los objetivos que guiaron la labor de la Real Comisión. Uno de ellos fue resguardar los derechos democráticos de los ciudadanos canadienses (en el interior y en el exterior), tomando en cuenta tres aspectos: la garantía constitucional del voto para todos los ciudadanos; un registro que promoviera la integridad del voto y se adaptara a los cambios poblacionales a través del tiempo, y un formato que facilitara la accesibilidad para votar.

El segundo objetivo con el que cumplió a cabalidad la concesión del voto a distancia fue la promoción de un proceso electoral justo, en el que se considerara la igualdad de oportunidad de todos los ciudadanos (en el extranjero, discapacitados o prisioneros) para participar en la conformación de las instituciones políticas. De esta manera se volvió indispensable el valor de la frase "una persona, un voto", y por lo tanto el establecimiento de formas de voto a distancia y el registro de los que viven en el exterior.

Ante estas dos metas, la Real Comisión para la Reforma Electoral y el Financiamiento de los Partidos recomendó que los canadienses residentes o de viaje en el exterior no deberían perder el derecho a votar, tomando en cuenta los cambios poblacionales de Canadá y la movilidad de sus habitantes hacia el interior y hacia el exterior.

Es importante destacar que el Estado canadiense tuvo una labor activa para lograr la ampliación del voto para los ciudadanos canadienses civiles en el exterior. Por un lado, la Real Comisión para la Reforma Electoral y el Financiamiento de los Partidos llevó a cabo audiencias sobre la posibilidad del voto en el exterior. En total fueron 50 personas las que intervinieron con testimonios y opiniones. Todos coincidieron en algún tipo de extensión del derecho al sufragio, encontrándose una amplia gama de opiniones al respecto, aunque algunas de ellas encontradas.

Asimismo, y a pesar de la existencia de una demanda no organizada y marginal[27] sobre la posibilidad del voto en el exterior, el debate se dio dentro del Congreso sobre temas como la doble ciudadanía, formas de organización del voto y vínculo de los canadienses con su país, que no se contradicen con el derecho de todo canadiense a ejercer el sufragio. Ello nos confirma, por un lado, la importancia que tiene el voto como forma de participación para la sociedad canadiense. Por otro, se demuestra que el patrón de extensión de los derechos políticos *desde arriba*, en donde el Estado toma la iniciativa o una parte muy activa para aprobar la ley, se repite en la concesión del voto en el extranjero.

## ¿QUIÉNES PUEDEN VOTAR DESDE EL EXTERIOR?

Las Normas Especiales de Votación que constituyen la parte 11 de la Ley Electoral Canadiense del 2000, son las que regulan el voto en ausencia para militares, ciudadanos fuera de su distrito electoral, ciudadanos civiles en el exterior y prisioneros. Elections Canada es el organismo gubernamental no partidista que tiene a su cargo la elaboración de esta legislación.

En cuanto a los miembros de las Fuerzas Armadas, los que pueden votar son aquellos que pertenecen a las fuerzas regulares, y los de las fuerzas de reserva que se encuentren en entrenamiento de tiempo completo y en servicio activo.[28]

En el caso de los ciudadanos canadiensespueden ejercer el voto:[29]
*a*) Los ciudadanos mayores de 18 años. *b*) Los ciudadanos que trabajan

---

[27] Sobre todo expresada en cartas a Jean Pierre Kinsley, director general de Elections Canada, en donde los ciudadanos canadienses se preguntaban sobre la posibilidad de votar desde donde se encontraran. También se encuentra el caso Clifford. Éste se refiere a un ciudadano canadiense que trabajaba en Bangladesh y que al no poder votar en un referéndum llevó el caso a la Corte de Justicia de Ontario. Jean Pierre Kinsley Special Committee on Electoral Reform. House of Commons, 3rd Session, 34th Parliament, 1991-1993, núms. 1-20, 24, 11, 1992, p. 5:24, y Holly McManus, asesora legal de Elections Canada, en Special Committee, *op. cit.*, 25-03-1992, p. 6:11.

[28] Un miembro de la Fuerza Armada puede votar desde los 17 años, lo que demuestra la importancia de los militares para el Estado canadiense.

[29] De acuerdo con la Canadian Citizenship Act de Canadá de 1977, son ciudadanos los que hayan nacido en Canadá después del 14 de febrero de 1977; las personas que hayan nacido fuera del territorio canadiense después de esa fecha y que alguno de los padres sea ciudadano canadiense; aquel que haya adquirido la ciudadanía; la persona que fuera ciudadana inmediatamente antes del 15 de febrero de 1977, y aquella que fuera candidata a serlo, es de-

para el sector privado que hayan permanecido fuera del país menos de cinco años consecutivos desde su última visita a Canadá y tengan el propósito de volver a residir en el país. En el caso de los militares y los servidores públicos, el Estado es quien determina cuánto tiempo van a residir en el exterior cuando son enviados a cumplir una misión ya sea diplomática o militar. Si el elector regresa por una visita o se queda por una corta temporada, el límite de los cinco años empieza a correr de cero. De la última fecha de regreso a Canadá toma conocimiento Elections Canada al establecer comunicación con el elector en el momento en que vaya a expirar el plazo de cinco años.[30] Así, los ciudadanos civiles canadienses que hubiesen residido en el exterior de forma continua por cinco años o más, o no tuvieran intención de regresar, quedaron excluidos de la posibilidad de votar, pero simplemente con volver se reactivan los derechos ciudadanos plenos. c) Servidores públicos de los gobiernos federal o provincial de Canadá. d) Empleados de organizaciones internacionales a las cuales pertenece Canadá o contribuye y se encuentran en el extranjero. e) Civiles que se encuentren trabajando como profesores o personal administrativo en las escuelas de las Fuerzas Armadas canadienses. f) Los cónyuges o dependientes de las personas que sean funcionarios o militares (Kingsley, 1998:102).[31]

En cuanto a la doble ciudadanía, Canadá la reconoce desde 1977 en la Ley de Ciudadanía del mismo año, pero la Ley Federal Electoral de Canadá de 2000 no menciona nada al respecto. Por lo anterior, el que un ciudadano canadiense haya votado en elecciones nacionales de otro país no le impide que vote en las de su país de origen. En cuanto a la posibilidad de ser electo residiendo temporalmente en el exterior, de acuerdo con la parte 6 de esta ley, los candidatos no tienen que residir o estar empadronados en la lista de votantes del distrito electoral por el que se están postulando. Así, mientras el candidato sea un elector calificado, es decir, que tenga más de 18 años y sea ciudadano canadiense, tiene derecho a ser electo.

---

cir, que tuviera 18 años o más inmediatamente antes de dicha fecha. "Chapter 29", *Canadian Citizenship Act*, actualizada el 31 de agosto de 1999, consultado el 9 de octubre de 1999, en canada.justice.gc.ca/FTP/EN/Laws/Chp/C/C-29.txt

[30] Esto es posible ya que se tiene confianza en la información que suministra el elector.

[31] Elections Canada, "Partes 1 y 11" en *Ley Electoral de Canadá*, septiembre 2000, en www.elections.ca/ consultada el 14 de febrero de 2000.

En cuanto a la difusión, Elections Canada es quien administra la ley federal electoral y, por ende, las Normas Especiales de Votación. De aquí que lleve a cabo algunas acciones para estimular el voto en el exterior. De hecho, en esta ley se menciona que el director general electoral tiene la autoridad para establecer programas para difundir información sobre el procedimiento del voto en el exterior.

Dentro de esas acciones, durante las elecciones de 1997 estuvo la publicación y distribución de un panfleto con la descripción de las Normas Especiales de Votación; la forma de registro y la guía Voto de los Canadienses que Residen Afuera de Canadá (Voting by Canadians Residing Abroad); un instructivo con el procedimiento para votar fuera del distrito electoral correspondiente: Voto de los Canadienses Afuera de Canadá: Manual de Preguntas sobre Eventos Electorales Federales (Voting by Canadians Outside Canada: Enquiries Manual for Federal Electoral Events).

Además, en el área de relaciones públicas se pusieron en práctica algunas iniciativas, como mensajes electrónicos con la convocatoria a elecciones que se enviaron a todas las misiones diplomáticas y consulados; distribución de panfletos anexados a planes de pensión en Canadá y cheques del seguro de edad avanzada enviados a los canadienses residentes en el exterior; la misma cantidad de panfletos fueron repartidos al momento de la entrega de pasaportes durante el periodo electoral. También aparecieron anuncios sobre estas normas en periódicos como: *Le Monde*, el *International Herald-Tribune*, y los más leídos en Estados Unidos como *Boston Globe*, *Chicago Tribune*, *Los Angeles Times*, *New York Times*, *Miami Herald*, *San Francisco Chronicle*, *Seattle Post-Intelligencer* y el *Washington Post*.

## EL VOTO EN EL EXTERIOR EN NÚMEROS

Una forma de demostrar la importancia que el voto en el exterior ha tenido es por medio de algunas cifras, no tan significativas en términos cuantitativos, pero sí cualitativos. Por un lado, con ello se demuestra que la noción clásica de ciudadanía adquiere una dimensión que empieza a alejarse de los parámetros territoriales, trascendiendo el espacio geográfico del Estado. Por otro, estas cifras son una muestra del significado del voto para la democracia canadiense, la cual, a partir de que se otorga el voto a los ciudadanos civiles residentes temporalmente en el exterior, se fortalece, ya que incorpora un sector antes excluido del proceso electoral. Asimismo, en términos de la cultura política canadiense se confirma que el sufragio es uno de los medios principales de participación en el proceso electoral.

De la misma forma, es importante resaltar que, a pesar de que Canadá sólo permite el voto de los ciudadanos en el exterior dentro de los cinco primeros años consecutivos de residencia en el extranjero, tal restricción termina siendo solamente un trámite administrativo mediante el cual Canadá asegura que aquéllos mantengan algún vínculo con su país de origen. Como se explicó, el periodo de cinco años es fácilmente renovable, y de ello se encarga Elections Canada.

A continuación se mostrarán los índices de participación de los individuos empadronados bajo las Normas Especiales de Voto, poniendo énfasis en los miembros de las Fuerzas Armadas y los ciudadanos civiles en el exterior. Los prisioneros, los electores que votan fuera de su distrito electoral pero se encuentran dentro de territorio canadiense y la gente hospitalizada son otros grupos cuyo voto está normado por esta legislación, sin embargo, no nos ocuparemos de estos sectores de la población.

Con respecto al empadronamiento se destaca que en 1993 éste fue de 92 427 personas, de las cuales 16.44% correspondió a los civiles residentes temporalmente en el exterior, y 83.56% a los miembros de las Fuerzas Armadas (en esta cifra no se hace distinción entre los que están emplazados fuera del país y los que se encuentran en territorio canadiense lejos de su distrito electoral). Hacia 1997, el universo de los registrados disminuyó a 78 657 electores, de los cuales los civiles representaron 21.83%, y los militares 78.17%. En las últimas elecciones del año 2000, el índice de empadronamiento continuó disminuyendo, sumando un total de 76 312 posibles votantes; 25.2% de esta cifra correspondió a los ciudadanos civiles y 74.80% a los miembros de las Fuerzas Armadas.

A partir de esta información se destaca que, en el caso de los civiles, el registro para votar en los comicios de 2000 aumentó, con respecto a 1997, en 2 058 personas, y en relación con 1993, en 4 038, lo que podría indicar que cada vez existe mayor difusión de este derecho y mayor interés de parte de la comunidad. Sin embargo, en el caso de los militares, el empadronamiento para las elecciones de 2000 disminuyó, en relación con 1997, en 4 405 electores, y con 1993, en 20 153 posibles votantes. Esto podría tener su origen en la desmovilización de tropas en el exterior durante la década de los noventa del siglo XX.[32]

De los párrafos anteriores, y en comparación con la gráfica 1, se destaca que a pesar de que se empadronaron más ciudadanos civiles en 1997 y en 2000, el índice de votación con respecto a 1993 sigue siendo menor. En 1993 fue de 9 574 electores, en 1997 de 6 006 y en 2000 de 7 600. En cuanto al sector de los militares, también se registró un descenso tanto del empadronamiento como de la votación (de 34 652 en 1993 a 20 666 en 1997 y a 19 000 en 2000), que también se puede atribuir a la desmovilización de tropas en el extranjero. En el caso de los civiles, probablemente este descenso se debió a que en la elección de 1993, a diferencia de la de 1997 y la de 2000, se generó más expectativa frente a lo que implicaba la nueva disposición. A pesar de ello, en la democracia canadiense es fundamental que todos los ciudadanos puedan votar, por lo que aunque las cifras no resulten importantes en términos cuantitativos, lo son cualitativamente. En el cuadro 3 se conjuntan los datos comparativos más importantes de 1993, 1997 y 2000, sobre el grupo de ciudadanos civiles y militares en el exterior con respecto a la participación nacional, que en las últimas elecciones, en 2000 apenas alcanzó 0.21 por ciento.

En el nivel provincial, en las elecciones de 1997,[33] las entidades que tuvieron cifras más altas de votación bajo las Normas Especiales de Votación fueron Ontario, Quebec y Columbia Británica. Estas provincias, como se mencionó en páginas anteriores, son las que cuentan con mayores índices de movilidad de su población al exterior. A pesar de que las cifras proporcionadas por Elections Canada no hacen una distinción entre los tres sectores de la población de los que hemos venido hablando, sí resulta interesante mostrar que de todos formas dichas provincias son las que cuentan con la votación más amplia de ciudadanos residentes temporalmente en el exterior, miembros de las Fuerzas Armadas fuera de su distrito electoral y prisioneros.

---

[32] A partir del fin de la guerra fría, Canadá ha retirado completamente sus tropas en Europa, además de que el recorte en el presupuesto de defensa le impide tener gran número de fuerzas efectivas fuera de las fronteras canadienses (Jockel, 2000). Sin embargo, es importante mencionar que Canadá sigue participando en operaciones de paz.

[33] Las cifras de la votación en este tema no están todavía disponibles.

Gráfica 1. Empadronamiento de ciudadanos civiles y militares
en el exterior en elecciones generales federales: 1993, 1997, 2000

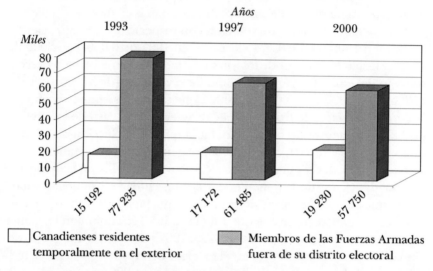

Canadienses residentes
temporalmente en el exterior

Miembros de las Fuerzas Armadas
fuera de su distrito electoral

Fuente: Jaqueline Thivierge, agente de la Dirección de Operaciones de Elections Canada, 24 de agosto de 1999 y Chief Electoral Officer, *Report of the Chief Electoral Officer of Canada on the 37th general election held on November 27, 2000*, Elections Canada, Canadá, 2001, pp. 38-42, en www.elections.ca, consultado el 22 de mayo de 2001.

## CONCLUSIONES

A partir de lo antes expuesto podemos concluir que, por un lado, es evidente la importancia del voto como principal vía de participación política para el Estado y la sociedad canadienses. En esa medida, la evolución de los derechos políticos estuvo marcada por un política estatal de inclusión de sectores desincorporados que no respondía a demandas expresas, pero que de alguna manera buscaba dotar a éstos de un sentido de pertenencia a una comunidad política nacional, frente a los *clivages* étnicos y regionales.

Por otro lado, el voto en el exterior implicó el reconocimiento de los militares y los civiles en el extranjero como parte de esa comunidad política, a pesar de encontrarse fuera de las fronteras canadienses. De tal suerte, dicha forma de participación es un paso más en el proceso de ampliación de los derechos políticos en Canadá, que en relación con

Cuadro 3. Participación de los ciudadanos civiles y militares en el exterior con respecto a la participación nacional: 1993, 1997 y 2000.

| | 1993 | | 1997 | | 2000 | |
|---|---|---|---|---|---|---|
| | *Cantidad* | *Porcentaje* | *Cantidad* | *Porcentaje* | *Cantidad* | *Porcentaje* |
| Participación electoral (nacional)[a] | 13 863 135 | 100 | 13 174 788 | 100 | 12 997 185 | 100 |
| Participación total de ciudadanos civiles y militares fuera de su distrito electoral y desde el exterior[b] | 44 226 | 0.32 | 26 672 | 0.20 | 26 780 | 0.21 |

Fuentes: [a] Elections Canada, "Table 4. Voter turnout for the 1997, 1993, 1988 and 1984 general elections" en *Thirty-sixth General Election 1997: Official Voting Rules*, en www.elections.ca/election/results/res_table04_e.html
[b] Chief Electoral Officer, *Report of the Chief Electoral Officer of Canada on the 37th General Election Held on November 27 2000*, Elections Canada, Canada, 2001, p. 106, en www.elections.ca consultado el 22 de mayo de 2001.

Gráfica 2. Participación a través del voto de ciudadanos civiles y militares
en elecciones generales federales: 1993, 1997, 2000

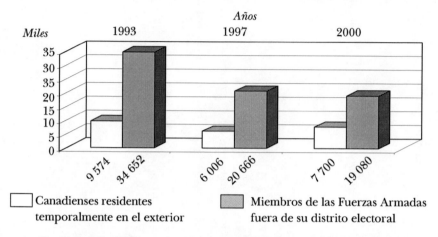

☐ Canadienses residentes
  temporalmente en el exterior

▨ Miembros de las Fuerzas Armadas
  fuera de su distrito electoral

Fuente: Jaqueline Thivierge, agente de la Dirección de Operaciones de Elections Canada,
24 de agosto de 1999, y Chief Electoral Officer, *Report of the Chief Electoral Officer of Canada on
the 37ᵗʰ General Election Held on November 27, 2000*, Elections Canadá, Canada, 2001, pp. 38-42,
en www.elections.ca consultado el 22 de mayo de 2001.

Cuadro 4. Distribución de votos emitidos bajo las Normas Especiales
de Votación por provincia en las elecciones federales de 1997

| *Provincia* | *Votos válidos emitidos* |
|---|---|
| Ontario | 10 653 |
| Quebec | 9 283 |
| Columbia Británica | 3 169 |
| Nueva Escocia | 2 712 |
| Alberta | 2 658 |
| Nueva Brunswick | 1 562 |
| Terranova | 1 520 |
| Manitoba | 1 235 |
| Saskatchewan | 1 211 |
| Isla Príncipe Eduardo | 307 |
| Territorios del Noroeste | 197 |
| Territorio del Yukón | 54 |
| Total | 34 560 |

Fuente: Elections Canada, "Table 6. Distribution of Valid Votes under Special Voting
Rules", *Official Voting Results of the 36ᵗʰ General Election 1997*, consultado el 6 de junio de 1999,
en www.elections.ca/election/results/res_table6_e.html
Nota: No hay datos disponibles sobre la distribución de votos válidos por provincia y
por sector de la población cubiertos bajo las Normas Especiales de Votación.

la noción clásica de ciudadanía resulta ser un ejemplo de su modificación, al desproveerla del requisito de residencia dentro del territorio
para ejercer el sufragio.

Finalmente, el voto en el exterior está relacionado con el desenvol-
vimiento de la política exterior canadiense. En primera instancia, en
los conflictos bélicos más importantes del siglo XX el sufragio se otorgó a los miembros de las Fuerzas Armadas que fueron enviados para
combatir a favor de la democracia, pero también para garantizar la
presencia internacional de Canadá, resguardando así sus intereses. Actualmente, en la posguerra fría, donde el poderío ya no es militar sino
económico, quienes promueven los intereses económicos canadienses
en el extranjero son los civiles, fomentando además ideales que han
distinguido la acción internacional de Canadá como el respeto a los derechos humanos y la ayuda para el desarrollo.

## FUENTES CONSULTADAS

*Bibliografía*

Almond, Gabriel y Sidney Verba, *La cultura cívica. Estudio sobre la participación
    política democrática en cinco naciones*, trad. José Jiménez Blanco, Funda-
    ción FOESSA, Madrid, 1970.
"Appendix A. Constitution Act, 1982" en McGregor, Dawson y W. F. Dawson,
    *Democratic Government in Canada*, University of Toronto Press, 5a. ed.,
    Canadá, 1989.
Bobbio, Norberto, *El futuro de la democracia*, Planeta-Agostini, Barcelona, Bue-
    nos Aires y México, 1994.
Carpizo, Jorge y Diego Valadés, *El voto de los mexicanos en el extranjero*, Porrúa/
    UNAM, México, 1999.
Cook, Ramsay, "El triunfo y las penas del materialismo" en Craig Brown, *La
    historia ilustrada de Canadá*, FCE, México, 1991.
Dahl, Robert Alan, *La poliarquía: participación y oposición*, trad. Julia Moreno
    San Martín, Red Editorial Iberoamericana, México, 1993.
González Aguirre, Érika, "El voto de los ciudadanos en el exterior: un paso más
    en la extensión de los derechos políticos. Los casos de Canadá y Estados
    Unidos", tesis de licenciatura en Relaciones Internacionales, Facultad de
    Ciencias Políticas y Sociales-UNAM, 2000.

Gutiérrez-Haces, Teresa, *Canadá un Estado posmoderno,* Plaza y Valdés, México, 2000.

Hilliker, John, "La construcción de la memoria histórica" en Gutiérrez-Haces, *Canadá,* 2000.

Hristoulas, Athanasios, "El ejercicio del poder internacional de Canadá a través de su política exterior. Tendencias y desarrollo" en Gutiérrez-Haces, *Canadá,* 2000.

Jackson, Robert A. y Doreen Jackson, *Politics in Canada. Culture Institutions, Behaviour and Public Policy,* Prentice-Hall Canada, 3a. ed., Scarborough, Ontario, 1994.

Jockel, Joseph T., "Trilateralismo y relaciones de defensa en América del Norte: algunos pensamientos preliminares" en Gutiérrez-Haces, *Canadá,* 2000.

Keating, Tom, *Canada and World Order: the Multilateral Tradition in Canadian Foreign Policy,* McClelland & Stewart, Toronto, Ontario, 1993.

Kingsley, Jean-Pierre, "Panorama general del caso canadiense" en Conferencia Trilateral Canadá-Estados Unidos-México sobre el Voto en el Extranjero, Tribunal Electoral del Poder Judicial de la Federación/IFE, México, 2-3 de septiembre de 1998.

Landes, Ronald G., *The Canadian Polity. A Comparative Introduction,* Prentice-Hall Canada 4a. ed., Scarborough, Ontario, 1995.

Loon, Richard J. van y Michael S. Whittington, *The Canadian Political System: Environment, Structure and Process,* McGraw-Hill, Reyerson, Canadá, 1987.

Martin, Paul, "Citizenship and People's World" en William Kaplan, *Belonging: Essays on the Meaning and Future of Canadian Citizenship,* McGill-Queen's University Press, Canadá, 1993.

Mishler, William y Harold Clarke, "Political Participation in Canada" en Michael S. Whittington y Glen Williams, *Canadian Politics in the 1990's,* Nelson, Scarborough, Ontario, 1995.

Mishler, William, *Political Participation in Canada,* Mcmillan, Canada, 1979.

Morton, Desmond, "Tensiones de la abundancia" en Craig Brown, *La historia ilustrada de Canadá,* FCE, México, 1991.

Rokkan, Stein, *Citizen, Election, Parites: Approaches to the Comparative Study of the Process of Development,* David Mckay, Oslo Universitetsforlaget, Nueva York, 1970.

Royal Commission on Electoral Reform and Party Financing, *Reforming Electoral Democracy: What Canadians Told Us,* Minister of Supply and Services Canada, Ottawa, 1991, vol. 4.

Sharpe, Robert J., "Citizenship, Constitution and Charter" en William Kaplan, *Belonging: Essays on the Meaning and Future of Canadian Citizenship*, McGill-Queen's University Press, Canadá, 1993.


## Documentos

Chief Electoral Officer of Canada, *Report of the Chief Electoral Officer of Canada on the 37th General Election Held on November 27, 2000*, Elections Canada, Canadá, 2001.

*House of Commons Debates. Official Report*, 3rd Session, 34th Parliament, 13 de mayo de 1991-23 de junio de 1993, vol. XIII, p. 6658.

*Normas especiales de votación. Anexo II. Ley Electoral de Canadá*, artículo 126, capítulo 19.

Royal Commission on the Electoral Reform and Party Financing, *Communiqué Nº 1. The Objetives of Electoral Reform*, Ottawa, 13 de febrero de 1992.

Special Committee on Electoral Reform. House of Commons, 3rd Session, 34th Parliament, 1991-1993, núms. 1-20, 25-03-92, pp. 3:28, 3:29, 3:30, 5:24, 5:61.

Statistics Canada, *Mobility and Migration,* Ottawa, Canadá, 1991 Census of Canada, 1993.


## Hemerografía

Mackie, Richard, "Background/Casting your Ballot", *The Globe and Mail*, 3 de septiembre de 1993, Montreal y Quebec, Canadá, p. A5.

Rosas, María Cristina, "Las amenazas a la seguridad canadiense y los límites de la política exterior de Ottawa en la posguerra fría", *Revista Mexicana de Estudios Canadienses,* año 1, vol. 1, núm. 1, septiembre de 1999.


## Ponencias

Muller, Richard, "Is Canada Losing Her Best and Brightest? Qualitative Changes in Canadian Migration to the United States", ponencia presentada en el VI Congreso de la Asociación Mexicana de Estudios Canadienses, México, septiembre 21-23, 1999.

## *Referencias electrónicas*

Elections Canada, *Official Voting Results of the 36ᵗʰ General Election 1997*, cuadros
1-4 y 6, en www.elections.ca/election/results/res_table01_e.html consultado el 5 de julio de 1999.

————, *Serving Democracy: A Strategic Plan 1999-2002* en www.elections.ca
consultado el 30 de junio de 1999.

————, *The Evolution of the Federal Franchise*, en www.elections.ca/gen_info/
backgrounders/ec90785_e.html consultado el 17 de julio de 1999.

————, *Thirty-sixth General Election 1997. Official Voting Results: Synopsis,* en
www.elections.ca/election/results/synopsis04_e.html consultado el 22 de
junio de 1999.

# EL VOTO CIVIL EN EL EXTERIOR: UN PASO MÁS EN EL FORTALECIMIENTO DE LA DEMOCRACIA ELECTORAL ESTADUNIDENSE

## Érika González Aguirre

> Si la democracia es la religión civil de Estados Unidos el voto es el sacramento más importante.
>
> David Kusnet

## INTRODUCCIÓN

La historia política de Estados Unidos ha transitado por momentos de exclusión y marginalidad de ciertos grupos de su población, y por otros en donde éstos han logrado su incorporación al proceso electoral. Dentro de esta dinámica, el voto de los ciudadanos estadunidenses en el extranjero es un paso más en el proceso de ampliación de los derechos políticos que fortalece su democracia electoral. Alexis de Tocqueville, en el siglo XIX, postulaba que cada concesión de derechos electorales a grupos que antes no los tenían, aumentaba las fuerzas de esta democracia (Tocqueville, 1998).

La discusión en torno al voto desde el exterior que se presenta en este capítulo, se divide en tres secciones. La primera tiene que ver con la importancia del voto para la cultura política estadunidense, la cual nos ofrece un panorama más claro de la relación tan estrecha entre la noción de democracia y una de sus expresiones: el voto. La segunda parte aborda de manera general el proceso de ampliación de los derechos políticos en Estados Unidos. Ambas secciones preparan el terreno para analizar el tema del sufragio desde el extranjero en la última parte de este escrito.

Ahora bien, se podría cuestionar actualmente la pertinencia de hablar del sufragio, sobre todo, frente a los bajos índices de participación electoral en Estados Unidos registrados durante las elecciones federales de la segunda mitad del siglo XX. Sin embargo, un hecho contundente que nos recuerda y nos confirma la importancia de tocar el tema del voto en Estados Unidos, y sobre todo el que se ejerce desde el extranjero, fueron las elecciones federales del 7 de noviembre de 2000. Días después de celebrados los comicios, los ciudadanos estadunidenses no sabían quién sería su presidente. La elección presidencial pendía de 25 votos electorales del estado de Florida, que darían el triunfo ya fuera a George W. Bush o a Albert Gore. El ganador de estos votos, el hijo del ex presidente George Bush, estuvo sujeto en gran medida a la participación electoral de los militares y civiles de ese estado radicados en el extranjero. Este hecho demuestra el impacto que puede llegar a tener el sufragio desde el extranjero en los procesos electorales.

## EL SIGNIFICADO DEL VOTO
## PARA LOS ESTADUNIDENSES

La cultura política estadunidense se caracteriza por un conjunto de valores políticos e ideas que le dan cohesión y que diversos autores han denominado como "Credo Estadunidense". Ese conjunto de valores encuentra su fuente en el liberalismo y distingue a esa sociedad como democrática,[1] en la que es fundamental la participación política de los ciudadanos expresada por diversas vías, una de ellas el voto.

Dentro de dichos valores se encuentra la soberanía popular, que se refiere al control que el pueblo ejerce sobre el gobierno. Tal principio está presente desde la época colonial, aunque solamente tuviera expresión en el ámbito local (asambleas provinciales y comunas). Sin embargo, cuando la revolución de independencia estalló "el dogma de la soberanía del pueblo salió de la comuna y se apoderó del gobierno [federal]" (Tocqueville, 1998: 75).

---

[1] Al acercarnos a un concepto de democracia encontramos que hay un sin número de definiciones que ponen énfasis en distintos rasgos de la misma. No obstante, de acuerdo con la definición mínima expuesta por Norberto Bobbio, la democracia es "un conjunto de reglas de procedimiento para la formación de decisiones colectivas, en las cuales está prevista y facilitada la participación más amplia posible de los [ciudadanos]" (Bobbio, 1994).

La soberanía se expresaba en un poder de las mayorías al que los padres fundadores tuvieron que poner límites por medio de la Constitución (Dye, 1997). Uno de esos límites es la democracia representativa, a la que llamaron gobierno republicano. En éste, los ciudadanos escogen a sus representantes ante los órganos decisorios gubernamentales, en lugar de que ellos mismos elijan directamente entre diferentes alternativas de política pública, como lo hacían en la comuna.

De esta forma, soberanía y representación se vinculan con el voto, frente al cual "los estadunidenses tienen un sentido desarrollado de la obligación de informarse, de participar en las elecciones... alrededor de 90% de los adultos creen en el deber de todos los ciudadanos de votar" (Flanigan y Zingale, 1998:15). Así, para la mayoría de los estadunidenses el voto sigue siendo la única forma de influir en el gobierno. Sin embargo, a lo largo del siglo XX, y sobre todo a partir de la década de los sesenta, el nivel de votación en el ámbito federal empezó a declinar (Quaile, 1994). Diferentes son las explicaciones que se han dado frente a este hecho.

El sufragio, además de ser la forma más simple e insustituible para elegir a los representantes políticos, significa una forma de satisfacción de una obligación cívica, ya que se está cumpliendo con una norma social y, sin mucho esfuerzo, los ciudadanos tienen la sensación de estar contribuyendo a la sobrevivencia del sistema político (Dye, 1997; Conway, 1991).[2]

La sospecha frente al poder político es otro de los principios de la cultura política nacional, y está relacionado con una visión negativa de la participación de los gobernantes. Esto nos lleva a que se manifieste

---

[2] Por ejemplo, Alan I. Abramowitz atribuye esto a un declive del interés público y la confianza en el proceso electoral (Abramowitz en Almond y Verba, 1989). Otros expertos aluden a la inclusión de sectores desincorporados, lo cual incrementa el número de personas que cumplen con los requisitos para votar, pero la cifra de votantes sigue siendo igual. Otras razones pueden ser el anuncio del ganador de las elecciones en la tarde del día de la jornada electoral; el tipo de elección y la expectativa que se genera en torno a ella; el empadronamiento, que en ciertas ocasiones resulta un proceso complicado. No obstante, existen argumentos que demuestran que los niveles de votación no son tan bajos como aparentan. Uno de ellos es el hecho de que el porcentaje de los votos emitidos se calcula dividiendo la población en edad de votar entre los votos emitidos, en vez de dividir el número de empadronados entre los votos emitidos (Bibby, 1996). Asimismo, la frecuencia con la que los estadunidenses votan es un factor a considerar. "Entre 1985 y 1990 un residente de Cambridge, Inglaterra, votó alrededor de cuatro veces, mientras que un residente de Irvine, California, votó 44 ocasiones en 1992" (Crewe, 1996: 261). De tal suerte, no es que voten menos, sino que votan más frecuentemente.

un deseo por limitar ese poder, las responsabilidades, acotando la intervención del gobierno (Landes, 1995 y Greenberg y Page, 1995).

El cuarto principio es el individualismo, que pone énfasis en los valores de la libertad y de la igualdad. En cuanto a la libertad, ésta se refiere a la que tiene toda persona de elegir sus metas y los medios para alcanzarlos. A la luz de tal idea, en el ámbito político es necesaria la libertad de escoger a aquella persona que mejor represente los intereses de cada ciudadano. En tanto, el principio de igualdad se expresa en el terreno político en una igualdad de oportunidad para influir en la toma de decisiones. De esta percepción se origina la lucha por los derechos políticos en defensa del postulado "un individuo, un voto" para que sectores antes excluidos fueran incorporados al proceso de elección.

El moralismo político, quinto principio, está relacionado con el rechazo, por lo menos en teoría, de la corrupción y la deshonestidad. Cometer estas acciones puede llevar a perder el puesto de elección popular. También tiene que ver con la concepción estadunidense de que su sistema político democrático es superior al de los demás países (Landes, 1995) y por ende no existe ningún lugar en el que se construya uno parecido. De ahí que exista la necesidad de llevarlo a otros lugares, "extender el evangelio de la democracia por todo el mundo" (Smith, 2000:38).

El último elemento del Credo Estadunidense es el patriotismo. Los estadunidenses poseen fuertes sentimientos de lealtad hacia el país y el sistema político que los acoge. En las respuestas a encuestas de opinión, 96% de los estadunidenses han expresado un fuerte orgullo por serlo (Flanigan y Zingale: 1998). Entre otras razones, sustentan ese orgullo patrio en el reconocimiento de la libertad como parte del sistema político en el que viven.

## LA EXTENSIÓN DEL DERECHO AL VOTO

Por lo que hemos expuesto podemos ver que las nociones de participación y ciudadanía política en Estados Unidos, representadas en la posibilidad de votar, no fueron conceptos universales desde un principio; por el contrario, la historia de los derechos políticos ha estado marcada por la exclusión y la marginalidad, pero también por una lucha de los sectores desincorporados que participan. En esta línea, parte esencial de la lucha por la democracia ha sido la inclusión de grupos en el proceso electoral a través de la concesión del voto.

La historiografía de los derechos del voto en el caso estadunidense empieza en las Trece Colonias inglesas, cuyos gobiernos incorporaron asambleas representativas en sus estructuras (un gobernador nombrado por el rey, un consejo nombrado por el representante del rey o electo por la asamblea y una asamblea popular). Por ello, no es de extrañar que se adoptaran las tradiciones británicas de restricción para ejercer el sufragio, el cual era considerado un privilegio. Aunque los requisitos variaban de colonia a colonia, se basaban en un conjunto de criterios comunes. El que votaba tenía que poseer propiedades,[3] ser blanco, libre y varón. Dentro de aquéllos también se incluía la edad (21 años o más) y la religión (ser protestante).

El periodo de residencia también se convirtió en un requisito para poder votar. Por un lado, se debía al gran número de extranjeros presentes en las colonias. Por otro, la preocupación de los colonos porque sus intereses estuvieran bien representados los llevó a imponer este tipo de requisitos de residencia a los que se postulaban para los cargos públicos (Rogers, 1992:8). Conforme la esclavitud aumentaba en las colonias sureñas, las restricciones al voto basadas en el origen racial se incrementaron.

Más adelante, la revolución de independencia de 1776 y las ideas liberales heredades de John Locke tuvieron gran impacto en el proceso electoral y en los sectores de la población que habían de ser incluidos. Las elecciones se volvieron más regulares, se hizo más fácil el acceso a las casillas y la boleta, garantizando la secrecía del voto. La Declaración de Independencia y los Artículos de la Confederación introdujeron la concepción de ciudadanía, sin estar ligada a los derechos políticos. En este momento, el derecho a ser ciudadano estaba abierto a todos los hombres blancos que estuvieran dispuestos a luchar en contra del rey (McClain y Stewart, 1995:12).

---

[3] El régimen censitario, según Bendix, era el más importante (Bendix, 1964). La gran mayoría de los colonos defendían el derecho de tener tierras como un requisito para votar, ya que los terratenientes eran quienes pagaban gran parte de los impuestos; quienes no lo hacían por no tener posesiones, no podían influir de ninguna forma en la cantidad que se debía cubrir en materia de gravámenes. La propiedad era vista como la vía para obtener la independencia económica y política, y por lo tanto, la base de la libertad individual. Es importante mencionar que se descubrió, a mediados del siglo XX, que en la antesala de la revolución de Independencia, los requerimientos de propiedad se habían relajado, convirtiéndose en un mero formalismo (Collier, 1992).

Después de la ratificación de la Constitución en 1787 y el reemplazo que ésta hace de los Artículos de la Confederación, dos temas quedaron por determinar: el sufragio y la ciudadanía.[4] La definición de los requisitos para adquirir el estatus de ciudadano (art. 1º, sección 2.1) y el derecho a votar fue dejada a cada uno de los estados argumentando que era difícil conciliar las diferencias entre éstos y elaborar una legislación nacional. En esa época, en Estados Unidos votante y ciudadano no eran sinónimos. Una persona podía ser un ciudadano estadunidense (como las mujeres) y no ser votante.

A su vez, los requisitos para ser considerado como elector sufrieron modificaciones, a pesar de lo cual el sufragio siguió siendo un privilegio. Hacia la primera mitad del siglo XIX, la propiedad en forma de tierras y la religión fueron dejadas de lado como requerimientos fundamentales para acceder al sufragio, mientras que el origen racial y la posesión del estatus de ciudadano (entendido como nacionalidad) los sustituyeron para determinar quién tenía derecho a votar. La vinculación entre naturalización, ciudadanía (entendida como nacionalidad) y voto se dio entre 1786 y 1850 (Kleppner, 1992). Nueva Hampshire fue el primer estado en el que se legisló para que la ciudadanía fuera un requisito para votar (1814).

Las *barreras de tipo racial* fueron elevándose conforme avanzaba el siglo XIX, mientras que los requisitos de propiedad disminuían para tener derecho a votar. Entre 1792 y 1838 se hicieron cambios en las constituciones de Connecticut, Delaware, Kentucky, Maryland, Nueva Jersey, Carolina del Norte, Tennesse y Virginia para excluir la población afroamericana de la posibilidad de votar, a pesar de las declaraciones de igualdad de todos los hombres, y aunque alguna vez hubieran votado. De esta manera, los negros, segregados y discriminados, no podían testificar en contra de blancos, poseer un arma, comprar licor, reunirse, migrar a otro estado o emitir un sufragio. Massachusetts, Nueva Hampshire, Vermont, Maine y Nueva York eran los únicos estados que permitían que la población de color votara (Foner, 1992; McGill, 1992).

En el juicio Dred Scott contra Sanford fue aprobada la exclusión de los negros libertos dentro de la categoría de ciudadanos, además de que cada estado tenía el derecho de decidir la condición legal de esta minoría (Moyano, 1988: 381). Esta decisión descansaba en dos ideas (Klaus-

---

[4] En este caso la ciudadanía se entiende como nacionalidad.

meyer, 1996): la ciudadanía nacional (nacionalidad) estaba separada de la ciudadanía estatal. Asimismo, el nacimiento de un individuo dentro de territorio estadunidense no confería automáticamente la ciudadanía (nacionalidad), por lo que aunque los negros hubieran nacido en territorio de Estados Unidos, no eran considerados estadunidenses.

Frente a estas restricciones, la guerra civil (1861-1865) y sus resultados en términos del voto confirman de nueva cuenta la lógica de una ampliación de derechos a partir de la lucha por conseguirla, logrando incluir a un grupo desincorporado: los negros. Dentro de las disposiciones que se generaron a partir del conflicto armado se encuentran tres enmiendas constitucionales que terminan por resolver el tema de la ciudadanía y la caracterización del voto como un derecho, más que como un privilegio.

La 13a. Enmienda, de 1865, emancipaba a los negros pero no les confería la ciudadanía para que pudieran votar. La 14a. Enmienda, de 1868, resolvió el asunto de la ciudadanía, al manifestar que "todas las personas nacidas o naturalizadas en Estados Unidos serían consideradas ciudadanos de este país y ningún estado debería elaborar una ley que los privara de los privilegios e inmunidades" establecidos en la legislación. Asimismo, determinó que la representación de cada estado se otorgaría "en la misma proporción en que se halle el número de los ciudadanos varones" (Toinet, 1994:495). La 15a. Enmienda, de 1870, garantizó a los ciudadanos (nacidos o naturalizados) el derecho al voto sin importar raza, credo o condición previa de servidumbre.

No obstante, esta inclusión duró poco tiempo ante el sistema de segregación racial y exclusión política generado por las Leyes Jim Crow (1877-1950). Para 1890, los negros y otros grupos minoritarios raciales estaban completamente fuera del proceso electoral. Los métodos para retirarles sus derechos iban desde la violencia y la intimidación hasta mecanismos más sofisticados, dentro de los cuales se encontraban la cláusula del abuelo, la primaria blanca, las pruebas de alfabetismo, el impuesto para votar, el recorte manipulado de las circunscripciones o *gerrymandering*, y la distribución desigual entre el número de electores que correspondía a cada representante por distrito o *malapportionment*.[5]

---

[5] La cláusula del abuelo negaba el voto a aquellos cuyos ascendientes hubieran sido esclavos. La primaria blanca (*white primary*) evitaba que las minorías participaran en el proceso electoral. En algunos estados sureños se aprobaron leyes que restringían la participación a los blancos en las elecciones primarias del partido mayoritario. Las pruebas de alfabetismo obli-

La violencia fue también utilizada para dejar sin derechos políticos y sociales a las minorías. El grupo racista Ku Klux Klan, formado en el sur de Estados Unidos a finales del siglo XIX, contemplaba dentro de sus principales actividades la práctica de amenazas, los actos de violencia o la coerción económica como forma de intimidación hacia los negros.

El primer grupo que en el siglo XX vio coronada su lucha con la concesión del *voto fue el de las mujeres*, quienes habían sido excluidas del proceso electoral tanto en la Constitución como en las enmiendas posteriores. La pugna de este sector por conseguir su inclusión es otro claro ejemplo de la construcción de la ciudadanía política en Estados Unidos a partir de la articulación de demandas organizadas.

Desde 1848, las mujeres estadunidenses iniciaron la lucha abierta por el sufragio en Seneca Falls, Nueva York, durante la Convención sobre Derechos de la Mujer. Para 1910 solamente habían conseguido poder votar en nueve estados. Durante esa década, Alice Paul y Carry Chapman Catt hicieron proselitismo a favor del voto de la mujer, logrando que en 1915 el presidente Woodrow Wilson lo apoyara. Finalmente, hacia 1919 el Congreso aprobó la 19a. Enmienda constitucional, la cual establecía que no le sería negado el derecho a votar a ningún ciudadano de Estados Unidos o de cualquier estado por razones de género (Toinet, 1994:498).

Sin embargo, el sistema de segregación racial antes mencionado continuaba vigente hacia mediados del siglo XX. En este contexto, los negros que regresaron de la segunda guerra mundial argumentaban que habían arriesgado su vida por defender la democracia, por tanto exigían que Estados Unidos dejara de considerarlos ciudadanos de segunda clase. De tal suerte, hacia la década de los cincuenta se inició un movimiento por los derechos civiles encabezado por la comunidad afroamericana, el cual se radicalizó en los sesenta. El movimiento buscaba el respeto a los derechos civiles y políticos, uno de los cuales es el voto. Esta lucha influyó en la de otros grupos minoritarios, como la comunidad de origen asiático o la comunidad mexicoamericana.

Entre los resultados en el terreno legal de la pugna por los derechos políticos y civiles se encuentran:

---

gaban a los votantes a demostrar que podían interpretar las disposiciones de las constituciones y las leyes de cada estado antes de registrarse. Sin embargo, los estándares con los que se medía la capacidad de lectura y expresión escrita de la población blanca y negra eran desiguales: a los blancos sólo se les solicitaba que firmaran. El impuesto para votar (*poll tax*) era un gravamen que se imponían en el momento de inscribirse en el padrón electoral.

*a*) La 24a. Enmienda, de 1963, que prohibía los impuestos para votar.

*b*) La Ley de Derechos Civiles de 1964, que prohibía la segregación en lugares públicos y le otorgaba poderes adicionales al procurador general de justicia para proteger a los ciudadanos de la discriminación en el voto, la educación y el empleo.

*c*) La Ley de Derechos del Voto de 1965 y sus enmiendas posteriores en 1970, 1975 y 1982. La ley prohibía las restricciones al voto (exámenes de alfabetismo en el sur e impuestos electorales federales) y la práctica del *gerrymandering*. Además de que condicionó a los estados sureños a someter a consideración del Departamento de Justicia cualquier cambio a las leyes de votación. La enmienda de 1970 terminaba con las pruebas de alfabetismo a nivel nacional e introdujo una disposición en la que se permitía que personas de minorías lingüísticas recibieran ayuda al momento de votar. La enmienda de 1975 estableció el uso de boletas electorales bilingües y extendió el mandato de la ley a 22 estados, entre otras disposiciones.

Otro sector que se benefició de la lucha por los derechos civiles y políticos fue la población joven de entre 18 y 21 años. A principios de la década de los setenta la 26a. Enmienda a la Constitución (ratificada en 1972) otorgó el derecho al voto a jóvenes con edad mínima de 18 años. El catalizador real de esta concesión fue el movimiento estudiantil a favor de los derechos civiles y la guerra de Vietnam (Katz, 1997).

## EL SUFRAGIO EN EL EXTERIOR

Tanto la importancia del voto en la sociedad estadunidense como la lógica del proceso de su extensión permite contextualizar el tema del voto desde el extranjero. Los ciudadanos estadunidenses que frecuentemente ejercen el sufragio en el extranjero son los miembros de las Fuerzas Armadas, la marina mercante, sus familias, empleados civiles que trabajan para los cuerpos militares y ciudadanos civiles que residen en el exterior.

Es importante mencionar que el voto desde el extranjero se encuentra relacionado con el concepto de *voto en ausencia* en Estados Unidos, cuyas primeras manifestaciones vienen desde la época de la colonia. Votar en ausencia se refiere a la práctica de depositar el sufragio en tiempo y lugar diferentes al sitio normal que corresponde el día de la elección utilizando otros medios (MacManus, 1991:1 y 7). Quienes votan desde el exterior para cargos federales lo hacen en persona, usualmente en una oficina electoral durante un periodo determinado antes de la elección, o bien utilizan una boleta electoral para emitir el sufragio por correo.[6]

Se han encontrado indicios de que en algunas colonias británicas ya existía el voto en ausencia. En 1635, Massachusetts fue la primera colonia en la que se aprobó una Ley de Voto en Ausencia que garantizaba que se pudiera votar por poder de viva voz en asamblea (forma en que se realizaban las votaciones), para evitar que los individuos dejaran sus pueblos y sus tierras. Es decir, el votante solicitaba que otro votara por él en las asambleas.

En 1652, Nueva Plymouth aprobó una ley que permitía este voto en caso de una emergencia por alguna discapacidad. Maryland también adoptó el sistema de voto por poder. En tanto que Nueva Inglaterra empezó a utilizar el correo para mandar sus votos a la corte, por lo que se considera el precursor del moderno sistema de voto en ausencia (Feigenbaum y Palmer, 1987).

### El voto militar en ausencia

Después de la guerra de Independencia (1776), el voto en ausencia evolucionó estrechamente relacionado con el derecho de los militares a votar lejos de su lugar de residencia. Hacia 1813, Pennsylvania y Nueva Jersey acogieron una ley que le otorgaba la posibilidad del voto en ausencia a los miembros de la milicia. No es sino hasta la guerra civil

---

[6] La boleta de ausencia (*absentee ballot*) también es utilizada por personas que dentro de Estados Unidos estén lejos de su distrito electoral por razones de estudio o trabajo; los ancianos o discapacitados que estén impedidos para acudir a la casilla el día de la elección (los derechos del voto para este sector de la población fueron garantizados en 1993 con la Ley de Accesibilidad al Voto para los Ancianos y los Discapacitados); las personas que se encuentren en una institución de salud mental o en la cárcel (dependiendo del estado y del delito que se haya cometido) y que retengan sus derechos políticos. Finalmente, aquellos que se cambiaron de estado 30 días antes de la elección (MacManus, 1991:1-7). Otros mecanismos de voto en ausencia que se utilizan en algunos estados son la emisión del sufragio en condiciones supervisadas por gente de la oficina de elecciones, práctica utilizada en hospitales o centros de rehabilitación, y finalmente, a través de una tercera persona (*third-party courier*) en condiciones de emergencia (por ejemplo enfermedad). (Feigenbaum y Plamer, 1987).

(1861-1865) que el tema del voto de los militares que se encontraban lejos de sus hogares empezó a tomar más importancia. Se consideraba que la ausencia de estos hombres de su lugar de votación podía tener un impacto significativo en las elecciones del mismo (Valentino, 1998: 110).

En este momento el voto en ausencia tomó dos formas. Una de ellas era el voto en el campo de batalla, en unidades de combate que los estados organizaban. Sin embargo, este mecanismo frecuentemente fue declarado inconstitucional por las cortes de los mismos, ya que se pensaba que con ello se establecían distritos fuera del los límites territoriales de cada estado. El segundo mecanismo fue el voto por poder, a través del cual los soldados mandaban con un mensajero, amigo o familiar el sufragio (Valentino, 1998).

A partir de la última década del siglo XIX, la presencia de las Fuerzas Armadas estadunidenses en el exterior empezó a crecer con una clara tendencia expansionista justificada en la misión, conferida por Dios, de difundir el "evangelio" de la democracia más allá de las fronteras de Esados Unidos.[7] A esto se le conoce como la idea del "Destino Manifiesto" (Smith, 2000). Entre 1898 y 1934, Estados Unidos realizó más de 30 intervenciones militares en América Latina: Costa Rica, Cuba, República Dominicana, Guatemala, Haití, Honduras, México, Nicaragua y Panamá. Las de mayor duración fueron en Nicaragua, República Dominicana y Haití. También se instalaron bases militares en Filipinas y en la isla de Guam en el Pacífico. En realidad, las motivaciones de esas invasiones eran intereses económicos y la necesidad de lograr una hegemonía geopolítica (Smith, 2000).

La movilización de tropas hacia el exterior creció durante la primera guerra mundial, razón por la cual el tema del voto para los militares fuera de su distrito electoral fue retomado. Sin embargo, el secretario de la Defensa de aquel entonces no le dio importancia, argumentando que los soldados estaban muy ocupados combatiendo y no tenían tiempo para votar.

Hacia la década de los treinta del siglo XX, Estados Unidos tenía pocos hombres emplazados en el extranjero debido a que el rumbo de la política exterior estadunidense había cambiado. El presidente Roo-

---

[7] La paradoja fue que ninguna de las intervenciones en los países donde se llevaron a cabo condujo al establecimiento de la democracia.

sevelt decidió adoptar la política del "Buen Vecino", sobre todo en América Latina, que implicó la ausencia de grandes desplazamientos de fuerzas armadas. A pesar de este giro, varios estados de la Unión Americana volvieron sobre el debate del voto de los militares en el exterior.

Más adelante, en 1942, durante la segunda guerra mundial, el Congreso aprobó la Ley Ramsay, que exentaba de impuestos electorales para votar o requisitos de empadronamiento a los militares en los estados para las elecciones presidenciales y del Congreso. En la enmienda de 1944 se incluyó la boleta electoral federal de guerra y se creó una comisión que se encargaría de la expedición de dichas boletas (United States War Ballot Commission). A pesar de eso, el uso de la boleta federal de guerra estaba autorizada sólo en 20 estados.

Hacia 1946, el Congreso aprobó la Ley sobre Voto de los Hombres en Servicio (Servicemen's Voting Act) que

> recomendaba a los estados que al personal militar y a los ciudadanos en organizaciones afiliadas o de apoyo a las Fuerzas Armadas tales como la Cruz Roja, se les permitiera inscribirse y votar por correo durante una guerra. En 1944, aproximadamente 48% de los ocho millones de hombres en las Fuerzas Armadas solicitó boletas para votar, en realidad solamente votó 30% de los empadronados (Valentino, 1998:111).

La misma ley continuó exentando a los militares de los impuestos electorales y el registro personal, e introdujo la Federal Post Card Application (para solicitar el registro en el estado o la localidad donde hubieran residido por última vez antes de salir de Estados Unidos y las boletas para votar en ausencia). Sin embargo esta ley era efectiva en tiempos de guerra, al igual que algunas legislaciones estatales al respecto, por lo que al término de la segunda guerra mundial, volvieron a ser excluidos del proceso electoral los militares y civiles relacionados con las Fuerzas Armadas.

El incremento de la tensión en la relación entre Estados Unidos y la Unión Soviética, sobre todo en el periodo de 1946 a 1950 por el golpe de Estado comunista en Checoslovaquia, la caída de China en manos comunistas, el bloqueo de Berlín, la explosión de la bomba atómica en la URSS, y el conflicto de Corea, inauguraron el periodo conocido como guerra fría. En él, Estados Unidos llevó a cabo un gran desplazamiento de tropas al extranjero, en concordancia con el papel que asumió de policía global dedicado a contener el avance comunista.[8] En este contexto, el gobierno estadunidense consideró la lealtad de sus nacionales como algo fundamental. Así, permitir que sus militares votaran fuera del país los incluía en su calidad de ciudadanos; con esto se buscaba que no cometieran alguna deslealtad pues sentían que gozaban de todos los derechos otorgados por una membresía política de primera clase. En el discurso oficial, se reconocía que era lo mínimo que le tocaba hacer al gobierno de Estados Unidos por aquellos jóvenes que defendían al país y sus instituciones libres y democráticas. Así, se empezó a hacer evidente la extraterritorialidad de la ciudadanía estadunidense.[9] Las cifras de los efectivos emplazados en el exterior nos dan una idea de la importancia que tenía hacerlos sentir estadunidenses en toda la extensión de la palabra.

En 1951, el presidente Truman encomendó a la Asociación Americana de Ciencia Política (American Political Science Association) realizar un estudio para analizar las posibilidades y necesidades del voto militar, pero fue interrumpido por la guerra de Corea (1950-1953). Posteriormente, el presidente Eisenhower convocó al Blue Ribbon Panel para continuar con el estudio. El resultado fue la Ley Federal de Asistencia Electoral de 1955 (Federal Voting Assistance Act, FVAA). Esta ley fue apoyada tanto por los demócratas como por los republicanos.

En ella se "recomendaba que los estados permitieran inscribirse y votar en ausencia a los militares que, de no ser por el servicio militar, serían elegibles para hacerlo en persona".[10] También fueron incluidos los miembros de la marina mercante, "los cónyuges y dependientes de los militares, así como los civiles en el exterior al servicio del gobier-

---

[8] Las doctrinas estratégicas nucleares que ayudaron a desempeñar a Estados Unidos su papel de policía global fueron la Doctrina Truman (1945-1953), la Doctrina de la Represalia Masiva de John Foster Dulles (1954), la Doctrina de la Respuesta Flexible y Graduada de Robert S. McNamara (1960), la Doctrina Schlesinger (1974) y la Iniciativa de Defensa Estratégica de la década de los ochenta. Cada una de ellas, contemplaba el uso de armas nucleares, en mayor o menor medida (Calduch, 1991).

[9] A esta realidad se sumó la protesta de soldados estadunidenses pertenecientes a grupos minoritarios (afroamericanos, puertorriqueños, mexicano-americanos, asiáticos-estadunidenses, etc.), que acababan de regresar del campo de batalla y exigían que la democracia, por la que habían luchado les reconociera una ciudadanía de primera clase, respetando todos los derechos que ella contempla, como lo es el voto sin restricciones.

[10] Las recomendaciones se hacían específicamente a los estados porque, aún en la actualidad, en Estados Unidos se considera que la dirección del proceso electoral es un derecho de aquéllos, por lo que la Constitución ha delegado en ellos la autoridad para determinar la manera de celebrar los comicios (Valentino, 1998:112).

## Cuadro 1. Personal militar estadunidense en el exterior

| Junio 30 | Total de personal emplazado en el exterior | Junio 30 | Total de personal emplazado en el exterior |
|---|---|---|---|
| 1948[a] | 381 501 | 1960 | 697 503 |
| 1952 | 1 159 847 | 1964 | 754 942 |
| 1956 | 812 829 | 1966 | 953 805 |

[a] En el año de 1948 no se hace una distinción entre los que se encuentran en tierra y en altamar.

Fuente: David W. Tarr, "The Military Abroad", *The Annals of the American Academy of Political and Social Science*, vol. 368, nov. 1966, Filadelfia, Estados Unidos, p. 35.

no [incluyendo diplomáticos] y aquéllos en organizaciones afiliadas con las Fuerzas Armadas" (Valentino, 1998:112). Hacia el 30 de junio de 1955, de 2 930 873 militares que se encontraban en servicio, 927 851 se localizaban fuera del territorio continental de Estados Unidos distribuidos entre Alaska, el Lejano Oriente (291 789), el Pacífico Sudoeste y Central, Europa y el Atlántico Norte (418 356 efectivos), el Caribe y América Latina, el Mediterráneo, África y el Medio Oriente.[11]

En 1968 se introdujo una enmienda a la Ley Federal de Asistencia Electoral de 1955. Ésta exigía, ya no recomendaba, "a los estados que se permitiera la inscripción y el voto en ausencia para cargos federales (presidente, vicepresidente, Senado y Cámara de Representantes) para los ciudadanos antes mencionados" (*loc. cit.*), y solamente recomendaba que se permitiera la participación en las elecciones a nivel estatal y local.[12] En esta modificación también se extiende el voto en ausencia a los dependientes de empleados civiles del gobierno. En ese año se encontraban emplazados fuera de Estados Unidos continental (territorios y otros países) un total de 1 374 427 efectivos.

El tema del voto de los militares desde el extranjero siguió teniendo vigencia en el contexto de la guerra de Vietnam (1964-1973), tanto por la cantidad de efectivos desplazados, como por el hecho de ser uno de los conflictos armados que gozó de menor legitimidad ante la opi-

[11] Department of Defense, "Deployment of Military Personnel by Country. As of 30 June 1955", en web1.whs.osd.mil/mmid/military/history/hst0655.xls consultado el 24 de mayo de 1999.

[12] Department of Defense, "Deployment of Military Personnel by Country. As of 30 September 1968", en web1.whs.osd.mil/mmid/military/history/hst0968.xls

nión pública estadunidense. En este caso, continuó siendo de vital importancia hacer sentir parte de la nación a los que "luchaban por la democracia" y "la libertad".

Terminado el conflicto en Vietnam a fines de los setenta y en la década de los ochenta, aunque la política de defensa estadunidense se modificó, continuó implicando el desplazamiento de efectivos al extranjero —aunque ya no en la magnitud de los años anteriores— ya que la política exterior de Estados Unidos siguió estando enfocada a derrocar a cada uno de los gobiernos socialistas. Esto marcó las intervenciones en Chile (1973), Granada (1983) y Centroamérica (1980).[13] A su vez, el gobierno estadunidense continuó con el mantenimiento de bases militares fuera de su territorio en países como Cuba (Guantánamo) y con la participación en operaciones de mantenimiento de la paz de Naciones Unidas. Por ello, la posibilidad de votar desde el extranjero siguió siendo una legislación federal importante para el sector militar. Para 1986, cuando la Ley Federal de Asistencia Electoral se unificó con la que se refiere a los ciudadanos civiles, se encontraban apostados 1 250 147 efectivos fuera de Estados Unidos continental (territorios y otros países).

### Ciudadanos civiles

Como se manifestó, después de la guerra de independencia el grupo de los militares fue el primero en ser considerado para extenderle el derecho al voto en ausencia. En el caso de los ciudadanos civiles, también surgieron legislaciones estatales que permitían que estos últimos

---

[13] Carter anunció el primero de octubre de 1979 la creación de la Fuerza de Despliegue Rápido con miras a una posible invasión militar directa en el tercer mundo y que trataría de evitar los errores cometidos en Vietnam. Se planeaba utilizar en cualquier zona fuera de la OTAN, no obstante, la atención se enfocaría en el Golfo Pérsico y en el Caribe. Esta forma de intervención fue utilizada en la isla de Granada en 1983. Posteriormente, con Reagan surge el concepto de Guerra de Baja Intensidad. Aunque éste implicaba un uso limitado de la fuerza o la amenaza de emplearla, y no "el involucramiento pleno de recursos y voluntad que caracteriza a las guerras de Estado-nación o de supervivencia o conquista", sí contemplaba en algún momento respaldo de las fuerzas armadas con apoyo militar, asesoría y entrenamiento a soldados locales. Este tipo de política de defensa se utilizó en Centro y Sudamérica y algunos países africanos (Nicaragua, Angola, Libia, Afganistán, El Salvador, Filipinas, Colombia y Perú). Más adelante, la guerra del Golfo, en 1991, implicó un desplazamiento previo de un gran número de tropas estadunidenses y de otros países a esta zona, en respuesta a la invasión de Irak a Kuwait y las resoluciones que Naciones Unidas tomó al respecto (Bermúdez, 1989:82).

votaran desde el exterior en sus elecciones. Usualmente, tales leyes estatales combinaban la reglamentación para los civiles y los militares, sin embargo, eran muy restrictivas.

Hacia 1896, el estado de Vermont fue el primero en expedir una ley general sobre voto en ausencia para los civiles. A pesar de que era un sistema solamente dentro del estado, se establecía que: "cualquier votante legal de cualquier pueblo o ciudad del estado podía votar por gobernador u otro candidato a algún puesto público o electores calificados en cualquier pueblo o ciudad, y por representantes al Congreso por su distrito en cualquier pueblo o ciudad" (Feigenbaum y Palmer, 1987).

Dakota del Norte fue el primer estado en establecer, en 1913, el primer sistema de voto en ausencia por correo, lo que permitía que la gente que se encontrara fuera del estado pudiera votar. Leyes similares se adoptaron en Michigan, Montana y Wisconsin en 1915. Para mediados de 1920, la mitad de los estados de la Unión Americana habían aprobado legislaciones que regulaban el voto civil en ausencia. No obstante, a partir de la década de los veinte la evolución del voto en ausencia para los civiles ocurrió de forma irregular, dependiendo de las leyes de cada estado. En 1916, el estado de Virginia adoptó la legislación más innovadora hasta el momento al permitir que pudieran votar los civiles que se encontraran temporalmente en el exterior.

Es importante destacar que hacia 1966 algunos estados ya otorgaban el derecho al voto a los empleados del gobierno federal y a miembros de grupos religiosos y de bienestar adjuntos a las Fuerzas Armadas, incluyendo cónyuges y dependientes. Otros estados permitían el voto en ausencia a cualquier ciudadano estadunidense que se encontrara lejos de su distrito *por negocios*. Dentro de este último grupo se ubicaban quienes trabajaban en empresas multinacionales, los que laboraban por su cuenta, e incluso los representantes de firmas de comercio. El mayor número de civiles en el exterior se localizaba en corporaciones industriales internacionales (manufactura, extracción y agricultura) y en organizaciones de servicios (bancos, aseguradoras, aerolíneas, compañías de construcción, firmas contables).

De la misma forma, en varios estados se consentía que un ciudadano votara a través de una boleta especial de ausencia, no importando la razón por la que se ausentara. Como se puede observar, la legislación variaba de estado en estado (Wilkins, 1996).

En 1968, con las modificaciones a la Ley Federal de Asistencia Electoral de 1955, se permitió que votaran por correo los ciudadanos civiles que "residieran temporalmente fuera de los límites territoriales de Estados Unidos y del Distrito de Columbia".[14] Sin embargo, esta modificación no resolvió el problema del todo, ya que seguían siendo excluidos del voto aquellos que no mantuvieran una dirección permanente en el estado donde se empadronaban. Solamente 29 estados[15] acataron la resolución y simplificaron los procedimientos de votación en ausencia desde el exterior, pero aun en éstos se presentó dicho problema.

Dos años después, una de las enmiendas de 1970 a la Ley de Derechos del Voto de 1965, significó uno de los primeros pasos que el gobierno federal dio para otorgar el sufragio en ausencia a todos los civiles. Con esto se pretendía asistir a un estimado de 10 000 000 de votantes que habían sido excluidos por no tener un lugar de residencia fijo, es decir, la población cubierta incluía a los ciudadanos fuera de su distrito electoral y en el exterior, permitiéndoles votar por presidente y vicepresidente (Feigenbaum y Palmer, 1987: 28). Sin embargo, la mayoría de los estados se negaron a legislar a favor de los civiles en el exterior con base en estas enmiendas, argumentando que solamente se referían a una estancia temporal en el exterior, y no a la residencia permanente de un ciudadano estadunidense en el extranjero.

De lo anterior se derivó que en las elecciones de 1972 pocos ciudadanos civiles en el exterior pudieron ejercer su voto. De acuerdo con la primera encuesta que realizó el Departamento de la Defensa sobre ciudadanos civiles en el exterior se supo que en esa época aproximadamente 1 005 000 ciudadanos estadunidenses residían en el extranjero —sin contar a los militares y a los empleados federales—, de los cuales estaban en edad de votar 630 300, pero sólo 151 000 votaron en la elec-

---

[14] Carl S. Wallace y J. Eugene Marans, "Statement of Carl S. Wallace, Executive Director of the Bipartisan Committe on Absentee Voting, Inc." en *Voting Rights of W.S. Citizens Residing Abroad. Hearing before the Subcommittee on Elections of the Committee on House Administration, House of Representatives, Ninty-fourth Congress, 1st Session on H.R. 3211. To Guarantee the Constitutional Right to Vote and to Provide Uniform Procedures of Absentte Voting in Federal Elections in the Case of Citizens Outside the United States*, U.S. Government, Printing Office, Washington, 1975, p. 72.

[15] Alaska, Arizona, Arkansas, California, Colorado, Connecticut, Delaware, Distrito de Columbia, Florida, Georgia, Hawai, Idaho, Iowa, Kansas, Maryland, Massachusetts, Michigan, Minnesota, Mississippi, Montana, Nebraska, Nuevo Mexico, North Dakota, Oklahoma, Oregon, Tennessee, Texas, Washington y Wyoming.

ción de 1972; otros 64 300 lo intentaron pero su solicitud de boleta para votar no llegó a tiempo o nunca lo hizo.[16]

Ante la presión de una creciente población civil en el exterior y las demandas de organizaciones ciudadanas para lograr su completa inclusión en el proceso electoral, se introdujeron en el Congreso propuestas de ley que buscaban resolver los problemas técnicos en cuanto a la solicitud y envío de la boleta de sufragio en ausencia. El segundo objetivo que se persiguió con estas propuestas fue la posibilidad de votar no sólo en elecciones presidenciales, sino también para el Congreso, obteniendo de esta forma mayor representatividad. Dicha instancia, además de tratar asuntos específicos de cada distrito, también conoce de temas de interés de toda la nación en los cuales los ciudadanos civiles en el extranjero pudieran estar interesados: beneficios del seguro social, política migratoria, impuestos, gastos de defensa, inflación, entre otros.

Hacia 1975, la propuesta de ley (S.95) fue introducida por los senadores Mathias, Pell, Bayh, Goldwater, Brock y Roth. En la Cámara de los Representantes, los congresistas Hays, Frenzel y Gude introdujeron la misma propuesta (H.R. 3211). Las acciones a favor de la extensión de ese voto se concretaron en la aprobación de la Ley de Derechos Electorales de Ciudadanos en el Exterior de 1975 (Overseas Voting Rights Act of 1975). Dicha ley fue aprobada en el Senado por unanimidad y en la Cámara Baja con 373 votos a favor y 43 en contra, lo que indica que hubo gran apoyo de ambos partidos.[17] Esta ley exigía a los estados que "permitieran a cualquier ciudadano que hubiera residido en su jurisdicción antes de trasladarse fuera del país, inscribirse y votar en ausencia en las elecciones para cargos federales" (Valentino, 1998: 112) para que ahí fueran contabilizados los sufragios emitidos. Además, la ley otorgaba poder al presidente para nombrar un comisionado como adminis-

---

[16] "Voting Statistics. Non-federally Employed United States Citizens Residing Outside the United States" en *Voting by U.S. Citizens Residing Abroad, Hearing before the Subcommittee on Privileges and Elections of the Committe on Rules and Administratration, United States Senate, Ninty-Third Congress, 1st Session, on S.2102 to Guaranteee the Constitutional Right to Vote and to Provide Uniformed Procedures of Absentee Voting in Federal Election in the Case of Citizens who Residing or Domiciled Outside the United States and S. 2384 to Provide Uniformed Procedures for Absentee Voting in Federal Elections for Citizens Outside the United States,* September 26 y 27, 1973, U.S. Government, Washington, 1973, pp. 133-143.

[17] Comunicación personal vía correo electrónico entre Margaret Sims, funcionaria de la Federal Election Commission y la autora, 21 de junio de 1999.

trador de la misma. El secretario de la Defensa fue designado para tal cargo.

Hacia el año de 1978, la ley de 1975 fue enmendada con el objetivo de prohibir la imposición de un gravamen a cualquier ciudadano para poder votar (*poll tax*), con lo que se redujo una de las barreras que dejaban fuera del proceso electoral a varios ciudadanos radicados en el extranjero. Dicha acción legislativa respondió al cobro de impuestos por ingresos que se les hacía al momento de solicitar sus boletas para votar en ausencia.

## 1986: LA UNIFICACIÓN DE AMBAS LEYES

En 1986 la Ley Federal de Asistencia Electoral y la Ley de Derechos Electorales de Ciudadanos en el Exterior se unieron en la Ley de Sufragio en Ausencia para Ciudadanos Uniformados y en el Exterior (Uniformed and Overseas Citizens Absentee Voting Act, UOCAVA).[18] Esta ley implicó una actualización de las dos leyes anteriores y su fusión en una sola, ya que a pesar de las enmiendas, continuaban existiendo problemas, sobre todo de carácter técnico. El principal de ellos era el manejo de las boletas electorales en lo referente a los tiempos de recepción de las mismas. En términos de la inclusión de grupos al proceso electoral, las dos anteriores son las más importantes en la evolución de la ampliación de los derechos políticos. En ambos casos, el gobierno federal asumió la obligación de vigilar que los derechos políticos fueran respetados.

La Ley de Sufragio en Ausencia para Ciudadanos Uniformados y en el Exterior permite a los ciudadanos mayores de 18 años[19] residentes

---

[18] La propuesta de ley fue introducida por el presidente del Subcomité de la Cámara para las Elecciones del Comité de la Administración de la Cámara Baja, el demócrata Al Swift. En la audiencia (H.R.4393) del Subcomité, participaron con su testimonio el director del Programa Federal de Asistencia para Votar (FVAP) y autoridades electorales de los estados de Connecticut, Illinois, Texas y Washington, además de representantes de la Asociación de Oficiales No Comisionados y la Asociación Nacional de los Servicios Uniformados.

[19] De acuerdo con la 14a. Enmienda de 1868 se establece que "todas las personas nacidas o naturalizadas en Estados Unidos y sometidas a su jurisdicción son ciudadanos de Estados Unidos y de los Estados en que residen" (Toinet, 1994:495). De acuerdo con la Ley de Inmigración y Nacionalidad de Estados Unidos de 1996, según los artículos 301 a 307, "son ciudadanos de Estados Unidos por nacimiento las personas nacidas en territorio estadunidense o bajo la jurisdicción de ese país incluyendo Puerto Rico, Alaska, Hawai, Islas Vírgenes y Guam; así como lo hijos de padre o madre estadunidense fuera del territorio nacional", p. 56. En

en el exterior participar en las elecciones federales. Bajo esta ley están cubiertos:

*a*) Los miembros de los servicios uniformados (Armada, Fuerza Naval, Fuerza Aérea y *Marine Corps*) incluidos los cuerpos comisionados del Servicio Público de Salud y la Administración Nacional Oceánica y Atmosférica y sus familiares.

*b*) Empleados civiles federales emplazados en el exterior, éstos incluyen los que prestan sus servicios en las Fuerzas Armadas.

*c*) Ciudadanos civiles estadunidenses residentes en el exterior.

Es importante destacar que esta ley, en su sección 106, garantiza el derecho de todos los ciudadanos a votar en elecciones federales sin ser sujetos al cobro de impuestos por parte de los estados. Sin embargo, no prohíbe que éstos cobren impuestos (a excepción del *poll tax*) si los ciudadanos participan en elecciones estatales o locales y mantienen otro tipo de relación con el estado, esto es debido a que cada estado impone sus propias reglas de votación.

Actualmente, la importancia de esta ley y la del voto desde el exterior se puede observar en casos como el que tuvo lugar en Arkansas, en las elecciones para un puesto en la Corte de Justicia en 1992. Dos votos de ciudadanos en el exterior, un militar y un civil, le dieron la victoria contundente al juez Sonny Cox frente al juez Bobby Aschraft. En el nivel federal, en 1996 quince curules del Congreso las ganó el Partido Republicano gracias al voto en ausencia desde el exterior.

## ORGANIZACIONES DE ESTADUNIDENSES EN EL EXTRANJERO

En el apartado anterior se expuso la forma en que fueron incorporados al proceso electoral los ciudadanos estadunidenses civiles. Las propuestas de las cuales surgieron estas leyes fueron llevadas a la mesa de discusión y respaldadas por diferentes organizaciones de estadunidenses en el extranjero. Esto es un ejemplo más del patrón de construcción de la ciudadanía en Estados Unidos, marcado por la lucha organizada frente

cuanto a la doble ciudadanía, Estados Unidos no cuenta con disposiciones que obstaculicen en principio la ciudadanía múltiple al no considerar la residencia como requisito para ejercer el voto ni establecer diferencia entre nacionalidad y ciudadanía.

a una demanda de inclusión. Debido al papel que desempeñaron estas organizaciones políticas y civiles, es necesario abrir un espacio para conocer un poco más acerca de las más importantes.

En el caso de la ley de 1975, el Comité Bipartidista para el Voto en el Exterior (Bipartisan Committee for Absentee Voting, Inc.) fue uno de los organismos que la respaldó. Este comité fue creado en 1965 por líderes políticos republicanos y demócratas que se encontraban en el exterior. Su principal objetivo era asegurar el registro y el voto en ausencia de los estadunidenses civiles residentes en el extranjero. Las organizaciones afiliadas a este comité eran las siguientes: American Club of Madrid, American Club of Paris, Association of Americans Residents Overseas, Baptist Joint Committee, Board of Global Ministries, Catholic Mission, Democrats Abroad, European Republican Committee, International Institute of Municipal Clerks, National Association of Evangelicals, National Council of Churches, United Methodist Churches y U. S. Chamber of Commerce.

Otra organización que respaldó la propuesta fue la Federation of American Women's Clubs (FAWCO). Esta corporación sin fines de lucro surgió en 1931 y actualmente está formada por 78 clubes de mujeres estadunidenses, cuenta con más de 16 000 afiliadas en 37 países en el mundo. En los años setenta del siglo pasado desempeñó una labor muy importante para que fuera aprobada la ley de 1975, que empezó a trabajar en el tema de la transmisión de la ciudadanía a los hijos nacidos en el exterior de padre o madre estadunidense.[20]

La Ley de Sufragio en Ausencia para Ciudadanos Uniformados y en el Exterior de 1986 también gozó de un gran apoyo por parte de algunas de las asociaciones que respaldaron a la de 1975. Una de ellas fue la Association of Americans Residents Overseas. Esta organización civil sin fines de lucro, no partidista, fue fundada en 1973 y aún sigue con vida. Representa a los estadunidenses que residen en el exterior y su propósito fundamental es proteger los derechos básicos de esta población, como el voto.[21]

---

[20] La FAWCO sirve como respaldo a una red de comunicación para mujeres estadunidenses que viven y trabajan en el extranjero y es particularmente activa en temas como la educación, la protección ambiental y los derechos de las mujeres y los niños. Federation of American Women's Club Overseas, "FAWCO History" en www.fawco.org/general/history.html consultado el 4 de abril de 2001.

[21] AARO también ha luchado por que el cobro de impuestos a los ciudadanos en el exterior se reduzca, al tasar solamente el ingreso que provenga de Estados Unidos. También ha

Otras de las organizaciones que impulsaron las legislaciones de 1975 y 1986 fueron los Democrats Abroad y Republicans Abroad International. Los Democrats Abroad constituyen la organización oficial del Partido Demócrata en el exterior. Ésta inició en 1964 simultáneamente en Londres y París, está reconocida por el partido como un comité "estatal". Es decir, tiene representación a través de nueve delegados en la Convención Nacional del Partido, donde se elige la fórmula de los candidatos a la presidencia y a la vicepresidencia que contienden en las elecciones presidenciales. Desde 1992, tiene derecho a organizar una primaria mundial, de donde saldrán los representantes para la Convención Nacional.

Dentro de los logros de esta organización política se encuentra la lucha para asegurar que a través de las leyes de 1975 y 1986 fuera garantizado el voto en ausencia; la introducción de la iniciativa de la Federal Emergency Write-In Ballot, una boleta en blanco para votar; la lucha en contra de la no pérdida de la ciudadanía para los estadunidenses que viven y trabajan en el exterior y la fácil transmisión de la misma a sus hijos, entre otras acciones.[22]

Republicans International Abroad se define como el programa del Partido Republicano formado en 1978, y su antecesor fue la organización Republicans Abroad fundada en 1972. Dentro de los objetivos de este brazo en el exterior del Partido Republicano se encuentra: "promover el registro de los estadunidenses en el exterior para votar en ausencia; difundir información sobre el Partido Republicano entre la comunidad de estadunidenses en el extranjero; representar al Partido y sus seguidores en el exterior, y generar interés en el Partido y sus políticas. Cuenta con representaciones en más de 60 países. De acuerdo con la información que esta organización presenta en Internet, el Partido Republicano reconoce la importancia del voto en ausencia, porque en muchas elecciones donde la competencia es muy cerrada, este voto define al ganador.[23]

---

impulsado reformas para incrementar las salvaguardas para no perder la ciudadanía y disminuir los impedimentos para que hijos de estadunidenses obtengan la ciudadanía. The Association of Americans Resdient Overseas, "About AARO", en aaro-intl.org/aboutaaro.html consultado el 15 de abril de 2001.

[22] En www.democratsabroad.org/history.asp y www.democratsabroad.org/achieve.asp consultado el 27 de febrero de 2000.

[23] En www.republicansabroad.org/AboutRA.htm consultado el 30 de junio de 1999.

## DE CÓMO Y DÓNDE VOTAN LOS CIUDADANOS ESTADUNIDENSES EN EL EXTERIOR

Existen dos métodos para votar en ausencia: por correo o en persona por adelantado. Para votar por correo se necesita llenar y enviar la solicitud de Tarjeta Postal Federal (Federal Post Card Application, FPCA). Ésta es el instrumento principal de registro y solicitud de boleta para emitir el sufragio en ausencia. La solicitud debe de ser recibida por las autoridades electorales por lo menos 45 días antes de la elección. La Boleta Federal de Ausencia Agregable (Federal Write —In Absentee Ballot, FWAB) es utilizada por los votantes en el extranjero si no recibieron antes de dos semanas de la elección la primera boleta, y se encuentra disponible en consulados, embajadas o instalaciones militares con los oficiales asistentes para votar (*voting assistance officers*).

La forma de voto en persona se realiza en una oficina electoral central o en un sitio descentralizado durante un periodo previo a la elección (voto por adelantado). El voto por correo y en persona días antes de la elección tienen un uso extensivo entre los militares y los ciudadanos residentes en el exterior.

Ahora bien, una de las maneras en que el Estado estructura su política de inclusión de los ciudadanos en el exterior es el Programa Federal de Asistencia para el Voto (FVAP), éste tiene a su cargo la administración de la Ley de Sufragio en Ausencia para Ciudadanos Uniformados y en el Exterior (Uniformed and Overseas Citizens Absentee Voting Act).

La autoridad máxima responsable del funcionamiento del Programa es el comisionado presidencial, que es el secretario de la Defensa. Sin embargo, el director general del Programa asume y desempeña las funciones federales del comisionado. Parte importante de la labor de asistencia e información del FVAP es desempeñada por los oficiales de asistencia al voto (*voting assistance officers*). Éstos son nombrados en todos los niveles de las Fuerzas Armadas y uno en cada embajada y consulado. Su labor es proveer información veraz sobre los procedimientos de registro y votación (Federal Voting Assistance Program, 1997).

Debido a que el sistema electoral estadunidense es descentralizado y cada estado realiza sus comicios de la forma en que ellos determinan, el Federal Voting Assistance Program tiene la misión de proporcionar "información y materiales a los ciudadanos que se encuentren residiendo en el exterior para asegurar que comprendan cómo participar en el proceso democrático" (Wiedman, 1998:115). Es necesario destacar que *el programa no administra* las elecciones federales. "Todas las elecciones, incluyendo aquéllas para los puestos federales, son administradas por los estados y territorios. Quienes participan en el programa trabajan con éstos y con las instancias correspondientes [por ejemplo las autoridades locales electorales, *local election officials*] para asegurar que los ciudadanos voten" (Wiedman, 1998:115),[24] por lo que existen variaciones en la reglamentación estatal al respecto.

Como ejemplo del procedimiento de votación que se sigue en un estado, en el caso de Texas existen las formas de votación por correo y en persona días antes de la elección. Durante la Operación Joint Endeavor se permitió la transmisión vía fax de materiales electorales. En cooperación con la NASA, el FVAP y la oficina electoral del estado se logró transmitir por primera vez, en noviembre de 1997, material electoral al astronauta David Wolf para que votara en la estación espacial Mir. David Wolf tiene su registro en el condado de Harris, Texas (Sirvello, 1998:128).

---

[24] Dentro de la política de promoción del voto, algunas de las actividades del Federal Voting Asistance Program son:

Monitorear el envío de las boletas por estados para asegurar que haya suficiente tiempo para que la boleta llegue a manos del votante, y éste tenga suficiente tiempo de regresarla.

Preparar después de las elecciones federales un reporte al presidente y al Congreso, el cual se basa en una encuesta para determinar la participación electoral y los problemas que se presentaron durante el registro y el proceso de votación.

Enviar a los estados ciertas iniciativas para que sean tomadas en consideración (Wiedman: 1998:115).

Realizar un trabajo de coordinación con el Servicio Postal Estadunidense para que la FPCA sea aceptada por todas las máquinas postales para una entrega rápida.

Proporcionar el Sistema de Transmisión Electrónica (Electronic Transmission System) de materiales electorales (forma de registro, solicitud de boletas y boletas electorales para voto en ausencia).

Enviar comunicados de prensa sobre el voto a las embajadas y a los consulados.

Publicar un boletín, *Voting Information News* (*VIN*).

Proporcionar un servicio de *Ombudsman* para que asista a los ciudadanos estadunidenses.

Proporcionar ayuda por medio de Centro de Información del Voto (*Voting Information Center*). Por medio de este centro, los ciudadanos estadunidenses se pueden comunicar con las autoridades electas.

Elaborar un panfleto llamado *How to Do It! Vote Absentee Pamphlet* en el que se presentan las preguntas que frecuentemente se hacen los ciudadanos y sus respuestas.

Trabajar en coordinación con compañías estadunidenses transnacionales para contactar a los ciudadanos que no están afiliados al gobierno.

## PROBLEMAS DEL PROCESO DE VOTACIÓN

A pesar de la eficiencia que ha demostrado tener la legislación para incorporar a los ciudadanos civiles y militares en el exterior, continúan existiendo problemas técnicos en cuanto al procedimiento de votación. Durante la década de los noventa del siglo XX, el Programa Federal de Asistencia para Votar llevó a cabo varios esfuerzos para hacer algunas modificaciones para terminar con estos problemas. En 1996, respaldó la introducción de la propuesta de Ley sobre los Derechos de Voto de los Ciudadanos en el Exterior (Overseas Citizens Voting Rights Bill of 1996) al 104 Congreso para enmendar la legislación de 1986. La propuesta fue aceptada en la Cámara de los Representantes, pero rechazada en el Senado (a pesar de las pesquisas realizadas, no se pudieron indagar las razones de esto). Tal propuesta no encontró ningún respaldo en el 105 Congreso, quedando invalidada.[25]

En el nivel estatal, el Programa Federal ha logrado que las legislaciones incluyan modificaciones tales como un periodo de tránsito de 45 días para que lleguen las boletas en ausencia; uso de un solo tipo de solicitud de boleta electoral; uso de ésta para solicitar el registro; cancelar el requisito de notariar cualquier tipo de material electoral; establecimiento de procedimientos de registro de personas que recientemente hayan dejado las Fuerzas Armadas en el extranjero o algún trabajo fuera de Estados Unidos, entre otras modificaciones.

No obstante, a pesar de estos esfuerzos para hacer más accesible la boleta para votar en ausencia y modificar los procedimientos involucrados en el voto desde el extranjero, siguen manifestándose algunos problemas. La elección presidencial del 7 de noviembre de 2000 se convirtió en el evento más reciente en el que se pusieron en evidencia las irregularidades técnicas que continúan existiendo en torno al voto en ausencia y la ineficiencia provocada por la excesiva descentralización del sistema electoral estadunidense. En estos comicios los 25 votos electorales del estado de Florida se los llevó George P. Bush decidiendo la elección a su favor.[26] En este triunfo, el voto de los militares y civiles

---

[25] Joe Smallhoover, Vice-Chair Democrats Abroad, "Voting Made Easy", *The Overseas Democrat*, invierno 1997, 3 pp., en www.democratsabroad.org/oldnews/w97/voting.asp consultado el 30 de junio de 1999.

[26] ABCnews, "Do Ballots Pass Muster? GOP Disputes Military Vote Rejections, as Reversals Add Bush Votes", en *ABCnews.com* en more.abcnews.go.com/sections/politics/dailynews/

estadunidenses en el exterior fue decisivo. Sin embargo, estos sufragios originaron una seria disputa legal entre el Partido Demócrata y el Republicano, ya que algunos de esos votos, que sobre todo favorecían al segundo, tenían irregularidades (matasellos y firmas inapropiados o contaban con algún error en los sobres), por lo que su validez fue puesta en duda. A partir de lo cual surgió una serie de demandas y ordenamientos, tanto de la Suprema Corte de Justicia del país, como de la Corte estatal de Florida.

De las boletas enviadas al exterior, 3 600 fueron devueltas, de éstas, 2 200 fueron aceptadas y alrededor de 1 400 fueron impugnadas y rechazadas. Aproximadamente dos tercios de esas boletas eran de civiles y un tercio eran de militares. En el conteo final los votos desde el exterior favorecieron al Partido Republicano. Bush recibió 537 votos más que Gore, obteniendo así la victoria.[27]

En enero de 2001, frente a todas las irregularidades que se presentaron en Florida, las organizaciones Demócratas en el Exterior y American Citizens Abroad[28] presentaron una propuesta para la reforma del voto en el exterior para terminar con las deficiencias del sistema de vo-

---

election_absentees_001124.html consultado el 29 de noviembre de 2000, ABCnews, "Priority Mail", *ABCnews.com*, noviembre 15, 2000, en abcnews.go.com/sections/poli- tics/dailynews/election_absentee_001115.html consultado el 18 de noviembre de 2000; ABC news, "Movement on OverseasBallots. GOP Refocuses Court Fight as Reversals add Bush Votes", *ABCnews.com*, more.abcnews.go.com/sections/politics/dailynews/election_absentee_001126.html consultado el 29 de noviembre de 2000; Reuters, "US Presidential Election Outcome May Be in the Mail", *ABCnews.com*, en abcnews.go.com/wire/world/reuters20001108_2420.html consultado el 11 de noviembre de 2000; The Associated Press, "Bush Leads Gore by 930 Votes in Florida", *The New York Times on the Web*, noviembre 18, 2000, en www.nytimes.com/aponline/politics/AP-Recount-Rdp.html consultado el 18 de noviembre de 2000; The Associated Press, "The Overseas Votes Could Help Bush", *The New York Times on the Web*, noviembre 10, 2000, en www.nytimes.com/aponline/politics/AP-ELN-Recount-Overseas-Ballots.html consultado el 11 de noviembre de 2000.

[27] En el estado de Florida, desde 1980, en cada elección presidencial la mayoría de los votos desde el exterior se los había llevado el candidato republicano, esto es porque dicho estado cuenta con una población militar importante en el extranjero cuya tendencia partidaria es republicana. En 1988, George Bush ganó 72% de los votos desde el exterior, y en 1992 se llevó 58%, a pesar de que Clinton ganó los 25 votos electorales del estado. En 1996, Bob Dole recibió 1 212 votos de 2 300 emitidos desde el exterior, es decir, 54%, mientras que Clinton solamente recibió 902 (42%). En las elecciones de 2000, Bush obtuvo 1 575 votos en ausencia (65%), mientras que Gore se adjudicó 836 (35%), lo que le dio la victoria al primero.

[28] Esta asociación es voluntaria y cuenta con 8 000 miembros estadunidenses que viven en más de 95 países. Fue fundada en 1978 en Ginebra, Suiza bajo las leyes suizas. Esta organización ha desempeñado un papel importante para lograr modificaciones en temas de ciudadanía, impuestos y contratación de ciudadanos en el exterior por el gobierno estadunidense. American Citizens Abroad, "An Organization Representing Overseas Americans 1978-2001" en www.aca.ch.op21.htm consultado el 15 de abril de 2001.

tación que se hicieron patentes en la elección. En diciembre de ese mismo año, la Cámara de Representantes aprobó una reforma electoral general en donde se incluyeron algunas de las recomendaciones hechas por los Demócratas. Una de las más importantes es que se le pide a todos los estados que recojan y publiquen estadísticas de los votantes en el exterior como una categoría diferente de la del simple votante en ausencia.[29]

## LOS ESTADUNIDENSES Y EL CENSO EN EL EXTERIOR

De acuerdo con el 15o. Reporte del Programa Federal de Asistencia para el Voto (Federal Voting Assistance Program), en 1996 la Ley de Sufragio en Ausencia para Ciudadanos Uniformados y en el Exterior cubría, aproximadamente, a más de 6 000 000 de ciudadanos estadunidenses potenciales votantes en el exterior, entre civiles y militares. Esta cifra difiere de las estimaciones del Departamento de Estado entre 1993 y 1999 sobre los estadunidenses en el extranjero, y de los datos del Departamento de la Defensa sobre el número de efectivos emplazados fuera de las fronteras de Estados Unidos.

Hacia diciembre de 1999, los ciudadanos estadunidenses dentro del personal militar y civil de los servicios uniformados fuera de Estados Unidos continental eran aproximadamente 824 979,[30] que sumados a los civiles (4 163 810)[31] daban un total de 4 988 789 personas en el extranjero (sin hacer una distinción entre los que son elegibles para votar y los que no).

Esta cifra no se acerca a la calculada por el Programa Federal de Asistencia para Votar (FVAP), de seis millones de votantes potenciales en 1996. A pesar de ello, sí nos proporciona un parámetro que permite

---

[29] Democrats Abroad, "A Status Report on Democrats Abroad Overseas Voting Reform-January 7. 2002", en www.democrats.org/news/press/voting-reform-2002-01-07.html
[30] Directorate for Information, Operations and Report, "Direct Hire Civilian Personnel, by Location/Type, According to Defense Components", Department of Defense, diciembre 31, 1999, en web1.whs.osd.mil/mmid/civilian/m04dec99.pdf consultado en enero de 2001.
[31] American Citizens Abroad, "The Overseas American Community, Its Size and Importance", en www.aca.ch/op1a.htm consultado el 15 de abril de 2001. Estos datos están basados en la lista publicada por el Departamento de Estado. Department of State. "Private American Citizens Residing Abroad", en travel.state.gov/amcit_numbers.html consultado el 1 de marzo de 2000 (lista de julio de 1999).

afirmar que en la actualidad son más los ciudadanos civiles que los militares en el exterior. Si la población de residentes en el exterior constituyera un estado de la Unión Americana, estaría en el lugar número 24 de acuerdo con la población de los demás estados. De hecho, el número de estadunidenses civiles en el extranjero es ligeramente menor que la población del estado de Alabama (4 400 000 habitantes). Esto marca una diferencia sustancial en comparación con la época en que se aprobó la Ley de Asistencia Federal (Federal Assistance Act) de 1955, en la que el emplazamiento de tropas en el exterior superaba el número de civiles. Vale la pena reiterar que la inexactitud de las cifras se debe a que la Oficina del Censo no cuenta con registros de cuántos ciudadanos estadunidenses viven en el exterior.

Al respecto, muchas organizaciones civiles y políticas han pugnado por largo tiempo para terminar con estas imprecisiones y que aquéllos sean incluidos en el censo decenal, con esto se lograría una efectiva representación, pues serían tomados en cuenta en el proceso de redistritación producto del censo de cada diez años. Por ello, ahora el debate se centra en lograr una representación justa. En el momento en que esta población no es contada para redistribuir las curules, se les está excluyendo de un proceso electoral, como se hizo con las minorías a través de mecanismos como el *malapportionment* (distribución desigual entre el número de electores correspondiente a cada representante por distrito).

Si a la comunidad de estadunidenses en el exterior se le otorgara representación en el Congreso, de acuerdo con el tamaño de su población le correspondería una delegación de dos senadores y seis miembros de la Cámara de Representantes.[32] Actualmente, sus votos son contabilizados en 435 distritos diferentes, diluyendo de esta manera su impacto. Del total de votos emitidos en un distrito dado, no llegan ni siquiera a 1 por ciento.

Uno de los logros más recientes es haber comprometido a la Oficina del Censo a llevar a cabo en 2004 un primer conteo de prueba de civiles estadunidenses en el exterior, y un segundo conteo en el año 2006. De realizarse ambos, este sector de la población podría ser tomado en cuenta para el 2010. No obstante, el Censo se opone a que su incorporación tenga un impacto en el mecanismo de redistritación,

---

[32] *Loc. cit.*

ya que esto podría generar disputas en las cortes estatales; no obstante, los demócratas están convencidos de que con el paso de los años lo lograrán.

## ALGUNAS CIFRAS SOBRE EL VOTO EN EL EXTERIOR

De acuerdo con el 15o. Reporte del Programa Federal de Asistencia para el Voto, la Ley de Sufragio en Ausencia para Ciudadanos Uniformados y en el Exterior cubrió en 1996, a 6 000 000 de potenciales electores en el exterior. No obstante, no se presenta ninguna cifra total de los votos emitidos por esta población. Solamente se habla de porcentajes de participación de los grupos antes mencionados en una encuesta realizada después de la votación.[33] Estos datos permiten observar, *grosso modo*, el comportamiento electoral de estos sectores;[34] se destaca que la participación desde el exterior comprendió 3% de los votos emitidos a nivel nacional en 1996.

En el caso de los miembros de las Fuerzas Armadas, su participación total representó 64% de los votos emitidos en ausencia, comparado con 49% de la participación a nivel nacional de toda la población, en contraste con la votación de 1992, en la que la participación de los miembros de ese grupo alcanzó 67%, registrándose así un decremento de 3% entre 1992 y 1996. Este porcentaje incluye el voto en ausencia por boleta, en persona y los votos que intentaron ser depositados. A pesar de esta reducción, el índice continúa siendo más elevado frente a la participación media nacional. Según el reporte, esa tendencia del voto de los militares en elecciones presidenciales ha sido constante desde 1984. Esto se explica por el apoyo que las mismas Fuerzas Armadas han

[33] Tal encuesta incluyó los siguientes grupos en el exterior: 20 000 militares; 10 000 ciudadanos civiles; 2 000 empleados federales; 2 400 oficiales de asistencia al voto; 200 oficiales de asistencia al voto de embajadas y consulados; 500 oficiales electorales locales.

[34] Los datos que se presentarán son el resultado de un estudio que hace el Programa Federal de Asistencia para Votar (Federal Voting Assistance Program), a través de encuestas después de cada elección federal, éstos son los únicos datos generales con los que cuenta el Programa. En este caso se tomarán los resultados que se obtuvieron después de las elecciones presidenciales de 1992 y 1996. No se incluyen los de la elección al Congreso en 1994, ya que el informe consultado no reporta cifras detalladas previas de la elección de 1990 que ayuden a establecer una comparación entre una y otra. De los cinco grupos que fueron encuestados individualmente, interesa al presente trabajo los miembros de las Fuerzas Armadas en Estados Unidos y en el exterior, empleados federales civiles y ciudadanos civiles en el exterior.

dado para que sus miembros emitan su voto, además de los avances que cada estado ha tenido en la simplificación de la forma de votación.

En cuanto a los empleados civiles federales, la participación es más elevada, al igual que en el caso de los militares, con respecto al índice nacional. En 1996, 68% de los empleados civiles federales en el exterior participaron en la elecciones, comparado con una participación de 79% en 1992. Sin embargo, se observa también una disminución de casi 10 puntos.

Las cifras que sí están por debajo del indicador nacional (55% en 1992 y 49% en 1996) son las de los ciudadanos civiles en el exterior, quienes registraron una participación de 31% en 1992 y de 37% en 1996. Éste fue el único grupo de los tres que experimentó un crecimiento de una elección a otra. En la gráfica 1 se puede observar la participación total de los tres grupos en 1992 y 1996.

Es interesante destacar que los empleados federales civiles son los que presentan mayores índices de votación, les siguen los militares y al final los ciudadanos civiles. Esto se puede relacionar con las razones por las que no votaron algunos individuos pertenecientes a estos grupos. En el caso de los civiles, 22% manifestó en una encuesta que no lo hizo porque no sabía cómo conseguir una boleta para votar en ausencia. La segunda razón que dieron fue que el proceso es muy complejo, por lo que éste en sí mismo los desanimó. Como se puede observar, se trata de inconvenientes meramente técnicos.

En cuanto a los empleados civiles federales en el exterior, 17% respondió que la boleta nunca les llegó, lo que se suma a 5% de quienes les llegó tarde a su domicilio, nos da un total de 22%. Al igual que los civiles no empleados en el gobierno, 16% manifestó que la complejidad del proceso los descalificó. Mientras tanto, 26% de los militares declaró que no tuvo a tiempo la boleta para emitir su voto. Asimismo, el no tener una candidato de su predilección también los llevó a no votar. Este argumento fue esgrimido por 14% de los encuestados. Los datos confirman uno de los rasgos centrales de la cultura política estadunidense, donde el voto se reconoce como un mecanismo fundamental; en los tres grupos, menos de 5% contestó que no emitieron su voto porque pensaban que éste no tenía ningún valor, y menos de 2% respondió no tener conocimiento de las elecciones, lo que confirma lo expuesto respecto a la importancia del voto para la sociedad estadunidense (Federal Voting Assistance Program, 1997).

Gráfica 1. Porcentaje de votación total en ausencia en elecciones
presidenciales, 1992 y 1996

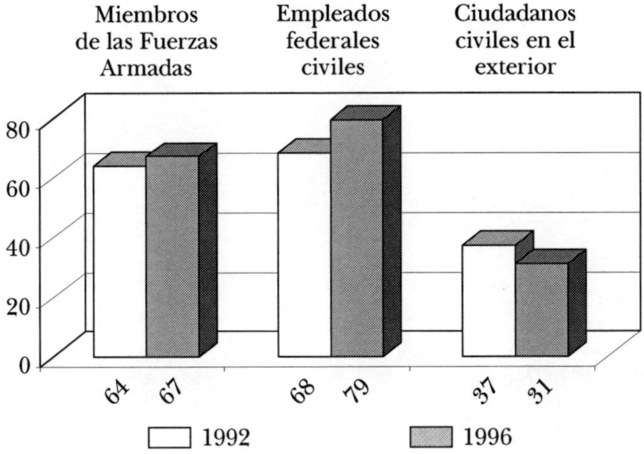

Fuente: Federal Voting Assistance Program, 15th Report, Department of Defense, Washington, diciembre de 1997, p. 10.

Sobre los métodos utilizados para votar, la solicitud de boleta y registro, Federal Post Card Application, continúa siendo la vía primordial para solicitar registrarse y enviar la boleta. Sin embargo, cada vez se vuelven más importantes otros métodos como la transmisión electrónica de material electoral, ya que es más fácil de utilizar.

Los datos antes expuestos permiten precisar lo siguiente. En primer lugar, a pesar de que provienen de una encuesta y no de los resultados electorales oficiales de los comicios de 1992 y 1996, permiten confirmar la importancia que la población estadunidense (ya sea militar o civil) en el exterior otorga al hecho de poder votar desde donde se encuentre.

En segundo lugar, en relación con los tres sectores que se analizan, aunque la población civil tiene el porcentaje más bajo de participación, ésta aumentó de 1992 a 1996, mientras que la de los otros dos sectores (miembros de las Fuerzas Armadas y empleados federales civiles) disminuyó, sin descender de la media nacional. La diferencia de la participación entre los miembros de las Fuerzas Armadas, los empleados federales civiles y los ciudadanos civiles en el exterior se puede deber a

Cuadro 2. Porcentaje del uso del Servicio de Transmisión Electrónico
del Programa Federal de Asistencia para Votar (FVAP) en 1996

| | *Recepción de transmisión* | | |
| --- | --- | --- | --- |
| | *Solicitud o registro (FVAP)* | *Boleta de votación* | *Boleta federal en blanco para votar (FWAB)* |
| Miembros de las Fuerzas Armadas | 44 | 23 | 7 |
| Empleados civiles federales | 38 | 23 | 15 |
| Ciudadanos civiles en el exterior | 47 | 14 | 3 |

Fuente: Federal Voting Assistance Program, *15th Report*, Department of Defense, Washington, diciembre de 1997, p. 21.

que los primeros dos grupos se encuentran en mayor contacto con fuentes en donde pueden adquirir información sobre el procedimiento a seguir.

No obstante, es significativo el incremento de la votación en el sector de los civiles en el exterior, sobre todo en un contexto en el que su movilidad hacia el extranjero ha aumentado. Actualmente, existen más ciudadanos civiles en el exterior que militares emplazados. Ello también lleva a constatar la importancia de que sean incluidos en el censo y obtengan una representación adecuada, y que promueva más la oportunidad que tienen de votar.

## CONCLUSIONES

A lo largo de este capítulo, hemos explorado el sentido del Credo Estadunidense", la historia de la evolución de la ampliación del voto en Estados Unidos y el proceso de extensión del voto para los militares y civiles que radican en el extranjero. Estos elementos nos permiten, concluir lo siguiente:

En primera instancia encontramos que, dentro de Estados Unidos, en sus inicios la ciudadanía no era un concepto universal, estuvo marcada por la exclusión y la marginalidad, pero también por la lucha

que libraron varios sectores de la población (minorías raciales, mujeres, jóvenes) por ser incluidos. En esa medida, las "fuerzas de la democracia" se fortalecieron, siendo el voto en el exterior uno de los pasos
más recientes en esta consolidación.

A la vez, se agrega un elemento nuevo, esta inclusión coincide con
el sentido extraterritorial que Estados Unidos ha dado a su democracia, una especie de apóstol de la misma, cuya misión es llevarla a todos
los rincones del mundo, lo que lo lleva a otorgar un sentido igualmente
extraterritorial a la ciudadanía. En el capítulo queda clara la estrategia
de incorporación estatal de aquellos encargados de hacer realidad el
Destino Manifiesto y cumplir el papel de "policía global" que el gobierno estadunidense se abrogó para detener el avance del comunismo. De
tal suerte que, a mediados del siglo XX, se establece de manera federal
el voto postal para los militares que se encontraran en el extranjero.
Estrategia que además ha funcionado, dados los índices de votación de
este sector, que se colocan por arriba de la media nacional de participación electoral.

Por otro lado, en el caso de los civiles el voto es concedido como resultado de una demanda organizada, hecho que coincide con el patrón
de desarrollo de la ciudadanía estadunidense. Pero además también está marcado por una expansión, aunque sea de tipo económico. Recordemos que hacia 1975, cuando se aprobó el voto de los ciudadanos civiles,
la población estadunidense en el extranjero estaba compuesta por un
alto porcentaje de hombres de negocios. Actualmente, en un contexto de globalización, el número de civiles supera al de los militares, llegando a 4 000 000 aproximadamente, y, en su mayoría, siguen representando los intereses económicos de Estados Unidos en el exterior.

El número de ciudadanos en el extranjero justamente nos lleva al
debate actual acerca del voto en el exterior. Ahora la discusión no gira
en torno a la incorporación de los ciudadanos civiles, sino en lograr
una justa representación a partir de la posibilidad de que esta población sea censada y, por ende, tomada en cuenta en la redistritación
(producto de los censos decenales) que define el número de ciudadanos por distrito. A esta situación se suman los problemas técnicos que
quedaron demostrados en la elección presidencial de noviembre de
2000. La tarea pendiente es superarlos para que todos los votos emitidos
desde el exterior cuenten, y no sean descalificados por presentar irregularidades o porque simplemente no llegaron a su destino a tiempo.

Finalmente, en el voto de los ciudadanos civiles es aún más evidente el hecho de que la noción clásica de membresía política se está transformando al terminar con el requisito de residencia dentro de un territorio delimitado por fronteras para poder ejercer el sufragio. Esto se debe a que el Estado no puede determinar la temporalidad de los civiles en el extranjero, y en el caso de los militares y los diplomáticos, sí define cuándo se van y cuándo regresan. Más aún, los servidores públicos que trabajan en consulados o embajadas siguen dentro del territorio del Estado, ya que, según el derecho internacional, se considera como territorio nacional de un Estado el lugar donde se ubican sus legaciones.

## FUENTES CONSULTADAS

*Bibliografía*

Abramowitz, Alan I., "The United States: Political Culture Under Stress" en Gabriel Almond y Sidney Verba, *The Civic Culture. Revisited*, Sage Publications, Newbury Park, California, 1989.

Andersen, Kristi, *After Suffrage. Women in Paritisan and Electoral Politics*, The University of Chicago Press, Chicago, 1996.

Bendix, Reinhard, *Estado nacional y ciudadanía*, Amorrortu, Buenos Aires, 1964.

Bermúdez, Lilia, *Guerra de baja intensidad, Reagan contra Centroamérica*, Siglo XXI, 2a. ed., México, 1989.

Bibby, John F., *Politics, Parties and Elections in America*, Nelson-Hall, 3a. ed., Chicago, Illinois, 1996.

Bobbio, Norberto, *El futuro de la democracia*, Planeta-Agostini, Barcelona/Buenos Aires/México, 1994.

Calduch Cervera, Rafael, *Relaciones internacionales*, Ciencias Sociales, España, 1991.

Campbell, Angelique P., "Voting Rights Act of 1965, 1975, 1982" en David Bradley y Shelly Fisher, *The Encyclopedia of Civil Rights in America*, Sharpe Reference, Estados Unidos, 1998, t. 3.

Cervantes Gómez, María Alejandra, "La adquisición de la ciudadanía estadunidense por medio de la naturalización", tesis de licenciatura, UNAM, México, 1998.

Collier, Christopher, "The American People as Christian White Men of Property.

Suffrage and Elections in Colonial and Early National America" en Donald W. Rogers (ed.), *Voting and the Spirit of American Democracy. Essays on the History of Voting and Voting Rights in America*, University of Illinois Press, Urbana y Chicago, 1992.

"Constitución de Estados Unidos de Norteamérica" en Marie-France Tointe, *El sistema político de Estados Unidos*, Fondo de Cultura Económica, México, 1994.

Conway, Margaret M., *Political participation in the United States*, Congressional Quarterly, 2a. ed., Whashington, 1991.

Crewe, Ivor, "As the World Turns Out", *Public Opinion*, núm. 4, febrero-marzo, 1981, citado en John F. Bibby, *Politics, Parties and Elections in America*, Nelson-Hall, Estados Unidos, 1996.

Dalton, Russell J., *Citizen Politics. Public Opinion and Political Parties in Advanced Democracies*, Chatham House Publishers, 2a. ed., Chatham, Nueva Jersey, 1996.

Dye, Thomas R., *Politics in America*, Prentice-Hall, 2a. ed., New Jersey, 1997.

Feigenbaum, Edward y James A. Palmer, *Absentee Voting: Issues and Options*, The Council of State Government-National Clearinghouse on Election Administration-Federal Election Commission, Washington, 1987.

Flanigan, William H. y Nancy H. Zingale, *Political Behavior of the American Electorate*, Congressional Quarterly, 9a. ed., Boston, Massachusets, 1998.

Foner, Eric, "From Salvery to Citizenship: Blacks and the Right to Vote" en Donald W. Rogers (ed.), *Voting and the Spirit of American Democracy. Essays on the History of Voting and Voting Rights in America*, University of Illinois Press, Urbana and Chicago, 1992.

González Aguirre, Érika, "El voto de los ciudadanos en el exterior: un paso más en la extensión de los derechos políticos. Los casos de Canadá y Estados Unidos", tesis de licenciatura en Relaciones Internacionales, FCPyS-UNAM, octubre de 2000.

Greenberg, Edward S. y Benjamin I. Page, *The Struggle for Democracy*, Harper Collins, 2a. ed., Nueva York, 1995.

Grofman, Bernard, "Voting Rights Act of 1965 and Extensions" en L. Sandy Maisel, *Political and Elections in the United States. An Encyclopedia*, Estados Unidos, 1991, vol. 2.

Katz, Richard S., *Democracy and Elections*, Oxford University Press, Nueva York, 1997.

Kleppner, Paul, "Defining Citizenship: Immigration and the Struggle for Voting Rights in Antebellum America" en Donald W. Rogers (ed.), *Voting and the*

*Spirit of American Democracy. Essays on the History of Voting and Voting Rights in America*, University of Illinois Press, Urbana y Chicago, 1992.

Kusnet, David, "Introduction" en Karen McGill Arrington y William L. Taylor (eds.), *Voting Rights in America Continuing the Quest for Full Participation*, Leadership Conference Educational Fund Joint Center for Political and Economic Studies, Washington, 1992.

Landes, Ronald G., *The Canadian Polity. A Comparative Introduction*, Prentice-Hall Canada, 4a. ed., Scarborough, Ontario, 1995.

Lincoln, Abraham, "The Gettysburg Address (1863)" en Lynn H. Nelson y William D. Young, *Source Readings for American Gonvernment*, Harcourt Brace College, Orlando, 1995.

McClain, Paula D. y Joseph Stewart Jr., *Can We All Get Along? Racial and Ethnic Minorities in American Politics*, Westwiew Press, Boulder, Colorado, 1995.

McGill Arrington, Karen, "The Struggle to Gain the Right to Vote 1787-1965" en Karen McGill Arrington y William L. Taylor, *Voting Rights in American Continuing the Quest for Full Participation*, Leadership Conference Educational Fund Joint Center for Political and Economic Studies, Washington, 1992.

MacManus, Susan A., "Absentee Balloting" en L. Sandy Maisel, *Political Parties and Elections in the United States. An Encyclopedia*, Estados Unidos, 1991, t. 1.

Moyano Pahissa, Ángela, Jesús Velasco *et al.*, *EUA: Síntesis de su historia I*, Instituto de Investigaciones Dr. José Ma. Luis Mora, México, 1988 (Estados Unidos, 8).

Quaile Hill, Kim, *Democracy in the Fifty States*, University of Nebraska Press, Nebraska, 1994.

Rogers, Donald W. (ed.), *Voting and the Spirit of American Democracy. Essays on the History of Voting and Voting Rights in America*, University of Illinois Press, Urbana y Chicago, 1992.

Sirvello III, Tony J., "Organización y logística en el ámbito local" en *Conferencia trilateral Canadá-Estados Unidos-México sobre el voto en el extranjero, 2-3 septiembre 1998*, Tribunal Electoral del Poder Judicial de la Federación/Instituto Federal Electoral, México, 1998.

Smith, Peter H., *Talons of the Eagle. Dynamics of U. S.-Latin American Relations*, Oxford University Press, Nueva York, 2000.

Tocqueville, Alexis de, *La democracia en América*, Fondo de Cultura Económica, México, 1998.

Toinet, Marie-France, *El sistema político de Estados Unidos,* Fondo de Cultura Económica, México, 1994.

Valentino, Henry, "Panorámica general del caso estadunidense" en *Conferencia trilateral Canadá-Estados Unidos-México sobre el voto en el extranjero, 2-3 septiembre 1998,* Tribunal Electoral del Poder Judicial de la Federación/Instituto Federal Electoral, México, 1998.

Wiedmann, Scott, "Organización y logística en los Estados Unidos en el ámbito federal" en *Conferencia trilateral Canadá-Estados Unidos-México sobre el voto en el extranjero, 2-3 septiembre 1998,* Tribunal Electoral del Poder Judicial de la Federación/Instituto Federal Electoral, México, 1998.

## Documentos

Federal Voting Assistance Program, 15th Report, Department of Defense, Washington, diciembre de 1997.

"Voting Statistics. Non-federally Employed United States Citizens Residing Outside the United States" en "Voting by U. S. Citizens Residing Abroad, Hearing before the Subcommittee on Privileges and Elections of the Committe on Rules and Administratration, United States Senate, Ninty-third Congress, 1st Session, on S.2102, to Guaranteee the Constitutional Right to Vote and to Provide Uniformed Procedures of Absentee Voting in Federal Election in the Case of Citizens Who Residing or Domiciled Outside the United States and S. 2384 to Provide Uniformed Procedures for Absentee Voting in Federal Elections for Citizens Outside the United States", 26 y 27 de septiembre de 1973, U. S. Government, Washington, 1973, pp. 133-143.

Wallace, Carl S. y J. Eugene Marans, "Statement of Carl S. Wallace, executive director of the Bipartisan Committe on Absentee Voting, Inc.", "Voting Rights of W. S. Citizens Residing Abroad. Hearing before the Subcommittee on Elections of the Committe on House Administration, House of Representatives, Ninty-fourth Congress, 1st Session on H.R. 3211, to Guarantee the Constitutional Right to Vote and to Provide Uniform Procedures of Absentte Voting in Federal Elections in the Case of Citizens Outside the United States, U. S. Government, Printing Office, Washington, 1975, p. 72" en Federal Voting Assistance Program, Oficina del Secretario de la Defensa, Departament of Defense, Washington, diciembre, de 1997.

## Hemerografía

"Absentee Voting Act, P.L.99-410. Uniformed and Overseas Voting Act" en *United States Code. Congressional and Administrative News. 99th Congress-Second Session 1986*, West Publishing, Estados Unidos, 1987, vol. 4.

Bratsberg, Bernt y Dek Terrel, "Where do American Live Abroad?", *The International Migration Review*, otoño de 1996, Nueva York.

Klausmeyer, Douglas B., *Between Consent and Descent: Conceptions of Democratic Citizenship*, International Migration Policy Program, núm. 6, Carnegie Endowment for International Peace, The Brookings Institution Press, Washington, 1996.

Foner, Eric, "Blacks and the United States Constitution 1789-1989", en *New Left Review*, septiembre-octubre de 1990, Londres, Gran Bretaña, pp. 63-74.

Tarr, David W., "The Military abroad", *The Annals of the American Academy of Political and Social Sicence*, vol. 368, noviembre de 1966, Filadelfia.

Wilkins, Mira, "The Businessman Abroad", *The Annals of the American Academy of Political Science*, vol. 368, noviembre de 1966, Filadelfia, pp. 83-108.

## Referencias electrónicas

American Citizens Abroad, "Congressional Representation for Overseas Americans. A Proposal to Enable the Overseas American Community to Elect a Delegate to the U. S. Congress", en www.aca.ch.op10a.htm consultado el 15 de abril de 2001.

Broad, Lou Ann J, "History of Ninteenth Amendment Provides Insight. After Long Struggle, US Women Won the Vote", *Elections Today*, IFES, vol. 6, núm. 2, pp. 1 y 2, en www.ifes.org/newsletter/v6n2k.htm agosto de 1996, consultado el 16 de junio de 1999.

Democrats Abroad, "A Brief History of Democrats Abroad", en www.democratsabroad.org/history.asp consultado el 27 de febrero de 2000.

————, "Achievementes of Democrats Abroad", en www.democratsabroad.org/achieve.asp consultado el 27 de febrero de 2000.

Directorate of Information, Operations and Reports, "Active Duty Military Personnel strenghts by regional area and by country (309 A)", Departament of Defense, Washington Headquarter Services, septiembre 30, 1986, en web1.whs.osd.mil/mmid/military/history/hst0986.pdf consultado el 24 de mayo de 1999.

Otto, Gloria, "Summery of ACA's Position on the Census Issue", *American Citizens Abroad*, abril de 1997, en www.aca.ch/ottocens.htm consultado el 27 de febrero de 2000.

Republicans International Abroad, "About RA", en www.republicansabroad. org/pages/AboutRA.htm consultado el 15 de abril de 2001.

_____, "Mission and History", en www.republicansabroad.org/About RA.htm consultado el 30 de junio de 1999.

Reuters, "US presidential election outcome may be in the mail", *ABCnews.com*, en abcnews.go.com/wire/world/reuters20001108_2420.html consultado el 11 de noviembre de 2000.

Wayne, Leslie, "Alternative Voting. Popularity is Increasing for Balloting Outside the Box", *The New York Times on the Web*, noviembre 4, 2000, en www.nytimes.com/2000/11/04/politics/04BALL.html consultado el 10 de noviembre de 2000.

# ANEXO GENERAL

Mapa de la legislación ley del voto en el exterior

América Latina

### *Argentina*

*Ley del voto en el exterior. Cargos que eligen.* Ley 24.007 del año 1991, sobre el voto de los ciudadanos argentinos en el exterior. Su reglamento fue aprobado por el Decreto 1.138/93 del 4 de junio de 1993, que ordena crear el Registro de Electores Residentes en el Exterior.
Se eligen el binomio presidente-vicepresidente de la república, senadores y diputados nacionales.

*Fecha de primera votación en el exterior.* En 1993, elección de diputados al Congreso Nacional.

*Vía de votación.* Voto directo en los consulados argentinos en el exterior habilitados por la Cámara Nacional Electoral como centros de votación el mismo día de las elecciones en Argentina. La emisión del voto en el exterior es opcional, mientras que en el interior del territorio argentino es obligatorio. El Código Nacional Electoral prevé sanciones administrativas por la no emisión del voto sin la justificación correspondiente del mismo, cuando no se ha notificado el cambio de domicilio a las autoridades electorales nacionales, a través de las representaciones del servicio exterior argentino, al residir fuera del país, y mientras el elector continúe registrado en el padrón nacional en Argentina.

*Requisitos para votar.* Haber efectuado el cambio de domicilio en su documento cívico: libreta de enrolamiento, libreta cívica y documento nacional de identidad.

Acudir a la representación de su jurisdicción en el exterior (consulados u oficinas consulares de las embajadas argentinas) y tramitar su inclusión en el Registro de Electores en el Exterior.

Aparecer en el registro *ad hoc* previsto para tales elecciones. Ser nacional argentino mayor de 18 años y no encontrarse inhabilitado para ejercer el derecho al voto.

Es necesario acreditar el último lugar de residencia en la República Argentina para que el voto emitido en el exterior se compute en el distrito correspondiente a ese domicilio.

*Padrón.* Registro de Electores Residentes en el Exterior. Padrón *ad hoc* permanente que se actualiza semestralmente. En 1997 la Cámara Nacional Electoral tenía registrados 203,890 electores argentinos en el exterior, aproximadamente 29% de la cantidad de los electores potenciales fuera de la República Argentina. Para el 31 de diciembre de 1998, la Dirección de Asuntos Federales y Electorales del Ministerio de Relaciones Exteriores, Comercio Internacional y Culto contaba 21 333 electores inscritos en los padrones electorales del exterior.

*Resultados electorales desde el exterior.* 1993: 5 501 votos, 0.031% del total de la votación (Congreso).

1994: 5 417 votos, 0.032% del total de la votación (convencionales constituyentes).

1995: 9 575 votos, 0.052% del total de la votación (presidencial y del Congreso).

1997: 5 699 votos, 0.030% del total de la votación (Congreso).

1999: 7 352 votos, 0.037% del total de la votación (presidencial y del Congreso).

2001: Próximas elecciones del Congreso.

2004: Próximas elecciones presidenciales y del Congreso.


### Bolivia

*Ley de voto en el exterior. Cargos que eligen.* Contempla el voto pero no está reglamentado, según el Informe del IFE, en la parte de la subcomisión internacional. Pero, según los artículos 71 y 72 de la Ley Electoral de 1991, se menciona que es obligación de todo ciudadano inscribirse en el Registro Cívico en la Notaría de la Jurisdicción Electoral más próxima a su domicilio, entendiéndose como domicilio el lugar donde se tiene residencia permanente.


### Brasil

*Ley de voto en el exterior. Cargos que eligen.* Ley 4.737 de julio 15 de 1965, capítulo VII, artículos 225 a 233, reglamenta el voto en el exterior. Podrán votar los que estén registrados en la representación diplomática que les corresponda. No son considerados los que están en tránsito por algún país, viaje de negocios, turismo o estudios. La única excepción son los pasajeros y tripulantes de navíos o aviones de guerra y mercantes. Si no votan pagan una multa, ya que el voto es obligatorio. Se vota para presidente y vicepresidente de la república.

*Fecha de primera votación en el exterior.* 1965.

*Vía de votación.* Se vota en representaciones diplomáticas, embajadas y consulados.

*Requisitos para votar.* La Ley de Nacionalidad supone que todo aquel ciudadano brasileño por nacimiento, por naturalización o doble nacional, mantiene sus derechos y obligaciones de participar en las elecciones para presidente, vicepresidente o plebiscitos a los que se le convoque (éste último caso no aplica a los brasileños que se encuentran en el exterior).

El voto es obligatorio para todo mayor de 18 años y menor de 70, y facultativo (opcional) para quienes oscilan entre los 16 y 18 años de edad, así como para quienes radican en el exterior. Sin embargo, aunque el voto es opcional estando en el exterior, es necesario justificar la abstención, y en su caso, pagar la multa respectiva a juicio del juez electoral, ya que en caso de no hacerlo, hay una serie de penalizaciones.

El registro de electores se lleva a cabo en las sedes de las embajadas y consulados que corresponden a la residencia del ciudadano brasileño en el exterior, y todo trámite de registro está a cargo del personal diplomático que remitirá dichos registros al Ministerio de Relaciones Exteriores en Brasilia. Le corresponde a un juez electoral de la Zona 1ª del Distrito Federal emitir los títulos electorales (credenciales), cancelar los registros anteriores y elaborar las boletas. Realizado este procedimiento, el material se regresa a las sedes diplomáticas que son las encargadas de notificar a los electores la hora y local de votación. La responsabilidad del proceso (en lo que respecta a su normatividad) se comparte entre el Tribunal Superior Electoral y el Ministerio de Relaciones Exteriores.

Sólo pueden votar los electores que se hayan registrado con anterioridad, quedando estrictamente prohibido el voto a los electores en tránsito.

*Padrón.* De los registrados en las elecciones de 1998, se estimaba que se presentaran a votar 16,835 votantes brasileños

## Chile

*Ley de voto en el exterior. Cargos que eligen.* El numeral uno del art. 11 de la Constitución en donde se habla de la pérdida de la nacionalidad chilena por la nacionalización en país extranjero no es causal para la inscripción electoral. A pesar de ello, no está definida la posibilidad del voto en el extranjero.

*Vía de votación.* El proyecto estipula que sería a través de los consulados.

### Colombia

*Ley de Nacionalidad/Ciudadanía. Nacionalidad.* De acuerdo con el art. 96 constitucional, la nacionalidad colombiana se adquiere por dos vías. Una es por nacimiento, siendo hijo de padre o madre colombianos (aun en el exterior, según el art. 2º de la Ley 43) o siendo hijo de padres extranjeros domiciliados en territorio colombiano. La segunda vía es la adopción, por ejemplo algún extranjero que solicite la carta de naturalización.

Art. 96. Ningún colombiano puede ser privado de su nacionalidad, y no la puede perder al adquirir otra por origen o adopción.

*Ciudadanía.* Art. 98, 99 y 100. La ciudadanía se comienza a ejercer a los 18 años y es necesario ser nacional.

*Ley de no pérdida de la nacionalidad.* La Constitución Política de 1991, art. 96, garantiza la ley de no pérdida de nacionalidad colombiana, aun por el hecho de adquirir otra nacionalidad. Los nacionales por adopción no están obligados a renunciar a su nacionalidad de origen o adopción.

En el art. 22 de la Ley 43 de 1993 (Ley de Nacionalidad) se enuncia que la nacionalidad colombiana no se puede perder.

*Ley de voto en el exterior. Cargos que eligen.* Elección de presidente: en la Ley 39 de 1961 se aprobó el voto para elegir presidente fuera del distrito territorial donde se inscribió la cédula ciudadana.

Elección de senadores: art. 171 de la Constitución de 1991 y ley reglamentaria 1998

Elección de representantes: art. 176 y ley reglamentaria del artículo de junio de 2000, con la que se aprueba una circunscripción nacional especial a la que le corresponde una curul para los ciudadanos colombianos en el exterior, además de dos para las comunidades negras, una para los indígenas y una para las minorías políticas.

*Fecha de primera votación en el exterior.* 1962: presidente.
1998: senadores.
2002: representantes.

*Vía de votación.* En consulados, legaciones y embajadas de Colombia en el día de la elección.

*Requisitos para votar en el exterior.* Inscripción en las embajadas y consulados colombianos quince días antes de la elección. Se utiliza la cédula de ciudadanía o pasaporte vigente.

*Padrón.* No existe un padrón electoral fijo para los ciudadanos colombianos en el exterior, éste se conforma con la inscripción de los ciudadanos en consulados y embajadas.

*Resultados electorales desde el exterior.* Cargo: presidente.
1962: 3 227 (primera vez que se votó).
1994: primera vuelta, 27 690 y segunda vuelta, 20 630.
1998: primera vuelta 44 313 y segunda vuelta 27 994.
    Cargo: senadores.
1998: 1 800 de los 10 000 que se registraron.

## Costa Rica

*Ley de no pérdida de la nacionalidad.* De acuerdo con el art. 16 de la Constitución, la calidad de costarricense no se pierde y es irrenunciable, de acuerdo con la reforma de la Ley 7514 del 6 de junio de 1995.

*Ley de voto en el exterior. Cargos que eligen.* De acuerdo con el licenciado Rodolfo Delgado Rojas, gerente del proyecto de cambio de cédula de identidad, se han realizado varias propuestas para implantar el sufragio de los costarricenses fuera del país, sin embargo, se ha encontrado una serie de escollos legales que lo impiden.

Actualmente, en la Asamblea Legislativa se está estudiando esta posibilidad, debido a que después de una serie de reformas a la Constitución, ésta lo facilita. Después de las reformas de 1997 al art. 95, inciso 4 de la Constitución, menciona que "la ley regulará el ejercicio del sufragio de acuerdo con los siguientes principios [...] garantías de que el sistema para emitir el sufragio les facilite a los ciudadanos el ejercicio de ese derecho" Anteriormente, se prohibía que el ciudadano sufragara en un lugar diferente al de su domicilio.

## Cuba

*Ley de Nacionalidad/Ciudadanía Ciudadanía.* El art. 28 de la Constitución de 1976 menciona que "la ciudadanía cubana se adquiere por nacimiento o naturalización".

El art. 29 establece que "son ciudadanos cubanos por nacimiento, los nacidos en el territorio nacional, con excepción de los hijos de extranjeros que se encuentren al servicio de su gobierno o de organismos internacionales; los nacidos en el extranjero de padre o madre cubanos, que se hallen cumpliendo misión oficial; los nacidos en el extranjero de padre o madre cubanos, previo el cumplimiento de las formalidades que la ley señala; los nacidos fuera del territorio nacional, de padre o madre naturales de la República de Cuba que hayan perdido la ciudadanía cubana, siempre que la reclamen en la forma que señala la ley; los extranjeros que por méritos excepcionales alcanzados en las luchas por la liberación de Cuba fueron considerados ciudadanos cubanos por nacimiento".

El art. 30 señala que la ciudadanía cubana también se adquiere por naturalización.

El art. 132 señala que tienen derecho al voto todos los cubanos, hombres y mujeres, mayores de 16 años de edad.

*Ley de no pérdida de la nacionalidad.* El art. 32 de la Constitución señala que "no se admitirá la doble ciudadanía. En consecuencia, cuando se adquiera una ciudadanía extranjera se perderá la cubana".

*Ley de voto en el exterior. Cargos que eligen.* No existe el voto en el exterior, ya que el art. 6 de la Ley Electoral de 1992 (Ley núm. 72), establece que uno de los requisitos para votar "es ser residente permanente en el país por un periodo no menor de dos años antes de las elecciones y estar inscrito en el Registro de Electores del Municipio y en relación correspondiente con la circunscripción electoral del lugar donde tiene fijado su domicilio; o en la lista de una circunscripción electoral especial".

## Ecuador

*Ley de no pérdida de la nacionalidad.* Según el art. 11 de la Constitución reformada en 1998, "los ecuatorianos por nacimiento que se naturalicen o se hayan naturalizado en otro país, podrán mantener la ciudadanía ecuatoriana".

*Ley de voto en el exterior. Cargos que eligen.* El art. 27 (reformado en 1998) de la Constitución de 1979 restablece que los "ecuatorianos domiciliados en el exterior podrán elegir presidente y vicepresidente de la república, el lugar de su registro o empadronamiento".

No es hasta el 11 de julio del 2000, que se reformó la Ley de Elecciones, que en el art. 99 se menciona que "los ecuatorianos domiciliados en el exterior podrán votar para elegir presidente y vicepresidente de la república, en el lugar de su registro o empadronamiento".

## El Salvador

*Ley de no pérdida de la nacionalidad.* De acuerdo con el con el art. 91, "los salvadoreños por nacimiento tienen derecho a gozar de la doble o múltiple nacionalidad. La calidad de salvadoreño por nacimiento sólo se pierde por renuncia expresa ante autoridad competente y se recupera por solicitud ante la misma".

*Ley de voto en el exterior. Cargos que eligen*. El Salvador no rechaza ni aprueba el voto en el exterior, solamente se menciona en el Código Electoral de 1997, en el art. 9°, que para "ejercer el sufragio se requiere ser ciudadano salvadoreño y estar inscrito en el Registro Electoral".

El art. 22 señala uno de los requisitos para solicitar su inscripción en el Registro Electoral: "todo ciudadano deberá declarar ante los funcionarios del Tribunal o sus delegados [...] el departamento y municipio en que desea quedar registrado en razón de su domicilio para los efectos de votación. Se entenderá por domicilio el lugar donde el ciudadano reside, trabaja o tenga el asiento principal de negocios".

*Fecha de primera votación en el exterior*. Existe un movimiento de los miembros de la Red Nacional Salvadoreña Americana para conseguir que les sea concedido el voto en el extranjero, ya han sostenido pláticas con el Tribunal Supremo Electoral y con el Instituto de Estudios Jurídicos de El Salvador.

## Guatemala

*Ley de voto en el exterior. Cargos que eligen*. No se permite, pero existe una lucha por conseguirlo.

La residencia en territorio nacional es un requisito para inscribirse en el padrón electoral. De acuerdo con el Reglamento de la Ley Electoral (acuerdo núm. 181-87), en el art. 1°, se menciona que "todo ciudadano, debidamente documentado con cédula de vecindad, tiene derecho a inscribirse en el padrón electoral del municipio donde reside, para cuyo efecto podrá acudir a las subdelegaciones del Registro de Ciudadanos en los municipios que no sean cabecera departamental, a las delegaciones del mismo en las cabeceras o a los puestos de empadronamiento establecidos en la capital de la república".

## Haití

*Ley de no pérdida de la nacionalidad*. El art. 13 de la Constitución menciona que una de las razones para perder la nacionalidad haitiana es la naturalización en un país extranjero. Mientras que el art. 15 establece que no se permitirá en ningún caso la doble nacionalidad.

*Ley de voto en el exterior. Cargos que eligen*. No permite el voto, pero se encuentra en discusión entre los partidos.

De hecho, para tener derecho al voto, el art. 30 de la Ley Electoral haitiana (Conseil Électoral Provisoire) de 1999, señala que el ciudadano deberá inscribirse en uno de los registros electorales de la comunidad donde él reside.

## Honduras

*Ley de voto en el exterior. Cargos que eligen.* El Decreto Ley 91-2000, publicado en el diario oficial *La Gaceta*, el 2 de febrero de 2001 otorga a los hondureños residentes en el extranjero el derecho al voto. El 30 de mayo de 2001, el Congreso Nacional aprobó la Ley Especial para el Ejercicio del Sufragio de los Hondureños Residentes en el Exterior. El art. 3º dice que "las ciudades en las que se ejercerá el sufragio en el exterior, serán seleccionadas por el Tribunal Nacional de Elecciones, por simple mayoría de votos. Los electores hondureños residentes en el exterior sólo ejercerán el sufragio para elegir presidente de la república y designados a la presidencia". Al tenor de lo expuesto anteriormente, en el cap. IV de dicho instrumento legal, bajo el título "Disposiciones finales y transitorias", el art. 17 menciona que "no obstante lo dispuesto en el art. 3º de esta ley, por esta vez se ejercerá el sufragio en el exterior únicamente en las siguientes ciudades de los Estados Unidos de América: Nueva Orleans, Miami, Washington, Nueva York, Los Ángeles y Houston".

*Fecha de primera votación en el exterior.* Según el art. 167 de la Ley Electoral y de Organizaciones Políticas de 1981, "las elecciones para autoridades supremas y municipales se practicarán en un solo día el último domingo del mes de noviembre que precede a la fecha en que legalmente termina el correspondiente periodo". En consecuencia, las elecciones para este periodo se llevarán a cabo el 25 de noviembre de 2001.

*Vía de votación.* De acuerdo con la Ley Especial del Ejercicio en el art. 2º se estipula que "los consulados generales o en su caso las secciones consulares se consideran organismos electorales auxiliares".

*Requisitos para votar.* La cédula de identidad es el requisito para votar, puesto que en el art. 149 de la Ley Electoral y de Organizaciones Políticas de 1981, se establece que "la cédula de identidad es el documento fehaciente que prueba la inscripción del ciudadano en el Censo Nacional Electoral".

*Padrón.* Censo Nacional Electoral preparado por el Registro Nacional de las Personas, según lo establecido en el art. 135 de la Ley Electoral y de Organizaciones Políticas de 1981 y en los arts. 54 y 55 de la Constitución.

*Resultados electorales desde el exterior.* Serán el 25 de noviembre de 2001, día en que se celebrarán las primeras elecciones en el exterior.

## México

*Ley de no pérdida de la nacionalidad.* El 20 de marzo de 1997 se publicó en el *Diario Oficial de la Federación* el decreto por el que quedaron reformados los artículos 30, 32 y 36 de la Constitución sobre la nacionalidad. Esta reforma no entró en vigor hasta el 20 de marzo de 1998.

En el art. 32 se establece que la ley regulará el ejercicio de los derechos que la legislación mexicana otorga a los mexicanos que posean otra nacionalidad y establecerá normas para evitar conflictos de doble nacionalidad.

El art. 37, inciso *a*), establece terminante que "Ningún mexicano por nacimiento podrá ser privado de su nacionalidad".

*Ley de voto en el exterior. Cargos que eligen.* En la reforma electoral del 31 de julio de 1996, se modificó la fracción tercera del art. 36 en el que se estipula que una de las obligaciones del ciudadano es "votar en elecciones populares en los términos que señala la ley". Suprimiendo de esa manera la obligación anterior de tener que votar en el distrito electoral correspondiente. En noviembre de 1996 se aprobó la introducción al Código Federal de Instituciones y Procedimientos Electorales (COFIPE) del art. 8º transitorio, en el que se mandata a la Secretaría de Gobernación la creación del Registro Nacional Ciudadano y la expedición de la cédula de identidad con el objetivo de que fueran utilizados en las elecciones de 2000, pero no estuvieron listos. También se estipuló la conformación de una comisión de especialistas para estudiar las modalidades para que los mexicanos residentes en el exterior pudieran votar. El informe de esta comisión fue entregado el 12 de noviembre de 1998. Su conclusión fue que era viable que participaran los votantes mexicanos en el exterior para las elecciones presidenciales de 2000. Aunque esto no se llevó a cabo oficialmente.

*Fecha de primera votación en el exterior.* Votación simbólica en 1988, la demanda del voto en el exterior data de 1929.

*Resultados electorales desde el exterior.* Resultados de elecciones simbólicas en 1994: entre el norte y el sur de California y Chicago sumaron 9 370 votos, y el 2 de julio de 2000, solamente en Chicago votaron 8 956 personas.

## Nicaragua

*Ley de no pérdida de la nacionalidad.* De acuerdo con el art. 20 de la Constitución de 1987 y el art. 15 de la Ley 149, "ningún nacional puede ser privado de su nacionalidad, excepto que adquiera voluntariamente otra; tampoco perderá su nacionalidad nicaragüense cuando adquiera la de otro país centroamericana o hubiera convenio de doble nacionalidad". Según el art. 23 de la Ley de Nacionalidad, en este último caso se procederá de acuerdo "con los tratados internacionales, el principio de reciprocidad y leyes de la república de Nicaragua".

El art. 25 de la Ley de Nacionalidad de 1992, señala que "también tendrán doble nacionalidad los nacidos en el exterior de padre o madre nicaragüense y los extranjeros nacidos en territorio nacional; pero deberán ratificar la nacionalidad nicaragüense o renunciar a ella dentro del plazo de dos años de haber sido emancipados o alcanzado la mayoría de edad".

*Ley de voto en el exterior. Cargos que eligen.* La Ley Electoral (Ley 311) de la República de Nicaragua, promulgada el 19 de enero de 2000 señala en su art. 47 que "los nicaragüenses que se encuentren transitoriamente fuera del país y los que residan en el extranjero por motivos de trabajo, estudios, de salud, de negocio o de placer, podrán inscribirse para ser incluidos en el Padrón Electoral, en el consulado con jurisdicción en el lugar donde se encuentren o en los locales que éste indique [...] El voto lo tendrán que hacer en Nicaragua en la Junta Receptora de Votos correspondiente".

El art. 48, establece que "habrá Juntas Receptoras de Votos en los territorios fronterizos que faciliten la inscripción o verificación y votación de ciudadanos nicaragüenses residentes en los países limítrofes".

*Requisitos para votar.* Inscripción en el Padrón Electoral en la Junta Receptora, pero votar en Nicaragua.

## Panamá

*Ley de voto en el exterior. Cargos que eligen.* No se puede votar desde el exterior.

De acuerdo con el art. 6º de la Ley Electoral de 1988, "los ciudadanos residentes en el exterior podrán solicitar su inclusión o que se les mantenga en el Registro Electoral, en el lugar de su última residencia. El día de las elecciones, si están en el país, podrán votar en la mesa respectiva".

El art. 10º señala que no podrán ejercer el sufragio quienes tengan suspendidos los derechos políticos por renuncia explícita o tácita a la nacionalidad.

La importancia de la residencia es tal en la legislación panameña que según el art. 14, "el ciudadano que no aparezca en el Registro Electoral deberá declarar bajo juramento su residencia ante los funcionarios respectivos del Tribunal Electoral en un plazo de 30 días hábiles, para su inscripción en dicho registro".

*Paraguay*

*Estado actual de la ley de voto en el exterior.* No existe la posibilidad del voto en el exterior. En Paraguay, según la Ley 834 de 1996 que establece el Código Electoral Paraguayo, en su art. 2° considera como "electores los ciudadanos paraguayos radicados en el territorio nacional y los extranjeros con radicación definitiva que hayan cumplido 18 años de edad [...] y que estén inscritos en el Registro Cívico Permanente". Además, la Ley en Paraguay establece la necesidad de inscripción en el Registro Cívico Permanente (Ley 859). Si se tiene en cuenta esto se comprenderá la efectividad de los artículos 89 y 90 de la Ley 834:

Art. 89: El derecho de sufragio se ejerce personalmente, de manera individual, *en el distrito en que el elector se halle inscrito* y ante la mesa electoral que le corresponda.

Art. 90: Para ejercer el derecho a sufragar *es preciso que el elector se halle inscrito en el Registro Cívico Permanente.*

Asimismo, en el art. 347 de la Ley 834/96 dice: "Deróganse la Ley núm. 1 del 26 de febrero de 1990 y sus modificaciones Leyes núms. 6/90, 3/91, 79/91, 39/92, 75/92, 154/93 y 514/94".

De esta forma la ley que se está derogando es la Ley 01/90 del Código Electoral, que en su art. 367 dice "Para las elecciones generales de 1993 los paraguayos, residentes en el exterior, podrán hacer uso del voto, para lo cual se arbitrarán, por los organismos competentes, los medios necesarios a dicho efecto".

De la misma manera: la reforma de la Constitución de 1992 que incorporó el art. 120, dejó sin efecto a esta ley al definir que "son electores los ciudadanos paraguayos radicados en el territorio nacional, sin distinción, que hayan cumplido 18 años".

*Fecha de primera votación en el exterior.* No ha sido posible.

*Vía de votación desde el exterior.* No se pudo votar.

*Requisitos para votar.* Según el art. 120 de la Constitución nacional, "son electores los ciudadanos paraguayos radicados en el territorio nacional, sin distinción, que hayan cumplido 18 años".

*Padrón.* 2 059 164.

*Perú*

*Ley de voto en el exterior. Cargos que eligen.* Constitución de 1993, art. 187: " la ley contiene disposiciones especiales para facilitar el voto de los peruanos residentes en el extranjero".

Según la Ley Orgánica de Elecciones (Ley 26859), el título X se refiere al voto de los ciudadanos residentes en el extranjero.

Cargos: presidente, vicepresidente y Congreso.

También se vota en referéndums.

*Fecha de primera votación en el exterior.* 1993.

*Vía de votación.* En consulados peruanos en el exterior según el art. 224 de la Ley Orgánica de Elecciones.

De acuerdo con el art. 239, una forma alternativa de votación es el voto postal o voto por correspondencia, "que consiste en la emisión del voto por el ciudadano en una cédula que previamente solicita y luego de ejercido su derecho devuelve por la vía postal o de correos al consulado en que se encuentra inscrito".

*Requisitos para votar.* Según el art. 224, para ejercer el derecho a votar desde el exterior, los ciudadanos están obligados a inscribirse en el Registro Nacional de Identificación y Estado Civil.

Deben presentar para emitir su voto la libreta electoral.

*Padrón.* El registro se lleva a cabo en el consulado.

### República Dominicana

*Ley de voto en el exterior. Cargos que eligen.* En el art. 82, bajo el título XI de la Ley Electoral, 275-97, se establece que "los dominicanos residentes en el extranjero, en pleno ejercicio de sus derechos civiles y políticos, podrán ejercer el derecho al sufragio para elegir presidente y vicepresidente de la república". Sin embargo, hasta la fecha no ha sido aplicado.

*Fecha de primera votación en el exterior.* El art. 84 de la Ley Electoral menciona que del voto en el extranjero "se establece a partir del año 2000, pero queda a opción de la Junta Central Electoral la fecha definitiva en que entrará en vigencia".

*Vía de votación.* Hasta la fecha no se ha realizado.

*Requisitos para votar.* El art. 9 bajo el título II de la Constitución establece que "todo ciudadano dominicano tiene el deber de votar, siempre que esté legalmente capacitado para hacerlo".

1. Estar inscrito en el Registro Electoral. De acuerdo con la ley electoral, todo individuo y ciudadano dominicano que se encuentre en aptitud de ejercer el sufragio será inscrito obligatoria y gratuitamente en el Registro Electoral. Este registro es revisado cada diez años.

2. Poseer una cédula de identidad y electoral. Este es el único documento que permite votar.

*Padrón interior.* 4 200 000.

*Resultados electorales desde el exterior.* No se ha llevado a cabo.

### Uruguay

*Ley de no pérdida de la nacionalidad.* De acuerdo con el art. 81, "la nacionalidad no se pierde ni aun por naturalizarse en otro país, bastando simplemente para recuperar el ejercicio de los derechos de ciudadanía, avecindarse en la república e inscribirse en el Registro Cívico".

*Ley de voto en el exterior. Cargos que eligen.* No hay voto en el exterior.

### Venezuela

*Ley de voto en el exterior. Cargos que eligen.* Cargo: presidente.
Representantes al Parlamento Andino y Latinoamericano.

*Fecha de primera votación en el exterior.* 6 de diciembre de 1998.

*Vía de votación.* De acuerdo con el art. 99 de la Ley Orgánica del Sufragio y Participación del 30 de septiembre de 1997, "los venezolanos residenciados en el exterior deberán actualizar su inscripción en la sede de la representación diplomática o consular con jurisdicción en el lugar de residencia y votarán en los mismos lugares".

No obstante hasta fines de mayo de 1998 se tomaron medidas para iniciar el registro de los electores que se efectuaría del 15 de junio al 31 de julio de 1998.

Para las elecciones de 1996, el Consejo Nacional electoral determinó que en aquellas misiones en las cuales exista un registro inferior a diez electores no se instalarían mesas y las votaciones se realizarían por correo. Tal situación supuso el envío de boletas en sobres especiales para ser llenados y devueltos al país.

*Requisitos para votar.* Registro y cédula de identidad laminada.

*Padrón.* Para las elecciones del 6 de diciembre estaban registrados 10 637 votantes en el Registro Electoral Permanente. La inscripción se lleva a cabo en consulados y embajadas.

*Resultados electorales desde el exterior.* 15 de diciembre de 1999, sólo 51.28% de los venezolanos en el exterior asistieron a votar por el referéndum constitucional. El Ministerio de Relaciones Exteriores tiene registrados 12 000 personas, de las cuales en un conteo parcial habían votado 1 555 en 40 de 100 centros electorales.

## Canadá y Estados Unidos

### Canadá

*Ley de voto en el exterior. Cargos que se eligen.* Normas Especiales de votación, parte 11 de la Ley Electoral Canadiense de 2000. Se eligen parlamentarios de la Cámara de los Comunes.

*Fecha de primera votación en el exterior.* 1917: militares en el exterior.
1993: ciudadanos civiles

*Vía de votación.* Correo y en persona por adelantado.

*Requisitos para votar.* De acuerdo con el art. 11 de la parte 1 de la Ley Electoral Canadiense de 2000, pueden votar los ciudadanos civiles (los mayores de 18 años). En el caso de que haya permanecido fuera del país menos de cinco años consecutivos desde su última visita a Canadá y tenga el propósito de volver a residir en el país. Si el elector regresa por una visita o se queda por una corta temporada, el límite de cinco años empieza a correr de cero. Dentro de los requisitos: registrarse para votar por boleta especial antes de las 6:00 p.m. del día sexto antes de las elecciones. Asegurarse de que la boleta de votación llega a Elections Canada antes de las 6:00 p.m. del día de la elección.

     Militares y servidores públicos a nivel federal o provincial en el exterior: sin importar cuánto tiempo tengan residiendo en el exterior, pueden votar. En el caso de los militares, cuando se enrolan en las Fuerzas Armadas canadienses tienen que completar una Declaración de Residencia Ordinaria (Statement of Ordinary Residence) por medio del cual quedan registrados bajo un padrón especial y se conoce en qué distrito será incluido su voto.

*Padrón.*[a, c] 1993: 99 929.
1997: 91 979.
2000: 82 250.

*Resultados electorales desde el exterior,*[b, c] 1993: 44 226 (0.318%).

1997: 26 672 (0.202%).
2000: 31 950 (0.245%).

[a] De electores militares y civiles fuera de su distrito electoral y desde el exterior.
[b] De ciudadanos civiles y militares fuera de su distrito electoral y desde el exterior, respecto de la votación nacional.
[c] Fuente: Elections Canada "Population 5 Years and Over by Mobility Status, 1991-1996" en www.statcan.ca/english/Pgdb/People/Population/demo42a. htm

*Estados Unidos*

*Ley de voto en el exterior.* Ley de Sufragio en Ausencia para Ciudadanos Uniformados y en el Exterior (UOCAVA) de 1986. Cargos de elección federal: presidente, senadores y representantes.

*Fecha de primera votación en el exterior.* Militares: década de los años cuarenta del siglo XX.
Ciudadanos civiles: 1975.

*Vía de votación.* Correo y en persona por adelantado.

*Requisitos para votar.* Ser ciudadano estadunidense y empadronarse enviando por correo la solicitud de tarjeta postal federal. Ésta también sirve como instrumento para solicitar la boleta de votación en ausencia.
La ley cubre a los miembros de los servicios uniformados (Armada, Fuerza Naval, Fuerza Aérea y Marina) y a los empleados civiles federales en el exterior. En ambos casos los familiares que los acompañan también están contemplados bajo esta ley, como lo están los ciudadanos civiles estadunidenses residentes en el exterior.

*Padrón.* De acuerdo con el 15° Reporte del Programa Federal de Asistencia para el y civiles desde el exterior Voto (Federal Voting Assistance Program), la ley del voto en el exterior cubrió en la elección de 1996, 6 000 000 de potenciales electores. Sin embargo, no se presenta ninguna cifra total de los votos emitidos por esta población. Los resultados del reporte vienen de una encuesta posterior a la elección y se dan en porcentajes.

*Resultados electorales.*[a] Porcentaje de votación total en ausencia en elecciones presidenciales:
Miembros de las Fuerzas Armadas, 1992: 67%; 1996: 64%.
Empleados federales civiles, 1992: 79%; 1996: 68%.
Ciudadanos civiles en el exterior, 1992: 31%; 1996: 37%.

[a] De ciudadanos civiles y militares fuera de su distrito electoral y desde el exterior.

## España y Portugal

### España

*Ley de voto en el exterior. Cargos que eligen.* Ley Orgánica del Régimen Electoral General (LOREG, 1985) modificada por ley orgánica de 1995.
Elecciones generales (diputados y senadores), autonómicas (diputados autonómicos) municipales (alcaldes y concejales).

*Fecha de primera votación en el exterior.* 1978.

*Vía de votación.* Voto por correo o por medio de una urna en el consulado.

*Requisitos para votar.* Mayor de 18 años, plenitud de derechos políticos, inscrito en el Censo de Residentes Ausentes en el Extranjero, conocido como CERA.

*Padrón en el exterior.* CERA (Censo de Españoles Residentes Ausentes).

*Resultados electorales desde el exterior.* Son prácticamente proporcionales a los que se producen en el interior. En las elecciones generales de marzo de 2000, 15 322 votos fueron depositados en los consulados; 213 810 fueron recibidos por correo (resultando un porcentaje de 22.99% sobre los potenciales electores).

### Portugal

*Ley de voto en el exterior. Cargos que eligen.* Diputados para la Asamblea de la República (Parlamento): existen dos circuitos electorales de emigración (extra territorio nacional): Europa y el resto del mundo. Cada uno de ellos elige dos diputados (2+2), para un Parlamento de 230 miembros.
Presidente de la república (electo por voto universal directo y secreto); el voto de los emigrantes es permitido desde la reforma constitucional de 1997 (votaron por vez primera en el año 2000).

*Fecha de primera votación en el exterior.* Para la Asamblea Constituyente en 1975 (elaboración de la Constitución Democrática).
Para la Primera Asamblea de la República en democracia, el 25 de abril de 1976.

*Vía de votación.* El ejercicio del voto en el exterior se realiza por vía postal y es escrutinado en Lisboa.

*Requisitos para votar.* Pueden votar todos los ciudadanos portugueses (a pesar de tener doble nacionalidad) mayores de 18 años, inscritos en el padrón electoral a través del consulado (el reempadronamiento de los portugueses en territorio nacional es obligatorio, siendo facultativo para los residentes en el extranjero).

*Resultados electorales desde el exterior.* Los resultados de las últimas elecciones para la Asamblea de la República en 1999 fueron: del total de empadronados votaron 23.5%, con la siguiente distribución: 0.4% de los votos en blanco; 8% de votos anulados; 33.9% PPD/PSD (Partido Social Demócrata con tendencia liberal de centro-derecha); 48.2% PS (Partido Socialista-miembro de la Internacional Socialista); 3.8% CDU (Alianza del Partido Comunista con el Partido Verde); 3.2% CDS/PP (Centro Democrático Social/Partido Popular –partido cristiano de derecha); 2.5% otros partidos.

# DIRECTORIO DE AUTORES

*Velia Cecilia Bobes*

Profesora-investigadora de FLACSO-sede México.
e-mail: cbobes@flacso.flacso.edu.mx


*Maria José Caldeira Boavida*

Profesora-investigadora en la Universidad de Minho, Sección de Geografía.
e-mail: boavida@geografia.uminho.pt


*Leticia Calderón Chelius*

Profesora-investigadora del Instituto de Investigaciones Dr. José María Luis Mora.
e-mail: lcalderon@institutomora.edu.mx


*Edith Chávez*

Investigadora en el Instituto de Investigaciones Dr. José María Luis Mora.
e-mail: echavez@institutomora.edu.mx

*Jorge Durand*

Profesor-investigador en la Universidad Autónoma de Guadalajara.
e-mail: jdurand@megared.net.mx


*Érika González Aguirre*

Licenciada en Relaciones Internacionales por la FCPyS-UNAM.
e-mail: erikagonzalez@hotmail.com


*Gerardo Halpern*

Realiza estudios de doctorado en el Departamento de Antropología
Social en la Facultad de Filosofía y Letras en la Universidad de Buenos
Aires.
e-mail: halpern@arnet.com.ar


*Melba Georgina Hernández Juárez*

Maestra en Cooperación Internacional Unión Europea-América Latina por el Instituto de Investigaciones Dr. José María Luis Mora.
e-mail: mghj@hotmail.com


*José Itzigsohn*

Profesor-investigador en la Universidad de Brown.
e-mail: jose_itzigsohn@brown.edu


*Patricia Landolt*

Profesora-investigadora de la Universidad de Toronto.
e-mail: landolt@utsc.utoronto.ca

*Jorge Malheiros*

Profesor-investigador en la Universidad de Lisboa.
e-mail: jmalheiros@hotmail.com


*Nayamín Martínez Cossío*

Coordinadora del Proyecto de Salud, Centro Binacional para el Desarrollo Indígena Oaxaqueño en Fresno, California.
e-mail: nayamin@sbcglobal.net


*Adela Pellegrino*

Profesora-investigadora en la Facultad de Ciencias Sociales, Universidad de la República de Uruguay.
e-mail: apelleg@fcsum.edu.uy


*Luis Peraza Parga*

Maestro en Cooperación Internacional Unión Europea-América Latina por el Instituto de Investigaciones Dr. José María Luis Mora.
e-mail: lperazap@hotmail.com


*Brenda Pereyra*

Investigadora del Instituto de Desarrollo Económico y Social (IDES).
e-mail: brenpere@yahoo.com


*Ángela Lucía Serrano Carrasco*

Profesora en la Universidad Autónoma de Baja California y en la Universidad Iberoamericana-Plantel Tijuana.
e-mail: naike73@yahoo.com

*Patricia Zapata*

Maestra en Cooperación Internacional Unión Europea-América Latina por el Instituto de Investigaciones Dr. José María Luis Mora.
e-mail: patzapata@yahoo.com

*Votar en la distancia*
se terminó de imprimir en julio de 2003,
en los talleres de Solar, Servicios
Editoriales, S. A. de C. V.,
Calle 2, núm. 21, San Pedro de los Pinos,
03800, México, D. F.
Portada: Carlos Palleiro.
Diseño y cuidado de la edición:
Subdirección de Publicaciones del
Instituto de Investigaciones
Dr. José María Luis Mora.

La edición consta de 500 ejemplares.